Case Analyses of **CKDP** Psychological
Testing by Transaction Analysis

교류분석과 CKDP 심리검사 사례분석

최영일

노정자

박봉근

서경원

손희란

이인영

조윤정

조찬희

한윤옥

홍은영

공 저

학지사

교류분석과
CKDP 심리검사 사례분석

머리말

CKDP 심리검사란 Choe's Korean standard Driver Pattern의 약자로 교류분석 이론 중 드라이버 행동에 의한 심리적 현상을 측정하기 위해 개발된 한국형 표준화 드라이버 검사이다.

본 심리검사는 개인의 드라이버 탐색을 통해 개인의 인생각본을 진단하여 상담, 심리치료, 의사소통 그리고 인간을 이해하기 위한 효과적인 도구이다. 사람은 인생 초기 양육자의 어버이 자아상태에 자극을 받아 의미 있는 체험을 하게 되고 반복되면 기본적인 감정적 태도를 형성한다. 이후 수정되지 않는 한 이것이 드라이버가 되어 사람을 반응하게 한다. 드라이버는 사람마다 특정한 방식으로 행동하게 만드는 무의식적·내적 동인으로, 충동적으로 따르도록 만들기 때문에 몰이꾼이라고 한다. 드라이버 자체는 좋은 평판과 좋은 인간관계를 형성하는 데 도움이 될 수 있고, 스트레스 상황에서는 도움이 되지 않는 강박적 행동인 축소각본으로 이어지기도 한다. 사람들의 행동에 대한 통찰을 제공하며 일곱 가지 드라이버는 각각의 구별된 드라이버 행동을 수반하다.

이러한 CKDP 심리검사의 이론적인 배경인 교류분석 이론을 개괄적으로 정리하면 다음과 같다.

교류분석은 미국의 정신과 의사 에릭 번(Eric Berne)이 개발한 인간행동에 관한 이론 체계이며, 이에 의거한 심리치료법이다. 개인의 성장과 변화를 위한 체계적 심리치료법으로서 성격 이론, 의사소통 이론, 아동발달 이론, 병리학 이론을 포함하고 있다.

현대 교류분석의 핵심 이론은 세 가지 욕구 이론과 네 가지 분석 이론으로 이루어져 있다.

세 가지 욕구 이론은 인간의 교류동기와 관련된 이론이다. 인간 마음의 영양물에 대해 다룬 인정자극(stroke) 이론, 인생이라는 시간을 어떻게 꾸려야 하는지를 다룬 시간구조화 이론, 삶에 대한 태도에 대해 다룬 인생태도 이론이 있다.

네 가지 분석 이론은 인간의 성격이 어떻게 구성되어 있고 기능하는지를 다룬 자아상태 분석 이론, 인간관계를 할 때 어떤 방식으로 교류하는지를 다룬 교류패턴 분석 이론, 대인관계 중에 속임수를 품은 부정직한 교류를 다룬 심리게임 이론, 인생을 연극으로 보고 자신이 현재 연출하고 있는 삶의 대처 방식에 대해서 다룬 인생각본 이론이 있다.

교류분석의 인간관은 세 가지가 있다. 첫째, 인간은 긍정적인 존재이다. 행동이 아니라 인간 존재로서 본질에 대한 긍정성으로 인간은 이미 완전성을 지니고 태어난 존재로 본다. 둘째, 인간은 누구나 뇌에 이상이 없는 한 합리적인 사고능력을 가지고 있다고 본다. 셋째, 인간은 자신의 운명을 자신이 결정하고 그 결정을 바꿀 수 있다. 인간은 매 순간 자유의지에 의해 최상의 선택을 하고 노력하여 자신의 성격과 운명을 바꿀 수 있다고 본다.

교류분석의 목적은 인간의 본래 지니고 있는 자율성을 회복하고 발휘하는 데 있다. 즉, 인간 내적 힘을 회복하기 위함이다. 인간 내적 힘을 회복하기 위해서는 성장과정의 부정적 경험들이 해결되어 본래의 생명력을 회복해야 한다. 자율적 인간은 자각, 자발, 친밀성이라는 세 가지 능력을 회복하고 발휘하는 인간이다. 무의식 연기인 인생각본으로부터 자유로운 인간이다. 자율적 인간은 어떤 틀에도 가두지 않는 인간이다.

교류분석의 목표는 교류분석 목적에 부합한 자율성을 발휘하는 데 있다. 첫째, 자아상태가 정상적으로 기능하도록 한다. 자아상태가 지나치게 편향되었거나, 경직 · 중복 · 애매한 상태에서 벗어나게 한다. 둘째, 인간관계에서 순기능적인 교류패턴을 확립하게 한다. 셋째, 심리게임에서 벗어나게 한다. 불건강한 방법으로 부정직하게 자신을 합리화하고 욕구를 충족하려 하지 않게 한다. 넷째, 낡은 각본에서 벗어나게 한다. 무의식적 연기의 관성에서 벗어나 지금-여기의 삶을 실현하게 한다.

교류분석 이론의 기본적 사고방식은 자타긍정성에 대한 확신, 자기존중감 증진에 대한 확신, 모든 것은 마음이 만든다는 확신, 죄업을 단절할 수 있다는 확신, 마음 정화를 통한 인간 본성 회복의 확신에 있다.

첫째, 자타긍정성에 대한 확신이다. 인간은 본질적으로 완전성을 지니고 태어난 존재라는 믿음에 관한 것이다. 먼저 자신을 이해하고 수용하는 자기긍정성을 통해 타인도 이해하고 수용하는 자타긍정성에 대한 확신을 갖게 한다.

둘째, 자기존중감 증진에 대한 확신이다. '천상천하 유아독존'이라는 말이 있다. 우주에 유일무이한 독특한 존재라는 것이다. 자신의 소중함을 깨달을 때 자기존중감이 회복되고 자기실현을 할 수 있다는 것이다.

셋째, 모든 것은 마음이 만든다는 확신이다. 미국의 심리학자 윌리엄 제임스(William James)는 사고에 의해 감정과 행동이 일어나고, 행동의 반복은 습관을 만들며, 습관이 성격을 형성하고 성격은 운명을 결정한다고 주장하였다. 불교 경전 중 하나인 『화엄경』에는 '일체유심조'라는 말이 있다. 즉, 모든 것은 그대로인데 마음이 호, 불호를 만든다는 것이다. 따라서 마음의 사고를 바꾸면 운명을 바꿀 수 있다. 모든 것은 마음이 만든다는 확신이다.

넷째, 죄업을 단절할 수 있다는 확신이다. 가장 가까운 타인인 부모는 우리에게 많은 은혜를 베풀지만 또한 깊은 상처를 주기도 한다. 사람은 어린 시절 양육과정에서 부모의 영향으로 지금-여기에 적합하지 않은 삶의 대처 방식인 각본을 갖게 되어 부모의 죄업을 대물림하게 된다. 이러한 대물림을 끊기 위해 부모의 죄업을 지금-여기에 가져와 토설하고 직면하여 대물림을 끊고 낡은 인생각본에서 벗어나 자율적인 인간이 될 수 있다는 것이다.

다섯째, 마음 정화를 통한 인간에 대한 회복의 확신이다. 실제 우리는 본질적으로 완전성을 지니고 태어난 존재이다. 우리의 본성은 청정심인데 에고의 작용에 의해 개인마다 독특한 모습을 나타낸다. 그러므로 교류분석의 지혜로 자아상태를 정화하여 자율성이 회복되고 발휘될 수 있다는 것이다.

교류분석 이론에서 인간은 성격의 변화가 가능한 가소성의 동물이다. 그래서 협의의 성격은 교정하기 쉽지 않지만 습관적 성격이나 역할 성격은 교정이 가능하다는 것이다. 교류분석에서는 자아상태 구조 기능분석을 통해 자율적으로 성격을 교정하여 자기변혁을 할 수 있다고 본다.

교류분석 이론에 의한 상담 원리로는 결단 모델과 계약적 방법 그리고 공개적 의사소통을 지향하고 있다. 결단 모델은 과거 어떠한 결단이 현재의 행동에 역기능의 결과를 가져왔다면 그 결단을 추적해 새롭고 보다 적절한 결단으로 바꿈으로써 삶을 변화시킬 수 있다는 원리이다. 계약적 방법은 상담자나 내담자가 공동 책임을 갖기 위해 계약을 함으로써 상담의 목적을 명확히 하고, 치료동맹 관계를 분명하게 하기 위한 원리이다. 공개적 의사소통은 상담자와 내담자가 변화 도모를 위한 상담에 있어서 정보를 개방해야 한다는 원리이다.

교류분석 상담 및 심리치료는 교류분석 이론을 바탕으로 현재에 기반을 두고 이루어지는 내담자 중심 상담과 심리치료이다. 단순한 증상 상담과 심리치료를 넘어 인생각본 분석을 통한 각본 형성과정과 뿌리를 다루는 상담과 심리치료이다. 내담자의 인생각본 자체를 변화시키는 것의 궁극적 목적은 자율성을 회복하는 데 있다. 교류분석은 인지, 정서, 행동의 마음과 신체를 통합하고 영적인 영역까지 포함하여 포괄적으로 상담과 심리치료에의 접근이 용이하다.

이러한 교류분석 이론을 바탕으로 한 이 책은 상담과 심리치료 현장에서 활동을 하고 있는 한국교류분석상담협회 연구위원들이 개인과 커플상담 사례를 교류분석 이론에 의한 CKDP 심리검사를 활용하여 분석한 상담과 심리치료의 결과물이다. 이러한 성과가 앞으로 교류분석 상담과 심리치료의 임상에서 하나의 방편으로 활용되고, 교류분석 상담 및 심리치료에 있어서 진일보한 계기가 되었으면 한다.

협회 연구위원들은 상담 현장의 교류분석 이론에 대한 교류분석 상담과 심리치료의 임상적 적용 및 필요성에 공감대를 형성해 왔다. 이러한 필요성과 공감대에 의해 부단한 노력과 정성에 의해 CKDP 심리검사를 임상에 적용한 상담 사례집을 발간하게 되었다. 이에 연구위원들과 함께 감사한 마음과 성취감을 나누고 싶다.

상담 현장에서 교류분석 전문상담사들이 교류분석 상담 및 심리치료를 하는 데 CKDP 심리검사가 조금이나마 도움이 되었으면 한다. 아쉬운 부분이나 부족한 부분이 있다면 앞으로 계속 보완하여 완성도 높은 검사지가 되도록 노력하겠다. 아무쪼록 교류분석의 활동 영역인 임상, 교육, 조직에서 CKDP 심리검사지가 유용하고 효율적으로 활용되었으면 한다.

끝으로 이 책이 발간되기까지 여러모로 도움을 주신 여러분께 저자 일동은 감사하고 기쁜 마음을 전한다.

2020년 6월
최영일

교류분석과
CKDP 심리검사 사례분석

차례

교류분석과
CKDP 심리검사 사례분석

제1부

교류분석 이론

제1장

교류분석 개관

1. 정의 및 개념

1) 교류분석의 정의

교류분석(Transactional Analysis)은 자신과 타인, 환경 사이에서 이루어지고 있는 교류를 분석하는 이론으로 개인의 성장과 개인의 변화를 위한 체계적인 심리치료법이며 성격 이론, 의사소통 이론, 아동발달 이론, 병리학 이론을 포함한다. 이것은 국제교류분석협회(ITAA)에서 제시한 교류분석의 정의이다. 오늘날의 교류분석은 심리학적 접근 가운데 깊이와 응용에 있어 폭넓은 다양성을 가지고 있다.

교류분석은 성격 이론(theory of personality)으로서 사람들이 심리학적으로 마음이 어떻게 구조화되어 있고 기능하고 있는지를 우리에게 하나의 그림으로 보여 주는데, 이를 위해 자아상태 모델(model of ego state)이라고 알려진 세 가지 모델을 이용한다. 이 모델은 사람들이 어떻게 기능하는지, 즉 행위의 측면에서 보아 사람들이 자신의 성격을 어떻게 표현하는지를 이해하는 데 도움을 준다. 또한 교류분석은 의사소통 이론 (theory of communication)을 제공하는데, 이는 체제와 조직을 분석하는 방법을 더욱 확대시켜 줄 수 있다.

교류분석은 아동발달 이론(theory of child development)을 제공하고 있다. 인생각본이라는 개념은 우리의 현재 생활패턴이 어린 시절에 어떻게 유래되었는지를 설명해 준다. 인생각본이라는 틀 속에서 교류분석은 이미 성인인 우리가 어린 시절의 전략을 어떻게 계속해서 다시 재연하는지, 그리고 이들이 자멸적이거나 고통스러운 결과를 만들어 내는 것조차도 설명할 수 있다. 그러므로 교류분석은 정신병리학 이론(theory of psychopathology)을 제공해 준다.

실제 임상 영역에서 사실 교류분석은 심리치료의 체계를 제시한다. 이는 일상생활에서 갖는 갖가지 문제점에서부터 중증 정신병에 이르기까지 모든 종류의 정신장애를 치료하는 데 사용된다. 또 개인, 집단, 커플 그리고 가족 내에서 사용되는 상담과 심리치료 방법을 제공하고 있다.

교류분석은 치료적 영역 외에도 다양한 교육 장면에 이용하는데, 이는 부모교육, 부부교육, 교사교육, 리더교육 등에서 교육적이고 예방적인 역할을 하는 독특한 치료 개념으로 적용된다.

교류분석은 조직(경영 및 행정)에서도 적용할 수 있다. 회사나 사회복지시설, 경찰, 보호관찰소, 교회에서 효과적인 공동체 환경을 만들기 위해 교류분석 이론을 활용해서 구성원의 스트레스를 줄이고 창조성을 극대화시킬 수 있다.

2) 교류분석의 개념

교류분석은 인간관계 교류를 분석하는 것으로 인간관계가 존재하는 모든 장면에 적용할 수 있는 이론이자 기법이다. 미국의 정신의학자 에릭 번(Eric Berne, 1910~1970) 박사에 의해 개발된 임상심리학에 기초를 둔 인간행동에 관한 분석체계 또는 이론체계로서 교류분석은 드러난 말이나 행동을 통하여 그 사람의 마음을 읽은 방법에 근거를 두기 때문에 정신분석학의 구어 판이라고도 불린다.

최초의 이론체계는 에릭 번이 발표한 「교류분석-새로운 효과적 집단치료법 (Transactional Analysis: A New and Effective Method of Group Therapy)」(1958)이라는 논문이 그 발단이다. 초기 교류분석은 프로이트(S. Freud)의 사고방식과 인간의 내적인 경험이나 의식을 연구대상에서 제외하고, 외부에서 관찰 가능한 행동을 연구의 출발점으로 하는 왓슨(J. B. Waston) 등의 행동주의를 기초로 하였다.

에릭 번의 후계자들은 정신분석학과 행동과학(Behavior Science)을 저변으로 삼고 에릭 번의 인지적 편향을 극복하고 펄스(Fritz Perls)의 게슈탈트 심리학(Gestalt Psychology) 등 정서적 행동변화 이론과 기법 등과 아울러 행동치료(Behavior Therapy) 등을 도입하여 이른바 '교류분석 통합 이론'을 완성했다.

교류분석은 당초 의학적 치료에서 출범했으나 이론이 평이하므로 일반화하여 인간관계가 존재하는 모든 영역으로 파급하게 되었다.

산업훈련에 있어서도 널리 파급되어 인간과 조직의 변혁을 목표로 자기계발, 집단훈련, 판매훈련, 노사관계훈련과 같은 대인절충능력의 향상을 목적으로 한 연수나 관리 및 감독자훈련에서 활용되고 있으며 조직개발이나 기업문화운동, 기업윤리 재정립운동으로도 활용되고 있다. 교류분석이 이같이 산업훈련에 도입된 것은 이것이 의료 분야뿐만 아니라 각종 분야에 사용할 수 있는 보편성을 가지면서도 그 이론이 단순하고 명쾌하여 단기간에도 효과를 올릴 수 있기 때문이다.

현대 교류분석 이론의 기초를 이루는 핵심 개념은 세 가지 욕구 이론과 네 가지 분석 이론으로 이루어져 있다. 세 가지 욕구 이론은 인간 마음의 영양물에 대해서 다룬 인정자극 이론과 인생이라는 시간을 어떻게 꾸려 나가야 되는지에 대해서 다룬 시간의 구조화 이론 그리고 삶에 대한 태도에 대해서 다룬 인생태도 이론이 있다.

네 가지 분석 이론으로는 인간의 성격이 어떻게 구성되어 있고 기능하는지를 분석하는 자아상태 분석 이론, 인간관계를 할 때 어떤 방식으로 교류하는지 분석하는 교류패턴 분석, 대인관계 중에 속임수를 품은 부정직한 교류패턴에 대해서 다루는 심리게임 분석 이론, 인생을 하나의 연극이라고 볼 때 자신이 현재 연출하고 있는 삶의 대처 방식을 다루는 인생각본 이론이 있다.

2. 교류분석의 지향점

1) 교류분석 철학과 기본 원리

교류분석은 확고한 철학적 가정에 기초를 두고 있다. 이들은 사람과 인생 그리고 변화의 목적에 대한 진술들이다. 교류분석(TA)의 철학적 가정(전제)은 다음과 같다.

- 사람들은 긍정적(OK)이다.
- 모든 사람은 사고능력을 갖고 있다.
- 사람들은 자신의 운명을 결단하며, 그 결단은 변화를 가능하게 한다.

이들 가정에서 교류분석 실천(상담)에 대한 세 가지 기본 원리가 따른다.

- 결단 모델
- 계약적 방법
- 공개적 의사소통

2) 사람들은 긍정적(OK)이다

교류분석(TA)의 가장 기본적인 가정은 사람들은 긍정적(OK)이라는 것이다. 이것은 다음과 같은 것을 의미한다. 당신과 나는 모두 인간으로서의 가치, 유용함, 존엄성을 갖고 있다. "나는 나로서 있는 그대로 받아들이고 또한 나는 당신을 당신으로서 있는 그대로 받아들인다." 이것은 행동이라기보다는 본질에 대한 서술이다. 때로는 나는 당신이 하는 것을 좋아하지 않을 수도 있고 받아들이지 않을 수도 있다. 그러나 항상, 나는 당신의 있는 그대로를 받아들인다. 당신의 행동이 아니라 인간 존재로서 당신의 본질은 나에게 긍정적(OK)이다. 나는 당신보다 한 수 위가 아니고, 당신도 나보다 한 수 위가 아니다. 우리는 인간으로서 같은 수준에 있다. 이것은 우리의 업적이 다를지라도 진실이다. 이는 우리가 다른 인종, 다른 연령, 다른 종교인일지라도 마찬가지이다.

3) 모든 사람은 사고능력을 갖고 있다

중증 뇌 손상자를 제외한 모든 사람은 사고하는 능력을 갖고 있다. 그러므로 사람들이 인생에서 원하는 것을 결정하는 것은 우리들 각자의 책임이다. 각 개인은 궁극적으로 스스로 결단한 것의 결과가 삶의 지표가 되어 살아갈 것이다.

4) 사람들은 자신의 운명을 결단하며, 그 결단은 변화를 가능하게 한다

사람은 자기 자신의 행동과 사고, 감정 그리고 최종적으로는 자기의 운명을 결단한다. 신체적으로 박해를 받는 경우를 제외하고 누구나 다른 사람이나 환경에 의해서 특정한 행동을 하게 하거나 생각하게 하거나 느끼게 하거나 할 수는 없다. 교류분석에서 감정, 사고, 행동 등의 '개인적 책임'을 강조하는 견해는 인간행동의 이 '결단 모델'에서 오고 있다. 이 의사결정 모델은 교류분석의 정신병리학적 이론의 근본을 이루고 있다. 유아는 환경으로부터의 압력에 대한 반응을 자신이 할 수 있다고 본다. 이것은 성인의 인생에서의 인격적인 변화과정과 관계가 있다. 이같이 교류분석에서 인간이 본래 변화할 수 있다고 본다. 이 변화는 진실이며 그러면서도 역동적인 것이다. 인격적인 변화는 단지 낡은 행동 양식을 통찰함으로써 이루어지는 것이 아니다. 낡은 행동 양식을 성장의 가능성에 맞는 새로운 행동, 사고, 감정의 양식과 바꾸는 것을 적극적으로 결단할 수 있게 되는 것이다.

5) 결단 모델

당신과 나는 모두 긍정적(OK)이다. 우리는 때때로 부정적(NOT-OK) 행동을 하기도 한다. 그렇게 할 때 우리는 어린 시절에 결정한 전략을 따르고 있는 것이다. 그 전략들은 우리가 유아기에, 살벌해 보이는 세상에서 원하는 것을 얻고 생존하기 위해 문제를 풀어 나갔던 최선의 방법이었다. 성인이 되어서도 우리는 때때로 동일한 형태를 여전히 추구한다. 그 결과가 비생산적이거나 심지어 우리에게 고통스러운 것일지라도 그렇게 할 수 있다. 우리가 어린아이였을 때 부모는 다른 방법보다는 한 가지 특정한 방법을 선택해서, 우리를 달리 계발시키지 못했다. 부모들은 확실히 우리에게 강한 억압을 행사할 수 있었지만 우리는 이런 강압에 순종할지, 반항할지, 이를 무시할 것인지를 결정했다. 성인으로서 우리도 여전히 그렇다. 우리를 다른 사람에 의해, 혹은 '환경(environment)'에 의해서 독특한 방식으로 느끼거나 행동하도록 만들 수는 없다. 다른 사람이나 인생의 환경이 우리에게 강한 압력을 행사할지도 모르지만 이러한 강압에 반응할지 여부는 항상 우리 자신이 결정한다(자기결정의 원리). 우리는 자신의 감정과 행동에 책임이 있다. 어떤 결정을 할 때마다, 우리는 나중에 그 결정을 바꿀 수 있다.

이것은 자신이나 세계에 대하여 행한 초기 결단(early decisions)의 진실인 것이다. 만약 유아기에 내린 어떤 결단이 성인으로서의 우리에게 불쾌한 결과를 가져온다면 그 결단을 추적해서 새롭고 보다 적절한 결단으로 바꿀 수 있다. 그래서 사람은 변화할 수 있다. 단지 낡은 행동패턴 속에서 통찰에 의해서가 아니라 행동적으로 그러한 형태를 바꾸려고 결단함으로써 변화를 성취할 수 있다. 그 변화는 실질적이고, 지속될 수 있는 것이다.

6) 계약적 방법

만약 당신이 교류분석(TA) 임상가(practitioner)이고 내가 당신의 내담자라면, 성취하기를 원하는 변화가 무엇이든 그것을 위해 우리는 공동 책임을 갖는다. 이것은 당신과 내가 동등한 조건에서 관계 맺는다는 가정에 따른다. 나를 위해 하는 일(things)이 당신에게 달려 있는 것은 아니며, 나를 위해 모든 것을 해 줄 것이라는 당신의 기대에 나 또한 응해 주지 못한다. 우리는 둘 다 변화의 과정에 참여하고 있기 때문에 그 일이 어떻게 공유될 것인지를 함께 명확히 아는 것은 중요하다. 그래서 우리는 계약을 맺는 것이다.

이것은 각각 당사자의 책임에 대한 언급이다. 내담자로서 나는 어떤 변화를 원하는지 그리고 그 변화를 가져오기 위해 무엇을 기꺼이 할 것인지를 말한다. 전문가로서 당신은 이 업무를 위해 나와 함께 기꺼이 일할 것을 확언한다. 당신은 그렇게 하는 데에 최상의 전문적인 기술을 사용하고 그 대신에 당신의 일에 대해 나에게 원하는 보상이 무엇인가 말한다.

7) 공개적 의사소통

에릭 번(Erick Berne)은 임상가뿐만 아니라 내담자는 함께 수행하고 있는 그들의 일에 대하여 모든 정보를 가지고 있어야 한다고 주장했다. 이것을 사람들은 긍정적(OK)이고, 모든 사람들은 사고할 수 있다는 기본 가정을 따른 것이다. 교류분석의 임상에서, 사례 기록은 내담자의 열람을 위해 공개된다. 임상가는 교류분석적 사고를 배우려는 내담자를 격려한다. 그러므로 내담자는 변화과정에서 동등한 역할을 맡을 수 있다.

의사소통을 돕기 위해 교류분석적 사고방식은 단순한 언어로 표현된다. 다른 심리학의 분야에서 관례적으로 쓰는 긴 라틴어나 그리스 어원의 단어 대신에, 교류분석은 친숙한 단어—'어버이 ⓟ', '어른 Ⓐ', '어린이 ⓒ', 게임, 각본, 스트로크—로 말한다.

어떤 사람들은 이런 직설적 언어가 피상적인 사고를 반영하지 못한다고 간주해 왔지만 그들의 견해는 잘못된 것이다. 비록 교류분석의 용어는 단순하지만 그 이론은 심원하고 매우 합리적인 것이다.

8) 교류분석 목적과 목표

교류분석 상담의 기본적 목표는 내담자를 보조하여 내담자의 현재 행동과 그의 삶의 방향에 대하여 새로운 결단을 내리도록 하는 것이다. 에릭 번은 이 상담의 주된 목적이 개인이 자신의 삶에 책임을 지고 자신이 원하는 인생을 선택할 수 있는 자율성을 회복하도록 하는 것이라고 하였다. 자율성을 회복한다는 의미는 각본으로부터 벗어나 각본신념에 따라 반응하지 않고 지금—여기의 현실에 대해 반응하는 사고, 감정, 행동을 나타낸다.

자율성의 획득은 자각성, 자발성, 친밀성인 세 가지 능력의 회복과 발휘에 의해 나타난다. 여기서 자각성이란 순수한 감각적인 느낌으로써 갓 태어난 유아가 하는 방식으로 보고, 듣고, 느끼고, 맛보고, 냄새 맡는 능력, 즉 남에게 배운 대로가 아니라 스스로 깨닫는 것이다. 자발성은 감정과 사고, 행동에 대한 모든 범위의 선택할 능력, 즉 스스로 사고·감정·행동을 선택하고 표현하는 자유이다. 친밀성은 자신과 다른 사람 사이에서 감정과 욕구를 공개하여 공유하는 것을 말한다. 즉, 개방적이고 솔직하고 긍정적 감정에 의한 진실한 교류를 말한다. 내담자로 하여금 이러한 자율성을 회복하고 발휘하게 하기 위해서 교류분석은 내담자를 인생각본에서 벗어나도록 하는 것을 목표로 삼는다. 이것을 각본분석이라고 하는데 이 과정이 이루어지기 위해서는 자아상태 구조기능 분석, 교류패턴 분석, 인생태도, 심리게임 등이 선행되어야 한다. 즉, 각 과정에서 구체적인 목표가 달성되었을 때 교류분석의 최종 목적지에 도달하게 된다.

9) 교류분석 상담의 기본적 사고방식

인간의 사고방식과 태도의 기본적인 부분은 유전적 · 체질적으로 부모로부터 받아들이는 것과 유아기의 경험에서 얻은 것에 의해 형성되며 그것이 그 후 인생을 규정해 간다는 가설이 심리학 분야의 통설이다. 교류분석(TA)도 이 가설에 입각해서 이론을 구축한 것이다. 이전에는 이 유아기까지에 형성된 것을 그 후에 변화시키려고 하는 것은 매우 어렵다고 생각하는 경향이 강했지만 TA는 이 같은 사고방식을 부정하고 인간의 의식적인 변혁과 행동수정을 도모해 바꿀 수 있다고 본다. 이에 따라 TA는 자기이해, 타인이해, 자기와 타인의 관계 이해 내지 조직과 사회의 이해라고 하는 세 가지로 구분하여 인간관계의 이해를 깊게 하고 그것에 의해 사고혁신, EQ 및 감정혁신, 행동혁신이라고 하는 삼위일체적인 인간행동의 변화를 도모해 간다. 자기이해는 자기의 사고 · 감정 · 행동을 알고, 나아가 자기의 습관과 성격 경향, 생활태도 등을 앎으로써 자신의 심적 작용을 이해하는 것이다. 궁극적으로는 타인을 이해시키기 위해서, 또 자타의 관계를 원활하게 추진해 가기 위해서도 자기이해는 필수이다.

자기이해와 자아실현을 하기 위해서는, 첫째, 자기를 수용하고 신뢰하는 것, 즉 자신의 긍정성(OKness)을 그 기저에 두어야 한다. 예수와 석가가 이 세상에 온 것은 긍정성에 대한 보다 높은 확신을 심어 주기 위한 것이라고 할 수 있다. 그리고 타인은 자신의 모습을 명료하게 그려 내기 위한 거울이기에 타인을 이해하는 것은 자기 자신의 모습을 진정으로 이해하는 것과 연결되어 있다. 타인을 이해하기 위해서는 타인을 신뢰(타인긍정)하는 것을 그 기초에 둘 필요가 있다. 자신과 타인을 이해한다는 것은 자신이 타인과의 관계에 있어서 어떤 입장에 있는가를 이해하는 것이며, 그 밑바닥에는 상호 신뢰(자기긍정, 타인긍정: I'm OK, You're OK)관계가 형성되어 있어야 한다. 이 같은 상호 신뢰를 위해서는 표면적인 것뿐만 아니라 내면적으로도 공감하고 화합하는 관계를 만들어 가야 한다.

둘째, 자기이해와 자기개발을 위해서는 자아존중감을 가져야 한다. 즉, 이상과 같은 이해를 기초로 하여 사고 · 감정 · 행동의 세 가지 차원에서 조화롭게 통합하여 인간관계를 개선하고 인간이 서로 '마음의 창'을 열고 가정 · 학교 · 직장 · 사회 등에서 생활해 가도록 하는 것이 TA의 최종적인 목표이다. 영국의 철학자 토머스 홉스(Thomas Hobbes)가 복잡한 사회를 이해하기 위해서는 먼저 자기 자신의 내면세계를 이해하는 것부터 선행해야 한다고 설파한 것이나 1966년 세계의 석학이 모인 로마클럽에서 다가오는 세기는 '소우주(microcosm)의 시대'라고 선언한 것을 상기해 볼 필요가 있다. 요컨대, 자기혁명은 자기이해 · 자기수용 · 자기신뢰 · 자기개발 · 자기실현이라는 단계를 밟아야 하며 조직 개발이나 사회 개발도 이 같은 개체의 혁명 위에 추진되어야 할 것이다. 석가가 "천상천하 유아독존."을 일갈하며 "우주 가운데 나보다 존귀한 것이 없다."라고 한 것은 '나'라는 존재는 과거, 현재, 미래에 오직 유일무이한 '독특한 존재'라는 뜻이며, 영어의 individual(개체)이라는 말도 impossible(불가능한)과 divide(나누다, 분할하다, 쪼개다)를 합친 말로 더 이상 나누는 것이 불가능한 통합성, 전체성을 가진 독특한 개체를 의미한다. 이러한 '나'에 대한 이해를 저변으로 하여 주어진 나를 이해하고 수용함으로써 비로소 자기계발, 자아실현을 도모할 수 있는 것이다.

『코란』에 보면 마호메트가 사람들을 모아 놓고 산을 불러오겠다고 하고 산을 향하여 "산아! 이리 오너라!" 하고 세 번이나 외쳤으나 산은 오지 않았다. 마호메트는 "산이 오지 않으면 내가 가야지!" 하고 산을 향해서 걸어갔다는 이야기가 있다. 여기에서 산이란 환경이요, 타인이요, 과거지사에 비유될 수 있다. 또 도산 안창호 선생이 청년들에게 "내가 죽일 놈임을 자각하라."라고 절규하고 '주인정신'을 외친 것도 자기혁명을 통해 사회를 개조하고 민족혁명을 불러일으켜 궁극적으로 독립을 쟁취하자는 의미였다.

셋째, '모든 것은 마음이 만든다.'는 확신을 가져야 한다. "흔히 사고 · 감정 · 행동을 고쳐 습관과 성격을 개조하고 운명을 바꾸자!"는 슬로건을 사용한다. 이것은 교류분석을 통해 사고혁신을, 게슈탈트 치료를 통해 감정혁신을, 행동치료를 통해 행동혁신을 도모하고, 사고 · 감정이 행동으로 노출되어 행동이 세 번 이상 반복되면 버릇과 습관이 만들어지고, 습관이 고정되면 성격이 형성되며, 성격이 결국 운명을 낳는다는 뜻이다. 따라서 TA 통합 이론으로 성격을 고치면 운명항로를 수정할 수 있다는 의미이다. 요컨대, '모든 것은 우리 마음이 만든다.'는 유심론에 입각해 있다.

넷째, 자기이해와 자기개발을 위해서는 죄업을 단절해야 한다. 불교에서는 전생에 몸과 입과 뜻으로 지은 선악의 소행으로 말미암아 현생에서 받는 응보를 업이라고 한다. 죄업을 단절하기 위하여 불교에서는 참회라는 방법을 동원한다. 그리고 나의 부모, 조부모, 증조부모, 고조부모 등이 지은 죄업으로 인하여 현재 나의 행복이 보장받지 못하는 경우가 많다. 이것을 나의 대에서 단절하지 않으면 나의 행복이나 나의 자식들의 행복을 보장받기 어렵다는 것이다. 심리학에서는 초월심리학(transpersonal psychology)

이 근래 각광받으면서 전생의 인연을 밝혀 가고 있다. 교류분석 심리학에서는 사람이 태어나서 6세가 되기까지 성격의 80%가 형성되는데, 이때 부모 등 중요한 타인을 모델로 하여 그들을 흉내 내면서 성격 형성을 하므로 대체로 부모를 꼭 닮은 말버릇, 제스처 등의 행동을 하게 된다고 본다. 이것은 누대에 걸쳐 전송되어 온 사회적 유전으로 불교에서 말하는 전생에 나의 모습에 비견할 수 있는 것이다. 그런데 부모의 잘못된 버릇, 말, 행동 등은 과감히 단절하지 않으면 안 되는데, 그 까닭은 불행을 끊고 행복하게 살아가기 위해서이다. 그러기 위해서 부모(전생)가 지은 잘못된 죄업을 '지금—여기'로 끌고 와서 토설하고 직면하게 하여 감정을 정화해야 한다. 교류분석 심리학에서는 부모 등 양육자의 성격이 내 성격의 일부로 된 것('어버이' 자아상태: Ⓟ)이지만 본래 내 것이 아니고 부모의 것이므로 수정 가능하며, 고치는 데 대해서 죄책감을 가질 필요도 없다고 인식한다. 특히 부부치료에서 업의 단절은 필수적이다.

다섯째, 자기이해를 통해 자기실현을 하기 위해서는 마음을 비워야 한다. 마음을 비운다는 것은 순수자아를 회복하도록 하는 것이다. 마음을 비우면 깨끗하고 밝은 얼굴이 된다. 즉, 희로애락의 감정을 수정 없이 그대로 표현할 수 있을 때 얼굴은 동안이 되는데, 동안은 자기실현을 하고 있는 사람이라는 것을 말해 주기도 한다. 있는 그대로의 감정을 한 점 구김살 없이 표현하는 상태로, 심리학에서는 순수자아의 표출이라고 한다. 호연지기를 갖고 가면을 벗은 채 순수자아를 표출할 때 심리적 해방감을 맛볼 수 있게 된다.

이상에서 자기이해와 자기실현의 열쇠가 되는 다섯 가지에 대해 언급했는데, 자기이해와 자기실현을 할 수 있는 열쇠는 "수지맞는 인생장사를 하라."라는 말로 집약해 볼 수 있다. 교류분석이라는 말의 '교류' 속에는 거래라는 의미가 포함되어 있다. 거래라는 말은 장사를 할 때 사용하는 상거래 내지는 흥정이라는 의미가 담겨 있다. 교류분석은 수지맞는 인생 장사를 하는 법을 말한다고 할 수 있다. 서구인들의 행동 원리로 비용—수익 분석을 든다. 원가나 비용을 얼마를 들여 얼마의 수익을 가져다주느냐 하는 경제성 분석이다. 이 같은 인간행동의 원리를 사회학이나 사회심리학에서는 교환 이론으로 집약하고 있다. 교환 이론은 사회학자 호맨스(G. C. Homans) 블라우(P. M. Blau)나 사회심리학자 티보(J. W. Thibaut)나 켈리(H. H. Kelley), 인류학자 레비스트로스(C. Lévi-Strauss) 등이 주장하는 것으로 교환이라는 관점에서 경제적 현상뿐만 아니라 널리 사회적 현상도 설명하려는 이론이다.

인간관계에 있어서도 의리와 인정을 도모함에 있어서 "당신에게는 빚이 있다."라는 표현을 자주 사용한다. 인간관계에 있어서 행위나 감정을 교환이라는 시각에서 이론을 구축하고 있다. 상대가 협력하면 자신도 협력한다는 협력 장면이나 대립하고 있을 때 서로 양보하여 의견을 일치시키는 타협 장면에 이 이론을 적용한다.

요컨대, 교환 이론은 모든 사회관계가 경제적 거래나 선물의 교환과 같은 것이다. 상사가 부하를 사랑하는 것은 내 심복이 되라는 뜻이 포함되어 있으며, 부모가 자식에게 베푸는 애정의 저변에는 노후에 대우를 해 주기를 바라는 마음이 있다. 아내와 남편의 관계, 부모-자녀관계 등 모두에 이러한 심리가 깔려 있다. 교류분석에서는 이 같은 관점에 따라 심리치료를 풀어 가는 방법을 사용한다. '홍길동 주식회사를 번창시키는 데 그런 행동이 어떤 도움이 됩니까?' 하고 질문해 보라. 만약 당신이 인생 장사를 잘못하고 있다고 생각되면 '그렇게 하는 것이 나에게 어떤 도움이 될까?' 하고 자문해 보라.

10) 교류분석 상담과 심리치료 과정

교류분석 상담과 심리치료는 맨 먼저 계약으로부터 시작한다. 계약이 없다면 교류분석 상담이 아니다. 에릭 번은 상담 계약이 무엇을 할 것인가에 대하여 잘 정의된 두 사람의 공약이라고 했다. 교류분석 상담의 계약은 크게 두 가지로 되어 있다. 하나는 상담업무 계약이고 하나는 상담치료 계약이다. 상담업무 계약은 제공된 서비스의 조건과 기간을 명시한다. 기본 요소는 시간, 기간, 비용, 약속을 어겼을 때 방침, 상담시간 외 접촉, 윤리강령 등이고, 상담치료 계약은 효과적 상담과 심리치료를 위한 계약으로 다시 성과계약(목표계약)과 행동계약으로 나눈다. 모든 계약은 명확하고 융통성 있는 계약이 되어야 하고, 계약은 감각에 기초한다는 것을 명심해야 한다. 즉, 계약이 우리의 오감을 사용해 성과를 점검해 볼 수 있는 방법으로 진술되어야 한다는 뜻이다. 정서적으로 느낀다는 것이 아니라 신체적으로 느낀다는 것을 강조한 것이다. 자아상태 구조, 기능 분석에서는 인간의 성격은 어떻게 구성되어 있고 기능하는지 분석하여 자신의 성격을 이해한다. 교류패턴 분석과 인정자극, 개인분석에서는 대인관계 존재 방식을 분석·이해한다. 교류패턴 분석에서는 사람들은 인간관계를 할 때 어떤 방식으로 교류하는지 분석하고, 인정자극에서는 인간을 지탱하게 해 주는 몸과 마음의 영양물이 무엇인가를 다룬다. 게임 분석에서는 대인관계 중에 되풀이되는 힘들고 편치 않은 인간관계는 왜 그런지 분석한다. 인생태도에서는 사람이 살면서 갖는 삶에 대한 태도는 어떤 것인가를 자기와 타인에 대한 마음가짐 분석을 통해 이해한다. 시간의 구조화에서는 인생이라는 시간을 어떻게 각자 꾸려 나가는지 시간의 사용을 분석하고 이해한다. 각 본분석에서는 인생을 하나의 드라마로 보고 자신이 현재 연기하고 있는 각본을 분석하여 무의식적 인생계획을 이해한다.

이러한 분석을 통해 참자기를 발견하고 재결단을 통해 Ⓐ 현실감각을 강화, 변화를 통해 자율성을 회복하여 실존적 인간이 되도록 한다. 실존적 인간이란 시키는 대로 임 무만 수행하는 도구적 인간이나, 이상이나 동경을 따르는 이상적 인간이 아니라 실제 존재하는 인간으로 과거, 미래가 아닌 지금-여기에 살면서 삶의 주인이 자기라는 것을 자각하는 존재이다.

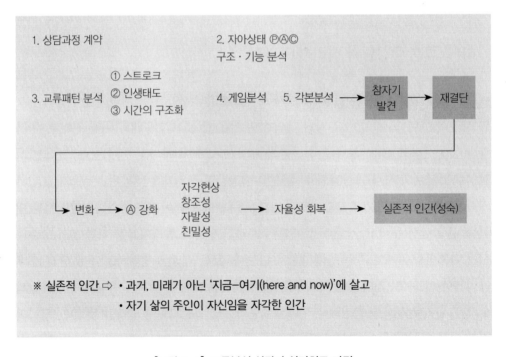

[그림 1-1] 교류분석 상담과 심리치료 과정

11) 교류분석의 활동 영역

교류분석의 3대 활동 영역은 임상, 교육, 조직(경영 및 행정)이다. 임상은 생활 문제에서부터 심각한 정신장애까지 상담에서 심리치료 영역으로 상담센터나 병원에서 개인, 집단, 가족, 아동, 청소년, 노인에게 교류분석 이론을 활용할 수 있다. 교육은 교육현장에서 교육적이고 예방적인 역할을 하는 독특한 치료 개념으로 교류분석 이론을 활용하고 있다. 조직은 구성원의 스트레스를 줄이고 창조성을 최대화하며 효과적인 작업환경을 만들기 위해 회사, 사회복지시설, 경찰, 보호관찰소, 교회 등에서 상담, 코칭, 컨설팅에 교류분석 이론을 활용하고 있다.

제2장

교류분석의 핵심 이론

1. 자아상태 분석

1) 자아상태 구조

교류분석에서 자아상태란 에고(ego), 마음, 성격, 자아, 관념의 나를 나타낸다. 에릭 번(Eric Berne)은 자아상태를 "일관된 유형의 감정과 경험에 따른 일관된 유형의 행동" 이라고 정의하였다.

불교 경전 중 하나인 『화엄경』에 '일체유심조'라는 말이 있는데, 이는 일체 모든 것은 오직 마음의 조화라는 것이다. 행복과 불행도 마음의 조화요, 성공과 실패도 마음의 조화이다. 이러한 마음은 사고와 감정으로 되어 있다. 우리가 어떤 사고를 하느냐에 따라 우리의 운명이 결정된다고 해도 무리한 말은 아닐 것이다. 근대 심리학의 창시자인 윌리엄 제임스(William James)는 사고(생각)는 감정(느낌)을 낳고, 사고와 감정은 행동을 낳는다고 보았다. 행동의 반복은 습관을 낳고, 습관은 성격을 낳으며, 이 성격은 한 개인의 태도·가치관·신념을 형성하여 이윽고 개인 문화를 형성해서 결국 한 사람의 운명을 결정짓는다는 것이다. 이러한 마음은 어떤 구조를 하고 있을까? 교류분석의 창시

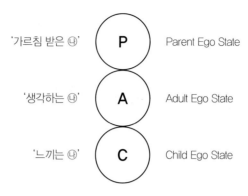

'가르침 받은 ④'　　P　　Parent Ego State

'생각하는 ④'　　A　　Adult Ego State

'느끼는 ④'　　C　　Child Ego State

[그림 2-1] 세 가지 자아상태

자인 에릭 번은 이러한 마음을 자아상태(ego-states)라 하여 "사고 및 감정, 이에 관련된 일련의 행동 양식을 종합한 하나의 시스템"이라고 정의하였다. 자아상태는 어버이 자아, 어른 자아, 어린이 자아의 세 가지 구조로 되어 있다. 부모나 부모처럼 여겨지는 사람을 모방하여 행동하고 사고하고 느낄 때 '나'는 어버이 자아상태에 있다고 하고, 성인으로서 가지는 모든 능력을 사용하여 나를 둘러싼 사건들에 대하여 지금-여기에서 반응하는 방식으로 행동하고 사고하고 느낄 때 '나'는 어른 자아상태에 있다고 한다. 그리고 어린아이였을 때 한 것과 같이 행동하고 사고하고 느낄 때 '나'는 어린이 자아상태에 있다고 한다.

다음은 세 가지 자아상태의 예를 들고 각각의 단서와 파악방법을 보다 쉽게 이해할 수 있는 구체적인 내용을 들어 보겠다.

(1) 어버이 자아상태

번(Berne, 1964)에 따르면 어버이 자아상태는 출생에서부터 5년간 외계의 경험원들, 주로 부모를 모방학습하여 형성된 태도 및 기타 지각 내용과 그 행동들로 구성된다. 다시 말하면, 어버이 자아상태는 자신의 생활 가운데서 의미를 부여하는 타인들, 즉 부모나 그 밖의 부모 대리인들이 말하고 행동하는 것들을 듣고, 관찰하는 내용들이 어버이 자아상태라고 하는 고성능 테이프에 기록되어 내면화된 것이라 할 수 있다. 이러한 어버이 자아상태의 형성과정의 특징은 거의 무의식적으로, 비판에 의하여 교정됨 없이 바로 받아들여져 내면화된 것이라는 점이다. 출생에서 5세까지의 어린아이는 의존성, 언어로 의미를 구성할 수 없는 무능력으로 특정지어지는 때이다. 그러므로 모방이나 학습의 과정에서 감지하는 자료들을 변동하거나 수정하거나 또는 설명할 수가 없다. 그렇기 때문에 무비판적으로 진정한 의미를 파악하지 않고 무조건 수용된 낡은 어버이 자아상태의 자료에 의한 우리들의 행동은 비현실적이고, 독선적이며, 무조건 금지적이며, 또한 부적절하게 나타나게 되는 경우가 많다. 따라서 우리들의 행동 가운데서 융통성이 없는 무조건 금지적이고 독선적이며 비판적인 행동들은 이 어버이 자아상태의 기능 작용에 의한 것으로 분석할 수 있다.

사람이 어버이 자아상태에 있을 때에는 질책하는 자세로 "밤을 새워 바둑을 둬서는 안 돼!"와 같은 경우나 상대에게 힘이 되어 주는 것과 같이 "아주 어려운 것 같군. 힘이 되어 주도록 하겠네." 등에서 볼 수 있듯이 과거 부모가 했던 것과 같이 질책하거나 원조하게 된다.

(2) 어른 자아상태

어른 자아상태는 생후 10개월경 어린아이가 자기 자신의 자각과 독자적 사고가 가능해짐에 따라 자신이 혼자서 어떤 일을 해 낼 수 있다는 자신감을 갖게 되면서 서서히 형성되기 시작한다(Harris, 1967). 그러므로 어른 자아상태는 어버이 자아상태나 어린이 자아상태와는 달리 어떤 것을 지금-여기서 혼자서 해 낼 수 있는 어린아이의 자신감 위에 형성된다는 것이 특징이다.

이러한 어른 자아상태는 일종의 컴퓨터와 같은 기능을 갖고 있는 것으로 볼 수 있다. 즉, 어른 자아상태는 추리하고, 외부의 자극들을 평가하고, 정보들을 모아서 미래의 행동수행에서 참고자료로 사용할 수 있게 저장한다. 나아가서 어른 자아상태는 수집, 저장된 자료들과 새롭게 수집된 자료들을 근거로 하여 어떤 결정을 집행할 수 있게 한다. 또 독립적으로 살아갈 수 있게 하며, 보다 선택적으로 행동할 수 있게 한다.

어른 자아상태는 객관성의 잣대를 제공해 준다. 개인은 어른 자아상태를 통해서 자신을 보다 현실적으로 검증할 수 있다. 즉, 어른 자아상태는 어버이 자아상태에 기록된 자료의 진실 여부가 현재에도 적용될 수 있는가를 확인하고, 그 자료의 용납과 거부를 결정하는 기능을 가진다. 어린이 자아상태에 기록되어 있는 감정들이 현재 상황에도 적절한 것인가, 아니면 어버이 자아상태의 고루하고 낡은 자료에 대한 반응 형식인가를 알아보는 검토 기능도 가지고 있다. 다시 말해서 어른 자아상태는 어버이 자아상태와 어린이 자아상태의 자료들을 검토하여 어버이 자아상태에 의한 편견이나 독선,

어린이 자아상태에 근거한 부적절하고 유치한 부적응 행동을 방지하고자 한다. 더하여 어른 자아상태는 언제나 어버이 자아상태와 어린이 자아상태의 행동을 거부하는 것은 아니고, 상황에 맞추어 적절하게 나타날 수 있도록 조정하는 기능을 한다(James & Jongeward, 1971; 우재현, 2007).

개인은 여러 가지 행동을 할 수 있는데, 그때 그의 어른 자아상태가 여러 가지 행동 과정의 결과를 예측해서 후회나 실패의 가능성을 최소화하고, 창의적으로 성공의 가능성을 증대시킨다.

이와 같은 기능을 하는 어른 자아상태를 우리는 눈을 깜박이며 골똘히 사고하는 표정, 적극적으로 경청하는 자세, 여러 가지 가능성을 탐색하는 행동에서, 그리고 '비교적 ~하다', '생각건대', '내가 알기로는' 등과 같은 언어적 표현을 통하여 알 수 있다(Harris, 1967).

사람이 어른의 자아상태로부터 심적 에너지를 방출하고 있을 때는 바른 자세와 냉정한 태도로 '어떻게 하면 해결할까? 어쨌든 확실히 보기로 하자.'와 같이 사실에 입각한 냉정한 판단에서 문제를 해결하려고 한다.

(3) 어린이 자아상태

울램스와 후이지(Woollams & Huige, 1977)에 따르면 어린이 자아상태는 인간 개체 내에서 자연스럽게 나타나는 생득적인 모든 충동과 감정들, 그리고 그의 생의 초기에 경험하는 사태들에서 느끼게 된 감정과 그러한 감정에 대한 반응 양식들로 구성된다. 생의 초기에 수반된 감정들이란 주로 출생 후 5세경까지의 외적 사태들(주로 부모와 관련된)에 대한 느낌 차원의 반응, 즉 감정적인 반응으로서 외적 사태들에 대한 그 어린아이의 감정적 반응체제가 내면화된 것이다. 그런데 어린아이가 생의 초기에 갖게 되는 감정적 경험은 그에게 있어서 결정적으로 중요한 의미를 갖게 된다. 이때 경험하게 되는 부정적 감정이 그 어린아이가 자기부정적 자아(I'm not OK)를 형성하도록 하기 때문이다.

인생 초기의 어린아이들은 그 감정을 표현할 수 있는 언어적 능력이나 어휘를 거의 가지고 있지 못하기 때문에 글들이 갖는 경험 상태에 대한 반응의 대부분이 내적인 감정적 반응이다. 물론 그러한 감정적 반응들 가운데는 경험 상태에 따라 긍정적 경험과 부정적 경험도 있을 수 있다. 그러나 대체로 생의 초기에 어린아이는 낯설고 서툰 환경에 던져져 시행착오적으로 적응 행동을 학습해 나가는 동안 불가피하게 당면할 수밖에 없는 다양한 욕구좌절의 경험을 가지게 되고 이때 많은 부정적 감정을 경험하게 된다. 따라서 이러한 부정적 감정들이 기초가 되어 어린아이는 자기부정적 자아를 형성하게 되는 것이다.

"야! 멋있어! 놀랐는데!"와 같이 느낀 그대로를 표현하거나 "저런 저렇게 굽히고 나올 수가 있나. 상대가 나빴기 때문일 거야."와 같이 본래의 감정을 억제한 언동을 취할 때에는 어린이 자아상태에서 에너지를 방출하고 있는 것이다.

그러면 어떤 S교사의 자아상태 변화의 사례를 들어 보기로 하자. S교사가 교실에서 수업을 하고 있다. S교사는 수업을 진행하면서 한 학생, 한 학생을 관찰하고 학생들의 반응을 보고 있다. S교사는 지금-여기에서 자신을 둘러싸고 있는 학생들에 반응하면서 수업을 진행하고 있는 것이다. 이때 S교사는 어른 자아상태에 있다.

그런데 그때 어떤 학생이 떠들기 시작했다. 그 순간 S교사는 그것이 다른 학생들의 수업을 방해할 것 같다는 생각이 들었다. S교사는 재빨리 그 학생이 있는 자리 옆으로 이동했다. 그랬더니 학생은 떠드는 것을 멈추고 다시 조용해졌다. 이 시간 동안 내내 S교사는 어른 자아상태에 있었던 것이다. 수업시간 느끼는 감정은 S교사가 수업 분위기가 흐트러지지 않도록 하기 위해 보다 빠르게 대처하도록 해 주며 지금-여기의 교실 분위기에 대한 적절한 반응이었다.

그런데 잠시뿐 그 학생은 다시 계속 옆 학생과 장난을 하기 시작했다. 그러자 S교사는 학생을 향해서 이렇게 말했다. "너는 왜 자꾸 수업시간마다 주위가 산만하니? 주의 좀 해!" 이 순간 S교사는 어버이 자아상태로 이동한 것이다. S교사도 어렸을 때 무척 개구쟁이 아이였다. 그래서 자주 선생님들께 주의를 받곤 하였다. 그때 그 선생님들의 모습과 표현하는 말들을 보고 들었다.

수업시간이 다 끝나갈 무렵 그 학생은 다시 옆 학생과 장난을 하기 시작했다. 이것을 본 S교사는 화가 났다. 수업이 끝나자 그 학생을 데리고 교무실로 와서 학생과 상담을 하게 되었다. 상담을 하다 보니 중요한 회의 시간에 늦었다는 것을 알게 되었다. 학생을 보낸 다음 S교사는 한동안 당황한 마음을 가라앉혔다. 지금 S교사는 어린이 자아상태로 옮겨 갔다. S교사는 옛날에 본인이 학교 다닐 때 학교에 지각해서 선생님에게서 받았다고 기억되는 벌의 위협감을 가졌던 오래된 추억을 기억했다. S교사의 당혹감은 이러한 오래된 기억에 대한 반응이며, 성인으로서의 상황에서 발생할 수 있는 어떤 것에 대한 반응은 아니다. 이 순간에 S교사는 자신이 어린 시절을 재연하고 있다는 사실을 의식적으로 자각하지는 않고 있다. 만약 당신이 S교사에게 '이런 상황이 어린 시절의 어떤 것을 회상하게 합니까?'라고 묻는다면, S교사는 의식적으로 기억을 되살려 오래전 학교 교실의 장면을 떠올릴 것이다. 그렇지 않으면 S교사는 즉시 그것들을 기억할수 없도록 그런 고통스러운 회상을 애써 감추어 버릴 것이다. 만약 S교사가 비록 치료를 받으러 가게 되더라도, 깊이 감춰진 기억들은 의식 속으로 후진시키기를 원했다면더 오래 걸릴지도 모른다. 어린 시절의 감정과 생각을 이제 다시 경험함으로써 S교사는학생이었던 몇 년 동안에 보여 주었던 어떤 행동들을 다시 보여 주고 있다. S교사의 마음은 급히 서두르고 있다. 입가로 손을 올리고 눈은 커진다. 자세히 보면 S교사가 땀을약간 흘렸다는 것을 알 것이다. 잠시 후에 S교사는 생각한다. '잠깐만! 내가 무엇을 두려워하고 있지? 내가 늦은 이유를 말하면 다 이해할 거야. 지금부터라도 참석해서 동참하면 되겠지.' S교사는 어른 자아상태로 되돌아온다.

지금까지 기술한 사례는 S교사의 마음의 변화상태, 즉 자아상태의 변화과정을 나타낸 것이다.

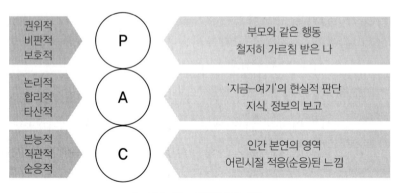

[그림 2-2] 자아상태의 개요

(4) 유동적인 자아상태의 심적 에너지

자아상태 ⑨④ⓒ의 전체 심적 에너지는 사람마다 총량이 일정하다. 따라서 상황에따라 자아상태 ⑨④ⓒ가 각각 잘 활성화되어야 건강하고 균형 잡힌 성격이 된다. 가치판단이 필요할 때는 어버이 자아상태가 활성화되어야 하고, 현실 판단이 필요할 때는어른 자아상태가 활성화되어야 하며, 본능적 판단이 필요할 때는 어린이 자아상태가활성화되어야 한다.

어머니가 말썽을 부리고 있는 아들을 큰 소리로 꾸짖고 있는 장면을 상상해 보자. 찌푸린 얼굴로 쩌지는 외마디 소리를 내고, 한쪽 팔은 공중에서 한 대 내리치려는 찰나이다(ⓟ의 자아상태). 그때 돌연 전화벨이 울렸다. 그녀는 20년 전 친했던 초등학교 동창생의 목소리를 듣는다. 그 순간 그녀의 자세는 일변하고 어조나 표정은 부드럽게 변하기 시작한다. 점차 옛날 어린 시절의 추억을 회상하고 천진난만한 모습으로 변한다(ⓒ의 자아상태). 전화를 끊은 후 말썽부린 아이에게 그렇게 해서는 안 된다는 이유를 설명하고 그런 버릇을 고치도록 노력해 보자고 제의한다(ⓐ의 자아상태).

이 경우에서 볼 수 있듯이 자아상태는 상황의 변화에 따라 바뀌게 된다. 또 자아상태와 자아상태의 사이는 반투막으로 되어 있어서 ⓟⓐⓒ 사이를 정신에너지가 자유롭게 이동한다. 생화학적으로 설명하자면 자아상태 전체는 용액이고, 자아상태 ⓟⓐⓒ는 용질이며, 심적 에너지는 용매이다. 자아상태 ⓟⓐⓒ 사이는 반투막이 형성되어 있어서 심적 에너지만 유동할 수 있어야 한다.

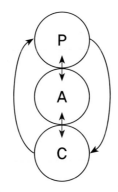

[그림 2-3] 자아상태의 유동

(5) 자아상태의 파악방법

자아상태 ⓟⓐⓒ의 각각에 대해서 언어적 단서, 행동 자세의 단서, 목소리의 단서, 얼굴표정상의 단서에 대해서 살펴보면 다음과 같다.

① '어버이' 자아상태(ⓟ)
• 언어적 단서: 하지 않으면 안 돼, 해야 한다, 해서는 안 돼, 하지 않으면 안 돼, 항상, 결코, 질문해서는 안 돼, 방해해서는 안 돼, 착한 아이가 되어라, 가까이서 뭐라

고 말하려고 생각한다, 도와주도록……, 좋다, 나쁘다, 나보다, 추하다, 아름답다, 귀엽다, 영리하다, 어처구니없다, 부질(쓸데)없다, 도리에 어긋난다, 자아! 해 봐, 괜찮겠지요, 걱정하지 말고, 너를 돌봐 줄 테니, 이렇게 하면 기분 좋게 되겠지, 성가신 놈, 두려워하지 마라 등

- 행동 자세의 단서: 탁자를 친다, 손가락질해서 비난한다, 손가락질해서 위협한다, 등을 두드린다, 접촉하여 위로한다, 탁자를 친다, 눈을 위로 향해서, 지겨워하는 얼굴, 발을 쿵쿵거리고, 머리를 가로저으며 '안 돼'라고 한다, 끄덕이며 긍정적 의미를 나타낸다, 팔짱을 끼고 턱을 잡아당긴다, 얼굴을 위로 향해 훑어본다, 양보한다, 양손을 쥐고서 참는다 등
- 목소리의 단서: 징벌적, 격려적, 지지적, 동정적, 조소적, 비난적 등
- 얼굴표정상의 단서: 용기 있는 수긍, 이마에 주름을 잡는다, 어금니를 깨문다, 동정적, 거만한 미소, 애정적, 몹시 불쾌한 얼굴 등

② '어른' 자아상태(Ⓐ)

- 언어적 단서: 5W1H(육하원칙: 언제, 어디서, 누가, 무엇을, 어떻게, 왜), 예, 아니요, 가능성을 양자택일로 하기로 하지요, 결과는, 사실은 무엇인가, 이것은 실증되어 있지 않은 의견이다, 조사해 보도록 하자, 지금까지 무엇이 올바르게 된 것일까, 이유는 뭔가, 이것을 시도해 보겠습니까, 그렇다면 움직여 보지요, 비교해 보도록 하지요, 원인을 조사해 보자, 통계에 의하여 변경이 표시되어 있습니다, 회의는 토요일 10시입니다, 오후 3시입니다 등
- 행동 자세의 단서: 수준 있는 안목에 의한 접촉, 똑바르고 굳어지지 않는 자세, 손가락으로 뭔가를 나타낸다, 이해와 확인, 관심을 보인다, 피드백한다 등
- 목소리의 단서: 냉정, 지적(서두르지 않고 솔직함), 여유 있는 정서를 구김 없이 명쾌하게, 자신의 정보를 찾거나 주거나 한다 등
- 얼굴표정상의 단서: 주의 깊게 관찰한다, 질문하는 듯이 생생했다, 지금-여기에서의 반응, 예민한 눈빛, 자신에 찬 얼굴 모습, 사려 깊다 등

③ '어린이' 자아상태(Ⓒ)

- 언어적 단서: 어머 깜짝이야, 될 수 없다, 하고 싶지 않다, 주십시오, 알 바 없다, 원

하다, 나를 귀여워해 주세요, 이봐! 나를 좀 봐, 두려워, 도와주세요, 누구도 좋아
해 주지 않으므로, 당신이 나를 울렸어요, 저는 아니에요, 그는 틀렸어, 내 쪽이 저
사람보다 나아요, 집에 돌아가고 싶다, 노는 편이에요, 쳇(자기의 기대나 관심에 어
긋나 못마땅할 때 지르는 소리), 아이처럼 돌봐 주고 싶은 일, 과자를 더 주세요, 모두
가 날 좋아해 주길 바란다, 야, 와 등

- 행동 자세의 단서: 의기소침, 낙담한다, 짜증을 부리다, 즐거운 모습, 신이 나서 마
  음이 들뜬 모양, 머리털이 쭈뼛하고 서다, 깡충깡충 뛰어다니다, 거북해하듯, 머뭇
  머뭇하다(주저하다), 손톱을 깨물다, 손을 올려 신호하다, 의기소침 등
- 목소리의 단서: 목구멍에서 소리가 난다, 구슬프게 울다, 어물어물 넘기다, 어리광
  스러운 대화 방식, 허가를 구한다, 입이 걸게 욕을 하다, 심보 나쁘게 울다, 놀리다,
  토라져 침묵하다, 조소하다, 못살게 굴다, 큰 소리로 웃다, 흥분 상태에서 재빨리
  큰 소리로 말하다, 농담하다, 피식피식 웃다 등
- 얼굴표정상의 단서: 뿌루퉁한 얼굴을 하다, 타인에게 눈을 치켜뜨다, 내려뜨는 눈,
  망연해한다, 기뻐하다, 흥분된 얼굴 모습, 불가사의하다는 듯, 머리를 갸웃함, 악
  의가 없고 순진한, 눈을 크게 뜬 얼굴 모습, 비참하게 침울, 절망, 감탄, 눈물 흘린
  눈매 등

2) 자아상태 기능

개개인의 자아상태 ⓟⓐⓒ가 어떻게 구성되어 있는가를 알기 위한 구조분석에 대하
여 그 사람의 자아상태가 어떻게 사용하는가를 실제 면에서 알기 위한 방법이 기능분
석이다. 이것도 구조분석과 아울러 자기이해 방법의 하나이다.

기능분석은 구조분석 자아상태 ⓟⓐⓒ를 더욱 기능적으로 세분화하는 데서 시작해
야 한다. 기능분석에서는 어버이 자아상태 ⓟ를 더욱 기능적으로 분류하여 비판적 ·
통제적 어버이 CP(Critical or Controlling Parent)와 양육적 어버이 NP(Nurturing Parent)로
나눈다(Berne, 1964; Woolams & Huige, 1977; James & Jongeward, 1971).

다음으로 어린이 자아상태 ⓒ를 태어날 때 그대로의 자연스럽고 속박이 없는 자유
스러운 어린이 FC(Free Child)와 순응한 어린이 AC(Adapted Child)로 기능적으로 분류
한다.

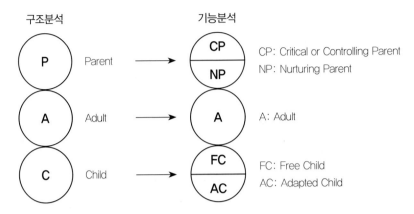

[그림 2-4] 세 가지의 자아상태와 기능분석

기능분석에서도 Ⓐ는 더 이상 나누지 않고 그대로 사용한다.

그러면 다섯 가지 자아상태([그림 2-4] 참조)로 우리들의 언동이나 태도를 분류하는 '기능분석'을 좀 더 구체적으로 보기로 하자.

(1) 통제적 · 비판적 어버이(CP)

통제적 · 비판적 어버이(CP)는 다른 사람의 권리를 고려하지 않고 비현실적인 고집을 부리거나 또는 다른 사람의 자존심을 말살해 버리는 것과 같은 행동을 하게 한다. 그래서 비판적인 어버이 자아상태를 자주 사용하는 사람은 상대방을 화나게 하거나 그들로부터 따돌림을 받게 될 수도 있다. 이 어버이 자아상태는 그 개인의 도덕과 가치판단의 모체를 내포하고 있다(Woollams & Huige, 1977). 즉, 어버이 자아상태의 자료 속에도 많은 가치 있는 것들이 포함되어 있는 것이다.

이러한 어버이 자아상태에 내면화되어 있는 자료들에 의한 메시지들이 앞서 설명한 바와 같이 다른 사람들을 향하여 나타나기도 하지만 개인의 내면에서 내적 대화로서 작용할 수도 있다. 예컨대, 어떤 사람이 미팅에 관한 견해를 솔직하게 말해 보라는 요청을 받았을 때, 그는 낡은 어버이 자료 테이프로부터 '어리석게도 다른 사람 앞에서 자신을 드러내지 마라.'라는 내면적 메시지를 들을 수 있다. 반면에, 어떤 사람은 같은 상황에서 '한번 용기를 내어 솔직하게 말해 보라. 두려워 마라.'라는 내면적 메시지를 들을 수도 있을 것이다.

CP의 경우 자신의 가치관이나 생각하는 방법을 올바른 것으로 보고 그것을 양보하려고 하지 않는다. 양심이나 이상과 깊이 관련되어 있어서 주로 비평이나 비난을 하지만 동시에 아이들이 생활하는 데 필요한 여러 가지 규칙 등도 가르친다. 비판적 어버이 비중이 높은 사람은 타인부정형(You're Not OK)인 경우가 많다.

이 비판적 어버이(CP)가 지나치게 강하면 거만하고 지배적인 태도, 명령하는 말투, 칭찬보다는 비난하는 경향이 있으며 상대를 질책하는 듯한 느낌을 준다. 이와 같은 비판적 어버이를 지나치게 강하게 전면에 나타내는 상사, 배우자, 교사, 부모, 친구 등은 상대를 초조하게 하고 상대로부터 경원당하기 쉽다.

이와 같은 어버이 자아가 작동하고 있는 징후는 얼굴표정이나 몸짓과 같은 여러 가지 비언어적·언어적 행위를 통하여 관찰할 수 있다(Harris, 1967; Woolams & Huige, 1977; Bennet, 1976). 관찰할 수 있는 단서의 예는 다음과 같다. 비판적, 훈육적, 통제적, 어버이 자아상태인 경우에는 '해라', '하지 마라'는 등의 명령, '옳다', '그르다', '좋다', '나쁘다' 등의 비판적이고 평가적인 말이나 태도 '항상 ~하다', '결코 ~', '당연한 것이야', '틀림없이 ~하다'는 등의 단정적이고 융통성이 없는 말이나 태도, 관용성이 없고, 독선적이며, 강압적으로 요구하는 것, 발로 바닥을 구르는 것, 눈살을 찌푸리는 것, 머리를 가로젓는 것, 준엄한 응시, 비난이나 경멸의 동작으로 손가락을 까닥거리는 행동 등을 들 수 있다.

(2) 양육적 어버이(NP)

이것은 친절, 동정, 관용적 태도를 나타내는 부분이다. 아이들, 부하, 후배 등을 위로하고 격려하며 부모와 같이 돌보는 것이 이 양육적 어버이(NP)의 작용이다. 처벌하기보다는 용서하고 칭찬하는 생활태도이다. 남의 고통을 자신의 것처럼 받아들이려는 보호적이고 온화한 면을 갖고 있다. 양육적 어버이 비중이 높은 사람은 타인긍정형(You're OK)인 경우가 많다.

이 양육적 어버이(NP)가 지나치게 강하면 아이들의 숙제를 밤중까지 해 주거나 입학시험에 아이를 따라가서 돌보아 주는 등 과보호가 되기 때문에 지나친 간섭을 하기 쉬우므로 주의해야 한다.

요컨대, 인간은 엄격성과 이해를 가진 통제적 어버이(CP)와 공감과 이해를 가진 양육적인 어버이(NP)라는 두 가지 면의 작용이 잘 조화될 때 건강한 성장과 발전을 이룰 수 있다.

양육적 어버이 자아상태의 단서는 '열심히 하면 된다.', '최선을 다하는 것이다', '모든 것이 잘될 것이다', '걱정할 필요 없다', '포기할 필요가 없다' 등의 격려하는 말이나 태도, 보호적 태도, 사랑스러워하는 태도, 미소 짓는 행동, 잡아 주는 것, 걱정스러워하는 태도, 껴안는 것 등을 들 수 있다.

(3) 어른 자아상태(Ⓐ)

사람은 현실적응을 위해서 필요한 지식을 축적하고 그것을 합리적으로 이용하는 컴퓨터와 같은 부분을 갖고 있다. 컴퓨터와 같이 냉정히 합리적으로 사물을 판단하고 처리해 갈 때 어른의 자아상태(Ⓐ)가 작용하고 있는 것이다.

그러나 어른 자아상태의 작용은 자칫하면 개인만을 위한 보다 좋은 적응이라는 틀 속에서 영위되기 쉽고 주위와의 조화가 결여될 두려움이 있다.

또 이는 우리들 성격 중에서 사실에 근거해서 사물을 판단하려고 하는 부분으로 자료를 모아 논리적으로 처리해 가는 작용을 한다. 얻은 자료는 그대로 사용될 수 있고 과거의 지식이나 경험에 비추어서 평가·수정되기도 한다.

어른 자아상태(Ⓐ)는 감정에 지배되지 않는 자유로운 입장을 취하고 울거나 웃거나 질책하거나 비꼬거나 걱정하거나 하는 일은 없다. 이러한 의미에서 어른 자아상태는 지성, 이성과 깊이 관련되어 있고 합리성, 생산성, 적응성을 갖고 냉정한 계산에 의해 합리적 작용을 하고 있다. 그러나 이때의 어른을 이른바 통상적인 어른(성인, 성숙한 인간, 군자)이라고 보는 것은 잘못이다. 어른 자아상태(Ⓐ)가 수행하는 작용은 자료를 수집하여 이들을 합리적으로 판단하는 것이다.

다른 사람과의 교류하는 면에서 볼 때 어른 자아상태(Ⓐ)는 성인으로서 주위와 주거니 받거니 하는 관계를 갖는 마음씨라고 할 수 있다. 그러나 어른 자아상태(Ⓐ)가 인격 중에서 지나치게 주도권을 쥐었을 때 자기 본위와 타인 무시의 경향이 강해져서 인간미가 없는 사람이 되기 쉽다. 따라서 어버이 자아상태(Ⓟ)나 어린이 자아상태(Ⓒ)와 균형 또는 중용을 취하는 일이 중요하다.

(4) 자유스러운 어린이(FC)

자유스러운 어린이(FC)는 자연스러운 어린이(NC: Natural Child)와 작은 교수(Little Professor: LP)를 합친 개념으로 성격 중에서 가장 생래적인 부분이다. 이상적으로 말하면 자유로워서 어떤 것에도 구애받지 않는 자발적인 부분이며 창조성의 원천이라고도 할 수 있다. 그러나 제멋대로여서 의존적인 면도 갖고 있다. 자유스러운 어린이(FC) 비중이 높은 사람은 자기긍정(I'm OK)적인 면이 강하다.

자연스러운 어린이(NC)는 자유롭고 검열 받지 않는 어린이 자아상태의 한 부분이다. 그것은 마치 충동적이고, 호기심과 요구가 많고, 무엇인가 갈구하면서 터치에 민감하게 반응하는 어린아이와 흡사하다. 우리가 결과를 따져봄도 없이 하고 싶은 대로 행동할 때 그것은 우리의 내면에 자연스러운 어린이 자아상태가 작용하고 있음을 말해 주고 있는 것이다. 또한 당신이 좋다는 감정을 갖고 있다든가, 무엇인가 자주 캐묻고 있다든가, 자기중심적으로 행동하고 있다거나 또는 농담을 하고 있거나, 반항하고 있다면 그것 또한 당신의 자연스러운 어린이 자아상태가 작용하고 있다는 증거이다. 이 자연스러운 어린이 자아상태는 부모나 상관이나 연장자들의 반응에 구애됨이 없이 자발적으로 자신을 자유롭게 나타낸다. 그래서 자유스러운 어린이 자아상태라고 불리기도 하는 것이다. 이것은 훈련받지 않은 있는 그대로의 어린아이라 할 수 있다.

작은 교수(LP)는 모든 사람의 안에 존재하고 있는 재치 있는 작은 어린아이의 모습을 나타내는 것이다. 비록 훈련을 받은 바는 없지만 어린아이들이 창의적이고, 직관적이며, 자신들이 바라는 바를 얻을 수 있도록 다른 사람들을 대하는 방법을 안다. 당신이 친구의 얼굴표정을 통해서 그가 지금 어떻게 느끼고 있는가를 알게 되는 것은 당신의 직관적인 작은 교수 자아상태가 작용하고 있음을 말해 주는 지점이다. 당신이 바닷가에서 모래성을 쌓고 있는 것이나, 당신 주위의 사람들로부터 위로를 받을 수 있는 슬픈 표정을 짓는 것 등은 바로 당신의 작은 교수 자아상태의 작용에 의한 것이다. 다시 말해 작은 교수 자아상태는 어린이 자아상태 속에 나타나고 있는 어른 자아상태라고도 할 수 있다(James & Jongeward, 1971).

이 자유스러운 어린이(FC)가 작용하고 있는 사람은 울고 싶을 때 울고, 웃고 싶을 때 웃는 등 자연의 감정을 솔직히 표현하거나 어린아이 같은 행동을 하거나 한다(순진이). 이 자유스러운 어린이(FC)는 일반적으로 명랑하고 장난을 좋아하며 유머가 풍부하고 멋대로인 면이 있어서 타인에 대한 배려가 결여되기도 한다(까불이). 선천적으로 구비하고 있는 예술적인 소질이나 창의력, 직관력 등도 이 자유스러운 어린이(FC)에서 나오는 것이다(꾀돌이).

어린이 자아의 기능작용을 관찰할 수 있는 단서들은 다른 자아상태에서와 마찬가지로 비언어적 · 언어적 단서들이다(Bennet, 1976). 자연스러운 어린이의 경우 '나는 ~원한다', '나는 할 수 있다', '나를 그냥 두세요' 등의 말이나 불안정한, 농담을 즐기는, 다정한, 호기심 있는, 발명적인, 그리고 반항적인 행동들 또한 웃음, 항변, 놀이, 눈물, 터치하기, 주시, 화내는 행동 등을 통해서 알아볼 수 있다.

(5) 순응한 어린이(AC)

순응한 어린이(AC)는 성인들, 주로 부모들에 의하여 훈련되고, 영향을 받아 형성된 어린이 자아상태의 한 부분이다. 즉, 자연스러운 어린이 자아상태의 변용을 보여 주고 있는 어린이 자아상태의 한 부분이라 할 수 있다. 자연스러운 어린이 자아상태의 자연적인 충동들이 적응적인 것으로 변용하는 것은 외상적 경험이나 훈련에 의해서 일어나고, 그것은 거의 대부분 중요한 권위 인물들의 요구에 맞추려는 반응으로 나타나게 된다. 예컨대, 어린아이는 배고플 때 자연적으로 먹으려는 행동을 나타내도록 되어 있다. 그러나 출생 후 얼마 지나지 않아서 그 자연적 충동은 부모들에 의하여 결정된 수유시간에 따르도록 훈련된다. 이와 같은 순응한 어린이 자아상태가 때때로 다른 사람들이 자신을 보는 시각에 지나치게 민감하여 죄의식이나 부끄러움, 그리고 두려움 등으로 특징을 보이는 고분고분한 어린이(Compliant Child)의 모습으로 나타날 때가 있고, 반면에 화와 분노를 보이는 반항적 어린이(Rebellious Child)의 모습으로 나타날 때도 있다(Berne, 1964). 이렇게 순응한 어린이는 합리적이든 불합리적이든 부모가 그에게 바라는 바에 따라 행동하게 된다. 그리하여 자신에 대한 부정적인 감정을 배우게 되기도 한다. 다시 말해서 순응한 어린이는 한 개인이 연장자나 권위 인물들로부터 어떤 종류의 환심을 얻기 위하여 눈치 보는 행동을 하도록 하는 것이다.

당신이 당신 자신의 어린이 자아상태의 작용하에 있다고 말할 때, 그것은 반드시 당신이 부정적으로만 어린애 같다거나 혹은 어리석다는 것만을 의미하는 바는 아니다. 그것은 지금 당신이 당신의 어린 소년이나 소녀 시절에 그랬던 것처럼 느끼고 있고, 또한 행동하고 있음을 의미한다.

순응한 어린이는 자신의 참된 감정을 억제하고 부모나 상사의 기대에 부응하도록 노력하고 있는 부분이며, 주로 부모의 영향하에서 형성된 것이다. 앞의 자유스러운 어린이(FC)에 여러 가지 수정을 가한 부분이라고 할 수 있다. 순응한 어린이(AC) 비중이 높은 사람은 자기부정적인 면(I'm Not OK)이 강하다.

이 순응한 어린이는 자신을 억제하고 사회적 규범에 따라서 행동하려고 하는 경향이 있거나 이것이 지나치게 강하면 싫은 것을 싫다고 말할 수 없어 간단히 타협하고 만다. '좋은 아이', '착한 아이'로 행동하며 자연스러운 감정을 나타내지 못하는 마이너스 면이 나타난다. 평상시에는 얌전하게 있다가 어떤 사태가 생기면 반항하거나 격노하거나 하는 것도 이 순응한 어린이(AC)가 보이는 행동패턴 중 하나이다.

교류분석에서는 순응한 어린이(AC)의 지나침에 특히 유의한다. 이것은 자유스러운 어린이(FC)를 극도로 억압하여 가짜 어른처럼 행동하면서 스트레스를 느끼고 지금까지와는 판이하게 달라져 주위 사람을 애먹이는 경우가 있기 때문이다.

순응한 어린이의 한 부분인 고분고분한 어린이의 경우에는 '나를 떠나지 마세요', '나를 사랑해 주세요', '나를 도와주세요', '나에게 보여 주세요', '나를 돌봐 주세요' 등의 언어, 불안정한, 의존적인, 두려워하는, 소중한, 단정한 행동 특성과 고분고분하고, 손을 꼬고, 움츠리며, 눈을 내리깔고, 입술을 물고, 또 손톱을 물어뜯는 행동을 통해서 관찰할 수 있고, 반항적 어린이의 경우는 '아니요', '나는 그러고 싶진 않아요', '결코 하지 않을 거야', 혹은 그렇지 않아요'와 같은 언어, 화내고 반항하는 행동특성이나 발끈하거나 공격하는 행동, 뾰루퉁해서 입을 비죽거리거나 철수하는 행동을 통해서 관찰할 수 있다(이성태, 1992).

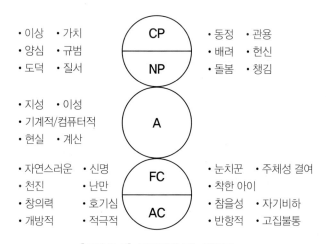

[그림 2-5] 자아상태 기능분석도

2. 교류패턴 분석

1) 교류패턴 분석 이해

(1) 교류패턴 분석의 의미

교류분석에서 교류패턴 분석이란 자아상태의 구조분석이나 기능분석에 의해서 명확화된 자아상태의 이해를 기반으로 하여 일상생활 속에서 주고받은 말, 태도, 행동 등을 분석하는 것이다. 이 같은 분석의 목적은 인간관계에서 어떤 대화 방법을 취하고 있는지, 인간관계에 있어 어떤 관계를 적용하고 있는지를 학습함으로써 자신의 자아상태의 모습에 대한 자각을 깊게 하고 상황에 따른 적절한 자아상태를 스스로 의식적으로 통제할 수 있도록 하는 것이다.

(2) 교류 벡터(vector)의 방향

교류분석에서 자아상태 간의 심적 에너지 거래를 벡터로 나타낸다.

① 자신의 ⓟⓐⓒ에서의 발신
  ⓟ → 부모 또는 양육자의 언동 같은 권위적 · 통제적 · 비판적 · 보호적 메시지
  ⓐ → 사실에 입각한 논리적 · 합리적 · 타산적 · 객관적 태도의 메시지
  ⓒ → 정서적이며 본능적 · 직관적 · 순응적 · 주관적 태도의 메시지

② 상대의 ⓟⓐⓒ를 향한 발신
  → ⓟ 지지나 원조를 전하는 말이나 태도의 메시지
  → ⓐ 사실이나 정보를 전하는 지성적 · 이성적 · 객관적 태도의 메시지
  → ⓒ 감성에 작용하는 말이나 태도를 전하는 주관적 태도의 메시지

(3) 교류분석 모형을 통한 교류방식 이해

교류분석에서 모든 대인교류(대화)는 다음 세 가지 기본 유형으로 분류할 수 있다.

① 상보교류

- 어떤 자아상태에서 보내진 메시지에 대해서 예상대로의 반응이 돌아오고, 자극과 반응의 교류가 병행되는 교류로서, 2개 자아상태가 상호 관여하는 교류이다.
- 건강한 인간관계의 자연스러운 질서에 따르고 있기 에 대인 간 의사소통에 있어서 가장 바람직한 교류 가 계속 이루어진다(의사소통의 제1규칙).

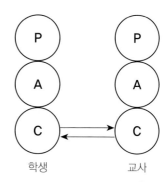

예 학생: 아! 정말 오늘 수업하기 싫어요.
    교사: 그래, 야! 좋다. 그럼 우리
           재미있는 게임이나 한번 하자.

② 교차교류

- 어떤 반응을 기대하고 시작한 발신자의 교류가 저지되고 예상 밖 수신자의 반응이 돌아와 중도에 대화가 단절되거나 싸움이 되는 교류로 4개의 자아상태가 관여하 며 두 대화의 방향이 교차되는 교류이다.
- 뒤틀린 대인관계의 원인이 되는 교류패턴이다(의사 소통의 제2규칙).

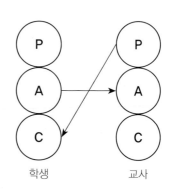

예 학생: 선생님! 오늘 자율학습시간에 친구
          생일파티가 있어서 빠지고 싶은데요.
    교사: 무슨 소리야, 네가 잘 하겠다고 신청해
          놓고선 그런 일로 빠지면 어떻게 해.

③ 이면교류(ulterior transaction)

- 말로 표현된 사회적 메시지(상보적 교류)는 언뜻 보기에 아무렇지도 않으나 실제로 숨겨진 의도를 지닌 심리적 메시지를 담고 있는 교류로서, 2개 이상의 자아상태를 동시에 포함하고 있다.
- 두 사람 사이의 교류에 표면적인 사회적 메시지와 숨겨진 심리적 메시지가 있기 때문에 숨겨진 이면의 메시지에 주의하지 않으면 그 사람의 진의를 이해할 수 없

으며, 겉마음과 속마음이 나누어져 있기에 이 또한 대인관계를 저해하는 원인이 되는 교류패턴이다(의사소통 제3규칙).

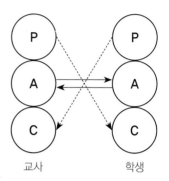

예 교사: 너 정말 글을 잘 쓰는구나!

　　　너의 글 솜씨는 최고야, 최고.

　　　(여전히 글 솜씨가 형편없어.)

　　학생: 고맙습니다. (참 없는 말도 잘해. 또 나한테 부탁

　　　하실 일이 있나 보네.)

교사　　　학생

④ 기능분석에 의한 대화분석

구조분석에 의한 대화분석보다 이해를 한층 깊게 하고 행동 면에서 참된 교류를 분석하기 위해서는 기능분석을 사용하는 방법이 있다. 구조분석으로 본다면 다음과 같은 ⓒ 대 ⓟ의 상보교류도 내용 여하에 따라 교차교류로 된다.

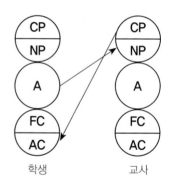

예 1) 학생: 선생님, 이 문제 좀 가르쳐 주세요.

　　　교사: 네가 알아서 해.

학생　　　교사

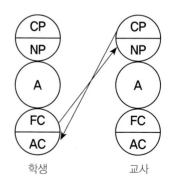

　2) 학생: 선생님, 이것이 분명하지 않습니다. 가르쳐 주

　　　세요.

　　교사: 그런 것 정도라면 스스로 생각해서 결정할 수

　　　있잖아!

학생　　　교사

2) 교류개선의 방법과 활용

(1) 교류개선 방법

① 자극과 반응의 연속인 교류

생활은 매일 교류에 의해서 성립된다고 말할 수 있다. 인간관계에서 교류란 자극과 반응의 연쇄이므로 자극을 주는 방법이나 반응의 방법을 바꾸면 교류의 흐름을 바꿀 수 있다. 구조분석이나 기능분석 또는 이고그램으로 자신의 성격에 나타나는 태도나 자세 등의 편향을 감지하게 되면 필요에 따라 그것을 의식적·의도적으로 바꿀 수 있다.

인간관계 교류에서 타인을 자신에게 맞도록 바꿀 수는 없다. 그리고 타인에 따라 자신을 바꾼다는 것도 매우 어려운 일이다. 그러나 교류분석을 학습하면 이 점을 감지하고 지금 이 순간부터 자극이나 반응의 방법을 조금씩 바꿔 간다면 자신도 느끼지 못하는 사이에 변화된 바람직한 인간으로서의 자기 모습을 발견하게 될 것이다.

② 'CP 대 AC', 'NP 대 FC'의 관계 개선

일반적으로 CP 과잉형인 사람은 대개의 경우 타인을 AC 과잉형의 자아상태로 몰아붙인다. CP 과잉형은 상대가 하고 싶은 말이나 반론을 제기하지도 못하게 할 뿐만 아니라 그에게 그런 기회도 주지 않는다. 상대방은 생각한 것도 말할 수 없고, 감정도 자유롭게 표현하지 못하고 억압된 감정에 의해 그 장면에 영합한다. CP 과잉상태로 발신하는 사람은 타인으로부터 사실이나 실정을 들을 수 없고 표면상으로만 접촉할 때가 많다. CP 과잉상태인 사람은 타인을 통제하려 들고 비판적인 태도를 견지한다. 오랜 세월을 이 같은 태도를 유지해 온 사람의 성격을 하루아침에 바꾸기는 어렵다. 서두르기보다는 차근차근 바꿀 필요가 있다. 우선 내용은 같다고 해도 말투를 조금만 가볍게 해 본다. 두 번째로 말끝에 '무엇무엇에 대해서 어떻게 생각하지?'라고 Ⓐ를 사용해 보는 것으로도 매우 큰 효과가 있다. 이것은 자신의 A 자아상태에서 보내는 것으로 상대방은 인격적으로 교류되고 있다는 느낌을 받는다. 그러나 형식적이거나 대답을 잘못하고 비판하는 느낌을 주는 자세나 태도로 반응한다면 CP의 냄새가 남아 있어서 상대방은 경계심을 더욱 강화하고 방어기제(defence mechanism)를 쓰게 된다. 타인과의 교류에서 가장 소중한 것은 진실함이다. 즉, Ⓐ에서 발신되면 대개의 경우 타인의 Ⓐ에서 반응이 되돌아온다. 즉, Ⓐ대 Ⓐ의 대화가 되는 것이다. 반복되는 것이지만 '반응'은 '자극'의 결과이다. 만일 타인이 바뀌지 않았다면 그것은 자신이 바뀌지 않았다는 것이다. 한번 성공하면 그다음에는 문제가 없다. 학생이 바뀌었다는 것은 교사가 바뀐 것이다. 이것을 체험하게 되면 그 순간을 경계로 자신과 타인의 관계가 눈에 띄게 달라지고 신뢰관계가 생기며, 그것이 정착되면 무의식적으로 한 가지 형태의 행동에서 새로운 세계로 넓히게 된다.

다음에는 NP적 행동의 결과를 인지해야 한다. NP 과잉형인 사람은 잠시도 앉아 있지 못한다. 타인의 일에 일일이 관여하기 때문이다. NP 과잉형은 일반적으로 FC와 대응하므로 타인은 편하지만 결과적으로는 자신에게 의존하게 만든다. 혹시라도 타인의 일을 도우려던 NP 과잉형이 실수를 하게 되면 타인은 CP 자아상태가 작동하여 원망하고 비난한다. 이때 NP 과잉형인 사람은 AC 자아상태가 반응하여 미안하게 생각한다. 사실 타인이 해야 할 일이고 잘못도 타인의 책임인데 자신의 NP 자아상태가 지나치게 과보호한 데서 생기는 결과이다. 이를 개선하기 위해서는 필요 이상의 NP적 행동을 감소시키는 것이 제일 중요하다. 타인 스스로 자율적으로 능력을 발휘하여 문제를 해결할 수 있도록 인내하고 기다려야 한다. 처음에는 어려움이 있겠지만 연구를 해 보면 잘 될 것이다. 타인의 의존적인 태도에는 교차교류를 해서 의존하는 습관을 없애고, 자신의 A 자아상태와 타인의 A 자아상태가 상보교류할 수 있도록 노력하여야 한다.

(2) 대화분석의 활용

① 대화는 상보에서 시작해서 상보로 끝나는 것이 바람직하다.

인사·예절은 생활의 기초 조건이다. 그리고 업무를 진행하는 데 윤활유이기도 하다. 대화를 진행하다 보면 교차교류나 이면교류가 될 때도 있겠지만 마지막에는 상보교류로 끝내도록 노력해야 한다.

② 말하려는 것, 말하는 것을 잘 경청해야 한다.

상보교류를 성립시키려면 대화의 방향(vector)을 맞추어야 한다. 그러기 위해서는 타인의 말을 경청하고 타인이 원하는 내용을 이해하지 않으면 타인이 기대하는 말을 되돌려 줄 수 없다. 그리고 타인의 말과 자기의 의견을 교환하고 검토함으로써 대화의 생산성은 향상된다. 인간관계에서 협의하는 대화가 아닌 내뱉는 말이나 내던지는 말과 같은 언어폭력이 의사소통에 걸림돌이 된다.

③ 말을 솔직하게 수용하고 솔직하게 되돌려 준다.

말이나 태도를 곡해한다든가 과소평가한다든지 경시하면 방향이 맞지 않는 교류가 된다.

④ 우선 타인의 말을 긍정한다. (OK-OK의 감정에서)

내용에 관계없이 '아…… 그래', '그랬구나!', '정말……' 등 긍정적인 언어는 타인의 입장과 인격을 존중하는 것으로 상보교류가 계속된다.

⑤ 타인의 말을 반복해 본다.

'늦잠 자서 지각했습니다. ⇒ 늦잠 자서 지각했다고.', '어제 시내에서 상담 선생님을 만났어요. ⇒ 상담 선생님을 만났다고.'처럼 말을 반복한다는 것은 타인의 감정을 그대로 수용한다는 표현으로 상보적 관계를 증명하는 것이다.

⑥ ⓟ와 ⓒ에서 상보교류는 서두르지 말고 음미해 본다.

대화가 상보교류라고 해도 자아상태가 ⓟ나 ⓒ에서 발신할 때는 반응을 서두르지 말고 음미해 본다. 생산성 있는 대화는 대부분 Ⓐ 대 Ⓐ인 것이 일반적이다. 냉정하고 객관적인 사실에 근거를 두고 정확한 판단과 의사결정을 할 때는 Ⓐ의 자아상태가 기본이 되어야 하며, ⓟ나 ⓒ가 개입하면 대화의 생산성이라는 면이 저해될 위험이 있다. 자신이 지나치게 ⓟ의 발언을 하고 있는 것은 아닌지, 타인이 지나치게 자기의 ⓒ에서 나의 ⓟ로 호소하고 있는 것은 아닌지 항상 생각해야 한다.

⑦ 대화는 원칙적으로 교차교류를 하지 않는다.

대화의 흐름을 멈추게 하고 커뮤니케이션의 활성화를 저해하고 타인과의 관계에도 악영향을 주게 되므로 원칙적으로 피하는 것이 좋다.

⑧ 평상시에 교차교류를 어떻게 하고 있는지 반성해 본다.

자기 말의 경향을 알려면 대화를 할 때 자기의 말에 대한 타인의 표정, 태도, 분위기, 의견 등을 냉정하게 관찰해 본다.

⑨ 생산성 없는 상보교류가 계속될 경우에는 교차교류를 해야 한다.

타인이 반복되거나 장황하게 말장난을 할 때 분위기를 환기시키는 목적에서 필요하다.

⑩ 타인의 입장이나 최종 결과를 생각해서 필요하다고 생각할 때 교차교류를 해야 한다.

언제나 의존적인 발언과 원조를 바라는 타인에게 자주성, 자발성을 갖도록 하기 위해 ⓒ에서 ⓟ로 교류하던 것을 Ⓐ 대 Ⓐ로 교차교류하도록 한다.

⑪ 타인과 대화를 원만하게 계속하려면 말보다는 이면에 숨겨진 의도를 알아야 할 때도 있다.

⑫ 커뮤니케이션 능력을 향상하려면 이면교류는 멈추어야 한다.

이면교류는 부정적인 교류가 되는 경우가 많아 타인과의 관계가 악화될 가능성이 높다는 것을 알아야 한다.

3) 대화의 원리

(1) 대화의 중요성을 분명히 알아야 한다

어떤 사람들은 대화를 '대놓고 화내는 것'으로 착각하고 있는 듯 보일 때가 많다. 물론 의도적으로 그런 사람은 없을 것이라고 생각한다. 우리는 대화에 중요성에 대해서 귀가 따갑게 들어 왔지만 습관은 쉽게 바뀌지 않는 것 같다. 그러다 보니 인간관계에서 일방적인 전달만이 가득하게 된다. 인간관계의 문제는 바로 여기에서 출발한다. 서로 마음을 주고받는 대화가 오고 가지 않을 때, 대화자가 모두 상대방이 자신을 무시한다고 생각하기도 하고, 말이 통하지 않는다고 하기도 한다. 이렇게 마음이 통하지 않게 되면 쉽게 오해하게 되고, 사소한 일에도 감정이 쌓이게 된다. 인간관계에 막힌 벽이 생기게 되는 것이다.

　타인과 대화를 잘 하는 사람은, 첫째, 자신의 감정을 타인과 함께 나눌 수 있기 때문에 타인의 이해를 구할 수 있으며, 자신이 더욱 성장할 수 있는 발판을 만들 수 있다. 둘째, 대화를 나누다 보면 자신의 정체성을 발견할 수 있게 된다. 인간으로서 자기를 분명히 알게 될 때 그 사람은 더욱 성장하게 된다. 셋째, 대화를 나눔으로써 문제를 해결해 나갈 수 있다. 타인의 의견도 들을 수 있기 때문에 더 좋은 방법을 구할 수 있다.

(2) 대화를 잘하지 못하는 이유

　대화가 막혔을 때 그 대화의 장벽은 인간 간의 위기를 당장 유발시키지는 않는다. 그러나 동맥 속의 콜레스테롤이 영양분을 뇌, 신경, 각 장기에 가는 것을 가로막아 큰 병으로 몰고 가는 것처럼 대화의 장벽은 느리기는 하지만 꾸준하게 쌓여 간다. 그래서 그 징후가 한번 나타나면 치명적이다. 보통 사람들은 마음속 깊은 곳에 있는 감정을 잘 드러내 놓지 않는 경향이 있다. 자신의 감정을 그대로 드러내 놓으면 타인이 자신을 어떻게 생각할까 하는 두려움을 가지고 있기 때문이다. 물론 상황에 따라 가려야 하지만 분명한 것은 우리의 마음은 깊은 곳에 쌓이고 쌓인 진실된 감정을 표현하고 싶어 한다는 점이다. 이 마음을 털어놓지 못할 때 사람들은 많은 스트레스 상황에 놓이게 된다. 이렇게 자신과 타인 간의 대화를 가로막는 장벽은 다음과 같이 여러 가지가 있다.

① 부적절한 경청 태도

　경청은 대화의 핵심이라고 해도 틀린 말이 아니다. 그러나 사람의 부적절한 경청 태도는 타인으로 하여금 대화의 창을 닫게 만드는 원인이 된다. 적극적인 경청은 타인 스스로 문제가 무엇인가 분석하게 만들어 해결의 주체가 자신임을 알게 한다. 따라서 적극적인 경청을 하면 타인은 능동적으로 문제에 직면하여 스스로 해결책을 찾아 나갈 수 있다. 그 에너지와 창조성은 놀라울 정도라 해도 과언이 아니다.

② 가치관의 차이

　어떤 사물, 사건을 보는 시각의 차이, 종교 또는 신앙 수준의 차이 등은 가치관의 차이를 가져오게 되어 대화가 단절되는 중요한 요인이 된다.

③ 문화 차이

가치관의 차이와 마찬가지로 성장한 가정의 문화적 배경이나 기질, 생활태도가 다르면 이 역시 대화의 단절을 가져오게 된다.

④ 비판적 태도

타인에게 비판적인 태도를 취하면 그는 잘 해 보려고 하다가도 비판받을까 봐 대화를 중단하게 된다.

⑤ 묵비권 행사

타인을 변화시킨다는 수단으로 어떤 사람들은 묵비권 행사를 한다. 그런데 이런 묵비권 행사는 관계를 더욱더 어렵게 만드는 요인이 된다.

⑥ 끊임없는 자기 자랑

끊임없는 자기 자랑은 타인의 입을 막아 버린다. 특히, 자기 말만 내세우면서 타인의 말에 귀를 기울이지 않는 자랑은 그야말로 대화를 단절시키는 큰 요인이 된다.

⑦ 용서에 인색할 때

순간순간의 실수를 용납하지 않고 타인을 죄인 다루듯 대한다면 이 또한 숨 막히는 환경을 만들게 될 것이다.

⑧ 감정의 활화산

타인이 말하면 화부터 내는 스타일이다. 이런 경우 대화를 막을 뿐 아니라 타인에게 분노를 심어 주기도 한다.

⑨ 기계적이고 바쁜 생활

너무 바쁘다 보니 서로 개인적으로 얼굴 볼 시간이 없어지기도 한다.

⑩ 피곤함

과다한 업무로 인해, 너무 지쳐서 타인들과 개인적으로 대화할 수 있는 시간이 충분하지 못하거나 매우 짧아진다.

⑪ 충돌에 대한 두려움

어떤 문제에 있어서 타인과 충돌할까 봐, 미리 대화를 기피한다. 그래서 곤란한 문제들이 생겨도 일단은 덮어놓고 미루게 된다. 그러다 보면 어떠한 부분에 대해서는 항상 비껴 나가게 되고, 이것이 바로 벽을 만들게 된다.

⑫ 소재의 빈곤

타인의 문화에 대한 관심과 이해가 부족해 대화의 소재가 빈곤하다.

(3) 대화의 차원

① 제1차원의 대화: 입술의 말(상투적인 말)

틀에 박힌 상투적인 대화로 타인의 대답을 기대하지도 않는 질문 등이 여기에 해당하며 정보를 전달하는 수준의 대화이다(예: 오늘 오후에 박물관에 간다).

② 제2차원의 대화: 머리의 말(자신의 생각을 말하는 차원)

자신의 생각과 판단을 전하는 대화로 이 단계부터 참다운 대화가 시작된다. 즉, 이는 사실만을 말하는 것이 아니라 나의 개인적 생각을 말하는 수준이다(예: 내 생각에는 이 책을 사는 것이 좋을 것 같다).

③ 제3차원의 대화: 가슴의 말(자신의 감정을 표현하는 차원)

자신의 기분과 감정을 전하는 대화로 이러한 대화는 친밀한 관계일 때 가능해진다. 타인의 감정이나 마음을 읽어 주기 때문이다(예: 네가 그렇게 하는 것을 보니까 고맙다).

④ 제4차원의 대화: 영의 말(칭찬과 격려를 통해 혼을 살리는 대화)

가장 깊은 수준의 대화로 칭찬과 격려를 통해 혼을 살리고 치유하기도 한다. 인격적인 신뢰관계가 형성되어 타인을 진심으로 변화시키는 대화이다(예: 너를 볼 때마다 저절로 힘이 생긴단다).

(4) 대화의 원리

① 개방적 대화

자신부터 열린 마음으로 대화를 해야 타인도 마음을 열게 된다. 내가 닫힌 마음으로 대화하면 타인도 마음을 닫게 된다.

② 긍정적 인정자극

칭찬, 격려 등 긍정적 인정자극은 타인에게 동기를 부여하며 타인을 성장하게 하는 원동력이 된다. 칭찬과 격려 등의 긍정적 인정자극은 순환성이 있어 반드시 되돌아오게 된다.

③ 황금률

성서 중 마태복음의 산상수훈에 나오는 것으로 '네가 대접받고자 하는 대로 남을 대접하라'는 원리이다. 대화에서도 자신이 대접받고자 하는 대로 타인과 대화하라는 의미이다. 따라서 타인이 원하는 명칭으로 이름을 불러 주고, 타인이 원하는 바를 이해하며 타인이 원하는 감정을 읽어 주고, 타인이 심층심리에서 좋아할 것이라고 기대하는 대로 타인을 읽어 주라는 말이 된다.

④ 적극적 경청

의사소통을 잘하는 사람은 입술에만 의존하지 않는다. 오히려 눈과 귀에 더 의존하는 편이다. 대화는 온몸으로 들을 수 있어야 한다. 듣기를 잘하는 사람이 대화에서 성공할 수 있다. 타인이 이야기할 때에는 그냥 듣지 말고 경청하도록 하라. 그냥 듣는 것은 타인의 말을 무관심하게 듣는 일 혹은 흘려듣는 일이고, 경청하는 것은 귀를 기울여서 관심을 집중하여 듣는 일이다. 경청은 시간을 들여서 오직 타인의 말에 집중하는 것이며, 타인의 느낌과 관점을 진지하게 받아들이는 것이다. 타인이 말을 하는데 다른 일을 하면서 건성으로 듣는다면 단순히 소리를 듣는 것이다. 가능한 한 가까이에서 눈을 마주 보며 대화하면 소리뿐만 아니라 서로의 감정까지도 그대로 교류할 수 있다. 그렇게 하면 자신의 귀로는 마음의 소리를 들을 수 있을 것이고, 자신의 눈으로는 마음을 읽고 볼 수 있다.

폴 투르니에(Paul Fournier)는 다음과 같이 말했다. "우리는 다른 사람의 말을 절반만 듣습니다. 그리고 들은 것의 절반을 이해하며, 이해한 것의 절반만을 믿습니다. 그리하여 결국 믿은 것의 절반만을 겨우 기억할 수 있게 됩니다." 얼마나 의미 있는 말인가? 이러한 들음을 되풀이해서는 안 되겠다.

(5) 경청의 지침

노먼 라이트(Norman Wright)가 제시하는 경청의 지침을 생활 현장에 적용하여 정리해 보면 다음과 같다.

① 적극적인 태도로 듣는다.

타인의 이야기를 들을 때는 정신을 집중해야 한다. 어떤 사람도 무관심, 무감정한 사람과 이야기하고 싶어 하지 않는다. 타인이 말할 때 어떻게 이야기하는지 주의를 기울여야 한다.

② 깊이 공감하면서 듣는다.

이 말은 타인의 입장에 서서 상황을 살피고 염려한다는 의미이다. 타인의 말에 동의하지 않을 수도 있지만 만약 자신이 그 입장이라면 그렇게 생각할 수도 있겠다는 적극적인 공감이 필요하다. '즐거워하는 사람들과 함께 즐거워하고 우는 사람들과 함께 우는' 감정이입이 필요하다는 것이다.

③ 있는 그대로 다 받아들이면서 듣는다.

선택적으로 듣거나 방어적으로 경청하는 일, 또는 여과해서 듣는 태도는 바른 경청의 자세가 아니다. 타인의 관습이나 신앙, 사고방식은 나와 다를 수 있지만 그것을 이해하도록 노력해야 한다. 이것은 편견 없이 타인의 모든 말을 들어야 함을 의미하기도 한다.

④ 의식하면서 듣는다.

타인의 말에 대해서 말과 사실이 어떻게 다른지 의식하면서 들어야 한다. 일관성이 있는지 없는지도 생각하면서 들어야 하지만 그렇다고 공격해서는 안 된다. 이럴 때 응답하는 최선의 방법이 질문이다. '조금 더 말해 주겠니?', '구체적인 예를 들어 줄 수 있을까?', '너의 입장을 알게 해 주어서 고맙구나.', '그런 관점은 한 번도 생각해 보지 않았는데 참 흥미롭구나.'

타인의 말에 귀 기울인다는 것은 그를 귀히 여기고 가치 있게 여긴다는 신호이기도 하다. 경청은 사랑과 관심의 표현이다.

(6) 경청에 방해가 되는 요소

① 자신을 방어하는 태도
타인이 이야기를 하고 있는 중에 자신은 그의 말에 이의를 제기하고 반박하려고 골몰해 있는 경우를 말한다. 또 성급하게 타인의 말을 결론짓는 경우도 있다. 또 타인의 이야기에 귀를 기울이지 않고 자신의 생각을 계속 말하거나 자신의 추측으로 해석하는 경우도 있다. 이런 사람들은 예단하거나 극단적이고 단정적인 말로 대답하는 경우가 많다.

② 타인에 대해 가지고 있는 편견이나 판단하는 태도
특정한 부류의 사람들에 대해 가지고 있는 편견은 종종 그 사람들의 말을 들어 보지도 않고 그들을 거절해 버리도록 만든다. 가끔 사람들은 말하는 타인의 말씨나 태도에 따라서 타인을 일방적으로 판단하는 태도를 가질 때도 있다.

③ 자신의 마음속 고민
자신이 깊은 고민에 빠져 있을 때 경청은 방해받는다.

④ 타인의 말을 중간에 가로채는 경우
가끔 말하는 타인이 우물쭈물할 때 답답하게 여겨 말을 가로채서 대신 해 버리는 경우가 많다. 이 역시 경청의 큰 장애물이다.

(7) 경청의 10계명
노먼 라이트가 제시하는 상대방의 이야기를 잘 듣기 위한 10가지 계명을 삶의 현장에서 인간관계에 적용하여 정리해 보면 다음과 같다.

① 미리 판단하지 말라.

② 자신의 생각을 덧붙이지 말라.

③ 자신이 들은 것이 타인이 이야기한 것의 전부라고 생각하지 말라.

④ 타인의 이야기를 다른 곳으로 유도하지 말라.

⑤ 타인이 어떤 말을 하든지 마음을 닫지 말라.

⑥ 타인의 말을 끝까지 들으라.

⑦ 말하는 사람이 이야기해 준 것 이외에는 다른 의미로 해석하지 말라.

⑧ 타인이 이야기하고 있는 동안에 미리 타인에게 대답을 하거나 아니면 타인에게
   줄 대답을 준비하지 말라.

⑨ 타인이 말을 올바르게 정정해 주는 데 두려움을 갖지 말라.

⑩ 대화자들은 공평하게 서로의 말을 들어 주라.

3. 인정자극

1) 인정자극 이해

(1) 인정자극의 의미

모든 사람은 자폐상태에서 태어난다. 태어난 후 중요한 타인들, 즉 부모 등이 주변에서 인정자극(Stroke)을 얼마나 어떻게 하는지에 따라 심리적으로 성장하는가, 성장하지 않는가가 결정된다. 인정자극은 심리적 성장의 밑거름이다. 사람은 피부 접촉, 몸짓, 눈짓, 표정, 감정, 언어 등 자신의 반응을 상대에게 알리는 인간인식(존재인지)의 기본 단위로서 인정자극을 사용한다.

"안녕하십니까?" 등의 인사를 서로 교환하는 것도 사회생활에서 하나의 교류인 동시에 인정자극의 교환이다. 부모가 자녀에게 "어서 와"라고 반기거나 부모가 자녀에게 "이 멍청한 녀석" 하고 꾸중을 하는 것도 하나의 교류이자 인정자극이다. 부모와 자녀 간의 교류를 인정자극이라는 관점에서 생각해 보면 지금까지보다 나은 부모−자녀 간

관계 방식이나 개선 방향을 찾는 수단을 얻을 수 있다.

(2) 인정자극의 특징

① 인간은 누구나 접촉 및 인정 욕구를 지니며, 타인과 스트로크 교환이 이루어질 때 자기존중감 및 애정과 보살핌에 기초한 원만한 인간관계를 형성할 수 있다.

② 일상생활에 있어서 스트로크의 획득은 삶의 근본적인 동기로 작용한다.

③ 유아기에는 주 양육자로부터 받는 신체적 스트로크의 욕구가 강하지만 성장하면서 칭찬, 승인 등 정신적 스트로크에 대한 욕구가 강해진다.

④ 스트로크는 인간이 성숙할수록 신체적인 것에서 추상적인 것으로 대치되며, 크게 긍정적/부정적/무스트로크로 나뉜다.

⑤ 긍정적 스트로크를 상호 교환하면 행복감이 높아지고, 지적 능력을 발휘하며, 칭찬이나 승인을 순순히 받아들일 수 있는 긍정적 생활자세를 형성함으로써 건강한 심리적 발달과 적응이 이루어진다(우재현, 2006).

⑥ 스트로크 부족은 그 자체로 심리적 죽음과 같다(Harris, 1967).

⑦ 긍정적 스트로크를 획득하지 못한 사람은 심리적으로 불건강한 기제인 이면교류를 사용하며(우재현, 2006), 폭력, 절도, 규칙 위반, 왕따 등을 행함으로써 부정적 스트로크라도 획득하고자 한다.

⑧ 비록 부정적 스트로크이더라도 상대의 존재 자체는 인정해 주기에 무스트로크(No-stroke)보다는 훨씬 낫다(김규수, 류태보, 2001).

⑨ 부정적 스트로크나 무스트로크의 경우 부정적인 생활자세를 형성하는 원인이 되고, 심지어 성격장애를 유발할 수 있을 뿐만 아니라 생의 후반기에도 부정적 스트로크를 추구하게 되어(Stewart & Joines, 1987) 부정적 생활자세가 전 생애를 지배하게 된다.

2) 인정자극의 종류

(1) 비언어적(신체적) 인정자극과 언어적 인정자극

사람을 안아 주거나 머리를 쓰다듬거나, 등을 토닥거리거나, 손을 잡아 주거나 하는 것은 신체의 직접적인 인정자아 접촉, 즉 신체적 인정자극이다. 사람은 이와 같이 신체적인 인정자극을 충분히 경험할 때 성격발달에 긍정적인 결과를 가져온다.

타인을 칭찬하는 말이나, 꾸중하는 말 모두 언어적 인정자극이며, "민철이는 참 잘생겼어." 하면서 머리를 쓰다듬는다면 신체적 인정자극과 언어적 인정자극을 동시에 주는 것이다. 그러나 성장함에 따라 말에 의한 인정자극이 많아지게 된다. 타인에게 "축하해." 하면서 악수를 한다면 신체적 · 언어적 인정자극 욕구의 두 가지를 동시에 충족하는 것이다.

(2) 긍정적 인정자극과 부정적 인정자극

긍정적 인정자극은 자신과 타인 간의 적절한 이해와 평가, 경우에 따라 합당한 칭찬과 승인, 마음을 주고받는 사랑의 행위 등을 포괄한 이것은 자신과 타인을 기분 좋게 만들고, 자신과 타인의 의미를 느끼게 하면 건전한 정서와 지성을 갖추게 한다. 이 긍정적 인정자극은 자신과 타인 모두 자타긍정의 인생태도에 이르게 한다.

부정적 인정자극은 자신이나 타인의 부정성을 유발시키는 자극으로 자신이나 타인이 지니고 있는 중대한 문제를 대단찮은 일로 묵살해 버리거나 문제의 의미를 왜곡하는 것으로, 관심의 결핍이나 잘못된 관심에서 유발된다. 이것은 부정적인 인생태도를 유발하지만 그럼에도 인정자극이 없는 상태보다는 낫다.

(3) 조건적 인정자극과 무조건적 인정자극

조건적 인정자극은 특정의 행위에 대한 긍정적/부정적, 언어적/비언어적(신체적) 인정자극이다. 장난치는 아이의 손을 때린다든지 나쁜 짓을 한 아이의 종아리를 때리는 것은 그 행위에 대해서 하는 조건적 · 부정적 · 신체적 인정자극이 된다.

무조건적 인정자극은 자신이나 타인의 존재 자체에 대해서 발신하는 것이다. "아빠는 너를 좋아한다."라고 말하거나, 아무 말도 안 하면서 살며시 안아 주는 것도 아이의 존재 자체를 인정하는 긍정적 무조건적 인정자극이다. 앞의 예는 언어적 무조건적 인정자극이고, 뒤의 예는 신체적 무조건적 인정자극이라고 한다. 이 두 가지의 인정자극을 동시에 한다면 무조건적 긍정적인 신체적 언어적 인정자극이 된다. 반면에 "더 이상 말하기 싫다.", "그만하자."라는 말은 무조건적 부정적인 언어적 인정자극이다.

표 2-1 스트로크의 유형별 특징

특징 \ 유형	신체적	언어적	조건적	무조건적
존재인지 (인간, 인식)	접촉에 의한 직접적 표현	말에 의한 간접적 표현	행위나 태도에 대해서 표현	존재나 인격에 대해서 표현
긍정적 (상대가 기분 좋게 느낀다.)	안아 준다. 손을 잡아 준다. 어깨를 쳐 준다.	칭찬과 격려의 말을 한다.	힘들었을 텐데 지각하지 않으려고 애써 줘서 고마워. 참 잘한 일이야.	내 생애에 너희들을 만난 것이 가장 큰 행운이야.
부정적 (상대가 기분 나쁘게 느낀다.)	때린다. 꼬집는다. 걷어찬다.	겨우 이것밖에 못해. 넌 늘 이런 식이지. 그럼 그렇지.	깨끗이 정리정돈하지 않으면 안 된다. 그 태도가 뭐야.	우리 말하지 말자. 이 교실에서 나가.

3) 인정자극의 질과 양 그리고 타이밍

개강을 해서 모처럼 교수님을 만난 학생이 "교수님! 안녕하세요. 잘 계셨죠?" 말을 걸었을 때, 교수가 "예." 하고 한마디만 하고 지나친다면 학생은 많이 섭섭해할 것이다. 학생은 속으로 '교수님은 나에겐 관심도 없어.' 하며 기분이 상하게 된다. 그런데 왜 그와 같은 것이 마음에 걸리는지 학생도 알 수가 없을 것이다.

인정자극에는 '질'과 '양' 두 가지 면이 있다는 것을 알게 되면 왜 그랬는지를 이해할 수 있을 것이다. '교수님! 안녕하세요. 잘 계셨죠?'라는 말은 2개의 단위로 성립되어 있다. 그런데 '안녕'은 한 단위로서 인정자극의 양이 부족하다. 그리고 돌아온 반응의 질이 낮다(관심이 없다). 교수가 질과 양 모두 낮은 반응을 수용하는 순간 이 학생의 정신에너지는 그때까지 NP의 자아상태에서 순식간에 그것도 자신의 Ⓐ의 승낙 없이 CP로 이동하므로 '교수님은 나에게 관심도 없어.'가 되는 것이다. 즉, 질과 양이 모두 에누리(discount)된 것에 신경이 반응된 것이다. 인정자극을 되돌려주는 데는 똑같은 양과 똑같은 질의 것을 그것도 타이밍이 좋은 반환이 아니면 안 된다.

여기서 타이밍이란 교수와 학생의 만남에서 인정자극의 적절한 시점을 말한다. 예를 들어, 교수를 만나러 온 학생에게 밝은 얼굴로 "어서 와요. 무슨 일이 있어요."라고 한다면 학생의 존재를 인정하는 것이며, 또 의자를 내주며 앉으라고 했을 때 그 학생에게 유의하고 있다는 것을 보여 주는 행동이다. 이와 같은 행위로 존재를 인정받은 학생은 마음 놓고 이야기를 할 수 있다. 이상과 같이 학생과의 관계에서 관계의 질을 높이는 비결의 하나는 적절한 타이밍이 좋은 긍정적 인정자극을 할 수 있는지 여부에 달려 있다. 교수의 NP가 학생의 FC에 기분 좋은 에너지를 타이밍 적절하게 줄 수 있어야 하고, 교수 스스로 학생에게 풍부한 긍정의 인정자극을 준다면 학생들의 NP도 성장되어 강의실은 화기애애한 분위기가 될 것이다.

사람을 거울이라고 한다. 발신한 인정자극과 같은 것이 되돌아오지 않으면 '거울'(건전한 인간관계)의 역할을 할 수 없다. 성서에서처럼 '네가 대접받고자 하는 대로 상대를 대접하라'는 것이 기본 원리이다. 교수와 학생의 관계에서도 이러한 사소한 것이 소홀히 다루어지거나 부족하다거나 인정자극의 교환이 서툴러서 이것이 반복되면서 축적된 데서 문제가 생기는 경우가 많이 있다.

학교생활에서 교수로부터 인정자극을 받지 못하면 결과적으로 지각을 한다든지 결석을 한다든지 실수나 문제를 일으키는 학생이 많다. 인정자극은 조금만 학생에게 관심을 가진다면 가능하지만 실제로는 이것을 하지 않거나 혹은 하지 못해서 어려움을 겪는 교수가 많은 것 같다. 그것은 교수가 자신이 학생에게 명령이나 지시한 일을 시간 내에 지시한 대로 하는 것은 당연한 것이라고 생각하기 때문이다. '잘했어요', '수고했어요', '고마워요!'라고 대화의 양과 질, 타이밍이 적절한 인정자극이 교수로부터 없다면 학생은 에누리로 느끼게 될 것이다.

4) 관계증진을 위한 인정자극 교환

(1) 상호 긍정적 스트로크 교환하기

자신이나 타인 모두에 있어서 괴롭거나 슬프거나 쓸쓸함은 자신이 갈망하고 있는 인정자극을 자신은 타인에게서, 타인은 자신으로부터 얻을 수 없기 때문이다. 기분 좋은 자신과 타인관계를 가지려면 자신이 갈망하고 있는 스트로크를 타인으로부터 부여받고, 자신 또한 타인이 갈망하고 있는 스트로크를 아끼지 않고 주어야 한다. 자신과 타인관계에 있어서 에누리하지 않고 긍정적 인정자극을 풍부하게 교환하는 것이 바람직한 자신과 타인관계를 구축하는 기초가 된다.

(2) 스트로크 경제법칙 타파하기

슈타이너(Claude Steiner)가 주장한 스트로크 경제(Stroke Economy)법칙은 부유한 사람은 더욱더 풍부해지고, 가난한 사람은 더욱더 가난해지는 일반 경제법칙이 대 인간 스트로크 교환에도 적용되고 있음에서 착안한 것이다. 그는 상호 간 원만한 관계를 구축하기 위해서는 다섯 가지 스트로크 경제법칙을 타파해야 한다고 했다.

이와 같은 스트로크 경제법칙은 아이가 어릴 적 부모가 자녀를 통제하는 방법에서 습득된다고 생각된다. 스트로크의 공급이 부족한 상태에 있는 아이들을 가르치면서 부모는 스트로크 독점가의 위치를 얻는다. 스트로크의 필요성을 알게 된 어린아이는 재빨리 부모가 요구하는 방식대로 행동함으로써 스트로크를 얻는 법을 배운다. 성인일 때도 우리는 무의식적으로 여전히 다섯 가지 규칙을 따른다고 슈타이너는 말한다. 그 결과 우리는 부분적인 스트로크 박탈 상태에서 삶을 살아간다. 우리는 여전히 공급이 부족하다고 믿는 스트로크를 얻기 위해 많은 에너지를 사용하고 있다.

우리의 자각성, 자발성과 친밀성을 되찾기 위해서 슈타이너는 스트로크 교환에 관하여 부모들이 우리에게 강요하는 구속적인 기본 훈련을 거절할 필요가 있음을 강조한다. 그 대신에 우리는 스트로크가 무한히 공급될 수 있음을 인식해야 한다. 우리가 원할 때는 언제나 스트로크를 얻을 수 있다. 우리가 아무리 많은 스트로크를 얻는다 하더라도 그것은 결코 끝이 없을 것이다. 우리는 스트로크가 필요할 때 자유롭게 그것을 요구할 수 있으며, 스트로크가 제공될 때는 그것을 받을 수 있다. 제공된 스트로크를 좋아하지 않는다면 솔직히 거절할 수 있다. 그리고 우리는 자신에게 스트로크를 주는 것을 즐길 수 있다.

확실한 것은 우리들 대부분이 초기 어린 시절의 결단과 일치하도록 스트로크 교환을 제한하고 있다는 점이다. 이 결단들은 부모의 억압에 대한 유아 지각의 응답으로 이루어졌다. 성인이 된 우리는 그 결단을 재평가할 수 있고, 원한다면 그 결단을 바꿀 수 있다.

이 다섯 가지 법칙을 삶의 현장에 적용해서 어떻게 타파해야 하는지에 대해 예를 들어 정리하면 다음과 같다.

① 주어야 하는 스트로크가 있어도 그것을 타인에게 주어서는 안 된다.
  → 주어야 하는 스트로크가 있으면 그것을 타인에게 주라.
  (예: 동철이가 유리창을 깨끗이 닦아서 보기가 좋구나.)

② 원하는 스트로크를 타인에게 요구해서는 안 된다.

  → 원한다면 스트로크를 타인에게 요구하라.

   (예: 네가 엄마에게 예의 바르게 행동했으면 좋겠어. 할 수 있지.)

③ 원하는 스트로크가 와도 받아들여서는 안 된다.

  → 원하는 스트로크가 오면 받아들여라.

   (예: 현규야, 고맙다. 엄마를 그렇게까지 생각해 주니.)

④ 원하지 않는 스트로크가 왔을 때에도 그것을 거부해서는 안 된다.

  → 원하지 않는 스트로크가 왔을 때에는 그것을 거부해라.

   (예: 고맙지만, 이 일은 내가 할 일이니 너희들 할 일 해라.)

⑤ 자기 자신에게 스트로크를 주어서는 안 된다.

  → 자기 자신에게 스트로크를 주라.

   (예: 이 정도면 나는 대단한 거야.)

4. 인생태도

1) 인생태도 이해

(1) 인생태도란

인생에 대한 기본적인 자세는 유아기에 그 기초가 형성되어 그 후 수정되지 않는 한, 자기와 타인에 대해 일생 동안 일관되게 취하는 자세이다.

어떤 사람이 자기 자신과 타인에 대해서 어떻게 느끼고 어떻게 결론을 내리고 있는 가를 그 사람의 기본적 태도라고 한다. 이 경우 그 성질을 긍정적인 것과 부정적인 것의 2개로 크게 나누어 이들을 각각 간단히 긍정(OK), 부정(NOT-OK)으로 나타낸다. 자신에 대해서 OK인지 NOT-OK인지, 타인에 대해서 OK인지 NOT-OK인가를 결합하여 자타긍정(++), 자기긍정 · 타인부정(+−), 자기부정 · 타인긍정(−+), 자타부정(−−)의 네 가지 유형으로 나눈다.

다음은 이고 · 오케이그램에 나타난 자아상태의 그림이다. 어떤 사람의 자아상태의 이고 · 오케이그램이 U+가 U−보다 높게 나오면 타인긍정이 되고, I+가 I−보다 높

게 나오면 자기긍정이 된다. 또한 각각 반대로 나오면 타인부정, 자기부정이 되는 것
이다.

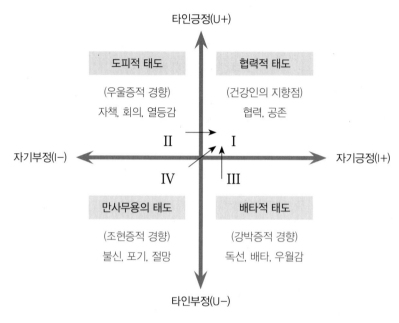

[그림 2-6] 커랠로그램(Corralogram)

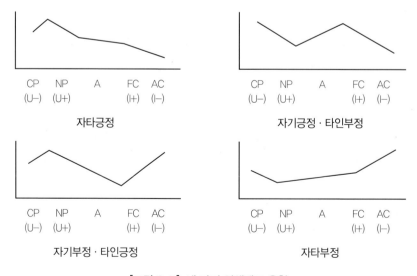

[그림 2-7] 네 가지 인생태도 유형

(2) 인생태도의 형성

인생 초기 경험을 통해 정착된 관념은 성장 후 성격의 일부가 되어 특수한 방법으로 행동이나 반응할 것을 결심하게 된다.

인생의 매우 빠른 시기에 이루어진 자기와 타인에 대한 결단은 그것이 전혀 비현실적인 것이라 해도 그와 같은 결단을 할 시기의 아이에게는 절대적이며 의미가 있는 것으로 생각되는 것이다.

예를 들어, 만일 어떤 아이가 반복적으로 놀림을 받거나 바보 취급을 당한다면 그 아이는 자기는 바보이며, 타인을 모두 자기보다 우월하다는 생각을 하게 될 것이다. 따라서 그 아이는 '나는 OK가 아니다.' 그러나 '당신(자기 이외의 사람)은 OK이다.'라는 인생태도로 자기의 각본을 구성하게 되고, 직장에 들어가서도 실패만 해서 자기는 능력이 없다고 생각하게 된다.

직장인이 되어 일을 할 때나 또는 사생활에 있어서도 자기의 인생태도를 행동으로 표시함으로써 자기가 정한 방향을 실현하게 된다.

자주 과오를 범해서 지적을 받고 그것이 반복되면서 자신은 무엇인가 모자라는 인간이라고 느끼게 되면 그것이 정착되면서 그 개인 특유의 인생태도를 형성하게 된다.

어떤 사람이든 자기 인생각본은 다음 두 가지의 기본적인 질문과 관계가 있다. 나라는 사람은 도대체 이 세상에서 어떤 존재인가? 다른 사람들은 나에게 있어서 도대체 어떤 존재인가?

OK인가? NOT-OK인가? 등의 결단은 인생태도의 기초가 되는 것이다. 그리고 그와 같은 인생태도는 긍정적인 것이든 부정적인 것이든 관계없이 의식하지 못한 채 각본의 역할(희생자, 박해자, 구원자)로 굳어져 간다.

특히, 유아기 때 부모와 양육자로부터 받은 스트로크의 '질과 양'에 따라 결국 네 가지의 인생태도 유형 중 어떤 것을 형성하게 된다.

2) 인생태도의 영역

(1) 인생태도 영역의 특징

① 자기부정 · 타인긍정(I'm NOT OK-You're OK)

아이들은 성장 초기에 이 태도를 취하게 된다. 그리고 아이는 자기 자신에 대해 실망하고 있다. 왜냐하면 부모나 양육자 같은, 자기에게 소중한 다른 사람들의 기대에 맞게 살아가지 않으면 곤란하다는 것을 알고 있기 때문이다.

뿐만 아니라 실패를 반복하면 아이는 다른 사람과의 관계에서 자기는 항상 열등하다는 생각을 가지게 되며, 또 다른 측면에서는 어른들은 자유롭고 자기 생각을 그대로 행동할 수 있는 존재로 느끼게 되어 그 결과 '나는 OK가 아니고, 타인은 OK'라는 인생태도를 취한다. 그리고 성장해서 성인이 된 후에도 항상 자기는 부족하고, 무가치하고, 무력하다는 감정태도를 강화시킨다.

② 자타부정(I'm NOT OK-You're NOT OK)

양친에 의한 육아의 기간이 끝날 무렵에는 아이는 혼자서 걸을 수 있게 되어 안아 주고 업어 주고 만져 주는 것이 줄어들면서 넘어지고 떨어지는 위험에 처하게 된다. 그 뿐만 아니라 호기심에서 위험한 상황이나 위험한 것에 접근하려고 한다. 이럴 때 갑자기 어머니로부터 주의를 받는 경험을 반복하게 된다. 즉, 태어나서 지나간 1년과는 전혀 다른 체험을 한다. 그리고 그 정도가 강하면 강할수록, 그 차이가 크면 클수록 자기는 무능하다고 생각하는 것이 계속되며 자기 주위의 사람들도 자기를 버렸다는 실감이 체험을 통해 남게 되어 결국에는 '나는 OK가 아니고, 타인도 OK가 아니다.'라는 가장 나쁜 태도를 체득하게 된다.

이와 같은 태도로 성장하면 자신의 태도를 변화시키지 않는 한 사회생활뿐만 아니라 가정생활을 하면서도 인간관계를 원만하게 지속할 수가 없다.

태어나면서 긍정적 스트로크(애무나 인정)를 받지 못한 채 엄격한 규제에 의해 양육된다든지 부모가 모두 계속해서 편향된 스트로크를 주어서 이와 같은 인생태도를 형성하는 경우가 가장 많다. 이 인생태도를 가진 사람은 '박해자'를 기다리는 '희생자'의 역할을 하게 된다.

③ 자기긍정 · 타인부정(I'm OK-You're NOT OK)

인생 초기에는 OK라고 느낄 수 있었던 부모로부터 때로는 매우 지독한 처벌을 받는 일이 생긴다든지와 같은 일을 장기간 계속해서 경험하게 되면 유아는 의존할 곳이 없어져 자기 스스로를 위안하고 자기를 도와주는 사람은 아무도 없다는 생각을 굳혀 간다.

그래서 '자기만이 OK이고, 타인은 모두 OK가 아니다.'라는 신념을 마음속에 새기게 된다. 이렇게 사는 방법을 체득하면 '나는 OK, 당신은 OK가 아니다.'라는 입장을 가지고 스스로를 지키기 위한 인생태도를 정착시키게 된다.

이 태도를 취하는 사람은 잘못이 언제나 타인에게 있다고 느끼며, 그와 같은 언동을 시종일관하고 있다. 뿐만 아니라 자신에게 과오가 있다고 해도 그것을 바르게 보려고 하지 않고 타인에게 원인이 있다고 결정하고 타인을 몰아붙이거나 책임을 전가한다.

이와 같은 사람은 언제나 강한 자기애로 자기를 치켜세워 줄 사람을 주위에서 찾지만 대개 그런 사람들을 '희생자'로 만들어서 결국에는 자기로부터 떠나게 한다.

이 태도를 지닌 사람은 언제나 '박해자'나 '구원자'의 역할을 하며 '희생자'의 역할을 하는 경우는 거의 없다는 것이 특징 중 하나이다.

④ 자타긍정(I'm OK-You're OK)

자기의 가치와 타인의 가치를 모두 인정하는 건설적인 태도이다. 자타긍정의 태도는 자기도 OK이며 타인도 그렇지 않다는 것이 증명될 때까지 OK로 가정한다. 이것은 스스로 감사하는 마음에서의 친근과 신뢰의 감정을 결합한 행복하고도 건전한 인생태도이다.

유아기에 부모나 양육자들로부터 따뜻한 마음으로 기분 좋은 애무(스트로크)를 받으며 양육되면 언어가 없을 때부터 자기와 타인(주로 어머니)과의 사이에 싹튼 OK의 감정은 오랜 기억으로 자기 속에 남는다. 그리고 그 같은 체험이 성장하면서도 자주 반복되면 더욱 강화되어 '나도 OK, 당신도 OK'라는 가장 좋은 인생태도를 형성하게 된다.

그러나 이러한 인생태도에는 유아기 체험의 일부가 작용할 수는 있지만 애무로 만족하는 자연적인 자타긍정과는 다른 것이며, 앞에서 설명한 세 가지의 태도와 같이 자연발생적인 감정에 따른 인생태도는 더욱 아니다. '어버이 ⓟ'나 '어린이 ⓒ' 안에 기록된 개인적 체험뿐만 아니라 '어른 ⓐ'가 수집한 사실이나, 현실에 관한 풍부한 정보나 철학, 종교에서 비판적으로 섭취한 사상이나 신념에 의해 구축된 태도이다.

비판적으로 검토한 다음에 얻은 신념은 '어버이 ⓟ'의 무비판적인 신념이나 명령, 편견과는 다른 것이다. 그러나 '어른 ⓐ'의 검토를 받는 사상, 신념이라고 해도 잘못이 없다는 보증은 없으므로, 잘못이 발견되거나 잘못이 아닌가 하고 느끼게 되면 주저하지 않고 재검토를 하기에 적절한 준비를 언제나 갖추고 있다.

'어른 ⓐ'는 이해타산에만 독주하지 않고 '어버이 ⓟ'나 '어린이 ⓒ'를 조정하고 자연스러운 감정으로 기뻐하고 웃으며 슬퍼한다.

이 태도를 취하는 사람은 심리게임을 하지 않는다는 특징이 있다. 이와 같은 자타긍정의 태도는 교류분석이 바라는 목적 중에 하나이기도 하다.

그러나 이와 같은 'OK-OK의 감정'은 매우 얻기 어렵다는 것이 상식이며 아들러는 인간 고민의 근본이 '성'이 아닌 열등감('OK가 아니다'의 감정)이라고 말하고 있다. 예로, 어린이는 몸이 작고 허약하여 주위의 어른들에 비하면 열세이다. 뿐만 아니라 그것을 보충할 만한 충분한 스트로크가 주어지지 않으면 '자기는 OK가 아니며, 타인은 OK'(자기부정·타인긍정)라는 태도를 몸에 익히게 될 것이다.

(2) 인생태도 유형

① 자기부정·타인긍정(I'm not OK, You're OK)
자신을 믿지 못하고 인정하지 않으며, 상대방만 믿고 의지하려는 인생태도이다.
예 나는 어떤 일도 할 수 없는 놈이야, 최 과장은 항상 당당하고 활기에 넘친데 난 늘 왜 이렇게 소심하고 내성적인지 모르겠어.

② 자기긍정·타인부정(I'm OK, You're not OK)
자신을 과신하고 있으나 타인의 존재나 능력을 인정하지 못하는 인생태도이다.
예 너는 왜 언제나 그러냐? 너 때문에 우리 부서 실적이 늘 형편없잖아.

③ 자기부정·타인부정(I'm not OK, You're not OK)
인생을 살 만한 가치가 없다고 절망하거나 타인이 주고자 하는 긍정적 스트로크를 부정하고, 자기 자신에게도 긍정적 스트로크를 주지 못하는 인생태도이다.
예 회사에 가면 어리석고 한심한 놈들뿐, 답답한 것들…… 다들 타성에 젖어서 말이야, 아! 또 초라한 내 꼬락서니하고는……. 이 짓도 싫다 싫어. 확 그만두어야지 말이야…….

④ 자기긍정 · 타인긍정(I'm OK, You're OK)

ⓒ나 ⓟ 속에 기록된 개인적인 체험뿐만 아니라, Ⓐ가 수집한 사실이나 현실에 관한 풍부한 정보나 철학 및 종교로부터 비판적으로 취득한 사상이나 신념에 근거를 두고 형성된 인생태도이다.

예 아, 오늘 김 과장이 잘못한 것도 아니었는데 너무 크게 꾸중을 했구나. 참 많이 속 상했겠다. 더 상처 받기 전에 출근하면 잘 위로해 주어야겠다.

3) 인생태도 개선

일반적으로는 'OK-OK'나 'NOT OK-NOT OK'의 태도를 가진 사람보다는 'OK-NOT OK'거나 'NOT OK-OK'의 인생태도를 가지고 상호 간의 심리적 게임으로 소일하는 사람이 많다고 할 수 있다.

대부분의 사람은 부모로부터 애정을 몸과 마음에 가득히 받으면서 성장한다. 그래서 많은 사람들은 이 네 가지 인생태도 중에 지나치게 강한 것이 없고, 그것으로 인해 정신 이상이 되거나 자살 또는 살인 등을 하지는 않는다. 대개의 경우 'OK-NOT OK'나 'NOT OK-OK'의 기본적 인생태도를 가진 사람들은 처한 상황의 환경이나 상태에 의해 다른 태도로 수시로 이동한다. 그러나 기본 인격 형성과정에서 '어린이 ⓒ'가 받은 감정의 기억, 사건의 기억은 지워버릴 수 없다. 즉, 어떤 인생태도를 정하는 데 영향을 미친 경험 그 자체를 지워버릴 수는 없다. 하지만 인생태도가 그것이 왜곡된 태도이고 자신과 타인에게 행복을 가져다주지 않는다는 것을 알게 되면 새로운 다른 인생태도로 바꿀 수 있다.

교류분석을 학습하므로 자신의 인생태도가 어느 것인지 알고 스스로의 약점을 감지한다면 그 태도에서 벗어나 밝은 인생, 서로 신뢰할 수 있고 인간관계를 창출할 수 있는 '나도 OK, 너도 OK'로 이행할 결심을 하고 그것을 실행하게 될 것이다.

그러나 교류분석은 아는 것만으로는 충분하지 않다. 적극적인 실천(TA의 활용)을 반복하여야 비로소 '느낌'에 연결되는 것이다. 교류분석을 염두에 둔 행동은 일의 대소나

질의 고저에 관계없이 모두에 실천행동을 해야 한다는 생각을 가져야 하며 교류분석을 생활화할 수 있는 적극성이 있어야 한다. 실천이 수반되지 않은 학습은 '그림의 떡'과 같은 것이다.

① 바꾸는 방법의 하나로 제4의 태도(OK-OK의 관계)를 가질 수 있는 사람은 어떤 사람들인지 또는 어떤 상황이면 'OK-OK'의 관계로 교류할 수 있는지 그 상황을 생각해 보면서 그와 같은 시간을 가능한 한 많이 가져 본다(모델링).

② 자타부정은 누구, 어떤 상황에서 'NOT OK-NOT OK'가 되는지 잘 생각해서 그 사람과 그 상황을 맞닥뜨리는 것을 피하도록 노력해야 한다. 그래야만 불유쾌한 기분을 갖지 않게 된다.

③ 자기부정·타인긍정의 태도나 자기긍정·타인부정 태도는 심리적 게임을 하고 있을 가능성이 있다. 이것은 어느 곳으로 이동시켜 봐도 '희생자'와 '박해자'의 입장만 바뀌는 것으로 개선되지는 않는다.

④ TV에서 방영되는 대담 방송에서 대화 내용을 중심으로 인생태도를 본다든지 극중 인물의 인생태도를 분석해 보는 것은 객관적인 분석이 가능하므로 'OK-OK'의 감정을 이해하고 체득하는 데 가장 효과적인 방법의 하나이다.

이상과 같은 과정을 밟으면서 스스로의 인생태도를 감지하고 매일의 생활을 'OK-OK'의 자세로 바꾸어 그 행동을 유지함으로써 밝고 보람된 인생을 살아가도록 한다.

5. 시간의 구조화

1) 시간의 구조화 이해

인간이 사회생활을 영위하는 최대 동기는 행복추구이다. '우리 모두의 좋은 기분 좋은 느낌인 행복'을 추구하기 위해 생활에서 어떻게 시간의 구조화를 하면서 만족할 만큼 인정자극을 주고받을 수 있는지, 교류분석 이론의 관점에서 고찰해 보도록 하겠다.

교류분석 이론의 입장에서 볼 때 인간이 삶을 영위하는 최대의 동기는 타인들과의

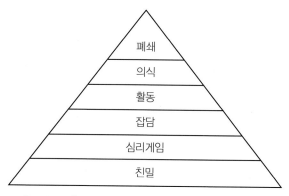

[그림 2-8] 시간의 구조화에 의한 스트로크 교환 밀도

교류에서 될 수 있는 한 많은 만족, 자기실현에 있어서 효용성을 얻는 데 있다. 심신 의학적 견지에서 보면 이것은 가장 바람직한 심신의 조화에 깊이 관계되어 있다. 인간이 삶 속에서 시간구조화를 통해서 얻은 이점은 긴장의 해소, 스트레스 되는 상황의 회피, 인정자극의 획득, 획득된 항상성의 유지관계 등의 요인으로 이루어져 있다.

시간을 유효하게 활용한다는 것은 자기의 인생을 보람 있고 값지게 하는 것과 깊이 관련되어 있다. 시간을 구조화하는 것은 자신의 인정자극을 충족시키는 데 중요한 역할을 한다.

교류분석에서는 인간이 시간을 보내는 것을 다음과 같이 6개의 범주로 분류하여 인간 스스로가 시간을 어떻게 사용하는지를 알아서, 이를 의식화함으로써 보다 바람직하게 시간을 재구성하는 것을 하나의 목표로 삼고 있다.

2) 시간의 구조화 탐색

(1) 폐쇄

이것은 신체적 또는 심리적으로 자신을 타인으로부터 거리를 두어 혼자만의 시간을 가짐으로써 인정자극을 얻는 방법이다. 몸은 함께 있어도 주위 사람들과 전혀 교류를 하지 않는 상태나, 혼자서 시간을 보내는 것이다. 이러한 태도는 크게 두 가지 이유에서 볼 수 있다. 하나는 의도적 계획에 입각해서 행해지는 것, 또 하나는 지난 과거의 적응패턴을 반복하는 것이다.

심리적인 폐쇄의 대표적인 것은 휴식, 회피, 공상에 잠기는 것 등이 있다. 폐쇄하는 동안 받거나 줄 수 있는 유일한 스트로크는 자기 스트로크이다. 타인들과 관계하지 않기 때문에 어린이 자아상태에서 인지할지도 모르는 불편한 심리학적 위험을 피할 수 있다. 여기에는 타인으로부터 자신을 거리 둠으로써 자신에게 인정자극을 주려고 하는 자기애적인 의도도 있다.

(2) 의식

생활에서 만들어진 전통이나 관습에 의해 프로그램화된 단순한 정서적 교류로 일상의 사회적 상호작용이다. 모든 사람은 자기들의 문화에서 적절한 의식을 배운다. 일상의 인사, 조회, 예배, 제사, 결혼식, 시무식(종무식), 취임식 등이 대표적인 사례이다. 의식은 친숙한 관계가 아니어도 상호의 존재를 인정하고 정형화된 시간을 보낼 수 있기 때문에 그것을 지키기만 하면 타인과 깊이 관계하지 않고도 안전하게 시간을 보낼 수가 있다.

구조적으로 의식의 프로그램은 어버이 자아상태에 속한다. 의식을 수행하는 가운데 우리는 어버이 자아상태의 지시를 어린이 자아상태에서 듣고 있다. 기능적으로 의식은 보통 순응한 어린이 자아상태에서 수행한다. 대개 의식은 예상된 규범들을 따른다는 점에서 편안한 결과를 가져오고 따라서 긍정적으로 순응한 어린이 자아상태의 행동으로 분류할 수 있을 것이다. 정형화된 언어, 어조 그리고 신체적 신호가 의식에 사용되기 때문에 이것을 행동적 단서로 확신하기란 쉽지 않은 일이다.

(3) 활동

활동은 일상적으로 생활 속에서 일어나는 대부분의 일들, 연주연습, 체육활동, 축제, 시험공부, 판매활동 등 어떤 목적을 달성하기 위해 하는 일이다. 활동할 때는 주로 어른 자아상태에 놓여 있고 또한 적절한 규칙을 따라야 할 때가 있다. 이것은 활동들이 지금-여기의 목표를 성취하는 데에 관심을 기울이고 있다는 사실에서 기인한 것이다. 그러한 점에서 활동과 잡담의 차이가 있다. 활동에는 생산적이고 창조적인 면이 있으며, 이것을 행하는 사람에게 커다란 만족을 가져다준다. 직장활동 등으로 안전하게 시간을 보내며 살아온 대부분의 사람은 정년 퇴직 후 시간을 잘 구조화시켜 삶을 영유하는 사람들도 있지만, 무료함에 고통 받고 급격히 건강이 악화되는 사람도 있다. 활동은 시간의 구조화 중 핵심적인 것이다.

(4) 잡담

가벼운 피상적 대화와 같은 것이 전형적으로 나타나는 의례적이며 비교적 간단한 상호교류로서 사람들은 목욕탕, 경로당, 시장, 쉬는 시간, 실내, 실외 등에서 시간을 보내는 방법으로 잡담을 활용한다. 잡담은 대부분 지금—여기의 것이 아니라 지나간 과거의 것에 대한 것이다. 잡담은 서로 상대를 잘 모르는 상태에서 직장생활, 자신의 일, 장래 직업, 교육, 스포츠, 여행 등을 잡담하며 시간을 보낸다. 그러는 사이 무의식중에 앞으로도 관계를 유지하고 싶은 상대를 고르고, 두 번 다시 이야기하고 싶지 않은 상대를 제외해 가며, 서로 속을 떠보려고 하는 방식을 취하면서 심리게임을 준비하기도 한다.

잡담의 내용은 의식만큼 엄격하게 프로그램화되어 있지 않다. 잡담하는 사람들은 자신들의 이야기를 재미있게 더 윤색하는 경향이 있다.

잡담의 이점은 인정자극의 교환에 의해 상호 만족이 얻어지고 이에 참가함으로써 존재가 인정되고, 역할이 명확해져서 안정감을 얻게 된다는 것이다.

(5) 심리게임

심리게임은 어떤 이유에서든 솔직하게 인정자극을 얻을 수 없어 비뚤어진 형태로 그것을 얻으려는 사람들에게서 보이는 교류양식이다. 어떤 이들은 심리게임에서 부적절한 방법으로 인정자극을 얻고 자신의 각본을 합리화시키려고 한다. 심리게임은 어른 자아상태가 의식하지 못한 채 성인으로서는 적절하지 못한 과거 낡은 전략을 재연하는 속임수가 깔린 교류로, 문제해결에 도움이 안 된다. 보통 심리게임은 디스카운트와 이면교류로 시작하고 극적 전환 단계를 거치면서 어른 자아상태가 의식을 하게 된다. 이와 같이 심리게임은 일련의 주고받는 대화 후에 승부가 나서 결과적으로 불쾌한 감정을 맛보는 것이 특징이고, 어린 시절에 뿌리를 두고 있는 낡은 전략을 재연하며 반복적인 경우가 많다.

심리게임을 하지 않기 위해서는 심리게임의 함정인 드라마 삼각형을 돌며 다니지 말고 드라마 삼각형 전체에서 벗어나야 한다. 드라마 삼각형에서 어떤 역할이든 디스카운트가 일어나 심리게임을 하게 된다. 박해자와 구원자는 상대를 디스카운트하고 희생자는 자신을 디스카운트 한다.

(6) 친밀(친교)

친밀이라는 시간의 구조화에서는 속에 깔린 비밀 메시지가 없다. 사회적 수준의 메시지와 심리적 수준의 메시지가 일치를 이룬다. 이것이 친밀과 심리게임의 중요한 차이이다.

이는 사람들이 서로 신뢰하고 상대에 대하여 서로 순수한 배려를 행하는 관계이다. 이 관계가 성립되기 위해서는 사람들 모두 '나도 OK이고, 너도 OK(I'm OK, You're OK)'라는 기본적 태도를 갖는 것이 필요하다. 여기에서 이루어지는 주고받기는 사람의 기쁨의 자발적 표현이며, 사회적인 압력에 의해서 프로그램화된 '의식'에 대한 반응이 아니다.

친교는 인격 대 인격의 교류이다. 여기에서 어버이 자아상태의 요구는 존중되며 동시에 자유스러운 어린이 자아상태가 출현하여 활발하게 활동하는 것도 허용된다. 이 어린이 자아상태는 창조적이고 자발적이며 호기심이 풍부하다. 지금-여기라는 입장에서 자발적으로 직접적인 인정자극의 교환이 이루어진다.

3) 행복한 시간으로 구조화

인간이 생활에서 행복해지기 위해서는 시간의 구조화를 잘해야 한다. 시간의 구조화를 잘한다는 것은 자신의 욕구를 충족하기 위한 긍정적인 스트로크를 많이 받는 것이다. 여섯 가지 시간의 구조화를 어떻게 잘할 수 있느냐에 따라 우리는 만족할 만한 행복한 사람으로서 생활을 영유할 수가 있을 것이다.

이러한 시간의 구조화를 잘하기 위해 여섯 가지의 구조화 방법들을 잘 활용할 수 있다. 예를 들면, 적당한 폐쇄를 통해 정신적·신체적 안정을 취하고, 자기 성장을 위한 성찰의 시간을 가질 수 있을 것이다. 폐쇄라고 해서 무조건 부정적인 것은 아니다. 그러나 폐쇄에 너무 오래 머물면 스트로크 고갈이 생겨 스트로크 기아상태에 직면하게 될 수 있다.

의식의 구조화에서 의식은 마치 이전에 프로그램된 것처럼 진행되는 일상의 사회적 상호작용이기 때문에 구조화되어 있는 의식의 틀 속에서 쉽게 긍정적인 스트로크를 사람들과 나눌 수가 있다. 이러한 의식을 적절하게 활용한다면 기본적으로 사람들과의 안정적 관계를 평범하게 유지는 할 수 있을 것이다.

활동은 시간의 구조화 중 핵심적인 것이다. 이 시간의 구조화는 많은 사람들이 사용하고 있는 무리 없는 방법으로 편리하고 실용적이다. 이러한 활동에서 시간의 구조화를 잘한다면, 사람들은 안정적이고 효율적으로 삶의 목적을 달성할 수 있을 것이다. 또한 사람들은 생활에서 효과적으로 자신의 시간을 활용할 수 있을 것이다.

잡담은 가벼운 피상적인 대화와 같은 것이 전형적으로 나타나는 의례적이며 비교적 간단한 상보교류로서 기분전환이라고 할 수 있다. 잡담과 활동의 차이점은 잡담은 목적의 성취를 향하고 있지 않기 때문에 부담 없이 친숙한 형태로 진행된다는 것이다. 인정자극 교환으로 상호 만족을 얻고 이에 참가함으로써 존재를 인정받고, 역할이 명확해져서 안정감을 얻게 된다. 따라서 적당히 잡담의 시간을 가짐으로써 스트레스를 해소하고, 타인들과 인간적인 교류를 할 수 있다.

사람들은 생활을 하면서 알게 모르게 많은 심리게임을 한다. 이러한 심리게임은 결과적으로 사람들에게 신뢰할 수 없는 결과를 가져올 것이다. 그러므로 인간관계에서 심리게임에 들어가지 않도록 항상 교류에 각별한 주의를 기울여야 한다. 또 심리게임에 들어갔더라도 알아차림을 통해 빨리 벗어나고, 승화와 초월을 할 수 있도록 깊은 통찰이 필요하다. 그 외에 앞 장에서 배운, 심리게임에서 벗어나는 방법을 다시 한번 상기하기 바란다.

친밀은 진정한 요구나 감정의 교환이라고 정의할 수 있다. 즉, 사람들이 친밀하다는 것은 그들이 서로 에누리 없이 의사소통을 잘하고 있다는 것을 의미한다. 친밀 상태에서는 비밀 메시지가 없다. 사회적 수준과 심리학적 수준은 일치한다. 이것이 친밀과 게임의 중요한 차이점이다. 친밀은 미리 프로그램된 것이 아니기 때문에 또한 가장 예측할 수 없는 시간의 구조화의 한 방법이다. 그래서 어린이 자아상태에서, 인간관계하는 방법 중 가장 위험한 방법으로 친밀을 받아들일지도 모른다. 역설적이게도 그것은 실제로 가장 덜 위험하다. 그러므로 친밀의 결과는 항상 관련된 타인에게 반드시 건설적일 것이다. 사람들은 이러한 친교의 시간을 구조화했을 때 가장 행복함과 평화를 느낄 것이다.

6. 인생각본

1) 인생각본의 이해

(1) 인생각본이란

인생각본이란 어린 시절에 만들어지고, 부모에 의해 강화되며, 후속 사건에 의해 정당화되며, 양자택일 선택의 순간에 절정에 달하게 되는 무의식적 인생계획을 말한다(Berne, 1976).

왜 사람들은 자신과 타인들, 그리고 세상에 대해서 이러한 전면적인 유아의 결단으로 각본을 갖게 되는가? 이런 결단은 어떤 기능을 수행하는가? 그 대답은, 첫째, 각본 결단은 종종 적대적이며, 심지어 인생을 위협하기까지 하는 것으로, 세상에 살아남기 위한 유아의 최선의 전략으로 나타난다. 둘째, 각본 결단은 유아의 정서와 현실 검증의 토대 위에서 이루어진다.

이렇게 형성된 각본은 반복 강박의 결과로 나타나고, 정신의학에서 반복 강박이란 사람들이 불행했던 어린 시절 사건들을 반복하려는 경향성을 지니고 있다는 것을 가정한다. 그러므로 각본 분석의 목적은 이러한 강박에서 사람들을 자유롭게 하고 현재의 상황에 맞는 새로운 활로를 찾아 살아가도록 하는 과제를 달성하는 데 있다.

이상과 같은 에릭 번의 정의를 분석하면 다음과 같다.

첫째, 인생각본은 인생(생활)설계이다.

성인들의 생활양식이 어린 시절의 경험에 의해 영향 받는다는 것은 교류분석뿐만 아니라 다른 심리학적 접근에서도 중요한 개념이다. 교류분석에서 각본 이론의 특수성은 어린아이가 자신의 인생에 대해 단순하게 세상의 일반적 견해를 적용하는 것이 아니라 독특한 설계를 세운다고 주장하는 데 있다. 이러한 생활설계는 서막과 중막, 그리고 종막이 있는 드라마의 형태로 설계된다.

둘째, 인생각본은 결말(결과적 보수) 지향적이다.

각본 이론의 또 다른 특수한 주장은 인생(생활)설계가 '결국 선택된 대안에 이른다.'는 것이다. 어린아이가 자기의 인생 드라마를 쓸 때, 그 아이는 드라마의 필수적 부분으로서 결말 장면을 쓴다. 서막 장면 이후부터 쓰인 줄거리의 다른 모든 부분은 이 마지막 장면을 끌어내기 위해 설계된다.

각본 이론의 전문 용어로 종막 장면을 각본의 결말(pay-off)이라고 부른다. 이 이론은 성인으로서 우리가 자신의 각본을 연기할 때 각본의 결말에 더 가까이 접근하게 될 행동을 무의식적으로 선택하게 된다고 주장한다.

셋째, 인생각본은 선택 결단적이다.

에릭 번은 각본을 '어린 시절에 만들어진 인생(생활)설계'라고 규정했다. 이는 어린아이가 생활설계를 결정한다는 것을 말한다. 단지 부모와 같은 외부적 힘에 의해서나 환경에 의해서 결정되는 것이 아니다. 전문 교류분석 용어로 우리는 이것을 '인생각본은 결단적'이라고 표현한다.

동일한 환경에서 자란 각각의 어린아이들조차도 상당히 다른 인생(생활)설계를 결정한다는 결과로 된다. 에릭 번은 어머니로부터 다음과 같은 말을 들은 2명의 형제에 대한 이야기를 하고 있다. '너희들은 수용소에서 끝장이 날 거야.' 그런데 형제 중 한 명은 정신병원 환자가 되었고, 다른 한 명은 정신과 의사가 되었다.

각본 이론에서 '결단(decision)'이라는 용어는 전문적 의미로 사용되며, 이 용어의 보통 사전적 의미와는 다르다. 어린아이의 인생각본 결단은 어른의 의사결정과 관련된 방식처럼 신중한 사고를 통해 형성되는 것은 아니다. 최초 결단은 느낌에서 비롯되며 어린아이가 말을 배우기 전에 이루어진다. 그리고 그들의 성인들이 사용하는 것과는 다른 종류의 현실 검증에 의존하고 있다.

넷째, 인생각본은 부모에 의해 강화된다.

부모가 아이의 각본을 결정할 수는 없지만 주요한 영향력을 행사할 수 있다. 유아 시절에 부모는 자신과 다른 사람들, 그리고 세계에 대한 결론을 형성하는 데 기본이 되는 메시지들을 주게 된다. 이 각본 메시지들은 언어적일 뿐만 아니라 비언어적이기도 하다. 그것들은 어린아이의 주요 인생각본 결단이 이루어지는 것을 도와 형성한다.

다섯째, 인생각본은 의식 밖에(무의식) 있다.

성인 생활에서 우리의 어린 시절을 기억해 내는 데 가장 쉬운 방법은 꿈과 환상이다. 우리가 일할 시간이나 각본을 발견하지 못한다면 우리의 행동 속에서 결단을 살려 간다고 하더라도 우리가 한 초기 결단을 깨닫지 못한 채 남길 수 있다.

여섯째, 현실은 각본을 '정당화'하기 위해 재정의된다.

번이 "각본은 후속사건에 의해 정당화된다."라고 말했을 때 정당화라는 말을 더 강조하는 것이 더 나았을지도 모른다. 우리의 인생각본 결단이 정당화해 보이도록 우리는 종종 우리의 준거 틀 속에서 현실을 해석하기도 한다. 우리가 이렇게 하는 것은 '어린이 ⓒ' 자아상태가 각본에 입각한 세계관에 대한 위협이나, 우리의 욕구 충족을 위협하고 심지어는 우리의 생존까지 위협하는 것으로 받아들일지도 모르기 때문이다.

바꾸어 말하면, 각본은 부모의 영향하에서 발달하는데 부모와 양육자들과의 사이에서 실제로 행해진 교류를 의미한다. 막연한 부모의 영향이라기보다는 어린 시절 어떤 때, 어떤 확실한 형태로 체험한 부모-자녀관계의 영향을 통해 인생각본이 만들어진다는 것이다. 그러한 각본은 현재도 진행 중이며 지금도 계속 진전한다는 의미를 담고 있다. 동시에 일방통행 길을 달리고 있는 상황과 유사하다. 일단 거기에 들어가면 되돌릴 수 없게 되며 어떤 행동도 결말로 향하게 된다.

또 인생각본은 프로그램과 같은 것으로 따라야 할 계획이나 스케줄이 있다는 것이다. 일정한 행동 양식, 프로젝트, 기획이 포함되어 있으며, 그들을 실시하는 방법도 나타내고 있다. 교류분석에서는 인생각본의 프로그램 내용이 당사자가 특히 관심을 기울이는 이야기의 줄거리에 나타나 있는 점에 주목하고 있다.

나아가 각본은 인생의 중요한 행동에 대해서 지도하고 있으며 개인이 그러한 지령을 거스를 수 없다는 것이다. 그러나 지령이 미치지 않는 것에 대해서는 자유롭게 선택할 수가 있다. 지령은 때때로 '반대의 것을 행한다'는 형태로 주어지는 경우가 있다. 예를 들면, 부모로부터 명령받은 것에 철저하게 반발하여 정반대의 행동을 하는 사람이 있는데 이 같은 행동은 실제로는 인생각본을 촉진시키는 프로그램의 일부에 가담하고 있는 것이다.

교류분석에서는 우리들 인생을 하나의 드라마와 같은 것으로 파악하고 그 속에서 자신이 연출하고 있는 역할을 각본이라고 부르고 있다. 각본은 우리들이 어린 시절에 양친의 영향을 받아 발달하며 그 후의 인생 체험에 의하여 강화, 고정화된 인생설계, 즉 청사진이다. 각본은 인생의 중요한 국면, 예를 들면 취학, 취업, 결혼의 선택, 죽는 방법 등의 행동을 결정할 정도로 강력한 것으로 우리들 삶의 방식에 커다란 영향을 미친다. 각본을 분석함으로써 지금까지 숙명이라든가 운명이라고 체념하고 있던 것이 실은 자신이 무의식중에 강박적으로 연출하고 있던 드라마라는 것을 깨닫게 된다. 또 자신의 성격 형성과정이 분명해지며, 인생 초기에 만들어진 기본적 태도 등에 대해서도 상세히 알 수 있다.

그래서 자신이 어떤 각본을 연출하고 있는가를 확인하고 지금까지의 비건설적인 각본을 고쳐 씀으로써 그 지배를 벗어나서 참된 자신을 살려갈 가능성을 충분히 살릴 수도 있는 것이다.

(2) 인생각본의 형성

우리 인생은 마치 한편의 연극과 같은 것이다. 인생드라마 속에서 자기 자신이 현재 연출하고 있는 역할을 교류분석에서는 인생각본이라고 한다. 이 각본은 연극의 각본과 유사해서 등장인물에 정해진 배역, 대사, 연기, 배경을 가지며 거기에다 클라이맥스에의 숫구침이 있은 후에 막이 내려 끝을 맺는다.

사람들은 공적인 무대와 사적인 무대라고 하는 2개의 무대를 갖고 있다고 한다. 공적 무대는 우리의 실제 행위를 의미하며 제3자가 관찰 가능하고 증명할 수 있는 것이고, 사적 무대는 생각하는 무대, 리허설을 하는 무대로써 장차 자신이 연출하고 싶다고 생각하는 역할을 연습하는 무대이다(Fritz Perls).

개인이 무대에서 각본대로 활동하듯이 모든 세계도 무대에서 각본대로 행동한다. 가족도 국가도 각각 각본대로 행동한다. 인간은 가소성의 동물이다. 따라서 처음에 결단에 의해 만들어진 각본은 재결단 또는 제3의 결단에 의해 부단히 새로운 각본을 만들어 가게 된다.

사람은 때와 장소만 다를 뿐 자기도 모르게 같거나 비슷한 언행을 반복하는 경우가 많다. 경험하지 않은 것을 말이나 행동으로 옮기기가 어렵기 때문이다. 처음 경험임에도 이미 보거나 경험한 것처럼 여겨지는 현상은 이미 무의식적으로 반복 경험한 경우가 많다. 또 항상 틀에 박힌 일정한 방식이나 태도를 취함으로써 신선미와 독창성을 잃는, 즉 타성에 젖어 틀에 박힌 언행을 하는 사람은 자신이 알거나 경험한 것을 기본으로 해서 무의식적으로 반응하는 경우가 많다. 이러한 현상이 타인을 혼란스럽게 하거나 자신에게 피해가 된다는 것을 깨닫게 되면 자신의 각본 형성과정이 잘못되었음을 알게 된다. 그 결과 불필요한 인생각본에서 벗어날 수 있는 방법을 생각하고 실행해야겠다고 결심하게 된다.

인생 초기의 경험에 의한 각본은 어떻게 형성되었는지 그 원리는 다음과 같다. 인간은 인생 초기에 뭔가 의미 있는 자극(Stimulus)을 받거나 체험을 하게 되는데, 그것이 몇 차례 반복되면 어떤 형태의 동인(Driver), 즉 기본적 감정적 태도가 만들어지고,

다음으로 그것이 원인이 되어 반응(Reaction)이 일어난다. 이 같은 과정이 반복되는 속에 '동인'은 의식화된다. 그렇게 되어 각본이 형성되고 그 뒤 어떤 자극을 받게 되면 'S−D(S1−R1)−R'의 조건부여로 반응이 일어나게 된다. 즉, 과거의 일에 의해 형성된 각본이 현재의 일에 연결되어 행동(반응)을 지배하게 된다.

인생각본 형성에 있어서 결정적으로 지배하는 것은 부모나 양육자의 관계이다. 부모의 언행이 유아의 마음을 형성하는 데 결정적인 역할을 하기 때문이다. 유아는 아직 새하얀, 오염되지 않는 백지상태이므로 외부의 자극을 그대로 흡수한다고 볼 수 있다. 다른 말로 하면, 아이는 자신의 생존을 위해서 차근차근 한정된 유형으로 편향되어 가고, 이는 아이가 태어난 국가, 지역사회, 가정의 문화와 부모의 양육태도에 따라 적응해 간다는 뜻이다. 이 시기 유아는 무분별하게 정보를 경험하고 모으고 비축하여 그 후 그것이 일생 동안 유아에게 영향을 미치게 된다. 그러므로 유아기는 인생각본의 기본적 정보원이 되는 것이다.

아이가 이 세상에 태어났을 때 아이의 자아상태는 백지상태의 어린이 ⓒ에 있는 NC(자연스러운 어린이 자아)만을 갖고 있다. 그 뒤 부모로부터 차근차근 길들여지면서 LP(작은 교수)가 만들어지고 이것이 발달하여 A1이 형성된다. 그리고 A1에서 나쁜 마녀로 된 P1이 형성되어 어린이 ⓒ의 모체인 C2가 완성된다. C2가 완성된 뒤 C2로부터 어버이 ⓟ와 어른 ⒜가 각각 분화되어 한 사람의 마음인 자아상태를 형성하게 된다.

(3) 성인 생활에서의 인생각본

성인이 되어 우리는 종종 유아일 때 결정한 전략들을 재연하고 있다. 이때 우리는 초기의 결정에서 우리가 묘사했던 세상처럼 지금−여기에서의 현실에 반응하고 있다. 그렇게 할 때 우리는 각본 상태에 있다고 말한다. 이 상태를 우리는 각본 행동이나 감정에 말려들었다고 한다.

우리가 이렇게 하는 이유는 무엇인가? 왜 우리는 성인이 되어서도 유아의 결정을 뒤에 남겨 둔 채 버리지 못하는가? 그 첫째 이유는 유아일 때 해결하지 못하고 남겨진 기본적인 문제, 즉 무조건적인 사랑과 관심을 얻는 방법을 아직도 해결하기를 원하고 있기 때문이다. 그래서 성인이 되어도 여전히 유아인 것처럼 다시 행동한다. 많은 다른 치료법들과 마찬가지로, 교류분석은 이러한 사실을 대부분의 인생 문제의 근원으로 본다.

인생각본에 들어갈 때, 우리는 유아의 전략을 재연하고 있다는 것을 보통 인식하지 못한다. 우리는 우리의 각본을 이해하고 초기의 결정을 발견함으로써 이러한 인식을 발전시킬 수 있다.

과장이 부장과 의견 불일치 상태에 있다고 가정하자. 이것은 단지 낮은 스트레스 수준을 나타낸다. 그래서 과장은 인생각본의 바깥에 머물러 있다. 과장은 '어른 Ⓐ' 상태의 방식에서 과장과 부장은 서로의 차이점에 대해서 논쟁한다. 과장은 부장과 자신이 타협을 하거나, 견해의 차이를 인정해야 한다는 판단을 내린다. 만약 타협한다면 그 후의 불행은 없다.

그러나 이제 부장이 사장을 불러들인다고 가정해 보자. 이제 논쟁은 스트레스가 높은 수준을 나타낸다. 과장은 인생각본으로 이동하게 된다. 사장과 마주서자, 과장이 어린아이였을 때, 즉 화난 아버지가 자신에게 이해할 수 없는 욕설을 퍼부으며 마치 거인처럼 거대하게 보였을 때 과장이 보이곤 했던 것과 동일한 신체적 반응, 감정, 생각들로 움직이게 한다. 의식적으로 깨닫지 못한 사이에 과장은 그 사장을 아버지 '인 것으로' 만들었다. 그리고 과장은 다시 마치 세 살짜리 겁먹은 아이처럼 반응한다. 만약 과장이 인격적인 치료를 시작한다면, 과장은 각본 행동으로 빠져들어 가기보다는 문제해결을 위해 과장 자신의 능력을 더 향상시킬 수 있다.

교류분석의 용어에서 현재의 상황은 초기의 상황으로 되돌아가는 고무밴드라고 말한다. 이것은 과장이 어린 시절의 장면으로 돌아갔던 것처럼 어떻게 반응하는가를 직접적으로 표현한다. 시간을 관통하여 뻗어 있는 거대한 고무밴드를 상상해 보면, 그 고무밴드는 어린 시절의 고통을 되살리는 현재의 몇 가지 특징에 갈고리를 고정한다. 그리고 팅! 하면서 과장은 과거로 되돌아간다.

과장은 어린 시절의 장면에 대한 의식적인 기억은 없다. 그러므로 과장은 그 유사점을 깨닫지 못한다. 과장의 고무밴드는 사장으로부터 화난 아버지에게로 다시 뻗쳐졌다. 하지만 과장은 사장의 노여움에 겁을 먹고 있을 때, 과장의 아버지가 그 뒤에 있었다고 의식적으로 생각하지는 않았다.

부모는 내 인생의 초기에 중요한 인물이기 때문에, 그들은 종종 고무밴드의 극점에서 발견된다. 과장의 형제자매, 조부모와 같은 부모의 특징을 지니는 다른 사람들, 아주머니 그리고 아저씨들도 그렇다. 사람들의 집단들에 참가할 때마다, 교사는 집단 각 성원들에게 부모나 자매의 역할을 맡기는 것 같다. 관련된 모든 사람과 의미심장하게 이야기하면서 일정 시간 동안 과장은 그들을 과거의 인물들과 동일하다고 여기게 된다. 과장은 의식적인 자각 없이 그렇게 한다.

이것은 프로이트주의자들이 '전이'라고 부르는 현상이다. 교류분석에서는 '누군가의 위에 얼굴을 얹는 것'이라고 구어체로 표현한다. 과장이 사장과 논쟁을 하고 있는 각본으로 빠져 들어갔을 때 과장은 사장의 위에 아버지의 얼굴을 얹고 있는 것이다.

고무밴드가 언제나 사람을 통해서만 과거 스트레스 상황으로 갈고리를 뻗치는 것은 아니다. 소리나 냄새, 특별한 환경, 또 어린 시절의 강압적인 상황을 무의식적으로 상기시키는 어떤 것도 과거로 되돌아가는 고리가 될 수 있다.

교류분석에서 변화시키고자 하는 하나의 목표는 고무밴드를 단절시키는 것이다. 인생각본의 이해와 인격의 변화를 통하여 과장은 원래의 충격을 해소하고 오래된 어린 시절의 감각들로 오므라드는 자신을 자유롭게 할 수 있다. 그렇게 함으로써 과장은 자신의 지시에 따라 모든 성인의 자원을 가지고 지금-여기의 상황에 직접 부딪쳐 씨름하도록 하게 된다.

(4) 각본의 이해가 중요한 이유

교류분석 이론에서 인생 생활각본의 개념이 왜 그렇게 중요한가? 그 이유는 인생각본이 사람들이 왜 그런 식으로 행동하는지 이유를 이해하는 방법을 우리에게 알려 주기 때문이다. 우리가 고통스럽거나 자기패배에 직면한 것처럼 보이는 인생각본의 행동 방식을 조사하고 있는 경우에 이런 이해는 특히 필요하다.

예를 들어, 심리게임에 대해 살펴볼 때, 우리는 계속해서 되풀이되는 고통스러운 교환을 하고 있는 사람들에 대해서 살펴볼 것이다. 그것이 그렇게 불편한데도 우리는 왜 그런 종류의 일을 계속하는 것일까?

인생각본 이론에 따르면 우리는 우리의 각본을 강화하고 진전시키기 위해서 그렇게 한다. 인생각본 상태에 있을 때 우리는 유아의 결단에 매달리고 있다. 어린 시절 우리는 이러한 결단이 자신의 생존을 가능하게 하고 욕구를 충족시켜 주는 가장 좋은 방법이라고 여겼다. 성인이 되어 우리는 '어린이 ⓒ' 자아상태에서 이러한 신념을 여전히 가지고 있다. 의식적인 자각 없이 우리는 초기의 결정을 정당화하기 위해 세상을 짜맞추려고 한다.

인생각본에 있을 때 우리는 유아의 전략을 재현함으로써 성인의 문제에 대처하려고 한다. 이러한 것들은 필연적으로 우리가 유아기 때 가져왔던 결과들과 같은 결과를 가져온다. 그러한 불쾌한 결과들을 얻을 때 우리는 '어린이 ⓒ' 자아상태에서 우리 자신에게 말할 수 있다. 예를 들자면, '세상은 그런 것이라고 내가 결정했던 것과 같은 거야.' 그리고 이러한 방식으로 각본신념들을 '확신'할 때마다 우리는 각본의 결말에 더 가까이 다가갈 수 있다. 예를 들어, 나는 아기였을 때 결단하였을 것이다. 즉, '나에게는 뭔가 잘못된 것이 있어. 사람들은 나를 거부해. 내 이야기의 끝은 슬프고 쓸쓸한 죽음일 거야.' 성인의 생활에서 나는 계속 다시 거절당하도록 인생계획을 더욱 짜 맞출 것이다. 거부들로 인해 나는 나의 결말 장면이 외로운 죽음이라는 또 다른 '확신'을 점검하게 된다. 의식의 바깥에서, 내가 이런 결말을 끝까지 수행한다면 부모님은 변화할 것이고 결국은 나를 사랑할 것이라는 마술적인 신념을 유지하고 있을 것이다.

인생각본은 어린 시절에 해결하지 못한 기본적인 문제, 즉 무조건적인 사랑과 인정을 받는 방법을 해결하기 위한 마술적인 해결책을 제공한다. 성인이 된 우리는 그런 마술적인 상태로 들어가는 데 어려움을 겪게 된다. 왜냐하면 어린아이로서 우리는 종종 동화와 동일시하고 만약 삶을 동화와 같이 만들어 갈 수 있다면 우리의 삶도 '가끔 행복하게' 끝낼 수 있을 것이라고 여기기 때문이다.

유일한 문제는 동화가 어린아이를 완전히 속인다는 것이다. 동화는 만약 당신이 당신에게 뭔가 좋은 일이 일어나기를 원한다면 먼저 그것을 가질 만큼의 충분한 희생이 있어야 한다고 가르친다.

예를 들면, 당신이 왕자와 결혼하고 싶다면 몇 가지 흥미로운 선택을 하게 된다. 당신은 열심히 일을 하고, 고통을 겪으면서, 창백한 얼굴로 눈물을 흘리며 앉아 당신을 무도회장에 갈 수 있도록 도와줄 요정을 기다리거나, 독이 든 사과를 먹거나 독이 묻은 물레 바늘에 손가락이 찔려서 죽은 당신에게 키스해 줄 남자가 오기를 기다릴 수 있다. 또한 당신은 탑에 갇히고 머리카락은 길게 자라는데 갇혀 있는 여자를 찾으려는 누군가를 기다리거나, 두꺼비에게 키스를 하기 위해 방문을 하고, 왕자의 가슴에 안기려고 할 수도 있다.

만약 당신이 공주와 결혼하기를 원한다면 위와 마찬가지의 선택을 호소할 수 있다. 당신은 죽은 여자에게 키스를 하러 갈 수 있고, 또한 갇혀 있는 여자를 찾으러 갈 수 있다. 또한 당신으로부터 도망친 여자를 찾으려고 할 수 있으며, 잔인하고 냉정하게 대할 수도 있다. 만약 당신이 성공적이고 매우 행복한 결말을 원한다면 먼저 못생기고 놀림을 받는 존재에서 시작해야 한다.

동화에서 긍정적인 것은 아이들에게 힘을 제공하며 무기력할 때 그 삶을 잘 통제하도록 도와주는 것이다. 동화의 유일한 문제점은 얻은 해결책이 마법과 같은 것이고, 현실과 부합하지 않다는 점이다. 그러나 적어도 다른 면에서는 아이가 절망적으로 보이는 상황에서 살아남을 수 있도록 해 준다.

그 후 성인 생활에서의 '어린이 ⓒ' 자아상태는 그 마술적인 신념을 계속 유지하고 신념대로 이루어지도록 계속 노력한다. 만약 그것이 이루어지지 않았다면 아마 우리는 거기에서 벗어나려고 그렇게 노력하지는 않을 것이다. 각본에서 벗어나는 하나의 방법은 완전한 세계에 대한 신념을 포기하는 것이다. 대신 문제를 해결하기 위해 '어른 Ⓐ' 상태를 사용할 수 있고, 언제나 완전하지는 않지만 아름답고 즐거울 수 있는 세상에 살아가면서 우리의 욕구를 어떻게 이룰 수 있는지를 이해할 수 있다.

왜 사람들이 인생각본 신념에 그토록 집요하게 매달리는지에 대한 또 다른 이유가 있다. 내가 나의 각본과 맞지 않는 방식으로 행동하고 생각하고 느낄 수 있는 상황을 겪고 있다고 가정해 보자. '어린이 ⓒ' 상태의 나에게 이것은 마술적인 해결책을 포기하는 것을 의미하며 아주 바람직하지 않게 보인다. 그러나 내가 두려워한 것은 갈망해 온 마술적 결과 대신에 일어났을 사실에 직면해야 함을 의미한다.

유아기에 인생각본 결정을 하였을 때 나에게는 이러한 결정을 따르는 유일한 대안이 무섭고 말할 수 없는 불행으로 여겨졌다. 나는 그 불행이 무엇인지 전혀 짐작이 가지 않았다. 나는 오직 그것이 무섭다는 사실만 알았다. 전력을 기울여 그것을 피해야 했고, 그것을 피하기 위해 알고 있는 유일한 방법은 자신과 다른 사람들과 세상에 대하여 했던 결정들에 매달리는 것이었다. 내가 이런 결정들을 '확신'할 수 있었을 때마다 나는 그 큰 불행이 나에게 적게 덮쳐 오는 것으로 보였다.

성인의 생활에서 인생각본을 실행할 때 우리는 여전히 이런 유아의 동기를 따르고 있다. 이것이 사람들이 자기 피해로 인식되는 행동 방식을 계속 따르고 있을 때 '좀 더 편안하게' 느낀다고 종종 말하는 이유이다. 그것을 인식하지 못한 채 그들은 '지금 내가 하고 있는 행동 방식은 고통스러워. 그렇지만 만약 행동을 바꾼다면 일어날지 모르는 재난만큼 나쁘지는 않을 거야.'라는 신념으로 행동하고 있다.

이러한 모든 점이 인생각본의 이해가 왜 인격 변화의 과정에 그렇게 중요한지를 우리에게 보여 준다. 인생각본을 바꾸기 위해 나는 어린 시절에 대처하지 못했던 요구들을 이해해야 한다. 이제 인생각본의 '마술적 해결책'에 의존하기보다는 성인의 자원을 사용하여 그런 욕구들에 대처하여 얻는 방법들을 찾아야 한다. 그리고 내가 유아였을 때 그렇게 두려워했던 불행과 직면하지 않으면서 나의 인생각본 형태에서 자유로워질 수 있다는 것을 스스로 확신해야 한다.

2) 인생각본의 장치와 법칙

(1) 인생각본의 장치

에릭 번은 각본을 일곱 가지 요소로 나누어 분석하였다. 그 전체를 각본 장치라고 하고 일곱 가지로 정리하며 사례를 들어 각본을 분석하겠다.

① 결말

당신이 인생을 어떤 형태로 끝내는가, 그 종말의 모습이다. 일반적으로 운명이라고 불리는 것이다. 어린 시절부터 초등학교에 들어가는 시기까지 부모로부터 몇 번이고 말한 저주와 같은 말, 예를 들면 "죽어라 이 녀석!", "변변치 못한 녀석!"과 같은 말은 장래 비극적인 결말을 초래할 가능성이 있다. 마찬가지로 과도한 체벌이나 학대 행위도 성인기의 파괴적인 각본의 원천이 될 수 있다. 이러한 아이의 심신발달에 바람직하지 않은 부모와 자녀 간의 교류를 자녀 자신이 어떻게 받아들이는가 하는 것이 장래 어떤 결말을 맞이할까 하는 열쇠가 된다. 예를 들면, "죽어버려 이 녀석!"이라는 부모의 저주를 직접 받아들여 자녀가 '어쨌든 나는 없는 편이 좋은 것이다.'라고 결심했다고 하면 인생이 불행한 결말로 갈 가능성이 충분히 있다고 해도 좋을 것이다.

② 금지령

일반적으로 금지령은 부모가 자녀에게 주는 명령 중 불공평하고 부정적인 의미를 가진 명령이다. 예를 들면 "불평을 말하는 것을 그만해!", "쓸데없는 것을 생각해선 안 돼!", "결코 손님 앞에서 웃어선 안 돼!"와 같은 것으로 반복하여 거듭 발화되며, 그것을 위반하면 벌을 준다. 그러나 금지령이 모두 부정적인 것만은 아니다. 승자각본에 기여하는 긍정적 금지령도 있다.

금지령은 세 가지 수준의 금지령으로 구분된다. 제1수준 금지령은 사회적으로 인정받고 있는 온건한 것으로 승자각본에 기여하는 금지령이다. 예를 들면, "너무 무리해서 탈내서는 안 돼.", "너무 큰 야망을 갖지 마라." 등을 들 수 있다. 제2수준 금지령은 어딘가 내용적으로 비뚤어져 있어 평범한 각본에 기여하는 금지령이다. 예를 들면, "이것을 아빠에게 보여서는 안 돼.", "입 다물고 말하지 마라." 등을 들 수 있다. 제3수준 금지령은 명확히 불합리한 내용을 갖고 타인에게 공포심을 안겨 주는 패자각본을 초래하는 금지령이다(골딩의 12가지 금지령).

골딩 부부(R. Goulding & M. Goulding)는 치료사로 일하면서 금지령을 경험했다. 사람들은 부정적인 초기 결단을 하는 기초로, 반복하여 12가지 테마가 나타나는 것을 알았다. 12가지 테마의 제3수준 금지령에 대해서 정리하면 다음과 같다.

- 존재해서는 안 된다.
  어린 시절 거절, 학대, 존재 무시와 같은 언동 등에서 메시지가 발신하며, 아이는 '내가 죽어 주겠어. 그렇게 하면 부모님은 나를 사랑해 줄 것임에 틀림없어.'라고 결단한다.
- 남자(여자)여서는 안 된다.
  부모가 바라지 않는 성별로 태어난 아이에게 발신하며, 아이는 성적 일관성 부정과 성적 혼란으로 연결된다.
- 아이들처럼 즐겨서는 안 된다.
  지나치게 엄격한 부모로부터 전달되는 메시지로, 아이는 '고통을 참고 견뎌라.'라는 결단을 하게 된다.
- 성장해서는 안 된다.
  보통 가족의 막내를 향해 발신하는 경우이며, 아이는 '안전을 위해 부모로부터 떠나고 싶지 않다.'라는 결단을 하게 된다.
- 성공해서는 안 된다.
  실패가 주의를 환기시키며 길어질 때 발신되며, 아이는 '나는 어딘가 반드시 실수할 것이다.'라고 결단한다.
- 실행해서는(아무것도 하면) 안 된다.
  뭔가 하려고 하면 강력한 브레이크가 걸리는 사람에게 발신하며, 아이는 '다른 사람이 지시할 때까지 기다린다.'라는 결단을 한다.
- 중요한 인물이 되어서는 안 된다.

언제나 억압되어 자기주장이 허용되지 않는 가정에서 발신하며, 아이는 '다른 사람은 나보다 훌륭하다.'라는 결단을 하게 된다.

- 모두의 무리 속에 들어가선 안 된다.

부모에게 엘리트 의식이 강하거나, 뭔가 소외감이 있거나 하여 가족이 고립된 생활방식을 하고 있는 경우 발신되며, 아이는 '나는 어디에도 소속되지 않는다.'라고 결단하게 된다.

- 사랑해서는 안 된다./신용해서는 안 된다.

친절한 애정표현이 거의 보이지 않는 가정에서 발신되며, 아이는 '사랑은 반드시 도중에 깨진다.', '타인을 절대로 신용해서 안 된다.'라는 결단을 하게 된다.

- 건강해서는 안 된다./제정신이어서는 안 된다.

질병에 걸렸을 때에만 부모로부터 귀여움을 받는 체험이 전달되는 메시지이며, 아이는 '나는 다른 사람보다 약하다.'라고 결단하게 된다.

- 생각해서는 안 된다.

아이들의 자연스러운 호기심이 무시되는 가정에서 발신하며, 아이는 '생각하는 것은 위험하다.'라고 결단하게 된다.

- 자연스럽게 느껴서는 안 된다.

희로애락의 자유로운 표현이 금지되는 경우, 가정이 너무 지적이어서 정서적 교류가 결핍된 경우에 발신되며, 아이는 '감정을 말로 표현해서는 안 된다.'라고 결단하게 된다.

다음은 제3수준 금지령 진단 분류표(최영일, 2018)이다.

표 2-2 제3수준 금지령 진단 분류표

금지령(무의식)	발신된 환경	메시지(비언어적) 사례	성향
존재하지 마라. (생명을 소중히 여기지 마라.)	거절, 학대, 존재 무시, 같은 언동 등 환경에서 발신	너만 아니었으면…… 못 난 놈.	자신의 몸이나 생명을 소중히 여기지 않은 경향
너 자신이 되지 마라. (여자/남자여서는 안 돼.)	부모가 원하지 않는 성별로 태어난 아이에게 발신	딸을 원했는데…… 아들 낳아 봤자 소용없어.	성적 혼란, 자신에 대해 자신감을 갖지 못함

즐기지 마라. (아이처럼 굴지 마라.)	지나치게 엄격한 부모로부터 발신	어른스럽게 행동 해. 형이니까 울면 안 돼.	고지식, 융통성이 부족한 사람이 되는 경향
나를 떠나지 마라. (성장해서는 안 돼.)	과잉보호/과잉간섭하는 환경에서 발신	엄마가 다 해 줄게. 너는 시키는 대로 하면 돼.	자기가 결정하지 못하고 타인에게 자주 의존하는 성향
성공하지 마라. (성취하지 마라.)	실패한 결과만 주의를 환기시키는 환경에서 발신	꼭 중요한 순간에 망쳐. 그럴 줄 알았다.	추진력, 신념이 없고 자신감이 없어 실패하기 쉬운 사람
아무것도 하지 마라. (실행해서는 안 돼.)	뭔가 실행하려고만 하면 제동을 거는 환경	쟤하고 놀면 안 돼. 축구하면 안 돼! 다치니까.	적극성이 부족하고 타인의 의견을 따르는 순종적임
중요한 존재가 되지 마라. (나서지 마라.)	억압되어 자기주장이 허용되지 않는 환경에서 발신	어른이 말하면 듣고 있어. 참견하지 마라.	리더십이 부족하고, 나서지 않으며, 책임지려 하지 않음
함께하지 말라. (무리 속에 들어가면 안 돼.)	가족이 고립된 생활방식을 하고 있는 경우 발신	사람들은 귀찮게 해. 내 일에 간섭하지 마라.	공동체에 녹아들지 못하고 외톨이가 되기 쉬움
친해지지 마라. (사랑/신용해서는 안 돼.)	애정표현이 거의 보이지 않는 가정환경에서 발신	타인에게 속을 보이면 안 돼. 예뻐하면 버릇이 없어져.	애정표현, 자신의 생활이나 본심을 드러내지 못함
잘 되려고 하지 마라. (건강하지/제정신이지 마라.)	문제가 있을 때나 질병에 걸릴 때만 관심 갖는 환경	네가 아프니까 돌보지. 무슨 일이 있어야 봐 주지.	건강에 주의하지 않고 생활습관도 고치지 않음
생각하지 마라. (알려고 하지 마라.)	아이들의 자연스러운 호기심이 무시되는 환경	잠자코 듣기나 해. 쓸데없는 생각하지 마라.	논리적·합리적·이성적으로 판단하기 어려움
감정을 느끼지 마라. (자연스럽게 느끼면 안 돼.)	자유스러운 표현이 금지되거나 정서교류가 결핍된 환경	참을성이 있어야지. 약한 모습 보이면 안 돼.	자신의 감정을 억누르고, 무감각하고 무관심함

③ 유발자극

당신을 결말로 모는 행동을 억지로 도발하는 작용이다. 구체적으로는 내심 악마같이 속삭이는 '어버이 자아'가 내는 소리이다. 예를 들면, 알코올 의존증 환자가 '좋지 않을까, 한 잔 정도 마셔도 아무 일도 없을 거야.' 또는 도박에 빠진 사람이 '손해 본 채 끝낼 건가, 다시 한번 소신껏 도박해 보자.'라고 하는 유혹의 속삭임이다.

④ 대항각본

얼핏 보아 금지령에 대항하는 것과 같은 슬로건을 내걸면서 실제로는 각본의 진행에 가담하는 작용을 말한다. 대항각본의 지령은 부모의 '양육적 어버이'에서 발신되는 매우 교훈적이고 상식적인 메시지로, 예를 들면 '착한 아이는 울지 않는 거야', '쓸데없이 쓰지 말고 저축을 해라', '열심히 해라'이다. 어느 것도 자녀의 건전한 성장을 바라는 부모의 소리이다. 대항각본은 사회적으로 받기 좋은 삶의 태도를 연출한다.

⑤ 행동 범례(모델링)

부모의 '어른 자아'에서 자녀의 '어른 자아'를 향하여 보이는 행동 모델이다. 실제의 일상생활에 있어서 부모의 사고방식, 문제해결 방식에서 말로 묻는 태도, 돈을 버는 방법까지 구체적으로 어떻게 대항각본을 실천하는가를 나타내는, 이른바 프로그램이다. 예를 들면, 아버지가 '여자는 여자답게 해야지'라고 딸에게 말하면 딸은 어떻게 하면 아버지가 요구하는 바와 같은 여자다운 아이가 될까 생각하고 그 모델을 어머니 속에서 찾는다. 모친의 행동거지, 남자(아버지)를 대하는 방식, 가사에 대처하는 방식, 손님 다루는 방식 등 실제의 방법을 배우고, 몸에 익혀 간다. 통상 자녀는 자신의 행동 모델을 동성의 부모에게 구한다.

⑥ 각본충동

각본으로부터 탈출을 바라며 노력하던 사람이 그 도중의 중요한 단계에서 완전히 역전현상을 나타내며 그때까지의 태도 전체가 반전되고 마는 악마적인 작용이다. 예를 들면, 금주나 다이어트에서 '자신의 몸을 중시하시오.'라는 소리를 지키며 상당한 기간 성공하고, 성과를 거두는데 '이만하면 좋지 않을까, 어디 마시고 보자!'라고 하는 충동이 이것이다. 그리고 다시 본래의 각본으로 돌아가게 되고 만다.

⑦ 내적 해방

금지령에서 해제되고 각본에서 자유롭게 되는 힘이다. 이상적으로 말하면 유능한 치료자와 만나서 지금까지의 생활방식의 조종 장치를 자각하고 각본을 연출하는 것이 아니고 본래의 자신을 살려도 좋은 것이라는 허가증을 얻을 때 당신은 자기 자신이 된다. 사람에 따라서 특별한 사건이나 시간을 거쳐 패자각본으로부터 해방되는 경우도 있다.

〈어느 세일즈맨의 각본 분석 사례〉

J씨는 그 지역에서도 손꼽을 정도의 세일즈맨이며, 판매 성적은 항상 최상위를 차지하고 있었다. 그런데 왠지 경제적으로 안정적이지 않고 언제나 밑바닥에 가까운 생활 속에서 발버둥치는 것이다. J씨 자신도 이 점에 대해서 몇 번이고 생각해 보았다고 한다. 그에 의하면 마차를 끄는 말처럼 열심히 일해서 수입이 점차 올라가면 '반드시'라고 해도 좋을 만큼 거기서 무슨 일이 일어난다는 것이다. 그것은 마치 주기적으로 찾아오는 것 같다. 어느 때는 축하주를 들고 돌아오는 길에 중요한 서류를 분실하여 회사를 사직했다고 한다. 저번에는 어렴풋이 알고 있던 여성과 함께 살았는데 (J씨는 부인이 질병으로 죽었다.), 그때까지 고분고분하던 장남이 반항하기 시작했기 때문에 집안에 대소동이 일어났다.

그런데 불가사의한 일은 떨어질 때까지 떨어지면 J씨는 몸속에서 뭔가 힘이 끓어올라 순식간에 실패를 만회하고 다시 최고의 수익을 올린다는 것이다. 이러한 반복이 확실히 생각나는 것만도 다섯 번은 있었다고 말한다. J씨는 내분비계의 질병을 갖고 있었고 그 질병의 재발도 이때 산통을 깨서 빈곤으로 돌아가는 도중에 언제나 일어난다고 말한다. 이 같은 반복패턴에 대해서 이야기하면서 J씨는 "'본디(나쁜)의 상태로 돌아간다.'라는 속담이 있는데, 나 같은 사람을 위해 만들어진 것이 아닐까?" 하고 자신에 대한 부정적인 조소를 하는 것이다.

다음으로 J씨의 생육사를 보기로 하자. 그의 어린 시절은 결코 행복했다고는 할 수 없을 것 같다. 세 살 때 어머니를 여의고 이후 친척 집을 전전했다. 그사이 먹는 것에는 모자람이 없었지만 어디에 가도 마음으로부터 사랑받는다는 것을 느낄 수가 없었다고 한다. 특히, 초등학교 시절 숙부는 아침 일찍부터 일을 시켰지만 무엇을 해도 만족할 줄 모르고 언제나 '변변치 못한 녀석!'이라고 호통을 쳤다. J씨는 왠지 아직도 이 소리가 뇌리에 박혀 있어서 무엇을 해도 결국 최후에는 실패하고 만다는 것이다. '나는 역시 쓸모없는 자이다.'라고 자신에게 말을 걸지 않고는 끝나지 않는 것이라고 말한다.

J씨의 이야기를 듣고 있으면 어린 시절에 체험한 고독이나 소외를 견디는 감정을 반복하여 느끼기 위해 지금까지 살아온 것은 아닐까 하는 느낌을 받는다. 그러면 J씨의 케이스를 각본 장치에 입각해서 분석해 보기로 하자.

- 결말(종언, 운명): 본디로 돌아간다.
- 금지령: 자신을 중요시해서는 안 돼, 성공해서는 안 돼, 어디에도 소속해서는 안 돼.
- 대항각본: 충분히 일해라, 정상급 세일즈맨이 되어라, 돈을 모아라.

- 프로그램(모델링): 일생 열심히 일해라(대항각본을 실천하기 위한 구체적 방법).
- 유발자극: 이만큼 벌었으니 여유를 가지자(어버이 ⑫의 유혹).
- 각본 충동: 남이 버는 것만큼 벌었으니까, 조금 즐겨 볼까(어린이 ⓒ의 유혹).
- 내적 해방: '쓸모없음'이라는 자기상과 '본디 상태로 되돌아간다'라는 줄거리에 따라 강박적으로 살아간다. 이것에서 해방되는 것이다.

(2) 인생각본의 법칙

에릭 번은 마지막 저서 『당신은 인사 후에 무슨 말을 하십니까?』 중에서 다음과 같은 각본 법칙을 소개하고 있다.

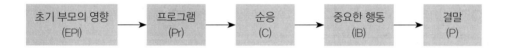

초기 부모의 영향(EPI) → 프로그램(Pr) → 순응(C) → 중요한 행동(IB) → 결말(P)

- EPI(Early Parental Influence): 초기 부모의 영향으로 J씨의 예를 보면 모친이 그를 남기고 죽거나 숙부 부부로부터 차가운 대우를 받는 등 10세 정도까지 주어진 체험을 의미한다. 정신분석에서 말하는 인생 초기의 심적 외상 체험(trauma)이 여기에 해당한다.
- Pr(Program): 프로그램으로 J씨의 예로 보면 쓸데없는 역할을 연출하거나 돈을 몽땅 잃고 마는 등 패자각본의 연출이다.
- C(Compliance): 순응으로 주어진 각본 줄거리를 연출할 것을 승인하는 것을 말한다. 아무리 부모의 영향하에 인생 프로그램이 작성되어도 그것에 따르겠다는 결심이 서지 않으면 각본이 되지 않는다. J씨는 '나는 틀림없이 쓸모없는 사람이다.'라고 프로그램에 따라서 행동하고 있었던 것이다.
- IB(Important Behavior): 중요한 행동으로 인생의 중요한 상황에 있어서 행동의 존재방식을 의미한다. 구체적으로는 결혼, 직업, 육아, 죽는 방식 등에 나타난다. J씨의 예에서 보면 직장생활을 쉰 적이 없고 아이를 기숙사에 맡기고 물건을 팔고, 열심히 일하지만 좀처럼 돈이 붙어 있지 않는 행동 양식을 한다.
- P(Pay off): 결말로, 인생설계의 마지막에 맞는 결단을 말한다. 운명의 최종 단계라고 할 수 있을 것 같다. J씨의 각본에서 상상하면, 무일푼으로 되돌려 자기멸시에

잠기거나 나아가서는 재기 불능까지 건강을 해쳐서 어딘가 시설에서 고독한 인생을 마감한다는 형태가 될 것이다.

각본은 소위 자율성과 정반대의 의미를 갖는 것이라고 생각해도 좋다. 자율적인 사람도 물론 여러 가지 실패를 하지만 자신의 행동을 재고하고 그것을 수정하여 궁지에 빠지는 경우가 없도록 앞으로의 생활을 다시 세울 수가 있다. 그런 의미에서 자율적인 사람의 행동은 다시 바꿀 수가 있는 가역적이라고 할 수 있다. 각본의 지배하에 있는 사람은 상기 법칙에 붙들려 결말로 향해서 일방통행 식으로 달려가는 것이다. 즉, 다시 바꿀 수가 없는 불가역적인 행동 양식을 갖는 것이다. 그것은 실험실에서 길러지고 훈련되는 쥐와 비슷한 것이다. 쥐는 실험자가 마련한 조건반사 프로그램대로 행동한다. 그것은 이미 야생 쥐하고는 크게 다르며, 일종의 자동화된 기계 같은 것이라고 할 수 있다. 각본에 따르는 사람도 이와 유사하다. 많은 경우 그 사람을 조작하는 것은 본인 마음속 부모들이며, 본인도 그들의 영향을 거부하고 스스로의 인생을 걸겠다는 결단을 하고 있지 않을 것이다.

(3) 각본 메시지와 각본 모형
최초의 각본은 영유아기 주위 사건들에 의해 각본 메시지가 형성된다. 각본 메시지는 언어적·비언어적으로 또는 혼합해서 전달되고, 메시지는 명령과 속성 형태로 전달된다. 말을 배우기 전 영유아기는 다른 사람들의 메시지를 비언어적 신호 측면에서 해석

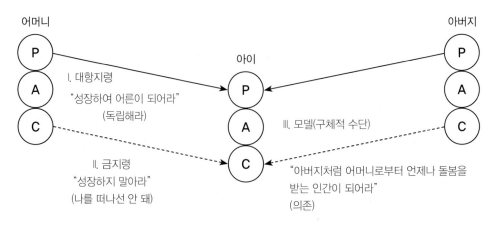

[그림 2-9] 슈타이너의 각본 모형

한다. 이와 같은 각본 메시지로는 사회 통용된 가치관인 대항지령, 불건전한 상황에서 발신하는 메시지인 금지령, '……해도 좋다'인 허용, 구체적 수단인 프로그램이 있다.

슈타이너(Steiner)는 각본이 형성된 과정을 도식화하여 각본 모형을 고안했다. 이러한 도식화한 각본 모형은 각 개인의 각본에 깔려 있는 메시지들을 분석하는 표준방법을 제공한다.

슈타이너의 각본 모형은 [그림 2-9]와 같다.

(4) 축소각본

축소각본은 해지 케이퍼스(Hedges Capers)와 타이비 칼러(Taibi Kahler)가 1977년에 발표한 이론으로, 짧은 시간에 일어나는 일련의 행동패턴이며, 인생각본을 강화하는 것이라고 정의하고 있다. 이 축소각본은 드라이버(몰이꾼)라 불리는 대항 금지령에 의하여 시작된다. 드라이버에는 '완벽하게 하라', '열심히 하라', '서둘러라', '다른 사람을 기쁘게 하라', '강인하라', '반드시 이루어 내라', '주의하라' 등 대항지령 일곱 가지가 있다. 드라이버에 속박되어 있을 때에는 드라이버의 명령에 충실히 실행하는 한 나는 OK라고 믿고 있다. 그러나 현실적으로는 아무리 노력해도 드라이버의 요구를 충분히 채울 수가 없다고 느끼는 경우가 많다. 이 경우 스토퍼(제지꾼)라는 금지령의 소리를 듣고 유아기의 조기결단 때에 체험한 싫은 감정을 다시 맛본다. 사람은 이 같은 경과를 밟아서 인생각본을 단시간에 소규모로 재현하여, 자신의 각본을 강화한다. 축소각본은 항상 드라이버로 시작하지만 반드시 스토퍼(제지꾼), 블레이머(비난꾼), 디스페어러(낙담꾼)의 순서로 진행한다고는 할 수 없다. 예를 들면, 어떤 사람이 통상패턴은 '타인에게 완전하라'의 드라이버에서 스토퍼로 이행하며, 자신이 부적절하다는 라켓 감정을 맛본다. 때로는 스토퍼의 입장에서 바로 디스페어러의 입장으로 이행하여 절망감, 회의감, 타인들로부터 존경받지 못한다는 감정을 갖는 경우도 있다.

이러한 축소각본에서 벗어나기 위해서는 드라이버 행동에서 벗어나야 한다. 각 드라이버에 상응하는 '허가자'라고 부르는 교정수단을 활용할 수 있다. 드라이버와 상응하는 허가자를 보면, '완벽하게 하라'는 '당신은 있는 그대로 충분하다'로 허가를 줄 수 있으며, '다른 사람을 기쁘게 하라'는 '너 자신을 기쁘게 해라'로, '강인하라'는 '네가 원하는 것을 공개하고 표현하라'로, '열심히 하라'는 '그것을 해도 좋다'로, '서둘러라'는 '너의 시간을 가져라'로 '반드시 이루어 내라'는 '자신에게 진솔하고 할 수 있는 만큼 해도

좋다'로 '주의하라'는 '솔직하게 개방하고 믿음을 가져도 좋다'로 허가를 주어 축소각본
에서 벗어날 수 있다.

(5) 승자각본과 패자각본

생활방식으로서의 승자각본을 가지고 있는 사람과 패자각본을 가지고 있는 사람이
있다. 교류분석에서 승자라고 하는 경우는 자기가 선언한 목적을 성취하고 더 낫게 세
상을 만드는 사람이다. 패자는 단순히 경쟁이나 전쟁에 진다는 것은 아니다. 스스로 선
언하고 설정한 목적을 달성하지 못하고 끝날 때 패자라고 부르는 것이다. 그리고 승자
도 패자도 아닌 평범한 각본도 있다. 평범한 각본은 매일매일 어떤 성취를 얻고자 하는
것도 아니고 손해도 보지 않으려고 하면서 살아가는 무사안일한 사람이다. 여기서는
승자각본을 가지고 있는 사람과 패자각본을 가지고 있는 사람의 특징에 대해서 알아보
도록 하자.

① 패자각본을 가지고 있는 사람의 특징을 보면 다음과 같다.
- 패자각본을 가지고 있는 사람은 자아존중감이 약하며, 진짜 행복과 가짜 행복을
  구별하지 못한다.
- 개인으로서나 사회의 일원으로서도 신뢰받는 소질이 모자라며, 진실성을 품은 행
  동을 취하지 못하고 부당한 행동에 대해서 정당화하거나 궤변을 쓴다.
- 현실의 자기를 체험하지 않고, 자신을 잘 알지 못하고 이렇게 있어야 할 것이라는
  이미지가 지배하며, 진짜 자기를 표현하고 있지 않다. 지금-여기에서의 자기를
  인식하지 못하고 끊임없이 과거나 미래에 얽매여 과거의 망상이나 미래의 환상에
  서 헤어나지 못한다.
- 사이비의 겉모양을 내세우며, 그 가면을 유지하는 데 많은 에너지를 쏟는다.
- 자신의 감정을 아는 것을 두려워하고 자신의 한계를 인정하지 않는다.
- 성공해도 그것을 평가하지 않고 자신이 불안, 불행하다고 표현한다.
- 미래 파국의 공포에 사로잡히고 동시에 마법과 같은 구제의 망상을 품으며, 현실
  을 인지하고 문제를 효과적으로 처리하려고 하지 않는다.
- 자율적인 생활방식을 두려워하며, 다른 사람의 의견에 영향을 받기 쉬우며 자신의
  생각을 갖지 않는다.

- 자신의 생활방식을 책임지지 않으며, 다른 사람에게 크게 의존하거나 비굴한 태도를 취하고 다른 사람을 책망하고 자기를 변명하는 타벌적 자세를 연출한다.
- 창조적인 행동을 할 수 없고 융통성이 없는 반응 양식을 반복하며, 자신이 선택한 길이 막혔을 때 다른 방식이 있다는 것을 깨닫지 못한다.
- 다른 사람을 조작, 통제함으로써 자신의 안전을 얻으려고 하며, 상호 의존관계를 두려워한다.
- 사회 일반의 문제에 고립되고, 다른 사람이나 주위에 대하여 세심한 배려를 하지 않는다.
- 인생을 즐기는 것을 알지 못하고 다른 사람의 성공을 기뻐하지 않으며, 다른 사람을 사랑하고 다른 사람으로부터 사랑받는 데 곤란을 느낀다.

② 승자각본을 가지고 있는 사람의 특징을 알아보도록 하자.
- 승자각본을 가지고 있는 사람은 자아존중감이 강하며, 자신이 많은 잠재능력을 가지고 있음을 알고 있다.
- 자신의 독특성을 이해하고 그것을 실현하며, 인간으로서 도리를 인기에 두거나 체면을 유지하려고 하거나 다른 사람을 조종하는 데 사용하지 않는다.
- 승자각본을 가지고 있는 사람은 사랑하고 있는 것과 사랑하는 체하는 것, 어리석은 것과 어리석은 체하는 것, 그리고 아는 것과 아는 체하는 것과의 차이를 자각하고 있다.
- 승자각본의 사람은 가면 뒤에 숨지 않으며, 열등감이나 우월감이라는 비현실적인 자아상을 벗어던진다.
- 적시성의 감각이 정확하여 그때그때 적절한 때 반응한다.
- 이러한 사람은 지금-여기에서 시간을 소중하게 여기며, 인간으로서 자신의 과거를 알고 현재를 자각하며, 미래를 바라보면서 살아간다.
- 자신의 감정과 한계를 이해하고 잘 활용할 줄 안다.
  - 타인들이 자신에게 무례할 때에도 타인들에게 귀를 기울일 수 있다.
  - 승자각본의 사람은 자율적인 사람으로서 그들은 이미 고정된 방법으로 반응해야 한다고 생각하지 않고 필요하면 상황에 따라 그들의 계획을 변경시킬 줄 알며, 문제를 외면하지 않으며 관심과 동정하는 마음을 갖고 개선하려고 노력한다.

지금까지 편의상 삶의 현장에서 각본에 따른 특징을 승자각본과 패자각본으로 나누어서 이분법으로 기술해 보았다. 확실히 삶의 현장에서 사람의 사고방식, 느낌 방식, 행동 방식에는 승자 또는 패자의 각본이 보인다. 사람의 이러한 무의식적으로 형성된 각본은 하루아침에 변하지 않는다. 왜냐하면 오랜 시간에 걸쳐 각본이 형성되었기 때문이다. 그러면 자신도 모르는 가운데 형성된 각본을 자율각본으로 회복하고 증진시키기 위해 어떠한 노력이 필요할까? 한마디로 부단한 자기분석과 자기성찰, 자기통합이다.

5) 인생각본의 진단

(1) 승자와 패자의 각본진단

에릭 번은 승자를 자기가 선언한 목적을 성취하는 사람으로 정의하였다. 로버트 골딩(Robert Goulding)은 결과적으로 세상을 더 낫게 만드는 사람이라고 덧붙였다. 승자란 또한 선언한 목표가 편안하고 행복하고 부드럽게 이루는 사람을 의미하지만, 반대로 패자는 선언한 목표를 성취하지 못하는 사람을 의미한다. 다시 말하면 그것은 단지 성취나 기타의 문제가 아니라 거기에 따르는 편안함의 정도를 말하는 것이다. 비승자(평범한) 각본은 항상 어떤 큰 승리를 얻고자 하는 것도 아니고 큰 손해도 보지 않으려고 하면

표 2-3 | 승자각본과 패자각본 비교

구분	승자	패자
기본 정신	Top-dog mind	Under-dog mind
시간	지금-여기(현재)	과거의 기억, 미래에 대한 불안에 사로잡힘(망상)
단서	"나는 잘못을 하지만 두 번 다시 실수를 반복하지 않는다." "역시 이것이 올바른 방식이 분명하다."	"만약 ~이 없었더라면" "~하면 좋았을 텐데" "만약 불행하게 ~이 일어났더라면"
주제 파악	자기인식(주인의식)	자기인식의 결여(손님의식)
책임	독립 이행 후 점차 상호 의존	책임회피
조직적 테크닉	벗어나려 함	보다 의존
잠재능력	자각성, 자발성, 친밀성	타율성, 수동성, 비친밀성
자아실현	자아실현	자아실현의 장애

서 살아가는 사람이다. 그는 위험을 겪지도 않는다.

승자, 비승자, 패자와 같은 각본에 대한 이런 분류는 단지 대략적인 것이다. 당신에게 비승자의 결말로 여겨지는 것이 나에게는 승자의 결말이 될 수도 있다. 나의 사회집단에서는 받아들여질 수 없는 것이 당신에게는 긍정이 될 수 있다. 사실 우리들 대부분은 승자와 비승자, 패자로 혼합된 각본을 결정한다. 어린 시절 나의 독특한 결단에서 나는 정신노동에서 승자, 육체활동에서는 비승자, 인간관계에서는 패자가 될 수도 있다. 당신의 개인적인 결단의 혼합은 완전히 다를 것이다. 가장 중요한 것은 어떤 각본이든 바꿀 수 있다는 점을 깨닫는 것이다. 나의 각본을 이해하게 됨으로써 나는 상실각본을 구성한 분야들을 알 수 있고 그것들을 승자 결단으로 바꿀 수 있다. 승자, 비승자, 패자의 분류는 과거에 대한 유용한 정보이다. 그것은 현재를 변화시키기 위한 가치 있는 지도를 나에게 제공해 준다.

(2) 시간의 구조화와 각본(과정각본)진단

과정각본의 여섯 가지 형태는 본래 에릭 번이 고안했다. 그 이후 타이비 칼러(Taibi Kahler)가 번의 분류를 일부 바꾸어 제시하였다. 이 각각의 과정은 고유한 주제를 가지고 있고 이 주제는 사람이 계속 자신의 각본을 유지하는 방식을 묘사하고 있다. 과정각본의 여섯 가지 형태는 다음과 같다.

① '까지'식 각본

'~까지는 유보하겠다'는 각본으로, '좋은 것은 덜 좋은 것이 끝날 때까지 유보하겠다.'고 생각하는 과정각본이다. 예를 들면, S는 자신에게 다짐한다. "좋아, 앞으로 여행을 많이 하고 살 거야. 그러나 내가 정년할 때까지만 기다리자."라고 말했을 때 S는 무의식적으로 이러한 과정각본에 있는 것이다.

만약 S는 자신의 과정각본을 불편해한다면 그것에서 벗어날 수 있다. 인격을 변화시키는 모든 것 가운데 교류분석은 실행이 가능하고, 성취하기 가장 쉬운 것 중 하나이다. 자신의 주된 과정각본 유형이 무엇인가를 설정하여 시작하는 것이 필요하다. 일단 이런 통찰력을 가지면 S는 '어른 Ⓐ' 상태의 통제를 간단히 실행하고 그 유형에서 벗어나는 방식으로 행동할 수 있다. S의 주된 과정각본 유형이 '까지' 식이라면 앞으로 정년하기 전에도 계속 시간을 구조화해서 국내와 국외 여행을 동호인들과 즐겁게 함으로써 이 유형의 각본에서 벗어날 수 있다.

② '그 후'식 각본

'까지'식 과정각본 유형과 반대로, 이 유형은 격조 높은 고기압으로 시작한다. 그 후에는 그 지점이 지나면 남아 있는 부분은 모두 저기압 상태를 유지한다는 유형이다. 예를 들면, S가 '오늘 즐겁게 보낼 수 있지만 내일 그것에 대한 대가를 지불해야 할 거야.'라고 생각한다면 S는 '그 후' 과정각본에 있는 것이다. 만약 S가 자신의 과정각본을 불편해한다면 그것에서 벗어날 수 있다. '그 후'식 각본을 가진 사람에게 있어 과정각본으로부터 탈출은 계속 나아가 내일도 즐겁게 지낼 것을 먼저 결정하면서 오늘을 즐기는 것이다. 예를 들면, 만약 S가 동료교사와 음주를 하고 있다면 즐거울 만큼 충분히 마시지만 다음 날 심한 두통으로 끝날 정도로 마시지 않는다.

③ '결코'식 각본

이 유형은 '나는 내가 가장 원하는 것을 결코 얻을 수가 없어.'라고 생각하는 각본으로 언제나 배고프고 목마르다. 단지 어떤 노력을 하면 원하는 것을 얻을 수 있지만 그렇게 하지 않는다. 예를 들면, S는 어떤 사람과 좀 더 좋은 관계를 가지고 싶지만, 그는 결코 방법을 알려고 하지 않는다. S가 자신의 과정각본을 불편해한다면 그것에서 벗어날 수 있다. '결코'식의 유형을 깨뜨리기 위해서는 자신이 무엇을 원하는가를 결정해야 한다. S가 원하는 것을 가지기 위해 할 수 있는 특별한 일들을 열거한다. 그 후에 구체적으로 실천한다.

④ '언제까지나'식 각본

이 과정각본 유형은 '왜 이런 일이 언제나 나에게 발생하지?'라고 묻는다. 즉, 결과가 동일하게 계속 반복되는 유형이다. 예를 들면, S는 결혼을 하기 위해서 결혼 상대자를 찾고 있었다. 첫 번째 결혼 상대자는 조용하고 은둔적이며 매우 사교적이지 못한 남자였다. S는 그와 헤어졌고, 좀 더 활동적인 사람을 정말 원하기 때문이라고 친구에게 헤어진 이유를 말하였다. 그러나 S가 곧 첫 번째 남자와 너무나 비슷한 성격의 다른 사람을 사귄다고 말하자 그 친구들은 놀랐다. 그 만남도 오래 지속되지 않았다. S는 세 번째 남자를 사귀고 있으나 은둔적이고 조용하며 매우 활동적이지 못하여, S는 이미 자기 친구들에게 사귀는 남자에 대하여 불평을 하고 있다. 만약 S가 자신의 과정각본을 불편해한다면 그것에서 벗어날 수 있다. S는 똑같은 실수를 되풀이할 필요가 없으며, 원하는 만남이 아니라면 처음부터 계속할 필요가 없음을 이해해야 한다. 만약 원한다면 불만족스러운 관계에서 떠나 새로운 사람을 찾을 수 있다.

⑤ '거의'식 각본

'거의'식은 "나는 그것을 거의 다 했어."라고 말하는 유형으로 항상 완성하지 못하고 진행 중이다. 예를 들면, S는 친구에게서 책을 한 권 빌린다. 책을 돌려주면서 S는 "책을 빌려줘서 고마워. 마지막 한 장을 빼고는 다 읽었어."라고 말한다. S가 자기 차를 청소할 때 S는 빠뜨린 몇 군데의 진흙을 제외하고는 거의 깨끗하게 청소한다. 이와 같이 항상 완성하지 못하고 끝없이 진행선상에 있는 경우이다. 만약 S가 자신의 과정각본을 불편해한다면 그것에서 벗어날 수 있다. S는 자신이 하는 일을 완성한다고 확신함으로써 '거의'식 과정각본에서 빠져나올 수 있다. 만약 방을 청소한다면 완전하게 청소하고, 책을 읽고 있다면 모든 장을 읽는다. 또 어떤 일이 성취되었을 때 성취한 것에 대하여 스스로 칭찬하고 다른 목표로 출발한다.

⑥ '무계획'식 각본

이 유형은 일단 시간 내 어떤 일을 성취하면 그 후에 무엇을 할지 모른다. 이 유형은 사건들이 변하는 분명한 분기점을 보여 주는 점에서 '까지'식 각본과 '그 후'식 각본과 비슷하다. 그러나 '무계획'식 각본을 가진 사람에게 있어 그 시점 후의 시간이란 단지 하나의 커다란 공백이다. 예를 들면, S는 회사에서 30년을 근무한 후 은퇴하였다. 이제 그는 특별한 여가를 기다렸다. 그러나 그는 그 여가를 즐기기보다는 이상한 불편함을 느끼고 있다. 그는 무엇을 할 것인가? 시간을 어떻게 채울 것인가? 자신의 시간에 무엇을 해야 할지 당황해하고 있다. S는 일단 은퇴 후에 다른 것을 알게 되기 전까지는 무엇을 할지 몰라서 허둥거린다. 그 후에 S는 이와 같은 과정을 되풀이하게 된다. 만약 S가 자신의 과정각본을 불편해한다면 그것에서 벗어날 수 있다. S는 원래 각본의 결말 페이지는 잃어버렸기 때문에 좋아하는 어떤 방식으로든 자신의 결말을 자유롭게 쓸 수 있다.

표 2-4 과정각본 요약

시간 경과에 따른 각본 유형	내용
'그 후'식 각본	"잠시 인생을 즐겨도 좋다. 그러나 '그 후'에 재난이 일어날 것임에 틀림이 없다."
'언제까지나'식 각본	"왜 이런 일이 언제나 나에게 발생하지" 식의 각본으로 결과는 항상 같게 계속 반복됨.
'까지'식 각본	어떤 것을 달성하기 '까지'는 보수를 받을 수 없다는 각본
'결코'식 각본	"자신을 위해서 '결코' 아무것도 요구해서 안 된다" 식의 각본으로 아무런 시도도 하지 않음
'거의'식 각본	"나는 그것을 거의 다 했어" 식 각본으로 항상 완성하지 못하고 진행 중임
'무계획'식 각본	시간을 어떻게 구조화하면 좋을까를 알지 못하고 다만 의미 없이 아무 일도 없이 시간을 보내는 사례의 각본

6) 임상적 관점의 인생각본

(1) 병리적인 인생각본

① 억울형(애정결핍형) 각본

교류분석에서는 사람이 애정을 구하거나 그것을 주거나 하는 능력을 스트로크라는 개념으로 파악한다. 스트로크란 '당신이 거기에 있다는 것을 알고 있다'고 하는 상대의 존재를 인정하는 각종 존재 인지자극, 즉 긍정적 · 부정적 · 조건적 · 무조건적 · 언어적 · 비언어적 자극을 말한다. 예를 들면 '안녕하십니까? 잘되어 갑니다. 수고하셨습니다.'와 같은 말을 거는 것은 상대를 인정한다는 것이기 때문에 상대는 좋게 느낀다. 이것을 플러스(+) 스트로크라고 말한다.

슈타이너는 억울형 각본의 지배하에 있는 사람들은 어린 시절부터 스트로크에 대해서 부모로부터 주어지는 다섯 가지의 금지령에 따르고 있다고 말한다. '스트로크를 주어서는 안 돼.', '스트로크를 구해서는 안 돼.', '스트로크를 받아들여서는 안 돼.', '갖고 싶지 않은 스트로크도 거부해서는 안 돼.', '자신에게 스트로크를 주어서는 안 돼.'

사람이 이들 금지령하에 있으면 만성적인 애정 기아의 상태에 빠지며, 자신이 관계하고 있는 사람들에게 플러스 스트로크를 줄 마음도 힘도 상실하고 만다. 그러면 상대방으로부터는 점차 스트로크가 오지 않는 것이다. 슈타이너는 이것을 스트로크 경제의 법칙이라고 부르고 있다. 즉, 경제법칙과 유사하여 스트로크가 결핍한 사람은 점차 정신적으로 빈곤하게 되며, 그것에 충만해 있는 사람은 점차 정신적으로 풍요하게 된다는 것이다. 그런데 최근에는 각 방면에서 우울증이 문제되고 있다. 성인의 자살이 증가하고 있는 점, 나아가서는 아이들에게까지 우울증이 나타난다고 보고되고 있다. 또 보통의 내과적인 질병을 취급하는 병원에는 불면이나 식욕 부진 등을 호소하는 '우울증' 환자들이 증가하고 있다. 우울증의 증가와 더불어 심신의학은 그 원인의 규명과 치료법의 개발에 많은 공헌을 하고 있다. 여기서는 그들 연구나 정보 중에서 각본 분석에 관련된다고 생각되는 면을 검토해 보기로 한다.

우선 인생 초기(생후 6개월에서 1년)에 애정 박탈의 체험을 가진 사람이 많다고 한다. 물론 이 같은 기억은 남지 않는 경우가 대부분이지만 아이는 신체적 레벨에서 '존재해서는 안 돼.' 혹은 '사랑받아서는 안 돼.', '사랑해서는 안 돼.'라는 금지령이 주어졌을 가능성이 충분히 있다.

또 우울증은 자주 분리나 상실의 체험이 방아쇠가 되어 발병하는 것으로 알려져 있다. 하지만 본인은 그 상관을 의식하고 있지 않는 것이 보통이다. 다음으로 우울증 환자의 성격 경향으로서 집착 성격이나 강박 성격을 들 수 있다. 집착은 문자 그대로 '매달리는', '붙들고 늘어지는' 경향으로 탐욕으로 스트로크를 구하고 있는 모습을 시사한다. 또 강박에는 강력한 비판적 어버이(CP)와 양가감정의 갈등이 포함되어 있다. 이들 경향은 우울증 환자의 대항각본과 금지령 사이에 큰 부조화가 있다는 것을 의미한다. 즉, 본인에게는 지칠 줄 모르는 스트로크 욕구가 있어서 대항각본(완전하게 하라, 근면하라.)은 금지령(사랑 받아서는 안 돼.)도 이것을 지탱하지 못하는 것이다.

이와 관련해서 우울증의 대항각본을 생각해 보기로 하자. 이것은 근면, 꼼꼼함, 책임감이 강하고 착실함과 같은 모습으로 나타난다. 그러나 이 라이프스타일이 본인을 몰아세워서 '인생을 즐겨서는 안 돼.'와 같은 식의 금지령을 도리어 활성화하고 마는 것이다. 우울증 환자의 행동 범례는 어떠할까? 착실함, 근면과 같은 행동 양식 외에 우울증인 사람은 자신만의 세계에 틀어박히는 경우가 곧잘 보인다. 여기에서 어린 시절에 부모 자신의 생활태도 중에 비슷한 행동 양식이 보이는 것은 아닐까 하고 추측한다. 실제 많은 우울증을 앓고 있는 사람의 이야기를 들어 보면 어린 시절에 부모는 일 중심인 사람이고 친밀한 정서적 교류를 갖지 못했다고 한다. 또 다스리기 어려운 우울증 환자의 배우자 중에 강하고 단단한 성격의 사람이 많다는 것이 알려져 있다.

교류분석적으로 이것은 비판적 어버이(CP)가 높고 양육적 어버이(NP)가 낮은 사람이라고 할 수 있다. 원래 우울증은 어머니와의 일체감을 구하는 병이기 때문에 부모나 배우자와도 몰래 동일화하고 그들과 비슷한 행동을 취하게 되는 것이라고 생각된다.

② 정신장애형(사고결여형) 각본

우리 인생의 불행이나 비극은 사실을 올바르게 관찰하고 적절한 판단을 내리는 노력을 게을리하는 데서 생긴다. 과거 독일이나 일본이 일으킨 전쟁은 그 대표적인 예라고 할 수 있다.

개인의 인생에서도 똑같은 일이 일어날 수 있다. 예를 들면, 최근 직장 정신건강 문제가 주목받고 있는데, 거기에서의 적응 곤란에는 당사자의 반응 방식이 관계되어 있다. 어떤 사람은 직장에서는 전혀 문제되지 않는데 자신의 직무 내용이 나쁘다고 굳게 믿어 '잘될 수 없으므로 배치 전환시켜 주기 바란다.'고 호소하는 것이다. 이것을 정면으로 받아들여 인사이동을 행하면 당사자의 인생에 중대한 영향을 미치게 된다. 그러나 이와는 반대로 직장에서 대부분의 사람이 어떤 사람을 어떻게 취급하느냐에 따라 다른 결과를 가져오기 때문에 해당된 사람은 전혀 그것을 눈치 채지 못하고 오히려 누군가가 지적하려고 하면 '나만 부당하게 취급받는다'고 대드는 경우도 있다.

슈타이너는 이러한 노이로제를 자기통제를 할 수 없는 사람들, 실제로 이성의 작용에 장애를 받아서 정신질환자가 되는 사람의 각본을 연구하고, 거기에 사고나 판단력에 대한 금지령이 작용하고 있는 것을 눈치 채게 되었다. 그는 특히 우리들의 합리적 사고와 직관력이 에누리와 허언이라는 두 가지 요인에 의해서 방해받는다고 주장했다.

에누리는 상대의 직관이나 생각을 그대로 인정하지 않고 그보다도 가치를 낮게 평가하는 것을 말한다. 에누리를 구체적인 교류 양식으로 보면, 슈타이너는 다음 세 가지 타입의 에누리에 대해서 기술하고 있다. 즉, 직관의 에누리, 개인적 감정의 에누리, 합리적 판단의 에누리이다.

아이가 본능적으로 생각한다든가 호소할 때에 그것을 무시하는 반응을 계속 나타내면 아이의 직감력은 점차 둔화되며, 이윽고 성인이 된 후 때로는 살아가는 데 필요한 직관력이나 판단력도 사용할 수 없게 된다. 이것이 직관을 에누리한 경우의 예이다.

개인적 감정의 에누리 예로서는 '우는 아이는 싫어!'라고 꾸짖고 아이의 자연스러운 감정표현을 무시하고 거부하거나 하는 경우이다. 그 결과 행동과 감정의 해리가 생기며, 자기 자신을 미숙하고 감정적인 인간으로 보게 되거나, 나아가 그 양쪽 반응을 몸에 붙이기 위해 혼란과 불안으로 가득 찬 사람이 만들어진다.

세 번째 합리적 판단의 에누리 중 대표적인 것은 아이가 부모를 잘 관찰하고 적절한 비판을 내림으로써 도리어 부모의 마음을 거슬리는 것과 같은 체험이다. 아이는 '두 번 다시 그런 건방진 말을 해 봐라. 다시 집에 들이지 않을 거야.'와 같은 부모의 반응을 접하고 '그렇게 생각하는 것은 위험하다.', '더 이상 생각하는 것은 위험하다.', '더 이상 생각하는 것을 중지하자.'라는 마음이 되는 것이다. 또한 기타 가정 내외에서 생기는 트러블을 '양친이 어떻게 해결하는가, 일상생활에서 양친이 텔레비전을 끄고 어느 정도 책을 읽을까, 혹은 부모가 어떤 술을 어떻게 마실까와 같은 것도 생각해서는 안 돼.'라는 금지령의 내용에 영향을 미치는 것이라고 생각된다.

슈타이너는 아이에 대하여 진실을 왜곡하거나 그것을 숨기거나 하는 것은 에누리와 똑같은 정도로 바람직하지 않은 영향을 미친다고 한다. 이 같은 허언에는 크리스마스 이브에 산타클로스가 온다는 습관적인 것에서, 텔레비전 세일즈맨의 판매 촉진, 나아가서는 부모나 교사의 언행 불일치와 같은 도덕적인 것까지 폭넓은 내용이 포함된다.

아이는 성장하여 사회인으로 되는 사이에 최종적으로는 윗사람에게 거짓말을 하며, 또 사람들로부터 거짓말을 하는 능력을 몸에 붙여 가게 된다. 이 같은 거짓말에는 다음 세 가지의 요소가 포함되게 된다. 첫째, 의도적인 행위로서 거짓말을 한다. 둘째, 올바르지 못한 진술을 한다. 셋째, 올바른 진술을 생략하고 잘못된 인상을 수정하지 않는다.

허언과 비밀은 사고장애형 각본에 중요한 영향을 가져다준다는 것이 슈타이너의 주장이며, 어린 시절부터 진실을 둘러싸고 부모-자녀 간 교류의 혼란이 많을 때, 일종의 조현병이나 망상이 생긴다고 한다.

정신장애형 각본이 사물마다 '올바르게 생각해서는 안 돼.'라는 금지령하에 있다는 점을 여기서 더욱 조금씩 파 내려가 보기로 하자. 이것은 정신분석 관점에서 보면 자아의 현실 검토 기능이 왜곡되어 있거나 불완전한 것을 의미하며, 개인 자신이 내계에서 무엇이 일어나고 있는가, 외계 사람들과의 관계가 어떻게 되어 있는가를 올바르게 이해할 수 없는 상태라고 할 수 있다. 즉, 자신의 내외 상황이 잘 이해되고 있지 않는 모습인 것이다.

③ 약물 의존형(기쁨결여형) 각본

알코올이나 각종 약물에 과도하게 의존하는 인생이 얼마나 비참한 결말을 초래하는 지는 임상 체험은 물론 나날의 대중매체 정보에 의해서도 너무나 명확한 사실이다. 슈 타이너는 이 현상을 기본적 각본형의 하나로 생각했다. 그는 특히 약물 의존자에게 쾌 락 체험을 구하는 경향이 있다는 점에 주목하고, 이것이 어린 시절부터 자연스러운 정 서나 신체 감각을 느끼는 것을 방해하는 금지령과 관계가 있다고 하여 세 번째의 기본 적 각본으로 분류하고 있다.

슈타이너는 심신 양면에 걸친 '느끼지 마라'라는 금지령이 옛날부터 서구 사회를 지 배하는 '쾌락은 악, 기쁨은 죄'라는 사고방식에 뿌리를 두며, 아이의 정서 표현을 과도하 게 금지하거나 통제하는 가정교육을 통하여 발신된다고 말했다. 특히, 작금의 지성 편 중의 교육은 감각과 의식의 관계를 끊고 시각이나 청각 등 감각기관의 작용을 대폭 제 한한다고 하면서 젊은 청년이 귀를 찢는 듯한 뮤직 쇼에 열광하는 것도 이러한 정동의 해리상태를 때려 부수려고 하는 시도로 나타나는 것이라고 기술했다.

약물 의존은 위험하다는 경고에도 불구하고 왜 사람은 자기파괴로 돌진할까? 여기 에 각본이 관여한다. 신체 감각의 쾌감을 억제해 버린 사람들이 약물의 힘으로 그것을 맛보려고 쾌락 추구와 자기처벌 사이의 악순환에 빠진다. 약물에 의해서 일시적으로나 마 기쁨을 체험할 때 이 각본에 남는 것처럼 되는 것이다.

슈타이너는 정서, 신체 감각과 지성과 사이의 분열을 약물 의존자에 특정지은 것처 럼 논하고 있지만 최근에는 이 조종 장치가 다른 질병이나 성격장애에도 인정되는 것 이 명확해졌다. 예를 들면, 정신생리적 장애(심신증) 환자 중에는 위궤양이나 피를 토하 기 직전까지 자신의 몸의 부조, 즉 전구 증상을 끝내 느끼지 못했다고 호소하는 사람이 있다. 또 이지적인 일류 대학 학생이 사는 척하고 물건을 훔쳐도 아무런 죄의식이 없는 경우도 있다. 더욱이 가정 내에서는 모친에게 폭력을 휘두르고 가구를 파손하고 있으 면서, 학교에서는 교사의 칭찬을 받는 '모범적인' 고등학생도 있다. 이같이 본래는 내면 으로 느끼고 말로 처리하는 것의 불안, 욕구, 분노 등을 몸의 질병이나 행동으로 메워 버리는 경향이 증가하고 있다.

여기에서는 제3의 각본 기본형을 약물 의존증에 한정하지 않고 정신생리적 장애(심 신증)나 행동장애 등을 포함해서 내면을 느끼는 힘이 모자라는 사람들의 각본으로서 검토해 보려고 한다.

(2) 임패스의 해결

임패스란 길이 막힘, 혼돈, 진퇴양난이라는 의미로 재결단학파의 교류분석에서는 개인의 심리적 증상이나 문제에 임패스의 정도를 판단 기준으로 진단했다. 골딩 부부에 의하면 마음속 갈등 상황에는 세 가지 정도가 있다고 보았다.

① 제1유형 임패스

부모의 대항지령에 대한 반항으로 아이의 어버이 ⓟ와 어린이 ⓒ 사이의 교착상태를 말한다. 이 경우 해결 방안은 빈 의자 기법을 통해 어릴 적 하고 싶어도 말할 수 없었던 것을 해 봄으로써 자신의 어린이 ⓒ가 재결단을 하도록 하는 것이다.

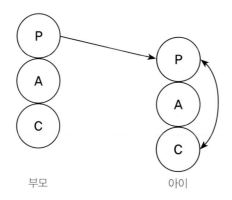

부모   아이

② 제2유형 임패스

부모의 금지령에 대한 반항으로 어린이 ⓒ 내부에 P1와 C1 사이 갈등이 보이는 경우이다. 제2유형의 임패스를 해결하기 위해서는 빈 의자 기법으로 내담자가 어린이 ⓒ 상태에서 퇴행작업을 통해 어릴 때에 있었던 어떤 구체적인 장면을 재현하는 것이다. 빈 의자 기법을 이용해서 부모와의 대화를 역할 연기하고, 그 기회를 통해 자신의 어린이 ⓒ가 재결단하도록 한다.

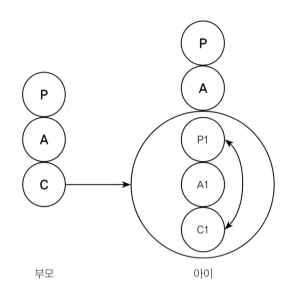

부모   아이

③ 제3유형 임패스

내담자 자신이 살아 있는 이 모습, 이러한 것이 나이다라고 굳게 믿고 있는 상태에서 어린이 ⓒ 중 순응하는 어린이(AC)와 자유스러운 어린이(FC) 사이의 갈등을 말한다. 제3유형의 임패스를 해결하기 위해서는 빈 의자 기법을 이용하여 순응하는 어린이(AC)를 치료하여 재결단을 하도록 한다.

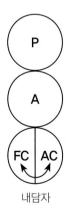

내담자

7) 각본을 통해 세상 보기(수동성)

(1) 에누리

① 에누리란

삶을 살아가는 과정에서 우리들은 끊임없이 문제에 직면하고 있다. 죽음을 당하지 않고 어떻게 우리가 길을 건너는가? 우리에게 당장 주어진 일을 어떻게 처리하는가? 어떤 사람으로부터 우호적이거나 또는 공격적인 접근에 우리는 어떻게 반응할까?

매번 우리는 문제에 직면하고, 두 가지 선택권을 갖는다. 우리는 그 문제를 해결하기 위해 성인의 생각과 감정 그리고 행동을 전력으로 사용할 수 있다. 아니면 각본으로 빠져 들어갈 수도 있다.

만약 내가 각본에 빠져들게 되면 유아일 때 결단한 것에 맞도록 세상을 인식하기 시작한다. 나는 어느 정도 실제 상황의 어떤 측면에 대한 우리의 의식을 공백 상태로 비워버리는 것 같다. 동시에 나는 엄청난 정도로 지금-여기의 문제의 또 다른 측면을 간과해 버리려 할 것이다. 그와 동시에 '지금-여기(here and now)'에서 부딪힌 문제와 관련하여 큰 부분을 빠뜨려 버릴지도 모른다. 나는 문제를 해결하려는 어떤 행동을 취하기보다는 나의 각본이 제공해 주는 마술적 해결(magical solution)에 의존한다. '어린이 ⓒ' 상태에서, 나는 이러한 마술을 사용하여 세상이 문제의 해결책을 제공하도록 조작할 수 있기를 바란다. 그 결과 문제해결에 있어서 나는 능동적이기보다는 수동적으로 된다.

여기에서는 수동성과 문제해결 사이의 이러한 대조를 살펴보고자 한다. 교류분석 이론 가운데 이 영역은 쉬프 가족(Schiff family)에 의해 처음으로 발전하였고 커텍시스 연구소를 세운 이후로, 쉬피언 이론 또는 커텍시스 이론으로 알려져 있다. 쉬프는 '어떤 식으로 사람들이 일을 하지 않거나 또는 그것을 효과적으로 하지 않는가?' 하는 것을 수동성이라고 정의했다.

② 에누리의 본질과 정의

에누리(discounting)는 문제해결과 관련된 정보를 자신도 모르는 사이에 무의식적으로 무시하는 것으로 정의된다.

내가 혼잡한 음식점에 앉아 있다고 상상해 보자. 나는 갈증을 느끼기 시작하고 그래서 물 한 잔을 마시고 싶어 한다. 나는 웨이터의 눈길을 끌려고 애썼지만, 그는 주목하지 않았다. 나는 다시 손짓을 한다. 여전히 반응이 없다. 바로 이 순간에 나는 각본으로 빠져 들어간다. 유아였을 때 어머니가 내게 와 주기를 원했지만 어머니는 오지 않았던 바로 그때를 나는 의식하지 못한 채 재연하기 시작한다. 나는 반응이 없는 웨이터의 얼굴 위에 어머니의 얼굴을 겹쳐 놓는다. 동시에 나는 여전히 내가 마치 어린아이였을 때처럼 행동하고 느끼고 생각하기 시작한다. 나는 의기소침해하고 무력감을 느낀다. 나는 마음속으로 나 자신에게 중얼거린다. "소용없어. 내가 아무리 노력해도 웨이터는 오지 않을 거야."

이러한 결론에 도달하기까지, 나는 지금-여기의 현실에 대한 얼마간의 정보를 무시해야만 했다. 나는 아기일 때 가지지 못했던 선택, 즉 성인으로서 가지는 몇 가지 선택을 에누리한 것이다. 나는 일어나 웨이터에게로 걸어가서 그의 귀에다 고함을 칠 수도 있었다. 나는 물주전자가 있는 가장 가까운 탁자로 가서, 물주전자를 달라고 해서 내 스스로 마실 수도 있었다. 내가 이러한 방식으로 행동했다면, 나는 수동적이기보다는 문제를 해결하는 데 능동적이었을 것이다. 한 친구가 음식점에서 나와 함께 앉아 있다. 나의 손짓에 대해 웨이터가 반응이 없는 것을 보고, 그 친구는 화가 났다. 그는 코를 씨근거리며 "저 녀석은 분명히 무능한 자야. 내 방식대로 한다면, 그를 해고시켜 버릴 텐데!" 하고 말한다.

내 친구 또한 각본으로 빠져 들어갔다. 그러나 그는 어린아이였을 때, 나의 I-U+보다는 오히려 I+U-라는 인생태도를 결단했다. 이제 그는 자신의 각본 안경을 통해 웨이터를 본다. 그는 나의 부름에 반응하는 웨이터의 능력을 에누리한다. 나처럼 내 친구도 수동적으로 된 것이다. 그는 웨이터가 내게 물을 가져다주지 않을 것이라는 점에 대해 화가 나 으르렁거리며 앉아 있는 것이다.

③ 과장 행동

모든 에누리는 과장 행동에 의해 이루어진다. 과장 행동은 현실의 몇몇 특징을 과장한 것이다. 허풍 떤다는 표현은 과장 행동을 적절히 묘사하는 말이다. 상황의 한 특징이 에누리를 통해 흐려지거나 사라져 버리게 되는 것처럼, 다른 특징은 과장 행동에 의해 어느 정도 확대된다.

웨이터가 물을 가져다주지 않고 있었기 때문에 식당에서 무력한 감정으로 앉아 있었을 때, 나는 단지 선택할 수 있었던 것을 에누리하고 있는 동시에 나에게 물을 주고 안 주고 하는 것을 결정하는 힘을 웨이터가 가지고 있다고 또한 믿고 있었다. 내 친구가 웨이터의 능력을 에누리했을 때, 그는 또한 자신에 대해서 과장된 입장을 취하고 있었다. 그가 그렇게 하는 데 적절한 증거나 책임감을 가지지 않았을 때에도, 그는 재판관과 배심원의 역할을 스스로 맡고 있었던 것이다.

④ 네 가지 수동적 행동들

에누리할 때, 나는 내 마음속으로 자신에게 말을 함으로써 에누리를 하게 된다. 그래서 "에누리 그 자체는 눈에 보이는 것이 아니다(관찰할 수 없다)." 당신은 내 마음을 읽을 수 없기 때문에, 에누리를 하고 있다는 것을 가리키는 몇 가지 방식으로 말하거나 행동하지 않는다면 당신은 내가 에누리를 하고 있음을 알 방법이 없다. 관련된 사람이 에누리를 하고 있음을 항상 알려 주는 네 가지 수동적 행동 유형이 있다.

• 아무것도 하지 않음[doing nothing: 부작위(不作爲)]

교류분석 집단의 구성원들이 원형으로 앉아 있다. 그 집단의 지도자는 다음과 같이 말한다. "모두 한 바퀴 돌아가면서 각자 오늘의 연습활동에 대해서 어떤 것이 감사하고 어떤 것이 불유쾌한지를 말해 봅시다." 만약 당신이 참여하기를 원하지 않는다면, '통과(pass)'라고 말해도 OK이다.

연습을 시작한다. 쭉 돌아가면서 사람들은 각각 감사하거나 분개한다. 한두 사람이 '통과'라고 말한다.

그 후에 '규식이'의 차례가 되자, 침묵이 흐른다. 사람들은 '규식이'가 뭔가를 말하기를 기다리고 있지만 그는 아무 말도 하지 않는다. 그는 공간을 응시하면서 움직이지 않고 조용히 앉아 있다. 그가 어떠한 감사나 평가의 말을 하고 싶지 않는 것으로 보이기 때문에, 그다음 사람은 그가 통과라는 말을 하기를 기다린다. 그러나 '규식이'는 그 말도 하지 않는다. 그는 마치 벙어리처럼 계속 앉아 있다.

'규식이'는 '아무것도 하지 않음(doing nothing)'이라고 불리는 수동적 행동을 보여 주고 있다. 문제해결을 위해 행동하는 에너지를 사용하는 대신에 그는 행동을 하지 않으려는 데에 에너지를 사용하고 있다. 이러한 수동적인 행동을 나타내는 사람은 불편함을 느끼면서 생각하지 않는 자신을 경험한다. 그는 그 상황에 대해 아무것도 하지 않음으로써 자신의 능력을 에누리하고 있다.

- 과잉적응(over adaptation)

'진희' 씨가 힘든 하루의 일과를 마치고 집에 돌아왔는데, 그녀의 남편 '성태'는 앉아서 신문을 읽고 있다. 남편 건너 부엌 쪽으로 보면서, '진희'는 부엌 싱크대 옆에 씻지 않은 접시들이 잔뜩 쌓여 있는 것을 본다.

"안녕, 즐거운 하루를 보냈겠지. 차를 마실 시간이군. 그렇지 않소?" 하고 '성태'가 말한다. 코트를 벗으면서 '진희'는 바로 부엌으로 들어간다. 그녀는 쌓인 접시를 씻고 차를 준비한다.

'성태'는 '진희'를 보고 설거지하고 차를 만들도록 요구하지 않았다는 사실을 둘 다 주목하지 않고 있다. 그가 그녀에게 설거지 등을 해 줄 것을 원하는지 어떤지를 그녀는 남편에게 묻지도 않았던 것이다. 심지어 그녀가 스스로 설거지를 해야 옳은지 또는 '성태'가 접시를 씻는 것이 도리인지에 대해 그녀는 생각하지도 않았다.

'진희'의 수동적 행동은 과잉적응이다. 과잉적응할 때 그녀는 '어린이 ©' 상태에서 다른 사람이 원한다고 믿고 있는 것을 따르고 있다. 그녀는 다른 사람들이 원하는 것이 무엇인지를 실제로 검토해 보지도 않고, 그리고 자신이 원하는 것이 무엇인지를 관련지어 보지도 않고 그렇게 한다. 아무것도 하지 않는 사람과 달리 과잉적응을 하는 개인은 수동적인 행동을 하는 동안 자신을 생각하고 있는 것으로 경험한다. 그러나 그녀의 생각은 실제로는 오염에서 생긴 것이다.

다른 사람들은 과잉적응을 하는 사람은 도움을 주거나 잘 순응하고, 또는 남의 편의를 잘 보아 주는 것으로 곧잘 경험할 것이다. 그래서 그 사람과 관련된 사람들은 자주 과잉적응에 대해서 스트로크한다. 이러한 사회적 수용 때문에 그리고 그 사람도 생각하고 있는 것으로 보이기 때문에, 과잉적응은 네 가지 수동적 행동 가운데 알아내기가 가장 어렵다.

과잉적응을 하는 사람은 자신의 선택에 따라 행동하는 능력을 에누리하고 있다. 대신에 다른 사람이 원한다고 자신이 믿고 있는 선택들을 따른다.

• 흥분(agitatoin)

수업 중에 학생들이 강사에게 귀를 기울이고 있다. 교실 뒤쪽에 '동철'이라는 학생이 앉아 있다. 강사가 다소 조용하게 말하고 있어서 '동철이'는 그의 말을 알아듣기가 힘들다. 강의가 계속 진행되면서 '동철'은 강사가 말하고 있는 것을 따라가는 데 점점 어려움을 겪는다. 그는 펜을 놓고 손가락으로 책상 위를 두드리기 시작한다. 만약 책상 아래쪽을 볼 수 있었다면 '동철이'가 손가락으로 두드리면서 발을 빠르게 아래위로 구르고 있는 것을 보았을 것이다.

'동철이'는 흥분을 보여 주고 있다. 이러한 수동적 행동에서 개인은 문제를 해결하기 위해 행동할 자신의 능력을 에누리하고 있다. 그는 예민하게 불쾌감을 느끼고, 그리고 불쾌감에서 벗어나기 위해 무의미한 활동을 반복한다. 에너지는 문제를 해결하기 위한 행동보다는 흥분된 활동을 하는 쪽으로 향한다. 흥분하는 동안 그 사람은 생각하고 있는 자신을 경험하지 못한다.

만약 '동철이'가 명확한 '어른 Ⓐ' 상태를 사용하고 있었다면, 그는 단순하게 강사의 주의를 끌어 강사로 하여금 말을 크게 하도록 요청할 수 있었다. 실제로 손가락을 두드리는 것과 발을 구르는 것은 문제해결을 위해 도움이 되지 못한다.

많은 평범한 습관들 속에 흥분이 들어 있다. 손톱 물어뜯기, 흡연, 머리카락 비틀어 돌리기, 강박적으로 먹기, 이 모든 것이 그 예이다.

• 무능력화와 폭력(incapacitation and violence)

인순 씨는 30대 후반이다. 그녀는 어린 두 딸과 나이 든 어머니를 돌보면서 함께 집에서 살고 있다. 어머니는 연세에도 불구하고 실제로 상당히 건강하다.

뜻밖에 '인순 씨'는 한 남자를 만나 그들은 서로 사랑에 빠지게 된다. 다행히 그녀는 그와 함께 살기 위해 떠나려고 하며 아마 결혼할 것이라고 어머니에게 알린다. 이런 일이 있은 지 며칠 후 어머니는 현기증이 나는 발작을 하기 시작하고 몸져눕게 된다. 의사는 그녀가 신체적으로 전혀 이상이 없음을 알 수 있었다. 그러나 '인순' 씨는 떠날 작정을 한 데 대해 죄의식을 느끼기 시작한다.

어머니의 수동적 행동은 무능력화이다. 여기서 사람은 어떻게든 자신을 무능하게 만든다. 문제를 해결하려는 자신의 능력을 에누리하면서, 그녀는 '어린이 Ⓒ' 상태에서 자신(어머니)을 무능하게 함으로써 다른 사람을 통해 문제가 해결되기를 바란다.

무능력화는 여기에서처럼 때때로 정신생리적 질환(심신증: psychosomatic ailments)의 형태로 될 수 있다. 다른 경우에는 정신장애(mental break-down)나 약물 남용 또는 알코올 중독이 될 수 있다.

다른 한 예로 '창호'는 방금 그의 여자친구와 심한 말다툼을 하였다. 그는 집을 뛰쳐나가 오랫동안 거리를 돌아다녔다. 시내로 가서 맥주를 몇 잔 마셨다. 그러고 나서 그는 의자를 집어 들고 술집의 판금 유리창을 모두 박살내 버린다. '창호'의 수동적 행동은 폭력이다. 폭력을 수동적 행동으로 간주하는 것이 좀 이상하게 여겨질 것이다. 그러나 그것은 수동적인데, 왜냐하면 문제를 직접적으로 해결하기 위해 도움이 되는 것은 아무것도 없기 때문이다.

무능력화는 폭력이 내적으로 지향된 것으로 볼 수 있다. 무능력화와 폭력에서는 모두 문제를 해결하는 능력을 에누리하고 있다. 개인은 문제를 해결하기 위해 환경을 억지로 밀어붙이는 필사적인 시도에서 자신이나 다른 사람에게 향한 에너지의 폭발이라는 발산 형태를 취하게 된다. 무능력화나 폭력은 흔히 흥분의 시기 뒤에 따라올 수 있다. 사람이 흥분하고 있을 때는 그 후에 무능력화나 폭력에 의해 파괴적으로 배출해 버릴 에너지를 쌓아 올리고 있다.

⑤ 에누리와 자아상태

에누리는 자아상태 병리학에 대해 알고 있는 것과 관련될 수 있다. 에누리는 오염의 상황에 있음을 나타내기도 한다. 즉, 에누리하고 있을 때 나는 내가 '어른 Ⓐ' 상태의 생각일 것이라고 잘못 알고 있는 '어버이 Ⓟ'나 '어린이 Ⓒ' 상태의 각본신념에 맞추기 위해 현실을 잘못 인식하고 있을지도 모른다.

제외(exclusion)는 에누리의 또 다른 원천이 될 수 있다. 여기서 나는 하나 또는 그 이상의 자아상태를 없애 버림으로써 현실의 측면을 무시하고 있는 것이다. 만약 '어린이 Ⓒ' 상태를 제외하고 있다면, 나는 어린 시절부터 지녀 온 욕구나 감정 그리고 직관을 무시할 것인데, 이것은 실제로 현재 해결해야만 하는 문제들과 관련되어 있을지도 모른다. '어버이 Ⓟ' 상태를 제외시킨다면, 나는 문제해결에 자주 유용하게 사용될 수 있더라도 부모와 같은 사람들로부터 배운 세상에 대한 규칙과 정의들을 배제시켜 버릴 것이다. 제외된 '어른 Ⓐ' 상태는 내가 지금-여기의 상황의 어떤 특성에 직접 반응하여 평가하고 느끼고 또한 행동하는 능력을 에누리하는 것을 의미한다. 예상할 수 있듯이 제외된 '어른

Ⓐ' 상태는 개인의 에누리 강도의 측면에서 세 가지 제외 가운데 가장 부정적인 결과가 된다.

보통 에누리는 어떠한 자아상태 병리가 없이 일어날 수 있다. 이러한 경우에 그것은 알려지지 않았거나 잘못된 정보를 받은 그 개인의 '어른 Ⓐ 상태의 결과일 뿐이다. 예를 들면, 비만 여성이 체중을 줄이는 다이어트를 하려고 결정한다. 그녀는 빵, 감자, 그리고 파스타를 먹지 않는다. 대신에 그녀는 견과류와 치즈를 먹는다. 사실 견과류와 치즈는 그녀가 먹지 않기로 한 음식보다 칼로리가 더 많다. 그녀는 그것에 대해서 잘 모르기 때문에 단지 이 사실을 에누리한다.

자아상태 기능 모델의 관점에서 에누리는 바로 직접 표현될 수 있다. 내가 어떠한 부정적인 자아상태 부분에 있게 될 때마다 나는 에누리하고 있다. 그리고 내가 에누리하고 있을 때마다 나는 부정적인 자아상태 부분에 있게 된다. 하나의 사고는 다른 사고를 규정한다.

내가 나의 퍼스낼리티의 부정적인 부분에 있다고 말하는 것은 내가 불쾌하거나 실패적인 또는 쓸모없는 결과를 얻는 방식으로 생각하거나 느끼고 또한 행동하고 있음을 의미한다. 즉, 내가 문제를 해결하지 못했음을 의미한다. 내가 문제의 해결을 스스로 포기할 때면, 나는 반드시 에누리를 했던 것이다.

(2) 준거 틀과 재규정

① 개요

나는 세계를 인식하는 나름대로의 방식을 가지고 있다. 당신도 당신의 방식이 있는데, 그것은 내 방식과는 다를 것이다. 당신과 내가 창문 밖에 서서, 방 안을 들여다본다고 해 보자. 우리는 본 것을 각자 다르게 말한다. 나는 말한다. "그것은 아주 작은 방이며, 그 방은 사각형이다. 그 안에 사람들이 있으며, 카펫은 녹색이고 커튼은 갈색이다." 당신은 말한다. "그것은 가족 장면이다. 전반적 분위기는 따뜻하다. 어머니, 아버지와 두 아들이 있는데, 그들은 이야기하면서 웃고 있다. 그것은 큰 방이다. 그래서 그들은 충분한 여유가 있다."

이러한 진술을 통해 판단하면, 듣는 사람은 당신과 내가 2개의 완전히 다른 방들을 보고 있었다고 생각할지 모른다. 그러나 그 방은 같은 것이다. 다른 것은 그 방에 대한 우리의 지각이다. 그 방을 보았을 때, 듣고, 느끼고, 냄새 맡고, 혹은 맛보는 것에 관한 보고를 우리가 각자 한다면, 이러한 지각에 대한 우리의 보고가 또한 다름을 예상할 수 있다. 더욱이 당신과 나는 그 장면에 대해 다른 방식으로 대답할 수 있을 것이다. 나는 특별한 것을 느끼지 못하고, 잠시 그 방을 본 뒤에 떠날 것이다. 당신은 행복하게 느끼고, 창문을 두드려 안에 있는 사람들과 대화할 것이다.

따라서 우리가 그 장면을 인식하는 방법과 거기에 반응하는 방식에서 당신과 나는 다르다. 당신의 준거 틀(frame of reference)과 나의 준거 틀이 다른 것이다.

② 준거 틀(frame of reference)

쉬프 가족(Schiffs)에 의하면 준거 틀의 정의는 특수한 자극에 반응하여 다양한 자아상태를 통합시키는 것과 관련된 반응들의 구조이다. 그것은 자아와 다른 사람들의 세계 등을 정의하는 데 사용되는 인지적 · 개념적 · 감정적 그리고 행위의 총 합체를 개인에게 제공한다(Mellor, & Sigmund, Redefining, TAJ, 1975).

이러한 공식적 정의에 대한 설명을 돕기 위하여, 쉬프는 준거 틀은 현실에 대한 필터로 간주될 수 있다고 한다. 당신과 내가 그 방을 보았을 때, 우리들은 각각 그 장면에서 어떤 부분들을 걸러 내었다. 예컨대, 나는 카펫의 색깔에 주목하였지만 그 방 안에 있는 사람들에 대한 정체는 걸러 내었다. 당신은 당신의 준거 틀에 따라 그 반대로 했다.

우리는 또한 그 방의 크기를 각자 다르게 규정한다. 나에게는 그 방이 아주 작았다. 당신에게 그 방은 컸다. 나는 방이 모두 컸던 시골의 옛 집에서 자랐기 때문에 그렇게 보았다. 당신은 어린 시절을 방들이 작은 도시 아파트에서 보냈다. 그래서 우리 각자의 준거 틀에서는 큰 방에 대한 정의가 다르다.

당신은 다른 정의를 덧붙여서 다음과 같이 말했다. 전반적 분위기는 따뜻했다. 나는 분위기를 규정짓지 않았고, 그것을 장면의 부분으로 인식하지도 않았다.

이제 그 분위기가 따뜻했다는 점에서 내가 당신의 의견에 동의하는지를 당신이 내게 묻는다고 생각해 보자. 나는 "아니, 확실히 그렇지 않아."라고 대답할 것이다. 당신은 내가 어떻게 그렇듯 단호하게 당신의 의견에 반대할 수 있는지 의아해할 것이다. 그 방에서 얘기하면서 웃고 있는 가족들은 서로 솔직하지 않은가? 어떻게 그보다 더 따뜻한 분위기가 있을 수 있는가?

그러나 나는 덧붙인다. "따뜻한 분위기라고? 아니, 그 카펫은 아주 보기 싫은 색이다.

거기에는 오렌지색이나 붉은색이 필요하다. 그리고 저 회색의 벽들을 봐라!" 당신과 나는 사람들의 준거 틀이 흔히 다르다는 또 다른 방식을 만나게 되었다. 우리는 서로 똑같은 단어들을 사용했다. 그러나 우리가 그 단어들에 두었던 의미들은 아주 다르다. 이 경우에 당신의 준거 틀과 나의 준거 틀 사이에서 따뜻한 분위기라는 정의는 서로 다르다.

준거 틀에 대한 이해를 좀 더 돕기 위하여, 쉬프는 그것을 자아상태를 둘러싸고 함께 묶여 있는 외피로 간주할 수 있다고 주장하였다. 내가 나의 독특한 준거 틀에 따라 세계를 인식할 때, 나는 세계를 인식하는 나 자신의 독특한 일련의 자아상태 반응들을 만든다. 준거 틀은 바로 이러한 다양한 자아상태를 통합하는 방식이다.

당신과 내가 그 방을 봤을 때, 나는 '어른 Ⓐ' 상태가 되어, 지금-여기에서 본 형상과 크기, 색상에 관한 언급을 했다. 당신은 '어린이 Ⓒ' 상태가 되어, 어린 시절 즐거웠던 이와 같은 가족의 장면에 대한 행복한 기억을 재생했다. 이러한 자아상태를 내적으로 이동시켜, 우리는 우리가 선택한 자아상태에서 서로 외적으로 교류할 것이다.

준거 틀은 우리가 자신의 전체적 퍼스널리티를 표현할 수 있도록 자아상태 반응들을 통합하는 유형들을 제공해 준다.

'어버이 Ⓟ' 자아상태는 준거 틀의 형성에 특히 중요한 역할을 한다. 이것은 우리의 준거 틀이 세상과, 자기와 다른 사람들에 대한 정의를 구성하기 때문이다. 부모나 부모와 같은 사람들로부터 우리는 원초적으로 이러한 정의들을 배운다. 그것들을 받아들이는 연령에 따라, 그것들은 우리의 '어버이 Ⓟ' 자아상태(P2)나 '어린이 Ⓒ' 상태 중 '어버이 Ⓟ' 상태(P1)의 내용을 부분으로 저장될 것이다.

우리들 각각은 좋은, 나쁜, 그른, 옳은, 겁 많은, 쉬운, 어려운, 더러운, 깨끗한, 공정한 등등의 것에 대한 나름대로의 '어버이 Ⓟ' 상태의 정의들을 가진다. 자신과 다른 사람들, 그리고 세상에 대한 우리의 견해에 바탕이 되는 것은 바로 이러한 정의들이다. 우리는 상황에 대한 우리의 반응들을 선택한다.

③ 준거 틀과 각본

각본과 준거 틀의 관계는 어떤 것인가? 그 대답은 각본은 준거 틀의 부분을 형성한다는 것이다. 전체적으로 준거 틀은 많은 정의들로 이루어진다. 이러한 정의들의 일부는 에누리를 수반하기도 하지만, 어떤 것들은 그렇지 않다. 각본은 에누리를 수반하는 준거 틀에서 모든 정의를 구성한다.

각본 상태에 빠져 있을 때, 나는 어떤 문제의 해결책과 관계있는 지금-여기의 상황의 특성을 무시하고 있다. 나는 에누리를 하고 있는 것이다. 그렇게 할 때, 나는 그러한 에누리를 포함하는 나 자신과 다른 사람들, 세상에 대한 오래된 정의들을 재연하고 있다(각본은 수많은 선입관으로 구성).

예를 들어, 어린아이일 때 나는 내가 생각할 수 없었던 것을 말해 주는 나의 부모로부터 메시지를 받을 수 있었다. 이제 어른으로서, 내가 막 시험을 치르고 있다고 생각해 보자. 만약 내가 이 시점에서 각본 상태에 빠져 들어간다면, 나는 "너는 생각할 수 없다!"라고 말하는 '어버이 ⓟ' 상태의 낡은 정의를 내적으로 재연하기 시작한다. '어린이 ⓒ' 자아상태에서 이것에 동의하면, 나는 나 자신의 사고능력에 대한 에누리를 받아들인다. 나는 무력하고 혼란하게 느끼기 시작한다.

④ 재규정의 본질과 기능

이러한 예에서, 현실의 상황은 내가 생각할 수 있다는 것이다. 따라서 생각할 수 없을 때의 나 자신에 대한 옛날 정의를 받아들여서, 나는 각본에 맞도록 현실의 인식을 왜곡한 것인데, 이러한 과정을 재규정(재정의: redefining)이라고 부른다.

당신은 앞에서 어린아이가 적대적인 세상에서 생명을 유지하고 살아가는 최선의 방법인 것처럼 보이기 때문에 각본을 결정한다는 것을 배웠다. 성인으로서의 나의 '어린이 ⓒ' 자아상태에서, 나는 이러한 초기 결단을 고수할지도 모른다. 왜냐하면 나는 여전히 그것들이 생존에 필수적이라는 신념을 고수하고 있기 때문이다. 따라서 현실의 어떤 특징이 나의 각본 결정에 도전하는 것 같으면, 나는 그것에 대항하여 방어할 것이다. 이러한 생각을 쉬프주의자의 언어로 우리는 다음과 같이 말한다. 나의 각본의 준거 틀이 위협을 받으면, 나는 재규정을 함으로써 이러한 위협을 방어한다.

(3) 공생

쉬프주의자 이론에서 공생(symbiosis)은 두 사람 혹은 더 많은 사람들이 마치 그들 사이에서 한 사람을 형성하는 것처럼 행동할 때 일어나는 것을 말한다.

이와 같은 관계에서, 관련된 사람들은 자신의 자아상태들을 충분히 보완하여 사용하지는 못할 것이다. 전형적으로, 그 사람들 가운데 한 사람은 '어린이 ⓒ' 상태를 배제하고 다만 '어버이 ⓟ' 상태와 '어른 Ⓐ' 상태만을 사용할 것이다. 다른 사람은 '어린이 ⓒ'

상태에 머물면서 다른 두 자아상태를 배제해 버리는 반대 입장을 취할 것이다. 그리하여 그들은 그들 사이에 전체적으로 단 세 가지 자아상태에만 접근하는 것이다. [그림 2-10]과 같다.

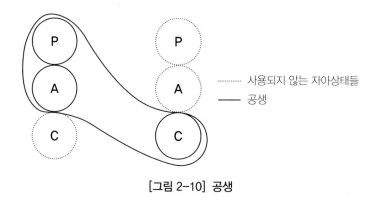

[그림 2-10] 공생

.... 사용되지 않는 자아상태들
——— 공생

예를 들면, 학생들과 수업을 하고 있는 강사를 생각해 보라. 그들은 몇 가지 연습을 통하여 이론을 공부하고 있다. 강사는 칠판에 연습문제 하나를 쓴다. 학생 가운데 한 명을 향하여 그는 질문한다. "좋아, 상호군. 자네는 어떻게 이 다음 단계를 공부하여 그 해답을 얻을 수 있겠나?"

상호는 아무 말도 못한다. 대신에 그는 잠시 동안 조용히 꼼짝 않고 앉아 있다. 그러고 나서 발을 빠르게 아래위로 흔들면서 머리를 긁적이기 시작한다. 여전히 그는 한마디도 못한다. 침묵이 오래 계속된다. 그 반의 다른 학생들도 마찬가지로 마음을 졸이기 시작한다. 드디어 강사가 말한다. "자네는 이것을 모르는 것 같군. 자네는 또 이런 상태가 되지 않도록 하기 위해 정말 더 열심히 공부해야 하겠네. 자, 우리가 그 해답을 얻기 위해 할 일이 있네……." 그리고 그는 칠판에 그 연습문제를 푼다. 상호는 긴장이 풀리며 발 흔들기를 멈추고, 강사가 풀어 준 해답을 충실히 기록한다.

이 지점에서 학생과 강사는 공생으로 들어갔다. 답을 생각해 낼 수 있는 자신의 능력을 부인함으로써, 그리고 강사가 해답을 찾도록 은밀히 조종함으로써, 상호는 그 자신의 '어버이 Ⓟ'와 '어른 Ⓐ'의 자아상태를 에누리한 것이다.

강사는 상호에게 그의 교정에 관한 의무를 부여해 주는 동시에 친절하게 해답을 제시해 주면서 '어른 Ⓐ' 상태와 '어버이 Ⓟ' 상태의 보완적 역할로 나아갔다. 그렇게 할 때, 강사는 자신의 '어린이 Ⓒ' 자아상태를 에누리했다. 그가 자신에게 '어린이 Ⓒ' 상태의 자원을 사용하는 것을 허용했다면, 상호와 그 사이에 계속되는 교환으로 그는 불편하고 불만족스럽게 느끼고 있다는 것을 자각하게 되었을 것이다. 그는 직관에 의존했을 것이다. "이봐, 나는 이 부분의 모든 연구를 상세히 해 왔는데, 나는 이것을 좋아하지 않아!" 그러한 '어린이 ⓒ' 상태의 지각을 사용함으로써, 그는 상호를 돕는 창조적인 방법을 발견할 수 있었고 다른 학생들이 스스로 그 문제를 풀게 할 수 있었을 것이다. 즉, 그 강사는 불안하게 느끼는 자신의 '어린이 ⓒ' 상태를 그만두었다. 대신에 그는 그의 친숙한 '어른 Ⓐ' 상태와 '어버이 Ⓟ' 상태의 친근한 공생적 역할을 수행함으로써 편안함을 추구했다. 상호 또한 그가 친숙한 '어린이 ⓒ' 상태의 역할로 들어가자마자 긴장을 풀고 더욱 편안하게 느끼게 되었다.

그것이 공생의 문제이다. 일단 공생이 확립되면, 참여자들은 편안하게 느낀다. 모든 사람들이 그들에게 기대되는 역할 속에 있다는 것은 의미가 있다. 그러나 편안함은 상당한 대가를 요구한다. 즉, 공생에서 사람들은 자신의 성인의 전체 자원 영역을 서로 가로막고 있다.

일상적 관계에서, 사람들은 때때로 서로 공생의 안팎으로 이동한다. 또한 장기적인 관계는 때때로 공생에 토대를 둔다. 이것이 '성철'이와 '은미'에게 있어서 사실로 보이는데, 그들은 '전통적인' 결혼을 한 부부를 보여 주는 좋은 예이다. '성철'은 강하고 과묵한 유형의 사람이다. 파이프에 턱을 고정시키고, 불퉁거리며 자신을 표현한다. 즐거운 일이나 재앙이 오면 '성철'은 완고한 외관 뒤에 감정을 굳게 유지한다. 그는 가계의 재정을 전부 돌보며 '은미'에게 주마다 일정액을 준다. 결정을 내릴 것이 있으면 '성철'이가 결정을 하고 나중에 '은미'에게 말한다.

'은미' 편에서 보면, 그녀는 생활에서의 임무를 남편을 즐겁게 해 주는 것으로 간주한다. 그녀는 남편의 결정을 따르는 것이 행복하다. 왜냐하면 그녀는 친구에게 "여자는 강한 남자에게 의지하는 것을 좋아한다."고 말하기 때문이다. 만약 가정에 급한 상황이 발생하면, '은미'는 울거나 쩔쩔매거나 또는 킬킬 웃는 것으로 해결하고, '성철'이 집으로 와서 그것을 분별해 주기를 기다린다.

그들의 친구 중 어떤 이들은 어떻게 '성철'이가 '은미'의 무능함에도 용케 살아가는지 때때로 의아해한다. 다른 사람들은 '성철'이가 기분이 아주 좋지 않을 때, '은미'가 그와의 관계를 유지할 수 있는 것을 놀랍게 생각한다. 그러나 사실, 그들은 공생으로 안정을 얻은 것이다. '성철'은 '은미'의 '어린이 ⓒ' 상태에 대해서 '어버이 Ⓟ' 상태와 어른 Ⓐ'

상태의 역할을 한다. 그러한 공생 내에서 서로는 다른 사람을 필요로 한다. 그리고 공생에서 언제나 그렇듯이, 그들이 체험하는 안정은 각자 능력의 일부를 에누리하는 대가를 치르고 얻어진다. 시간이 지나면, 그들은 서로 에누리해 왔던 것에 원망을 쌓게 될 것인데, 이것은 그들의 관계에 어느 정도 거리를 두는 원인이 될 것 같다.

① 건강한 공생 대 건강하지 못한 공생

사람들이 공생을 하는 것이 적절한 몇몇 상황이 있다. 예를 들어, 내가 수술 후 마취에서 막 깨어났다고 상상해 보자. 나는 병원 복도로 실어 나르는 운반 침대 위에 누워 있다. 나는 아직 내가 어디에 있는지 전혀 모르지만 하나는 확실하다. 나는 아프다는 사실이다. 고통과는 별도로 내가 의식하고 있는 주된 것은 간호사가 내 옆에서 따라 걸으면서, 내 손을 잡고 나에게 이야기하고 있다는 것이다. "당신은 괜찮을 거예요. 내 손을 잡으세요."

그 시점에서 나의 '어른 Ⓐ' 상태와 '어버이 Ⓟ' 상태는 별 소용이 없다. 나는 지금-여기의 문제들을 판단할 형편이 안 된다. 나는 나 자신을 돌보는 방법에 대해서 '어버이 Ⓟ'로부터 받은 메시지에 접근할 기력이 없다. 나는 내가 적절히 해야 할 것을 하고 있다. 이것은 그의 일이며, 그래서 그녀는 또한 적절하게 공생적 위치에 있는 것이다.

쉬프의 용어로, 우리는 간호사와 내가 건강한 공생에 있다고 말한다. 이것은 이 장의 더 앞부분에서 들었던 보기에서 설명한 건강하지 못한 공생과 대조된다. '공생'이라는 단어가 단독으로 사용될 때, 그것은 보통 건강하지 못한 공생을 암시한다.

우리는 공식적으로 건강한 공생과 건강하지 못한 공생을 어떻게 구별하는가? 그 답은 공생이 에누리를 포함할 때는 언제나 건강하지 못하다는 점이다. 학생과 강사 사이와, '성철'과 '은미' 사이의 공생의 예에서, 이 두 부류의 사람들은 마치 그들 사이의 단 세 가지 자아상태만을 가지는 것처럼 행동함으로써 각자가 현실을 에누리하고 있었다. 대조적으로 내가 병원 운반 침대 위에 실려 가고 있었을 때는, 현실은 나의 '어른 Ⓐ' 상태와 '어버이 Ⓟ' 상태가 상처와 마취 효과 때문에 행동할 수 없었던 것이다. 그 간호사는 실제로 '어른 Ⓐ' 상태와 '어버이 Ⓟ' 상태를 사용하고 있었다. 그러나 그녀가 그렇게 하고 있을 때 자신의 '어린이 Ⓒ' 상태를 분명 에누리하지 않았다.

② 공생 대 정상적 의존

건강한 공생의 한 가지 분명한 예는 아이와 그의 부모 사이에 존재하는 것이다. 아기가 태어날 때 그는 완전한 '어린이 ⓒ' 상태이다. 그는 아직 문제를 해결하거나 자신을 보호할 능력이 없다. 이러한 기능들은 '어버이 ⓟ'들에 의해 수행될 필요가 있는데, 그들은 그렇게 할 때 '어른 ⓐ'와 '어버이 ⓟ'의 자아상태를 적절히 사용할 것이다. 스탠 울램스(Stan Woollams)와 크리스티 후이지(Kristy Huige)는 이러한 건강한 부모-자녀 공생을 의미하는 말로 정상적 의존이라는 용어를 제안했다.

건강한 공생에서, 각 당사자들은 그들의 어떠한 자아상태도 에누리하지 않는다는 것을 상기하자. 유아는 아직 역할을 할 수 있는 '어버이 ⓟ' 상태와 '어른 ⓐ' 상태가 없으므로 자아상태가 에누리될 수 없다. 그러나 부모는 '어린이 ⓒ' 자아상태를 가지고 있다. 건강하지 못한 공생으로 빠지는 것을 피하기 위하여 그녀는 유아를 돌보는 데 아주 전념하면서도, 자신의 '어린이 ⓒ' 상태의 욕구들을 의식하고 그 욕구에 대처할 수 있는 몇 가지 방법을 찾을 필요가 있다.

③ 공생과 각본

따라서 이상적인 육아에서 어린아이를 돌보는 사람은, 여전히 그녀 자신의 '어린이 ⓒ' 상태를 에누리하지 않으면서, '어버이 ⓟ' 상태와 '어른 ⓐ' 상태의 자원을 적절히 사용하게 될 것이다. 어린아이가 성장함에 따라, 부모는 각 발전 단계를 완성시키는 데 필요한 것을 아이에게 제공할 것이다. 각 단계에서 어린아이는 자원을 점점 더 많이 습득하게 되고, 그래서 부모에게 의존할 필요는 점점 더 적어진다. 이상적으로 부모는 어린아이가 여전히 필요로 하는 영역에 지원을 계속하면서, 이렇게 적절히 거리를 둠으로써 아이를 고무시킨다. 이러한 이상적 과정에서 처음의 어린아이와 부모 사이의 강한 공생은 점차 무너지게 된다. 최종적 결과는 어린아이가 젊은 성인기에 도달할 때, 양 당사자는 공생 없이 관계를 맺는다는 것이다. 각자 자립할 수 있고 뜻대로 접촉을 하거나 그만둘 수 있다.

문제는 이상적인 부모가 없다는 것이다. 어머니와 아버지가 양육을 하는 데 아무리 좋은 직업을 가졌다 하더라도, 모든 어린 자녀는 그 길을 따라가서는 충족시킬 수 없는 몇몇 욕구들을 가지고 성장과정을 거친다.

이러한 사실은 성인 생활에서 공생의 각본 기능을 나타낸다. 모든 공생은 개인이 어린 시절 동안 충족시킬 수 없었던 것을 충족시키려는 발전적 요구를 얻으려는 시도이다.

여느 때와 같이 각본 행동과 함께, 공생에 있는 사람은 그의 요구를 충족시키려는 시도로 낡은 전략들을 사용한다. 이러한 전략들은 그가 어린아이로서 행할 수 있는 최선의 것이지만, 성인 생활에서는 이미 더 이상 적절하지 않다. 공생에서 그 사람은 성인의 선택권을 에누리하고 있는 것이다. 그 에누리는 그의 인식을 벗어나 있다.

우리가 공생에 들어갈 때면 우리의 욕구가 충족되지 않았다고 느낀 옛날 어린 시절의 상황을 부지중에 재연하고 있는 것이다. 우리는 우리 자신과 부모나 부모와 같은 사람 사이에 과거에 존재했던 관계를 또다시 수립하고, 충족되지 않은 욕구를 만족시키려고 다른 사람들을 조작하려는 시도에서 상황을 재연한다.

당신은 다음과 같이 생각할 수 있다. "좋아, 그래서 공생이 옛날 어린 시절 상황의 재연이라면, 나는 왜 사람들이 공생에서 '어린이 ⓒ' 상태의 역할로 들어가는지 알 수 있어. 하지만 왜 어떤 사람들은 '어버이 ⓟ' 상태의 역할이 되기를 선택해야 하는가?" 그 답은 어떤 어린아이들은 다음과 같이 초기의 결단을 내린다는 것이다. 즉, 여기서 양육은 너무 쓸모없어서 나의 최선의 선택은 스스로 '어버이 ⓟ'로서의 몫을 하는 것이다. 아마도 어머니는 '어린이 ⓒ' 자아상태에서, 아이들에게 완고한 경계를 설정하는 것을 두려워했던 것이다. 대신에 그녀는 아이들에게 다음과 같이 말함으로써 윽박지른다. "너, 그것을 하면 혼난다." 혹은 "이봐, 너는 아버지를 화나게 하고 있잖아!" 그 아이는 부모의 감정과 복지에 책임이 있다고 요청받고 있었다. 그는 생활에서 그의 일이 부모를 돌보는 것이라고 결정함으로써 반응할 것이다. 그리하여 사실상 그는 스스로 어린 부모가 된다. 성인의 생활에서 그는 공생에서 이러한 역할로 다시 들어갈 것이다.

그들의 부모가 학대를 하거나 억압적이라고 여기는 다른 어린아이들은 나는 OK이고, 당신은 NOT-OK라는 생활자세를 취하고 그들의 부모를 부모의 위치에서 끌어내리는 공상을 할지도 모른다. 다시 이것은 그들의 성인의 공생관계를 재연한다.

8) 라켓과 라켓 체계

(1) '라켓'과 '라켓 감정'의 정의
'라켓(rackets: 부적절한, 공갈)'과 '라켓 감정(racket feeling)'이라는 용어의 의미에 대해서는 교류분석 문헌에서도 많은 혼란이 있었다. 일부 작가들은 두 용어를 서로 바꾸어 쓸 수 있다고 말한다.

이 책에서는 그렇게 사용하지 않는다. 우리는 라켓과 라켓 감정 사이에는 유용한 구분이 이루어질 수 있다고 말하는 다른 학파의 사고를 따르고자 한다.

우리는 라켓 감정을 "어린 시절에 배우거나 장려 받고, 많은 스트레스 상황에서 경험한 친숙한 정서이나 성인의 문제해결의 수단으로서 적합하지 않은 것"으로 정의한다.

그리고 라켓은 "환경을 조장하고 개인이 라켓 감정을 경험하는 것을 수반하는 수단으로서 의식 밖에서 사용되는 일련의 각본 행동들"이라고 정의한다. 다른 말로 하면 라켓은 개인이 라켓 감정을 느끼도록 장면 설정을 하고 그 감정을 느끼는 과정이다. 이러한 장면 설정은 개인의 의식적 자각 밖(무의식)에 있다.

사람들은 라켓 감정을 느끼기 위해 항상 라켓을 설정할 필요가 있을까? 아니다. 우리는 진정으로 아무것도 설정하지 않은 스트레스 상황을 일으키는 데에 독자적으로 반응하여 라켓 감정을 경험할 수 있다. 예를 들어, 당신이 목적지에서 만나기 위한 제한된 시간을 가지고 어떤 형태의 공공 수단(비행기, 기차, 버스)으로 여행을 한다고 상상해 보라. 기계의 결함으로 여행이 지연된다. 시계의 초침이 똑딱거리며 지나가는 것을 보며 앉아 있을 때, 당신은 어떤 기분을 느끼는가? 아마 나는 운송 회사에 화난 감정을 느낄 것이다. 당신은 당황스러워할 것이며, 또 다른 사람은 몸이 찌뿌듯함을 느낄 것이다.

라켓 감정의 예를 보면 다음과 같다.

• 라켓 감정 •

노여움, 공포, 열등감, 우울감, 죄악감(죄의식), 안절부절못함, 우월감, 절망감, 허무감, 버려진 기분, 혼란, 자기비하, 상심, 라이벌 의식, 낙담, 비애, 연민, 응석 부리고 싶은 기분, 불안, 걱정, 무력감, 결핍감, 분노, 긴장감, 혐오감, 완고(옹고집)함, 시기심, 고독감, 불뚱이(핏대), 초조감, 동정, 연모, 의무감, 패배감

(2) 라켓과 각본

① 개요

먼저 각본과 라켓 사이의 일반적인 관계, 즉 당신이 라켓 감정을 경험할 때는 각본 상태에 빠져 있다는 것을 인식하라.

왜 라켓 감정은 각본 기제에서 그러한 중요한 부분을 차지하는가? 그 대답은 가족 속에서 어린아이들이 그들의 욕구를 충족시키는 수단으로써 라켓 감정을 사용하는 법을 배웠기 때문이다. 우리는 라켓 감정이 어린 시절에 배우고 장려된 것임을 보아 왔다. 모든 가족은 감정을 허용하는 그 자체의 고유한 제한된 범위를 가지고 있다. 그리고 실망시키거나 금지되는 다른 폭넓은 범위의 감정들도 가지고 있다.

때때로 허용된 감정들은 그 어린아이가 소년인지, 소녀인지에 따라 다를 것이다. 종종 어린 소년들은 화를 내고 공격적인 것은 OK이지만 두려워하거나 눈물을 흘리는 일은 안 된다는 것을 배운다. 어린 소녀들은 화를 내고 싶은 마음이 들더라도 눈물을 흘리거나 애교를 부리고 속은 부글부글 끓임으로써 스트레스에 반응하도록 기대된다는 것을 배울 것이다.

그렇다면 만약 어린아이가 계속해서 금지된 감정들 가운데 하나를 보여 준다면, 무슨 일이 일어날까? 예를 들어, 어린 소년이 두려움을 가지고, 그러한 감정을 보여 준다고 가정해 보라. 아마도 그 어린아이는 못살게 구는 사람에 의해 쫓겨날 것이다. 그는 어머니에게 달려가서 공포로 떨고 어머니의 보호를 기대한다. 어머니는 어린아이를 멸시하며 "이제 용감한 사내가 돼라! 밖에 나가서 네 두 발로 서라(맞붙어 싸우고 독립해라)."라고 말한다. 그리고 나서 어머니는 허드렛일을 계속 한다.

어린아이는 "만약 내가 두려워하고 그런 감정을 보인다면, 이 주위에서 내가 원하는 결과들을 얻지 못할 거야. 나는 보호를 원했지만 그 대신에 무시를 당했어."라고 생각한다.

예민한 '작은 교수(LP)'의 상태에서 그 소년은 자기가 원하는 방식으로 결과들을 얻을 수 있는 방법들을 찾는다. 그는 스트레스 상황에 대한 반응으로 매일 감정들의 모든 영역을 실제로 시험해 볼 것이다. 그는 슬픔, 환호, 공격, 혼란, 어리석음 그리고 당신이 이름 붙일 수 있는 많은 상이한 감정들을 철저히 시험해 볼 것이다. 공격성이 어머니로부터 최상의 반응을 얻는다는 것을 그가 알았다고 가정해 보자. 이제 만약 이웃의 못살게 구는 사람이 그를 내쫓는다면, 그는 저항한다(그러나 이기지 못한다. 왜냐하면 못살게 구는 사람은 그보다 몸집이 더 크기 때문이다). 상처를 입을지라도, 적어도 그는 어머니로부터 "그래 잘했어, 멋진 사내는 울지 않아!"라는 칭찬의 말을 듣는다.

그는 대개 그가 원하는 결과들을 가져다주는, 즉 부모로부터 인정을 받는 감정을 발견했다. 원하는 스트로크를 얻기 위해서 그는 공격을 보여 줄 필요가 있다. 확실히 그는 이러한 스트로크들을 얻기 위해서 상처의 대가를 치를 것이다. 이러한 일련의 사건들은 어린 소년이 계속 성장할 때 되풀이하여 반복되는 것 같다. 반복할 때마다 그는 감정과 그 결과들에 대해서 점차 더 나은 결론에 이르게 된다. 즉, "공격성을 제외한 다른 종류의 감정은 여기서 사용되어서는 안 되는 것 같다. 사실 내가 다른 어떤 감정을 보여 준다면 나의 부모는 그들을 옹호하지 않아 버리는데, 그것은 위험스러운 일이야. 그러므로 나는 공격성을 제외한 어떤 감정들도 느껴서는 안 되는 거야." 이제 두려워하거나 슬퍼할 때마다 그는 심지어 그 자신에게도 그 감정을 숨긴다. 대신에 그는 곧장 공격적인 감정으로 전환해 버린다.

② 라켓과 고무밴드

내가 그러한 어린 소년이었다고 가정해 보고, 지금 나는 슈퍼마켓의 계산대에 서서 점원이 신뢰해 주기를 요구하고 내가 거절당할 때의 상황에 있다고 가정해 보자. 이러한 상황의 스트레스를 경험할 때 나는 고무밴드의 끝을 고리로 고정시킨다. 나는 과거의 스트레스 상황으로 돌아가 아주 어린아이였을 때처럼 반응하기 시작한다. 내게 있어서 그 점원과 실제로 온 세상은 어렸을 때 나를 못살게 구는 사람이 위협적이었던 것처럼, 나를 위협한 것이었다. 즉시 나는 어린아이일 때 그렇게 하도록 배운 것을 한다. 나는 공격적으로 바뀐다. 점원에게 맞서서 나는 "수치스럽군요! 당신은 나를 믿지 못한다고 말하려고 하고 있는 겁니까?"라고 소리 지른다. 점원은 어깨를 으쓱해 보인다.

여전히 화가 나서 씨근거리며, 나는 뻣뻣하게 슈퍼마켓에서 나온다. 몇 분 동안 나는 어떤 소름 끼치는 만족감을 느낀다. 나는 나 자신에게 "그래, 적어도 나는 나올 때 그 점원에게 따졌어!"라고 말한다. 그러나 동시에 나는 내가 고함친 모든 것이 물건을 그대로 남겨 놓아야만 했던 사실을 바꾸지 못할 것이라는 사실도 안다. 여전히 속으로는 달아오르고, 그날 이후에 나는 언짢은 소화불량에 걸린다.

나의 감정의 반응은 지금-여기의 문제를 해결하는 데 최소한의 도움도 되지 못한 것이다. 그러나 의식의 밖에서(무의식) 나는 그 문제보다 내게 훨씬 더 중요한 동기를 추구하고 있었다. "나는 이러한 라켓 감정들을 경험하고 보여 줌으로써 내가 어린 시절에 얻었던 부모의 지지를 얻기 위해 그 환경을 조작하려고 시도하고 있어."

이것이 성인기에서 라켓 감정의 기능이다. 라켓 감정을 경험할 때마다 나는 오래된 어린 시절의 전략을 재연하고 있다. 다른 말로 하면 나는 각본 상태에 빠져 있는 것이다.

③ 라켓 설정하기

앞의 예로 되돌아가서, 나는 라켓 감정을 경험하는 것으로 나를 '정당화한' 일련의 사건들에 라켓을 설정하였다. 나는 '우연히' 돈을 가져오는 것을 잊어버렸다.

이제 라켓 감정들의 각본 기능을 알고 있는 우리는 내가 왜 그렇게 했는지를 알 수 있다. 나는 라켓 감정을 경험할 수 있도록 라켓을 설정한다. '어린이 ⓒ' 상태에서 나는 스트로크에 대한 욕구를 경험해 왔다. 그래서 나는 어린아이일 때 배운 방식으로 그러한 스트로크를 위해 조장하도록 설정했다. 나는 내가 가족 속에서 '결과를 얻은 것'과 똑같은 감정을 느끼는 것을 설정했다.

이렇게 하여 라켓 이론은 사람들이 왜 나쁜 감정에 이르는지에 대한 완전히 새로운 관점을 우리에게 제공해 준다. 슈퍼마켓의 예로 돌아가 보자. 이것에 대한 평범한 변명은 다음과 같은 것이 될 것이다. 즉, "필요한 물건을 구입하지 못하고 돌아왔다. 그래서 나는 화가 났다."

그러나 라켓에 대한 지식을 가지고, 우리는 그 대신에 다음과 같이 말할 것이다. 즉, "나는 화나는 감정을 정당화하기를 원했다. 그래서 필요한 물건을 구입하지 못하고 돌아오도록 설정했다."

(3) 라켓 감정과 진실한(순수한) 감정들

① 개요

우리는 어떤 감정은 가족 속에서 장려받는 반면 다른 감정들은 실망시키거나 금지된다는 것을 어린아이들이 어떻게 배우는가를 설명했다. 어린아이가 금지된 어떤 감정을 경험할 때, 그는 허용되는 대안적 감정으로 빠르게 전환해 버린다. 그는 금지된 감정을 인식하게 되는 것조차 허용하지 않을 것이다. 우리가 성인 시절에 라켓 감정을 경험할 때도 똑같은 과정을 거친다. 이렇게 하여 라켓 감정은 항상 어린 시절에 금지되었던 다른 감정에 대한 대체물인 것이다.

이러한 대체의 특성에 대한 의미를 전달하기 위하여 우리는 라켓 감정을 진실하지 않은 감정들로 설명한다. 반대로 진실한 감정은 우리가 가족 속에서 실망시켜 잃게 되는 것으로서, 감정들을 통제하도록 교육받기 전인 아주 어린아이일 때 경험하는 감정들이다.

라켓과 진실한 감정들 사이의 이러한 구분은 패니타 잉글리시(Fanita English, 1971)에 의해 처음으로 제시되었다. 최초의 저작에서 그녀는 라켓 감정들에 대한 대조로 '현실(실제)적 감정들'이라는 말을 사용했다. 그러나 현재에는 '현실적' 감정들보다는 '진실한' 감정이라고 이야기하는 것이 더 일반적이다. 요점은 내가 라켓 감정을 경험하고 있을 때 그 감정은 확실히 내가 의식하고 있는 한 '현실적'이라는 것이다. 점원에게 소리치기 시작했을 때 나는 화나는 감정을 가장하지는 않았다. 나는 실제적으로 화가 났다. 그러나 나의 화는 라켓 감정이었으며, 진실한 감정은 아니었다.

우리는 종종 라켓 감정을 진실한 감정을 덮어 가리기 위해 사용하는 것이라고 말한다. 예를 들어, 어린 소녀가 '가족 속에서 소녀가 슬퍼하는 것은 허용되지만, 화를 내는 것은 결코 허용되지 않는다.'는 것을 배운다고 하자. 성인으로서 각본 상태에 있을 때 그녀가 누군가에게 화를 낼지도 모르는 상황에 있다고 가정해 보자. 예를 들어, 그녀가 만원 버스에서 누군가에 의해 무례하게 팔꿈치로 밀쳐진다고 가정해 보자. 순간적으로 그녀는 화를 내기 시작하고, 거의 조건반사처럼 어린 시절에 배운 형태로 이동한다. 화를 내는 대신에 그녀는 슬픈 감정을 느끼기 시작하고, 아마도 눈물을 흘릴 것이다. 그녀는 화를 진실하지 않은 라켓의 슬픔으로 덮어 가린 것이다.

일부 사람들은 진실한 감정들을 진실한 감정들로 덮어 가릴 뿐만 아니라 하나의 라켓을 다른 라켓으로 가린다. 예를 들어, '해준'이는 어머니가 그를 버려두고 떠날지도 모르는 경우를 생각하여 그의 초기 어린 시절의 많은 시간을 두려운 감정으로 보냈다. 그가 두려움을 느낄 때마다 화를 낸다면 적어도 어머니로부터 어떤 스트로크를 얻는다는 것을 말없이 배웠다. 그래서 유아였을 때 그는 두려움을 화로 덮어 가리기 시작한 것이다.

조금 더 나이를 먹었을 때, 그는 어떤 감정도 보여 주는 것이 금지되어 있는 것이 어린 아기를 제외한 가족의 모든 사람에게도 그렇다는 것을 알았다. 가족의 기준에 맞추기 위하여 '해준'이는 참고 표정 없이 있도록 기대되었다. 그다음 '해준'이는 '나는 화난 감정조차 그만두는 것이 더 나아. 왜냐하면 내가 화를 낸다면 결국 가족으로부터 소외되는 위험에 처할 것이기 때문이야.'라고 생각했다. 그래서 그는 가족의 나머지 사람들과 함께하고, 그가 두려움을 가졌을 때처럼 화를 억누르고, 그것을 공백으로 가려 버렸다.

이제 '해준'이가 성인의 생활에서 통제받지 않은 감정의 위협이 되는 상황에 있다고 가정해 보자. 아마 그는 관계를 맺고 있는 파트너가 거절의 신호를 나타낸다면 그는 어린이일 때 혼자가 되는 것을 원치 않았던 상황에 그를 혼자 남겨두는 위협을 겪고 있다고 생각할 것이다. 순간적으로 '해준'이는 이러한 일에 대해 위협을 느끼기 시작하고, 그 두려움을 화로 가려 버린다. 재빠르게 그는 화를 공백으로 가린다. 그가 의식하는 한, 그 공백은 그의 '현실적' 감정이다. 그가 어떻게 느끼는지를 묻는다면, "난 정말 아무것도 느껴지지 않아요."라고 대답할 것이다.

② 라켓과 진실한(순수한) 감정들에 이름 붙이기

우리가 통제받지 않고 있을 때 느끼는 정서인 진실한(순수한) 감정들은 무엇인가? 교류분석에서는 그것을 보통 네 가지로 정리한다.

- '성나다(mad)'
- '슬프다(sad)'
- '두려워하다(scared)'
- '기쁘다(glad)'

여기서 '성나다'라는 단어는 영국인의 관념인 '미치다(crazy)'의 의미가 아니고 미국인의 관념으로 '화나다(angry)'의 의미로 사용된다.

이러한 것들에 대해서 우리는 어린아이가 느낄 수 있는 다양한 신체적 감각, 예를 들면 편안한, 배고픈, 충만한, 피곤한, 흥분된, 졸음이 오는 등을 덧붙인다.

진실한 감정들의 이름에 대한 이러한 짧은 목록들과 대조하여, 당신은 사람들이 그들의 라켓 감정들에 부여하는 이름들로 페이지를 가득 채울 수 있다. 아마 당신은 자신이 이것을 시험해 보려고 할 것이다.

당신은 당황, 질투, 의기소침, 죄의식 등의 '정서들'로 보통 범주화되는 진실하지 않은 감정들을 가지고 시작할 수 있다. 그 후 당신은 사람들이 각본 상태에 있을 때 자신들에 대해서 어떻게 느끼는지를 표현하는 모호한 용어들, 즉 마음이 팔린, 고착된, 걱정하는, 절망적인 등을 덧붙일 수 있다. 몇몇 라켓 이름들은 감정보다는 사고와 더 분명히 관련이 있다. 즉, 혼동된, 마음속이 텅 빈, 당황한 등.

모든 라켓 감정이 그것들을 경험하고 있는 사람들에 의해 '나쁜' 것으로 범주화되지는 않을 것이다. 정말 화가 날 때조차도 애교 있고 기운차야 한다고 배운 어린 소녀의 예를 상기해 보자. 성인일 때 그녀는 '모든 사람의 햇살'처럼 각광받는 존재로 평판이 날 것이다. 그녀는 바로 어린아이였을 때 그랬던 것처럼 그녀의 적절한 라켓에 대한 많은 스트로크들을 얻을 것이다. '좋은' 것으로 경험될지도 모르는 다른 라켓 감정들은 의기양양함, 공격성, 결백함 또는 행복감이다. 그럼에도 불구하고 이러한 모든 감정들은 진실한 것일 수 없는 것이다. 그것들은 어린 시절 동안 배워 온 것이며, 환경으로부터 지지를 만들어 내려는 시도로 성인의 생활에서 사용된다.

감정들의 이름을 붙이는 데 있어서 다른 복잡한 일은 진실한 감정들에 부여된 이름들은 또 라켓 감정들에게도 부여된다는 것이다. 예를 들어, 당신은 현실의 분노나 라켓의 분노, 현실의 슬픔이나 라켓의 슬픔 등등을 얻을 수 있다. 아마도 내가 어린아이일 때 분노를 혼동으로 가리도록 배운 반면에 당신은 분노를 슬픔으로 가리도록 배웠을 것이다. 당신의 라켓 감정은 진실한 감정들 중 하나와 똑같은 이름을 가지게 된다. 나의 감정은 그렇지 않다. 그러나 당신의 진실하지 않은 슬픔과 나의 혼동은 둘 다 라켓 감정이다.

(4) 라켓 감정, 진실한 감정, 그리고 문제의 해결

그래서 라켓 감정들이 항상 '나쁜' 것으로 경험되지 않는다면, 라켓과 진실한 감정들 사이를 구분하는 것이 중요한 이유는 무엇인가? 진실한 감정들의 표현은 지금-여기의 문제를 해결하는 수단으로서 적절한 반면에 라켓 감정들의 표현은 그렇지 않기 때문이다.

다른 말로 하면, 우리가 진실한 감정을 표현할 때는 우리가 상황을 끝내는 데 도움이 되는 어떤 일을 한다는 것이고, 라켓 감정을 표현할 때는 그 상황을 미완성인 채로 남겨 둔다는 것이다.

조지 톰슨(George Thomson)은 세 가지 진실한 감정들, 즉 공포, 화, 슬픔의 문제해결 기능을 설명했다. 그는 이 감정들이 각기 미래, 현재, 과거를 다룬다고 지적했다.

내가 진실한 공포를 느끼고 그 정서를 표현하는 어떤 방식으로 행동할 때 미래에 일어나리라고 예상하는 문제를 해결하는 데 도움을 얻는다. 내가 길을 건너면서 그 길이 자유로이 동행할 수 있는지를 살펴본다고 가정해 보자. 갑자기 아주 빠른 자동차가 길 쪽으로 질주해 와서 내 쪽으로 미끄러진다. 공포에 질린 나는 한쪽으로 껑충 뛴다. 나는 차에 부딪힐 미래의 사건을 피한 것이다.

진실한(순수한) 화는 현재의 문제를 해결한다. 내가 가게에서 서비스를 받기 위해 줄을 서서 기다리고 있는데, 한 여성이 쇼핑 바구니를 가지고 한쪽으로 나를 밀치면서 내 앞으로 들어오려고 한다. 나는 화를 내면서 현재 위치에서 나 자신을 지키기 위해 적절히 반응한다. 나는 똑같은 힘으로 그녀의 등을 밀고 "내가 당신 앞에 있었어요. 제발 줄 끝으로 가세요."라고 고함친다.

내가 진정으로 슬퍼한다면, 과거에 일어난 고통스러운 사건을 잊는 데 도움이 될 수 있다. 이것은 결코 다시는 얻지 못할 어떤 것이나 어떤 사람을 잃은 그런 종류가 될 것이다. 내 자신이 솔직히 슬퍼하고, 한동안 울고, 그리고 나의 상실에 대해서 이야기하도록 함으로써 나는 과거의 고통에서 자유롭게 된다. 나는 그 상황을 끝내고 벗어나게 된다. 그다음 나는 현재와 미래에 내게 제공되는 것이 무엇이든 그것에 대해서 계속해서 준비한다.

조지 톰슨은 행복의 기능을 논의하지 않는다. 우리의 진실한 행복은 "변화는 필요하지 않다."라고 나타낼 것을 제시하고자 한다. 이러한 의미에서 행복은 초시간적인 특성을 지닌다. 그것은 '과거에 일어난 일이 현재에도 일어나고 계속해서 미래에 일어나는 것은 OK이다.'를 의미한다. 진실한 행복의 표현은 느슨하고, 편안함을 느끼며, 현재를 즐기는 것이고 충분히 채워졌을 때는 잠드는 것이다.

진실한 감정들의 이러한 문제해결의 기능과 아주 대조적으로 라켓 감정들은 상황을 끝내는 데 결코 도움이 되지 않는다. 당신은 이 장의 앞에서 든 많은 예들 가운데서 이러한 사실을 검토할 수 있다. 내가 점원에게 고함을 치는 일은 미래에 내가 구입한 물건을 집으로 가져오는 데 아무런 도움이 되지 못했다. 나는 현재에서 어떤 생산적인 결과도 얻지 못한 것이다. 그리고 슈퍼마켓이 문을 닫기 전에 물건을 구입하는 과거의 가능성을 끝내는 데도 도움이 되지 않았다. 당신은 적절한 시간 틀에서 공포, 화 또는 슬픔을 느끼기 시작할 때 그 정서가 라켓 감정이라는 것을 안다. 예를 들어, 일부 사람들이 과거에 일어난 일들에 대해서 화난 감정으로 살아간다. 그러나 과거는 변화될 수 없다. 그러므로 이러한 화는 문제를 해결하는 수단으로서 비생산적인, 즉 라켓 감정이다. 감정들과 시간의 틀 사이에 가능한 다른 부조화의 어떤 것과 똑같이 딱 들어맞는 것을 검토해 보자.

소개하고 있는 예에서 당신에게 그 상황을 끝내는 데 도움이 되었을 진실한 감정은 무엇이라고 말하겠는가? 물건을 구입하지 못할 것이라는 것을 알았을 때 당신은 진정으로 화나거나 슬프거나 두렵거나 또는 행복했는가? 이러한 감정들 각각이 당신이 그 상황을 끝내는 데 도움이 되었겠는가를 검토해 보자.

라켓들은 낡은 '어린이 ⓒ' 상태의 전략의 재연을 나타내기 때문에, 지금-여기에서의 라켓 감정들의 표현은 똑같은 불만족스러운 결과로 되풀이하여 귀착될 수밖에 없다. 각본 상태에 빠져 있는 동안 개인은 그 환경으로부터 어떤 스트로크들을 조작해 냄으로써 일시적으로 만족할 것이다. 그러나 진실한 감정을 표현하는 데 나타나게 되는 근본적인 욕구는 여전히 충족되지 않은 것이다. 그래서 그 사람은 각 스트레스 상황에서 다시 그것을 연출해 내면서 전체적인 유형을 재순환하게 될 것이다. 다음 장에서 라켓 체계를 살펴볼 때 이러한 생각을 다시 접하게 될 것이다.

(5) 라케티어링

패티나 잉글리시(Fanita English)는 사람들이 라켓 감정에 대한 스트로크를 얻는 수단으로서 사용하는 교류 방법을 설명하기 위해 '라케티어링(racketeering: '공갈치기'라고 해석된다.)'이라는 말을 만들어 냈다.

'라켓' 하는 사람(racketeer)은 다른 사람을 그가 라켓 감정으로 표현하는 대화(주고받기)로 끌어들이고, 다른 사람으로부터 그 감정에 대한 스트로크를 얻어 내고자 한다. 이러한 교류는 다른 사람이 라켓 하는 사람에게 기꺼이 스트로크를 주려고 하는 한, 계속될 것이다.

잉글리시는 라케티어링이 '어버이 ⓟ'와 '어린이 ⓒ' 상태 간의 평행 교류를 수반하는 두 유형으로 구분될 수 있다고 말한다. 유형 I 에서 라켓 하는 사람은 처음으로 '어린이 ⓒ' 상태의 역할을 취한다. 그의 인생태도는 '나는 NOT-OK이고, 당신은 OK'이다. 유형 II에서 그는 '나는 OK이고, 당신은 NOT-OK'라는 인생태도를 가지고 '어버이 ⓟ' 상태에서 이루어진다.

유형 I 의 라켓 하는 사람은 슬프고 애처롭게 생각될 것이다. 이는 잉글리시가 유형 I a라고 이름 붙이고 '무력한 사람(Helpless)'이라고 부른 라케티어링의 한 양식이다. 예를 들어, 당신은 다음과 같은 종류의 대화를 듣게 될 것이다.

라켓 하는 사람(C-P): 나는 오늘 또 기분이 좋지 않아요.

상대자(P-C): 오, 그런 소리를 들으니 유감이네요.

라켓 하는 사람: 그런데 상사는 또다시 나를 놀리고 있었어요.

상대자: 쯧쯧, 안됐군.

결과적으로 '어린이 ⓒ' 상태의 라켓 하는 사람은 애처로운 소리를 내고 불평하는 자세로 나올 수 있을 것이다. 이것은 유형 Ⅰb인 '건방진 사람(Bratty)'이다. 전형적으로 상대는 부정적으로 '양육적인 어버이(NP)' 상태 대신에 부정적으로 '통제적인 어버이(CP)' 상태에서의 스트로크로 반응할 것이다.

라켓 하는 사람: 그리고 당신은 많이 도와주지도 않았어요.

상대자: 흥, 당신은 스스로 일어설 수 없어요?

라켓 하는 사람: 당신은 내가 무엇을 할 것을 기대합니까? 그는 상사예요. 그렇지 않아요?

상대자: 당신은 왜 노동조합에 불평하지 않았나요?

유형 Ⅱ의 라켓 하는 사람은 작용할 수 있는 두 가지 양식을 가진다. 유형 Ⅱa의 '도움이 되는 사람(Helpful)'에서, 그는 '어버이 ⓟ' 상태에서 다른 사람으로부터 감사의 스트로크를 얻어내려고 하면서 부정적으로 '양육적인 어버이(NP)' 자세를 취한다. 즉,

라켓 하는 사람 (P-C): 확실히 충분히 먹었어요?

상대자 (C-P): 네, 그래요. 고맙습니다.

라켓 하는 사람: 이제 여기로 와서 이 파이를 더 먹는 게 어때요?

상대자: 아니요. 정말 맛있습니다만, 지금은 충분합니다. 고맙습니다.

'으스대는 사람(Bossy)'은 부정적으로 '통제적인 부모(CP)' 상태에서 교류를 시작하는 유형 Ⅱb의 라켓 하는 사람을 묘사한다. 그는 그의 상대자로부터 변명하는 '어린이 ⓒ' 상태의 스트로크를 추구한다.

라켓 하는 사람: 또 늦었군!

상대자: 죄송합니다.

라켓 하는 사람: 죄송하다는 것은 무슨 뜻이지? 이 일이 이번 주 들어 네 번째야……

라케티어링은 라켓 감정의 임무를 수행하는 교환이 이루어지는 일종의 잡담(기분전환)이라는 것을 알 것이다. 평행 교류는 단지 참여자 가운데 한 사람이 교류를 폐쇄하거나 교차할 때 그만두게 될 것이다. 흔히 교차를 시작하는 사람은 상대자가 아닌 라켓 하는 사람이 될 것이다. 그것은 평소의 라켓 하는 사람은 다른 사람이 교환에서 폐쇄하려고 할 때 그것을 알아채는 데 익숙하기 때문이다. 이렇게 하여 라켓 하는 사람은 스트로크 자원을 다 써 버리기보다는 오히려 독창력을 계속 유지하려 할 것이다.

흔히 있는 결과는 라케티어링의 교환이 게임으로 변형된다는 것이다. 다음 장에서 게임에 대해서 살펴볼 때 우리는 이러한 일이 어떻게 일어나는지 생각해 볼 것이다.

(6) 심리적 교환권

① 개요

라켓 감정을 경험할 때는 그것을 계속할 수 있는 두 가지 일이 있다. 그것은 거기서 그때 표현할 수 있고, 아니면 나중에 사용하기 위해서 그것을 축적해 둘 수 있다. 나중에 사용할 때는 스탬프(stamp, 심리적 교환권)를 모아 두게 된다고 말한다.

지난주에 당신이 라켓 감정을 느끼고 그것을 거기서 그때 표현하는 대신에 모아 둔 경우가 있었는가?

만약 그렇다면, 당신은 스탬프를 모아둔 것이다. 이러한 스탬프 위에 쓴 라켓 감정의 이름은 무엇이었는가? 그것은 질투, 승리, 화난, 신난, 우울한, 무력한 스탬프였는가? 아니면 무엇이었는가?

당신은 이러한 종류의 감정을 얼마나 많이 수집해 놓고 있는가?

당신은 이런 종류의 감정들을 얼마나 오래 수집해서 쌓아 놓으려고 하는가?

당신이 수집한 것을 현금으로 대체하려고 결정할 때, 그것을 무엇과 대체하려고 하는가?

'스탬프'라는 말은 '심리적 교환권'의 약자이다. 그것은 1960년대 슈퍼마켓에서 인기 있었던 홍보 전략을 이른다. 거기서 손님들에게는 구입한 상품과 함께 다른 색의 스탬프가 주어진다. 이러한 교환권들은 스탬프북 속에 붙여 끼워 둘 수 있다. 일정 수가 모아지면 당신은 수집한 것으로 상품을 사기 위한 현금으로 교환할 수 있다.

일부 사람들은 자주 작은 품목으로 스탬프를 현금으로 교환하려고 한다. 다른 사람들은 스탬프를 모아두고, 그것들을 채워서 아주 큰 상품을 위해 그것들을 현금으로 교환한다. 사람들이 심리적 교환권을 모을 때, 그들은 그것들을 청산하는 것에 대해 똑같은 종류의 선택을 한다. 예를 들어, 내가 화난 스탬프들을 모은다고 가정해 보자. 일할 때 상사는 나를 비난한다. 나는 그에게 화가 나지만, 그러한 감정을 보여 주지는 않는다. 나는 그날 밤 집에 도착할 때까지 그 스탬프를 계속 가지고 있다. 그다음 나는 내 발쪽으로 들어오는 개에게 소리친다. 여기서 나는 단지 하나의 스탬프만을 모으며, 그것을 그날 안으로 청산해 버린 것이다.

예는 스탬프의 현물화에 대한 다른 일반적인 특성을 설명하는 것이다. 결국 수집한 것을 투매하게 되는 사람은 흔히 첫째로 라켓 감정의 대상이었던 사람은 아닌 것이다. 나의 작업 동료도 화난 스탬프들을 모을 것이다. 그러나 그가 스탬프들을 청산하기 전에 더 큰 수집을 하려고 한다고 가정해 보라. 그는 몇 달 그리고 몇 년 동안이나 상사에 대해서 화를 수집할 것이다. 그다음 많은 화 스탬프북들을 채운 끝에 그는 상사의 사무실에 들어가서 상사에게 소리치고, 그래서 해고당할 것이다.

스탬프 색깔의 종류를 정리해 보면 〈표 2-5〉와 같다.

표 2-5 스탬프 종류와 의미

스탬프 색깔의 종류	감정의 의미
금색 스탬프	우월감, 유능감, 자기중시
갈색 스탬프	상황에 맞지 않는 감정, 엉뚱한 감정
청색 스탬프	우울 감정
적색 스탬프	분노
회색 스탬프	무관심, 불쾌한 감정
황색 스탬프	공포
녹색 스탬프	질투
흰색 스탬프	결백, 독선

② 스탬프와 각본

사람들이 왜 스탬프를 수집하는가에 대해 에릭 번은 그 대답을 제시했다. 즉, 사람들은 스탬프들을 청산함으로써 그들의 각본 결말로 이동할 수 있기 때문이다. 만약 개인의 각본이 비극적이라면 그의 심각한 결말을 위해 현금으로 교환할 수 있는 더 큰 스탬프들을 수집하기를 좋아할 것이다. 예를 들어, 그가 해마다 우울 스탬프를 수집할 것이라면 결국 그것들은 자살함으로써 청산될 것이다. '다른 사람을 해치는' 범죄형 결말을 가진 사람은 거대한 격노의 스탬프들을 수집할 것이며, 그다음 살인을 '정당화하기' 위해 그 스탬프들을 사용할 것이다. 상실각본의 좀 더 가벼운 수준에서 회사 임원은 시달림 스탬프들을 모으고 그것들을 심장마비, 궤양 또는 고혈압으로 청산할지도 모른다.

평범한 각본을 가진 사람은 더 작은 스탬프들을 수집하기를 유지하고 그것들을 더 가벼운 결말로 교환할 것이다. 오해의 스탬프들을 모으는 여성은 남편과 큰 싸움을 벌이는 걸로, 몇 달 동안의 그것들을 청산할 것이다. 권위를 지닌 사람에 대해서 분노 스탬프들을 수집하는 나의 직장동료와 같은 사람은 일할 때 논쟁하고, 때로 해고당하는 데 그 스탬프들을 교환할 것이다.

우리는 스탬프 축적이 진정으로 승자각본에는 조금도 필요하지 않다고 본다. 열심히 일하는 간부는 '일을 잘 해 나가기' 때문에 다른 근거로 그의 휴가를 정당화할 필요가 없다. 그는 원하기 때문에 계속해서 일을 해 나가고, 즉각 휴가를 가질 수 있다.

(7) 스탬프 버리기

스탬프의 각본 기능에 대한 이러한 지식을 가지고 당신이 청산할 때 보여 줄지도 모르는 당신 자신의 스탬프 수집과 결말을 검토해 보라. 당신은 여전히 이러한 결말을 원하는가?

아니라면 당신은 수집한 것을 포기할 수 있다. 그러나 그것들을 포기하는 것을 결정하기 전에 당신이 기대한 결말을 포기하기를 진정으로 원한다는 것을 확실히 하라. 당신이 스탬프 수집 포기를 선택한다면, 당신이 계획한 결말과 영원히 결별해야 한다는 것을 분명히 하라.

이러한 생각을 하면서, 당신은 여전히 스탬프들을 포기하기를 원하는가?

만약 당신의 대답이 '예'라면, 영원히 스탬프들을 처분할 방법을 선택하라. 일부 사람들은 그것들을 불에 던져 버린다. 다른 사람은 그것들을 화장실에 쏟아 부어 버린다. 또 다른 사람은 그것들을 빠르게 흐르는 강물에 던져 버리고, 바다로 떠내려가는 것을 지켜본다. 당신 자신의 방법을 선택하라. 당신이 무엇을 선택하든, 당신이 스탬프를 도로 얻을 수 없는 방법이어야 한다.

당신이 처분 수단을 결정할 때는 편안한 상태에서 눈을 감으라. 스탬프 수집을 억누르는 자신을 상상해 보라. 얼마나 많은 스탬프북과 가방이 있는지 보라. 그것들의 이름이 스탬프들 위에 쓰인 것을 보라.

당신은 스탬프를 놓을 준비가 되었는가? 그러면 계속해서 당신이 결정한 방법이 무엇이든, 스탬프들을 처분하라. 그것들을 불에 던지고 연기 속으로 사라질 때까지 지켜보라. 또는 그것들을 화장실에 쏟아부어 버려라. 아마 그것들을 모두 확실히 내려가도록 하기 위해서는 물을 몇 번 쏟아부어야 할 것이다. 만약 강에 던져 버린다면, 마지막 스탬프가 당신의 시야에서 사라질 때까지 그것들을 지켜보라. 상상으로 당신의 손을 살펴보고, 그곳에는 당신이 가져온 스탬프들이 없다는 것을 확인하라.

이제 당신이 주위를 돌아보고 호전되는 것을 상상해 보라. 당신은 이전에 보지 못했던 누군가나 어떤 일을 매우 기쁘게 보게 될 것이다. 반가운 어떤 사람이나 어떤 일에 대해 인사말을 하라. 그것은 미래에 당신이 스탬프를 축적할 필요를 느끼지 않는다는 것을 의미할 좋은 스트로크를 얻을 수 있는 근거이다.

이런 스트로크들을 환영하라. 더 이상 스탬프 수집을 수행하지 않아도 되므로 안도감을 느끼라. 그런 후에 연습장에서 나오라.

(8) 라켓 체계

① 개요

라켓 체계란 인생각본의 본질을 설명하는 하나의 모델이며, 사람들이 어떻게 인생을 통하여 그들의 각본을 유지하는가를 보여 준다. 리처드 어스킨(Richard Erskine)과 메릴린 잘크먼(Marilyn Zalcman)이 이를 고안했다.

이 장에서 라켓 체계에 대한 도식적 제시와 그 도식의 의미에 대한 실제적 설명은 어스킨과 잘크먼의 논문「라켓 체계: 라켓 분석에 대한 모델」(이 논문으로 인하여 그들은 에릭 번 기념 과학상을 받았다.)에서 직접 끌어내 온 것이다. 현재의 저작자들이 사례의 예증과 뒷받침하는 해석들을 보완해 가고 있다.

라켓 체계는 개인의 각본 변동에 의해 유지되는 왜곡된 감정, 사고, 행동들의 체계인 '자기강화'로 규정된다. 이는 내적으로 관련되면서 상호 의존적인 세 가지 요소를 가지고 있는데, 즉 각본신념과 감정, 라켓의 표현 그리고 강화하는 기억이 그것이다. [그림 2-11] 그림이 도식적으로 보여 주고 있다.

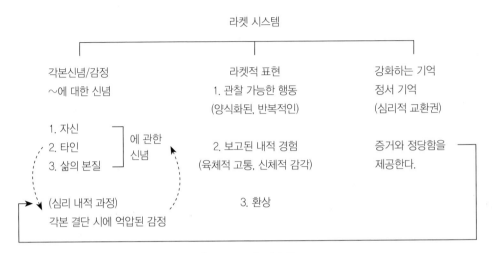

[그림 2-11] 악순환

각본 상태에 빠져 있을 때 나는 나 자신과 다른 사람들 그리고 삶의 질에 대한 오래된 신념들을 재연할 것이다. 어스킨과 잘크먼은 각본 결정이 미완성의 감정을 '교묘히 변명하면서 벗어나는' 수단으로 어린 시절을 받아들이게 된다고 주장한다. 성인 생활에서 스트레스를 받고 있을 때 나는 이러한 유아의 전략을 재연할지도 모른다. 그러한 감정 경험을 방어하기 위해 나는 어린 시절의 결론들을 되살려서 그것들을 현재에서도 사실인 것처럼 경험함으로써 '교묘히 감정에서 벗어난다.' 그 후 이러한 것들이 각본신념들을 형성한다.

어스킨과 잘크먼은 대체로 각본신념과 감정이 '어른 Ⓐ' 상태의 이중오염을 표현하는 것으로 설명한다. 각 표제하의 각본신념들은 핵심 각본신념과 지지 각본신념으로 나누어진다.

② 핵심 각본신념

핵심 각본신념은 어린아이의 초기의 가장 기본적인 각본 결단에 해당하는 것이다. 모든 유아에게는 통제되지 않은 감정의 표현이 그들의 욕구를 충족하는 데 실패할 때가 많다. 그렇다면 어떻게 어린아이가 부모의 관심이라는 측면에서 '결과를 얻을' 때까지 대리 감정의 영역을 시험해 보는지를 우리는 앞 장에서 살펴보았다. 이 대리 감정들은 라켓 감정으로 채택되며, 원래의 통제되지 않은 감정은 억눌려진다.

그러나 원래의 감정은 반응하지 않았기 때문에, 유아의 감정적 경험은 완성되지 않은 채 있다. 이것의 의미를 이해하려는 시도에서, 유아는 자신과 다른 사람들과 세상에 대한 결론을 내리게 된다. 이 결론이 핵심 각본신념을 형성한다. 어린아이들은 그들이 할 수 있는 구체적이고 마술적인 사고의 종류에 의존한다.

성호라는 한 내담자의 예를 들어 보자. 20대 후반의 성호는 여러 번 여성들과 동거를 해 왔다. 동거 1년 정도 후에는 매번 여성이 성호와 헤어지자고 했다. 그가 그의 여자친구에게 싸움을 걸고, 질투를 하고, 성미가 까다롭고 공격적으로 행동하기 때문에 이러한 결과를 초래했음을 그 스스로 인정하였다. 이제 성호는 그가 사랑하고 소중히 여기는 한 여성과 또다시 관계를 맺고 있었다. 그는 이전과 똑같은 방식으로 관계가 깨지려고 한다는 점을 두려워했다. 자신의 공격성과 질투심을 인식하고 있었지만, 이러한 감정들을 느끼기 시작했을 때, 그는 스스로 그것을 통제할 수 없다고 느꼈다. 최근 그는 여자친구를 때렸고, 그래서 그녀는 그를 떠나겠다고 하고 있었다. 바로 이 시점에 그는 치료를 받게 되었다.

이러한 문제에 관한 라켓 체계 분석은 바로 성호의 유년기를 회상하게 한다. 인생의 가장 초기 몇 달 동안에 성호는 갓난아기와 어머니 사이에 존재하는 아주 가까운 신체적 친밀감을 만끽했다. 그러나 성호가 좀 더 자랐을 때, 즉 그의 첫 번째 생일 바로 후에 어머니는 이젠 그가 더 어렸을 때 그랬던 것처럼 꼭 껴안고 싶은 갓난아기가 아니라고 느끼기 시작했다. 그는 이제 더 움직였고, 종종 지저분하기도 했다. 비록 어머니는 의식하지 않았지만 성호를 신체적으로 밀쳐내는 반응을 했다.

유아의 예민한 의식으로 성호는 어머니의 거절 신호를 알아챘다. 그는 충격을 받았으며 어리둥절한 기분을 느꼈다. "세상에, 무엇이 잘못된 걸까? 끔찍하게도 어머니가 혼자 나를 남겨두고 떠나려고 하는가?" 그럴지도 모른다는 가능성을 생각하면서 성호는 완전한 공포와 참담한 고통을 느꼈다. 그가 위로받기 위해서 어머니에게 다가갔지만, 어머니는 여전히 그를 거절하는 것처럼 보였다. 두려움과 마음의 상처를 표현하면서 성호는 그의 욕구를 충족시키지 못했던 것이다.

어머니의 움츠림에 대한 실제적인 이유들을 이해할 수 없는 성호는, 다음과 같은 결론으로 자신의 미완결 감정에 대한 '의미를 이해했다.' 즉, "나는 귀엽지 않아. 내게는 뭔가 잘못된 게 있어." 그래서 그는 자신에 대한 하나의 핵심 각본신념을 형성하였다.

이것과 일치하여, 또한 그는 다음과 같은 하나의 핵심 각본신념들도 받아들였다. 즉, "다른 사람들(특히, 의미 있는 여성들)은 나를 거절해. 세상은 두렵고, 쓸쓸하고, 예측할 수 없는 곳이야."

마음의 상처와 두려움에 대한 표현이 그의 욕구를 충족시켜 주지 못했다고 결론 내린 성호는 얼마 후에 그것을 포기하고 차선의 전략을 채택했다. 그가 화난 것을 표현하면 어머니로부터 적어도 얼마간 관심을 끌 수 있다는 것을 알아냈다. 발끈하거나 떼를 씀으로써 적어도 어머니가 그에게 큰 소리를 지르거나 노려보도록 할 수 있었다. 비록 이러한 부정적인 관심이 고통스러웠지만 아무것도 하지 않는 것보다는 훨씬 더 나았다. 성호는 "나의 욕구를 충족시키기 위한 최선의 방법은 화를 내는 거야."라고 결단했다. 그는 분노의 라켓으로 두려움과 마음의 상처에 관한 자신의 진실한 감정을 숨기는 법을 배웠고, 그렇게 함으로써 자신의 라켓 표현에 대한 기초를 이룬 것이다.

③ 지지 각본신념

일단 유아가 자신의 핵심 각본신념들에 이르면, 이러한 신념들과 맞추어서 현실의 경험을 해석하기 시작한다. 이 신념들은 그가 겪은 경험과 그 경험이 갖고 있는 의미, 그리고 그것들을 얼마나 중요하게 여길지에 영향을 미친다. 이런 식으로 그는 핵심 각본신념들을 재확인하고 정교화해 주는 지지 각본신념들을 보태기 시작한다.

성호에게는 두 살 위인 형이 있었다. 나이 차이 때문에 그는 자연히 성호보다 몸집이 더 클 뿐만 아니라 생각하는 능력도 훨씬 앞서 있었다. 걸음마하는 어린아이의 추리력으로 성호는 좀 더 앞지르는 결론을 내렸다. "내게는 너무나 잘못된 것이 있다는 걸 이제 알아. 그건 바로, 충분히 크지도 않고, 똑똑하지도 않다는 것이야. 난 이 사실을 나보다 크고 똑똑해서 모든 관심을 받고 있는 형으로부터 알았어."

그래서 성호는 다음과 같은 자신의 지지 각본신념들을 세우기 시작한 것이다. "나는 어리석어. 나는 신체적으로 나약하고 너무 작아. 나의 욕구는 중요하지 않아. 다른 사람들은 나보다 더 크고 똑똑해. 이 때문에 그들은 모든 관심을, 특히 의미 있는 여성들로부터 얻게 돼. 인생은 너무나 불공평해."

④ 재순환하는 각본신념과 각본 감정

이제 성호는 성인이다. 그가 스트레스를 받는 순간에는 각본 상태로 빠져들어 갈지도 모른다. 우리가 살펴본 바와 같이 이것은 특히 지금 여기의 상황이 어린 시절의 스트레스 상황과 어떻게든 유사한 것으로, 마치 고무밴드가 있는 듯하다.

그러한 때에 성호는 초기 어린 시절의 감정과 신념들을 재경험한다. 그들의 관계에서 여자친구가 '그를 떠나버린 것'으로 그가 인지했다고 가정해 보라. 그리고 그는 어머니가 유아일 때 그를 밀어제친 경우에 그랬던 것처럼 반응한다. 의식 수준의 아래에서, 그는 마음의 상처와 공포를 경험하기 시작한다.

그렇게 할 때 그는 자신의 각본신념들을 재연한다. 그는 의식의 밖에서 마음속으로 다음과 같이 자신에게 말하면서 그가 감지했던 거절을 '설명한다.' "나는 귀엽지 않아. 그것은 근본적으로 나에게 뭔가가 잘못된 것이 있기 때문이야. 이 의미 있는 여성은 오로지 나를 거절하려고 하고 있어. 만약 그녀가 거절한다면, 나는 완전히 혼자 남게 될 거야."

성호가 자신에게 이러한 말들을 할 때, 그는 두려움과 마음의 상처에 대한 그의 감정들을 '정당화'한다. 그리고 이러한 감정들을 재경험할 때는 그가 어떻게 느끼는지를 자신에게 '설명'하기 위하여 각본신념들을 다시 진술한다. 이렇게 하여 각본신념과 감정들은 끊임없이 재순환된다. 그림에서 점으로 표시한 화살표가 이것을 설명해 준다. 어스킨과 잘크먼은 이러한 과정들이 심리 내적으로, 즉 개인의 마음속에서 진행된다는 것을 강조한다. 성호는 이미 거절로 감지했던 것에 관해 내적으로 각본 '설명'을 하기 때문에, 그는 지금-여기의 현실을 새롭게 하는 데 유용한 각본신념들을 만들지 않았다. 반대로, 그가 이렇게 재순환하는 과정들을 반복할 때마다 그는 현실이 각본신념들을 '확인했다'는 그의 지각을 강화한다.

⑤ 라켓의 표현

라켓의 표현은 각본신념과 각본 감정들의 표현인 모든 명백하고도 내면적인 행동으로 구성된다. 그것들은 관찰 가능한 행동들, 보고된 내면적인 경험들과 환상들을 포함한다.

• 관찰 가능한 행동

관찰 가능한 행동은 개인이 심리 내적인 과정에 반응하여 만들어 내는 감정, 말, 어조, 제스처 그리고 몸의 움직임들의 표현들로 구성된다. 이러한 표현은 어린아이가 자기의 가족 속에서 '원하는 결과를 얻는' 하나의 방법으로서, 광범위한 상황 속에서 사용하기 위해 배운 각본 행동을 재생산하기 때문에 반복적이고 양식화되어 있다.

라켓의 표현들은 각본신념들과 일치하거나 그것들을 방어하는 행동들을 수반할 것이다. 예를 들어, 어린 시절에 '나는 어리석어.'라고 결론 내린 성호는 성인으로서 이러한 각본신념을 재연할 때 혼란스럽고 어리석은 행동을 한다. 이와 똑같은 어린 시절의 결론을 가진 또 다른 사람은 오랜 시간 동안 공부를 하고, 학교와 대학에서 높은 학점을 얻고 그 후에는 차례로 전문직 자격증을 무리해서라도 차례로 따냄으로써 그 신념을 방어할 것이다.

성호가 그의 여자친구를 향해 보였던 공격의 라켓 표현들은 다음과 같은 초기의 결론에서 나온 것이다. 즉, "내가 나의 욕구를 충족시킬 수 있는 방법은 마음의 상처나 두려움을 느끼기 시작할 때마다 화를 내는 것이다." 그의 여자친구가 그가 경멸이나 거절로써 여기는 방식으로 행동할 때, 그는 핵심 각본신념들과 이에 따르는 공포와 고통의 감정들을 재연하기 시작한다. 그러나 그가 유아일 때 하도록 배운 것처럼 즉시 그러한 감정들을 화로 덮어 버린다. '조건반사'의 태도로 그는 화를 내고 공격적으로 된다. 그는 여자친구와 격렬한 언쟁을 시작하고 그녀에게 큰 소리치거나 그녀를 밀쳐내기도 할 것이다. 아니면 그는 화를 억제하면서 집을 뛰쳐나가 성을 내어 시근대며 거리를 걷기도 할 것이다.

이러한 행동이 그의 진실한 감정들이 고통, 두려움 그리고 친밀감에 대한 갈망이라는 것을 성호의 여자친구에게 알려 주는 방법이 될 수는 없다. 실제로 성호 자신은 이러한 감정을 의식적으로 억눌러 왔다. 그는 대신에 성미 까다롭고 신체적으로 공격적인 사람으로 행동한다. 성호가 맺어 온 관계의 역사에서, 최종 결과는 그의 여자친구들이 결국엔 그를 버렸다는 것이다. 그때마다 성호는 그의 각본신념들, 즉 "나는 사랑스럽지 않고, 여자들은 나를 거절해. 나는 나 자신 때문에 버림받았어."를 '정당화'하기 위해 이런 반응을 사용해 왔다.

• 보고된 내적인 경험

유아가 미완결된 감정적 경험의 의미를 이해하려는 시도에서 각본신념들을 채택하고, 그가 할 수 있는 최선으로 경험을 완결한다는 것을 우리는 보았다. 이러한 인지적 과정뿐만 아니라, 개인은 신체적으로, 즉 몸으로 행하는 측면에서도 유사한 과정을 경험할 것이다. 미완결된 욕구에서 에너지를 전환시켜 버리기 위해 유아는 어떤 신체적인 긴장이나 불쾌감의 형태를 설정하는 데 그 에너지를 사용할 것이다.

우리는 앞의 장에서 이것에 관한 예를 들었다. 반복적으로 어머니에게 다가갔지만 반응을 얻지 못한 유아를 기억할 것이다. 그래서 얼마 후 그는 스스로 접근하는 것을 그만두기 위해 어깨를 위로 긴장시킨다. 이것이 불쾌하긴 하지만, 그것은 어머니에게 계속 닿으려고 하면서도 어머니의 명백한 거절을 받게 되는 것만큼 괴로운 일은 아니다. 그다음에 그는 원래의 욕구에 관한 의식과 어깨에 긴장을 유지하는 의식 둘 다를 모두 억누른다. 성인이 되어 그는 어깨, 목 그리고 등뼈 상부에 아픔과 고통을 경험할 것이다. 이것은 우리가 든 예 가운데 성호에게 있어서도 그렇다.

사람들은 이런 식으로 각본신념에 반응하는 긴장, 불쾌함 그리고 신체적 고통의 영역을 가지고 있다. 이러한 것들은 관찰 가능한 행동으로 분명하게 나타나지 않을지도 모르지만, 그 사람에 의해 보고될 수 있다. 때때로 근육의 긴장이 너무나 철저히 억눌려져 있어서, 안마 중일 때를 제외하고는 그 사람은 근육의 긴장을 의식하지 않게 된다.

• 환상

개인의 각본신념과 일치하여 실제로 행동하는 사람이 아무도 없더라도, 개인은 계속하려고 하면서 그러한 행동을 꿈꿀지도 모른다. 그 상상된 행동은 자신이나 그 밖의 다른 사람의 행동일 수도 있다.

예를 들어, 성호는 때때로 여자친구에게 신체적인 폭행을 가한 것 때문에 벌을 받거나 감금되는 것을 상상한다. 그는 사람들이 그에게서 잘못된 것을 찾아내 그 모든 것들을 강조하면서, 그를 등 뒤에서 얕잡아보고 있다고 자주 상상한다. 때때로 그의 환상은 다음과 같이 '일어날 수 있는 최상의 것'에 관한 과장된 그림이다. 즉, 그는 완벽한 여자친구를 만나는 것을 상상한다. 그 여자친구는 그를 완전히 수용할 것이며, 그가 거절이라고 간주할 수 있는 방식으로는 결코 행동하지 않을 것이다.

⑥ 강화하는 기억

각본 상태에 빠져 있을 때, 개인은 각본신념들을 강화하는, 모아진 기억들을 고려한다. 이러한 기억된 사건들 각각은 그 사람이 각본신념과 감정들을 재순환시킨 것 가운데 하나가 될 것이다. 그렇게 했을 때 그(녀)는 라켓 감정을 경험하거나 자신의 라켓 체계를 정형화하는 다른 명백하고도 내적인 행동들을 시작함으로써 그에 따라오는 라켓의 표현에 들어갈 것이다. 사건이 기억될 때, 라켓 감정이나 다른 라켓의 표현은 그 사건과 함께 기억된다. 다른 말로 표현하면, 스탬프는 각각의 강화하는 기억을 동반하고 있다.

기억된 사건들은 여자친구들이 잇따라 성호의 공격적인 행동에 반응하여 그를 떠났을 때처럼 개인의 라켓 표현들에 대한 다른 사람들의 반응이 될 것이다. 그것들이 실제로 각본신념들에 대해 중립적이거나 반대될지라도, 그 사람이 내적으로 해석했던 반응들도 각본신념들을 확인해 주는 데 포함될 것이다. 예를 들어, 한 여성이 파티에 성호를 초대할지도 모른다. 내심 그는 자신에게 다음과 같이 말할 것이다. "정말 그런 뜻은 아닐 거야. 단지 내가 기분이 좋도록 그렇게 말했을 뿐이야." 이러한 해석을 하고는 또 다른 거절로 화를 낼 것이다. 그래서 그는 자신의 각본신념에 관한 또 다른 확인을 새겨 넣고, 모아진 교환권으로 다른 강화 기억을 수집할 것이다.

가장 영리한 '작은 교수(LP)'조차도 각본신념들과 일치하도록 해석할 수 없는 몇 가지 사건들이 있다. 그러나 그 경우에 개인은 그런 사건들을 선택적으로 잊어버리는 다른 전략을 채택할 수도 있다. 예를 들어, 한 여성이 솔직하게 성호에게 그녀는 그를 그 자신처럼 아주 존중하며, 그와 가까이 머물면서 사랑할 것이라고 말한 적이 있었다. 그러나 각본 상태에 빠져 있는 동안 그는 그러한 기억들을 기억력에서 삭제해 버린다.

우리는 또한 개인이 각본신념에 맞는 장면에 대하여 환상들을 구성한다는 것을 보아 왔다. 이러한 환상의 기억들은 바로 실제의 사건을 기억하는 것만큼 효과적으로 강화하는 기억들의 역할을 한다. 성호가 '그에게 잘못된' 무언가 때문에 등 뒤에서 그에 관해 이야기하고 있는 사람들을 상상할 때마다 그는 기억 속에 또 다른 강화하는 기억을 보태게 된다.

여기서 다시 라켓 체계가 어떻게 자기강화하는가 하는 것을 알게 된다. 강화하는 기억들은 각본신념들에 대한 피드백으로 소용된다. 이것은 [그림 2-11]의 직선 화살표에서 볼 수 있다.

강화하는 기억이 회상될 때마다, 개인은 각본신념을 재연하는데, 각본신념 그 자체가 강화하는 기억에 의해 강화된다. 각본신념이 재연될 때 저변에 깔려 있는 억눌린 감정은 자극을 받고, 심리 내적인 '재순환'의 과정은 또 한 번의 움직임을 시작한다. 이러한 일이 일어날 때, 개인은 라켓의 표현들을 시작하게 된다. 라켓의 표현들은 관찰 가능한 행동들, 내적인 경험들, 환상들 또는 이 세 가지의 혼합을 포함한다. 다음 순서로 라켓 표현의 결과는 그 사람이 감정적 스탬프들을 동반한, 강화하는 기억들을 더 많이 수집하도록 할 수 있게 한다.

⑦ 자신의 라켓 체계 만들기

큰 종이를 가지고 그림과 똑같은 것을 그린다. 각각 세 칸의 하위 표제 아래 많은 공간을 남겨 둔다. 이 빈 도해에 당신은 당신 자신의 라켓 체계의 내용으로 채우기를 시작한다. 만약 연습을 계속하기를 원한다면, 당신에게 불만족스럽거나 고통스러웠던 최근의 상황과 나쁜 감정으로 끝내 버린 일을 기억한다. 당신이 계속하기를 원하지 않는다면 이제 나쁜 감정을 다시 경험할 필요는 없다.

스스로 그 상황으로 되돌아가 생각해 보면서, 당신에게 적용되는 것으로 라켓 체계의 세부 사항을 채운다. 빨리 그리고 직관적으로 행한다.

각본신념들에 이르는 좋은 방법은 자신에게 다음과 같이 묻는 것이다. "그러한 상황 속에서 스스로에 대해 나는 마음속으로 무엇을 말하고 있었는가? 관련된 다른 사람들에 대해서는 무엇을 말하고 있었는가? 삶의 질과 일반적인 세상에 대해서 무엇을 말하고 있었는가?"

'각본 결단의 시기에 억제된 감정들'을 당신은 어떻게 기록하는가? 이러한 감정들은 당신이 라켓 체계에 있는 동안 억제되고 있다는 바로 그 사실 때문에, 당신이 분석하고 있는 그 장면 동안 그것들을 명확히 의식하지는 못했을 것이다. 그러나 당신이 사용할 수 있는 다양한 단서들이 있다. 때때로 당신은 라켓 감정으로 들어가기 전에 한순간 진실한 감정을 경험했을 것이다. 예를 들어, 만약 그 장면에서의 라켓 감정이 화남이었다면, 당신은 그 순간 바로 직전에 두려움을 느꼈을 것이다. 또 다른 방법은 자신에게 다음과 같이 묻는 것이다. "만약 내가 유아였고 나의 감정의 통제에 대한 개념을 가지지 못했다면, 이러한 상황을 어떻게 느꼈을까? 격노함? 외로움? 슬픔? 공포? 황홀감?" 의문스럽다면 추측해 본다. 마지막 검토 때, '라켓 감정들, 진실함 감정들 그리고 문제해결'에 대해 앞 장의 부분으로 되돌아가 살펴본다. 진실한 감정들 가운데 어느 것이 당신이 이러한 상황을 끝내는 데 적절하겠는가?

이제 라켓 표현들에 관한 칸으로 이동한다. 당신의 관찰 가능한 행동들을 열거하기 위해서, 당신 자신을 담은 비디오에서 그 장면을 보고 있다고 상상해 본다. 당신의 말, 어조, 제스처, 자세 그리고 열굴표정들을 적는다. 당신은 무슨 라켓 감정을 표현하고 있는가? 이것을 그 장면 동안 당신이 경험하였던 라켓 감정에 대한 기억과 대조해 본다.

'보고된 내적 경험들' 아래에는 당신 신체의 어느 곳에 있는 긴장이나 불편함을 기록한다. 당신은 두통이 있는가? 위경련? 목에는 통증이 있었는가? '감각이 없다는 것'도 일종의 감각이라는 점을 명심한다. 돌이켜 생각해 볼 때, 당신이 의식적으로 삭제하고 있었던 신체의 어떤 부분이 있었는가?

당신이 경험하고 있었던 환상들을 기입해 넣는다. 여기서 한 가지 좋은 방법은 그 장면으로 되돌아가 스스로를 생각해 보는 것이며, 그 후에 자신에게 다음과 같이 물어본다. "내가 느끼는 최악의 일이 여기서 어떤 일로 일어날 수 있었는가?" 그것이 아무리 공상적인 것으로 보일지라도 상관하지 말고, 당신의 반응으로 제일 먼저 마음에 떠오르는 것을 적어 넣는다. 그다음 당신 자신에게 물어본다. "당신이 느끼는 최선의 일이 여기서 어떤 일로 일어날 수 있었는가?" 이러한 공상 또한 라켓 체계의 일부이므로 똑같은 방법으로 적어 넣는다.

마지막으로 강화하는 기억들의 칸으로 이동한다. 당신의 기억을 자유롭게 두면서, 당신이 분석하고 있는 장면과 유사한 과거의 상황들에 관한 기억들을 적어 넣는다. 이러한 기억들은 오랜 과거에서 최근의 과거까지가 될 것이다. 그 모든 것들에서 당신은 동일한 라켓 감정과 위에서 '라켓 표현들'이라는 표제하에 언급한 것과 동일한 신체적 불쾌감 또는 긴장 등의 경험을 회상할 것이다.

당신의 라켓 체계의 세부 항목들을 초기의 연습에서 자신에 대해 만든 각본 모형과 대조해 보면, 흥미롭다는 것을 알게 될 것이다. 그것들은 얼마나 많은 공통점을 가지는가? 당신은 다른 부분을 새롭게 하거나 수정하기 위해 그것들을 각각 사용할 수 있다.

⑧ 라켓 체계를 탈출하기

라켓 체계는 분석을 위한 도구의 의미뿐만 아니라 변화를 위한 수단이기도 하다. 어스킨과 잘크먼은 다음과 같이 말한다. "라켓 체계의 흐름을 방해하는 어떠한 치료상의 개입도, 개인의 라켓 체계의 변화에 효과적인 방법이 될 것이므로, 각본의 변화 또한 그럴 것이다."

다른 말로 하면, 라켓 체계의 어떤 지점에 개입하여 각본에서 벗어나기 시작하는 그 지점에서 변화를 만들 수 있다는 것이다. 당신이 그러한 변화를 가져올 때에는, 오래된 피드백 고리를 깨뜨리게 된다. 그래서 변화는 더 쉽게 이루어진다. 그 과정은 여전히 자신을 강화하고 있지만, 당신은 이제 각본 상태에서 고정되어 있는 것이 아니라 각본의 이동을 강화하고 있다.

　당신은 개입의 한 지점에서 당장 멈출 필요는 없다. 멈추기를 원한다면 몇몇 다른 지점에서 라켓 체계의 흐름을 깨뜨릴 수 있다. 이러한 것들을 많이 변화시킬수록 각본에서 당신의 움직임은 더 크게 된다.

　어스킨과 잘크먼의 논문에서, 그들은 치료자들이 라켓 체계를 방해하기 위해 사용할 수 있는 여러 가지 특별한 개입을 설명하고 있다. 당신은 자기 치료에 이와 유사한 접근법을 사용할 수 있다. 만약 당신이 이런 식으로 라켓 체계를 사용하는 것을 원한다면, 여기에 출발의 준거 틀을 제공해 주는 연습이 하나 있다. 당신이 좋아하는 창조적인 방법들이 있다면, 그것으로 이 준거 틀을 보완할 수도 있고 수정할 수도 있다.

　[그림 2-12]를 참고로 하여 라켓 체계에서 벗어나는 방법을 연습해 보기로 하자.

　라켓 체계를 그렸던 것과 같은 큰 종이를 마련하고, 거기에 라켓 체계처럼 보이는 도해를 그리지만 실제로 그것은 라켓 체계의 긍정적인 대응물이다. 만약 당신이 원한다면, 이 새로운 도해를 '자율 체계(autonomy system)'라고 부를 수 있다.

　다시 한번 세 칸을 그린다. 자율신념과 감정은 왼쪽 칸에 두고, 중간 칸은 자율적인 표현이라는 이름으로 하고, 세 번째 칸은 라켓 체계에서처럼 '강화하는 기억'이라는 똑같은 이름으로 한다.

　자율신념과 감정 아래에는 라켓 체계에서처럼 '자신, 타인, 그리고 삶의 본질에 관한 신념'이라는 하위 표제를 적는다.

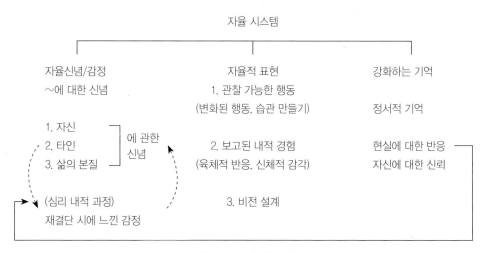

[그림 2-12] 선순환

라켓 체계를 만들 때 당신이 회상했던 장면으로 한 번 더 돌아가 생각해 보고, '자신에 관한 신념'부터 시작한다. 당신이 지금 새로운 최신 신념으로서 기입할 당신 자신에 대한 긍정적인 현실은 무엇인가?

예를 들어, '성호'가 이러한 연습을 했다고 가정해 보자. 그는 이 제목하에 다음과 같이 기록할지도 모른다. "나는 완전히 사랑스러워. 그리고 나는 있는 그대로 모든 면에서 충분히 훌륭해." 여기서는 시종일관 이러한 유형의 긍정적인 어법을 사용하는 것이 중요하다. '아니다, 중지, 상실, 없다'와 같은 부정적인 단어들은 피한다. 당신이 처음 기입한 란에 그러한 부정적인 어떤 단어가 들어가 있다면, 긍정적인 말만으로 그것을 말하도록 문구를 다시 만들 시간을 가진다. '성호'의 예에서, 그의 각본신념은 "내게는 뭔가 잘못된 것이 있어."라는 것이었다. 이것을 "내게는 뭔가 잘못된 것은 없어."와 같이 부정적인 말로 바꾸기보다는 "나는 충분히 크고 훌륭해."와 같은 긍정적인 말로 바꾸도록 한다.

계속해서 긍정적인 단어들을 사용하여 똑같은 방식으로 다른 사람들과 삶의 질에 대한 당신의 신념들을 새롭게 한다. 여전히 당신의 라켓 체계의 부분이 될 수 있는 과장 행동에 대해서 주의한다. 그러나 의심스럽다면, 낙관주의 측면에서 벗어난다.

당신의 라켓 체계에서 '억제된 감정'이라고 기입해 넣은 왼쪽 칸 아래에는 이제 '표현된 진실한 감정'이라는 표제를 써 넣는다. 당신이 라켓 체계에서 기입한 것과 똑같은 진실한 감정들을 써 넣는다. 그 장면으로 되돌아가 자신을 상상해 보면서 당신이 어떻게 안전한 방법으로 그 상황이 끝나도록 진실한 감정을 표현할 수 있었는지를 눈앞에 떠올린다.

다음에는 '자율적인 표현'이라는 중간 칸으로 간다. 다시 한번, 비디오에서처럼 당신 자신의 장면을 본다. 그러나 이때에 긍정적이며 각본에서 벗어나는, 그리고 라켓보다는 진실한 감정을 느끼는 방식으로 행동하도록 그것을 다시 해 본다. 당신이 이 새로운 란에서 스스로 사용하는 자신에 대해서 보고 듣는 단어, 제스처 등을 '관찰 가능한 행동'에 기입한다.

같은 방식으로, 변형된 장면에 '보고된 내적 경험'을 완성한다. 불쾌감 대신에 어떤 편안함을 느끼는가? 당신이 이전에는 알지 못했던 어떤 긴장들을 알게 되었는가? 그렇다면, 당신은 이러한 긴장들을 풀려고 결심하는가? 그렇게 할 때 무슨 일이 일어나는가?

자율 체계에서는 '환상'을 기입하지 않는다. 우리가 살펴본 것처럼 '최상의 것'의 결과에 관한 과장된 환상들은 라켓 체계의 두 부분이다. 그보다도 이제는 '계획과 긍정적 시각화'를 여기에 기입한다. 이것은 이 연습의 나머지 부분을 완성하기 위한 표제이다. 그것은 미래의 상황들이 당신이 라켓 체계에서 분석한 라켓의 방법 대신에 지금 세우고 있는 긍정적 방법으로 진행되도록 보장하기 위해 당신이 할 수 있는 '어른 Ⓐ' 상태의 생활 계획을 말하는 것이다. 환상들 대신에 당신의 인생 계획들은 가능하게 하고 진전시키기 위해 창조적인 시각화 기술들을 사용할 수 있다.

마지막으로, 강화하는 기억에 대한 칸을 완성한다. 당신이 지금 만들고 있는 재연 상황과 유사한 인생의 긍정적 상황에서 과거의 몇몇 경우들을 회상할 수 있을 것이라는 점은 거의 확실하다. 아마도 그것에 대해 생각할 때 당신은 많은 것을 회상할 수 있게 될 것이다.

그리고 당신이 실제로 어떤 것도 회상할 수 없다 하더라도 어쩌겠는가? 그냥 몇몇 부분만을 만든다. 만들어 낸 긍정적 상황들을 회상하는 것은 실제의 상황들을 회상하는 것만큼 아주 효과적이다. 이제 당신은 자율 체계의 변환을 시작하게 된다. 라켓 체계에서처럼 당신은 시간이 지남에 따라 그것을 수정하고 새롭게 할 수 있다.

자율 체계의 도해 위에 몇 인치 떨어져서 유지하고 있는 당신의 라켓 체계에 관한 완성된 도해를 상상해 본다. 앞으로 당신은 라켓 체계의 어떤 지점에 통풍구를 만들 수 있고, 자율 체계와 일치하는 지점에 내리기 위해 그것을 통할 수 있다. 그 지점에서부터 당신은 과거에 돌아갔던 라켓의 피드백 고리로 돌아가는 대신에 자율 체계의 흐름에 따르게 될 것이다.

아마 당신은 스스로 몇 개의 통풍구를 만들 것이다. 당신이 통풍구를 많이 가질수록 라켓 체계에서 벗어나 자율로 들어가는 것을 발견하기가 보다 더 쉽다. 그리고 이러한 방법을 만들 때마다 앞으로도 이렇게 만들기가 더 쉬워질 것이다.

7. 심리게임

1) 심리게임 이해

(1) 심리게임이란

우리들이 심리게임을 참으로 이해하기 위해서는 무의식, 정신의 발달 단계, 불안과 방어, 정신병리의 역동 등에 대해서 기본적인 지식을 익히는 것이 필요하다. 지금부터 심리게임의 의미를 알아보기로 하겠다.

일반적으로 게임이라 하면 그 대부분이 즐겁고 유쾌한 시간을 보내는 방식을 생각하지만 교류분석에서 말하는 게임은 심리적 게임으로서 사람들에게 불쾌한 감정을 주는 것이며, 때로는 그 종말이 몇 사람의 죽음을 초래하는 경우도 있을 수 있다. 이 심리적 의미에서 게임의 특색은 한 사람의 인간으로부터 현재적인 자극과 잠재적인 자극의 양쪽이 발전한다는 특수한 교류이다. 이 같은 이면적 게임을 받는 상대는 그 게임의 결말에서 반드시 불쾌한 감정을 맛보게 된다.

심리게임이라 함은 명료하고 예측 가능한 결과를 향해 진행해 가는 일련의 상보적·이면적 교류를 말한다. 기술적으로 말하면 그것은 숨겨진 동기를 수반하고 자주 반복되며 표면상으로는 올가미나 속임수를 품은 일련의 흥정이다.

인간이 심리게임을 하는 것은 애정이나 스트로크를 얻기 위한 수단이고, 시간을 구조화하는 방법의 하나이며, 심리게임은 각자의 기본적 라켓 감정을 지키기 위해서 연출되고, 사람은 그 사람의 인생태도를 강화하고 또한 증명하게 된다.

에릭 번에 의하면 심리게임은 다음과 같은 일정한 공식에 따라 진행된다고 한다.

먼저, 플레이어는 숨겨진 동기를 가지고 심리게임을 연출할 수 있는 상대를 찾다가 적절한 상대가 발견되면 계략을 쓴다. 이 같은 유인장치에 의해 약점을 가진 상대가 걸려든다. 여기에서 심리게임이 성립되고 일련의 표면적 교류로서 반응이 나타나게 된다. 점차 심리게임은 서서히 확대되어 교류과정에 어떠한 전환이 생긴다. 이것은 통상 엇갈림, 대립, 허둥대기와 같은 교차교류의 형태로 양자관계는 혼란이 일어나고 최후에 심리게임은 의외의 결말을 가지고 막을 내린다. 이 시점에서 객관적으로 플레이어의 동기가 현재화되고 그 정체가 폭로되어야 하지만 많은 경우 당사자들은 강한 불쾌감을

게임 진행 공식

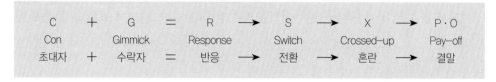

인생게임의 흐름도

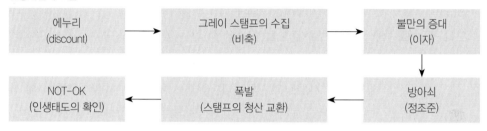

[그림 2-13] 게임의 공식과 과정

맛보고 그 의미를 감지하지 못한 채 끝나고 만다.

여기에서 유의해야 할 점은 심리게임이 반드시 R → S → X → P·O의 화살표 방향으로만 진행되는 것이 아니고, 실제로는 C + G의 부분도 포함해서 각 단계를 왔다 갔다 하면서 최후의 결말을 맞이하는 경우가 많다는 것이다.

(2) 심리게임의 특징

① 심리게임은 반복적이다.

각자는 계속해서 그들이 좋아하는 심리게임을 한다. 다른 연기자들의 환경은 변할 수 있지만 심리게임의 양상은 비슷하게 남는다.

② 심리게임은 '어른 Ⓐ' 상태의 의식이 없이 연기된다.

사람들이 심리게임을 반복해서 진행한다는 사실에도 불구하고 그들이 심리게임을 하고 있다는 것을 의식하지 않고 그들의 심리게임을 재연해 나가는 것이다. 이것은 연기자가 다음과 같이 스스로 자문하게 되는 심리게임의 마지막 단계까지 계속되는 것은 아니다. 즉, '어떻게 그런 일이 다시 일어났지?'라고 스스로 묻는 그때까지도, 사람들은 보통 자신들이 심리게임 진행을 조장해 왔다는 사실을 깨닫지 못한다.

③ 심리게임은 항상 연기자들이 라켓 감정을 경험하면서 끝이 난다.

여기서 라켓 감정이란 부적절한 대리감정을 말한다. 어린 시절에 배웠고 장려 받았으며, 많은 스트레스 상황에서 경험했던, 그리고 문제해결을 위한 어른스러운 수단으로 잘못 적용된 익숙한 감정이다.

④ 심리게임은 연기자들 사이에서 이면교류의 교환을 수반한다.

모든 심리게임에 심리학적 수준으로 일어날 수 있는 것은 사회적 수준에서 일어날 수 있는 것으로 보이는 것과는 다른 차이점을 가지고 있다. 즉, 사회적 수준의 메시지와 심리적 수준의 메시지가 다르게 교류를 한다. 우리는 사람들이 자신과 결합하여 심리게임을 할 다른 사람을 찾으면서 그들의 심리게임을 계속 반복하는 방식에서 이것을 알 수 있다.

⑤ 심리게임은 항상 놀라움과 혼란의 순간을 포함하고 있다.

이 경우에 연기자는 예상치 못한 일이 일어났다는 느낌을 가진다. 어쨌든 사람들은 변화된 역할을 담당하는 것처럼 보인다.

⑥ 심리게임은 각본신념을 강화시킨다.

어린아이들이 초기의 결단을 통해 세상의 극복과 생존을 위한 유일한 방법으로 여긴다는 것을 알고 있다. 그래서 우리가 성인이 되어 인생각본 속에 있을 때, 자신과 다른 사람, 그리고 세상을 진실한 것으로 보는 우리의 각본신념을 확인하기를 원한다는 것은 조금도 놀랄 일이 아니다. 우리는 심리게임을 할 때마다, 그런 각본신념을 강화하기 위한 결말을 사용한다.

⑦ 심리게임은 인생태도를 정당화시킨다.

사람들이 어린 시절의 공생을 재연하기 위해 심리게임을 사용할 때, 그들은 에누리하고 있는 문제를 정당화하고 유지한다. 이렇게 함으로써 그들은 자신의 준거 틀을 방어하는 것이다. 그래서 심리게임은 연기자가 이미 느끼고 믿고 있는 것(라켓 감정과 인생태도)을 정당화하기 위해 진행되며, 어떤 사람이나 또 다른 어떤 것에 책임을 전가시키기 위해 진행된다. 이러한 것들을 행할 때마다 그 사람은 자신의 인생각본을 강화하고 인생태도를 정당화시킨다.

   ⑧ 심리게임은 불건전한 공생을 유지하기 위한 하나의 시도이거나 그러한 공생에 대
     한 화난 반응이다.

  심리게임은 각 연기자가 자신과 다른 사람을 모두 에누리하는 불협화음의 공생적 관
계에서 비롯된다. 연기자는 '나는 할 수 없어. 당신이 도와줘'(어린이 ⓒ 상태), 아니면
'나는 당신만을 위해 무엇이든 할 수 있어'(어버이 ⓟ, 어른 ⓐ 상태)와 같은 상징을 정당
화하기 위해 과장된 믿음을 유지한다.

   ⑨ 심리게임은 세상으로부터 무엇을 얻으려는 어린이 ⓒ의 최선의 전략을 나타낸다.

  우리가 성인 시절에 심리게임을 연기할 때는 순진한 어린이 ⓒ 상태의 욕구를 충족
하려는 시도를 하고 있는 것이다. 그것은 진부하고 속임수적인 욕구를 충족시키는 수
단 바로 그것이다.

2) 교환권 수집과 심리게임

  부모와 자녀는 가정생활에서 많은 시간을 함께 보낸다. 그러다 보니 부모와 자녀는
교류의 홍수 속에 많은 정서적 · 심리적 교류를 하게 되고, 이 과정에서 특별한 감정들
을 모으게 된다. 이러한 감정들은 부모와 자녀 간의 관계에 중대한 영향을 준다. 부모
와 자녀의 심리적 교환을 교류분석의 관점에서 비춰 보고 부모와 자녀 간의 바람직한
교류 방향을 찾아볼 수 있을 것이다.

  교류분석에서 어린이 자아상태(ⓒ)가 모으는 특별한 감정을 교환권이라고 부른다.
이 교환권이라는 용어의 의미는 상품을 살 때 덤으로 받는 것으로 후에 현금으로 대체
하기 위해 물품과 교환하게 된다. 교류분석에서 교환권은 심리적 교환권이다.

  심리적 교환권은 결국 가치 있는 현물로 상환된다. 이 수집된 원한은 그것이 점점 커
져서 포화상태가 되면 자신이 취하는 행동을 정당화하면서 상환하게 된다. 이것을 '교
환권의 현물화'라고 한다.

  이 같은 교환권에는 기분이 좋고 자신을 중시하는 감정으로서 금색 교환권, 부적절
한 감정 수집 경향으로서 갈색 교환권, 혹은 회색 교환권 또는 우울감정 수집 경향으로

서 청색 교환권, 분노와 적대적 감정으로서 적색 교환권 등이 있다. 이 외에도 결백을 드러내는 감정으로서 백색, 녹색, 황색 교환권도 있다.

사람들은 대화를 통해 인정자아를 교환하면서 그 결과를 좋을 때는 금색 교환권을 나쁠 때는 회색 교환권을 수집하게 된다. 여기서 금색이나 회색 교환권이나 모두 라켓 감정의 수집이라는 것을 알아야 한다.

그리고 받는 편에는 자기의 '마음의 용지'에 그 교환권을 저축하게 된다. 어린이 ⓒ에 의해 이루어지는 이와 같은 감정 교환권의 수집은 그것이 어느 정도 축적되면 사소한 감정의 동요를 계기로 '뭐야! 잠자코 듣고만 있으니 못할 말이 없군.' 하면서 갑자기 교 환권 교환을 요구하게 된다. 이것을 교류분석에서는 라켓이라는 말로 표현하고 있다.

돌연 폭발하는 것은 평소 부정적 감정이 축적된 결과 감정 교환권의 청산이라고 생 각하면 이해할 수 있을 것이다. '티끌 모아 태산'이라는 말과도 같다.

가정이나 학교에서 폭력사태가 돌발하는 것도 오랜 시일 부모들의 지나친 과보호 (NP)나 '이렇게 하라', '그렇게 하면 안 돼!' 하는 지나친 통제(CP)의 결과일 수도 있다. 이럴 때 '너를 위해서 한 말인데…….'라고 생각해 봤자 그것은 '사후 약방문' 격이 된다.

사소한 일까지 다 해 주는 어머니, 자기 생각을 강요하는 아버지, 그들의 자녀들은 '내 일은 내가 하고 싶다. 내 생각대로 행동하고 싶다.'라고 생각하지만 일체 허용되지 않는다. 분노, 그들의 자율성 박탈에서 회색 교환권이 쌓일 대로 쌓여 그 후 교환은 사 소한 계기가 마련되면 언제라도 폭발의 형태로 교환된다.

불쾌감을 뜻하는 '회색 스탬프'의 수집은 타인으로부터 부정적 인정자아를 받아 그 결과 얻어진 것과 자기 자신이 수집하는 경우가 있다. 타인으로부터의 부정적 인정자 아는 어떤 한 사람으로부터 단 한 번의 부정적 인정자아를 받는 것, 같은 사람으로부터 반복해서 몇 번이고 또는 몇 달간에 걸쳐 받는 것, 여러 사람들에게서 받는 것 등 다양 한 케이스가 있다.

그러나 어떤 것이든 자기가 수집한 부정적인 감정의 응어리를 언제 어떤 형태로 청 산할 것인지 하는 것은 그 방아쇠를 당기는 계기가 어떤 것인지 또 어느 정도 수집되었 는지에 따라 다를 것이다.

예를 들어, 교환권이 약간 수집된 경우라면 머리가 아프다든지 의자나 책상을 걸어 차는 정도지만 이것이 더 많이 수집되었다면 타인의 사소한 실수에도 언성을 높여 꾸 중을 할 때도 있을 것이다.

부정적인 인정자아를 단 한 번 받았다 해도 회색 교환권을 많이 수집할 수 있으며 시간이 경과하면, 구르는 눈덩이가 커지듯이 분노가 증가될 것이다. 이런 상태를 청산하지 않으면 마음의 평온을 가질 수가 없다. 그래서 회색 교환권(불쾌감)은 어떤 방법이든 빨리 교환해서 그와 같은 '부적응 상태'에서 벗어나야 하는 것이 자연의 섭리라고 할 수 있다.

그러나 여기서 문제가 되는 것은 '어떤 방법이라도'라고는 했지만 방아쇠를 당기는 그 시기의 방법이 불건전하고 부도덕한 것에서 청산된다면 그것은 개인적으로나 사회적으로 문제를 야기한다. 참고 또 참았다가 더 이상은 못 참겠다는 단계에서 청산하면 청산 후에도 마음속을 안정시킬 수가 없다. 그래서 어떤 방법이든 축적하지 않고 청산하는 것이 현명한 방법이다. 대상에 대해 혼자서 고함을 친다든지 베개를 주먹으로 두드려 보는 것도 심리적인 라켓, 즉 마음속 폭력단을 밖으로 몰아내는 방법이다.

회색 교환권을 자기가 수집하는 과정의 예를 들어 보자.

어느 날 직원이 10분 정도 늦게 출근하였다. 그리고 그는 인사말도 없이 우물쭈물하면서 자기 자리로 갔다. 이것은 완전한 에누리라고 할 수 있다. 상사는 10분의 지각을 꾸중한다는 것은 상사답지 못하다고 생각해서 침묵으로 대했다. 그러나 자신도 느끼지 못하는 사이에 회색 교환권이 축적되고 있었다. 2~3일 후 같은 직원이 또다시 지각을 했다. 이번에도 또 한 번 불문에 붙였지만 교환권은 이자가 덧붙여 첨가되었다. 시간의 경과와 더불어 몇십 배로 축적된 어느 날 아침 상사는 집에서 출근 직전에 아내와의 언쟁으로 회색 교환권을 증가시키면서 출근을 했다. 출근한 상사는 아침 인사도 없이 자기 자리로 가서 앉았다. 운 나쁘게도 전에 지각을 했던 사원이 1~2분 늦어서 출근을 했다. 그것이 계기가 되어 방아쇠는 당겨진 것이다.

상사는 벌떡 일어서면서 창백한 얼굴로 "이봐요, 현규 씨! 이리와 봐요!" 하면서 "당신 말이야! 당신 멋대로 회사를 다니는 거야!" 하는 고함소리와 함께 소동이 일어났다.

'교환권의 교환'이라는 것은 상사 자신도 느끼지 못하며, 직원 측에서 보면 마치 폭력단(라켓)에게 급습을 받은 기분이며 상사가 왜 그런지 이유를 모르는 것도 무리가 아니다. '겨우 1~2분 지각에 그렇게 화를 내지 않아도……' 하고 그 직원뿐만 아니라 다른 직원들까지도 놀라게 한다. 주위 시선을 느낀 상사는 어색한 표정으로 '아아! 상사가 된 자가 직원들 앞에서 이게 뭐야!' 생각하지만 이미 늦었다.

회색 교환권의 뭉치가 한 번에 폭발함과 동시에 자기 권위도 주저앉고 말았다. 교환권 교환의 실례 중 하나이다. 결코 부정적인 교환권은 모으지 말자. '자기의 감정은 자기 책임'이다. '모였구나'라고 느끼면 빨리 청산하자.

이상은 자기 자신에 대해 나쁜 감정을 의미하는 회색 교환권의 예를 들어 교환권 수집과 결과는 필히 감정과 교환한다는 것을 설명하였다.

교환권의 수집에 대한 학습은 대화가 인정자아의 교환이며 받은 인정자아의 종류나 질과 양에 따라 여러 가지 감정을 수집해서 저축한다는 것, 그리고 언젠가는 교환한다는 것이다. 감정이라는 것은 '자기가 축적'하는 것이며 '축적하게 했다'라고 생각되는 것은 타벌적·의존적인 것이 된다.

교류분석의 목적 중 하나인 '자율성을 갖는다'라는 것에 비추어 보면 '자기의 감정은 자기의 책임'이라고 할 수 있으며, '타인의 감정에는 책임을 질 수 없다'는 것이다.

평소 듣는 말 중에 '저 사람이 내 감정을 상하게 했다.', '저 사람 기분을 상하게 한 것이 아닌지 몰라.' 등이 있다. 전자는 타벌적이고 주체성이 없으며, 후자는 그 사람의 감정은 그 사람의 책임이지 내가 책임질 수는 없다는 것이다. 만일 기분이 상했다 해도 그것은 '그 사람의 책임'이다. 이런 경우 어른은 아이 스스로 자신의 감정을 다룰 수 있도록 지도가 필요하다. 문제는 자기감정을 자기가 통제할 수 있어야 한다는 것이다.

래리 마트(Larry Mart)는 감정 추적법에 의한 교환권 버리기 8단계를 다음과 같이 들고 있다.

① 나는 기분이 상한다.
② 어떤 감정인가?
③ 어느 부분이?
④ 누가 그랬어?
⑤ ⑪⑭ⓒ 중 무엇으로?
⑥ 왜?
⑦ 나는 어떻게 하면 좋을까?
⑧ 이후 내가 어떻게 달라져야 하지?

3) 드라마 삼각형과 심리게임

우리들은 삶의 현장에서 어른 Ⓐ가 의식하지 못한 채 타인들과 많은 심리게임을 하게 된다. 드라마 삼각형은 생활에서 심리게임을 하고 있는 자신과 타인 간의 관계 틀을 잘 설명해 준다. 지금부터 드라마 삼각형의 개념과 의미를 알아보겠다.

카프먼(S. Karpman, 1968)은 심리적 게임과 연극(drama) 사이에 유사점이 있다는 데 주목하고 게임을 이해하는 근거로 삼았다. 즉, 무대에서 배우의 교체가 있는 것처럼, 게임에 있어서도 연출자 간에 극적인 역할이 교대로 일어난다는 것으로 [그림 12–4]와 같이 도식화하여 '드라마 삼각형'이라 불렀다.

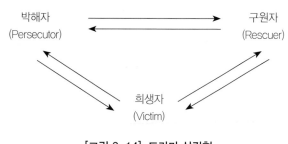

[그림 2–14] 드라마 삼각형

[그림 2–14]에서 볼 수 있듯이 드라마 삼각형은 '박해자', '희생자', '구원자'의 3개 역할로 구성된다.

(1) 박해자

두 사람 혹은 그 이상의 인간관계 속에서 주도권을 쥐고 있는 자로서 지배적인 힘을 발휘하고 상대의 행동을 억압하거나 지시한다. 사디즘적 잔인성을 갖고 희생자를 학대하거나 벌하거나 규율을 강조하는 사람이다. 주로 CP가 연출하는 역할이다.

(2) 희생자

대립되는 인간관계에 있어서 그 힘의 균형을 유지하기 위해서 희생되는 자를 말한다. 실제는 일에 부적합하기 때문에 인종, 성별, 신조 등의 이유에서 거절 받는다고 거짓된 주장을 하는 사람이다. 주로 AC가 관여하고 있다.

(3) 구원자

희생자를 원조하거나 박해자를 지지하거나 하면서 친절한 것처럼 겉치레로 타인을 자신에게 의존하도록 만드는 사람이다. 화해를 시키거나 관대한 태도를 보이며, 때로는 상대편을 자신에 의존시키려는 과보호적 역할도 연출하며, 때로는 호인이 되기도 한다. 주로 NP가 연출한다.

지금까지 드라마 삼각형과 심리게임에 대한 관계와 의미를 알아보았다. 이와 같은 이론을 삶의 현장에도 적용할 수 있을 것이다. 생활에서 사람들은 '박해자', '희생자', '구원자'의 3개 역할을 반복하면서 타인과의 관계를 이어 가는 경우가 많이 있다. 이러한 '박해자', '희생자', '구원자'의 3개 역할을 반복하는 동안 사람들과의 관계에 있어서 교류가 계속될 것이다. 그러나 사람들은 심리게임 속에서 부정적인 교환권을 비축하게 되고 언젠가는 부정적 교환권을 현물로 교환하게 되어 사람들 관계는 신뢰할 수 없는 관계를 형성하게 되면서 라켓 감정을 맛보게 될 것이다. 이러한 관계에 오래 머물지 말고 벗어나는 것이 타인과의 관계에서 자율적인 자신이 될 수 있고, 타인을 자율적인 사람으로 안내할 수 있는 자신이 될 수 있을 것이다.

4) 심리게임을 중단하는 방법

사람들은 생활에서 자신의 '어른 Ⓐ'가 의식하지 못하는 사이 자신과 타인 사이에 많은 심리게임을 하고 있다. 그러므로 심리게임 분석에 대한 지식과 결합된 기술은 게임을 벗어나기 위한 효과적인 무기를 자신에게 제공할 것이다. 게임 공식의 어떤 단계에서 게임의 흐름을 끊기 위해 선택을 사용할 수 있다. 만약 자신이 게임의 과정에 놓여 있다는 것을 알게 되면, 부정적인 것에서 벗어나 긍정적인 기능 자아상태로 이동하는 선택을 취할 수 있다. 만약 타인이 그들의 게임 속으로 당신을 유인할 때도, 그 게임의 단계에서 당신이 할 것이라고 가정한 것에 관한 타인들의 기대를 포함하는 반응으로부터 되돌아오도록 선택들을 사용해야 할 것이다. 타인들과 함께 드라마 삼각형을 돌며 다니기보다는 삼각형 자체에서 벗어나야 한다는 것이다. 당신은 타인이 게임을 그만두도록 만들 수는 없다. 그리고 타인들이 게임으로 당신을 끌어들이려고 하는 노력을 그만두도록 할 수도 없다. 그러나 선택을 사용하여 당신은 스스로 게임 연기에서 나갈 수 있으며, 또한 당신이 이미 해 봤던 게임을 알게 된다면 그것을 취소할 수 있다. 그리고 이러한 계획이 당신의 일이라면, 타인들도 게임의 바깥으로 벗어나도록 초대하는 기회를 최대한 많이 가질 수 있다.

다음은 이러한 심리게임을 중단하는 방법이다. 자신이 생활에서 타인과 교류로부터 발생한 심리게임을 벗어나는 매우 유용한 지침이 될 것이다.

(1) 심리게임의 시작에 주의하고 그것을 피할 것

심리게임은 공식에 따라 진행되는데, 많은 심리게임은 상대를 에누리(discount)하는 데서부터 시작하므로 타인의 인격무시, 경시, 고민이나 문제의 부정, 기만 등을 중지하도록 한다. 또한 타인으로부터 오는 에누리를 받아들인다면 게임으로 들어갈 수 있으므로 타인의 에누리에 직면할 필요가 있다. 심리게임으로 이동하기 전 순간적으로 연기자는 드라이버 행동을 나타낼 것이다. 이때 게임에서 나가기 위해서는 자신의 드라이버로 타인의 드라이버 행동에 반응하는 것을 거부하고, 대신 스스로에게 허용법을 제공해야 한다. 자신은 도발자의 형태를 띠는 이면의 메시지를 찾아내어 사회적 수준에서 반응하기보다는 초월해 버릴 필요가 있다. 이때 자신은 온전한 '어른 Ⓐ'상태에서 교차교류를 사용할 수 있을 것이다. 심리적 수준에서 시작하는 도발자를 가로지르는 반응은 다음과 같은 메시지를 전달하고 있다. '나는 너의 심리게임을 통찰하고 있어. 그러니 대신 좀 진실되게 하자.'

(2) 라켓(racket) 감정과 행동과의 관계를 객관적으로 관찰할 것

생활에서 자신이 가끔 체험하는 라켓 감정, 예컨대 분노, 죄악감, 성급함, 후회 등에 초점을 맞추어 그것과 행동과의 관계를 어른 Ⓐ를 가지고 객관적으로 관찰하도록 한다.

(3) '드라마 삼각형'의 세 가지 역할을 연출하지 않도록 할 것

'드라마 삼각형'에서는 '박해자', '희생자', '구원자'의 세 가지 역할이 있는데 상대편이 어떤 실수를 했더라도 이것을 언제까지나 책망하는 '박해자' 역할을 연출하지 않는다. 다음은 드라마 삼각형에서 벗어난 방법을 정리한 것이다.

(4) 기존 교류패턴을 바꾸어 볼 것

심리게임은 언제나 비생산적인 교류패턴을 계속하고 있기 때문에 연출된다. ⓟⓐ©
자아상태 모두를 써서 자기 행동의 발신원을 추적하여 그것을 바꾸어 본다. 많은 경우
자신이 말하는 것보다 타인의 말을 보다 많이 듣는 태도로 바꾸면 게임은 중단된다.

(5) 결말을 생각하고 그것을 철저히 회피하는 수단을 구체적으로 강구할 것

자신이 게임으로 들어가 전환점에서 게임을 의식하게 되었다면 어쩌겠는가? 아직
모든 것을 잃지는 않았다. 나쁜 감정의 결말을 거부할 수 있다. 당신은 아직 좋은 감정
의 결말을 스스로에게 줄 수 있다. 자신은 어른 Ⓐ 상태의 의식을 가지고 다른 과정을
택할 수 있다. 라켓 감정으로 이동하기보다는 자신의 진실한 감정과 욕구에 대하여 타
인에게 공개할 수 있다. 그래서 당신은 부정적인 결말 대신에 긍정적인 결말인 친밀을
끌어들일 수 있다.

(6) 비생산적인 시간을 오래 보내지 말 것

'5분간 할 말이 있다.'고 시작해서 1시간 동안 주의를 주는 것이 게임이다. 부정적인
정자극의 교환을 빨리 단절하는 것이 좋다.

(7) 긍정적 스트로크를 교환하고 서로 유쾌한 시간을 갖도록 할 것

심리게임 연기는 '어린이 © ' 상태에서 스트로크를 얻는 믿을 만한 방법으로 여겨진
다. 아마 자신은 똑같이 낡은 심리게임들을 연기하는 다른 방법으로 행동할 것이다.
그 행동들의 동기는 스트로크의 공급을 계속 유지하는 것이며, 그래서 생존을 보장하
는 것이다. 이런 이유로, 그저 심리게임 연기를 중단하려고 하지 않을 것이다. 스트로
크 기아에 있는 '어린이 © ' 상태는 질보다는 양에 더 많은 관심을 기울인다. 그러므로
심리게임의 바깥으로 이동했을 때 잃어버릴, 심리게임을 일으키는 스트로크들을 대체
하기 위한 스트로크를 얻을 방법을 결정해야 한다. 즉, 대항적인 긍정적 스트로크의 공
급원을 찾아야 한다. 예를 들면, 타인이 게임을 연출하기 쉬운 관계라 하더라도 그와는
달리 함께 즐길 수 있는 방법을 연구한다. 타인의 관심사에 귀를 기울이고 타인이 좋아
하는 일을 중심으로 대화하는 것 등을 해 본다.

5) 심리게임의 종류와 전개

사람들은 왜 심리게임을 하는가? 교류분석 저술가들의 일치된 대답은, 그것은 심리게임을 하는 데 있어서 우리가 낡은 전략을 따르고 있다는 것이다. 심리게임은 어릴 때 우리가 세상으로부터 원하는 것을 얻기 위해 적응했던 장치 중 하나이다. 그러나 성인의 삶에서 우리는 좀 더 효과적인 다른 방법을 가지고 있다. 그런데도 낡은 전략인 심리게임을 계속해서 반복하고 있는 것이다.

우리들은 삶을 살아가는 인간이다. 우리들의 삶 속에서 어릴 적에 해 왔던 삶의 방식을, 지금도 생활에서 그대로 의식하지 않고 쓰고 있는 경우가 많을 것이다. 우리는 이러한 낡은 전략을 지금-여기에 효과적인 다른 방법으로 전환했을 때 우리는 자율적인 사람으로 거듭 태어날 수 있다. 다음은 교류분석에서 제시한 게임의 대표적인 유형과 전개과정을 나타낸 것이다. 이러한 사례를 통해 삶의 현장에서 자주 쓰고 있는 자신의 심리게임 유형을 알아보고 자신을 통찰하는 데 도움이 되기를 바란다.

(1) 나를 거절해 주세요

목적	상대편을 도발하여 징벌, 거절시킨다.
초대자	분노의 도발(요구의 강요성, 규칙 위반 등)
수락자	구원자, 관용적인 사람, 자존심이 강한 사람
반응	당사자를 구제, 지도해 주려고 노력하는 동안 인내 유지
전환	구원자의 참을성 한계 도달. (박해자 → 희생자)
혼란	구제 중지 위협, 행동화의 빈발, 구원자의 자신 상실
결말	거절당함. 어째서 항상 나는 이런 봉변을 당하는 것일까? (희생자)

(2) 자, 혼내 주겠어, 이 녀석

목적	상대의 실수를 방패삼아 철저히 규탄하고 굴복시키는 것
초대자	함정을 감춘 규칙이나 약속을 제시
수락자	신중성이 결여된 자, 과오를 범하기 쉬운 사람
반응	상대편이 실수를 범하기를 가만히 기다리는 동안
전환	상대에게 어떤 잘못이 발견될 때. (희생자 → 박해자)

혼란	철저한 규탄, 몰아치기
결말	분노의 정당화

(3) 당신 탓으로 이렇게 되었어(책임전가)

목적	상대에게 책임을 전가하고 자기를 변호하는 것
초대자	돌보고 싶어 하는 자기반성을 하기 쉬운 자
수락자	상대에게 결정을 맡긴 자
반응	상대편의 원조가 주효하고 있는 동안
전환	자신이 잘못을 범한 경우, 의존하고 있는 상대에게서 실수가 발견된 경우. (희생자 → 박해자)
혼란	자기 변호가 상대에게 인지되지 않는 데 대한 분노
결말	원한, 무력감, 고립

(4) 궁지로 몰아넣기

목적	상대의 내심의 소원을 거부하고 표면적인 호소를 새삼 심각하게 다루어 친밀한 관계를 파괴하는 것
초대자	표면에 나타난 문제를 그대로 받아들이는 자, 간섭하고자 하는 자
수락자	행동이나 증상에서 자신의 욕구나 고민을 간접적으로 호소한 자
반응	문제를 둘러싸고 대화가 계속되는 동안
전환	상대편이 욕구불만에 빠져서 비뚤어지거나 한을 갖거나 할 때. (구원자 → 박해자)
혼란	격렬한 토론, 폭력
결말	친밀한 교류의 회피, 증상행동의 증오

(5) 법정

목적	내심으로 자신이 나쁘다고 느끼면서 제3자를 개입시켜서 자신의 무죄를 쟁취하려고 시도하는 자
초대자	열심인 치료자, 재판관의 역할을 연출한 자
수락자	자신을 포함한 양자의 트러블에 대해서 구원자(재판관)에게 상담을 제기한 자(원고)
반응	재판관이 피고 또는 원고의 호소를 중립적 입장에서 듣고 있는 동안
전환	서로 옳다고 재판적 결정을 강요할 때, 재판관이 어느 쪽인가에 결단을 할 때. (구원자 → 희생자)

| 혼란 | 판결에 대한 불만, 반발, 큰 소동 |
| 결말 | 싸우고 헤어짐, 원한, 아이들 싸움에 부모가 가담한 것 후회 |

(6) 경찰과 도둑

목적	붙잡아서 자기부정의 태도를 확인하는 것
초대자	경찰, 학교의 학생부, 교장 등 감시하는 입장에 있는 자
수락자	규칙 위반, 도둑질 등 증거를 남기는 자
반응	들키기 전 부모의 말대로 하고 있는 동안
전환	비행이 발각되었을 때, 범죄자의 분노 폭발. (박해자 → 희생자)
혼란	왜 일부러 붙잡히는 짓을 하는 것일까?
결말	자기 처벌에 의한 죄악감의 일시적 해방

(7) 당신을 도우려고 노력할 뿐이야

목적	죄악감의 경감을 위해서 약자를 헌신적으로 도우려는 것
초대자	구원자, 약자가 있는 것은 자신의 책임이라고 느끼고 있는 자
수락자	희생자, 원조 받는 것을 당연하다고 생각하는 욕구불만이 강한 자
반응	상대편을 구제하려고 노력하고 있는 기간
전환	상대편이 원조가 부적절하다고 항의할 때. (구원자 → 희생자)
혼란	상대의 감사 결여에 당혹함
결말	구원자의 발병, 패배감, 죄악감의 재확인

(8) 궁핍(암묵의 이해)

목적	상호 문제의 핵심을 건드리는 것을 피함으로써 표면적으로 안정된 현재의 관계를 유지하려고 하는 것
초대자	무사안일주의의 구제자
수락자	귀찮은 사람으로 간주된 자가 원조를 자청
반응	서로 문제에는 깊이 들어가지 않는다는 룰을 지키고 원하는 것을 얻는 동안
전환	원조자가 접촉의 잘못을 지적하고 진심으로 사태를 개선하려고 할 때. (구원자 → 희생자)
혼란	주위 관계자의 동요
결말	개선의 사실 부인, 비난 받음

(9) 이것이 최후

목적	최후의 통고를 스스로 파괴함으로써 상대와의 관계를 유지하는 것
초대자	상대편에게 꺼림칙한 감정을 갖고 있는 사람
수락자	원조를 요청하는 것은 이번이 마지막입니다.
반응	마지막이란 말이 수용되었을 때
전환	최후 통고를 한 사람이 상대편에게 원조하기 꺼리고 화를 낼 때. (구원자 → 희생자)
혼란	약속 위반에 대한 비난, 지원 계속의 재확인
결말	또 비용을 내게 되었구나, 자기변명

제3장

CKDP 심리검사 이해

1. CKDP 심리검사란

1) 드라이버의 이해

드라이버(Driver)는 1970년대 초 임상심리학자인 칼러(T. Kahler)에 의해 발견되었다. 칼러와 동료들은 특정 각본행동이나 감정에 빠져들기 전에 일관성 있게 드러나는 일단의 행동들이 있다는 사실을 알게 되었고, 이 순간순간 드러나는 다섯 가지 행동을 '드라이버(Driver)'라고 불렀다. 현재는 드라이버 종류를 일곱 가지로 보고 있다.

PO(Please Others—다른 사람을 기쁘게 하라—타인을 기분 좋게 하려고 한다.)

TI(Take It, 반드시 이루어 내라—반드시 이루어 내려고 한다.)

BS(Be Strong, 강인하라—욕구나 감정을 드러내지 않고 잘 견디려고 한다.)

BC(Be Careful, 주의하라—약점을 보이지 않기 위해 통제하려고 한다.)

BP(Be Perfect, 완벽하게 하라—정확하고 모범적으로 하려고 한다.)

TH(Try Hard ,열심히 하라—계속 부가적인 노력을 열심히 하려고 한다.)

HU(Hurry Up, 서둘러라―신속하게 하려고 한다.)

드라이버 형성과정을 보면, 인생 초기에 양육자의 어버이 자아상태 자극(대항지령)을 받아 의미 있는 체험을 하게 되고 반복되면 기본적이고 감정적인 태도를 형성한다. 아이는 수많은 대항지령 중에 선택하여 많은 대항각본을 갖게 된다. 이러한 대항각본들을 집약하면 일곱 가지가 되는데, 이 일곱 가지를 드라이버라고 한다. 사람들은 누구나 일곱 가지 드라이버 행동을 모두 나타내나 대부분의 사람은 가장 흔히 나타내는 한 가지의 드라이버를 가지고 있다. 이것은 상대방과 교류를 할 때 상대방이 보내는 자극에 대해 가장 먼저 나타내는 반응일 것이다. 이것을 그 사람이 가장 많이 활용한 1차 드라이버라고 한다. 1차 드라이버를 제외한 나머지 여섯 가지 드라이버도 개인마다 정도 차이가 있으나 모두 나타난다. 그 사람이 가장 활용하지 않는 드라이버가 7차 드라이버이다.

드라이버는 사람마다 특정한 방식으로 행동하게 만드는 무의식적 내적 동인으로 충동적으로 따르려고 하기 때문에 '몰이꾼'이라고 한다.

드라이버 자체는 좋은 평판과 좋은 인간관계를 형성하는 데 도움이 되며, 스트레스 상황에서는 도움이 되지 않는 강박적 행동인 축소각본으로 이어진다.

사람들의 행동에 대한 통찰을 제공하며 일곱 가지 드라이버는 각각의 구별된 드라이버 행동을 수반한다. 드라이버 행동(말, 어조, 몸짓, 얼굴표정, 태도)의 효과적인 탐색을 위해서는 드라이버 내용보다는 행동과정에 중점을 두는 것이 중요하다. 드라이버를 통해서 한 개인의 각본에 효과적으로 개입할 수 있다.

2) CKDP 심리검사 이해

한국교류분석상담협회에서는 최영일 박사가 개발한 표준화 심리검사지인 CKDP 심리검사지를 활용하고 있다. CKDP 심리검사란 Choe's Korean standard Driver Pattern의 약자로 교류분석 이론 중 드라이버 행동에 의한 심리적 현상을 측정하기 위한 한국형 표준화 드라이버 검사이다. 이 검사지는 2013년 9월부터 2015년 7월까지 1년 10개월간에 걸쳐 전국 단위 2만 3,100명을 표집하고, 부산대학교 통계연구소에 의뢰하여 통계분석을 통해 개발된 교류분석 이론에 의한 표준화 심리검사이다.

본 심리검사는 총 70문항으로 구성되어 있고, 개인의 드라이버 탐색을 통해 개인의 인생각본을 진단하여 상담, 심리치료, 의사소통 그리고 인간을 이해하는 데 효과적인 도구로 활용한다.

CKDP 심리검사 방법은 먼저 CKDP의 70문항 질문지를 통해 검사 결과를 응답지에 체크하고 각각 일곱 가지 드라이버 점수 합계를 낸다. 그리고 이 값을 CKDP 체크리스트에 꺾은선 그래프로 작성한다. 자신의 일곱 가지 드라이버 합계 점수 중 가장 높은 점수가 각각 1차, 2차 드라이버이며, 가장 낮은 점수가 7차 드라이버이다. 다음으로 한국 연령 성별 CKDP 규준 점수표를 참고로 자신의 전국 연령 성별에 따른 등급을 찾는다. 그 후에 다음 CKDP 심리검사 해설지에 의해 자신의 검사 결과를 중점적으로 해석한다.

다음은 CKDP 심리검사 해설 내용이다. 자신의 드라이버 패턴과 인생각본을 해석하는 데 도움이 되기를 바란다.

2. CKDP 심리검사 해석 방법

1) 드라이버에 따른 성격의 특성

(1) 자신의 검사 결과 드라이버에 따른 성격의 특성을 찾는다. 자신의 일곱 가지 드라이버는 모두 한 개인의 성향을 나타내고 있다.

(2) 주 드라이버와 두 번째와 가장 낮은 드라이버 성격의 특성을 중점적으로 찾는다.

(3) 주 드라이버와 두 번째 드라이버의 값이 같게 나온 경우는 평소 어느 것을 더 많이 쓰는지 생각해 보고 다시 순위를 정하고 특성을 찾는다.

(4) 6번 드라이버와 7번 드라이버 값이 같게 나온 경우는 평소 가장 쓰지 않았던 드라이버를 7번 드라이버로 정하고 특성을 찾는다.

드라이버	성격의 특성
PO	타인의 감정에 대한 관심, 인간관계 중시, 과잉반응성, 정서적 불안정, 충동적, 주변의 시선 끌기, 유혹, 에너지가 많음, 사교적, 미숙함, 자기중심성, 허영심, 의존성, 유희성, 매력적, 재미있는, 온정적, 흥분성 등
TI	목표지향, 사회적 갈등, 드라마와 같은 흥분 추구, 활력 넘치는 수완가, 고도의 정력, 우월한 독자적 사고, 이기적, 매혹적, 카리스마, 달변, 무책임, 충동적, 조작적, 촉진 등
BS	배려하는, 예술적·창의적 사고, 수동성, 백일몽, 혼자 있을 때 행복, 초연, 함께하기 불편한, 부끄러움, 조용하고 섬세한, 내향적, 상상력, 친절하고 지지적인, 타인과 거리를 둔, 인내, 불안 등
BC	최상 지키기, 사고의 경직성, 과장, 투사적, 훌륭한 사고자, 상세함에 주의집중, 과잉민감, 회의적, 질투, 시기, 지식 있는, 조심스러운, 의심, 조정과 통제에 관심 많은 등
BP	완벽주의자, 순응성, 과도한 책임감, 신뢰성, 과잉억제, 과잉성실, 공손함, 일 중심 생활, 긴장, 휴식이 어려운, 문제해결 능동적, 혼자 있을 때 행복, 깔끔한, 즐기기 힘든 등
TH	탐색적, 활기찬, 타인의 통제에 저항, 수동-공격성, 과잉의존, 문제해결에서 수동적, 고집스러운, 잘못된 것 잘 찾고 잘 지적, 투쟁, 불평불만, 장난기, 집요한, 타인과 관계에서는 활동적 등
HU	신속함, 정열적인, 열심인, 흥분성, 과잉반응성, 정서적 불안정, 극적임, 주변의 시선 끌기, 에너지가 많음, 참을성 부족, 빠른 판단력, 미숙함, 자기중심성, 짜증, 성급, 흥분을 잘하는 등

2) 드라이버 등급에 따른 성격의 기술

(1) 우리 문화에서 드라이버 행동은 강도와 빈도에 따라 등급과 사용 순위가 다르다.
(2) 등급은 한국 연령, 성별 CKDP 규준 점수표에서 찾아서 해석하고 순위는 일곱 가지 드라이버의 점수 순서로서 점수가 가장 높은 드라이버가 가장 빈도가 높다.

드라이버 \ 등급	1~2등급 (역기능적으로 높음)	3~4 등급	5등급	6~7 등급	8~9등급 (역기능적으로 낮음)
PO	과도한 정서, 시선 끌기, 의존적, 타인 조종 등	⇔	공감, 사교적, 온정적, 재미있는 등	⇔	냉담, 무관심, 비사교적, 무미건조 등
TI	이기적, 사회적 갈등, 무책임, 조작적, 충동적 등	⇔	수완력, 매력적, 달변, 독자적 사고, 열정 등	⇔	사회성 부족, 의존적, 리더십 부족, 소극적 등

BS	초연, 고립, 수동성, 공상, 냉정 등	⇔	침착, 창의적, 섬세, 배려, 인내, 친절 등	⇔	인내심 부족, 불친절, 안절부절못함, 연연함 등
BC	완고, 과잉민감, 시기질투, 의심, 회의적 등	⇔	세심함, 집중력, 신중함, 통제력 등	⇔	건성, 우유부단, 산만, 부주의 등
BP	완벽, 일중독, 강박적, 과잉억제, 과잉성실 등	⇔	신뢰성, 책임감, 성실, 공손, 계획성 등	⇔	무책임, 무례한, 부정확, 불성실, 즉흥적, 느슨함 등
TH	적대감, 저항, 고집, 수동-공격적, 불평불만 등	⇔	탐색적, 의욕적, 활기찬, 끈질긴, 호기심 등	⇔	무기력, 자포자기, 무망감, 의욕상실, 위축 등
HU	성급함, 흥분성, 과잉반응, 정서적 불안정 등	⇔	신속함, 빠른 판단력, 열정적, 행동적 등	⇔	둔함, 수동적, 느림, 무미건조 등

3) 드라이버에 따른 순기능과 역기능

(1) 주 드라이버의 등급에 따른 순기능과 역기능을 찾는다.

(2) 다음으로 2번 드라이버의 등급에 따른 순기능과 역기능을 찾는다.

드라이버	순기능	역기능
PO	타인과 관계를 즐기고, 좋은 기분이 들도록 만드는 특성이 있다. 매우 높은 에너지를 가지고 있으며 상상력이 매우 풍부하다. 공동체 사기를 올리는 데 탁월하다. 사람들 속에서 관심의 중심에 있기를 좋아한다. 일반적으로 타인과 잘 어울리는 경향이 있으며 집단에 관여되는 것을 즐긴다. 문제를 해결해야 할 때나 사회적 상호작용이 필요한 경우 능동적 참여를 한다.	정서적으로 매우 과도해지는 경향이 있어 흥분을 잘하고, 과도한 반응을 보이며 정서적으로 불안해 보인다. 자기중심적이며, 허영심이 있어 보인다. 타인이 조금이라도 비판을 하면 매우 당황스러워한다. 의존적일 때는 적절한 자기통제를 못할 때가 있다. 타인에게 자기주장과 정당한 비판을 하지 못한다. 타인이 원하는 것이 아니라 자기가 해 주고 싶은 것을 해 준다.

TI	매력적인 카리스마를 지니고 있으며, 타인을 이끌면서 사회에서 신화를 만들어 낸다. 훌륭한 촉진자이며, 새로운 운동을 시작하는 사람이다. 행동하기를 좋아하고 인생에서 모든 취미를 다 즐기고 싶어 하는 사람이다. 매력적으로 보이게끔 하며, 좋은 인상을 줄 수 있는 모습을 좋아한다. 이들은 능동, 수동, 참여, 회피 등 모든 영역을 오간다.	자신이 직접 할 수 있음에도 불구하고 타인을 조작하거나 이용하려 한다. 상황을 경쟁적으로 만드는 경향이 있으며 타인이 자신을 위해 존재하는 것으로 결론을 맺으려 한다. 타인과 친밀한 시간을 원하지만 친밀한 시간을 갖는 것에 어려움을 느낀다. 자신이 속박되거나 갇히거나 또는 통제된 상황을 두려워한다.
BS	친절하고, 보호적이며, 지지적인 사람이다. 매우 높은 민감성을 지니고 있으며, 주변을 즐겁고, 편안하게 해 준다. 고독을 추구하는 경향이 있으며, 혼자 일하는 것을 좋아한다. 위기 상황에 침착하게 효과적으로 행동한다. 창의적인 생각을 해 내는 사람이며, 예술적인 감각을 가지고 있기도 하다. 인생의 근본적인 문제에 깊이 있게 생각하는 경향이 있어 영적인 것을 추구하고, 자연과의 조화에 관심을 지니고 있다. 일대일 만남을 선호하며, 문제를 해결하는 태도와 사회적인 상호작용 태도는 타인이 먼저 움직일 때까지 기다린다.	현실 세계의 사람과 상호작용하기보다는 자신의 공상 세계에 살고 있다. 자신의 욕구가 정말로 필요하다고 인정될 때까지 기다리는 경향이 있다. 배경에만 머물러 있고 저자세를 유지하고 물의를 일으키지 않아야 하는 금욕주의자이다. 누구와도 쉽게 친해지지 않으려 하고 강해지기 위해 스스로 노력한다. 타인과 의존적 관계를 만드는 경향이 있고 비언어적인 방법으로 의사소통하는 경향이 있다. 희로애락의 감정을 느끼거나 수용하는 것이 어렵다. 타인에게 도움을 청하기보다 스스로 많은 짐을 진다.
BC	모든 면에서 가장 명확하고 날카로우며, 가장 세심하게 생각할 수 있는 사람이다. 어떤 일에서든지 확신을 갖기를 원한다. 명확한 대답을 좋아하고 빈틈없는 상태를 유지하며, 고도의 사고능력을 가지고 있다. 지배, 관리하는 것을 좋아하는 이들은 머리가 좋고 매우 민감하며, 지각력이 뛰어나다. 소수의 사람과 관계 맺기를 선호하고 문제해결과 사회적인 상호작용 측면에서는 자신의 판단대로 행동한다.	자신에게 오는 정보를 자주 오해하고 사고패턴은 종종 경직되어 있거나 과장되어 있다. 자신이 느낀 감정과 생각에 대해 완고한 모습을 보이고 자신이 인식하는 것이야말로 진정한 현실이라고 확신한다. 일정한 관계에 대한 두려움을 지니고 있고 들쭉날쭉한 행동패턴을 보인다. 통제하기를 원하고 약점이 있는 존재로 남아 있기를 거부한다. 타인에 대한 시기와 질투가 많아 타인의 동기를 의심하기도 한다.

BP	일반적으로 책임성 있고, 성실하며 믿을 수 있는 사람이다. 이들은 열심히 일하며, 예의범절을 지키는 사람이다. 일을 만들어 내고, 자신의 영역에서 일반적으로 성공을 거둔다. 늘 정돈된 느낌을 주며, 차림새가 단정하고, 완벽하게 보이려는 경향이 있다. 일을 구조화하여 조직적이며 계획적으로 한다. 일반적인 문제해결과 상호작용의 형태는 먼저 접근하고 집단보다는 소수 사람과 관계 맺기를 선호한다.	자신이 이룩해 놓은 것을 즐기지 못한다. 강한 자기규제를 지닌 완벽주의자이며 과도한 성실함과 의무감을 가지고 있다. 따라서 완벽하게 마무리할 수 없을 때 스트레스를 받는다. 타인이 자신의 기준에 적절하게 도달하지 못할 때 비난한다. 이러한 기대와 빈번한 비판은 다른 사람들과의 관계를 어렵게 만든다. 타인을 믿지 못해 일을 위임하지 못하고 혼자 다 한다.
TH	유희적 어린이 자아상태 에너지를 많이 가지고 있으며 즐거운 것을 좋아한다. 이들은 훌륭한 친구가 될 수 있는 사람이다. 훌륭한 탐색가이자 비평가이며, 동시에 연구 보고자이다. 자신의 흥미를 추구하는 데 집요한 성향을 보인다. 대단한 열정으로 일을 시작하고, 문제해결을 위해 모든 가능성을 실천에 옮긴다. 집단에서 타인과 관계 맺기를 좋아한다.	자신이 정한 방식대로 살기로 결심한 사람이며 타인의 어떤 지시에도 따르기를 거부한다. 자신이 원하는 것을 직접적으로 표현하는 데에는 어려움을 가지고 있으며, 정작 자신이 원하는 것을 얻지 못했을 때 매우 불만스러워한다. 수동적이며 의존적 경향이 있어 타인들로부터 관심을 받는 것을 좋아하지만 부정적인 방법으로 관심을 유도한다. 해야 할 일을 많이 만들기를 좋아해 완성보다 출발에 더 헌신적이다.
HU	열정적이고 행동적이며 무엇이든 마음먹으면 열심히 짧은 시간에 많은 일을 한다. 소모적인 논쟁을 피하며 일사천리로 일을 추진한다. 바쁠 때 일수록 집중력이 좋아 일을 잘하며 신속하게 처리하여 마감 시간을 잘 지킨다. 남들이 보면 머리가 잘 돌아가고 빠른 결단력을 가지고 있다고 생각한다. 일을 짧은 시간에 모아서 하는 습관 때문에 여가시간을 더 확보할 수 있다.	실수를 줄이기 위해 매사 단계적으로 계획을 하고 여유를 가질 수 있게 시간 안배를 할 필요가 있다. 상대방 말이 끝날 때까지 집중하고, 자기 생각대로 짐작하지 말고 상대방에게 확인해야 한다. 다른 사람들과 진실한 관계를 가지려면, 성급하게 판단하지 말고, 자유로운 교제에 참여하도록 한다. 다른 사람에게 재촉하기보다는 충분히 정보를 받아들일 수 있도록 시간을 주어야 한다.

4) 드라이버에 따른 조기결단, 부정적 인생태도, 경계

(1) 드라이버에 따른 조기결단을 찾고 해석한다.

인생 초기 각본 메시지에 대한 반응으로 자신과 타인에 대한 어떤 결론이다. 각본의 핵심으로 조기결단을 자각하고 변화시키면 각본에서 벗어날 수 있다.

(2) 부정적 인생태도를 찾고 해석한다.

드라이버	조기결단	인생태도	경계	
			자기감	인간관계
PO	나는 당신을 즐겁게 해 주고 행복하게 해 줄 것이다.	II	산만	산만
TI	사람을 신뢰할 수 없어, 조작해서라도 내가 원하는 것을 얻을 것이다.	III	경직	경직
BS	나는 나 혼자 느끼고, 나 자신을 보호할 것이며, 너를 필요로 하지 않겠다.	IV	산만	경직
BC	나는 나의 안전을 위해서 주변의 모든 사람과 모든 것을 통제할 것이다.	III	경직	경직
BP	나는 완벽해지기 위해서 최선을 다할 것이다.	II	산만	산만
TH	나는 살아남기 위해서 투쟁해야만 한다. 그것은 내가 획득한 것을 지켜야 하기 때문이다.	IV	산만	경직
HU	나는 짧은 시간에 신속하게 모든 일들을 처리할 것이다.	II	산만	산만

드라이버 \ 인생태도	영역	부정적 측면
PO, BP, HU	II	• 마음의 상처를 받을 때에도 도망가는 것 • 타인과 애착은 원하지만 개별적인 것을 두려워함
TI	III	• 어버이 자아상태를 부정하고 이를 제거하려고 함 • 타인을 자신의 벽 밖으로 몰아내려고 함 • 매우 개별적이지만 타인과 애착을 두려워함
BS	IV	• 타인이 동조해 주지 않으면 두려워하며 회피함 • 상호작용이 거의 없으며 개별화와 타인과 애착 모두 두려워함
BC	III	• 어린이 자아상태를 부정하고 이를 제거하려고 함 • 타인을 자신의 벽 밖으로 몰아내려고 함 • 매우 개별적이지만 타인과 애착을 두려워함
TH	IV	• 타인의 생각을 듣고 난 후에 주어진 것에 대해 저항함 • 상호작용이 거의 없으며 개별화와 타인과 애착 모두 두려워함

(3) 부정적인 자기감 경계와 인간관계 경계를 찾고 해석한다.

- 명확: 자신에 대한 자아상태 경계가 분명, 편견과 망상이 없고, 라켓 감정 없이 솔직한 감정을 경험
- 산만: 모호함(편견과 망상으로 애매한 태도)
- 경직: 벽(심적 에너지 순환이 안 되어 정보를 받아들이기 어려움)

인생태도 드라이버	영역	자기감 및 인간관계 경계의 부정적 측면
PO, BP, HU	II	• 자기감 및 인간관계 경계가 산만(모호), 타인에게 의존적 • 전형적인 교류패턴: 손해 보는 것, 도망치는 • 라켓 감정: 슬픔, 두려움, 죄책감(우울 패턴)
TI, BC	III	• 자기감 및 인간관계 경계가 경직(벽), 방어적이고 배타적 • 타인을 자신의 벽 밖으로 몰아내려고 함 • 전형적인 교류패턴: 타인을 제거하라. • 라켓 감정: 분노(방어 패턴)
BS, TH	IV	• 자기감 경계는 산만, 인간관계 경계는 경직 • 전형적인 교류패턴: 모두 신뢰하지 않음(공허, 절망) • 라켓 감정: 혼돈, 좌절감(공허 패턴)

5) 드라이버에 따른 성격적응 유형과 반응

(1) 드라이버에 따른 타인과 문제해결에 대한 반응을 해석한다.

- 능동: 문제해결과 사회적 관계를 맺기 위해 먼저 다가간다(PO, HU, BP, TI).
- 수동: 문제해결과 사회적 관계를 맺기 위해 먼저 다가오기를 기다린다(TH, BS, TI).
- 참여: 집단의 일원이 되는 것을 좋아한 사람으로 외부의 자극에 대해 잘 참고, 높은 심적 에너지로 더욱 많이 표현하고, 추가적인 자극을 찾는다(PO, HU, TH, TI).
- 회피: 홀로 있거나 소수의 사람들과 함께하는 것을 좋아하는 사람으로 외부의 자극에 대해 예민하고, 낮은 심적 에너지로 차분하고 조용하고, 과도한 자극에 대해 회피한다(BP, BC, BS, TI).

드라이버	성격적응 유형	양면성		타인에 대한 반응	문제해결에 대한 반응
		긍정성	부정성		
PO	열정적 과잉반응자 (연기성)	친밀성	과잉반응	참여(외향)	능동
TI	매력적 조작자 (반사회성)	수완력	조작	참여(외향) 회피(내향)	능동 수동
BS	창의적 몽상가 (조현성)	배려심	회피	회피(내향)	수동
BC	재기형 회의자 (편집성)	신중성	의심	회피(내향)	중립
BP	책임감 있는 일 중독자 (강박-신경증적)	정확성	과잉반응	회피(내향)	능동
TH	유희적 반항자 (수동-공격성)	탐색적	저항	참여(외향)	수동
HU	열정적 과잉반응자 (연기성)	신속성	과잉반응	참여(외향)	능동

(2) 성격적응 유형의 개념

- 성격적응 유형은 한 개인의 적응 방식을 나타낸 것으로 공식적인 용어는 '웨어와 조인스(Ware & Joines)' 용어를 사용하고 여섯 가지 유형으로 나타낸다.
- 긍정적인 측면과 부정적인 측면을 다 고려한 인간의 균형적인 면(조인스 분류)과 부정적일 때 정신병리 개념(웨어 분류)으로 나타낸다.
- 한 개인이 자신의 원가족 안에서 어떻게 적응하고 가족구성원의 기대에 어떻게 부응했는지 인식하는 데 관점을 제시한다.
- 드라이버 행동의 단서를 통해 한 개인의 성격적응 유형을 신뢰롭게 진단한다.

(3) 드라이버에 따른 성격적응 유형의 특징

드라이버	성격적응 유형	특징	양면성	
			긍정성	부정성
PO	열정적 과잉반응자 (연기성)	• 연기하듯 과장되게 정서를 표현한 사람 • 일시적으로 병적인 흥분 상태(히스테리성)	친밀성	과잉반응

TI	매력적 조작자 (반사회성)	• 카리스마가 있으며 신화를 만들어 낸 사람 • 사회에 부정적 영향을 끼침	수완력	조작
BS	창의적 몽상가 (조현성)	• 현실성이 떨어지나 창의적인 사람 • 통합적인 정상 사고를 못함	배려심	회피
BC	재기형 회의자 (편집성)	• 한 번 실수를 실패라고 생각하는 사람 • 외곬로 집착	신중성	의심
BP	책임감 있는 일 중독자 (강박-신경증적)	• 정확하고 모범적인 사람 • 불합리한 생각이 고정되어 되풀이되고 초조해함	정확성	과잉성취
TH	유희적 반항자 (수동-공격성)	• 자신의 방식대로 흥미를 추구하는 사람 • 불만이나 적개심을 수동적 방법으로 표출	탐색적	저항
HU	열정적 과잉반응자 (연기성)	• 연기하듯 과장되게 정서를 표현하는 사람 • 일시적으로 병적인 흥분 상태(히스테리성)	신속성	과잉반응

6) 드라이버에 따른 선호하는 의사소통 방식

드라이버	Ware의 의사소통 방식			Kahler의 의사소통 방식	
	개방문	표적문	함정문	채널	자아상태 기능
PO	감정	사고	행동	양육적인	+NP → +FC
TI	행동	감정	사고	정서적인 양육적인 지시적인	+FC → +FC +NP → +FC +CP → A
BS	행동	사고	감정	지시적인	+CP → A
BC	사고	감정	행동	정보적인 지시적인	A → A +CP → A
BP	사고	감정	행동	정보적인	A → A
TH	행동	감정	사고	정서적인	+FC → +FC
HU	감정	사고	행동	양육적인	+NP → +FC

의사소통을 할 때 드라이버에 따라 웨어(Ware)의 의사소통 방식과 칼러(Kahler)의 의사소통 방식을 활용하면 효과적이다.

(1) 드라이버에 따른 Ware의 의사소통 방식을 해석한다.
- 교류에 있어 세 가지 접촉 영역: 사고, 감정, 행동
- 교류에 있어 세 가지 접촉 문: 개방문, 표적문, 함정문
- 개방문: 맨 처음 접하게 되는 문, 가장 많은 에너지가 집중되어 있는 곳
- 표적문: 치료를 통한 변화를 만들어 내기 위해서 통합이 필요한 곳
- 함정문: 의미 있는 변화를 볼 수 있는 곳, 가장 큰 방어기제가 있는 곳
- 효과적인 접촉을 원한다면 개방문의 접촉 영역을 통해 접근한다.
- 통합을 원한다면 표적문의 접촉 영역을 움직여 개방문의 접촉 영역과 통합한다.
- 저항을 받지 않으려면 함정문의 접촉 영역을 먼저 다루지 않는다.

(2) 드라이버에 따른 Ware의 의사소통 방식

드라이버＼상태	개방문의 접촉 영역	개방문의 접촉 영역으로 접근	표적문에서 통합
PO	감정	감정을 보호해 주고 즐겁게 해 준다.	사고를 움직여 개방문의 감정과 통합
TI	행동	이들이 하려는 행동에 즐겁게 직면한다.	감정을 움직여 개방문의 행동과 통합
BS	행동	회피하는 행동에 직면하여 원하는 것을 들어 본다.	사고를 움직여 개방문의 행동과 통합
BC	사고	명확한 사고 영역에 대해 긍정적 스트로크를 한다.	감정을 움직여 개방문의 사고와 통합
BP	사고	이들의 사고 영역에 긍정적 스트로크를 한다.	감정을 움직여 개방문의 사고와 통합
TH	행동	행동에 긍정적 스트로크를 하며 즐겁게 접근한다.	감정을 움직여 개방문의 행동과 통합
HU	감정	감정을 보호해 주고 즐겁게 해 준다.	사고를 움직여 개방문의 감정과 통합

(3) 효과적인 라포 형성을 위한 Kahler의 의사소통 방식

- 양육적인 의사소통: 보호적이고 양육적인 소통 방식

  "안아 줄게."(+NP), "아, 좋아라!"(+FC)

- 정서적인 의사소통: 감정을 직접적으로 표현하는 소통 방식

  "일찍 와서 너무 기분 좋은데!"(+FC), "어, 그래요? 저도 좋아요."(+FC)

- 정보적인 의사소통: 질문하고 요구하는 소통 방식

  "뭘 원하는지 말해 주세요."(A), "네, 알았습니다."(A)

- 지시적인 의사소통: 직접적으로 지시하는 소통 방식

  "내일 과제물 해 오세요."(+CP), "네, 그렇게 하겠습니다."(A)

상태 드라이버	Kahler의 의사소통 방식	자아상태 의사소통
PO	양육적	+NP → + FC
TI	정서적, 양육적, 지시적	+ FC → + FC, + NP → + FC + CP → A
BS	지시적	+ CP → A
BC	정보적, 지시적	A → A, + CP → A
BP	정보적	A → A
TH	정서적	+ FC → + FC
HU	양육적	+ NP → + FC

(5) 드라이버에 따른 함정문의 긍정적 변화와 저항

상태 드라이버	함정문의 접촉 영역	긍정적 변화	저항(방어)
PO	행동	특정 상황에서 과잉행동을 중지한다.	타인을 기쁘게 못한 행동을 지적할 때
TI	사고	조작해서 사람을 속임수로 이기는 사고를 중지한다.	조작하려는 사고를 지적할 때
BS	감정	욕구나 감정을 건드리려는 것을 중지한다.	강인하지 못한 감정을 지적할 때
BC	행동	타인을 불신하고 통제하는 행동을 중지한다.	안전을 위해 통제 못하는 행동을 지적할 때

BP	행동	자신을 이완하고 즐기는 행동을 찾기 시작한다.	완벽하지 못한 행동을 지적할 때
TH	사고	투쟁(저항)적 사고방식을 중지한다.	노력(대비)하지 않는 사고를 지적할 때
HU	행동	특정 상황에서 과잉행동을 중지한다.	신속하지 못한 행동을 지적할 때

7) 드라이버에 따른 선호하는 적응 방식

드라이버	타인과 관계 맺는 방식	위협에 대안 반응	만족을 주는 시간의 구조화	실행적·생존적 적응
PO	감정	감정이 과도하게 상승	잡담, 게임, 친밀	좋은 인상을 주는가? (실행)
TI	먼저 상황 평가	이득을 얻기 위해 타인을 조종	게임, 잡담	승부에 잘 대처하는가? (생존)
BS	무반응	외면	폐쇄, 활동, 친밀	갈등을 회피할 수 있는가? (생존)
BC	사고	지적 민감성으로 상대방 공격	의식, 잡담, 게임	안전을 위해 신중한가? (생존)
BP	사고	경직된 이성작용으로 대응	활동, 게임, 친밀	모범적으로 보이는가? (실행)
TH	반응	불평하며 싸움	잡담, 게임	자발성을 지킬 수 있는가? (실행)
HU	감정	감정이 과도하게 상승	잡담, 게임, 친밀	신뢰와 신속함을 주는가? (실행)

(1) 드라이버 패턴에 따른 타인과 관계 맺기 위해 선호하는 방식을 해석한다.

적응 방식 / 드라이버	타인과 관계 맺기 위해 선호하는 방식
PO, HU	감정적인 반응으로 첫 대면에 임한다.
TI	먼저 상황을 평가한 다음, 입장을 선택한다.
BS	대화하기보다는 물러나 있는 모습을 보인다.
BC, BP	사고를 요구하는 주제로 대화하기를 선호한다.
TH	집단의 의견이나 행동과는 다른 엇갈리는 반응을 한다.

(2) 드라이버에 따른 선호하는 적응 방식을 해석한다.

드라이버＼상태	위협에 대한 반응	시간의 구조화	선호하는 적응 방식
PO	감정이 과도하게 상승	잡담과 게임, 친밀	주변의 사람을 행복하게 좋은 느낌을 가질 수 있도록 에너지를 쓰고 있는가?(실행)
TI	이득을 얻기 위해 타인을 조종	게임과 잡담	상황을 어림잡아 파악하고 자신이 이득을 이해 조치를 바로 취하는 경향이 있는가?(생존)
BS	외면	폐쇄와 활동, 친밀	뒤로 한 발자국 물러서는 경향이 있으며, 잠잠해질 때까지 기다리는가?(생존)
BC	민감성으로 상대방을 공격	의식과 잡담, 게임	먼저 조심스럽게 상황을 생각해 보고 그 후에 결단을 통해 해결하려고 하는가?(생존)
BP	경직된 이성작용으로 대응	활동과 게임, 친밀	자신이 가장 올바르다고 생각하는 일을 가장 성실하게 하려고 하는가?(실행)
TH	불평하며 싸움	잡담과 게임	자신의 방식을 고수하고자 타인의 기대에 대항하여 지속적으로 투쟁하는가?(실행)
HU	감정이 과도하게 상승	잡담과 게임, 친밀	주변의 사람을 행복하게 하기 위해 서둘러 신속하게 하는가?(실행)

8) 불건강할 때 전형적인 심리게임과 금지령, 라켓

드라이버	심리게임	금지령	라켓
PO	• 라포(복수하기, 관심 끌기) • 당신이 아니었다면……(보상받기) • 바보(회피하기) • 당신을 도우려고 노력할 뿐이야 (합리화, 약점 가리기)	• 나를 떠나지 마라. • 생각하지 마라. • 중요한 존재가 되지 마라. • 너 자신(성별)이 되지 마라.	불안, 슬픔, 혼란, 두려움(분노를 가린)
TI	• 할 수 있다면 나를 잡아 봐(우위를 점하기) • 경찰과 도둑(비난하기, 굴복시키기) • 암묵적 이해(공생하기) • 법정 공방(합리화, 정당화하기)	• 친해지지 마라. • 슬픔(두려움)을 느끼지 마라. • 너 자신이 되지 마라. • 생각하지 마라.	혼란, 분노(두려움과 슬픔을 가린)

BS	• 당신이 아니었다면……(보상받기) • 나를 차라(비난, 경멸 유발하기) • 나에게 뭔가를 하라(불평하기, 조종하기)	• 성취하지 마라. • 함께하지 마라. • 잘 되려고 하지 마라. • 감정을 느끼지 마라. • 즐기지 마라. • 생각하지 마라.	무감각, 단조로움, 공백 상태, 불안(분노, 마음의 상처, 즐거움, 성적인 느낌을 가린)
BC	• 몰아넣기(흠 잡아내기, 거부하기) • 자! 딱 걸렸어, 이 녀석(규탄하기, 정당화하기) • 나를 차라(비난, 경멸 유발하기) • 당신 탓으로 이렇게 되었어(책임 전가)	• 친해지지 마라. • 신뢰하지 마라. • 감정을 느끼지 마라. • 즐기지 마라. • 소속되지 마라(함께하지 마라).	타인에 대한 분노, 불안, 질투, 의심 (두려움을 가린)
BP	• 내가 얼마나 노력했는지 봐라(압박하기, 보상받기) • 당신이 아니었다면……(보상받기) • 몰아넣기(흠 잡아내기) • 당신을 도우려고 노력할 뿐이야(합리화, 약점 가리기)	• 감정을 느끼지 마라. • 친해지지 마라. • 중요한 존재가 되지 마라. • 즐기지 마라.	불안, 우울, 죄책감(분노, 마음의 상처와 성적인 느낌을 가린), 분노(슬픔을 가린)
TH	• 예, 그러나……(거절하기) • 나에게 뭔가를 하라(불평하기, 조종하기) • 바보(회피하기) • 나를 차라(비난, 경멸 유발하기)	• 나를 떠나지 마라. • 감정을 느끼지 마라. • 성취하지 마라. • 친해지지 마라. • 신뢰하지 마라.	좌절(마음의 상처를 가린), 의분, 혼란(분노를 가린)
HU	• 라포(복수하기, 관심 끌기) • 당신이 아니었다면……(보상받기) • 바보(회피하기) • 당신을 도우려고 노력할 뿐이야(합리화, 약점 가리기)	• 나를 떠나지 마라. • 생각하지 마라. • 중요한 존재가 되지 마라. • 너 자신(성별)이 되지 마라.	불안, 슬픔, 혼란, 두려움 (분노를 가린)

(1) 드라이버에 따른 전형적인 심리게임, 금지령, 라켓 감정을 찾고 해석한다.

• 심리게임: 숨겨진 의도를 가진 이면적인 의사소통으로 ⓐ 자아가 의식하지 못한 상태에서 역할 교체가 이루어짐, 책임을 다른 사람에게 전가, 자신의 욕구 충족, 자신을 정당화

• 금지령: 부모의 미해결된 문제를 부모가 의식하지 못한 상태에서 비언어적 이면교류로 자녀에게 전달, 부정적이고 구속적인 메시지

• 라켓 감정: 원가족에서 허용되지 않았던 감정이나 행동을 대신 한 것, 부적절한 행동이나 감정을 이른다.

드라이버 \ 상태	심리게임과 금지령	라켓 감정
PO	타인을 기쁘게 하고 관심을 받기 위해	불안, 슬픔, 혼란, 두려움(분노를 가리는)
TI	원하는 것을 얻기 위해	혼란, 분노(두려움과 슬픔을 가린)
BS	강인한 태도를 지키기 위해	무감각, 단조로움, 불안(분노, 마음의 상처, 즐거움, 성적인 느낌을 가린)
BC	안전을 위한 통제를 위해	분노, 질투, 의심(두려움을 가린)
BP	자신의 모범적인 태도를 지키기 위해	불안, 우울, 죄책감(분노, 마음의 상처와 성적 감정을 가린), 분노(슬픔을 가린)
TH	자신의 자발성을 지키기 위해	좌절(마음의 상처를 가린), 의분, 혼란(분노를 가린)
HU	신속하게 하기 위해	불안, 슬픔, 혼란, 두려움(분노를 가린)

9) 드라이버에 따른 인생각본

드라이버	과정각본	축소각본	허용
PO	'그 후'식(뒷일에 대해 미리 근심 걱정함)	스트레스 상황에서 현재 있는 그대로의 모습을 받아들이지 않고 '만약 ~이라면 OK'라는 사고방식으로 시작할 때, OK가 아닌 축소각본에 빠진다. • 몰이꾼(Driver): ~하는 한 OK, 무감정 • 제지꾼(Stopper): 자기 탓, 죄의식, 근심 • 비난꾼(Blamer): 네 탓, 비난, 의기양양한 • 낙담꾼(Despairer): 내 탓, 남 탓, 무가치한, 무익한	먼저 자신을 기쁘게 해도 좋다.
TI	'결코'식, '항상'식, '거의'식 I		먼저 자신에게 진솔하게 해도 좋다.
BS	'결코'식(생각만 하고 시도를 하지 않음)		자신의 욕구나 감정을 개방적으로 표현해도 좋다.
BC	'까지'식+'결코'식(완벽하게 할 수 없는 일은 안함)		솔직하게 개방하고 믿음을 가져도 좋다.
BP	'까지'식(완벽할 때까지 끝내지 못함)		있는 그대로 해도 좋다.
TH	'항상'식(노력하지만 자기 틀에서 못 벗어남)		그냥 해도 좋다.
HU	'그 후'식(뒷일에 대해 미리 근심 걱정함)		여유를 가지고 해도 좋다.

PO+TH	'거의'식 Ⅰ (결정을 못 내고 반복한 경향)		좋아하는 것을 그냥 해도 좋다.
PO+BP	'거의'식 Ⅱ(계속 어떤 일을 추구하려 함) '무계획'식(텅 빈 식)(자기 주도적인 삶을 살지 못함)		좋아하는 것을 있는 그대로 해도 충분히 좋다.

(1) 드라이버에 따른 과정각본을 해석한다.

• 과정각본: 사람들은 시간의 구조화 과정에서 여섯 가지 과정각본을 무의식적으로 쓰며, 하나의 유형이 두드러지게 나타나지만 여러 가지가 결합되어 나타나기도 한다.

• 과정각본의 패턴은 부정적일 뿐만 아니라 긍정적으로 사용될 수 있다.

• 과정각본에 따라서 어떻게 살아가는지 삶의 패턴을 나타낸다.

드라이버 ＼ 상태	과정각본	의미
PO	'그 후'식	뒷일에 대해 미리 근심 걱정함
TI	'결코', '항상', '거의'식 Ⅰ	자기 의도대로 수단방법을 가리지 않음
BS	'결코'식	생각만 하고 시도를 하지 않음
BC	'까지'식 + '결코'식	한 가지 일에 신중하여 시작이 늦음
BP	'까지'식	완벽할 때까지 끝을 내지 못함
TH	'항상'식	노력은 하지만 자기 틀에서 못 벗어남
HU	'그 후'식	뒷일에 대해 미리 근심 걱정함
PO + TH	'거의'식 Ⅰ	결정을 못 내고 반복하는 경향
PO + BP	'거의'식 Ⅱ '무계획'식	계속 어떤 일을 추구하려 함 자기 주도적인 삶을 살지 못함

(2) 드라이버에 따른 축소각본의 패턴 찾고 해결책인 허용을 활용한다.

• 축소각본: 스트레스 상황에서 강력한 드라이버(몰리꾼)에 걸리면, 짧은 시간에 일어나는 일련의 행동패턴으로 인생각본을 강화시킨다.

• 축소각본의 결과: 부적절한 감정과 좌절감을 경험한다.

• 축소각본에서 벗어나기 위해서는 드라이버 메시지에 상응하는 '허가자'라고 하는

교정수단을 활용할 수 있다.

(3) 드라이버에 따른 축소각본과 허용

상태 드라이버	축소각본	허용
PO	현재 있는 그대로의 모습을 받아들이지 않고 '만약 ~이라면 OK'라는 사고방식으로 시작할 때 축소각본에 빠진다. • 몰이꾼(Driver): ~하는 한 OK, 무감정 • 제지꾼(Stopper): 자기 탓, 죄의식, 근심 • 비난꾼(Blamer): 네 탓, 비난, 의기양양 • 낙담꾼(Despairer): 무가치한, 모두 탓	먼저 자신을 기쁘게 해도 좋다.
TI		먼저 자신에게 진솔하게 해도 좋다.
BS		자신의 욕구나 감정을 표현해도 좋다.
BC		솔직히 개방하고 믿음을 가져도 좋다.
BP		있는 그대로 해도 좋다.
TH		그냥 해도 좋다.
HU		여유를 가지고 해도 좋다.
PO+TH		좋아하는 것을 그냥 해도 좋다.
PO+BP		좋아하는 것을 그대로 해도 충분히 좋다.

10) 드라이버에 따른 전형적인 디스카운트와 상담의 쟁점

드라이버	전형적인 디스카운트	상담의 쟁점
PO	• 자신의 분노나 힘에 직접 접촉하는 것 • 타인을 기쁘게 하기보다는 스스로를 기쁘게 하는 것(핵심: 자신의 감정이 무엇인지에 대해 깊이 생각하는 것)	• 상담자와 진솔하게 감정을 나누기로 계약한다. • 억압된 분노와 접촉하도록 하고 타인과의 경계를 분명히 하도록 한다. • 스스로 생각하는 힘이나 능력에 대해 스트로크를 해 준다. • 감정과 현실을 구분하게 한다.
TI	• 척 하거나 연기하지 않고 정직한 것 • 인간관계는 서로 돕고 사는 것(핵심: 남을 조종하고 조작하려는 태도에서 벗어나 진정한 자기가 되는 것)	• 신뢰감을 구축하고, 큰 안목에서 내담자를 움직여야 한다. • 타인을 조화와 화합의 대상으로 여기도록 한다. • 반사회적 행동을 멈추고, 정직해지도록 돕는다. • 과거에 잃어버린 것에 대한 애도작업을 한다.

BS	• 자신의 욕구나 감정을 인정하고 충족하기 위해 적절한 행동을 하는 것 • 자신의 힘이나 책임을 포기하는 것 (핵심: 자신의 감정과 욕구를 수용하는 것)	• 어른 자아로의 회피나 광기의 도피구를 막는다. • 수동행동(아무것도 하지 않는 것, 과잉반응, 불안, 무능과 폭력)과 직면하게 한다. • 자신의 욕구나 감정을 소중히 하는 것을 돕는다. • 문제점을 확실히 인식하도록 돕는다.
BC	• 능력이 있음에도 안전하다는 감각을 느끼지 못해 기꺼이 하겠다고 나서지 않는 것 • 자신의 수용 방법을 재고하는 것 (핵심: 세상을 안전하다고 느끼는 것)	• 상처를 주고받거나 광기의 도피구를 막는다. • 안전한 환경을 만들고 천천히 신뢰관계를 쌓아 간다. • 타인의 행동에 대한 추측을 검토하도록 한다. • 타인과의 관계를 통해 두려운 감정을 처리하는 방법을 배운다. • '어린이 자아상태'가 자유로워질 수 있도록 돕는다.
BP	• 상황이나 인간관계에서 자신이 어떻게 느끼고 있는지 깨닫는 것 • 이대로도 좋다고 여기고 즐기는 것 (핵심: 존재 그 자체만으로도 좋다고 인정하는 것)	• 쉬지 않고 일한다는 도피구를 막는다. • 자신도 실수할 수 있다는 사실을 인정한다. • 모든 것을 사고로 처리할 수 있는 것이 아니라, 자신이 어떻게 느끼고 있는지를 깨닫게 한다. • 자신의 존재가치에 대해 느끼도록 돕는다.
TH	• 흑백논리의 갈등으로부터 자유로워지는 것 • 자신의 감정을 직접적으로 조화롭게 표현하는 것(핵심: 목적이 없는 갈등으로부터 자유롭게 되는 것)	• 목적 없는 갈등으로부터 자유스러워진다. • 양자택일 사고방식에서 탈피한다. • 삶을 투쟁으로 생각하지 않도록 깨닫는다. • 감정을 직접적으로 표현할 수 있는 방법을 배운다.
HU	• 여유롭게 대처하는 것 • 참을성 있게 기다리는 것(핵심: 자신의 감정이 무엇인지에 대해 깊이 생각하는 것)	• 매사에 단계적으로 계획을 세우고 시간 안배를 할 필요가 있다. • 자기 생각대로 짐작하지 말고 상대방에게 확인해야 한다. • 여유롭게 대처하는 방법을 깨닫는다.

(1) 드라이버에 따른 전형적인 디스카운트와 상담의 쟁점을 찾아낸다.

• 디스카운트(에누리): 문제해결과 관련된 정보를 의식하지 못한 상태에서 무시하는 것. 인간관계에서 화의 근원이다.

• 상담의 쟁점을 선택한다.

2. CKDP 심리검사 해석 방법

상태 드라이버	전형적인 디스카운트	상담의 쟁점
PO	자신의 감정이 무엇인지에 대해 깊이 생각하는 것	억압된 감정과 접촉하도록 하고 타인과 경계를 분명히 하도록 한다.
TI	조정, 조작하려는 태도에서 벗어나 진정한 자기가 되는 것	타인을 조화와 화합의 대상으로 여기고, 정직해지도록 한다.
BS	자신의 감정과 욕구를 수용하는 것	수동 행동을 직면하고, 문제점을 확실히 인식하도록 한다.
BC	세상을 안전하다고 느끼는 것	타인에 대한 추측을 검토하고 두려운 감정을 처리하는 방법을 배운다.
BP	존재 그 자체만으로도 좋다고 인정하는 것	실수를 인정할 줄 알고, 자신이 어떻게 느끼고 있는지 깨닫게 한다.
TH	목적이 없는 갈등으로부터 자유롭게 되는 것	흑백논리, 삶을 투쟁으로 생각하지 않고 감정을 조화롭게 표현한다.
HU	서두르는 감정이 무엇인지 여유를 가지고 생각하는 것	자신의 생각대로 짐작하지 말고 여유롭게 대처하는 방법을 배운다.

11) 드라이버와 양육방식, 오염된 성격구조, 치료의 핵심

(1) 드라이버와 양육방식에 따른 오염된 성격구조를 해석하고, 치료의 핵심을 이해한다.

- 자아상태의 구조적 역기능: 심적 에너지는 자아상태들 사이에서 잘 이동해야 건강한데, 자아상태의 경계가 너무 애매하거나, 너무 견고하거나, 너무 편향되었거나, 서로 중복된 상태 등에 의해 일어나는 것이다.
- 애매한 경계를 갖는 사람은 어른 자아로부터 거의 통제가 되지 않으며 자아정체성이 결여되어 행동이 적절하지 못하고 현실사회에서 생활하기 매우 어렵다.
- 경직된 자아상태는 심적 에너지의 자유로운 유통이 되지 않아 통합이 안 되고 일관된 또는 배제된 자아상태로 반응한다.
- 역기능적 편향된 자아상태는 세 가지 자아상태 중에 주로 많이 사용하는 자아상태로 반응한다.
- 오염(중복)된 자아상태는 어버이 자아상태 또는 어린이 자아상태가 어른 자아상태 경계 안으로 침범하여 어른 자아상태가 제 기능을 못하게 한다.

드라이버	양육방식	불건강할 때		문제점	치료의 핵심
		태도	자아상태		
PO	타인을 기쁘게 하는 것을 강조하는	과잉반응	ⓒ에 의해 Ⓐ 오염	남과 의존적 관계를 맺기 쉽다.	스스로 홀로 설 수 있다는 것, 도망가는 것을 중지하는 것
TI	미리 해 주는	조작	ⓒ에 의해 Ⓐ 오염, Ⓟ 배제	남과 타협하고 협력하는 데 미숙하다.	타인과 협력할 필요가 있음을 배우는 것, 진솔한 모습을 찾는 것
BS	모호한, 주저하는	회피	이중오염 상태에서 Ⓟ가 ⓒ 비판, ⓒ 회피	감정을 느끼고 수용하는 것이 어렵다.	원하는 것을 요구하는 것, 홀로 서는 것
BC	일치하지 않는	의심	Ⓟ에 의해 Ⓐ 오염, ⓒ 배제	사람들을 잘 신뢰하지 못한다.	세상은 안전하다고 느끼는 것
BP	성취를 강조하는	과잉성취	Ⓟ에 의해 Ⓐ 오염	과도하게 성실함과 의무감이 강하다.	자신에 대한 허용과 인정자극 필요
TH	과잉 통제하는	저항	이중오염된 상태에서 Ⓟ와 ⓒ가 서로 비판	삶을 투쟁하듯 살려고 한다.	삶을 투쟁하듯 살 필요가 없다는 것
HU	서두르는	과잉반응	ⓒ에 의해 Ⓐ 오염	자신의 방식대로 하기 위해 서두른다.	여유롭게 대처하는 것

제2부

CKDP를 활용한
상담 사례분석

제4장

개인상담 사례

CKDP 심리검사에 의한 개인상담 사례분석 **1**

남자친구와 다시 시작하고 싶은 20대 여성
남자친구와의 이별이 숨이 멎을 듯 힘들어요

상담자: 노정자

1. 내담자 기본 정보

내담자: 해바라기/성별: 여/연령: 26세/학력: 대학 졸업/검사일: 2019. 05. 02.

1) 의뢰 경위 및 주 호소문제

① 의뢰 경위

남자친구의 이별 통보로 본인의 충동적 행동에 대해 문제의식을 갖고 정신과 약물 처방과 상담을 받던 중 병원에서 연계되어 지속상담을 받게 되었다.

② 주 호소문제: **"남자친구와의 이별이 숨이 멎을 듯 힘들어요."**

연하의 남자친구와 사귀던 중 남자친구가 냉랭하게 변했다. 남자친구가 이별을 통보하여 자해를 했고, 남자친구가 다른 여자와 손을 잡고 있는 사진을 본 후 불안해서 잠을 잘 수가 없었다. 충동적으로 새벽 3시에 남친 집에 찾아가 초인종을 눌렀다. 이 일로 부모님이 사건을 알게 되고 남자친구는 연락을 받지 않는다. 집 앞에서 기다려 그를 만났고 약도 먹고 상담도 받고 있고 미안하다고 사과했다. 나도 모르게 그에게 다시 시작하면 안 되겠냐고 말했다. 남자친구의 이별이 숨이 멎을 정도로 너무 힘들다.

2) 행동 관찰

- 170cm의 키에 날씬한 몸매로 모델처럼 예쁘고 늘씬하다.
- 주로 청치마나 청바지에 블라우스를 입는다.
- 자주 웃는 표정을 짓는다.
- 목소리에 힘이 없고 말을 할 때 손짓과 몸짓을 많이 사용한다.

3) 내담자의 자원

- 상담에 적극적으로 참여한다.
- 생각나면 행동으로 실천하려고 한다.
- 학원에서 아이들을 가르치는데 포기하고 싶을 때도 있지만 힘을 내서 견디고 있다.
- 인상이 선하고 웃으면서 말하며 주변에 도와주는 분이 있다.

4) 가계도

아버지: 무뚝뚝하고 서로 대화가 없는 편이다. 집에 오면 거의 혼자 TV만 본다. 갖고 싶은 것이 있으면 가족과 상의 없이 바로 물건을 구입한다(예: 자동차, 가전제품 등). 화물차 운전을 하고 주말부부로 주 1회 귀가해서 가족과 대화가 단절되었다. 내담자는 일곱 살 때 아버지가 엄마에게 폭력을 행사하는 것을 본 후 무서운 아버지로 각인된 상태이다.

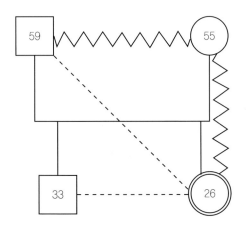

어머니: 화를 잘 내고 남편에게 불만이 많다. 주로 남편에게 화가 난 상태에서 내담자가 오빠랑 싸우면 화장실, 양동이 물, 창고 등에 가두고 벌을 주곤 했다. 특히, 내담자가 거짓말을 한 것을 들키면 학대가 심해서 철저히 거짓말하는 행동을 했다고 한다. 갈등관계이다.

오빠: 내담자는 어린 시절에 오빠와 많이 싸웠다. 오빠는 특히 어머니에게 대들면 때렸기 때문에 내담자에게 무서운 오빠로 기억된다. 현재는 소원한 관계로 서로 대화가 없다.

5) 생태도

내담자는 매일 무용학원에서 아이들에게 무용을 가르친다. 부업으로 건강식품 판매 일도 하고 요가 운동도 다니며, 여행 다니는 것을 좋아한다. 주로 페이스북에서 소통하고 성당에서 봉사활동을 한다. 남친과 갈등관계로 이별을 통보받아 힘들어하여 심리적 갈등이 많고 상담소에서 상담을 받고 있다.

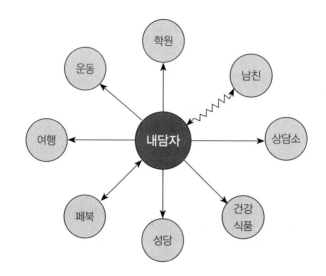

2. 내담자 검사 결과

드라이버 \ 구분	PO	TI	BS	BC	BP	TH	HU
점수	40	31	22	25	29	28	34
순위	1	3	7	6	4	5	2
등급	1~2	5	8~9	6~7	6~7	6~7	3~4

내담자 해석

1번 드라이버인 PO가 주 드라이버로 역기능이다. HU는 3~4등급으로 2번 드라이버
이며 7번 드라이버가 BS이다. 타인의 감정에 관심을 가지고, 인간관계를 중요시한다.
내담자는 무용 수업을 하다가도 학생들이 시무룩하게 있으면 재미가 없어서 그런 거라
고 생각하여 신경이 쓰인다. 스트레스를 받으면 과잉반응과 정서적 불안정으로 충동적
인 행동 특성을 나타낸다. 특히, 정서적 불안정을 느낄 때 충동적인 행동을 하는데 HU
드라이버 패턴으로 행동이 무척 빠른 편이다. 내담자는 마치 해바라기처럼 타인을 바
라보고, 타인을 살피며, 타인의 반응에 의해 불안을 느끼다가 불안정한 상황에 이르면
충동적인 행동으로 옮긴다.

BS가 역기능적으로 낮으며 타인과 의존적 관계를 만드는 성향이 있고, 인내심이 부
족하여 현실을 고려하지 않고 행동으로 옮겨 후회하는 경향성이 많다.

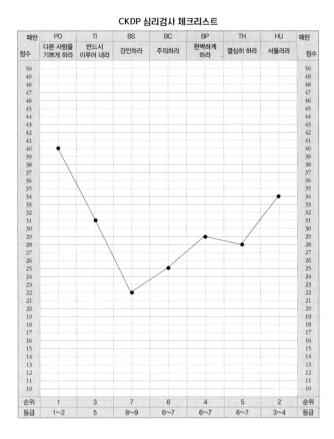

CKDP 심리검사 체크리스트

패턴 점수	PO 다른 사람을 기쁘게 하라	TI 반드시 이루어 내라	BS 강인하라	BC 주의하라	BP 완벽하게 하라	TH 열심히 하라	HU 서둘러라	패턴 점수
순위	1	3	7	6	4	5	2	순위
등급	1~2	5	8~9	6~7	6~7	6~7	3~4	등급

3. 드라이버에 따른 성격의 특성 및 기능

1) 드라이버에 따른 성격의 특성

드라이버 \ 특성	성격 기술
1(PO)	과도한 정서, 시간 끌기, 의존적, 타인 조종
2(HU)	성급함, 흥분성, 과잉반응, 정서적 불안정
7(BS)	인내심 부족, 불친절, 침착하지 못함 등

2) 드라이버에 따른 순기능과 역기능

특성 드라이버	순기능	역기능
1(PO)	타인과의 관계를 즐기고, 좋은 기분이 들도록 만든다. 사람들 속에서 관심의 중심에 있기를 좋아한다. 타인과 잘 어울리고 집단에 관여되는 것을 좋아한다. 문제해결, 상호작용 필요시 능동적으로 참여한다.	정서적으로 과도하게 흥분을 잘한다. 과도한 반응을 보이며 정서적 불안과 자기중심적 성향을 가지고 있다. 타인의 사소한 비판에도 당황스러워한다. 의존적일 때 자기통제가 어렵다. 타인에게 자기주장과 정당한 비판을 못한다. 타인에게 그가 원하는 것이 아니라 자기가 해 주고 싶은 것을 해 준다.
2(HU)	열정적이고 행동적이며 무엇이든 마음 먹으면 열심히 짧은 시간에 한다. 바쁠 때일수록 집중력이 좋아 일을 잘하고 신속히 처리하며 마감 시간을 잘 지킨다. 남들이 보기에는 머리가 좋고 빠른 결단력을 가지고 있다고 여겨진다.	실수를 줄이기 위해 단계적 계획과 여유를 가질 수 있도록 시간 안배를 할 필요가 있다. 상대방의 말이 끝날 때까지 집중하고 자기 생각대로 짐작하지 말고 상대방에게 확인해야 한다. 타인에게 재촉하기보다는 충분한 시간을 준다.
7(BS)	친절하고 보호적이며 주변을 즐겁고 편안하게 해 준다. 영적인 것을 추구한다.	현실 세계의 사람과 상호작용하기보다는 자신의 공상 세계에 살고 있다. 타인과 의존관계를 만드는 경향이 있다.

4. 1번과 2번 드라이버에 따른 성격특성과 해석

1) 드라이버에 따른 조기결단, 부정적 인생태도, 경계

특성 드라이버	조기결단	인생태도	경계	
			자기감	인간관계
1(PO)	나는 당신을 즐겁게 해 주고 행복하게 해 줄 것이다.	II	산만	산만
2(HU)	나는 짧은 시간에 신속하게 모든 일들을 처리할 것이다.	II	산만	산만

내담자 해석

① 조기결단: 1번 드라이버일 때 "나는 당신을 즐겁게 해 주고 행복하게 해 줄 것이다."라고 결단한다. 부모의 관계 불화로 어린 시절부터 부모님은 주말부부였으며 어머니는 화를 많이 냈다. 어머니는 화가 나면 내담자를 심하게 혼내고 통제하였다. 내담자는 부모의 사랑을 받지 못했고 어린이집 시절 친구의 왕따로 어머니에게 도움을 요청하자 "네 일은 네가 알아서 하라."라는 말을 들은 후 한 번도 도움을 요청해 본 적이 없다. 거절당할 것에 대한 두려움으로 무조건 친구의 감정을 살피고 상대방의 기분을 살피며 성장했다. 타인의 표정이 불편하면 본인이 잘못한 것처럼 불안해지고 눈치를 살피게 되었다.

2번 드라이버일 때 "나는 짧은 시간 안에 모든 일들을 처리할 것이다."라고 결단한다. 이 조기결단은 다른 사람에게 물어보지 않고 생각한 바를 행동으로 바로 옮기는 편이다. 최근 남자친구에게서 헤어지자는 말을 듣고 극도로 불안한 상태에서 잠을 이루지 못하다가 새벽 3시에 그의 집 초인종을 눌러 남자친구의 어머니가 크게 놀란 일이 있었다. 시간이 지난 후 후회하지만 극도로 불안할 때는 생각한 대로 곧바로 행동으로 옮긴다.

② 인생태도: 1번, 2번 드라이버가 나타난 경우는 부정적인 상황에서 II 영역으로 가는 인생태도를 보여 준다. 이는 자기부정, 타인긍정에 대한 자기비하, 회의, 자책 등의 태도를 보인다. 따라서 타인의 부정적 반응은 자신이 잘못했기 때문이라고 생각한다.

> **예** 내가 학생의 무용 지도를 잘못해서 아이들이 지루해하는 거야.
>
> 전화를 안 받으면 남자친구가 나를 싫어하는 거야.
>
> 남자친구가 다른 여자친구를 만나는 것은 아닐까?

③ 자기감 경계: 1번, 2번 드라이버가 부정적으로 갔을 때 자기감은 산만한 유형으로 경계가 서로 모호한 상태(P, A, C)이다. 자신에 대해서도 정확한 통찰이 부족할 뿐 아니라 정서적으로 불안하며 타인이 조금이라도 비판을 하면 매우 당황스러워한다. 또 타인을 의식하여 정당한 자기주장과 비판을 하지 못하며 마음고생을 한다.

> **예** 내 자신이 가치 없는 사람처럼 여겨져서 폭력을 당해도 '그래 어디까지 할 수 있나, 네 마음대로 하고 싶은 대로 해 봐라.'라고 생각하며 내버려 뒀어요.
>
> 헤어지자는 말을 듣고 손목을 자해하고 사진을 찍어서 그에게 보냈어요.

④ 인간관계 경계: 1번이나 2번 드라이버로 갔을 때 타인과의 관계가 모두 산만하다. 타인을 기쁘게 하기 위해서 서둘러서 행동한다. 자신을 통찰하고 원하는 것을 주장하기보다는 상대방의 비위를 맞추기 위해 행동한다.

2) 드라이버에 따른 성격적응 유형과 반응

특성 드라이버	성격적응 유형	양면성		타인에 대한 반응	문제해결에 대한 반응
		긍정성	부정성		
1(PO)	열정적 과잉반응자 (연기성)	친밀성	과잉반응	참여(외향)	능동
2(HU)	열정적 과잉반응자 (연기성)	신속성	과잉반응	참여(외향)	능동

내담자 해석

① 성격적응 유형

- PO 주 드라이버일 때 남자친구에 대해 관심이 많고 에너지가 넘쳐서 과잉행동을 한다. 남자친구가 전화를 받지 않으면 다른 여자와 사귀고 있다고 생각하여 불안해하며 전화를 수십 번씩 하여 상대방을 질리게 한다. 남자친구가 이별을 통보하자 자신을 자책하며 손목을 자해하는 과잉행동을 한다.
- HU 2번 드라이버일 때 남자친구가 다른 여자와 손을 잡고 있는 사진을 본 후 모두가 잠든 새벽 3시임에도 불구하고 남자친구 집으로 찾아가 새벽에 초인종을 누를 정도로 신속하게 과잉행동을 한다.

② 양면성

- PO 주 드라이버일 때 긍정성은 남자친구의 기분을 잘 맞춰 주는 친밀성을 보이고 부정성은 감정표현이 과잉적이며 즉흥적이다.
- HU 2번 드라이버일 때 긍정성은 생각이 떠오르면 즉시 행동으로 옮기다 보니 신속한 편이고 부정정은 즉흥적인 과잉행동으로 실수가 많아 후회를 많이 한다.

③ 타인에 대한 반응: 1번, 2번 드라이버 공통으로 문제 상황 시 참여적인 경향을 보인다. 사회적인 상호작용에서도 타인이 먼저 다가와 주기를 기다리기보다는 본인이 먼저 다가간다. 다수의 사람들과 어울리기 좋아하고, 갈등이 생겼을 때는 본

인이 먼저 다가가서 사과하고 잘못했다고 말한다.

④ 문제해결에 대한 반응: 1번, 2번 드라이버 공통으로 문제해결에 대한 반응은 능동적이며 맞다고 생각되면 적극적으로 자신의 문제를 해결하려고 한다. 문제가 발생했을 때 타인에게 물어보기보다는 스스로 생각한 대로 문제를 해결한다. "누구에게 도와달라는 말을 하지 않는다."

3) 드라이버에 따른 선호하는 의사소통 방식

특성 드라이버	Ware의 의사소통 방식			Kahler의 의사소통 방식	
	개방문	표적문	함정문	채널	자아상태 기능
1(PO)	감정	사고	행동	양육적인	+NP → FC
2(HU)	감정	사고	행동	정보적인, 지시적인	+NP → FC

① Ware의 의사소통 방식
- 개방문: 감정을 통해서 한다.
"그동안 얼마나 마음고생이 많으셨겠어요."
- 표적문: 사고를 통해서 한다.
"당신의 마음고생이 어떤 의미가 있다고 생각하세요?"
- 함정문: 행동을 통해서 한다.
"당신이 원하는 것을 위해 어떤 행동을 할 수 있나요?"

② Kahler의 의사소통 방식(라포 형성)
의사소통 방식에서 라포 형성은 양육적인 언어로 감정을 읽어 주거나 등을 쓰다듬어 주는 등 부드럽게 내담자의 힘든 감정을 공감해 주고 마치 어머니의 역할처럼 따뜻하게 내담자 입장에서 교류할 필요가 있다.

내담자의 힘든 감정을 충분히 공감한 후, 이 문제에 대해 사고하고 스스로 판단하여 행동으로 옮기도록 한다. 특히, 개방문인 '감정'과 표적문인 '사고'는 통합될 필요가 있다. 통합하여 행동의 변화를 가져오도록 한다.

4) 드라이버에 따른 선호하는 적응 방식

특성 드라이버	타인과 관계 맺는 방식	위협에 대한 반응	만족을 주는 시간의 구조화	실행적 · 생존적 적응
1(PO)	감정	감정이 과도하게 상승	잡담, 그리고 게임, 친밀	주변의 모든 사람을 행복하게 좋은 느낌을 가질 수 있도록 에 너지를 쓰고 있는가?(실행)
2(HU)	감정	감정이 과도하게 상승	잡담, 그리고 게임, 친밀	주변의 모든 사람을 행복하게 하기 위해 서둘러서 신속하게 하는가?(실행)

내담자 해석

① 타인과 관계 맺는 방식: 1번, 2번 드라이버일 때는 타인과 관계 맺는 방식이 감정 이다. 자신의 의견을 표현하기 위해 다가가고 타인의 감정을 살핀다. 많은 사람을 접촉하는 것을 즐거워하며 적극적으로 관계를 맺는 편이다.

② 위협에 대한 반응: 1번, 2번 드라이버일 때 위협적인 상황에서는 감정이 지나치게 상승한다. 타인이 거절하거나 부정적인 표현을 하면 감정이 극도로 불안해져서 충동적인 행동을 한다. 생각을 충분히 하지 못하고 즉각적인 행동으로 서둘러서 옮기고 시간이 지나서 이성적인 판단을 하게 되면 후회하는 일을 반복한다.

③ 만족을 주는 시간의 구조화(마음의 영양물): 1번, 2번 드라이버일 때는 잡담이나 게임 친밀을 주로 선택한다. 특히, 친구를 만나서 카페에서 잡담을 하거나 여행을 떠나기도 하며 혼자 가기보다는 누군가와 동행을 한다. 혼자 있는 것을 힘들어하고 외로워한다.

④ 실행적(가족에게 인정받기를 원함) · 생존적 적응: 1번, 2번 드라이버 모두 자기보호적인 생존적 반응으로 실행을 선택한다. 타인에게 인정받기 위해 행동으로 실행한다. 무엇이든 마음먹으면 실행하고, 실행 전에 충분히 생각하지 않고 행동으로 옮기는 경향성이 강하다.

5) 불건강할 때 전형적인 금지령, 심리게임, 라켓

특성 드라이버	전형적		
	심리게임	금지령	라켓
1(PO)	• 라포(복수하기) • 당신이 아니었다 면……(안심하기)	• 나를 떠나지 마라. • 중요한 존재가 되지 마라. • 나 자신이 되지 마라.	• 불안, 슬픔, 혼란, 두려 움(분노를 가린)
2(HU)	• 라포(복수하기) • 당신이 아니었다 면……(안심하기)	• 나를 떠나지 마라. • 중요한 존재가 되지 마라. • 나 자신이 되지 마라.	• 불안, 슬픔, 혼란, 두려 움(분노를 가린)

내담자 해석

① 심리게임: 남자친구가 헤어지자고 했을 때 자해한 손목 사진을 스마트폰으로 보내고 동정과 위로를 받고자 하는 태도를 보인다. 충동적인 태도를 통해 상대방이 떠나지 못하도록 하는 태도를 보인다. 남자친구와 친밀해지고 싶고 관심을 받고 싶지만 사귐이 지속되면서 떠날까 봐 불안해하다가 결국 충동적이고 강력한 행동과 태도로 관심을 끌고자 한다.

② 금지령: 주로 어머니와 생활했고 부정적인 구속 메시지를 받으며 자랐다. 화를 잘 내고 짜증스러운 어머니의 태도와 행동을 보고 자랐으며 언어적 금지령으로는 '철저히 해라, 시간에 늦지 마라, 오빠와 싸우면 네 잘못이다'이며 매를 맞기도 하고 화장실이나 창고에 갇히기도 하고 물이 담긴 양동이에 들어가 손을 들고 있다가 졸기도 하였다. 무의식적으로 '중요한 존재가 되지 말라'는 메시지를 받았다. 본인이 잘못한 것이 아니지만 모든 것이 자신의 잘못처럼 생각되어 친구가 떠날까 봐 무조건 "미안해, 내가 잘못했어."라는 말을 많이 하고 생활했다.

③ 라켓: 1번, 2번 드라이버일 때 분노를 가린 불안, 슬픔, 혼란, 두려움이다. 타인과 교류를 하고 귀가하여 혼자 집에 있으면 불안하고, 후회되고, 외롭다고 느낀다. 그래서 혼자 있는 것을 싫어한다. 특히, 불안하거나 혼란스럽거나 두려울 때에는 충동적인 행동을 하고 분노를 가린 불안이 공격성이 된다. 반려견을 죽이고 나서 그런 행동을 한 자신에 대해 후회하고 슬퍼하고 혼란스러운 감정을 느낀 적이 있었다.

6) 드라이버에 따른 인생각본

드라이버　　특성	과정각본	축소각본	허용
1(PO)	'그 후'식(뒷일에 대해 미리 근심 걱정)	스트레스 상황에서 현재 그대로의 모습을 받아들이지 않고	먼저 자신을 기쁘게 하라.
2(HU)	'그 후'식(뒷일에 대해 미리 근심 걱정)	'만약 ~이라면 OK'라는 사고방식으로 시작할 때, OK가 아닌 축소각본에 빠진다.	여유를 가지고 해라.

내담자 해석

① 과정각본: 1번, 2번 드라이버의 '그 후'식 각본을 사용하는 내담자는 뒷일에 대해 미리 근심 걱정을 한다. 일어나지 않은 일에 대해 미리 걱정하여 특히 남자친구가 자신을 떠날까 봐 걱정하고, 다른 여자를 사귈까 봐 걱정한다. 전화를 받지 않아도 다른 여자를 만나는 것 같은 불안감을 느낀다.

② 축소각본: 스트레스 상황에서 현재 그대로의 모습을 받아들이지 않고 '만약 ~이라면 OK'라는 사고방식으로 시작할 때, OK가 아닌 축소각본에 빠진다.

'다른 사람을 기쁘게 하는 한 OK이다.' 이때 제지꾼 역할로 내 탓을 하며 남자친구의 이별 통보에 손목을 자해하는 자기공격적 행동을 한다.

'신속하게 하는 한 OK이다.' 이때 제지꾼 역할로 새벽 3시에 남자친구의 집 앞에서 초인종을 누르는 행동을 한다.

③ 허용: 1번 드라이버일 때, '먼저 자신을 기쁘게 하라.'의 허용을 통해 타인 중심으로 무의식적으로 행동하려는 자신을 통찰하여 먼저 자신이 기쁜 것이 무엇인지 자각하도록 허용한다.

2번 드라이버일 때, '여유를 가지고 해라.'의 허용을 통해 서둘러 행동하려는 무의식적 행동을 자각하여 여유를 가지도록 자신을 허용하는 태도가 치료제이다.

7) 드라이버와 양육방식, 오염된 성격구조, 치료의 핵심

드라이버＼특성	오염된 성격구조	양육방식	치료의 핵심
1(PO)	©에 의해 Ⓐ 오염	타인을 기쁘게 하는 것을 강조하는	스스로 홀로 설 수 있다는 것, 도망가는 것을 중지하는 것
2(HU)	©에 의해 Ⓐ 오염	서두르는	여유롭게 대처하는 것

내담자 해석

① 오염된 성격구조: 1번, 2번 드라이버일 때 심적 에너지는 자아상태들 사이에서 잘 이동하지 못하고 오염된 성격구조는 ©에 의해 Ⓐ를 오염시킨다. 그러므로 어른 자아상태가 제 기능을 못하여 자아정체성이 결여되어 행동이 적절하지 못하여 아이처럼 의존하며 현실사회에서 생활이 어렵다.

"혼자 있으면 불안하고, 남자친구가 전화를 받지 않으면 다른 여자를 만나는 것 같고, 다른 경우의 수를 찾지 못하여 이성적·현실적으로 판단할 수가 없어 즉각적 충동적 반응을 보이는 경우가 많다. 즉, 타인과 의존적 관계를 맺게 되고 타인이 떠나는 것, 즉 남자친구가 떠나는 것은 마치 숨이 멎는 것처럼 힘들다고 느낀다.

② 양육방식: 1번 드라이버에서 양육방식은 타인을 기쁘게 하는 것을 강조한다. 내담자는 어린 시절부터 화를 내는 양육자에 의해 통제받고 눈치를 보며 자랐다. '중요한 사람이 되지 말라'는 금지령을 받고 자랐기에 남들이 떠나지 않도록 하기 위한 생존방식으로 무의식적으로 타인을 기쁘게 하며 살게 되었다.

2번 드라이버에서 양육방식은 서두르는 것이다. ©에 의해 Ⓐ가 오염되어 현실적 이성적인 판단을 하지 못하고 자신의 방식대로 느끼는 대로 서두르며 행동하였다. 의존성이 강하고 타인을 의식하는 내담자는 불안할 때 느끼는 대로 충동적으로 서둘러서 행동함으로써 나중에 후회하는 일들이 많아지고 현실성이 떨어지는 행동을 반복하고 있다.

③ 치료의 핵심: 1번 드라이버일 때 치료의 핵심은 타인을 기쁘게 하는 것보다는 스스로를 기쁘게 하는 것, 스스로 홀로 설 수 있다는 것을 자각하고 표현하는 것이다.

2번 드라이버일 때 치료의 핵심은 참을성 있게 기다리고 여유롭게 대처하는 것이다.

8) 드라이버에 따른 전형적인 디스카운트와 상담의 쟁점

드라이버 \ 특성	전형적인 디스카운트	상담의 쟁점
1(PO)	• 자신의 분노나 힘에 직접 접촉하는 것 • 타인을 기쁘게 하기보다는 스스로를 기쁘게 하는 것(핵심: 자신의 감정이 무엇인지에 대해 깊이 생각하는 것)	• 상담자와 진솔하게 감정을 나누기로 계약한다. • 억압한 분노와 접촉하도록 하고 타인과의 경계를 분명히 하도록 한다. • 스스로 생각하는 힘이나 능력에 대해 스트로크를 해 준다. • 감정과 현실을 구분하게 한다.
2(HU)	• 여유롭게 대처하는 것 • 참을성 있게 기다리는 것(핵심: 자신의 감정이 무엇인지에 대해 깊이 생각하는 것)	• 매사를 단계적으로 계획을 세우고 시간 안배를 할 필요가 있다. • 자기 생각대로 짐작하지 말고 상대방에게 확인해야 한다. • 여유롭게 대처하는 방법을 깨닫는다.

① 전형적인 디스카운트: 1번 드라이버일 때 전형적인 디스카운트는 자신의 분노나 힘에 직접 접촉하는 것이다. 자신의 특성을 자각하여 자신의 감정이 무엇인지에 대해 깊이 생각하고 직면하도록 하여 감정과 현실을 구분하도록 한다.

2번 드라이버일 때 전형적인 디스카운트는 매사에 참을성 없이 서두르고 자기 생각대로 짐작하여 행동한다. 자신의 감정이 무엇인지 깊이 생각하여 여유롭게 대처하도록 해야 한다.

② 상담의 쟁점: 1번 드라이버일 때 상담의 쟁점은 억압한 분노와 접촉하도록 하고 타인과의 경계를 분명히 하도록 한다. 스스로 생각하는 힘이나 능력에 대해 스트로크를 해 주어 감정과 현실을 구분하도록 하며 생각하는 힘을 기르도록 한다.

2번 드라이버일 때 상담의 쟁점은 여유롭게 대처하는 방법을 깨닫도록 하며, 단계적으로 계획을 세우고 시간 안배를 하도록 하는 것이다. 자신의 감정대로 행동하지 않고 참을성을 가지고 2~3명의 타인에게 물어보고 여유를 갖고 행동하도록 한다.

5. 내담자의 드라이버와 관계된 개선방안

1) 상담자가 본 내담자의 문제

- 자신의 감정과 욕구보다는 타인의 감정을 살피고 타인 중심으로 행동한다.
- 의존적이며 혼자 있는 것을 힘들어한다.
- 불안한 상황에는 서둘러서 충동적으로 행동하여 후회하는 일을 반복한다.

2) 현재 상태에 대한 개선방안

① 상담목표
- 자신의 감정이 무엇인지 자각하고, 표현하도록 하여 자신이 원하는 것을 정확히 알고 표현하도록 한다.
- 감정과 사고를 분리하여 현실적인 행동을 하도록 한다.
- 불안할 때, 혼자 있을 때 서둘러 행동하지 말고 2~3명에게 연락하여 조언을 받고 계획적으로 행동하도록 한다.

② 상담계획
- 초기: 내담자와 라포를 형성하고, 개방문인 감정을 공감하여 사고를 통합하도록 한다.
- 중기: 어린 시절 어머니와의 부정적 스트로크, 금지령, 라켓 감정을 해소하도록 한다. 인생태도 형성에 긍정적 영향을 주도록 심리검사와 긍정적 스트로크를 적절하게 제공하여 감정과 현실을 구분하도록 한다. 또 서두르기보다는 계획적이고 단계적으로 행동하도록 한다.
- 종결: 변화를 위해 새로운 결단을 하고 자율적인 사람으로 성장하도록 한다.

③ 상담전략: 내담자와의 관계
- 내담자가 자신을 잘 이해하도록 한다.

- 사람은 변화 가능하다는 것을 믿고 실천하도록 한다.
- 자신이 가지고 있는 감정과 욕구가 괜찮은 것(OK)이라는 점을 수용하도록 돕는다.

6. 상담과정과 상담결과

1) 상담과정

- **초기**: 내담자는 병원의 연계로 내방하였고, 약을 먹고 충동적인 행동을 하여 자신도 치료의 필요성을 느끼고 있다. 내담자의 개방문인 감정을 적절히 공감하여 신뢰감을 형성하고 어린 시절 성장과정을 통해 현재의 자신을 이해하도록 한다.
- **중기**: 심리검사(CKDP) 결과를 통해 자신의 드라이버 패턴에 대한 전반적인 이해와 상담 방향을 설정하여 타인을 기쁘게 하기보다는 자기 자신의 감정을 인식하고 감정과 현실을 구분하도록 한다. 또 불안할 때 서둘러서 충동적으로 행동하는 자신에게 여유를 갖고 계획적으로 행동하는 실천 계획을 갖도록 한다. 자신에 대한 자각을 통해 치료의 핵심 과정과 해독제를 찾아 훈습하도록 한다. 의존성이 강한 내담자가 독립성을 갖고 심리적으로 홀로서기 하도록 한다.
- **종결**: 자신의 감정을 적절히 표현하고 감정과 현실을 구분하여 사고를 통합하고 행동으로 실천하도록 한다. 불안할 때 이성적 현실적 판단을 하여 여유 있게 대처하도록 한다. 이런 과정을 통해 자율적인 사람으로 회복되도록 한다.

2) 상담결과

내담자는 상담 초기에 CKDP 검사를 통해 자신의 인생각본을 이해하고 주 드라이버 패턴을 알게 되었다. 그리고 어린 시절 성장과정에서 어머니와의 부정적 스트로크가 자신의 인생태도에 영향을 미치고 인생각본을 형성하게 되었음을 희미하게나마 알아 가는 과정에 있다. 사람은 변화 가능하고 합리적 사고능력을 갖고 있기에 자율성을 회복하고 Ⓐ 자아를 오염시켜서 현실적 판단을 하지 못하는 것이 아니라 ⓅⒶⒸ 자아상태의 심적 에너지가 잘 이동하고 경계를 명확히 하여 건강한 자아상태를 회복하도록 노력하고 있다.

1, 2번 드라이버 역기능으로 '다른 사람을 기쁘게 하라', '서둘러라'를 사용하며 과도한 정서, 시선 끌기, 과잉반응을 보이며 7번 드라이버 역기능으로 타인과 의존적 관계를 만드는 경향이 있다. 또한 인내심이 부족하여 현실을 고려하지 않고 충동적으로 행동한다. CKDP 검사지는 앞으로 진행될 지속상담에서 자신을 통찰하고 변화시킬 성장의 도구가 될 것이다.

7. 상담자 총평

상담 초기에 내담자를 이해하기 위한 심리검사로 본 검사지를 사용하였다. 심리검사를 통해 내담자의 인생각본을 전반적으로 이해하는 데 도움을 받았다. 특히, 상담치료의 핵심과 허용해야 될 부분을 상담자로서 자각하여 앞으로 지속상담의 방향성을 잡을 수 있었다. 특히, 내담자는 1번, 2번 드라이버의 공통점이 많은 측면으로 인해 상담 방향이 더 명확해졌다. 충동적인 행동을 하는 내담자는 타인을 기쁘게 하는 행동과 서두르는 행동이 불안할 때 과잉행동으로 나타나는 특성을 이해하고 진단하게 되었다. 의존적인 내담자가 어린 시절 양육자와 미해결된 부분을 상담과정을 통해 해결해 가면서 자율적인 인간으로 회복되고 자신의 길을 살아가기를 바란다.

1. 내담자 기본 정보

내담자: 나홀로/성별: 남/연령: 16세/학력: 고등학교 1학년/검사일: 2017. 2. 10.

1) 의뢰 경위 및 주 호소문제

① 의뢰 경위

학기 초에 친구들과 어울리지 못하고 항상 혼자 있으며 또래와 다른 모습을 보고 이 상하다고 여긴 담임교사가 상담을 의뢰하였다.

② 주 호소문제: **"악몽을 꾸는 이유를 알고 싶어요."**

• 학교생활에 빨리 적응하고 진로문제에 도움받기를 원한다.
• 악몽을 자주 꾸어 밤에 자주 깬다. 잠을 잘 자지 못해서 피곤하고 집중이 잘 안 되는데 무엇 때문에 그러는지 알고 싶다.

2) 행동 관찰

• 173cm 정도의 키에 마른 체구이며 늘 수염을 깎지 않는 상태의 모습을 보였다. 감기가 걸렸다며 마스크를 착용하였다.
• 검사지를 정확하게 읽고 꼼꼼하게 체크하며 숫자를 기입할 때는 또박또박 정확하게 표기하였다.

3) 내담자의 자원

- 중학교 내신이 200점 만점에 180점으로 해당 학과에서 최상위권으로 우수하다.
- 인지적으로 우수하고 공부를 잘하여 교과목 선생님들에게 관심을 받고 있다.
- 자신이 좋아하는 것을 분명히 알고 즐기고 있다(전국 청소년 게임대회 출전, 복잡한 퍼즐 풀기, 음악 감상 및 작곡).
- 스스로 하는 습관이 형성되어 아침에 알람 없이 일어나고, 자기주도적으로 공부를 한다.

4) 가계도

아버지(50세): 자동차 정비센터를 운영하고, 화를 잘 내고 화가 나면 어머니에게 시비를 걸어 싸우고 집을 나가 버린다. 원가족으로부터 버림받은 적이 있으며, 작은아버지 집에서 성장하였다고 한다. 내담자는 아버지가 무척 개인주의적인 사람이며 자신밖에 모르는 사람이라고 평가하고 있다. 가족을 위해서 헌신하는 마음이 없으며 자신의 출세와 삶을 위해서 사는 사람이라고 생각하고 있다.

어머니(49세): 가정주부로 가끔 편의점에서 알바를 한다. 자신의 마음을 알아주고 자신에게 관심을 가져주시는 분이라고 생각하고 있고, 부모님 두 분의 성격이 안 맞는다고 하였다. 싸우면 방 안에 들어가서 문을 잠그고 안 나온다고 한다.

동생: 동생에 대한 얘기는 별로 하지 않으며 서로 관심이 없다고 한다.

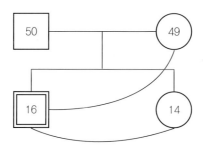

5) 생태도

　　나홀로는 중학교 때부터 알고 지내는 여자친구와 친밀감을 나누고 서로 의지하고 있으며, 현재의 학교 친구들과는 거리를 두고 학교에서 혼자 독립적으로 생활하고 있다. 아버지는 거리를 두고 있으며, 어머니와 필요한 소통을 하고 있다. 학교에서는 조용하고 성실하며 학업성적이 우수하여 학과 선생님들로부터 많은 지지를 받고 생활하고 있다.

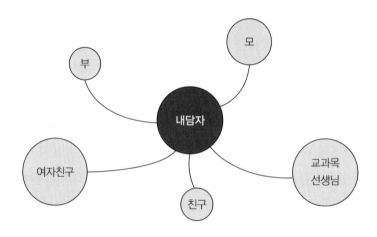

2. 내담자 검사 결과

구분 드라이버	PO	TI	BS	BC	BP	TH	HU
점수	29	34	39	33	27	27	21
순위	4	2	1	3	5	5	7
등급	6~7	3~4	1~2	3~4	6~7	6~7	8~9

내담자 해석

　　순위 BS(39점, 1~2등급), 2순위 TI(34점, 3~4등급), 7순위 HU(21점, 8~9등급)로 1순위 드라이버인 BS가 1~2등급으로 역기능적으로 높고, 7순위 드라이버인 HU가 8~9등급으로 역기능적으로 낮다. BS, TI, HU 드라이버의 해석에 유의한다.

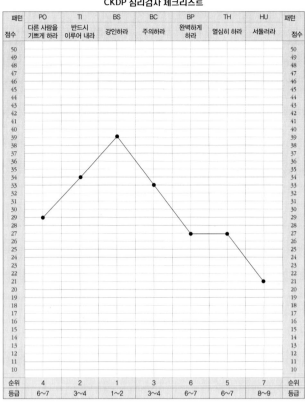

CKDP 심리검사 체크리스트

패턴 점수	PO 다른 사람을 기쁘게 하라	TI 반드시 이루어 내라	BS 강인하라	BC 주의하라	BP 완벽하게 하라	TH 열심히 하라	HU 서둘러라	패턴 점수
50								50
49								49
48								48
47								47
46								46
45								45
44								44
43								43
42								42
41								41
40								40
39								39
38								38
37								37
36								36
35								35
34								34
33								33
32								32
31								31
30								30
29								29
28								28
27								27
26								26
25								25
24								24
23								23
22								22
21								21
20								20
19								19
18								18
17								17
16								16
15								15
14								14
13								13
12								12
11								11
10								10
순위	4	2	1	3	6	5	7	순위
등급	6~7	3~4	1~2	3~4	6~7	6~7	8~9	등급

3. 드라이버에 따른 성격의 특성 및 기능

1) 드라이버에 따른 성격의 특성

드라이버 \ 특성	성격 기술
1(BS) 창의적 몽상가 (조현성)	예술적 · 창의적 사고, 수동성, 혼자 있을 때 행복, 타인과 거리를 둔, 함께하기 불편한, 초연, 부끄러움, 조용하고 섬세한, 내향적, 상상력, 인내, 과잉반응, 불안 등
2(TI) 매력적 조력자 (반사회성)	목표지향, 사회적 갈등, 드라마와 같은 흥분 추구, 활력 넘치는 수완가, 고도의 정력, 우월한 독자적 사고, 이기적, 매혹적, 카리스마, 달변, 무책임, 충동적, 조작적, 촉진 등
7(HU) 열정적 과잉반응자 (연기성)	둔함, 우유부단, 느림, 무미건조 등

2) 드라이버에 따른 순기능과 역기능

드라이버 \ 특성	순기능	역기능
1(BS)	매우 높은 민감성과 고독을 추구하는 경향이 있고 혼자 일하는 것을 좋아한다. 창의적인 생각을 해 내는 사람이며 예술적인 감각을 가지고 있다. 일대일 만남을 선호하며, 문제를 해결하는 태도와 사회적인 상호작용 태도는 타인이 먼저 움직일 때까지 기다린다.	누구와도 쉽게 친해지지 않으려하고 강해지기 위해 스스로 노력한다. 희로애락의 감정을 느끼거나 수용하는 것이 어렵다. 타인에게 도움을 청하기보다 스스로 짐을 지기를 선택한다.
2(TI)	훌륭한 촉진자이며, 새로운 운동을 시작하는 사람이다. 행동하기를 좋아하고 인생에서 모든 취미를 다 즐기기 원하는 사람이다.	타인과 친밀한 시간을 원하지만 친밀한 시간을 갖는 데 어려움을 느낀다. 자신이 속박되거나 감히는 등 통제된 상황을 두려워한다.
7(HU)	바쁠 때일수록 집중력이 높아 일을 잘하며 신속하게 처리하여 마감시간을 잘 지킨다.	다른 사람과 진실한 관계를 가지려면 성급하게 판단하지 말고 자유로운 교제에 참여하도록 한다.

4. 1번과 2번 드라이버에 따른 성격특성과 해석

1) 드라이버에 따른 조기결단, 부정적 인생태도, 경계

드라이버 \ 특성	조기결단	인생태도	경계 자기감	경계 인간관계
1(BS)	나는 나 혼자 느끼고, 나 자신을 보호할 것이며, 너를 필요로 하지 않겠다.	IV (자타부정)	산만	경직
2(TI)	사람을 신뢰할 수 없어, 조작해서라도 내가 원하는 것을 얻을 것이다.	III (자기긍정, 타인부정)	경직	경직

내담자 해석

① 조기결단: 공부나 취미생활 등을 혼자 하는 것을 좋아한다. 독립과 자율성의 욕구가 커서 자신의 성향과 꼭 맞지 않으면 친구들과 얘기하지 않으려고 하고 자기가 싫어하는 것을 억지로 할 때는 분노감이 든다고 한다. 2번 드라이버에 해당하는 사항은 타인에 대한 신뢰감이 부족하여 마음의 문을 쉽게 열지 않는다. 자신이 원하는 것을 성취하기 위해서 중압감을 느끼면서도 계속 노력하는 모습이 보인다.

② 인생태도: 아버지를 자신밖에 모르는 이기적인 사람으로 생각하고 친구들이 욕설이나 19금 얘기를 할 때 성적 수치심을 느끼면서 학교폭력으로 신고한 경험도 있다. U−의 불신을 가지고 있으며 남 탓을 잘한다. 인생태도에서는 2번 드라이버가 더 잘 관찰되고 있다.

③ 자기감 경계: 산만한 유형으로 경계가 서로 모호한 상태(ⓟⒶⒸ)이며 자신에 대해서도 정확한 통찰이 부족할 수 있다. 적록색맹이 있고, 위와 장이 안 좋다고 호소하며, 채식주의자라고 한다. 큰 소리에 노출될 때 민감해진다.

④ 인간관계 경계: 경직된 유형으로 쉽게 다른 사람을 신뢰하거나 받아들이지 못한다. 자신과 꼭 맞지 않으면 친해지려고 하지 않고 받아들이지 않는 유형이다. 중학교 때부터 사귄 여자친구가 있는데 음악을 좋아해서 서로 잘 맞고 잘 통한다고 한다. 자신과 생각이나 성격이 꼭 맞지 않으면 함께하기 어렵다고 생각하고 있다.

2) 드라이버에 따른 성격적응 유형과 반응

특성 드라이버	성격적응 유형	양면성		타인에 대한 반응	문제해결에 대한 반응
		긍정성	부정성		
1(BS)	창의적 몽상가 (조현성)	배려심	회피	회피(내향)	수동
2(TI)	매력적 조작자 (반사회성)	수완력	조작	참여(외향), 회피(내향)	능동, 수동

내담자 해석

① 성격적응 유형: 1번 BS 드라이버일 때 혼자 퍼즐 맞추기, 어려운 수학문제 풀기 등을 하면서 쉬는 시간과 점심시간을 보낸다. 혼자서 자신이 하고 싶은 취미활동

과 스스로 계획에 따라 공부한다. 2번 드라이버일 때 자신의 목표가 분명하고 자신이 선호하는 것을 이루기 위해 노력한다.

② 양면성: 1번 BS 드라이버일 때 긍정성은 타인에 대한 배려심이 많고 이타적이며, 부정성은 사람들과 거리를 두고 가려서 사귄다. 2번 드라이버일 때는 자신의 요구사항을 조용조용하게 잘 얘기하고 부정적일 때는 자신의 목표를 이루기 위해 자신을 지지해 주는 선생님을 찾아와서 여러 번 자신의 요구를 말한다.

③ 타인에 대한 반응: 여성적, 예민한 성향으로 혼자 조용히 자신의 취미생활을 즐기는 유형이다. 여학생들과 지내는 것이 더 편하다고 하며 거칠고 시끄러운 상황을 싫어한다. 자신이 좋아하는 것을 조용하고 치밀하게 참여한다.

④ 문제해결에 대한 반응: 친구관계에서도 먼저 다가가지 않고 자신과 꼭 맞는 성향이 아니면 회피하는 경향이 있다. 자신이 필요로 할 때만 자신의 마음에 든 친구와만 관계한다.

3) 드라이버에 따른 선호하는 의사소통 방식

특성 드라이버	Ware의 의사소통 방식			Kahler의 의사소통 방식	
	개방문	표적문	함정문	채널	자아상태 기능
1(BS)	행동	사고	감정	지시적인	+CP → A
2(TI)	행동	감정	사고	정서적인, 양육적인, 지시적인	+FC → +FC, +NP → +FC, +CP → A

내담자 해석

① Ware의 의사소통 방식: 마음의 문을 열기 위해서는 일단 행동으로 실천하게 한다(담임교사를 통해 상담실 방문). 심리검사 결과 등 객관적 근거자료를 기초로 자신의 상태를 얘기해 줄 때 잘 받아들인다. 변화를 위해서는 논리적·객관적 자료에 의해 사고의 변화를 유도하면 감정의 변화가 따라오는 유형이다. 마지막으로, 저항을 막기 위해서는 감정에 호소한다. 2번 드라이버일 때는 행동으로 시작하여 감정, 사고 순으로 소통한다.

② Kahler의 의사소통 방식: 1번과 2번 드라이버 공통적으로 상담자가 직접적으로 요청하고 강하게 권유하였을 때 따르는 경향이 있다. 권위 있는 위치에서 얘기할

때 잘 수용하는 경향이 있다. 2번 드라이버로 보았을 때 내담자와 소통을 위해서는 감정에 호소하고 보살핌을 제공했을 때 소통이 잘되는 유형이다.

4) 드라이버에 따른 선호하는 적응방식

특성 / 드라이버	타인과 관계 맺는 방식	위협에 대한 반응	만족을 주는 시간의 구조화	실행적·생존적 적응
1(BS)	무반응	외면	폐쇄, 활동, 친밀	뒤로 한 발자국 물러서려는 경향이 있으며, 잠잠해질 때까지 기다리는가?(생존)
2(TI)	먼저 상황 평가	이득을 얻기 위해 타인을 조종	게임, 잡담	상황을 어림잡아 파악하고 자신의 이득을 위해 어떤 조치를 바로 취할 수 있는가?(생존)

내담자 해석

① 타인과 관계 맺는 방식: 타인과의 관계를 맺기 위해 선호하는 방식은 살피고 조망하고 있는 무반응 유형으로 대화하기보다는 물러나서 상황을 살피는 성향이며, 겁이 많고 경적 소리 등 큰 소리에 놀란다.

② 위협에 대한 반응: 위협이 있을 때 마주하고 해결하려고 하기보다는 외면하는 경향이 있다. 2번 드라이버는 소통에 대한 마음은 있으나 드러내지 않고 혼자 지내는 것이 아무렇지도 않은 것처럼 강인함을 숨기고 있는 듯하다.

③ 만족을 주는 시간의 구조화: 폐쇄를 주로 선택하며, 혼자 고립되어 있고 공부나 취미생활 등도 혼자 즐긴다.

④ 실행적·생존적 적응: 먼저 나서지 않고 친구들이 자신을 놀리는데도 그냥 두고 지켜보고 있다(두고 보자, 가만히 안 두겠다).

5) 불건강할 때 전형적인 심리게임, 금지령, 라켓

드라이버 ＼ 특성	심리게임	금지령	라켓
1(BS)	• 당신이 아니었다면…… 　(안심하기) • 나를 차라(비난, 경멸 　유발하기) • 나에게 뭔가를 하라(불 　평하기)	• 성취하지 마라(성공하지 마라). • 소속되지 마라. • 제정신이 되지 마라. • 기쁨(성, 분노)을 느끼지 마라. • 아이처럼 굴지 마라. • 성장하지 마라(나를 떠나지 마라). • 생각하지 마라.	무감각, 단조로 움, 공백 상태, 불안(분노, 마 음의 상처, 즐거 움, 정적인 느낌 을 가린)
2(TI)	• 네가 할 수 있다면 나를 　잡아 봐(우위를 점하기) • 경찰과 도둑(비난하기) • 암묵적 이해(공생하기)	• 친해지지 마라. • 슬픔(두려움)을 느끼지 마라. • 성취하지 마라(성공하지 마라). • 생각하지 마라.	혼란, 분노(두 려움과 슬픔을 가린)

내담자 해석

① 심리게임: 아버지와의 친밀하고 싶은 욕구가 내면에 있으나 한 번도 아버지에게 먼저 말을 걸거나 다가가지 못하고 있다. 아버지는 자기밖에 모르고 가족에게 관심이 없는 사람이라며 아버지에게 불만을 가지고 있다. 한 번도 자신의 성적에 대해 뭐라고 얘기해 본 적이 없다고 한다. 친밀감과 인정 욕구를 솔직하게 표현하지 못하고 책임전가를 하고 자신을 정당화하고 있다.

② 금지령: 어디에 소속되기보다는 독립적인 생활을 선호하고 자신의 감정을 잘 참고 드러내지 않는 특성으로 속으로 억압하는 유형이다(위, 장이 안 좋다고 호소, 악몽 등). 2번 드라이버는 '친해지지 마라'와 '슬픔을 느끼지 마라'와 관계가 있다.

③ 라켓: 섬세하고 예민하여 불안감과 분노(두려움과 슬픔을 가린) 등이 있으나 자신의 느낌을 가린 무감각으로 나타난다. 희로애락의 정서를 감추기 위해 무감각과 분노의 부적절한 감정을 가지고 있다.

6) 드라이버에 따른 인생각본

드라이버＼특성	과정각본	축소각본	허용
1(BS)	'결코'식(생각만 하고 시도를 하지 않음)	'만약 ~이라면 OK'라는 사고 방식으로 시작될 때, OK가 아닌 축소각본에 빠진다. • 비난꾼이나 절망꾼(낙담꾼)	자신의 욕구나 감정을 개방적으로 표현하라.
2(TI)	'결코'식, '항상'식, '거의'식 1		먼저 자신에게 진솔하라.

내담자 해석

① 과정각본: 아버지와 친밀해지고 싶은 욕구와 친구들과 친하게 지내고 싶은 욕구가 내면에 있으나 잘 드러내지 않고 실행에 옮기지 못하고 있다

② 축소각본: 당신은 NOT-OK. 다른 사람 탓을 많이 하고, 조그만 흠도 받아들이지 못하고 비난을 크게 한다. 1번 드라이버로 보았을 때 내가 강인한 한(약한 모습을 가린) OK이고, 그렇지 못할 때는 NOT-OK이다. 2번 드라이버로 보았을 때 내가 원하는 성적을 달성하는 한 OK이고 그렇지 못할 때는 NOT-OK(비난, 절망, 불안)이다.

③ 허용: 자신의 감정이나 욕구를 표현하고, 조건 없이 자신을 인정하며, 행동으로 실천하는 것이 필요하다. 아버지에게 먼저 말 걸고, 친구에게 먼저 다가가도 괜찮다. 자신의 감정을 있는 그대로 느껴도 괜찮다.

7) 드라이버와 양육방식, 오염된 성격구조, 치료의 핵심

드라이버＼특성	오염된 성격구조	양육방식	치료의 핵심
1(BS)	이중오염 상태에서 ⓟ가 ⓒ를 비판, ⓒ는 회피	모호한, 주저하는	홀로 서는 것, 원하는 것을 요구하는 것
2(TI)	ⓒ에 의해 오염, ⓟ 배제	미리 해 주는	타인과 협력할 필요가 있음을 배우는 것, 진솔한 모습을 찾는 것

내담자 해석

① 오염된 성격구조: 이중오염된 상태에서(ⓟ와 ⓒ가 ⓐ를 침범) ⓟ가 ⓒ를 비판하고 ⓒ는 회피하는 모습이다. 현실에 대한 지각이 부족하고 행동이나 감정이 혼란하다.

② 양육방식: 아버지와 어머니의 잦은 싸움과 양육에서 일치되지 않은 모습으로 인해 주저하고 모호하며 자신의 마음을 잘 알아차리지 못할 수도 있으며, 생각을 실행에 옮기지 못하고 있는 상태이다.

③ 치료의 핵심: 원하는 것을 위해 자신의 생각이나 감정을 표현하고 다른 사람들과 적극적으로 도움을 주고받는 사회적 상호작용을 통해 자신의 진솔한 모습을 찾는 것이 치료의 핵심이다.

8) 드라이버에 따른 전형적인 디스카운트와 상담의 쟁점

특성 드라이버	전형적인 디스카운트	상담의 쟁점
1(BS)	• 자신의 힘이나 책임을 포기하는 것 • 분노, 마음의 상처, 즐거움, 성적인 느낌을 가리는 것(핵심: 자신의 감정과 욕구를 수용하는 것)	• 어른자아로 회피나 광기의 도피구를 막는다. • 수동행동(아무것도 하지 않는 것, 과잉반응, 불안, 무능과 폭력)과 직면하게 한다. • 자신의 욕구나 감정을 소중히 하는 것을 돕는다. • 문제점을 확실히 인식하도록 돕는다.
2(TI)	• 솔직하기보다는 척한다거나 연기를 하려 하는 것 • 슬픔, 두려움 등의 상처 받기 쉬운 감정을 가리기 위해 분노나 혼란을 사용하는 것(핵심: 남을 조정하려는 조작적인 행태를 포기하고 진정한 자기가 되는 것)	• 신뢰감을 구축하고 큰 안목에서 내담자를 움직여야 한다. • 타인을 조화와 화합의 대상으로 여기도록 한다. • 반사회적 행동을 멈추고, 정직해지도록 돕는다. • 과거에 잃어버린 것에 대한 추도작업을 한다.

내담자 해석

① 전형적인 디스카운트: 아버지에 대한 자신의 감정을 무시하고 있다. 친구들과도 친밀해지고 싶은 욕구도 있으나 대수롭지 않게 생각하고 있다. 아버지와 친구 간의 관계에서 충족되지 않는 욕구를 자기 탓이 아닌 상대의 잘못으로 돌리고 있다. 2번 드라이버로 보았을 때 혼자 생활해도 괜찮은 척하는 면이 있다. 함께하고 싶은 마음이 있으면서 독립심이 강한 척, 힘들지 않은 척할 수 있다.

② 상담의 쟁점: Ⓐ 자아를 촉진시키는 활동이 필요하며 과민하고 불안해하는 자신의 모습을 알게 한다. 아버지와의 관계에서 자신의 잠재된 욕구를 인식하고 회피하지 않고 직접적 행동으로 먼저 다가가도록 한다. 2번 드라이버에서는 타인과 조화롭게 어울릴 수 있도록 한다.

5. 내담자의 드라이버와 관계된 개선방안

1) 상담자가 본 내담자의 문제

- 가족 및 친구 관계에서 원하는 관심과 소통이 부족하여 내담자가 소외감을 가지고 있다.
- 내담자는 성취에 대한 부담감과 어렸을 때 당한 교통사고 트라우마로 인하여 걱정과 불안감이 크다.
- 자신의 감정과 욕구를 잘 표현하지 않고 지나치게 억압하고 있다.

2) 현재 상태에 대한 개선방안

① 상담목표: 가정과 사회적 장면에서 자신의 감정과 욕구를 자연스럽게 표현하게 하여 부담감과 불안을 감소시킨다.

② 상담계획: 먼저 억압된 감정을 방출하여 정화시키고, 자신의 잠재된 욕구를 인식하게 한다. 그리고 인식된 욕구를 실행에 옮기도록 힘을 보태 주고 연습한다.

③ 상담전략

- 자신의 감정과 욕구를 알아차리고 있는 그대로 솔직하게 표현하는 연습을 한다.
- 불안해하는 자신의 마음을 살피고 수용하게 한다.
- 가정과 학급에서 먼저 다가가는 연습을 한다.

6. 상담과정과 상담결과

1) 상담과정

- **초기:** 가족 및 친구관계에서 불편했던 감정들을 상담 장면에서 표출하게 한다. 어 렸을 때 어머니와 함께 교통사고를 당했던 경험을 나눈다.
- **중기:** 자신의 감정과 욕구를 억압함으로써 나타나는 문제를 살펴보고 알아차리게 한다. 학교에서 자신의 성향과 맞지 않는 친구들에 대한 불편한 감정과 아버지에 대한 불만을 표출하게 한다. 교과목에서 선생님들의 관심과 격려로 자신이 학교 생활에서 만족감을 느끼고 있다는 것을 알게 한다.
- **종결:** 가정과 학교에서의 관계 개선을 위해 실천을 유도하고 앞으로 추수상담을 통해 지지와 실천 사항을 확인하는 것이 필요하다.

2) 상담결과

내담자는 자신에게 아버지와 소통하고 싶은 욕구, 친구와 친밀한 관계를 형성하고 싶은 욕구가 잠재되어 있음을 알아차렸다. 그리고 상담과 심리검사를 통해 자신의 성 장과정에서의 트라우마와 성취욕구로 인하여 불안하고 걱정과 부담을 크게 느끼고 있 다는 것을 자각하였고, 아버지에게 다가가고 싶은 내면의 욕구가 있다는 것을 알았다. 심리적 압박감으로 인하여 장염, 복통 등 신체적 증상이 나타날 수 있음을 인지하게 되 었다. 자신의 불편했던 마음의 근원을 알게 되면서 학교생활에서 안정을 찾았으며, 불 안한 마음도 감소하여 적응력이 증진되었다. 성적도 자신이 만족하는 수준으로 향상되 었고 고민했던 진로문제도 스스로 선택하여 실행하고 있다.

7. 상담자 총평

내담자가 악몽에 시달리느라 잠을 편안하게 자지 못해 피곤해하고 집중력이 떨어짐을 호소하였고, 자신이 악몽에 시달리는 이유를 알고 싶어 했다. 성취에 대한 부담감으로 인해 작년 12월 기말고사를 앞두고 시험불안과 스트레스를 많이 받았다. 다행히 만족할 만한 결과가 나왔고, 방학을 보내면서 안정되어 최근에는 편안하다고 보고하였다.

악몽을 꾸는 것은 시험 및 성취에 대한 부담감과 자신의 감정이나 욕구를 억압함으로써 해소되지 않은 감정의 결과일 수 있다고 해석해 주었다. 1학년 과정을 보내고 나서 성적에서는 자신감을 가진 것 같다. 자신의 감정과 욕구를 가정과 학교에서 솔직하게 표현하고 나누는 연습이 필요함을 인식시켰다.

CKDP 심리검사에 의한 개인상담 사례분석 **3**

가족을 지키는 수호천사
믿음직한 군인이 되고 싶어요

상담자: 서경원

1. 내담자 기본 정보

내담자: 여군/성별: 여/연령: 18세/학력: 고등학교 재학 중/검사일: 2017. 06. 03.

1) 의뢰 경위 및 주 호소문제

① 의뢰 경위

친구 아빠가 직업군인이자 상담사라는 말을 듣고 자신의 진로와 관련된 상담을 하고
싶어 해서 상담을 진행하게 되었다.

② 주 호소문제: **"믿음직한 군인이 되고 싶어요."**

고등학생으로서 점점 진로에 대한 고민을 많이 하고 걱정이 된다. 현재로서는 맏딸
로서, 큰언니로서 든든하게 지키는 믿음직스러운 군인이 되고 싶다.

2) 행동 관찰

- 163~165cm 키에 약간 통통한 편이다.
- 편한 반바지와 티셔츠, 학생 가방을 매고 있는 모습으로 나타났다.
- 발랄한 여고생처럼 자주 웃는 표정을 짓는다.
- 감정적 변화나 부정적 경험에 대해 표현할 때는 가방끈을 손가락에 계속 감는 행
  동을 반복한다.

3) 내담자의 자원

- 적극적인 상담 요청과 참여 자세가 좋다.
- 밝고 명랑한 상태로 말하거나 표현한다.
- 가족과 친한 친구들의 지지와 격려를 받는다.
- 인상이 선하고 웃으면서 말한다.
- 긍정적인 사고와 용기가 있다.
- 주변 상황을 자신의 진로와 목표로 연결시켜 명확하게 하는 능력이 있다.

4) 가계도

아버지: 요리사로 미국에 살고 있으며, 현재 가족과 떨어져서 별거 중이다.

(평상시 생활에서는 평범한 가장이며, 친근하고 가족을 사랑하는 아빠이지만 술을 마신 후에는 폭력을 행사하기도 하여 현재 분리되어 생활하고 있다.)

어머니: 자녀들에 대한 걱정과 가족을 위한 결단으로 한국으로 들어와 살고 있다. 요리사로 일하면서 자녀들을 양육하고 있다. 자녀들이 자라서 가족과 자신을 돌볼 수 있는 때가 빨리 오면 좋겠다는 생각을 가지고 있다.

동생 2: 중학교 3학년과 초등학교 6학년 여동생 2명이 있으며, 평범하고 말을 잘 안 듣는 아이들이다.

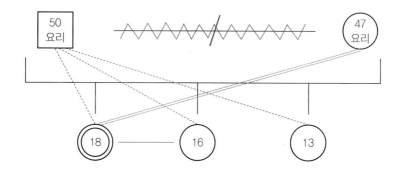

5) 생태도

내담자는 현재 고 2 학생으로 공부도 열심히 하고 친구들과 관계가 좋은 상태로 지내고 있으며 아버지의 빈자리를 걱정하는 큰딸의 모습을 보인다. 진로를 걱정하면서 직업군인이 되어 우리 집의 든든하고 믿음직한 사람이 되고 싶다는 마음이 큰 상태이다. 사관학교에 가고 싶다는 목표를 가지고 있고 곧 있을 육군사관학교 입시설명회에 어머니와 함께 가기로 한 상태이다.

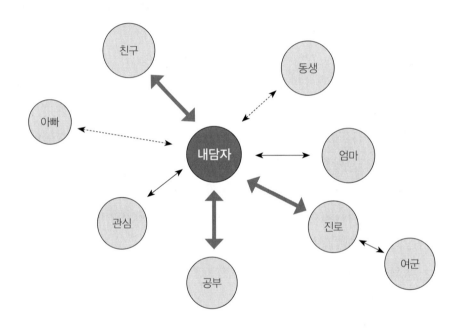

2. 내담자 검사 결과

구분 드라이버	PO	TI	BS	BC	BP	TH	HU
점수	41	30	20	20	30	28	32
순위	1	3	7	6	4	5	2
등급	1~2	5	8~9	6~7	5	6~7	3~4

내담자 해석

1번 드라이버는 PO로 1~2등급이다. 이 드라이버를 사용할 때는 친구들과 관계에서나 갈등 상황에서 상대방에게 맞춰 불편한 상황을 만들지 않기 위해 노력하고 친구들의 기분을 자주 살피는 경향이 많다.

2번 드라이버는 HU이며 3~4등급이다. 아주 급하지는 않으나 자신이 생각하는 방향으로 빠르게 하고 싶어 하는 경향성이 있다. 그리고 말이나 행동이 느린 사람과 함께 있으면 답답해한다.

7번 드라이버는 BS이며 8~9등급이다. 친구들과의 관계에서 내 주장을 펴기보다 저자세를 유지하려는 경향이 많고 갈등을 일으키지 않으려고 한다. 아버지가 없는 상황을 어머니와 상의하기보다 맏딸로서 가족을 지키고 싶어 해 심리적 짐을 지고 있다. 차분하게 기다리는 것을 잘하지 못하고 인내심이 부족하다. 학교에서 자율학습시간이 길어질 때는 자거나 움직이고 무언가를 만지는 등 산만한 행동을 한다.

CKDP 심리검사 체크리스트

패턴 점수	PO 다른 사람을 기쁘게 하라	TI 반드시 이루어 내라	BS 강인하라	BC 주의하라	BP 완벽하게 하라	TH 열심히 하라	HU 서둘러라	패턴 점수
순위	1	3	7	6	4	5	2	순위
등급	1~2	–	8~9	–	5	6~7	3~4	등급

3. 드라이버에 따른 성격의 특성 및 기능

1) 드라이버에 따른 성격의 특성

드라이버 \ 특성	성격 기술
1(PO)	공감, 사교적, 온정적, 재미있는, 과도한 정서, 시선 끌기, 의존적 등
2(HU)	신속한, 빠른 판단력, 열정적, 성급함, 과잉반응 등
7(BS)	창의적 사고, 섬세, 배려 부족, 인내심 부족 등

내담자 해석

1(PO)은 1~2등급으로 사교적이며 온정적이고 재미있는 특성이 있으나 과도한 정서나 시선 끌기, 의존적인 성향 등이 나타나기도 한다.

2(HU)은 3~4등급으로 빠른 판단력으로 신속하게 일을 진행하는 특성이 있으나 성급하게 과잉반응하는 경향도 있다.

7(BS)은 8~9등급으로 섬세하고 창의적인 사고를 하지만 경계선상에 있을 때는 배려심과 인내심이 부족하여 산만한 행동 특성도 나타난다.

2) 드라이버에 따른 순기능과 역기능

드라이버 \ 특성	순기능	역기능
1(PO)	타인과 관계를 즐기고, 좋은 기분이 들도록 만드는 특성이 있다. 매우 높은 에너지를 가지고 있으며, 상상력이 매우 풍부하다. 공동체 사기를 올리는 데 탁월하다. 사람들 속 관심의 중심에 있기를 좋아한다. 일반적으로 타인과 잘 어울리는 경향이 있으며 집단에 관여되는 것을 즐긴다. 문제를 해결해야 할 때나 사회적 상호작용이 필요한 경우 능동적으로 참여한다.	정서적으로 매우 과도해지는 경향이 있어 흥분을 잘하고, 과도한 반응을 보이며 정서적으로 불안해 보인다. 자기중심적이며, 허영심이 있어 보인다. 타인이 조금이라도 비판을 하면 매우 당황스러워한다. 의존적일 때는 적절한 자기통제를 못할 때가 있다. 타인에게 자기주장과 정당한 비판을 하지 못한다. 타인이 원하는 것이 아니라 자기가 해 주고 싶은 것을 해 준다.

| 2(HU) | 열정적이고 행동적이며 무엇이든 마음 먹으면 열심히 짧은 시간에 많은 일을 한다. 남들이 보면 머리가 잘 돌아가고 빠른 결단력을 가지고 있다고 생각한다. 일을 짧은 시간에 모아서 하는 습관 때문에 여가시간을 더 확보할 수 있다. | 실수를 줄이기 위해 매사를 단계적으로 계획하고 여유를 가질 수 있도록 시간을 안배할 필요가 있다. 상대방 말이 끝날 때까지 집중하고, 자기 생각대로 짐작하지 말고 상대방에게 확인해야 한다. 다른 사람들과 진실한 관계를 가지려면 성급하게 판단하지 말고, 자유로운 교제에 참여하도록 한다. |

4. 1번과 2번 드라이버에 따른 성격특성과 해석

1) 드라이버에 따른 조기결단, 부정적 인생태도, 경계

특성 드라이버	조기결단	인생태도	경계	
			자기감	인간관계
1(PO)	나는 당신을 즐겁게 해 주고 행복하게 해 줄 것이다.	II	산만	산만
2(HU)	나는 짧은 시간에 신속하게 모든 일들을 처리할 것이다.	II	산만	산만

내담자 해석

① 조기결단: 1번 드라이버일 때 내담자는 어머니와 함께 한국으로 오면서 어머니와 동생들을 행복하게 해 주어야 한다는 메시지를 받았고, 거기에 부응하기 위해 믿음직스럽고 든든한 사람이 되어야겠다는 결단을 하게 되었다. 믿음직스러운 사람이 되어야만 가족을 행복하게 해 줄 수 있다고 생각하는 것이다. 또 친구들과의 관계에서 잘 보이거나 관심을 끌고자 한다.

2번 드라이버일 때 내담자는 "나는 결정하면 빠르게 내 일을 처리해야 한다."라고 결단한다. 이 조기결단은 자신이 하겠다고 생각을 하면 생각한 바를 바로 행동으로 옮기는 패턴을 가지고 있다. 군인이 되기 위해 진로를 결정하고 정보를 확인하고 사관학교 입시설명회에 가는 계획을 마련했다.

② 인생태도: 1번과 2번 드라이버가 나타난 경우는 부정적인 상황에서 II 영역으로

가게 된다. 이는 자기부정·타인긍정에 대한 자책과 회의하는 태도를 보이며, 회피하는 경향, 내 탓으로 돌리는 경향이 있다. 친구들의 부탁을 거절하지 못하거나 내 생각보다는 친구들의 의견에 맞춘다. 갈등 상황에서 마음의 상처를 받고 한국으로 도망치다시피 회피했고, 친구들과 친하게 지내고 싶고 애착은 원하지만 단둘이 있는 것이 두려워 여러 친구들과 함께 있고 싶어 했다. 친구들과의 갈등이 생기지 않도록 대부분 밝은 모습을 띠며 즐겁게 해 주려고 노력하고 보여 주고 싶어 한다.

③ 자기감 경계: 1번 드라이버와 2번 드라이버 모두 자기감은 산만한 유형이다. 경계가 서로 모호한 상태(ⓅⒸⒶ)이다. 내담자는 고등학교 학습의 상황에 있어서 산만한 경계를 갖고 있다. 긴 자율학습시간, 억압되는 느낌을 싫어해 잠을 자거나 자기 물건을 만지작거리면서 시간을 보내기도 한다.

④ 인간관계 경계: 1번 드라이버와 2번 드라이버 모두 인간관계는 산만한 유형이다. 학교생활에 있어 쉬는 시간이나 여가시간에 가만히 있는 것, 말과 행동이 느린 것을 불편해한다. 친구들의 관심을 끌고 싶어서 사투리나 유머로 친구들을 즐겁게 해 주려고 하는 경향이 친구들이 즐거워해야 자신도 좋아한다. 쉬는 시간에는 음악에 맞춰 춤을 추면서 자기 자신을 표현하고 불편함을 해소하려고 한다.

2) 드라이버에 따른 성격적응 유형과 반응

드라이버 \ 특성	성격적응 유형	양면성		타인에 대한 반응	문제해결에 대한 반응
		긍정성	부정성		
1(PO)	열정적 과잉반응자 (연기성)	친밀성	과잉반응	참여(외향)	능동
2(HU)	열정적 과잉반응자 (연기성)	신속성	과잉반응	참여(외향)	능동

내담자 해석

① 성격적응 유형: 1, 2번 드라이버일 때 열정적 과잉반응자로 에너지가 넘치고 친구에 대한 관심이 많아 친구들과 쉽게 친해지고 친구들로부터 관심을 받는다. 친구들에게 쉽게 다가가고 친구들과 함께하기를 원하며 좋아한다. 그러나 잘되지 않

을 때는 감정적인 과잉반응이 나타나기도 하고 그것을 표현하여 오해가 생기기도
한다.

② 양면성: 1번 드라이버일 때 친구들에게 공감을 잘 해 줘서 좋아하게 만들고, 친구
들이 원하는 대로 행동해서 금방 친해지기도 한다. 그렇지만 작은 것에 감정을 조
절하지 못하고 쉽게 토라지거나 즉흥적으로 친구들에게 토라지기도 한다. 2번 드
라이버일 때 무엇이든 빠르게 진행되기를 원하고 친구들과도 빠르게 친해져 좋은
데 친구들이 중요하게 생각하는 것들을 간과하여 서운해하기도 한다. 친한 친구
들이 원하는 대로 반응하지 않을 때는 흥분하면서 실수하기도 한다.

③ 타인에 대한 반응: 1, 2번 드라이버 공통으로 타인에 대한 반응은 참여적인 경향
을 보인다. 내담자는 친구들과의 관계에 있어서 다수의 친구들과 즐겁게 지내고
그 안에서 자신의 존재감을 찾고자 노력한다. 밝은 미소와 유머, 노래, 춤 등을 표
현한다. 친구들이 좋아할수록 더 많은 춤과 노래를 보여 준다.

④ 문제해결에 대한 반응: 1, 2번 드라이버 문제해결에 대한 반응은 능동이다. 친구
들과 문제가 발생했을 때는 타인에게 맞춰 자신을 낮추고 먼저 다가가서 문제를
해결하려고 한다. 또한 나보다는 친구의 의견에 맞추려고 한다.

3) 드라이버에 따른 선호하는 의사소통 방식

특성 드라이버	Ware의 의사소통 방식			Kahler의 의사소통 방식	
	개방문	표적문	함정문	채널	자아상태 기능
1(PO)	감정	사고	행동	양육적인	+NP → +FC
2(HU)	감정	사고	행동	양육적인	+NP → +FC

내담자 해석

① Ware의 의사소통 방식: 1번, 2번 드라이버일 때는 개방문(감정)으로 접근하여 라포
를 형성한 후에 표적문(사고)을 통해 통합을 하면 함정문(행동)의 변화를 보인다.

- 내담자의 감정을 찾는 질문을 하면서(개방문: 어머니를 행복하게 해 주고 싶었다는
얘기죠?), 그에 따른 사고를 요하는 추가 질문(표적문: 어머니가 행복한 것이 학생
에게 어떤 의미가 있을까요?)을 통해 감정과 사고를 통합한다(함정문: 어머니가 행
복하기 위해 학생은 어떤 것을 할 수 있을까요?). 내담자의 현재 기분이나 느낌 등

을 통해 감정을 찾는 질문으로 시작해서, 생각을 정리하도록 지원하여, 행동에 옮길 수 있도록 계획하고 실행하는 통합 단계에 이르게 하는 상담을 진행한다.

② Kahler의 의사소통 방식: 1번, 2번 드라이버일 때는 양육적인 의사소통으로 내담자와 라포를 형성한다. 내담자에게 '그때(가족 내 갈등 상황) 많이 힘들었지만 잘해 왔구나. 잘했어…….' 등 양육적인 언어를 통해 갈등의 어려움과 답답한 마음을 공감하고 격려하며 라포를 형성한다.

4) 드라이버에 따른 선호하는 적응 방식

특성 드라이버	타인과 관계 맺는 방식	위협에 대한 반응	만족을 주는 시간의 구조화	실행적·생존적 적응
1(PO)	감정	감정이 과도하게 상승	잡담, 게임, 친밀	주변의 모든 사람을 행복하게 좋은 느낌을 가질 수 있도록 에너지를 쓰고 있는가?(실행)
2(HU)	감정	감정이 과도하게 상승	잡담, 게임, 친밀	주변의 모든 사람을 행복하게 위해 서둘러서 신속하게 하는가?(실행)

내담자 해석

① 타인과 관계 맺는 방식: 1번, 2번 드라이버일 때는 타인과 관계 맺는 방식이 감정이다. 자신의 의견을 표현하기 위해 다가가고 타인의 감정을 살핀다. 친구들과 즐거운 관계를 유지하기 위해 사투리와 유머, 위트 있는 말로 친구들에게 즐거움을 주고, 수시로 그런 상황을 만들며, 친구들과의 관계를 유지한다. 직업군인이 되기 위해 친구 아버지의 도움을 받고자 자주 의사를 전달한다. 또한 학교에서 영어 발표나 주장을 펼칠 때 자신의 장점을 살려 발표하고 주변에서 좋아해 주고 즐거워하는 걸 보면서 자신도 행복해한다. 이러한 측면에서의 인간관계 방식은 감정이다.

② 위협에 대한 반응: 1번, 2번 드라이버일 때 위협적인 상황에서는 감정이 지나치게 상승한다. 급한 마음에 서두르게 되어 다른 사람들을 배려하지 못하는 경향이 나타나고 학습시간에 자꾸 딴짓을 하거나 만지작거리면서 친구들에게 불안한 모습을 보이기도 한다.

③ 만족을 주는 시간의 구조화: 1번, 2번 드라이버 모두 잡담, 친밀을 통해 스트로크

를 얻는다. 내담자는 학교에서 또는 카페에서 만나 이야기를 하거나, 위트와 센스로 친구들을 재미있게 해 주거나, 노래와 춤을 보여 친구들이 관심을 보이고 좋아하는 것을 즐긴다. 친구들의 반응이 약할 때 실망하기도 한다.

④ 실행적 · 생존적 적응: 1, 2번 드라이버 모두 실행을 선택하고 있다. 가족을 행복하고 즐겁게 해 주기 위해 믿음직스러운 큰딸이 되고 싶어 고민한다. 자신의 꿈을 군인으로 정하고, 친구들과 즐겁게 지내기 위해 자신이 먼저 유머와 행동으로 실행하고 행동한다. 자신의 뜻대로 되지 않을 때 자존감이 저하되기도 한다.

5) 드라이버에 따른 금지령과 심리게임 그리고 라켓

특성 드라이버	전형적		
	심리게임	금지령	라켓
1(PO)	• 라포(복수하기) • 당신이 아니었다면…… (안심하기) • 바보(비난, 경멸 유발하기)	• 나를 떠나지 마라. • 중요한 존재가 되지 마라. • 나 자신이 되지 마라.	불안, 슬픔, 혼란, 두려움 (분노를 가린)
2(HU)	• 라포(복수하기) • 당신이 아니었다면…… (안심하기) • 바보(비난, 경멸 유발하기)	• 나를 떠나지 마라. • 중요한 존재가 되지 마라. • 나 자신이 되지 마라.	불안, 슬픔, 혼란, 두려움 (분노를 가린)

내담자 해석

① 심리게임: 1번, 2번 드라이버일 때 심리게임으로 라포(복수하기)를 선택하고 있다. 아버지의 부재를 인식하고 어머니와 가족의 기대에 부응하고자 맏딸로서 믿음직스러운 역할을 할 수 있도록 군인이 될 결심을 하였다. 지속적으로 자기암시를 통해 행동하고, 이런 상황에서도 즐겁고 행복할 수 있다는 것을 보여 주려고 친구들에게 밝고 웃고 친근감 있는 모습을 보이기 위해 애쓰면서 우울한 자신의 모습은 보이지 않으려 한다.

② 금지령: 1번, 2번 드라이버일 때는 자매 중 큰딸이었기 때문에 아버지의 부재를 극복하는 방안으로 군인이 되고, 친구들에게 즐거움을 주기만 하는 사람이 되고자 '나 자신이 되지 마라'는 메시지를 받았다.

③ 라켓: 1번, 2번 드라이버일 때는 분노를 가린 불안, 슬픔, 혼란, 두려움이다. 친구들과 재미있게 지내기도 하고 놀기도 하지만 자신의 위치나 역할을 생각할 때면 과거의 갈등 상황이 분노를 가린 불안으로 나타나고 그때의 상황은 두렵기까지 하다. 또한 외국 생활을 하면서 익혔던 영어가 잊혀질까 하는 불안으로 영어 드라마나 영화를 지속적으로 시청하며 자신의 불안을 가리고자 한다.

6) 드라이버에 따른 인생각본

특성 드라이버	과정각본	축소각본	허용
1(PO)	'그 후'식(뒷일에 대해 미리 근심 걱정)	스트레스 상황에서 현재 그대로의 모습을 받아들이지 않고 '만약 ～이라면 OK'라는 사고방식으로 시작할 때, OK가 아닌 축소각본에 빠진다.	먼저 자신을 기쁘게 하라.
2(HU)	'그 후'식(뒷일에 대해 미리 근심 걱정)	• 몰이꾼: ～하는 한 OK, 무감정 • 비난꾼: 네 탓, 비난, 의기양양한 • 제지꾼: 자기 탓, 죄의식, 근심 • 낙담꾼: 무가치한, 무익한	여유를 가지고 해라.

내담자 해석

① 과정각본: 1번, 2번 드라이버일 때 '그 후'식(뒷일에 대해 미리 근심 걱정) 각본을 사용하는 내담자는 내가 잘할 수 있는 영어가 잊혀질까 봐 걱정하고 아버지가 가족을 떠난 것처럼 친구들이 나를 떠날까 봐, 친구들에게 재미없어질까 봐 걱정한다.

② 축소각본: 1번 드라이버(가족과 친구들을 기쁘게 하는 한 OK이다)일 때 내담자는 '내가 완벽하게 기쁘게 해 줄 수 없는 건 내가 좀 더 노력하거나 믿음을 주지 못했기 때문이야. 그렇지만 그런 상황은 어머니와 아버지가 갈등이 있었던 두려웠던 상황 때문이야. 내가 이렇게 노력하지만 나아지는 게 없잖아!' 등 제지꾼으로 시작해서 비난꾼, 낙담꾼으로 축소각본을 사용한다.

③ 허용: 1번 드라이버일 때 허용은 '먼저 자신을 기쁘게 하라'이다. 위트와 유머, 춤과 노래가 친구들을 위한 것도 중요하지만 나 자신이 좋아서 즐기면서 하는 것이 더 좋은 것이다. 또한 집안의 믿음직스러운 사람이 되기 위해 내가 군인이 되는

것이 진정으로 스스로 원하는 일인지 생각해 보자.

2번 드라이버일 때 허용은 '여유를 가지고 해라'이다. 조급한 마음이 들 때 심호흡을 하여 마음의 안정을 찾아보고, 친구들과 관계를 지속하기 위한 노력은 한 번 더 생각해 보고 마음의 여유를 가지고 하자.

7) 드라이버와 양육방식, 오염된 성격구조, 치료의 핵심

특성 드라이버	오염된 성격구조	양육방식	치료의 핵심
1(PO)	©에 의해 Ⓐ 오염	타인을 기쁘게 하는 것을 강조하는	스스로 홀로 설 수 있다는 것, 도망가는 것을 중지하는 것
2(HU)	©에 의해 Ⓐ 오염	서두르는	여유롭게 대처하는 것

내담자 해석

① 오염된 성격구조: 1번, 2번 드라이버일 때 심적 에너지는 ©에 의해 Ⓐ가 오염되는 경우가 많다. 그러므로 어른 자아상태가 제 기능을 못하거나 FC가 저하되어 아이처럼 친구들의 기분에 의존하며 현실에서 생활하기가 어렵다. 친구들이 즐겁지 않다는 생각을 할 때는 기분이 불안하고 우울해지고 갈등이 생기기도 해 자기중심적으로 서두르는 행동을 보이는 경우가 많다.

② 양육방식: 1번 드라이버에서 양육방식은 '타인을 기쁘게 하는 것을 강조하는' 것이다. 어린 시절 술을 먹고 폭력을 행사하는 아버지의 통제를 받고, 두려움에 눈치를 보며 자라 왔다. '나 자신이 되지 마라'라는 금지령으로 인해 나보다는 친구들에게 집중하고 기분은 맞추려고 노력하며 살고 있다.

2번 드라이버에서 양육방식은 서두르는 것이다. 서투른 양육방식의 특성이다. ©에 의해 Ⓐ가 오염되어 현실적 이성적인 판단을 하지 못하고 자신의 방식대로 느끼는 대로 서두르는 행동을 하게 된다. 내담자는 계획된 일을 미리 서두르거나, 느린 행동에 대해 불편해하고 오래 기다리기를 힘들어한다.

③ 치료의 핵심: 1번 드라이버일 때 치료의 핵심은 스스로 홀로 설 수 있다는 것과 도망가는 것을 중지하는 것이다. 내가 진정으로 원하고 기뻐하는 방식의 표현과 진로를 고민하고 선택해서 후회하지 않는 것이다.

2번 드라이버일 때 치료의 핵심은 서두르지 않고 인내심을 갖고 친구들과의 관계를 조급해하지 않고 교류를 이어 가는 것이다.

8) 드라이버에 따른 전형적인 디스카운트와 상담의 쟁점

특성 드라이버	전형적인 디스카운트	상담의 쟁점
1(PO)	• 자신의 분노와 힘에 직접 접촉하는 것 • 타인을 기쁘게 하기보다는 스스로를 기쁘게 하는 것(핵심: 자신의 감정이 무엇인지에 대해 깊이 생각하는 것)	• 상담자와 진솔하게 감정을 나누기로 계약한다. • 억압된 분노와 접촉하도록 하고 타인과의 경계를 분명히 하도록 한다. • 스스로 생각하는 힘이나 능력에 대해 스트로크를 해 준다. • 감정과 현실을 구분하게 한다.
2(HU)	• 여유롭게 대처하는 것 • 참을성 있게 기다리는 것(핵심: 자신의 감정이 무엇인지에 대해 깊이 생각하는 것)	• 매사 단계적으로 계획을 세우고 시간 안배를 할 필요가 있다. • 자기 생각대로 짐작하지 말고 상대방에게 확인해야 한다. • 여유롭게 대처하는 방법을 깨닫는다.

① 전형적인 디스카운트: 1번 드라이버일 때 전형적인 디스카운트는 자신의 분노와 힘에 직접 접촉하는 것이다. 친구들의 기분에 맞추고 친구들을 먼저 생각하기보다 나 자신이 기쁘도록 행동하는 것, 다른 사람에 의해 내 감정과 욕구의 좌절이 오지 않도록 내 감정을 솔직히 들여다보고 수용한다.

2번 드라이버일 때 전형적인 디스카운트는 성급하게 행동해서 실수를 자주하거나 느린 것을 답답해한다. 친구들과의 관계에서도 먼저 다가서서 장난을 치다가 실수를 하기도 한다. 기다리는 법을 배우고 그때의 감정을 천천히 느껴 본다.

② 상담의 쟁점: 1번 드라이버일 때 상담의 쟁점은 억압한 분노와 접촉하도록 하고 어머니 또는 친구들과의 감정 경계를 분명히 하도록 한다. 어린 시절 아버지의 폭력과 갈등에 대한 자신의 분노로 인해 현재 자신이 가고자 하는 진로 희망이 반대급부인지 진정으로 원하는 것인지 깊이 고민한다.

2번 드라이버일 때 상담의 쟁점은 여유롭게 대처하는 방법을 깨닫기, 단계적으로 계획을 세우고 시간 안배하기이다. 감정대로 조급하게 행동하지 않고 한 발짝 떨어져 바라보는 여유를 가질 수 있도록 계획을 세워 본다. 친구들과의 관계에서 눈치 보기보다 여유롭고 더 발전적인 관계를 유도한다.

5. 내담자의 드라이버와 관계된 개선방안

1) 상담자가 본 내담자의 문제

- 나 자신의 감정과 욕구보다는 어머니와 친구들의 감정을 살펴 행동한다.
- 친구들에게 의존적이고 친구들 기분에 맞춰 행동한다.
- 성급한 행동들이 실수를 만들고 조급한 마음이 불안을 키운다.

2) 현재 상태에 대한 개선방안

① 상담목표
- 내 자신의 감정과 욕구상태를 먼저 살피고 타인을 바라본다.
- 그것을 통해 현재 나의 진로 방향이나 직업을 선택하는 진지한 고민을 한다.
- 밝고 유머러스한 장점을 살리되 조급하게 서두르지 않으면서 친구들과 깊은 교제를 나눈다.

② 상담계획
- **초기**: 내담자와의 라포를 형성하고, 내담자가 원하는 욕구를 확인하고 이해한다.
- **중기**: CKDP 검사 등 객관적인 자료에 의해 현재 자신의 감정과 욕구의 실체를 확인하고 드라이버의 인생태도, 의사소통 방식을 점검한다.
- **종결**: 드라이버의 순기능을 강화하고 역기능을 개선하는 계획을 수립하여 실천한다.

③ 상담전략

• 현재 내담자의 욕구에 대한 뿌리를 만나고 자신을 돌보도록 한다.
• 무의식적 심리게임에서 벗어나고 드라이버의 순기능을 발달시켜 분노와 불안을 긍정적으로 변화시키도록 돕는다.
• 변화를 자각하면서 자신의 감정을 깊이 사고하도록 하여 자신의 진로를 결정하도록 돕는다.

6. 상담과정과 상담결과

1) 상담과정

• 초기: 내담자는 현재 자신이 생각하고 있는 진로에 대한 궁금증을 해결하고자 상담을 요청했고, 그 과정에서 개방문인 감정적 접근을 통해 자신의 불안적 요소와 욕구의 관계를 고민하게 되었다.
• 중기: 내담자는 CKDP 검사를 통해 드라이버 패턴을 이해하고, 상담과정에 대한 진지한 고민과 자신의 주변과의 소통, 금지령, 심리게임 등에 대해 자신을 대입하면서 점검한다.
• 종결: 내담자 자신의 깊은 욕구에 대한 접근, 주변과의 긍정적 관계 형성 등 변화를 위한 계획과 실천이 이루어지도록 한다.

2) 상담결과

내담자는 상담 및 CKDP 검사를 통해 드라이버의 개념적 이해와 본인의 드라이버 패턴을 알게 되었고, 자신의 인생태도와 각본에 대한 고민을 하게 되었다. 미국에서 보낸 어린 시절 아버지의 음주로 인해 발생된 가정폭력의 불안한 갈등 상황이 한국으로 옮겨 오면서 해소되는 듯했으나 그로 인한 전형적인 디스카운트로 다른 사람을 먼저 생각한다는 걸 알게 되었다.

자신의 성장과정에서 나타난 소통방식과 금지령, 라켓 등에 대해 드라이버 패턴을 긍정적으로 변화시키려는 노력을 결심하는 상담이 되었다.

7. 상담자 총평

상담자는 CKDP 검사를 통해 내담자를 이해하고자 하였으며, 내담자는 1번 '다른 사람을 기쁘게 하라', 2번 '서둘러라'의 드라이버 패턴을 보였다. 내담자의 드라이버 패턴을 통해 인생각본을 이해하고자 하였으며, 상담을 위한 방향과 계획을 수립하고자 했다. 내담자는 어린 시절 가정의 갈등 상황으로 집안에서 아버지의 빈자리를 대신하는 심리적 가장의 역할을 하고 있었고 거기에 부응하여 자신의 진로 목표를 설정했다. 또한 친구 및 또래관계에 있어서는 본인이 먼저 위트와 유머, 춤과 노래로 긍정적 관계 형성을 위해 많은 노력을 하고 있었다. 그러나 드라이버의 역기능으로 나타난 불안적 요소, 즉 나보다 타인을 먼저 생각하고 타인의 의견에 맞추려고 하고, 성급함으로 나타나는 실수 등은 불안을 가중시켰다.

드라이버 패턴 분석을 통해 자신에 대한 이해가 깊어지면서 자신의 진로와 욕구에 대한 깊은 사고, 관계 형성에 대한 변화 등 순기능적 발전을 꾀하는 계기가 되었기를 희망한다. 가정, 사회와 조화롭게 공존해 가는 어른으로 성장하기를 간절히 바란다.

CKDP 심리검사에 의한 개인상담 사례분석 **4**

말하지 않아도 상대방이 알아주기를 바라는 워킹맘
화가 나면 말하지 않아도 알아줘야 하지 않나요

상담자: 손희란

1. 내담자 기본 정보

내담자: 매순이(별칭)/성별: 여/연령: 39세/학력: 대학 졸업/검사일: 2017. 05. 02.

1) 의뢰 경위 및 주 호소문제

① 의뢰 경위

서로 짜증 내면서 대화 없이 살 바에는 이혼하자는 남편의 말을 듣고 내담자(매순이)는 충격을 받았다고 한다. 최근에 부부간 대화가 없고 감정이 교류되지 않아 우울해졌다고 한다. 관계의 어려움에 대해 문제의식을 갖게 되어 인터넷 검색을 하다가 상담센터를 알게 되었고, 정신과 치료를 받기 전, 상담을 통해 문제해결하고 싶어서 의뢰하였다.

② 주 호소문제: "화가 나면 말하지 않아도 알아줘야 하지 않나요?"
- 결혼 후 10년째 일과 가정을 양립하고 있는데, 권위적인 직장상사와의 갈등이 있어 아무 말 없이 웃고는 있지만 이직을 결심할 만큼 힘이 든다.
- 아이 출산 이후부터 밤늦게 귀가하는 남편과 대화가 통하지 않을 때면 삶의 의미가 없다.
- 순간순간 가슴이 답답하고 아플 때가 있다. 우울해서 자주 눈물이 난다.

2) 행동 관찰

- 160cm 정도의 키에 피부가 희고 여성스럽고 청순한 외모이다.
- 밝게 웃으려고 애쓰는 모습을 보이지만, 우울하고 슬픈 눈빛을 보인다.
- 목소리가 작으며 입을 가리고 이야기한다.
- 질문을 하면 단답형으로 말하고 기운이 없으며 가만히 상담사를 응시하고 있다.

3) 내담자의 자원

- 상담 약속을 잘 지키고 성실하다.
- 상담 중 도움 될 것 같은 내용은 메모를 하고 책임감이 강하다.
- 웃으면서 말하려고 노력하며 착하고 순한 인상이다.
- 주변에 지지하고 도와주려는 사람이 있다.
- 아이를 위해 가정을 지키려는 모성애가 있다.
- 매력적이고 순하며 참을성이 많다.

4) 가계도

아버지: 말이 없고 무능력하고 이기적이다. 매순이가 잘할 때만 칭찬해 주셨다.

어머니: 가정의 대소사를 도맡아 하시고 늘 희생하며 사셨다.

남편: 집안일은 잘 도와주지만 아내와 대화를 하지 않고 자신의 문제를 이야기하지 않고 밖에서 술을 먹으면서 푼다.

아이들: 조용히 엄마 말을 잘 듣는 아이들과 친하게 지낸다.

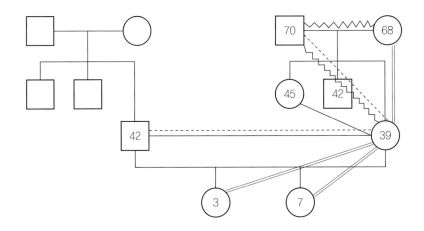

5) 생태도

내담자(매순이)는 일과 가정을 양립하는 워킹맘이다. 가정에 헌신적이어서 주말에도 친구를 만나지 않고 집안 청소와 요리를 하고 아이 둘을 돌본다. 말이 없는 편으로 아이들과 남편의 말을 묵묵히 들어 주며 주로 쉬는 시간에는 TV를 보는 편이다. 남편과 소통이 되지 않으면서부터 말이 줄었고 밥맛도 없어지고 무기력하다. 아이들, 남편, 상담실, 언니, 회사, 친정집 등이 생태도 우선순위에 있어 내담자의 정서적 중요도가 비슷하다.

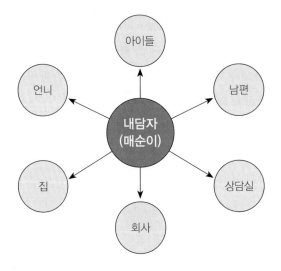

2. 내담자 검사 결과

드라이버＼구분	PO	TI	BS	BC	BP	TH	HU
점수	32	32	32	31	30	25	26
순위	1	3	2	4	5	7	6
등급	3~4	5	5	5	5	8~9	6~7

내담자 해석

1번 드라이버인 PO가 주 드라이버로 32점(3~4등급)이다. TI '반드시 이루어 내라' 와 BS '강인하라'도 32점으로 동점이지만, 내담자와 상담한 결과 2순위 드라이버를 BS (5등급)로 높게 보았다. 7번 드라이버는 TH로 8~9등급이다. 7번 드라이버를 촉진시키 는 노력이 필요하다. 타인의 감정에 대한 관심이 있고 혼자 있을 때 행복하다. TH '열심 히 하라'가 역기능적으로 낮으며 변화를 싫어하고 상대가 불편하게 해도 늘 같은 일을 느리지만 묵묵히 끝까지 한다. PO, BS, TH 해석에 유의한다.

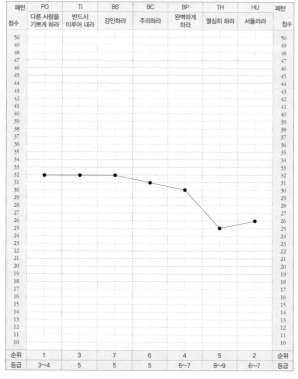

CKDP 심리검사 체크리스트

3. 드라이버에 따른 성격의 특성 및 기능

1) 드라이버에 따른 성격의 특성

드라이버＼특성	성격 기술
1(PO)	과도한 정서, 시선 끌기, 의존적, 공감, 사교적, 미숙함, 온정적
2(BS)	수동성, 침착, 창의적 사고, 섬세 배려, 인내
7(TH)	무기력, 무망감, 의욕상실, 위축 등

2) 드라이버에 따른 순기능과 역기능

드라이버＼특성	순기능	역기능
1(PO)	• 타인과 좋은 관계를 즐기고 좋은 기분이 들도록 분위기를 만드는 특징이다. • 사람들 속에서 관심의 중심에 있기 좋아하고 상상력이 풍부하다. • 타인과 잘 어울리고 문제해결, 상호작용 필요시 능동적으로 참여한다.	• 정서적으로 민감하고 불안으로 인해 자기중심적이다. • 비판을 받을 때 당황스러워 다음에 무엇을 해야 할지 모르고 정당한 주장을 못한다. • 타인이 원하는 것이 아니라 자기가 해 주고 싶은 것을 해 준다.
2(BS)	• 친절하고 보호적이며 지지적인 사람이다. • 매우 민감성이 높으며 주변을 즐겁고 편안하게 해 준다. • 고독을 추구하는 경향이 있으며 혼자 일하는 것을 좋아한다. • 문제를 해결하는 태도와 사회적인 상호작용 태도로 타인이 먼저 움직일 때까지 기다린다.	• 자신의 욕구가 정말 필요하다고 인정될 때까지 기다리는 경향이 있다. • 누구와도 쉽게 친해지지 않으려 하고 강인해지기 위해 스스로 노력한다. • 타인과 의존적 관계를 만들거나 비언어적인 방법으로 의사소통하는 경향이 있으며 스스로 많은 짐을 진다. • 희로애락의 감정을 말하거나 느끼거나 수용하기가 어렵다.

4. 1번과 2번 드라이버에 따른 성격특성과 해석

1) 드라이버에 따른 조기결단, 부정적 인생태도, 경계(부정적으로 갔을 때 경계 최악의 경우)

특성 드라이버	조기결단	인생태도	경계	
			자기감	인간관계
1(PO)	나는 당신과 좋은 감정을 공유하며 행복하게 해 줄 것이다.	II	산만	산만
2(BS)	나는 나 혼자 느끼고 나 자신을 보호할 것이며 너를 필요로 하지 않겠다.	IV	산만	경직

내담자 해석

① 조기결단: 1번(PO) 드라이버일 때 상대방의 감정을 기쁘게 해 주고 싶고 즐겁게 해 주고 싶고 사랑받고 싶지만 마음의 상처를 입을까 봐 두려워한다. 부모님이 대화하는 것을 거의 본 적이 거의 없다. 내 일은 내가 알아서 하는 것이라는 생각에 아무리 힘들어도 도움을 요청하거나 받아 본 적이 거의 없다. 거절당하는 것을 두려워했고 "중학교 2학년 때 친구가 입에서 냄새가 난다"고 해서 그 이후부터 다른 친구들과도 말을 하지 않고 매일 20분 이상 칫솔질을 하며 상대방의 감정과 기분을 살피며 매력적인 얼굴이지만 한 손으로 입을 가리고 이야기하며 조심스러운 태도로 성장했다.

2번(BS) 드라이버일 때 책임을 맡는 것을 두려워하면서도 일이 끝날 때까지 느리지만 멈추지 않는다. 타인과의 애착을 두려워하고 타인의 표정을 살피고 표정이 좋지 않으면 내 잘못인 것처럼 불안해지고 마음의 상처를 입을 것 같으면 회피하거나 도망간다. 희로애락의 감정을 말로 표현하거나 느끼거나 수용하기가 어렵다.

② 인생태도: 1번 드라이버가 나타난 경우는 부정적인 상황에서 인생태도 II영역(타인 긍정 자기부정)으로 가는 패턴을 보인다. 직장상사가 지적을 할 때도 내 탓을 잘 한다. 2번 드라이버가 나타난 경우는 문제를 대화로 풀기보다 더 인내하며 스스로 노력한다.

예 '남편이 저녁에 친구들과 약속을 잡는 것은 회식자리에 나보다 더 괜찮은 여자가 있는 것을 아닐까? 이러다가 이혼당하고 버림받는 것은 아닐까?'라고 민감하게 생각한다.

③ 자기감 경계: 1번 드라이버가 부정적으로 갔을 때 산만한 태도를 보이고 있다. 심리 내적으로 Ⓟ 자아, Ⓐ 자아, Ⓒ 자아의 경계가 분명하지 않다. 예를 들면 사람들 있는 데서 비판을 받는다고 생각하면 매우 당황스럽고 혼란스럽다. 타인에게 정당한 자기주장을 하지 못하며 타인을 기쁘게 못하는 행동을 지적할 때 우울하고 눈물이 난다.

2번 드라이버가 부정적으로 갔을 때 Ⓟ 자아, Ⓐ 자아, Ⓒ 자아에서 경계가 산만하고 비언어적인 방법으로 소통하는 경향이 있고 타인과 거리두기를 한다.

예 남편이 밤마다 12시 지나서 들어오는데도, 아무 말 하지 않고 청소하다가 청소기만 내동댕이치고 있다. 심리적으로 위축이 되면 자신이 잘못했다고 자책한다.

④ 인간관계 경계: 1번 드라이버로 갔을 때 타인과의 관계가 안정적이지 못하고 산만한다. 자신이 진정으로 원하는 것을 주장하지 못해 편견이 생기면 조작적으로 상대방의 기분을 맞추기 위해 행동한다.

2번 드라이버를 쓰는 경우 Ⓟ 자아, Ⓐ 자아, C 자아상태가 통합되지 않는 경직된 태도를 나타낸다. 타인과의 관계에 있어서 통합하기 어려운 상태를 보인다.

예 내담자(매순이)가 임신 초기에 친정에 오지 못하게 하는 어머니가 이해가 되지 않고 서운했지만 말로 표현하지 않고 참고 있었다. 나중에 알고 보니 친정에서 키우던 강아지가 죽은 상황을 알면 마음이 여린 내담자가 유산될까 봐 남편과 친정 식구들이 배려해서 얘기를 하지 않았던 것이다.

2) 드라이버에 따른 성격적응 유형과 반응

드라이버 \ 특성	성격적응 유형	양면성		타인에 대한 반응	문제해결에 대한 반응
		긍정성	부정성		
1(PO)	열정적 과잉반응자 (연기성)	친밀성	과잉반응	참여(외향)	능동
2(BS)	창의적 몽상가 (조현성)	배려심	회피	회피(내향)	수동

내담자 해석

① 타인에 대한 반응: 1번 드라이버를 썼을 때 좋은 관계를 즐기고 행복을 꿈꾼다. 내담자(매순이)의 부모님은 대화가 거의 없었고, 어린 시절 아버지는 이기적인 분이셨다. 어머니 혼자 고생하시면서 3남매를 키우며 참고 사는 모습을 보고 자라왔다. 부모님이 모두 바쁘시고 도움을 요청할 수 없는 상황에서 거절당할까 봐 불안해하고 혼자서도 잘하는 아이로 자라났다. 결혼 후 남편이 집안일을 다 도와주어도 행복하지 않은 이유는 일을 도와주는 것보다 외로운 감정을 대화로 풀어 주고 말로 표현해 줬으면 하고 생각 때문이다.

2번 드라이버를 썼을 때 타인과 시끄럽고 복잡한 상황은 힘들어한다. 자신이 좋아하는 것에 조용하고 묵묵히 참여한다.

② 문제해결에 대한 반응: 1번 드라이버를 썼을 때 능동이다. 자신의 말을 수용해 주고 지지해 주는 친구와 주로 즐겁고 그 사람을 행복하게 해 주고 싶다.

예 상담자를 보며 부끄럽지만 순수한 표정으로 "제주도 출장 다녀오면서 작은 선물을 사 왔는데 드려도 될까요?" 라고 조심스럽지만 용기 있게 말한다.

2번 드라이버를 썼을 때 수동이다. 친구관계에서 먼저 다가가지 않고 혼자 느끼고 가만히 있다.

3) 드라이버에 따른 선호하는 의사소통 방식

특성 드라이버	Ware의 의사소통 방식			Kahler의 의사소통 방식	
	개방문	표적문	함정문	채널	자아상태 기능
1(PO)	감정	사고	행동	양육적인	+NP → FC
2(BS)	행동	사고	감정	지시적인	+CP → A

① Ware의 의사소통 방식: 1번 드라이버일 때 개방문은 '감정'이다. 2번 드라이버를 썼을 때 행동을 통해서 한다.

개방문은 감정: 1번 드라이버를 쓰는 경우 감정적인 의사소통을 주로 사용하고 있다. 개방문이 감정으로서 감정적인 언어를 사용하는 것이 효과적이다. 예를 들면, 양육적인 의사소통 방식으로 "직장에 합격하자마자 결혼까지 하시느라 많이

힘들었지요?"라고 공감했을 때 내담자는 자신을 감정적인 주 호소문제까지 편안하게 개방하였다. 그리고 표적문으로 이동하여 내담자의 사고를 움직여 내담자와 얘기했던 감정적인 것들에 대해서 통찰하도록 접근하였다. 그래서 사고로 통합하는 시간을 가질 수 있었고, 그 결과 내담자가 과잉행동하는 감정의 태도에 변화(함정문)가 왔다.

내담자(매순이)가 2번 드라이버를 쓰는 경우: 자신의 욕구나 감정을 잘 드러내지 않고 견디려고 한다.

내담자(매순이)가 개방문에 접촉 영역인 감정을 감추고 물러서거나 회피하려는 행동에 대해서 지시적인 의사소통 방법으로 접근하였다.

예 "남편이 늦게 들어오는데 아무 말도 하지 않은 이유가 있나요? 혼자서 말을 하지 않고 고민한 마음고생에 대해 말씀해 주세요!"라고 지시적인 의사소통으로 나누는 시간을 가졌다. 그리고 표적문의 접촉 영역인 사고를 움직여 그런 행동에 대한 반응을 통합하는 시간을 가졌다. 말을 하면 남편이 나를 떠날 것 같은 무의식을 알아차리게 되자 자발성을 발휘해서 즐겁고 싶은 욕구와 감정을 견디려고 참아내는 것을 중지하려는 내담자(매순이)의 모습을 볼 수 있었다(함정문).

② Kahler의 의사소통 방식: (라포 형성) 1번 드라이버에서는 NP 양육적 의사소통 방식을 좋아한다. 내담자(매순이)의 마음을 열기 위한 의사소통 방식은 일단 감정의 언어로 다가간다. 따뜻하고 부드러운 라포 형성을 통해 내담자의 힘든 감정을 공감해 주고 마치 어머니의 역할처럼 내담자 입장에서 교류할 필요가 있다.

2번 드라이버를 쓰는 경우 라포 형성에 지시적인 의사소통이 효과적이다. 욕구와 감정에 대해서 물러서는 행동을 했을 때 "당신은 남편에게 직접 말로 표현하지 않고 있는데 회피하거나 물러서는 행동을 하고 있는 특별한 이유가 있나요? 말씀해 주시겠어요?"라는 패턴으로 라포 형성을 시작하였다.

4) 드라이버에 따른 선호하는 적응방식

드라이버＼특성	타인과 관계 맺는 방식	위협에 대한 반응	만족을 주는 시간의 구조화	실행적·생존적 적응
1(PO)	감정적인 반응	감정이 과도하게 상승	잡담, 게임, 친밀	주변의 모든 사람을 행복하게 좋은 느낌을 가질 수 있도록 에너지를 쓰고 있는가?(실행)
2(BS)	무반응	외면	폐쇄, 활동, 친밀	뒤로 한 발자국 물러서는 경향이 있으며, 잠잠해질 때까지 기다리는가?(생존)

내담자 해석

① 타인과 관계 맺는 방식: 1번(PO) 드라이버일 때는 타인과 관계 맺는 방식이 감정으로서 주변 사람들의 눈치를 보며 사람과 접촉하며 잘 지내고 싶어 한다.

2번(BS) 드라이버일 때는 사람들 있는 곳에서 지적을 받으면 뒤로 한 발자국 물러나서 상황을 살피는 편인데 겁이 많아서 말 한마디에 깜짝 놀란다.

② 위협에 대한 반응: 1번 드라이버일 때는, 위협적인 상황에서 감정이 지나치게 상승하여 위기에 대응한다. 타인이 거절하거나 부정적인 표현을 하면 감정이 극도로 불안해져서 상황을 대처한다.

2번 드라이버일 때는 위협적인 상황에서 아무 반응을 보이지 않고 스톱된다.

③ 만족을 주는 시간의 구조화(마음의 영양물): 1번(PO) 드라이버일 때는 잡담이나 친밀을 주로 선택한다. 내 마음을 이해해 줄 대상이나 친구를 선호하는데 외로운 감정에서 벗어나고 싶어 한다.

2번(BS) 드라이버일 때는 소통하고는 싶으나 드러내지 않고 혼자 책을 보거나 TV를 보며 민감하다.

④ 실행적(가족, 직장에서 능력을 인정받기를 원함)·생존적 적응: 1번(PO) 드라이버는 감정적이고 자기보호적인 생존을 위해 실행을 선택한다. 타인에게 능력을 인정받기 위한 행동을 실행한다. 주변 사람들이 행복한 느낌을 가질 수 있도록 에너지를 쓰고 있는가?

2번(BS) 드라이버는 중학생 시절 친구가 입에서 냄새가 난다고 했을 때 놀랐지만 내색을 하지 않고, 그 친구와 다신 말을 하지 않음으로써 강인한 모습을 보였다.

(이후 절대로 입 냄새가 나지 않게 20분간 혀까지 닦고 있음) 뒤로 한 발자국 물러서는 경향이 있으며 잠잠해질 때까지 기다린다.

5) 불건강할 때 전형적인 심리게임, 금지령, 라켓

드라이버 \ 특성	심리게임	금지령	라켓
1(PO)	• 당신이 아니었다면……(안심하기) • 바보(비난, 경멸 유발하기)	• 성장하지 마라. • 생각하지 마라. • 중요한 존재가 되지 마라.	분노를 가린 불안, 슬픔, 혼란, 두려움
2(BS)	• 당신이 아니었다면(안심하기) • 나를 차라(비난, 경멸 유발하기)	• 성취하지 마라. • 소속되지 마라. • 기쁨을 느끼지 마라. • 아이처럼 굴지 마라. • 성장하지 마라.	무감각, 단조로움, 공백상태, 불안(분노, 마음의 상처, 즐거운, 성적인 느낌을 가린)

내담자 해석

① 심리게임: 1번(PO) 드라이버를 쓴 경우 '당신이 아니었다면…… 나는 바보이다' 생각하는 심리게임을 하는 경향이 있다. 이것은 타인을 기쁘게 하고 관심 받고자 하는 상황에서 하는 게임이다.

예 남편이 저녁에 나 혼자 두고 나가면 세상에 나 혼자인 것 같고 버려진 것 같아요. 그렇지만 남편이 아니었다면 이렇게 아이 낳고 살지도 못했을 거예요.

2번(BS) 드라이버를 쓴 경우 '당신이 아니었다면…… 나를 차라는 심리게임'을 사용하고 있다.

예 청소기 떨어뜨리는 행동을 하고 소리가 크게 들리자 미안한 마음이 들면서 '남편이 화내는 것은 당연해.' 라고 생각한다(나를 차라).

② 금지령: 1번(PO) 드라이버를 쓰는 경우 '성장하지 마라', '생각하지 마라', '중요한 존재가 되지 마라'는 금지령을 따르고 있다. 이러한 금지령들은 타인을 기쁘게 하고 관심을 받고자 하는 태도에서 나온다. 예를 들면, 내담자는 이기적인 아버지 밑에서 잘할 때만 칭찬을 받고 자라온 경직된 환경으로 인해 중요한 사람에게는 관심과 칭찬을 받으려고 하고 이러한 패턴의 환경으로 인해 금지령을 따르려고 한다.

2번(BS) 드라이버를 쓰는 경우 '성취하지 마라', '소속되지 마라', '기쁨을 느끼지 마라', '아이처럼 굴지 마라', '성장하지 마라'는 금지령을 따르려고 한다. 이것은 자신의 욕구나 감정을 드러내지 않고 견디려고 하는 태도에서 이러한 금지령이 나타난다. 예를 들면, 남편이 늦게 들어오는 날에도 아무 말도 안 하고 아이처럼 굴지 않고 강한 척, 괜찮은 척하고 있다.

③ 라켓: 1번 드라이버를 쓰는 경우 분노를 가린, 불안, 슬픔, 혼란, 두려움으로 나타 난다. 예를 들면, 이혼당할까 봐 걱정한다. 겉으로 나타나는 라켓 감정은 불안, 혼 란, 두려움으로 나타나는데 그러나 실제 내면의 진짜 감정은 분노와 화이다.

2번 드라이버를 쓰는 경우 분노, 마음의 상처, 즐거운, 성적인 느낌을 가린 무감 각, 단조로움, 공백 상태, 불안으로 나타난다.

6) 드라이버에 따른 인생각본

드라이버 ＼ 특성	과정각본	축소각본	허용
1(PO)	'그 후'식(뒷일에 대해 미리 근심 걱정)	스트레스 상황에서 현재 있는 그대로의 모습을 받아들이지 않고 '만약 ~이라면 OK'라는 사고방식으로 시작할 때, OK가 아닌 축소각본에 빠진다.	먼저 자신을 기쁘게 해도 좋다.
2(BS)	'결코'식(생각만 하고 시도를 하지 않음)		자신의 욕구나 감정을 개방적으로 표현하라.

내담자 해석

① 과정각본: 1번 드라이버의 '그 후'식 각본을 사용하는 내담자는 뒷일에 대해 미리 근심 걱정을 하고 행동한다. 남편이 이혼하고 자신을 떠날까 봐 걱정하고, 일이 있어 늦게 들어오는데도 불안감을 느낀다.

2번 드라이버인 '결코'식은 생각만 하고 시도를 하지 않는다.

예 결혼 전 자격시험에 떨어지고 자살을 시도한 적이 있다. 목이 너무 아파서 바 로 중단했으며, 이제는 결코 자살 시도를 하지 않을 것이다.

② 축소각본: 스트레스 상황에서 현재 그대로의 모습을 받아들이지 않고 '만약 ~이 라면 OK'라는 사고방식으로 시작할 때, OK가 아닌 축소각본에 빠지게 된다.

1번 드라이버를 썼을 때 "좋은 친구관계를 유지했으나 입에서 냄새가 난다고 친구들 있는 데서 망신을 준 친구, 거기에 동조한 친구들과 결코 말을 하지 않는다."

2번 드라이버일 때 남편과 화해하고 싶지만 먼저 말을 꺼내거나 시도하지 않는다.

③ 허용: 1번 드라이버는 먼저 자신이 원하는 욕구와 기쁨이 무엇인지 자각하도록 허용한다. 타인 중심으로 무의식적으로 행동하려는 자신을 통찰한다.

2번 드라이버일 때 허용을 통해 진술하게 해도 좋다는 생각으로 욕구나 감정을 표현한다.

7) 드라이버와 양육방식, 오염된 성격구조, 치료의 핵심

드라이버 　　　특성	오염된 성격구조	양육방식	치료의 핵심
1(PO)	ⓒ에 의해 Ⓐ 오염	타인을 기쁘게 하는 것을 강조하는	스스로 홀로 설 수 있다는 것, 도망가는 것을 중지하는 것
2(BS)	이중오염 상태에서 Ⓟ가 ⓒ를 비판, ⓒ는 회피	모호한, 주저하는	홀로 서는 것, 원하는 것을 요구하는 것

내담자 해석

① 오염된 성격구조: 1번 드라이버일 때 심적 에너지는 ⓒ에 의해 Ⓐ가 오염된다(망상태도). 그러므로 어른 자아상태가 제 기능을 못하거나 AC가 높아 아이처럼 의존하며 주위의 평판에 지나치게 눈치 보고 근심한다. 감정으로 상상한 것을 의심 없이 믿으며 심리적으로 소설을 쓰고 걱정하고 있다. "저녁에 혼자 있으면 아무것도 하지 못하고 불안해져서 TV만 보고 있어요."

2번 드라이버를 썼을 때 이중오염 상태에서 Ⓟ가 ⓒ를 비판, ⓒ는 회피한다. 예를 들면, 직장에서 결코 혼자 책임지고 일을 진행할 수 없을 때가 도래하면, 직장 상사가 권위적이라고 생각에 상사와 부딪치지 않고 피하다가 부서를 바꿔 달라고 타인에게 말한다.

② 양육방식: 1번 드라이버 '다른 사람을 기쁘게 하라'에서 양육방식은 타인을 기쁘게 하고 좋은 기분이 들도록 만드는 특성이 있다. 어린 시절부터 화를 내는 권위자에 의해 통제 받고 눈치를 보며 자라 온 경우이다. 내담자는 감정과 현실을 구분하지 못하는 환경에서 자랐다.

2번 드라이버 '강인하라'는 생존방식으로 인내하며 무의식적으로 매력적으로 보이고 싶고 좋은 인상을 주기 원하지만 홀로서기가 어렵고 타협도 어렵다. 자신의 욕구나 감정이 다치게 되면 수동행동을 보이며 아무것도 하지 않고 가만히 있는 금지령을 보인다.

③ 치료의 핵심: 1번 드라이버일 때 치료의 핵심은 타인을 기쁘게 하는 것보다는 스스로를 기쁘게 하는 것, 스스로 홀로 설 수 있다는 것을 자각하고 도망가는 것을 중지하는 것이다.

2번 드라이버일 때 치료의 핵심은 홀로서는 것, 원하는 것을 요구하는 것이다.

8) 드라이버에 따른 전형적인 디스카운트와 상담의 쟁점

드라이버 〳 특성	전형적인 디스카운트	상담의 쟁점
1(PO)	• 자신의 분노나 힘에 직접 접촉하는 것 • 타인을 기쁘게 하기보다는 스스로를 기쁘게 하는 것(핵심: 자신의 감정이 무엇인지에 대해 깊이 생각하는 것)	• 상담자와 진솔한 감정을 나누기로 계약한다. • 억압된 분노와 접촉하고 타인과의 경계와 현실 감각을 분명히 하도록 한다. • 타인과 조화하고 협력하기 위해 감정과 현실을 구분하게 한다.
2(BS)	• 마음의 상처, 분노, 성적인 느낌을 가리는 것, 즐거움을 회피하는 것(핵심: 자신의 감정과 욕구를 수용하는 것)	• 수동행동(아무것도 하지 않음, 불안 등)의 직면을 돕는다. • 자신의 욕구나 감정을 소중히 여기는 것을 돕는다.

① 전형적인 디스카운트: 1번 드라이버일 때 전형적인 디스카운트는 기분 좋은 척하는 자신의 특성을 자각하고 분노와 접촉하고 표현하게 한다. 자신의 감정이 무엇인지에 대해 깊이 생각하고 감정과 현실을 구분하도록 한다.

예 남편이 화를 내거나 사이가 멀어질까 봐 아무 말도 못하고 살아왔다. "남편에게 청소해 주고 설거지 해 주는 것보다 당신이 친구들을 일주일에 2번만 만나고 일찍 귀가했으면 좋겠어."라고 말한다.

2번 드라이버일 때 자신에게 솔직하지 않고 괜찮은 척 연기를 하려 하는 것이다.

예 결혼 전 자격시험에 2번 떨어지고 나서 괜찮은 척했지만 미래가 불안하고 두려워서 죽고 싶다는 생각에 하룻밤 집을 떠나서 잠적한 적이 있다.

② 상담의 쟁점: 1번 드라이버일 때 상담의 쟁점은 억압한 분노와 접촉하고 자신의
힘이나 능력에 대해 스트로크를 해 주고 감정과 현실을 구분하도록 하며 생각하
는 힘을 기르는 것이다.

2번 드라이버일 때 상담의 쟁점은 자신의 감정과 욕구를 솔직하게 표현하고 수용
하는 것이다.

5. 내담자의 드라이버와 관계된 개선방안

1) 상담자가 본 내담자의 문제

• 자신의 감정과 욕구보다는 타인의 감정을 살피고 타인 중심으로 행동한다.
• 의존적이며 혼자 있는 것을 힘들어한다.
• 두려움과 불안한 상황에는 괜찮은 척하거나 분노와 혼란을 사용한다.
• 대인관계에서도 희생적인 태도를 취하고 있어 남편이 집안일을 많이 도와주지만
행복하지는 않다.
• 불편한 사람과는 접촉을 피하고 있으므로 내담자의 성장을 위해 관계에서 자신의
욕구와 감정을 진솔하게 표현할 필요가 있다.

2) 현재 상태에 대한 개선방안

① 상담목표
• 자신의 감정이 무엇인지 자각하고 원하는 것을 구체적으로 말한다.
• 감정과 사고를 분리하여 현실 감각을 찾는다.
• 불안할 때 친밀한 사람과 대화하거나 슬픔이나 두려움을 표현한다.

② 상담계획
• 초기: 내담자(매순이)와의 라포 형성, 개방문인 감정을 공감하여 사고를 통합한다.

- **중기:** 어린 시절 부모님과의 부정적인 스트로크에서 벗어나 긍정적 스트로크와 인생태도를 갖는다.
- **자각하고 실행:** 원하는 감정과 욕구를 통찰하고 실행에 옮기기, 타인조망 능력 확장하기
- **소통 문제해결:** 반사회적 부정적인 관계의 습관에서 벗어나 친밀한 대상관계를 위한 정서 표현
- **자율성:** 외상 후 성장할 수 있도록 희생자 콤플렉스에서 벗어나 스스로 자율성 찾기
- **종결:** 변화를 위한 새로운 결단을 할 수 있도록 실천계약 맺기
- 상담과정을 평가/추수상담 확인하기

③ 상담전략

- 내담자(매순이)가 자신을 잘 이해하고 자각하도록 돕는다.
- 스스로 변화 가능하다는 것을 믿고 소통할 수 있도록 동기부여한다.
- 자신이 가지고 있는 감정과 욕구를 수용하고 허용하고 표현하도록 돕는다.
- 직장에서 자신의 능력과 재능을 인정받을 수 있도록 돕는다.
- I-Message로 자기주장 훈련을 한다.

6. 상담과정과 상담결과

1) 상담과정

- **초기:** 내담자(매순이)는 이혼하자는 남편의 말에 충격을 받아 내방하였고 자신도 성격의 변화 필요성을 느끼고 있다. 내담자(매순이)의 개방문인 감정을 적절히 공감하여 신뢰감을 형성하고 어린 시절 성장과정에서 받은 따돌림에 대한 반응과 현재의 자신을 이해하도록 한다.
- **중기:** 심리검사(CKDP) 결과를 통해 자신이 드라이버 패턴에 대한 전반적인 이해와 상담 방향을 설정하여 자신이 정말 원하는 능력 있고 인정받는 모습을 찾도록 돕는다. 내담자(매순이)가 독립성과 주도성을 갖고 심리적으로 홀로 서며 소통과 관

계의 어려움을 극복하고 자율성을 찾는다.

- 종결: 변화를 위해 자신의 감정과 불안을 적절히 표현하고 마음의 안정을 찾는다. 이성적·현실적 판단을 하여 여유 있게 대처하도록 한다(추수상담 연계).

2) 상담결과

내담자(매순이)는 CKDP 검사를 통해 자신의 인생태도와 각본을 이해하고 주로 쓰는 드라이버 패턴을 알게 되었다.

소통을 통해 사람들과 잘 지내기를 원하지만 관계가 소원해질까 봐 전전긍긍하며 살아왔다. 내담자는 외롭거나 소외감을 느끼면서도 혼자 참아 왔다. 부모님과의 어린 시절의 부정적 스트로크로 하고 싶은 말이 있어도 선택적으로 함묵하고 있는 인생각본을 알게 되었다. 남편과의 관계가 나빠질까 봐 기분 나쁜 표현을 삼가면서 참고 살아왔다고 한다. 6번 드라이버 TH(노력하라)가 8~9등급으로 역기능을 보인다. 이로 인한 무기력, 무망감, 의욕상실, 위축 등의 특성을 보인다. 본 검사지 해석을 통해 자신을 문제를 자각하고 통찰하였으며 이제는 외상 후 성장을 통해 변화할 수 있을 것으로 사료된다.

7. 상담자 총평

내담자(매순이)는 내성적인 성격으로 대화할 때 입을 가리는 등 다른 사람의 시선에 신경을 많이 쓰고 살아왔다. 소통의 어려움을 호소하였고 대화보다는 글로 이야기하는 것이 편하다. 남편과 잘 지내고 싶지만 자신의 우울을 자각하지 못해서 욕구를 솔직하게 말하지 못해 손이 떨리거나 가슴이 답답함을 호소하였다. 상담을 통해 자율적이고 친밀한 인간관계를 회복해 가게 되었고 자신을 자각하였다. 허용받기보다는 무시당하며 자란 어린 시절의 경험으로 감정의 자유로운 표현과 교류가 결핍된 것으로 보인다. 모순되고 억압된 환경에서 벗어나, 자존감을 높이는 상담을 통해 내 탓에서 벗어나 자기주장을 할 수 있게 되었으며, 자신의 욕구를 억압하는 삶에서 벗어나 직장이나 집에서 솔직하게 자신의 감정을 표현하고 감정을 교류하는 삶을 스스로 선택하였다.

우울한 중학교 3학년 내담자
너무 우울해서 죽고만 싶어요

상담자: 이인영

1. 내담자 기본 정보

내담자: 택/성별: 남/연령: 16세/학력: 중학교 3학년/검사일: 2017. 06. 07.

1) 의뢰 경위 및 주 호소문제

① 의뢰 경위

내담자는 5월경부터 수업시간에 발한, 두근거림 등의 신체적인 증상을 경험하기 시작하여 증상의 증감이 반복되었다고 한다. 지난 중학교 2학년 때에도 신체적인 증상이 있었고, 올해 중간고사 전후로 스트레스가 심해지자 다시 숨 막힘, 심장 두근거림, 발한 등의 신체적인 증상이 심해지기 시작하였다. 더불어 2~3주 전부터는 우울감이 깊어지며, 기억력이 걱정되고 자살 생각 역시 상승하기 시작하였다고 한다.

② 주 호소문제: **"너무 우울해서 죽고만 싶어요."**

신체 증상과 우울감에 대해 호소하며 현재 자신의 모습과 생활 등에 대해 회의적이고 비관적인 이야기를 주로 이야기한다.

2) 행동 관찰

- 178cm의 큰 키에 마른 체격으로 까무잡잡한 피부에 안경을 착용한 모습이다.
- 눈 맞춤이 일시적으로만 가능할 뿐 눈맞춤을 잘 못한다.
- 손가락을 계속 움직이는 불안한 기색을 보인다.

- 이야기를 할 때 대답하기 싫으면 웃으면서 넘긴다.
- 자신의 확신이 없는 경우 주저하는 모습을 보인다.

3) 내담자의 자원

- 상담을 스스로 요청하고 참여 자세가 좋다.
- 부모님의 지지가 좋고 가족이 화목하다.
- 친구관계가 원만하고 학교생활도 잘한다.

4) 가계도

아버지: 성격적으로 이성적이면서도 공감적이며 섬세한 편이다. 자신에게 주어진 일들을 책임감 있고 합리적으로 처리하며 다른 사람을 잘 살피고 배려 있는 모습으로 다른 가정과 비교하여 집안이 끈끈하다고 생각하며 안정적인 모습을 보인다. 입시학원을 운영하면서도 가족과의 시간을 중시 여겨 주말은 집에서 보낸다.

어머니: 성격적으로 차분하고 책임감이 강한 편으로 자신에게 주어진 일을 성실하게 수행한다. 대인관계에서도 공감을 잘하고 결혼생활에서도 만족감이 좋은 편으로 우리 집안이 행복하고 안정감이 좋다고 생각한다. 고등학교 선생님으로 학습에 대한 관심이 높은 편이다.

동생: 초등학교 6학년 남동생으로 내담자와 잘 지내고, 가끔 몸으로 싸우는 정도지만 동생이 어리다고 생각하여 장난을 할 때 봐 준다고 이야기한다.

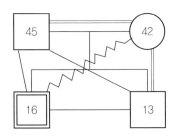

5) 생태도

택이는 현재 중학교 3학년 학생으로서 부모님의 사랑을 받고 공부도 열심히 하고 친구들과 관계가 좋은 상태로 지내고 있다. 그러나 학습 스트레스, 진로를 어떻게 할지, 대학을 갈 수 있을지, 어떻게 살지 등의 걱정을 많이 한다.

학교에서는 충분한 수면시간에도 불구하고 오전 특히 영어시간에 졸고 나서 하루의 기억이 다 망가진 느낌으로 자신의 기억력이 문제라고 생각하고 숨 막힘, 심장 두근거림, 발한 등의 신체적인 증상이 심해지기 시작하여 공부를 잘할 수 없다고 생각한다.

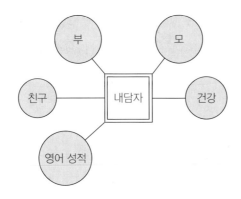

2. 내담자 검사 결과

드라이버 \ 구분	PO	TI	BS	BC	BP	TH	HU
점수	26	31	37	34	30	24	19
순위	5	3	1	2	4	6	7
등급	6~7	5	1~2	3~4	5	8~9	8~9

내담자 해석

1번 드라이버는 BS로 1~2등급이다. 이 드라이버를 사용할 때는 자기 표현을 잘 안하고 드러내지 않는 모습으로 특별히 친구들과는 원만하게 지내지만 친하게 지내는 절친이 없고, 자신의 고민을 이야기하고 무엇인지 모르는 마음을 표현하지 못하고 신체화로 표현하고 있다.

2번 드라이버는 BC이다. 스스로에게 완벽해지려는 마음과 공부를 잘해야 한다는 강박으로 자신의 성적에 대해 걱정을 많이 한다. 특히, 기억력에 대한 불안이 높아서 애써 기억을 하고 기억이 안 나는 부분에 대해 자신의 뇌가 문제가 있는지 걱정한다.

7번 드라이버는 HU이며 8~9등급이다. 늘 공부에 대한 이야기는 하지만 실제 공부를 계획적으로 하지 않고 힘들고 잘 모르겠다는 이야기만 반복하고 있어 주변의 피드백을 받을 때만 움직이는 모습을 보인다.

CKDP 심리검사 체크리스트

패턴	PO	TI	BS	BC	BP	TH	HU	패턴
점수	다른 사람을 기쁘게 하라	반드시 이루어 내라	강인하라	주의하라	완벽하게 하라	열심히 하라	서둘러라	점수

그래프 값: PO 26, TI 31, BS 37, BC 34, BP 30, TH 24, HU 19

순위	5	3	1	2	4	6	7	순위
등급	6~7	5	1~2	3~4	5	8~9	8~9	등급

3. 드라이버에 따른 성격의 특성 및 기능

1) 드라이버에 따른 성격의 특성

드라이버 ＼ 특성	성격 기술
1(BS)	초연, 고립, 수동성, 공상, 섬세, 침착, 남을 배려, 차분, 인내 등
2(BC)	과잉민감, 시기질투, 의심, 신중 등
7(HU)	둔함, 우유부단, 느림, 무미건조 등

2) 드라이버에 따른 순기능과 역기능

드라이버 ＼ 특성	순기능	역기능
1(BS)	친절하고, 보호적이며, 지지적인 사람이다. 매우 높은 민감성을 지니고 있으며, 주변을 즐겁고, 편안하게 해 준다. 고독을 추구하는 경향이 있으며, 혼자 일하는 것을 좋아한다. 위기 상황에 침착하고 효과적으로 행동한다. 인생의 근본적인 문제에 깊이 있게 생각하는 경향이 있어 영적인 것을 추구하고, 자연과의 조화에 관심을 지니고 있다. 일대일 만남을 선호하며, 문제를 해결하는 태도와 사회적인 상호작용 태도는 타인이 먼저 움직일 때까지 기다리는 것이다.	현실 세계의 사람과 상호작용하기보다는 자신의 공상 세계에 살고 있다. 자신의 욕구가 정말로 필요하다고 인정될 때까지 기다리는 경향이 있다. 배경에만 머물러 있고 저자세를 유지하고 물의를 일으키지 않아야 하는 금욕주의자이다. 강해지기 위해 스스로 노력한다. 타인과 의존적 관계를 만드는 경향이 있고 비언어적인 방법으로 의사소통하는 경향이 있다. 희로애락의 감정을 겉으로는 웃고, 즐거운 것만 표현하고, 속으로는 화나고 슬픈 것은 느끼거나 수용하는 것이 어렵다. 타인에게 도움을 청하기보다 스스로 많은 짐을 진다.

	모든 면에서 가장 명확하고 날카로우며, 가장 세심하게 생각할 수 있는 사람이다. 어떤 일에서든지 확신을 갖기를 원한다. 명확한 대답을 좋아하고 빈틈없는 상태를 유지하며, 고도의 사고 능력을 가지고 있다. 지배, 관리하는 것을 좋아하는 이들은 머리가 좋고 매우 민감하며, 지각력이 뛰어나다. 소수의 사람과 관계 맺기를 선호하고 문제해결과 사회적인 상호작용 측면에서는 상대의 눈치를 보며 행동한다.	자신에게 오는 정보를 자주 오해하고 사고 패턴은 종종 경직되어 있거나 과장되어 있다. 자신이 느낀 감정과 생각에 대해 완고한 모습을 보이고 자신이 인식하는 것이야말로 진정한 현실이라고 확신한다. 일정한 관계에 대한 두려움은 지니고 있고 들쭉날쭉한 행동패턴을 보인다. 통제하기를 원하고 약점이 있는 존재로 남아 있기를 거부한다. 타인에 대한 시기와 질투가 많아 타인의 동기를 의심하기도 한다.
2(BC)		

4. 1번과 2번 드라이버에 따른 성격특성과 해석

1) 드라이버에 따른 조기결단, 부정적 인생태도, 경계

드라이버 \ 특성	조기결단	인생태도	경계 자기감	인간관계
1(BS)	• 타인이 동조해 주지 않으면 두려워하며 회피한다. • 상호작용 거의 없으며 개별화와 애착 모두 두려워한다. • 나는 나 혼자 느끼고 나 자신을 보호할 것이며 너를 필요로 하지 않겠다.	IV	산만	경직
2(BC)	• 어린이 자아상태를 부정하고 이를 제거하려고 한다. • 타인을 자신의 벽 밖으로 몰아내려고 한다. • 매우 개별적이고 애착을 두려워한다. • 나는 나의 안전을 위해서 주변의 모든 사람과 모든 것을 통제할 것이다.	III	경직	경직

내담자 해석

① 조기결단: 1번 드라이버일 때 내담자는 맞벌이 부모님이지만 충분한 보살핌과 관심을 받고 있다. 주변 친구들도 공부를 잘하고 있고, 아버지가 하시는 입시학원의 특수한 아이들과 비교를 느끼고 있어서 불편해하고 있다. 고등학교에 근무하시는 어머니는 아이들의 특성을 이해하시지만 부모님의 기대에 충족하지 못하는 성적 때문에 부모님의 실망감을 두려워하고 있다. 그래서 혼자 있는 시간이 많고 자신의 이야기를 제대로 하지 못한다.

2번 드라이버일 때 내담자는 중 3 때 자신에 대한 만족감에 대한 불만을 장남으로 투정을 부릴 수 없고 자신의 현실에 직면하기 어려웠기 때문에 자신이 제일 두려운 영어시간에 잠을 자거나 신체화를 부모님께 이야기함으로써 주변 사람들에게 호소하고 통제를 하고 있다.

학교에서 학교폭력 사건이 있었는데 피해자가 친구여서 곤란한 적이 있었고, 부모님이 학생들을 만나다 보니 노는 그룹에 대한 부정적인 생각이 많아서 조심하라는 메시지를 많이 받고 있다.

② 인생태도: 1번 드라이버가 나타난 경우는 부정적인 상황에서 Ⅳ 영역으로 가게 된다. 이는 자타에 대한 불신, 부조화, 삶의 의미를 상실한 태도를 보인다. 인생의 근본적인 문제에 대해 '왜 사는지? 어떤 의미가 있는지? 이렇게까지 사는 것을 바꾸는 것이 의미가 있는지?' 생각을 한다. 따라서 적극적으로 문제해결을 하고 싶어 하지 않고 "죽고 싶다"는 말을 어머니에게 반복한다.

2번 드라이버가 나타난 경우는 부정적인 상황에서 Ⅲ 영역으로 가게 된다. 노력에도 성적이 안 나오자 중학교 들어오기 이전으로 되돌아가고 싶다고 말하며 지금 다니는 중학교가 인근 지역에서 가장 시험이 어렵게 나오는 학교로, 특히 영어시험 문제는 학원에서도 가장 어렵다고 말하였다. 그것이 자신이 다니는 중학교에 대한 불만이라고 이야기하였다.

③ 자기감 경계: 1번 드라이버가 부정적으로 갔을 때 자기감은 산만한 유형으로 경계가 서로 모호한 (ⓟⒶⒸ)이다. 여름방학에 어머니가 친구들과 할아버지 댁에 친구들과 놀러 갔다 오라고 말을 하였는데 좋다고 대답만 하고 친구에게 이야기도 안 하고 가고 싶지 않고 집에 있고 싶다고 했다. 자기 경계감이 무의식적으로 산만하고 명확하게 표현하지 않는다.

2번 드라이버를 쓸 때는 자기감이 경직되어 방어적이고 배타적이다. 자신의 의사 표현을 정확하게 표현하지 못하고 말할 때 시선 처리를 피하는 경직된 모습이 보인다.

④ 인간관계 경계: 1번 드라이버와 2번 드라이버 모두 인간관계는 경직된다. 비밀을 공유하는 친구가 없고 그냥 학교에서 놀 수만 있으면 된다고 말한다.

2번 드라이버에서는 다른 사람이 어떻게 생각하는지 신중하게 생각을 하게 되어서 음식을 고를 때에도 표현을 못하게 된다고 한다.

2) 드라이버에 따른 성격적응 유형과 반응

드라이버 \ 특성	성격적응 유형	양면성		타인에 대한 반응	문제해결에 대한 반응
		긍정성	부정성		
1(BS)	창의적 몽상가 (조현성)	배려심	회피	회피(내향)	수동
2(BC)	재기형 회의자 (편집성)	신중성	의심	회피(내향)	중립

내담자 해석

① 성격적응 유형: 1번 BS 주 드라이버일 때 높은 민감성으로 자신이 좋아하는 것에는 너무 좋아하고 참여적으로 기분이 상승하나, 자신이 싫어하는 일에는 감정 기복이 심하다. 2번 BC 드라이브일 때 빈틈없고 명확하며 지각력이 뛰어나나 일정한 관계에 대한 두려움을 가지고 있어 대인관계에 거리를 둔다. 자신이 선호하는 정보에 관련된 일만 하려고 한다. 안전하게 확신 가는 일에만 움직인다.

② 양면성: 1번 BS 주 드라이버일 때 상대방의 말을 끝까지 들어주고 갈등 상황은 잘 안 나타나지만 회피적인 모습으로 직면하지 않아 반복된 패턴을 갖는다. 2번 BC 드라이브일 때 생각이 많고 신중함을 보여서 자신의 일에 높은 관심과 흥미를 가지지만 방해 요소가 있을 경우에는 힘들어하고 주변과 의견을 나누지 않는다.

③ 타인에 대한 반응: 1번, 2번 드라이버 공통으로 타인에 대한 반응은 회피적인 경향을 보인다. 내담자는 심적 에너지가 적어 소수의 사람들과 함께 하는 것을 좋아하고, 외부 자극에 예민하여 주변보다는 어머니에게 표현을 한다.

④ 문제해결에 대한 반응: 1번, 2번 드라이버 문제해결에 대한 반응은 수동적이거나 중립적이다. 문제해결에서는 직접적으로 나서지 않고 남이 해결해 주기를 바라는 수동적인 모습을 보인다.

3) 드라이버에 따른 선호하는 의사소통 방식

드라이버 ＼ 특성	Ware의 의사소통 방식			Kahler의 의사소통 방식	
	개방문	표적문	함정문	채널	자아상태 기능
1(BS)	행동	사고	감정	지시적인	+CP → A
2(BC)	사고	감정	행동	정보적인, 지시적인	A → A, +CP → A

① Ware의 의사소통 방식: 1번 드라이버일 때는 개방문(행동)으로 접근하여 라포를 형성한 후에 표적문(사고)를 통해 통합을 하면 함정문(감정)의 변화를 보인다.

• 내담자의 행동을 찾는 질문을 하면서(개방문: 오늘은 학교에서 어떻게 지냈는지?), 그에 따른 사고를 요하는 추가 질문(표적문: 사실 기술을 하며 어떤 생각을 했는지?)을 통해 감정을 통합한다(함정문: 그때 기분이 어떤지? 지금은 어떤지?). 내담자의 현재 행동 질문으로 시작해서, 생각을 정리하도록 지원하여, 자신의 감정을 통합 단계에 이르게 하는 상담을 진행한다.

2번 드라이버일 때는 개방문(사고)으로 접근하여 라포를 형성한 후에 표적문(감정)를 통해 통합을 하면 함정문(행동)의 변화를 보인다.

• 내담자의 사고를 찾는 질문을 하면서(개방문: 어떻게 생각하니?), 그에 따른 감정을 요하는 추가 질문(표적문: 느낌이 어때?)을 통해 행동을 통합한다(함정문: 어떻게 할까?). 내담자의 현재 사고 질문으로 시작해서 감정을 정리하도록 지원하여, 자신의 행동적인 이야기를 하여 회피하는 행동을 직면하고 표현할 수 있도록 통합 단계에 이르게 하는 상담을 진행한다.

② Kahler의 의사소통 방식: 1번 드라이버일 때는 지시적인 +CP를 작동하여(학교에서는 어떻게 지내는지 이야기해 보자.) A 자아상태의 감정으로 인정하며 소통할 수 있도록 한다.

2번 드라이버일 때는 정보적인, 지시적인 A로(어제 어떻게 된 거니?) 사실에 대해 이야기하며 소통한다.

4) 드라이버에 따른 선호하는 적응방식

드라이버 ＼ 특성	타인과 관계 맺는 방식	위협에 대한 반응	만족을 주는 시간의 구조화	실행적·생존적 적응
1(BS)	무반응	외면	폐쇄, 활동	뒤로 한 발자국 물러서는 경향이 있으며, 잠잠해질 때까지 기다리는가?(생존)
2(BC)	사고	지적인, 민감성	의식	먼저 조심스럽게 상황을 생각해 보고 그 후에 변화를 위한 결단을 통해 해결하려고 하는가?(생존)

내담자 해석

① 타인과 관계 맺는 방식: 1번 드라이버일 때는 타인과 관계 맺는 방식이 무반응이다. 자신의 의견을 표현하지 않거나 알아주기를 기다리거나 드러내지 않는다.

2번 드라이버일 때는 타인과 관계 맺는 방식이 사고이다. 완벽한 부모님에게 실수를 하지 않기 위하여 신중하게 생각을 한다.

② 위협에 대한 반응: 1번 드라이버일 때 위협적인 상황에서는 외면을 한다. 영어 성적이 30점을 받을 때 자신감이 없는 행동에도 직면하지 않고 외면한다.

2번 드라이버일 때 위협적인 상황에서는 영어 성적이 대학도 못 갈 것 같은 상황으로 민감하게 해석한다.

③ 만족을 주는 시간의 구조화(마음의 영양물): 1번 드라이버일 때 시간의 구조화는 폐쇄, 활동으로 주로 혼자 있거나 유튜브를 보거나 멍 때린다고 한다.

2번 드라이버일 때 시간의 구조화는 의식으로 부모님과 함께 영화 보기, 외식하기 등을 한다.

④ 실행적·생존적 적응: 1, 2번 드라이버 모두 생존을 선택하고 있다. 공부를 잘해야 한다고 생각한다. 고등학교는 내신을 잘 받을 수 있는 학급 수가 많은 곳으로 배정을 받아야 살아남는다고 생각한다.

5) 불건강할 때 전형적인 심리게임, 금지령, 라켓

드라이버 \ 특성	심리게임	금지령	라켓
1(BS)	• 나를 차라(비난, 경멸 유발하기) • 나에게 뭔가를 하라(불평하기)	• 기쁨(성, 분노)을 느끼지 마라. • 아이처럼 굴지 마라. • 성장하지 마라(나를 떠나지 마라). • 생각하지 마라.	무감각, 단조로움, 공백상태, 불안(분노, 마음의 상처, 즐거움, 성적인 느낌을 가린)
2(BC)	• 나를 차라(비난, 경멸 유발하기)	• 친해지지 마라. • 신뢰하지 마라. • 감정을 느끼지 마라. • 아이처럼 굴지 마라. • 소속되지 마라.	타인에 대한 분노, 불안, 질투, 의심(두려움을 가린)

내담자 해석

① 심리게임: 1번 드라이버일 때 심리게임으로 자신이 강인해지기 위해 '나를 차라 (비난, 경멸 유발하기)', '나에게 뭔가를 하라(불평하기)'로 선택한다. 가정에서 자신의 무기력함과 힘든 내용을 목적으로 어머니에게 호소하고 도움을 받고자 신체화 증상을 드러내면서 '나에게 뭔가를 하라'로 조정한다.

2번 드라이버일 때 심리게임으로 자신의 안전을 위해 '나를 차라'로 선택한다. 자신을 비난하며 자신을 희생자로 만들어 스스로 벌을 주는 모습으로 자신이 집안에서 문제아이므로 죽고 싶다고 한다.

② 금지령: 1번 드라이버일 때 금지령으로 '기쁨(성, 분노)을 느끼지 마라', '아이처럼 굴지 마라', '성장하지 마라(나를 떠나지 마라)', '생각하지 마라'를 선택하고 있다. 감정 욕구를 드러내지 않고 남이 접근해 주기를 바라고, 부모가 더 보호해 주기를 바라며 강인함을 지키기 위해 자신을 억압하고 신체화로 표현하고 있다.

2번 드라이버일 때 심리게임으로 자신의 안전을 위해 '친해지지 마라', '신뢰하지 마라', '감정을 느끼지 마라', '아이처럼 굴지 마라', '소속되지 마라'로 자신의 민감성을 신체화로 표현하고 있다.

③ 라켓: 1번 드라이버일 때 라켓 감정으로 무감각, 단조로움, 공백상태, 불안이다.

부모님의 압박감으로 힘든 것을 아무런 반응을 하지 않아 답답하게 하는 행동으로 보인다.

2번 드라이버일 때 라켓 감정은 불안이다. 내담자는 미래에 대한 두려움이 성적에 대한 불안으로 신체화로 표현된다.

6) 드라이버에 따른 인생각본

특성 드라이버	과정각본	축소각본	허용
1(BS)	'결코'식 (생각만 하고 실행하지 않음)	스트레스 상황에서 현재 있는 그대로의 모습을 받아들이지 않고 '~하는 한 OK'라는 사고방식으로 시작한다.	자신의 욕구나 감정을 개방적으로 표현해도 좋다.
2(BC)	'까지'식 + '결코'식		솔직하게 개방하고 믿음을 가져도 좋다.

내담자 해석

① 과정각본: 1번 드라이버일 때 '결코'식으로 다니는 중학교에서는 자신이 노력해도 성적은 안 나올 것이라고 생각한다. 그래서 고등학교에 들어가면 성적이 나아질 것이라고 생각하고 현재 공부에 대한 실행을 하지 않는다.

2번 드라이버의 '까지'식 + '결코'식 각본을 사용할 때는 계획을 바로 실행하지 못하고 실행하는 데 시간을 많이 소모한다.

② 축소각본: 1번, 2번 드라이버일 때 내담자는 '강인한 한 OK이다', '주의하는 한 OK이다' 항상 강인함을 유지할 수 없고 매사에 주의할 수 없으므로 'NOT-OK' 될 수 있다. 제지꾼으로 자신을 비난으로 시작해서 자기를 공격하고 비난꾼, 낙담꾼으로서 내담자는 어머니에게 "죽고 싶다"는 말을 하며 축소각본을 사용한다.

③ 허용: 1번 드라이버일 때 상담자는 자기 표현의 두려움을 '자신의 욕구나 감정을 개방적으로 표현해도 좋다'로 허용을 주었다.

2번 드라이버일 때 상담자는 안전에 대한 두려움을 '솔직하게 개방하고 믿음을 가져도 좋다'고 허용을 주었다.

7) 드라이버와 양육방식, 오염된 성격구조, 치료의 핵심

특성 드라이버	오염된 성격구조	양육방식	치료의 핵심
1(BS)	이중오염 상태에서 ⓟ가 ©를 비판, ©는 회피	모호한, 주저하는	홀로 서는 것, 원하는 것을 요구하는 것
2(BC)	ⓟ에 의해 Ⓐ 오염, © 배제	일치하지 않는	세상은 안전하다고 느끼는 것

내담자 해석

① 오염된 성격구조: 1번 드라이버일 때 오염된 성격구조는 ⓟ와 ©가 Ⓐ를 침범하여 ⓟ가 ©를 비판하고 ©는 회피하는 모습이다. 편견된 상태에서 자기 욕구를 드러내지 않아서 하고 싶은 욕구를 표현하지 않고 부모 기대에 따른 충족이 어려워 어떤 선택도 하지 않는다.

2번 드라이버일 때 오염된 성격구조는 ⓟ에 의해 Ⓐ 오염되고, ©를 배제하여 원칙을 강요해 감정을 배제하여 '감정을 드러내지 말아라'이다. 공부를 못하면 인정을 못 받으므로 공부를 잘해야 하는데 자신은 공부하기 싫은 것, 공부를 포기하고 싶은 것을 표현하지 못하고 신체화로 표현한다.

② 양육방식: 1번 드라이버에서 양육방식은 '모호한', '주저하는'이다. 부모님들이 일하시며 바쁘게 지내시고 알아서 해야 한다는 양육으로 잘하고 싶은 내담자에게 제대로 안내를 안 해 주고, 내담자가 원하는 것이 없다고 생각하여 주저하는 모습이다.

2번 드라이버에서 양육방식은 일치하지 않는 것이다. 부모는 자녀에 대해 잘 알고 있고 알고 싶어 하지만 자녀가 하고자 하는 대로 내버려 둔다. 자녀가 잘못하고 있을 때는 조용히 불러 타이르거나 충고를 하고 다시 내버려 둔다. 자녀가 부모의 관심을 끌거나 도움을 청해도 반응하지 않고 아주 나쁜 길로 가는 것이 아니라면 그대로 지켜본다. "네 일은 네가 알아서 해야지.", "다음부터는 알아서 해." 하고 냉정하게 표현한다.

③ 치료의 핵심: 1번 드라이버일 때 치료의 핵심은 스스로 홀로 설 수 있다는 것과 원하는 것을 요구하는 것으로 자신의 욕구나 감정을 적절히 표현하는 훈련이 필요하다.

2번 드라이버일 때 치료의 핵심은 세상은 안전하다고 느끼는 것으로 세상에 대해 신뢰하고 믿음을 가질 수 있도록 노력하는 것이다.

8) 드라이버에 따른 전형적인 디스카운트와 상담의 쟁점

특성 드라이버	전형적인 디스카운트	상담의 쟁점
1(BS)	• 자신의 힘이나 책임을 포기하는 것 • 분노, 마음의 상처, 즐거움, 성적인 느낌을 가리는 것(핵심: 자신의 감정과 욕구를 있는 그대로 수용하는 것)	• 어른 자아로 회피나 광기의 도피구를 막는다. • 수동행동(아무것도 하지 않는 것, 과잉반응, 불안, 무능과 폭력)과 직면하게 한다. • 자신의 욕구나 감정을 소중히 하는 것을 돕는다. • 문제점을 확실히 인식하도록 돕는다.
2(BC)	• 할 수 있는 능력이 있음에도 불구하고, 안전하다는 감각을 느끼지 못하기 때문에 기꺼이 하겠다고 나서지 않는다는 것 • 자신의 수용 방법을 재고하는 것 • 상처와 두려움에 대한 취약한 감정을 감추기 위하여 분노를 사용하는 것 (핵심: 세상은 안전하다고 느끼는 것)	• 상처를 주고받거나 광기의 도피구를 막는다. • 안전한 환경을 만들고 천천히 신뢰를 쌓아 간다. • 타인의 행동에 대한 추측을 검토하도록 한다. • 타인과의 관계를 통해 두려운 감정을 처리하는 방법을 배운다. • '어린이 자아상태'가 자유로워질 수 있도록 돕는다.

① 전형적인 디스카운트: 1번 드라이버일 때 전형적인 디스카운트는 분노, 마음의 상처, 즐거움, 성적인 느낌을 가리지 말고 자신의 감정과 욕구를 있는 그대로 수용하는 것이다.

2번 드라이버일 때 전형적인 디스카운트는 세상에 대해 믿지 못하는 혼란스러움을 통제하기 위해 세상에 대한 안전과 신뢰감을 노력해야 한다.

② 상담의 쟁점: 1번 드라이버일 때 상담의 쟁점은 내담자 자신의 욕구 표현이 어려워 신체화 증상으로 절망의 상태로 죽겠다고 호소를 하는데 자신의 욕구나 감정을 소중히 하도록 상담을 진행하는 것이다.

2번 드라이버일 때 상담의 쟁점은 안전한 환경을 만들고 천천히 신뢰를 쌓고 노력하는 경험으로 세상에 대한 긍정성을 가지는 것이다.

5. 내담자의 드라이버와 관계된 개선방안

1) 상담자가 본 내담자의 문제

- 내담자 자신의 감정과 욕구를 잘 표현하지 않고 억제하고 있다.
- 학습 스트레스로 인한 심인성 신체화 증상(숨 막힘, 심장 두근거림, 발한 기억력 감소 등)에 대해 불안해한다.
- 부모−자녀관계에 대해 불안감이 많다.
- 자신의 인생에 대해 회의적인 생각이 많다.

2) 현재 상태에 대한 개선방안

① 상담목표
- 자신의 욕구나 감정을 수용하고 표현할 수 있다.
- 직면하는 현실에 능동적인 모습으로 자신이 원하는 것을 실행한다.

② 상담계획
- **초기**: 내담자와 라포를 형성하고 내담자가 원하는 욕구를 확인하고 이해한다.
- **중기**: CKDP 검사 등 객관적인 자료에 의해 현재 자신의 감정과 욕구의 실체를 확인하고 드라이버의 인생태도, 의사소통 방식은 점검한다.
- **종결**: 변화를 위한 새로운 결단을 하여 실천한다.

③ 상담전략
- 자신의 신체화의 원인을 자각하고 자신을 격려할 수 있도록 한다.
- 심리적인 생활의 안정화를 돕고 자발적인 변화 경험을 한다.

6. 상담과정과 상담결과

1) 상담과정

- **초기:** 학교에서 숨 막힘, 심장 두근거림, 발한, 기억력 감소 등의 신체적인 증상으로 자기 표현을 어머니에게 호소하면서 도움을 받고자 상담을 진행하게 되었다.
- **중기:** 내담자는 CKDP 검사를 통해 드라이버 패턴을 이해하고, 자신의 행동을 이해하고 생각을 정리하며 스스로를 돌보려는 적극적인 모습을 보였다.
- **종결:** 기말고사 성적이 조금 올라가면서 안정된 모습을 보이지만 지속적인 상담을 진행하며 스스로 자신이 발전하는 모습까지 계획을 하며 상담하기로 하였다.

2) 상담결과

내담자는 상담 및 CKDP 검사를 통해 드라이버의 개념적 이해와 그 결과 1번 '강인하라', 2번 '주의하라' 드라이버 패턴을 보였다. 1번 드라이버 BS로 자기 표현의 어려움이 자신을 보호하기 위하여 회피하는 모습으로 나타나고, 2번 드라이버 BC로 세상의 안전함이 중요한 내담자의 드라이버 패턴을 통해 자기 방식을 고집하여 불안의 형태로 나타나서, 신뢰감 형성에 대한 노력과 경험이 필요한 인생각본을 이해하며 상담을 위한 방향과 계획을 수립하고자 했다. 현실을 회피하고 싶은 내담자에게 나타났던 숨 막힘, 심장 두근거림, 발한, 기억력 감소 등의 신체적인 증상에 대해 자신의 행동 기술로 표현하고 사고하며 자신의 감정을 돌보며 증상 완화와 안정감을 갖기 시작하였다. 자기 표현을 재현하며 좋은 경험으로 자신을 확장하여 변화를 시현할 수 있도록 앞으로 자기탐색을 하여 현실에 강인함을 상담으로 계획하려고 한다.

7. 상담자 총평

상담자는 CKDP 검사를 통해 내담자를 이해하고자 하였으며, 내담자는 자신을 이해

하는 CKDP 검사를 도구로 어려워하던 상담을 조금씩 자신의 이야기로 전개하기 시작
하였다.

신체화 증상으로 자신의 행동을 이해하며 자신의 숨겨 놓은 감정을 알아차리며 조금
씩 표현하는 경험을 하고 있다. 지속적인 상담을 통하여 과거의 자신과 현재의 자신에
대한 변화로 자신을 돌보며 성장할 수 있기를 바란다.

> CKDP 심리검사에 의한 개인상담 사례분석 **6**
>
> 팔색조 남편은 호구!
> ## 팔색조 남편! 얼굴만 봐도 쌍욕이 나와요
>
> 상담자: 조윤정

1. 내담자 기본 정보

내담자: 평강공주/성별: 여/연령: 53세/학력: 대학원 졸업/검사일: 2016. 03. 23.

1) 의뢰 경위 및 주 호소문제

① 의뢰 경위

자신의 일과 취미에만 몰입하여 사회적인 성공을 거두었을 뿐 아니라 취미로 시작한 다양한 종목에서도 두각을 나타내면서 친인척뿐 아니라 주변인들로부터 '굿맨'이라는 별칭을 갖고 있는 다재다능한 남편이다. 그러나 정작 가정사와 자녀양육에는 모르쇠로 일관하고, 각종 모임에서는 여자들의 마당쇠 노릇을 하는 호구 남편이기도 하다. 한 여자와 깊은 내연관계는 맺지 않았지만, 주변에 여자가 많은 남편은 아내 부재 시 늦은 시간에도 외간 여성과의 1시간 이상의 긴 통화를 하곤 한다.

이로 인해 이혼 위기까지 갔지만, 내담자는 이혼보다는 결혼생활을 유지하는 것이 좋다고 판단하여 도 닦는 마음으로 살아왔다고 한다. 하지만 수시로 올라오는 분노로 알코올 남용 등의 증상이 발생하여 의뢰하게 되었다.

② 주 호소문제: "팔색조 남편! 얼굴만 봐도 쌍욕이 나와요."

다재다능하고 호남형인 남편을 내조를 잘하면 대통령은 되지 않더라도 장관은 되리라 확신하고 신혼 초부터 모든 살림과 육아는 자신이 전담하고 남편은 오로지 일에만 전념할 수 있도록 배려하였다고 한다. 그런데 남편은 정치가 아닌 사업가 길을 걸었고, 아내의 내조를 울타리 삼아 자신의 성공을 향해서만 달려 나갔다고 한다. 게다가 각종 취미활동이나 동창 모임 등에서 알게 된 여자들의 마당쇠 호구 노릇을 하고 있었던 것을 알게 되었다. 남편의 휴대전화 통화 내역과 카드 내역을 우연히 보게 되면서 분노가 폭발하였다. 그 후 남편만 보면 쌍욕이 나오고, 술을 자주 마시게 되고 자신의 신체적 질병을 알게 되면서 분노감정이 더 커졌다고 한다.

남편에 대한 분노조절의 어려움으로 인해 알코올을 남용하게 되었다. 남편의 불륜을 의심하고 있고, 2년 이상 섹스리스 상태이다.

2) 행동 관찰

- 170cm 정도의 키, 긴 웨이브 머리에 피부가 희고 서구적 마스크의 여왕 같은 분위기이다.
- 주로 정장 치마를 입는다.
- 희로애락을 큰 목소리로 거침없이 표현한다.

3) 내담자의 자원

- 상담을 적극적으로 참여한다.
- 경제적으로 풍족하고 사회적 지위가 높다.
- 자신의 분야에서는 인정을 받는 전문가이다.
- 부부갈등 상황 속에서도 자녀양육에 헌신적이고 자녀의 미래를 준비해 준다.
- 이혼 위기 시 시댁과 절교하였으나 이혼 포기 후 시댁 제사를 앞장서서 완벽하게 지내고 있다.
  (※ 자식의 미래를 위해 조상을 섬기는 제사 문화는 중요하다는 가치관을 갖고 있었음)
- 고통을 일에 매진하는 것으로 풀어, 일적으로 더 높은 성과를 보였다.

4) 가계도

아내: 교육계 공무원. 남편이 장관이 되리라는 꿈이 좌절된 후 남편의 행실에 의문을 갖게 되면서 남편의 이직 후 행적을 추적 발견한 결과물(빈번한 유흥가 출입, 한 여성과의 지속적인 통화 내역, 모임에서의 여성들과의 어울림, 마당쇠 호구 노릇들, 20~30대 여성과의 고급 레스토랑에서의 식사 등)에 분노하여 기존의 평강공주 이미지에서 남편에게만 수시로 괴물이 된다고 한다. 분노조절을 잘 해서 남편과 관계 회복을 원하고 있다.

남편: 사업가(사업차 해외를 1~2개월 다녀오기도 함. 정기적인 해외 출장이 많은 편). 자신의 일과 취미활동에서 탁월한 재능을 발휘하여 큰 성공도 거두었다. 그러나 가정사와 자녀양육은 모르쇠로 일관하고 새벽 3시 이후에 술 취한 상태로 귀가하는 경우가 많았다고 한다. 그러나 이혼 위기를 겪은 후 아내에게 휴대전화를 공개하고 일주일에 두 번 밤 12시 전에 들어오고 있으며, 휴일에는 집안일을 적극적으로 돕는다고 한다.

아이들(대학생 큰딸과 작은딸, 고등학생 막내딸): 세 딸 모두 내담자와는 사이가 좋은 편이다. 부모의 기대에 못 미치는 막내딸은 아버지와 갈등관계에 있다.

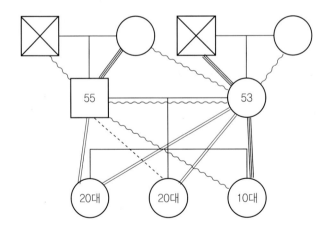

5) 생태도

내담자는 매일 직장생활을 하고 정기적인 가족 행사와 각종 취미 모임을 주도적으로 주선하여 남편과 참석한다. 주 1회 아파트 단지 내 친한 부부와 술을 마신다고 한다. 이혼 위기를 겪은 후 남편과 관계 개선을 위해 부부 공동의 취미활동을 하고 있으나 취미활동 후 술자리를 하면 끝에는 결국 내담자의 분노가 폭발하여 남편이 외도하였다고 쌍욕을 하면서 거친 언쟁으로 끝난다고 한다.

(※ 내담자는 외간 여성과 단둘이 식사를 하거나 노래방에서 함께 놀거나 취미활동을 함께 공유하거나 아니면 밤 9시 이후 사적인 이야기를 1시간 이상 통화한 경우를 외도라고 생각한다. 남편은 아내 외의 어떤 여성하고도 잠자리를 한 적은 없다고 한다. 남편은 외간 여성과 잠자리까지 해야 외도라고 생각하고 있었으며, 외간 여성과 함께 식사하거나 노래방에서 노래를 부르거나 술집 여성과의 스킨십은 외도라고 생각하지 않았다. 그래서 자신은 외도를 하지 않았는데 아내가 너무 민감하게 반응한다고 고통을 호소하였다. 아내는 결혼 후 오로지 남편의 성공과 시댁에만 충실했는데 남편이 가정은 돌보지 않고 유흥업소를 빈번하게 출입하고, 자신이 가정과 일을 병행하며 초 단위로 일하며 건강이 나빠져서 병원에 입원한 그 순간에도 남편은 자신의 취미활동과 일에만 몰입한 이기적인 사람이라면서 고통을 호소하였다.)

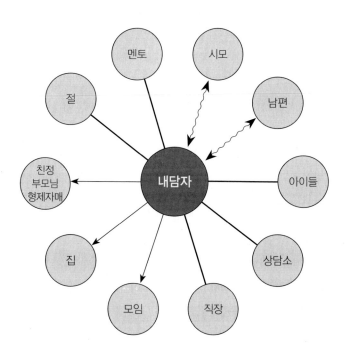

2. 내담자 검사 결과

드라이버＼구분	PO	TI	BS	BC	BP	TH	HU
점수	33	35	36	32	27	43	31
순위	4	3	2	5	7	1	6
등급	3~4	–	3~4	–	6~7	1~2	3~4

※ TI점수 = (PO점수 + BS점수) ÷ 2 BC점수 = (BS점수 + BP점수) ÷ 2

내담자 해석

1번 드라이버는 TH(열심히 하라)로 1~2등급이다. 이 드라이버를 사용할 때는 자신의 인생관과 가치관에 부합되는 삶을 영위하기 위해 자신과 가족 그리고 친인척에게까지 끊임없이 노력할 것을 요구한다. 즉, 끊임없이 성공을 위해 도전하는 것, 남편 출세를 위해 내조하는 것, 명문가 계승을 위해 조상님을 잘 섬기는 제사를 완벽하게 지내기, 자녀양육에 올인하기 등의 경향이 있다. 그러나 자신이 헌신했던 남편이 자신의 기대가 아닌 다른 삶을 선택하거나 치명적 실수를 했을 때는 분이 풀릴 때까지 남편과 주변인들에게 불만을 과하게 표현하는 경향이 있다.

2번 드라이버는 BS(강인하라)이며 3~4등급이다. 자신의 일이든 가정사든 원하는 것을 해 내기 위해 몸에 적신호가 와도 인내심으로 끝까지 해서 결실을 맺는 경향이 있다. 자신이 누명을 써도 타인의 잘못을 직접 얘기하지 않고 혼자 감내하다가 한계에 도달해서 이직을 하기도 했었다.

7번 드라이버는 BP(완벽하게 하라)이며 6~7등급이다. 자신의 일에서 완벽하게 하는 경향이 있으나 가정사에서는 헌신적으로 가정을 돌보다가 가족구성원 중 1명이 자신의 가치관에 부합되지 않거나 실수를 할 때는 분노를 조절하지 못하고 무책임하게 그 일을 그만두거나 불성실하게 하는 등 미성숙한 행동을 보이기도 하여 주위 사람들을 당황하게 한다.

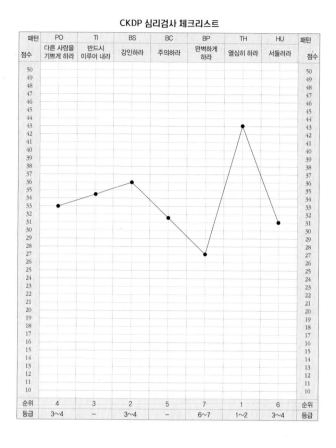

3. 드라이버에 따른 성격의 특성 및 기능

1) 드라이버에 따른 성격의 특성

드라이버 \ 특성	성격 기술
1(TH)	탐색적, 호기심, 적대감, 저항, 고집, 불평, 불만 등
2(BS)	침착, 창의적 사고, 섬세, 배려, 인내 등
7(BP)	신뢰성, 책임감, 정확성 부족, 불성실 등

2) 드라이버에 따른 순기능과 역기능

특성 드라이버	순기능	역기능
1(TH)	함께 어울릴 수 있는 모임을 잘 주선하고, 일적 성과를 낼 수 있는 모임과 즐거움을 나눌 수 있는 가족, 친구 모임을 구분하는 경향이 있다. 그 결과 일적으로는 높은 성과와 공적인 인정을 받는 편이다. 또 즐거움을 나누는 모임에서는 내담자의 고집으로 자발적으로 돕는 이가 나타나기도 한다.	자신이 정한 방식대로 살기를 결심한 사람이며 타인의 어떤 지시에도 따르기를 거부한다. 원가족의 제사 문화, 명문가 계승, 사회적 성공이 이상적인 가족문화라고 확신하고 이를 남편과 아이들이 따라 주기를 강요하며 자신의 건강까지 해치면서 과잉되게 내조하고 자녀를 양육해 왔다. 그러나 제사 문화를 소홀히 하는 시댁과 사회적 성공보다는 자신의 삶을 즐기는 것에 빠진 남편에 대한 분노 감정이 남편의 치명적 실수로 봇물 터지듯이 폭발하게 되어 부부갈등이 증폭된 상태이다.
2(BS)	예술적 · 창의적 사고가 풍부하여 어떤 것을 하든 높은 결실을 맺고 타인에게 친절하고 지지적인 편이다. 자신의 가치관에 부합되면 만족스러운 결실을 맺을 때까지 끝까지 추진하는 경향이 있다. 또 자신만의 힐링 시간을 확보하여 혼자서 책을 읽거나 차를 마시면서 재충전 시간을 갖는 지혜도 갖고 있다.	현실 세계의 사람과 상호작용하기보다는 자신의 공상 세계에 살고 있다. 배경에만 머물러 있고 저자세를 유지하고 물의를 일으키지 않아야 하는 금욕주의자이다. 내담자는 일반적으로 사회활동을 하는 기혼 남녀와는 다르게 사회성이 떨어지고, 남녀가 있는 직장에 있음에도 불구하고 친밀한 동성이나 이성 선후배가 없고, 스스로 많은 짐을 감당하면서 힘겨움과 외로움을 술로 달래는 경향이 있다.

4. 1번과 2번 드라이버에 따른 성격특성과 해석

1) 드라이버에 따른 조기결단, 부정적 인생태도, 경계

특성 드라이버	조기결단	인생태도	경계 자기감	인간관계
1(TH)	나는 살아남기 위해서 투쟁해야 한다. 그것은 내가 획득한 것을 지켜야 하기 때문이다.	IV	산만	경직
2(BS)	나는 나 혼자 느끼고, 나 자신을 보호할 것이며, 너를 필요로 하지 않겠다.	IV	산만	경직

내담자 해석

① 조기결단: 1번 드라이버일 때, 내담자는 어린 시절 "넌 우리 집 대장이야. 네가 동생들을 돌봐야 해."라고 교육을 받았으며 아버지가 사업 차 부재 시, 아버지 역할을 대행했다고 한다. 그러다 보니 어린 나이에 동생을 돌보기 위해 노력했고, 그 지역에서 부잣집 딸로서 최고로 비싼 의상을 입었다고 한다. 그러나 아버지 사업 실패로 가정이 어려워졌고, 그로 인해 생활고에 시달렸으나 여전히 부모님은 큰딸인 자신에게만은 최고로 비싼 의상을 입히고 부잣집 딸 이미지를 유지할 수 있게 해 주셨다고 한다. 그래서 부모님, 특히 아버지 기대에 부응하기 위해 열심히 공부하였으나 언제나 학업성적이 우월했던 동생들보다는 성적이 낮았다고 한다. 그래도 열심히 공부하는 것만이 자신이 부모님에게 인정을 받을 수 있는 방법이라 생각했다고 한다.

2번 드라이버일 때 내담자는 "나는 나 혼자 느끼고, 나 자신을 보호할 것이며, 너를 필요로 하지 않겠다."라고 결단한다. 이 조기결단은 뭐든지 혼자서 하는 경향이 있다. 어린 시절 형제자매 중 가장 우월한 미모를 지닌 큰딸을 뭇 남성으로부터 보호하기 위해 부모님께서 일부러 못생겼다고 말씀하셨고, 아들처럼 양육하고 혼자서 뭐든지 해 낼 수 있도록 양육했다고 한다. 고등학교 시절부터 많은 남성들이 자신을 쫓아다니는 경험을 하면서 의아해했으나 대학에 들어와서야 자신이 객관적으로 예쁜 여성임을 알았다고 한다.

② 인생태도: 1번 드라이버(TH '열심히 하라')와 2번 드라이버(BS '강인하라')가 나타난 경우는 부정적인 상황에서 IV 영역으로 가게 된다. 이는 자기부정, 타인부정의 불신, 부조화하는 태도와 절망, 포기하는 태도를 보인다. 남편이 이혼 위기 전처럼 새벽 2시 넘어서 들어오거나 모임 갔다가 귀가를 한다고 하면 외간 여성과 함께 있을 것이라는 불신을 갖게 된다고 한다. 모든 것이 내 탓이라고 포기하는 마음으로 자책하면서 술을 마시게 되고, 그러다 보면 또다시 남편과 싸우게 된다고 한다. 2번 드라이버가 나타난 경우, 남편과의 관계 개선을 위해 노력하다가도 남편의 모르쇠 행동과 여자들과 어울려 취미활동을 즐기는 행동은 변화되지 않을 것이라는 절망감이 들 때 내담자는 더욱더 일적 성취에 매진한다고 한다. 결국 인생이란 홀로서기이고, 자신을 보호할 사람은 그 누구도 아닌 자기 자신이라고 합리화하며 남편의 도움이 없어도 된다는 식으로 부부관계 개선을 포기하게 된다고 한다.

③ 자기감 경계: 1번 드라이버와 2번 드라이버 모두 자기감은 산만한 유형이다. 경계가 서로 모호한 상태(ⓅⒶⒸ)이다.

내담자는 남편과의 경계가 모호한 편이다. 남편에게 과도하게 의지하면서 남편을 대신할 어떤 남자도 존재하지 않는다고 하면서도 남편과 이혼하려고 하고 남편을 비난하는 식의 이중적인 언행을 사용하고 있다. 주변에서는 잉꼬부부로 소문이 났지만 정작 부부 사이는 좋지 않아 공허감에 술을 남용한다고 한다.

④ 인간관계 경계: 1번 드라이버와 2번 드라이버로 갔을 때 인간관계가 경직된다. 어른 자아가 낮아 때로 미성숙하게 감정처리를 하는 내담자에 비해 남편은 합리적이고 냉철함이 있어 갈등 상황 시 대화를 하면 결국 남편의 의도대로 된다고 한다. 이로 인해 주변에서는 모두 남편은 굿맨으로 지지를 받고 자신은 행복한 고민을 하는 철없는 아내라는 소리를 듣게 되어 자꾸 분통이 터진다고 한다. 결국 화가 나서 술을 마시고 술의 힘으로 남편과 대판 싸워 관계가 서먹해지는 패턴이 악순환된다고 한다.

또 가족 행사를 추진할 때 남편이나 주변의 도움이 필요하나 언제나 혼자서 자기만의 방법으로 완벽하게 준비를 한다고 한다. 그러나 내담자의 노고에 감사하거나 칭찬하기는커녕 잔소리를 하거나 밥투정을 하게 되면 그 순간은 착한 이미지를 고수하고자 담담하게 대처하고 친인척과 손님들이 간 후 남편을 향해 욕설을 퍼부어 분노를 발산한다고 한다. 내담자가 분노를 발산할 때 남편은 묵묵히 듣고만 있다고 한다.

2) 드라이버에 따른 성격적응 유형과 반응

특성 드라이버	성격적응 유형	양면성		타인에 대한 반응	문제해결에 대한 반응
		긍정성	부정성		
1(TH)	유희적 반항자 (수동-공격성)	탐색적	저항	참여(외향)	수동(불만, 불평)
2(BS)	창의적 몽상가 (조현성)	배려심	회피	회피(내향)	수동

내담자 해석

① **타인에 대한 반응:** 1번 드라이버를 썼을 때 타인에 대한 반응은 참여적인 경향을 보인다. 가족 행사 및 일 분야에서 적극적으로 모임을 주선하기도 하고 행사를 주관하며 왕성한 참여를 보인다.

2번 드라이버를 썼을 때 타인과 시끄럽고 복잡한 상황은 힘들어한다. 자신이 좋아하는 것을 조용하고 묵묵히 참여한다.

② **문제해결에 대한 반응:** 1번 드라이버와 2번 드라이버 모두 문제해결에 대한 반응은 수동적(불만, 불평)이다. 문제가 발생했을 때는 타인 탓을 하고, 비난하기도 하며 다른 사람에게 의존하여 해결하려고 한다. 남편과의 관계 개선을 위해 다각적으로 노력하고 정기적인 취미활동도 공유하고 있지만, 매번 남편의 다재다능함과 매력으로 싸움을 하게 된다고 한다. 남편은 운동, 노래, 악기 연주, 그림 그리기 등 다양한 분야에 우월한 재능을 보일 뿐 아니라 호남형이라 여성들이 몰려들어 마치 꽃의 형상이 된다고 한다. 그러면 기분이 좋아진 남편은 처음 만난 여성들과도 합류하여 그들의 호구가 되어 밥값, 술값을 계산한다고 불평하였다.

3) 드라이버에 따른 선호하는 의사소통 방식

드라이버＼특성	Ware의 의사소통 방식			Kahler의 의사소통 방식	
	개방문	표적문	함정문	채널	자아상태 기능
1(TH)	행동	감정	사고	정서적인	+FC → +FC
2(BS)	행동	사고	감정	지시적인	+CP → A

내담자 해석

① **Ware의 의사소통 방식:** 1번 드라이버일 때는 개방문(행동)으로 접근하여 라포를 형성한 후에 표적문(감정)을 통해 통합을 하면 함정문(사고)의 변화를 보인다.

- 내담자의 행동에 대해 긍정적인 스트로크를 제공(개방문)하고, 내담자의 행동에 대한 감정을 찾는 질문을 통해 행동과 감정을 통합한다(표적문). 개방문과 표적문을 통해 내담자는 남편에 대한 불평이 줄었고 남편과의 관계 개선을 위해 자신이 해야 할 일이 무엇인지 생각하고 이야기하였다.

2번 드라이버일 때는 개방문(행동)으로 접근하고 라포를 형성한 후 표적문(사고)을 통해 통합을 하며 함정문(감정)에 변화가 나타난다.

- 내담자의 행동에 대해 긍정적인 스트로크를 제공(개방문)하고, 사고를 요하는 질문을 통해 행동과 감정을 통합한다(표적문). 개방문과 표적문을 통해 내담자는 남편의 언행에 대한 분노를 가라앉히고 차분해졌으며 결혼 전 남편과의 연애 시절을 떠올리며 부부애를 찾고자 적극적으로 노력하기로 하였다.

② Kahler의 의사소통 방식: 1번 드라이버일 때는 정서적인 의사소통으로 내담자와 라포를 형성한다. 내담자의 행동에 대해 칭찬과 격려를 하고 남편과의 관계에서의 감정을 표현할 수 있도록 하며 라포를 형성한다.

2번 드라이버일 때는 지시적인 의사소통으로 내담자와 라포를 형성한다. "집에서는 아이들이 있어서 남편과의 관계 개선이 어렵지만, 여행 갔을 때는 일시적으로 관계 개선이 된다고 하셨지요? 이번 상담과제는 색다른 과제를 내 드리도록 하겠습니다. 남편과 무인텔을 체험하고 인증샷을 찍어 오세요."라고 지시하였다. 내담자는 놀라워하면서도 상담과제를 자신의 부부에 맞게 재조정해서 과제를 완수한 후 신선한 충격이었지만 연애 시절로 되돌아간 것 같아서 좋았다고 한다.

4) 드라이버에 따른 선호하는 적응방식

특성 드라이버	타인과 관계 맺는 방식	위협에 대한 반응	만족을 주는 시간의 구조화	실행적 · 생존적 적응
1(TH)	반응	불평하며 싸움	잡담, 게임	자신의 방식을 고수하고자 다른 사람의 기대에 대항하여 지속적으로 투쟁하는가?(실행)
2(BS)	무반응	외면	폐쇄 그리고 활동, 친밀	뒤로 한 발자국 물러서는 경향이 있으며, 잠잠해질 때까지 기다리는가?(생존)

내담자 해석

① 타인과 관계 맺는 방식: 1번 드라이버일 때는 타인과 관계 맺는 방식이 반응이다. 자신의 노력에도 불구하고 자신의 의견이 받아들여지지 않은 상태에서 진행되는 일에는 반응적이다. 특히, 내담자가 시댁과 남편에게 헌신적으로 해도 과도한 요

구와 불평만 늘어놓는 시댁과 관계 맺는 방식은 반응이다.

2번 드라이버일 때는 타인과 관계 맺는 방식은 무반응이다. 제사 문제로 남편과 갈등을 겪을 시 자신의 의견을 강력하게 주장하고 시댁에 대한 불만을 폭발적으로 발산한 후 뒤로 물러서는 경향이 있다. 그리고 자신의 기대에 도달할 때까지 시댁과 관계 맺는 방식은 무반응이다.

② 위협에 대한 반응: 1번 드라이버일 때 위협적인 상황에서는 불평하며 싸운다. 초 단위로 일하며 시간을 쪼개서 제사 준비를 하였는데 시모나 시댁 가족들이 비난 하면 화가 나서 그들이 집에 간 후 남편에게 시댁에 대한 불만을 폭발적으로 표현 한다. 20년 넘게 지속된 이런 상황에 대해 분노하며 내담자는 시댁과 인연을 끊고 제사를 지내지 않는 것으로 마무리하였다. 그러나 이혼 위기 극복 후 다시 제사를 지내고 있다.

2번 드라이버일 때 위협적인 상황에서는 아무 반응을 보이지 않고 멈추고 자신의 일에 매진한다.

③ 만족을 주는 시간의 구조화(마음의 영양물): 1번 드라이버는 잡담을 하며 스트로크 를 얻는다. 내담자는 분위기 있고 조용한 카페에서 지인과 커피를 마시며 이야기 나누는 것을 좋아한다.

2번 드라이버일 때는 소통하고 싶으나 드러내지 않고 집에서 혼자 책을 보거나 드 라마를 본다.

④ 실행적 · 생존적 적응: 1번 드라이버는 실행을 선택하고 있다. 자신의 방식을 고 수하기 위해 다른 사람의 기대에 대항하여 지속적으로 투쟁하며 실행한다. 내담 자는 명문가 계승에 도움이 되는 아이디어가 떠오르면 남편에게 먼저 이야기하고 남편이 기대했던 것보다 느리게 반응하면 내담자가 직접 실행한다. 내담자의 신 속한 추진력에 가족들은 수용하는 편이라고 한다.

2번 드라이버는 생존을 선택하고 있다. 남편의 복잡한 여자문제로 인해 갈등을 겪으며 남편의 휴대전화 내역을 확인하겠다고 경고한 후 실제로 휴대전화 내역 은 확인하지 않고, 뒤로 한 발자국 물러서서 남편이 귀가시간을 지킬 때까지 기 다린다.

5) 불건강할 때 전형적인 심리게임, 금지령, 라켓

드라이버 / 특성	심리게임	금지령	라켓
1(TH)	• 나에게 뭔가를 하라(불평하기) • 바보(비난, 경멸 유발하기)	• 성장하지 마라(나를 떠나지 마라). • 감정을 느끼지 마라. • 친해지지 마라. • 아이처럼 굴지 마라.	좌절(마음의 상처를 가린) 의분, 혼란(분노를 가린)
2(BS)	• 당신이 아니었다면……(안심하기) • 나에게 뭔가를 하라(불평하기)	• 소속되지 마라. • 제정신이 되지 마라. • 기쁨(성, 분노)을 느끼지 마라. • 아이처럼 굴지 마라. • 성장하지 마라(나를 떠나지 마라). • 생각하지 마라.	무감각, 단조로움, 공백 상태, 불안(분노, 마음의 상처, 즐거움, 성적인 느낌을 가린)

내담자 해석

① 심리게임: 1번 드라이버일 때 심리게임으로 '나에게 뭔가를 하라(불평하기)'를 선택하고 있다. 내담자는 결혼 기간 동안의 남편의 모르쇠 행동, 과도한 취미활동, 복잡한 여성관계를 불평하며 남편이 속죄의 마음을 가지고 마당쇠처럼 집안일을 해야 한다고 주장하고 있다.

2번 드라이버일 때 심리게임으로는 '당신이 아니었다면(안심하기)'을 선택하고 있다. 남편의 불량한 행실에 대한 불만을 토로하면서도 남편이 아니었다면 자신의 성공은 없었다고 생각한다. 남편의 내조를 위해 헌신하면서 자신도 남편의 성공자 이미지(예: 장관)에 걸맞은 아내가 되어야 한다고 생각하고 끊임없이 목표를 설정하고 성취해 냈다고 한다.

② 금지령: 1번 드라이버일 때는 여장부 스타일의 어머니로부터 '성장하지 마라(나를 떠나지 마라)', 엄격했던 아버지로부터는 '아이처럼 굴지 마라, 감정을 느끼지 마라'라는 메시지를 받았다.

2번 드라이버를 쓰는 경우 '소속되지 마라', '제정신이 되지 마라', '기쁨을 느끼지 마라', '아이처럼 굴지 마라', '생각하지 마라'라는 금지령을 따르려고 한다. 자신의

욕구나 감정을 드러내지 않고 견뎌내고 하는 태도에서 이러한 금지령을 결단한
다. 예를 들면, 제사를 혼자 준비하느라 온몸이 쑤시고 아플지라도 아프다고 푸념
하지 않고 아이처럼 굴지 않고 강한 척, 괜찮은 척하고 있다.

③ 라켓: 1번 드라이버일 때는 마음의 상처를 가린 좌절, 분노를 가린 의분, 혼란이
다. 일을 하다가도 남편의 복잡한 여자관계만 생각하면 좌절되기도 한다. 혼란스
러울 때는, 지인들과의 모임을 주선하여 술을 마시며 불평을 한다.

2번 드라이버일 때 무감각, 단조로움, 공백 상태, 불안(분노, 마음의 상처, 즐거움, 성
적인 느낌을 가린)으로 나타난다. 예를 들면, 남편과의 잠자리가 황홀했던 순간이
있어서 그 느낌을 느끼고 싶어 하면서도 남편의 복잡한 여자관계와 술 냄새 등의
불쾌 감정을 극대화하며 2년 이상의 섹스리스에 괜찮은 척, 편안한 척 행동한다.

6) 드라이버에 따른 인생각본

특성 드라이버	과정각본	축소각본	허용
1(TH)	'항상'식(노력은 하지만 자기 틀에서 못 벗어남)	스트레스 상황에서 현재 그대로의 모습을 받아들이지 않고 '만약 ~이라면 OK'라는 사고방식으로 시작할 때, OK가 아닌 축소각본에 빠진다. • 비난꾼: 네 탓, 비난, 의기양양한 • 제지꾼: 자기 탓, 죄의식, 근심 • 낙담꾼: 무가치한, 무익한	그냥 해라.
2(BS)	'결코'식(생각만 하고 시도를 하지 않음)		자신의 욕구나 감정을 개방적으로 표현하라.

내담자 해석

① 과정각본: 1번 드라이버일 때 '항상'식(노력은 하지만 자기 틀에서 못 벗어남) 각본을
사용하는 내담자는 노력은 하지만 자기 틀에서 벗어나지 못한다. 부부관계 개선
을 위해 노력은 하지만 자기중심적인 생각과 행동으로 남편과의 관계가 개선되지
않고 부부관계만 유지하고 있는 상태이다.

2번 드라이버일 때 '결코'식(생각만 하고 시도를 하지 않음) 각본을 사용하는 내담자
는 남편의 복잡한 여자관계를 이해하고자 초등학교 동창회에 참석하는 것을 계획

하였으나 남편보다 괜찮은 남자는 존재하지 않을 것이라 판단하고 결국 시도하지
않았다.

② 축소각본: 1번 드라이버(열심히 하는 한 OK이다)일 때 내담자는 "아무리 노력해도
남편은 늦게 귀가하면서 여성들이 많은 모임을 즐길 거야."라고 걱정하면서 "난
못하겠어. 나는 다른 아내들처럼 남편에게 애교를 부리며 빠른 귀가를 유도할 수
는 없어." 등 제지꾼으로 시작해서 낙담꾼, 비난꾼으로 축소각본을 사용한다.

2번 드라이버를 썼을 때 남편과 화해하고 싶지만 먼저 말을 꺼내거나 시도하지 않
는다.

③ 허용: 1번 드라이버일 때 허용은 '그냥 해라'이다. 자신의 방식을 고집하지 않고
남편의 취미활동을 허용하는 것이다. 2번 드라이버일 때 허용을 통해 진솔하게
해도 좋다는 생각으로 욕구나 감정을 표현한다.

7) 드라이버와 양육방식, 오염된 성격구조, 치료의 핵심

특성 / 드라이버	오염된 성격구조	양육방식	치료의 핵심
1(TH)	이중오염 상태에서 ⓟ와 ⓒ가 서로 비판	과잉통제하는	삶을 투쟁하듯 살 필요가 없다는 것
2(BS)	이중오염 상태에서 ⓟ가 ⓒ를 비판, ⓒ는 회피	모호한, 주저하는	홀로 서는 것, 원하는 것을 요구하는 것

내담자 해석

① 오염된 성격구조: 1번 드라이버일 때 심적 에너지는 이중오염 상태에서 ⓟ와
ⓒ가 서로 비판하게 된다. 예를 들면, 남편이 모임에서 다른 여성들의 호구 노릇
을 하면서 여성들과 즐기는 것에 대한 분노가 스멀스멀 올라오면 "나도 남자친구
만들 거야. 너만 자유롭게 이성들과 노니? 나도 그럴 거야."라는 ⓒ 마음과 "그래
도 내가 명문가 집안의 딸이고, 명예가 있는데 그럴 수는 없지. 그러다가 남편을
20대 여시에게 뺏긴다면 수치스러움에 멘탈 붕괴될 거야."라는 ⓟ 마음으로 서로
를 비판한다.

2번 드라이버일 때 이중오염 상태에서 ⓟ가 ⓒ를 비판, ⓒ는 회피한다. 예를 들

면, 업무 과다로 도저히 제사 준비를 하기 어려울 때 "시댁 문화, 특히 시어머니의 간섭과 지적은 며느리만 병나게 한다."라고 비난하며 집에 와서 아프다고 침대 속으로 들어감으로써 제사 준비를 회피한다.

② 양육방식: 1번 드라이버에서 양육방식은 과잉통제하에서 성장, 타인의 통제 지시를 거부하는 것이다. 지시하는 사람에게는 거부하고, 자기는 남을 통제하려는 경향이 있다. 내담자는 시어머니의 통제 지시를 거부하며 2년 이상 시댁과 인연을 끊고 살아왔지만, 내담자 자신은 자녀의 사생활을 통제하는 경향이 있다.

2번 드라이버에서 양육방식은 '모호한', '주저하는' 이다. 강인하라는 생존방식으로 남편 없이도 홀로 서기를 원하지만 실제로 홀로 서기가 어렵고, 남편과의 타협도 어렵다.

③ 치료의 핵심: 1번 드라이버일 때 치료의 핵심은 삶을 투쟁하듯 살 필요가 없다는 것이다. 이혼하지 않고 남편과 함께 살기로 결정했다면 남편의 단점을 계속 지적하며 싸움을 일으키는 것보다는 장점을 보며 단점은 품고 살 필요가 있다.

2번 드라이버일 때 치료의 핵심은 홀로 서는 것, 원하는 것을 요구하는 것이다. 술 마신 상태에서 남편을 비난하기보다는 술을 마시지 않은 상태에서 이성적으로 남편에게 원하는 바를 요구하는 것이다.

8) 드라이버에 따른 전형적인 디스카운트와 상담의 쟁점

특성 드라이버	전형적인 디스카운트	상담의 쟁점
1(TH)	• 좌절이나 욕구불만으로 마음의 상처를 가리는 것 • 갈등을 만들어 분노를 가리는 것 (핵심: 목적이 없는 갈등으로부터 자유롭게 되는 것)	• 목적 없는 갈등으로부터 자유로워진다. • 양자택일 사고방식에서 탈피한다. • 삶을 투쟁으로 생각하지 않도록 깨닫는다. • 감정을 직접적으로 표현할 수 있는 방법을 배운다.
2(BS)	• 자신의 힘이나 책임을 포기하는 것 • 분노, 마음의 상처, 즐거움, 성적인 느낌을 가리는 것(핵심: 자신의 감정과 욕구를 수용하는 것)	• 어른 자아로 회피나 광기의 도피구를 막는다. • 수동행동(아무것도 하지 않는 것, 과잉반응, 불안, 무능과 폭력)과 직면하게 한다. • 자신의 욕구나 감정을 소중히 하는 것을 돕는다. • 문제점을 확실히 인식하도록 돕는다.

내담자 해석

① 전형적인 디스카운트: 1번 드라이버일 때 전형적인 디스카운트는 좌절이나 욕구 불만으로 마음의 상처를 가리고, 갈등을 만들어 분노를 가리는 것이다. "내가 당신의 출세를 위하여 헌신과 희생을 하면 내가 원하는 대로 장관이 될 줄 알았는데 나의 20년 이상의 헌신과 희생을 쓰레기로 만들다니!" 등으로 시작하여 남편에게 술주정과 쌍욕을 하면서 갈등을 만들어 분노를 가린다.

2번 드라이버일 때 마음의 상처, 성적인 느낌을 가리는 것이다. 부부갈등이 심한 상태에서도 부부 동반 모임에 자주 참석하고 SNS에 다정한 부부 사진을 자주 게시하는 등 마음의 상처를 숨긴다. 또 신혼 때의 환상적인 밤을 그리워하면서도 "50대가 되면 원래 섹스리스 부부가 많고 잠자리를 하지 않아서 오히려 편해요." 라고 합리화한다.

② 상담의 쟁점: 1번 드라이버일 때 상담의 쟁점은 좌절, 의분하게 된 감정, 억압한 분노와 접촉하도록 하고 가치와 감정의 경계를 분명히 하도록 한다. 부부 역할에 대한 내담자의 생각과 태도, 감정이 무엇인지에 대해 깊이 생각하고 직면하도록 하여 상처와 분노, 현실을 구분하도록 한다.

2번 드라이버일 때 상담의 쟁점은 자신의 감정과 욕구를 솔직하게 표현하고 수용하는 것이다. 또 이성적으로 잘 자제하고 있다가 예민한 상황이 발생하면 독한 술을 마시고 남편에게 쌍욕을 하는 광기를 어른 자아로 막도록 해야 한다.

5. 내담자의 드라이버와 관계된 개선방안

1) 상담자가 본 내담자의 문제

- 남편의 휴대전화 내역을 통해 여성들과의 통화 내용을 알게 된 후부터 남편의 외도를 의심하고 있다.
- 시댁과 남편이 자신에게 부당한 대우를 했다는 억울한 감정이 수시로 올라와 술을 남용하고 있다.
- 갈등 상황 시 낮은 어른 자아로 인해 미성숙하게 대처하는 경향이 있다.

- 남편에 대한 왜곡된 사랑으로 과도하게 희생하면서 자신의 기준에 부합되지 않는 남편을 비난한다.

2) 현재 상태에 대한 개선방안

① 상담목표
- 외도에 대한 재정립과 자율성 회복
- 심리적 트라우마 치유를 통한 자존감 회복
- 건강한 부부 소통법 알기
- 결혼생활 재점검을 통한 부부관계 개선

② 상담계획
- **초기**: 내담자와의 관계를 형성하고, 내담자의 주 호소 및 심층검사를 통하여 상담을 구조화한다.
- **중기**: 상담목표에 부합되게 상담을 진행한다. 금주 관련 기관과 연계한다.
- **종결**: 변화를 위한 새로운 결단을 할 수 있도록 실천계약 맺기, 상담과정 평가, 추후상담 확인하기

③ 상담전략
- 외도에 대한 재정립을 통하여 남편에 대한 불신을 다룬다.
- 남편에게 의존하는 삶이 아닌 자신만의 자율적 삶을 구현하도록 한다.
- 시댁과 관련된 심리적 트라우마 치유를 통해 자존감을 회복할 수 있도록 한다.
- 금주와 관련된 기관과 연계하여 금주할 수 있도록 지원한다.
- 상담 진행 중 부부 합류 상담을 유도하여 건강한 부부 소통법을 터득하도록 한다.
- 결혼관, 중년 부부의 과업 등 결혼생활 재점검을 통한 부부관계를 개선할 수 있도록 한다.

6. 상담과정과 상담결과

1) 상담과정

- **초기:** 주 호소 파악 및 CKDP 검사, CKEO 검사, HTP 검사, 자기애적 성향 검사, 알코올 중독 검사 등 심층검사를 통하여 상담을 구조화하였다.
- **중기:** CKDP 검사 등 심층검사 결과를 통해 주 드라이버 패턴인 1번 '열심히 하라', 2번 '강인하라', 7번 '완벽하게 하라' 등 패턴이 자신의 삶과 부부관계에 어떤 영향을 미쳤는지 통찰할 수 있도록 상담을 진행하였다. 그리고 이러한 통찰을 통하여 부부관계 개선 및 자율적인 삶을 영위할 수 있도록 내담자의 강점을 강화하였다.
- **종결:** 변화를 위한 새로운 결단으로 금주에 도전하였으며, 자율적인 삶을 영위하기 위해 현실을 직시하게 되었다(추후상담 연계).

2) 상담결과

남편에 대한 분노조절의 어려움, 알코올 남용, 남편의 불륜 의심, 2년 이상 섹스리스 관계 등으로 고통을 호소하였던 내담자는 CKDP 검사를 통해 자신의 인생태도와 각본을 이해하고 주로 쓰는 드라이버 패턴이 'TH(열심히 하라)', 'BS(강인하라)'임을 알게 되었으며 모든 문제의 원인은 자신이었음을 인정하였다.

내담자는 자신이 정한 방식대로 남편이 살아 줄 것이라고 믿고 헌신하며 희생해 왔으나, 장관에 대한 꿈이 좌절되고 그 후 남편의 복잡한 여자관계를 알게 되면서 그동안 억압하였던 분노가 폭발하게 되었다. 그 결과 남편에게 쌍욕을 하게 되고, 알코올 남용, 불륜 의심, 잠자리 거부로 인한 섹스리스 등의 문제가 발생했음을 자각하였다. 그리고 BS 드라이버 역기능 증상으로 내담자 자신의 공상으로부터 부부갈등이 비롯되었음을 인정하고, 있는 그대로의 남편을 이해하려고 하였다. 그 결과 남편과 유사한 직업을 갖고 있는 남성들 중에서는 그래도 평균 이상이라는 것과 남편이 일과 취미활동에만 매진했던 가장 큰 원인은 자신이었음을 자각하였다. 이혼 위기 후 변화된 남편의 모습을 통해 자신이 남편에게 과잉된 기대만 갖지 않았어도 남편은 가정적이고 다정한 남편이었을 것이라고 후회하면서 독하게 금주를 실천하였다. 상담 시작 후 현재까지 금주를 실천하고 있으며, 남편의 휴대전화와 관련 여자들의 SNS 보는 것을 중단하였다. 남편과 함께 부부 규칙을 정하여 실천하고 있으며 부부싸움을 덜 할 수 있는 취미활동을 모색하여 격주로 참석하고 있다고 한다. 뿐만 아니라 섹스리스 문제도 서서히 극복하고 있다고 한다. 내담자는 자신의 패턴이 쉽게 바뀌기는 어렵지만 지속적인 상담을 통하여 자신과 남편을 바르게 이해하고 건강한 중년기 부부로 재탄생하겠다고 결의에 찬 목소리로 약속하였다.

7. 상담자 총평

한평생 자녀양육과 남편의 출세, 그리고 시댁에게 헌신했던 내담자가 왜 이토록 고통 받아야 하는가? 무엇이 문제였을까? 왜 남편은 호인으로 만인에게 사랑받으며 사회적 성공을 맘껏 즐기고 있는데 아내는 각종 신체적 질병으로 고통 받고 술에 의존하고, 남편의 여자관계를 의심하는 등의 고통의 늪에 빠져 있어야 하는가? 문제의 원인은 남편에 대한 과도한 사랑, 남편에 대한 왜곡된 기대, 원가족과의 심리적 분리의 어려움, 어린 시절의 금지령, 드라이버, 협소한 인간관계, 이성친구 경험의 부재, 남편에 대한 환상 등이 아니었을까? 상담자로서의 나의 의문은 CKDP 분석을 통해 명쾌해졌다.

중년기 부부는 상호 의존을 해야 하는 중요한 시기이다. 뿐만 아니라 자신만의 자율적인 삶을 구현해 내고 건강한 부부관계를 재정립해야 된다고 본다. 특히, 이 내담자처럼 이성친구 경험이 거의 없고, 엄격한 가정환경 속에서 '열심히 하라', '강인하라'라는 드라이버로 사는 경우 삶 자체가 상당히 경직되고, 배우자에게 집착할 가능성이 높다고 사료된다. 특히, 점증적으로 사회적 성공을 거둔 내담자인지라 쉽게 모험적 행동을 하기도 어려운 상황이었을 것이다. 그래서 머리가 아닌 직접 체험 중심으로 색다른 과제를 내주기도 하였다. 내담자가 CKDP를 온전히 이해하여 자신의 삶을 통찰하고 상담과제를 완수해 낸다면 거짓된 자아가 아닌 자율적인 존재로서 남편과 건강하게 소통하며 행복한 삶을 영위하리라 기대한다.

CKDP 심리검사에 의한 개인상담 사례분석 **7**

불편한 배려와 고집

나는 좋은 의도로 배려한 것인데 사람들이 불편해해요

상담자: 조찬희

1. 내담자 기본 정보

내담자: 연노랑/성별: 여/연령: 45세/학력: 대학 졸업/검사일: 2019. 03. 12.

1) 의뢰 경위 및 주 호소문제

① 의뢰 경위

어린이집에 1년 동안 동료 교사와 근무하며 잘 지내고 싶은 마음이 크다. 그런데 자신은 동료를 도와주기 위해서 한 행동에 상대방이 불편해하거나 화를 내서 자신이 슬프고 힘들어지는 상황이 잦다.

② 주 호소문제: "나는 좋은 의도로 배려한 것인데 사람들이 불편해해요."

업무를 잘 해 내고 직장동료와 원만한 관계를 형성하고 싶다.

2) 행동 관찰

키 154cm에 60kg으로 통통한 편이며, 큰 눈을 끔뻑이며 느리게 움직인다. 넉넉한 사이즈의 니트 소재 옷을 자주 입고 말을 하지 않으면 차분해 보인다. 낯을 가리지 않고 누구에게나 말을 잘 걸고 수다와 잡담을 즐긴다.

3) 내담자의 자원

- 타인에게 관대하고 너그러운 편이다.
- 귀를 솔깃하게 하는 입담을 가지고 있다.
- 느리고 서툴지만 하려는 마음은 있다.

4) 가계도

퇴임하신 아버지가 최근에 돌아가시고 현재는 조금 거동이 불편하신 친정어머니가 살아계신다. 아버지는 인자하셔서 자신을 예뻐하셨다. 어머니는 어린이집 교사셨는데 3명의 자녀 중에서 공부를 못하고 놀기를 좋아하는 딸을 못마땅하게 여겨 꾸지람과 잔소리가 심하셨다고 한다. 어머니와는 사이가 좋지 않지만 오빠는 먼 곳에 살고 있어 어머니와 가까이 살고 있는 자신이 주말에 들러 어머니를 돌보아 드리고 있다. 남편은 소개팅으로 만났고 남편의 끈기 있고 변함없는 모습을 보고 결혼하였다. 자녀가 하나 있고, 현재 미혼인 남동생과 함께 살며 친정에 많은 관심을 쏟는다.

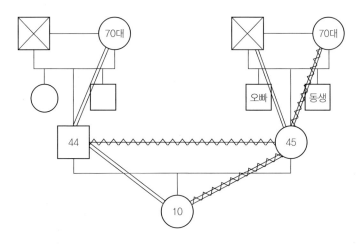

5) 생태도

남편의 급여로는 생활에 부족함을 느껴 취업을 하게 되었다. 약간의 부동산을 소유하고 있어 큰 어려움과 걱정은 없지만 어린 딸, 남동생과 함께 살고 있기에 경제활동의 필요성을 느꼈다. 거동이 불편하신 어머니를 돌보아 드리고 있고, 자신도 건강이 좋지만은 않아 한 달에 한 번 가량은 병원진료를 받는다. 요리와 가사에는 취미가 없어서 외식을 자주 하고 청소 도우미를 불러 청소를 하기도 한다. 대인관계는 넉살과 재미있는 말솜씨로 상대가 누구이든 큰 어려움 없이 대화를 나눈다. 느긋한 편이고 남편과 부부싸움을 할 때도 있지만 이내 아무 일 없었다는 듯 일상생활을 한다.

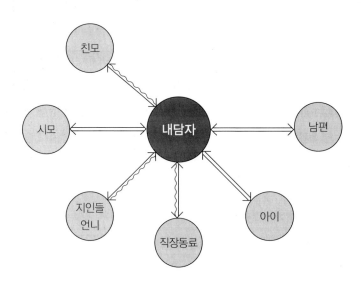

2. 내담자 검사 결과

드라이버 \ 구분	PO	TI	BS	BC	BP	TH	HU
점수	33	30	22	23	27	33	30
순위	1	3	7	6	5	2	4
등급	3~4	5	8~9	8~9	6~7	3~4	5

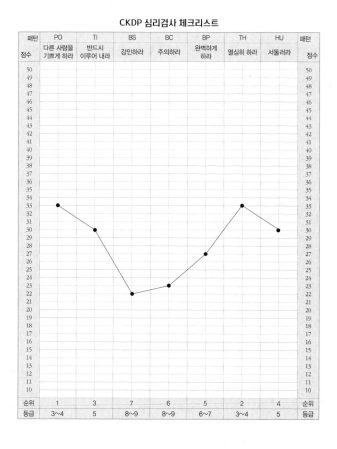

CKDP 심리검사 체크리스트

패턴 점수	PO 다른 사람을 기쁘게 하라	TI 반드시 이루어 내라	BS 강인하라	BC 주의하라	BP 완벽하게 하라	TH 열심히 하라	HU 서둘러라	패턴 점수
순위	1	3	7	6	5	2	4	순위
등급	3~4	5	8~9	8~9	6~7	3~4	5	등급

내담자 해석

1번 드라이버는 PO(다른 사람을 기쁘게 하라)로 3~4등급이다. 자신의 업무를 마치지 못했지만, 동료의 업무를 먼저 생각하며 도우려 하고 신경 써준다. 상대방에게 스스럼 없이 다가가 머릿속에 떠오르고 궁금한 사항들이나, 최근 화제 등 두서없이 이야기하며 잘 웃는다. 자신의 이야기도 재미있게 희화하여 내담자와 함께 이야기 나누면 즐겁다. 쉽고 단순한 작업도 이행해 보지 않고 자신은 처음이라 잘 못 하니 무조건 해달라고 한다.

2번 드라이버는 TH(열심히 하라)로 3~4등급이다. "그렇긴 그런데~" 하면서 결국은 타인의 말에 수긍하지 않고 계속 자신의 주장을 반복해서 말하며 끝까지 고집한다. 자기 뜻과 다를 때, 자신의 기분이 상했을 때 눈을 잘 마주치지 않고 표정이 굳어지며 상대방이 하는 말에 시큰둥하게 대하며 수동-공격을 보인다. 상대를 잘 탐색하여 패션이나 헤어스타일, 기타 작은 변화들을 이내 알아차린다.

7번 드라이버는 BS(강인하라)로 8~9등급이다. 떠오르는 말들을 상대의 입장을 생각해 보지 않고 그냥 말해 버린다. 상대방이 대답하기 곤란하거나 말하고 싶지 않은 사항, 불편해하는 말들을 여과 없이 건네 불편하거나 어처구니없는 상황이 벌어진다.

3. 드라이버에 따른 성격의 특성 및 기능

1) 드라이버에 따른 성격의 특성

드라이버 ＼ 특성	성격 기술
1(PO)	과도한 정서, 시선 끌기, 의존적, 타인조정, 공감, 사교적, 온정적, 재미있는
2(TH)	적대감, 저항, 고집, 수동–공격적, 불평불만, 탐색적, 의욕적, 활기찬, 끈질긴, 호기심
7(BS)	인내심 부족, 불친절, 안절부절못함, 연연함

2) 드라이버에 따른 순기능과 역기능

드라이버 ＼ 특성	순기능	역기능
1(PO)	타인과의 관계를 즐기고, 만나면 좋은 기분이 들도록 만드는 특성이 있다. 매우 높은 에너지를 가지고 있으며 상상력이 풍부하여 폭소를 터트리게 한다. 공동체 사기를 올리는 데 탁월하다. 타인과 잘 어울린다. 문제를 해결해야 할 때나 사회적 상호작용이 필요한 경우 능동적으로 참여한다.	정서적으로 매우 과도해지는 경향이 있어 쉽게 흥분하고 과도한 반응을 보이며 정서적으로 불안해 보인다. 자기중심적이다. 타인이 조금이라도 비판을 하면 매우 당황스러워한다. 의존적일 때는 적절한 자기통제를 못할 때가 있다. 타인에게 자기주장과 정당한 비판을 하지 못한다. 타인이 원하는 것이 아니라 자기가 해 주고 싶은 것을 해 준다.

| 2(TH) | 유희적 어린이 자아상태 에너지를 많이 가지고 있으며 즐거운 것을 좋아한다. 누구와도 친구가 될 수 있는 사람이다. 자신의 흥미를 추구하는 데 집요한 성향을 보인다. 집단에서 타인과 관계 맺기를 좋아한다. | 자신이 정한 방식대로 살기를 결심한 사람이며 타인의 어떤 지시도 따르기를 거부한다. 자신이 원하는 것을 직접적으로 표현하는 데에는 어려움을 가지고 있으며 정작 자신이 원하는 것을 얻지 못했을 때 매우 불만스러워한다. 수동적이며 의존적 경향이 있어 타인들로부터 관심을 받는 것을 좋아하지만 부정적인 방법으로 관심을 유도한다. |

4. 1번과 2번 드라이버에 따른 성격특성과 해석

1) 드라이버에 따른 조기결단, 부정적 인생태도, 경계

특성 드라이버	조기결단	인생태도	경계	
			자기감	인간관계
1(PO)	나는 당신을 즐겁게 해 주고 행복하게 해 줄 것이다.	II	산만	산만
2(TH)	나는 살아남기 위해서 투쟁해야만 한다. 그것은 내가 획득한 것을 지켜야 하기 때문이다.	IV	산만	경직

내담자 해석

① 조기결단: PO 1번 드라이버일 때 어머니를 기쁘게 해 주기 위해서 오빠나 동생보다 어릴 적부터 부모님 말씀을 잘 들었으며 심부름을 도맡아 하였다고 한다.

TH 2번 드라이버일 때 통제적인 어머니의 양육을 받으며 자라는 과정에서 저항심이 생겨났고, 자신의 자발성을 터치 당하면 침해받는다고 생각하며 가장 힘들어한다.

② 인생태도: PO 1번 드라이버일 때(자기부정, 타인긍정) 타인을 위해 한 행동인데 갈등 상황이 발생하면 자신을 비하하고 자책하며 혼자 있으려고 한다.

TH 2번 드라이버일 때(자기부정, 타인부정) 자신의 의견을 주장하다가 수용이 되지 않으면, 그런 말을 한 자신도 별로이고 수용하지 못하는 상대방도 좋은 사람은 아니라고 생각하며 관계를 끊으려고 한다.

③ 자기감 경계(자기 자신에 대한 ⓟⓒⓐ 관계/자기 자신에 대한 감각): 1번 드라이버 PO 와 2번 드라이버 TH 모두 산만하다.

ⓟⓐⓒ의 경계가 모호한 상태이다. 처음에 말할 때는 C 자아상태의 본능적이고 감정적인 목적으로 자신의 불편감을 호소한다(C 자아상태 "이건 이렇게 하는 게 내가 일하기 쉽고 편해~"). 그런데 대화 도중에 말이 바뀌면서 ⓟ 자아의 NP 기능적인 목적(P 자아상태 "이렇게 일하는 것이 어린이집 운영에 도움이 될 거 같아서 도움을 드리려고 한 말이에요.")으로 말했다고 바뀐다. 그래서 "어…… 선생님 처음에는 그렇게 말씀하지 않으셨는데요."라고 하면 ⓐ 자아는 혼란스러워하면서 자신이 처음에 무슨 말을 했는지 모른 채 마지막에는 얼버무린다.

④ 인간관계 경계: PO 1번 드라이버일 때는 산만·모호(편견과 망상으로 애매한 태도)하다. 타인을 돕고자 하였는데 적절하지 못해 불편한 상황이 펼쳐지면 자신이 불필요한 존재라 생각하며 비관하고(편견-타인이 화가 났다면 나 때문이고 내가 잘못한 것/망상-화를 내는 이유는 나를 싫어하기 때문) 슬픔과 좌절에 빠진다. 어떻게 해야 할 줄 몰라 당황해하며 "미안해요."라고 말하며 자신이 잘못했다고 생각한다. 안절부절못하며 어쩌다 이렇게 된 건지 상황 판단이 되지 않고, 어떻게 해야 할지 알 수 없는 상태가 되어 눈물을 흘린다(우울 패턴).

TH 2번 드라이버일 때 경직·벽(심적 에너지가 순환되지 않아 정보를 받아들이기 어려워함)이다. 자신의 추구하는 바가 수용되지 않을 때 C 자아상태에 돌입하여 낮은 AC 기능을 보이며 고집스러워지고 표정이 굳어져 말이 없어지고 상대방의 자극에 적개심을 드러낸다.

2) 드라이버에 따른 성격적응 유형과 반응

드라이버 ＼ 특성	성격적응 유형	양면성		타인에 대한 반응	문제해결에 대한 반응
		긍정성	부정성		
1(PO)	열정적 과잉반응자 (연기성)	친밀성	과잉반응	참여(외향)	능동
2(TH)	유희적 반항자 (수동-공격성)	탐색적	저항	참여(외향)	수동

내담자 해석

① 성격적응 유형: 1번 PO 드라이버일 때 타인에 대한 관심이 많고 에너지가 넘친다. 그러나 문제 상황에서는 매우 감정적인 과잉자동반응으로 그 순간에 자신의 감정을 숨김없이 표현한다. 2번 TH 드라이버일 때는 재미있고 흥미로운 일들에 시간을 보낸다. 그러나 자신이 원하는 것을 표현하는 데 어려움을 가지고 정작 자신이 원하는 것을 얻지 못할 때 부정적으로 저항하고 문제해결 방법에 수동적이고 의존적인 모습을 보인다.

② 양면성: 1번 드라이버일 때 긍정성은 타인과 쉽게 친해지는 면을 보이고 부정성은 감정표현이 즉흥적이고 지나치다는 것이다. 2번 드라이버일 때 긍정성은 탐색적이고 활력이 있지만 부정성은 자신이 원하지 않는 방식에는 매우 저항적이다.

③ 타인에 대한 반응: 참여(외향)

집단의 일원이 되는 것을 좋아하는 사람으로 외부의 자극에 대해 잘 참고, 높은 심적 에너지로 더욱 많이 표현하고, 추가적인 자극을 찾는다. 회식과 티타임을 매우 좋아하고 술과 고기, 다과를 잘 먹으며 타인을 웃게 만드는 유머러스한 말을 많이 한다. 식당 주인, 종업원, 택시 기사 등 모르는 누구와도 쉽게 이야기 나눈다.

④ 문제해결에 대한 반응

• PO 1번 드라이버일 때-능동: 문제해결과 사회적 관계를 맺기 위해 먼저 다가간다. 타인을 돕고 기쁘게 하기 위해 적극적으로 먼저 다가가 돕고, 말을 걸고, 가지고 있는 것을 나누어 준다.

• TH 2번 드라이버일 때-수동: 문제해결과 사회적 관계를 맺기 위해 먼저 다가오기를 기다린다. 자신의 방식을 고수하려고 할 때는 자신의 욕구와 불만을 드러내고 수동-공격성을 보이며 버틴다.

3) 드라이버에 따른 선호하는 의사소통 방식

특성 / 드라이버	Ware의 의사소통 방식			Kahler의 의사소통 방식	
	개방문	표적문	함정문	채널	자아상태 기능
1(PO)	감정	사고	행동	양육적인	+NP → +FC
2(TH)	행동	감정	사고	정서적인	+FC → +FC

내담자 해석

① Ware의 의사소통 방식

> ❶ 개방문: 맨 처음 접하게 되는 문, 가장 많은 에너지가 집중되어 있는 곳
>
> ❷ 표적문: 치료를 통한 변화를 만들어 내기 위해서 통합이 필요한 곳
>
> ❸ 함정문: 의미 있는 변화를 볼 수 있는 곳, 가장 큰 방어기제가 있는 곳

PO 1번 드라이버일 때 타인이 원하는 것이 아니라 자기가 해 주고 싶은 것을 해 준다.

- 처음 접촉할 때 가장 에너지가 집중되어 있는 감정에 양육적인 +NP 감정(개방문)으로 접근한다. → "연노랑 선생님, 고맙고 미안해요."(+NP) → (+FC) 연노랑의 기분이 좋아진다.

- 그다음 변화를 만들어 내기 위해서 통합이 필요한 사고(표적문)를 움직여서 감정과 통합하면 → "연노랑 선생님, 업무도 많으실 텐데 제 업무를 먼저 도와주어서 작업을 금세 마쳤어요. 선생님 업무가 있는데 제 일 먼저 해 주시면 제가 너무 미안해요. 다음에는 선생님 업무 마감하신 후에 도움 부탁드릴게요. 어젠 정말 고마웠어요."

- 마지막으로 의미 있는 변화를 볼 수 있는, 가장 큰 방어기제가 작용하던 행동(함정문)이 변화한다. → 동료가 부담스러워하지 않도록 자신의 업무 마감 후 동료를 돕는 방향으로 행동이 바뀐다.

  TH 2번 드라이버일 때 지금 있는 그대로를 만족하지 못하고 더 노력해야 한다고 생각하고 지금 있는 그대로는 가치가 없다고 생각하고 뭔가를 더 해야 한다고 생각한다. 그래서 이것저것 모색하고 더 하려고 한다. 그러다가 충돌이 일어난다. 건강할 때는 모험적이고 탐색적인데 불건강할 때는 시비거리를 찾는다.

- 처음 접촉할 때 가장 에너지가 집중되어 있는 행동에 정서적인 +FC 행동(개방문)으로 접근한다. 유머감각을 갖고 라포 형성이 되도록 한다. → "연노랑 선생님, 어제 노래방에서 춤추고 노래할 때 정말 즐거웠어요."(+FC) → (+FC) "즐거웠다고 하니 저도 기분이 좋네요."

- 그다음 변화를 만들어 내기 위해서 통합이 필요한 감정(표적문)를 움직여서 행동과 통합하면, → 라포가 형성되면, "연노랑 선생님, 지난 회의시간 선생님 반이 아

닝 핑크반 어린 친구들을 데리고 매주 먼 거리를 차를 타고 이동해 체험활동을 하고 왔으면 좋겠다는 의견을 내셨는데 수용이 되지 않았었죠. 그때 그 의견을 낸 후 어떻게 느꼈어요? 연노랑 선생님이 말하고 난 후 기분이 어떠셨어요?

• 마지막으로 의미 있는 변화를 볼 수 있는, 가장 큰 방어기제가 작용하고 있던 사고 (함정문)가 변화한다. → "아, 제가 '아기반 선생님과 영아들의 발달을 고려하지 못하고 의견을 냈었구나.' 하고 나중에 알게 되었어요. 그리고 핑크반 선생님께 미안 해지더라고요." 하고 연노랑 선생님의 사고가 변화한다(머리를 긁적이며 미안해함.).

② Kahler의 의사소통 방식

PO 1번 드라이버일 때 (+NP → +FC) 양육적인 의사소통으로 내담자와 라포를 형성한다.

"오시느라고 고생하셨어요. 식사는 하셨어요? 바쁘신 것 같던데 어떻게 지내셨어요?", "아~ 그러셨어요. 힘드셨겠군요.", "이것 좀 드셔보세요." 등 챙겨주고 염려해 주는 양육적인 말을 통하여 라포를 형성한다.

TH 2번 드라이버일 때 (+FC → +FC) 정서적인 의사소통으로 내담자와 라포를 형성한다.

"아~ 오늘 너무 멋진 옷을 입으셨네요. 좋은 곳 가시나 봐요~", "어제 함께 해서 정말 즐거웠어요. 다음에도 꼭 같이 가요~", "하하하하^^ 정말 재미있어요. 그래서 그다음에 어떻게 되었어요?" 등 즐겁고 유쾌하고 기분 좋아지는 정서적인 말을 통하여 라포를 형성한다.

4) 드라이버에 따른 선호하는 적응방식

특성 드라이버	타인과 관계 맺는 방식	위협에 대한 반응	만족을 주는 시간의 구조화	실행적 · 행동적 적응
1(PO)	감정	감정이 과도하게 상승	잡담 그리고 게임, 친밀	주변의 모든 사람을 행복하게 좋은 느낌을 가질 수 있도록 에너지를 쓰고 있는가?(실행)
2(TH)	반응	불평하며 싸움	잡담 그리고 게임	자신의 방식을 고수하고자 다른 사람의 기대에 대항하여 지속적으로 투쟁하는가?(실행)

내담자 해석

① 타인과 관계 맺는 방식: PO 1번 드라이버일 때 감정, 감정적인 반응으로 첫 대면에 임한다. TH 2번 드라이버일 때 반응, 집단의 의견이나 행동과는 다른 엇갈리는 반응을 한다.

② 위협에 대한 반응: PO 1번 드라이버일 때 감정이 과도하게 상승한다. 위협적인 상황에서 혼란스러워하며 매우 슬퍼한다. TH 2번 드라이버일 때 불평하며 싸움한다. 위협적인 상황에서 계속해서 반복하여 자신을 정당화하며 논쟁을 멈추지 않는다.

③ 만족을 주는 시간의 구조화: PO 1번 드라이버일 때 잡담 그리고 게임, 친밀이다. 음식을 입에 쏙 넣어 주는 등 친밀한 행동과 타인을 염려해 주는 말을 아낌없이 한다. TH 2번 드라이버일 때 잡담 그리고 게임이다. 주도적으로 이야기하고, 잘 웃으며, 자신만의 독특하고 기발하고 4차원적인 생각과 말투, 재미있고 엉뚱한 이야기로 사람들을 배꼽 잡게 하는 등 분위기를 유쾌하게 만든다.

④ 실행적 · 생존적 적응: 누구나 생존과 실행 두 가지 모두 사용하지만, 그중 더 많이 사용하는 것이 실행이다. PO 1번 드라이버일 때 (실행) 주변의 모든 사람을 행복하게 좋은 느낌을 가질 수 있도록 에너지를 쓰고 있는가? 실행은 주위(가족)의 기대를 충족시키기 위해서 개발한 것이다. 타인을 즐겁고 재미있게 해 주기 위해서 재미있고 유쾌한 이야기와 장난스러운 말을 즐겨 한다.

TH 2번 드라이버일 때 (실행) 자신의 방식을 고수하고자 다른 사람의 기대에 대항하여 지속적으로 투쟁하는가? 타인과의 관계에서 내 자발성을 지킬 수 있는가! 실행은 자신의 자발성을 지키고자 더욱 노력하며 계속 저항하는 것처럼 보인다.

"선생님, 가운데부터 놓으면 양쪽의 대칭을 맞추기가 쉬워요."

"네, 저는 처음부터 차례로 놓아도 되던데요."

"선생님, 보라반 선생님 전화 바꿔 주세요."

"네, 그런데 저기 지나가는 핑크반 선생님 바꿔 드릴게요."

자신의 의견을 고집하고 타인과 다른 자신의 의견을 이야기할 때 그에 따른 합리적이고 구체적인 이유를 말하지 않으며 자신만의 사고에 빠져 일방적인 모습을 보이며 타인으로 하여금 투쟁하고 저항하는 것이 느껴지게 한다.

5) 불건강할 때 전형적인 심리게임, 금지령, 라켓

특성 / 드라이버	심리게임	금지령	라켓
1(PO)	• 라포(복수하기, 관심 끌기) • 당신이 아니었다면……(보상받기) • 바보(회피하기) • 당신을 도우려고 노력할 뿐이야(합리화, 약점 가리기)	• 성장하지 마라(나를 떠나지 마라). • 생각하지 마라. • 중요한 존재가 되지 마라. • 너 자신(성별)이 되지 마라.	(분노를 가린) 불안, 슬픔, 혼란, 두려움
2(TH)	• 예, 그러나……(거절하기) • 나에게 뭔가를 하라(불평하기, 조종하기) • 바보(회피하기) • 나를 차라(비난, 경멸 유발하기)	• 성장하지 마라(나를 떠나지 마라). • 감정을 느끼지 마라. • 성취하지 마라. • 친해지지 마라. • 신뢰하지 마라.	(마음의 상처를 가린) 좌절 (분노를 가린) 의분, 혼란

내담자 해석

① 심리게임: PO 1번 드라이버일 때 '바보(회피하기)', '당신을 도우려고 노력할 뿐이야(합리화, 약점 가리기)'. 자기 내면의 어떤 것을 타인에게 보이기 싫어 가리려고 게임을 한다. 도움을 주려고 한 행동이지만 상대방에게 도움이 되지 않고 업무를 더욱 더디게 하거나 혼란스럽게 만든다. 그래서 도움을 받은 사람이 불편해하면 "내가 함께 일하면 힘들게 하고 내 업무도 잘 못해서 자책하고 있으며 비참하고 슬프다."라고 말한다. 또는 "도와주려고 그런 것뿐이에요. 나는 동료 선생님을 위해서 그런 거였어요."라고 하며 남을 위해서 그랬다고 말하며 불편해진 상황을 종료시킨다.

TH 2번 드라이버일 때 '예, 그러나……(거절하기)', '나에게 뭔가를 하라(불평하기, 조종하기)'. "연노랑 선생님, 이것 좀 해 보세요!", "네네, 그런데 제가 이건 해 보지 않아서 몰라요."(거절하기) "선생님 반의 지희 어머님께 감사하다고 말씀해 주세요. 그리고 어머님 생각이 어떠신지 물어봐 주세요.", " 네, 원장님 말씀도 맞는데, 그런데 지희 어머님이 원장님이 그렇게 한다고 달라질까요? 그리고 제가 말하면 말씀 안 하실 거예요."(원장님이 직접 물어보세요!)라고 하면서 타인이 하도록 유도한다. 또는 "제가 시간이 없어요. 제가 얼마나 바쁜데요. 아이고, 힘들어."라고 말하며 자신에게 업무가 주어질까 봐 불평과 푸념을 늘어놓는다(불평하기, 조종하기). 정작 여유시간에는 차를 마시며 수다와 잡담으로 한두 시간을 훌쩍 보내 버린다.

② 금지령: 내면 아이 치료 참고표(다음 카페: 한국교류분석상담협회 http://cafe.daum.net/arttherapycyber, 심리검사방: 기타 TA 심리검사방)

PO 1번 드라이버일 때, '성장하지 마라.' '생각하지 마라.' "이거 어떻게 할까요?", "(수납함에서 자신이 꺼낸 만들기 재료들) 이 재료들은 어디에 넣을까요?" 스스로 생각해 보지 않고, 쉽고 간단하고 당연한 것들을 무조건 물어봐서 상대방을 어이없게 하거나 지치게 만든다. 자신이 결정하지 못하고 타인에게 의존하며 논리적ㆍ합리적ㆍ이성적인 판단이 어렵다.

TH 2번 드라이버일 때, '성취하지 마라.' 어떤 일을 할 때 자신 없어 하고 자신은 무엇이든 못하는 사람이라고 생각한다. "난 못해요. 안 해 봤어요. ~해 주세요." 를 입에 달고 산다. 자신감이 없고 자신을 실패하는 사람으로 생각한다.

③ 라켓 감정: PO 1번 드라이버일 때 (분노를 가린) 불안, 슬픔, 혼란, 두려움이다. 불안해하며 타인을 돕고, 생각대로 되지 않으면 슬퍼하고 혼란스러워하며 타인에게 인정받지 못할까 두려워한다. 자신이 어떤 것을 하기에 미흡하다고 생각하며 서투른 자신에게 화가 나는 부분(진짜 감정)이 불안이나 슬픔, 혼란, 두려움이라는 라켓(부적절한, 대체) 감정으로 표출된다.

TH 2번 드라이버일 때 (마음의 상처를 가린) 좌절/(분노를 가린) 의분, 혼란이다. 자신의 의견이 수렴되지 않았을 때 (마음의 상처를 가린 채) 좌절한다. 자신의 의견이 반영되지 않은 것이 아니라, 자기 자신이 거절당한 것으로 여기며 마음의 상처를 받고 좌절한다. 의견이 수렴되지 않은 것에 자기 탓도 있지만 '상대방이 자신을 괜찮은 사람으로 여겨 주지 않음'으로 생각해 상대가 잘못했다고 상대를 탓하며 (분노를 가린 채) 의분과 혼란을 보인다.

6) 드라이버에 따른 인생각본

특성 드라이버	과정각본	축소각본	허용
1(PO)	'그 후'식 (뒷일에 대해 미리 근심 걱정함)	스트레스 상황에서 현재 있는 그대로의 모습을 받아들이지 않고 '만약 ～이라면 OK'라는 사고방식으로 시작할 때, OK가 아닌 축소각본에 빠진다.	먼저 자신을 기쁘게 해도 좋다.
2(TH)	'항상'식 (노력은 하지만 자기 틀에서 못 벗어남)	• 몰이꾼: ～ 하는 한 OK, 무감정 • 제지꾼: 자기 탓, 죄의식, 근심 • 비난꾼: 네 탓, 비난, 의기양양한 • 낙담꾼: 내 탓 남 탓, 무가치한, 무익한	그냥 해도 좋다.

내담자 해석

① 과정각본: PO 1번 드라이버일 때 '그 후'식 (뒷일에 대해 미리 근심 걱정함). "원장님, 원아 서류를 언제까지 달라고 말을 못하겠어요. 그랬다가 신입 원아가 어린이집 안 다닌다고 할까 봐요."라고 말하며 일어나지도 않을 일을 미리부터 염려해서 자신이 해야 할 진짜 업무가 무엇인지를 잊어버리고 망각한다.

TH 2번 드라이버일 때 '항상'식(노력은 하지만 자기만의 틀에서 못 벗어남). "저는 한다고 했는데 또 이렇게 되었네요." 열심히 한다고 했지만, 지난번에 지적당한 미흡한 업무처리와 같은 패턴의 언쟁이 계속해서 발생한다. 바르게 정리되지 않은 청소기, 닫혀 있지 않은 서랍…… "선생님 바르게 정리해 주세요." "네, 그렇지만 ～ 때문에 그랬어요. ～하느라 그랬어요."라는 변명을 반복하며 늘 제자리걸음을 한다.

② 축소각본: PO 1번 드라이버일 때 제지꾼(자기탓, 죄의식, 근심). 만약 타인에게 인정을 받으면, 타인을 기쁘게 하면 OK이다. 그러나 타인을 기쁘게 하지 못한다면 NOT-OK이다. 상대가 기쁘지 않은 것을 내 탓으로 여긴다. 동료 선생님의 표정이 좋지 않으면 '내가 무엇을 또 잘못했나?' 생각하고 근심하며 자신의 탓을 찾으며 문제 원인을 자신에게서 찾으려고 하는 패턴을 가지고 있다.

TH 2번 드라이버일 때 낙담꾼(내 탓 남 탓, 무가치한, 무익한). 의견 충돌이 있는 불편한 상황에서 '이렇게 된 것은 나도 부족한 사람이고 너도 괜찮지 못한 인간이기 때문이다.'라고 생각한다. "이렇게 일도 못하는 제가 계속 근무하면서 동료 선생님들을 힘들게 하고 어린이집에 도움이 되지 않는 이런 상황을 만든다면 제가 근무하는 게 무슨 의미와 가치가 있어요? 이제 그만 일을 그만둘까를 놓고 몇 번이나 생각하고 있어요."라고 말한다.

③ 허용: PO 1번 드라이버일 때 '먼저 자신을 기쁘게 해도 좋다.' 타인 중심에서 자기중심으로 바꾸어 생각해 본다. 그리고 자신의 원하는 욕구와 기쁨이 무엇인지 알아차리고, 자신을 위한 욕구와 기쁨을 스스로에게 허용한다. "내가 좋아하는 것은 무엇이지? 나는 지금 무엇을 하고 싶지?" 등 생각해 보고 "음…… 저녁엔 무엇이 먹고 싶지? (남편은 늘 고기가 좋다지만) 나는 오늘 해물탕이 먹고 싶어.", "음…… 친구에게 카페에 가기 전에 '바닷가를 조금 걷고 차를 마시면 기분이 더 좋을 거 같아.'라고 말해 보자!"라고 자신의 욕구를 알아차리고, 타인 중심적이었던 모습에서 자기중심적으로 자신의 욕구를 표현하고 자신의 욕구와 기쁨을 먼저 허용해 본다.

TH 2번 드라이버일 때 '그냥 해도 좋다.' 자신의 방식을 고집하지 않고 그냥 해라! 지금까지의 자기의 방식 '나는 무엇이든 잘 못해! 그러니까 다른 사람의 도움을 받아야 해! 그리고 다른 사람에게 물어보고 조금 이상하거나 맞지 않는 것 같아도 그냥 말해 준 대로 할 거야!' 무조건 해달라고 하고 자신은 못한다는 말을 멈추고 그냥 해 보아라! 누구에게나 처음 해 보는 것, 잘하지 못하는 것, 모르는 것이 있다. 무조건 도움 받으려는 의존적 방식을 버리고 스스로 자신이 해 보고 싶은 방법으로 자유롭게 그냥 해 보라! 스스로 해 보는 것 그것만으로도 충분한 의미가 있다.

7) 드라이버와 양육방식, 오염된 성격구조, 치료의 핵심

드라이버 \ 특성	오염된 성격구조	양육방식	치료의 핵심
1(PO)	ⓒ에 의해 ⒜가 오염된	타인을 기쁘게 하는 것을 강조하는	스스로 홀로 설 수 있다는 것 도망가는 것을 중지하는 것
2(TH)	이중오염 상태에서 ⓟ와 ⓒ가 서로 비판	과잉통제하는	삶을 투쟁하듯 살 필요가 없다는 것

내담자 해석

① 오염된 성격구조: PO 1번 드라이버일 때 ⓒ에 의해 ⒶⓀ가 오염되었다. 상대가 화난 표정일 때 '나 때문인가? 내가 뭘 잘못했나?'라고 ⓒ에 의해 ⒶⓀ가 오염된 생각, 곧바로 망상에 빠진다. 상대방의 표정이 어두운 이유를 합리적으로 사고하여 '집에서 무슨 일이 있었나? 개인적인 고민이 있나? 어디가 아픈가?' 등 보다 더 객관적으로 생각해 본다.

TH 2번 드라이버일 때 이중오염 상태에서 Ⓟ와 ⓒ가 서로 비판한다. '서로 도우면 좋지만 미흡한 내가 도와줘 봤자 지난번처럼 동료 선생님의 화를 돋을 뿐이야! 그렇다면 그냥 돕지 말고 내 일이나 하자.' ⓒ로 Ⓟ를 비판한다. '내가 미흡해서 일을 잘 못한다고 그냥 있을 것이 아니라 그래도 업무를 할 때 동료 선생님을 서로 도와야 해.' Ⓟ로 ⓒ를 비판한다. Ⓟ와 ⓒ가 서로 비판하여 갈등하는 이도 저도 못하는 이중오염 상태에 빠져 있다. 갈등에서 빠져나와 '내가 미흡하지만 어떻게 하는 게 동료 교사에게 도움이 되는지 물어보고, 할 수 있는 만큼만 해 보자!'라고 합리적인 사고와 판단을 할 수 있다.

② 양육방식: PO 1번 드라이버일 때 타인을 기쁘게 하는 것을 강조한다. 어린 시절 위로는 오빠, 아래로는 남동생 틈에서 자랐다. 오빠와 동생은 공부를 잘했는데 자신은 공부를 못했다고 한다. 비판적이고 지시적인 교사인 어머니의 통제를 받으며, 어머니에게 예쁨 받으려 눈치를 보며 어머니 말을 잘 듣는 아이로 자랐다. 어머니의 심부름을 도맡아 하는 딸이었지만 어머니는 공부를 못하는 딸을 못마땅해하셨으며 내담자에게 "머리가 멍청해."라고 말했다고 한다.

TH 2번 드라이버일 때 과잉통제하는, 과잉통제하에 성장하여 타인의 지시를 거부한다. 지시하는 사람에게는 거부하고 자신은 남을 통제하려는 경향이 있다. 자신이나 자신의 가족(남편, 딸)에게 지시적인 사람에게 거부와 저항을 보인다. 시댁에서 시어머님이 자신과 둘째아들인 자신의 남편에게만 일을 시키고 아주버님과 형님은 쉬도록 하면 자신이 나서서 "아니, 어머님! 왜 우리 신랑만 시켜요! 아주버님 시키세요!"라고 직접적으로 말을 하거나 "아주버님이 하세요!"라고 한다.

③ 치료의 핵심: PO 1번 드라이버일 때 스스로 홀로 설 수 있다는 것, 도망가는 것을 중지하는 것이다. 나 스스로 해 낼 수 있는 에너지와 능력이 내 안에 잠재되어 있다는 것, 내가 원하는 것이 무엇인지 내가 즐거워하는 것은 무엇인지 알고 나의

감정과 욕구를 회피하지 않고 받아들인다.

TH 2번 드라이버일 때 삶을 투쟁하듯 살 필요 없다. 타인을 탓하며 비난과 불평을 쏟지 않고, 긍정적인 방법으로 자신의 의견을 이야기할 수 있다.

8) 드라이버에 따른 전형적인 디스카운트와 상담의 쟁점

특성 / 드라이버	전형적인 디스카운트	상담의 쟁점
1(PO)	• 자신의 분노나 힘에 직접 접촉하는 것 • 타인을 기쁘게 하기보다는 스스로를 기쁘게 하는 것(핵심: 자신의 감정이 무엇인지에 대해 깊이 생각하는 것)	• 상담자와 진솔하게 감정을 나누기로 계약한다. • 억압된 분노와 접촉하도록 하고 타인과의 경계를 분명히 하도록 한다. • 스스로 생각하는 힘이나 능력에 대해 스트로크를 해 준다. • 감정과 현실을 구분하게 한다.
2(TH)	• 흑백논리의 갈등으로부터 자유로워지는 것 • 자신의 감정을 직접적으로 조화롭게 표현하는 것(핵심: 목적이 없는 갈등으로부터 자유롭게 되는 것)	• 목적 없는 갈등으로부터 자유스러워진다. • 양자택일 사고방식에서 탈피한다. • 삶을 투쟁으로 생각하지 않도록 깨닫는다. • 감정을 직접적으로 표현할 수 있는 방법을 배운다.

내담자 해석

① 전형적인 디스카운트: PO 1번 드라이버일 때 내담자가 자신의 분노나 힘에 직접 접촉하게 하는 것, 타인을 기쁘게 하기보다는 스스로를 기쁘게 하는 것을 디스카운트한다. 상대 교사의 기분을 살피며 맞춰 주고 있지만 불안하거나 두렵다.

TH 2번 드라이버일 때 흑백논리의 갈등으로부터 자유로워지는 것, 자신의 감정을 직접적으로 조화롭게 표현하는 것을 디스카운트한다. '나는 처음이기 때문에 못해! 못한다 하고 다른 사람에게 해달라고 하자! 일은 능숙하게 잘하는 사람이 해야 해!'와 같은 양자택일, 흑백논리 사고방식을 고집하며 계속해서 업무추진에 불편함을 초래한다.

② 상담의 쟁점: PO 1번 드라이버일 때 상담자는 내담자의 진짜 감정이 무엇인지 알 수 있도록 이야기 나누어 본다. 내담자의 억압되었던 감정인 분노와 접촉하도록

한다. 상담자는 내담자의 힘이나 능력에 대해 생각하도록 하고 스트로크해 준다. 내담자가 감정과 현실을 구분하게 한다. '불안일까? 타인에게 인정받지 못한 데서 오는, 타인을 만족시키지 못한 나 자신과 나에게 만족하지 못하는 타인을 향한 분노는 아닐까? 나는 정말 인정받지 못할 그런 사람인가? 아니다. 내게도 에너지와 재능이 있다! 그렇다면 내가 갖고 있는 힘과 능력은 무엇일까? 아~ 나에게는 이러한 장점과 재능이 있구나! 난 괜찮은 사람이구나!' 하고 자신을 인정한다. 그리고 부정적으로 보았던 자신과 타인에 대한 감정과 현실을 구분한다. 그리고 내가 나 자신을 위해 나의 욕구를 알아보자. '나를 기쁘게 하는 것은 무엇일까?' 자신을 위한 생각을 해 본다.

TH 2번 드라이버일 때 상담자는 내담자가 목적 없는 갈등으로부터 자유스러워지도록 알아차릴 수 있는 이야기를 나누어 본다. 내담자는 양자택일 사고방식에서 탈피하도록 하며, 삶을 투쟁으로 생각하지 않도록 깨닫는다. 감정을 직접적으로 표현할 수 있는 방법을 배운다. 누구나 처음으로 하게 되는 일들이 있고 이러한 것들은 스스로 서툴지만 실행해 보고 마스터하는 과도기를 갖고 자신도 능숙한 숙련자가 되어 타인을 도울 수 있는 사람이 될 수 있다. "선생님 제가 서툴지만 스스로 한번 해 볼게요. 제가 서툰 모습을 보이면 선생님이 실망할까 봐(화내거나, 짜증낼까 봐, 불편해할까 봐) 조심스럽네요. 해 보고 모르는 건 물어볼게요. 그때 저 좀 도와주세요." 하고 자신의 진짜 감정을 표현해 보고 자기만의 방식에서 벗어날 수 있다.

5. 내담자의 드라이버와 관계된 개선방안

1) 상담자가 본 내담자의 문제

- 자신의 감정과 욕구보다는 주변 사람들의 눈치를 보며 기분을 살피고 타인 중심으로 행동한다.
- 자신이 해 주고 싶은 것을 상대방에게 물어보지 않고 타인에게 해 준다(과잉배려).
- 불평이나 불만으로 자신의 욕구와 주장을 표현한다.

• 적절하지 않은 자신만의 방식을 고집한다.

2) 현재 상태에 대한 개선방안

① 상담목표

• 직장에서 자신의 업무 경계를 안다.
• 눈치 보며 안절부절못하는 모습에서 벗어나 자신의 자존감을 찾는다.
• 자신의 표현되는 감정과 그 안의 진짜 감정이 무엇인지 안다.
• 자신의 방식을 반복하며 불필요하게 고집하는 모습을 개선한다.

② 상담계획(상담전략 포함)

• **초기**: 긍정적 상호작용을 통하여 라포를 형성하고 내담자의 주 호소문제를 알고, 심리검사와 분석을 통하여 상담을 구조화한다.
• **중기**: 내담자의 자원과 순기능을 긍정 피드백하고 변화 가능성을 함께 믿으며 내담자의 구체적인 패턴의 역기능을 인지하여 알아차리게 돕는다. 내담자의 감정과 이야기에 공감하고 수용하는 상담으로 상담 핵심에 접근하여 스스로 설 수 있다는 것과 자신의 진짜 감정을 느껴보는 것, 삶을 투쟁적으로 살 필요가 없다는 것을 치료 상담한다.
• **종결**: 자율성을 회복할 수 있도록 재결단을 위한 구체적 개선방안을 생활 속에서 실천하도록 약속하고, 추후상담을 계획한다.

6. 상담과정과 상담결과

1) 상담과정

• **초기**: 내담자와의 신뢰를 형성하는 공감적이고 수용적인 긍정적 상호작용으로 라포 형성을 튼튼히 한다. PO의 개방문(+NP)과, TH의 개방문(+FC)으로 처음 대화를 시작한다. 순기능인 온정적이고 사교적임과 탐색적이고 호기심이 많은 부분을 칭

찬하며 내담자의 자원을 인정하고 격려와 응원을 아끼지 않는다. 주 호소문제인 동료 교사와의 갈등을 구체적으로 알고 'CKEO/CKDP 심리검사와 분석'으로 상담을 구조화한다.

- **중기**: 내담자의 구체적인 감정에 대해 이야기 나누어서 진짜 감정을 알아차리고 먼저 자신의 감정과 자신의 욕구를 인정하고 자신을 존중하는 구체적인 방안을 이야기 나눈다. 자신의 욕구를 이야기할 때 불평불만적 표현보다는 합리적인 사고에 입각한 표현과 의사전달을 해 볼 수 있도록 한다. 자신만의 방식을 자기합리화하며 고집하기를 멈추고 그냥 실행에 옮겨 보도록 한다.
- **종결**: 생활 속에서 실천할 수 있도록 구체적인 실행계획을 약속하고 추후상담의 여부에 대해 이야기 나눈 후 상담을 마친다.
  - 먼저 나의 교실 청소(업무)를 마치고, 동료 교사에게 어떤 도움이 필요한지 물어보고 도와준다.
  - "~ 때문에 잘 안 될 거야. ~ 때문에 그런 거야."라고 불평하지 않고 "~ 하면 좋겠어요! ~ 하는 게 어떤가요?" 하고 긍정적으로 의견을 말한다.
  - 상대방과 자신의 의견이 다를 때 "아~ 그렇군요. 그런 방법도 있군요. 아~ 그래요." 하고 수긍하고 공감해 본다.

2) 상담결과

내담자는 구체적인 개선방안들을 느리지만 점진적으로 이행하였다. 변화된 교사의 온정적이면서 구체적이고 예민한 상호작용은 중요한 발달 시기인 영아에게 바람직한 보육을 제공하게 되었다. 내담자의 동료교사와 자주 발생하던 불편한 배려 상황들은 동료교사가 원하는 배려로 바뀌고 내담자는 동료에게 인정을 받아 OK, 동료교사는 실제 도움이 되는 도움을 받아 OK가 되는 선순환을 가져왔다. 밝고 명랑한 선생님들을 보신 원아 부모들도 만족스러운 표정을 지으며 어린이집에 대한 믿음을 보였다. 이와 같은 내담자의 변화는 직장에도 활기를 불어넣어 주었다. 이처럼 어린이집에서 소중한 영아를 돌보는 교사의 성장은 영아에게도 동료와의 관계에도 어린이집 운영에도 긍정적인 파장을 가져왔다.

심리검사와 분석을 통해 내담자 자신의 성격특성을 알고, 자신의 역기능적인 부분을 알아차림으로써 의도적으로 역기능을 순기능으로 구체적으로 계획하고 실행에 옮길 수 있게 되었고, 자율성을 회복하는 보다 성숙한 모습에 가까워질 수 있었다. 행복을 추구하는 내담자는 성숙한 사람으로 변화하였다. 우리는 누구나 긍정적인 존재이며, 변화할 수 있고(변화 가능성), 합리적으로 사고할 수 있다는(합리적 사고) 교류분석의 철학을 깨달을 수 있는 상담이었다.

7. 상담자 총평

최영일 교수님의 한국형 드라이버 패턴검사 CKDP 분석을 통하여 명료하게 내담자 자신의 드라이버 패턴의 순기능과 역기능을 알아차릴 수 있었다. 무의식적 심리까지 분석된 자료 CKDP를 검사로 내담자의 주 드라이버 PO와 TH 드라이버 패턴의 역기능에 대한 개선방안을 구체적으로 계획하고 실천할 수 있었다. 행복한 삶을 추구하는 우리는 누구나 변화하여 자율성을 회복하는 삶으로 한 걸음 더 다가갈 수 있다. 그리고 행복해질 수 있다.

CKDP 심리검사에 의한 개인상담 사례분석 **8**

너무 예민한 자신이 싫은 간호사
더럽다는 생각을 안 하고 싶어요

상담자: 한윤옥

1. 내담자 기본 정보

가명: 토마토/성별: 여/연령: 39세/학력: 대학 졸업/검사일: 2017. 04. 25.

1) 의뢰 경위 및 주 호소문제

① 의뢰 경위

평소에 손을 너무 자주 많이 씻고, 냄새에 민감하다. 불안하여 과도하게 문단속을 하게 되고 가족구성원에게도 강요하는 일이 자주 있어 가족구성원의 권유로 상담에 참여하기로 하였다.

② 주 호소문제: "더럽다는 생각을 안 하고 싶어요."

냄새로 생활의 불편함을 많이 느낄 때 다른 사람은 냄새를 느끼지 못하며 너무 예민하다고 지적할 때 화가 난다. 특히, 나도 모르게 손을 너무 많이 씻는데, 가족의 말에 의하면 1~2분 간격으로도 씻고 있을 때도 있다고 한다. 지하철을 타도 의자에 앉기가 싫고, 집에 귀가하면 나의 옷은 따로 세척하지 않으면 불안하고 견딜 수가 없다. 대중교통에서 안전하다고 생각되는 장소에 항상 조심스럽게 있는다.

2) 행동 관찰

153cm의 키에 상체가 더 발달한 체형을 가지고 있으며, 주로 청바지와 점퍼 스타일 옷차림을 한다. 목소리가 밝고 많이 웃는다. 이야기 중 "아! 그래요?"라고 반문을 많이

하는 편이다. 당황하면 얼굴이 빨개지고, "잠깐만요." 하면서 손으로 부채질을 한다. 손동작의 제스처를 많이 사용하는 편이다.

3) 내담자의 자원

- 검사와 상담과정에 대해 긍정적으로 받아들인다.
- 충분한 지지를 받을 수 있는 가족이 주변에 있다.
- 전문직의 직업을 통해 경제적으로 안정되어 있으며, 시간의 사용이 자유롭다.

4) 가계도

아버지: 평소에 말이 없고, 검소하며 열심히 일을 하지만 느긋하다. 술을 좋아하지만 술주정은 하지 않는다. 자녀들에게는 잔소리를 한 적이 없고, 언제나 웃으며 챙긴다. 손자녀도 헌신적으로 챙긴다. 하지만 문제가 발생하면 적극적으로 해결하려고 하지 않는 부분이 어머니(아내)를 힘들게 하는 것 같아 고쳤으면 좋겠지만 고집을 부린다.

어머니: 이야기하기를 좋아하며, 알뜰하고 나누어 주기를 좋아한다. 자녀와 손자녀에게 헌신적이고, 주변에 가까이 있는 부모님께(외할머니, 외할아버지)도 잘하려고 한다. 딸들과 대화를 많이 하며, 주변 사람들과 잘 어울린다. 하지만 아들을 더 특별히 대한다. 그리고 무엇보다도 어머니한테는 내 순위가 꼴찌인 것 같아 섭섭할 때가 많다. 어머니는 나에 대해 잘 모르고 관심이 적은 것 같다.

여동생 1: 쌍둥이 자매로 결혼생활을 잘하고 있다. 쌍둥이로 유대감이 많다. 하지만 어릴 때부터 비교 대상이 되었다. 동생이 다른 사람에게 더 인정받는 것 같아 힘들 때가 많았다.

여동생 2: 안타까운 동생으로 남편을 잘못 만나 고생하고 있다. 우리 집은 화목한데, 동생 남편의 태도로 분란이 일어날 때 화가 나고 만나고 싶지 않다. 우리 집의 화목을 깨는 것 같아 용서하기 힘들다.

남동생: 부모님께 받고 사는 것이 제일 많아 부모님께 더 잘했으면 좋겠다. 어머니를 생각하면 남동생이 괘씸하다.

동거인 이모: 가장 편하면서도 자주 싸우게 된다. 이모가 내 부탁을 거절하면 화가 난

다. 늘 이모의 표정을 살피게 되고 잘 지내고 싶다. 이모와 가장 오래 살아서 그런지 계속 같이 살아야 할 것 같다.

자신의 가족에 대한 자부심이 높고, 특히 자신의 부모님은 참 헌신적이라고 생각한다. 전체적으로 전화통화(화상전화)를 많이 하는데, 내담자가 먼저 거는 편이다. 자신이 맏딸로 일정 부분 역할을 해야 하며, 가족에 대한 모든 일들을 자신이 알고 있어야 할 것 같다고 한다. 자신은 다른 가족에 대하여 다 알고 있는데, 다른 가족이 자신의 일상생활 스케줄을 잘 모르고 있다고 생각될 때 화가 난다고 한다. BC 드라이버 모습이 많이 보인다.

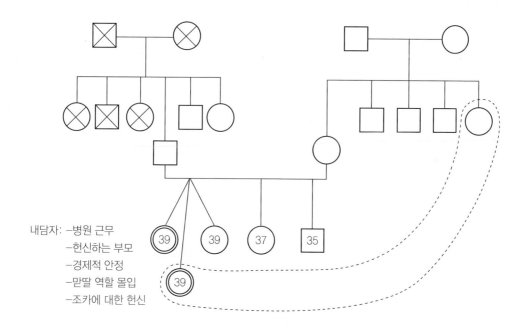

5) 생태도

내담자가 주로 생활하는 공간은 병원과 집이며, 집에서 조카들과 영상통화, 조카 선물 고르기 인터넷 쇼핑에 시간을 보낸다. 동거인 이모와 친밀하면서도 갈등을 벌이기도 한다. 이모가 몸이 안 좋아 안타깝기도 하고, 이모가 힘들지 않게 챙기고 싶어 한다. 하지만 이모가 나의 습관을 지적하면 이모에게 화를 내게 된다. 운전 연수를 해서 자유로운 여행을 많이 다니고 싶어 하지만 연수를 도와주는 사람이 없어 실행하기 어렵다.

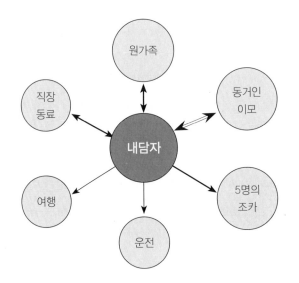

2. 내담자 검사 결과

드라이버 \ 구분	PO	TI	BS	BC	BP	TH	HU
점수	22	27	32	31	30	24	24
순위	7	4	1	2	3	5	6
등급	8~9	6~7	5	5	5	8~9	8~9

내담자 해석

1, 2, 3번 드라이버인 BS, BC, BP의 점수가 큰 차이를 보이지 않고, 5등급에 있지만 TH, PO, HU는 8~9등급으로 역기능을 보인다.

1, 2번 BS, BC를 주 드라이버로 사용하며 7번 드라이버가 PO인 내담자는 수동적이며, 의심이 많아 사회적인 상호작용에서도 타인이 먼저 다가오기를 기다리는 편이다. 겁이 많고 의존성이 많다. 자신의 안전을 위하여 자신을 챙기고 감정을 드러내지 않는다. '다른 사람을 기쁘게 하라'는 낮다. 자신이 PO를 많이 한다고 하지만 BS를 PO로 착각한다. 행동이 느리고 서두르지 않고 뒤로 물러나 있는 BS 드라이버를 주로 사용한다. 냉담하고 존재감이 없는 편이다.

TH가 역기능적으로 낮아 자신이 살기로 한 방식을 옳고 그름에 상관없이 무조건 수용 받기를 원한다.

자신이 헌신한 만큼 가족이 헌신하기를 기대하며 자신의 방식을 고수한다. 물건 구매 시 충동적일 때가 많으며, 한 번에 많은 양의 물건을 구매해야 편안하다고 느낀다. HU가 역기능적으로 낮아 시간을 잘 안배하지 못하여 일처리가 느리고 미숙함이 많다.

CKDP 심리검사 체크리스트

패턴 점수	PO 다른 사람을 기쁘게 하라	TI 반드시 이루어 내라	BS 강인하라	BC 주의하라	BP 완벽하게 하라	TH 열심히 하라	HU 서둘러라	패턴 점수
50								50
49								49
48								48
47								47
46								46
45								45
44								44
43								43
42								42
41								41
40								40
39								39
38								38
37								37
36								36
35								35
34								34
33								33
32			●					32
31				●				31
30					●			30
29								29
28								28
27		●						27
26								26
25								25
24						●	●	24
23								23
22	●							22
21								21
20								20
19								19
18								18
17								17
16								16
15								15
14								14
13								13
12								12
11								11
10								10
순위	7	4	1	2	3	5	6	순위
등급	8~9	6~7	5	5	5	8~9	8~9	등급

3. 드라이버에 따른 성격의 특성 및 기능

1) 드라이버에 따른 성격의 특성

특성 드라이버	성격 기술
1(BS)	배려, 섬세, 인내, 예술적, 창의적, 침착, 수동성, 친절, 불안, 과잉반응
2(BC)	세심함, 신중함, 과장, 과잉민감, 의심, 회의적
7(PO)	무미건조, 비사교적, 무관심, 냉담

2) 드라이버에 따른 순기능과 역기능

특성 드라이버	순기능	역기능
1(BS)	침착하고 인내심이 있다. 사회적인 상호작용 태도는 타인이 먼저 움직일 때까지 기다리는 배려심 있는 태도를 가지고 있다.	타인과 의존적인 관계를 만드는 경향이 있고 비언어적인 방법으로 의사소통을 하는 경향이 있다.
2(BC)	높은 민감성을 지니고 있으며, 날카롭고 세심하게 생각할 수 있으며, 문제해결과 사회적인 상호작용 속에서는 자신의 판단대로 행동한다. 의심이 많아 신중하고 많이 생각 후 실행에 옮긴다.	자신에게 오는 정보를 자주 오해하고 사고패턴은 종종 경직되어 있거나 과장되어 있다. 자신이 느낀 감정과 생각에 대해 완고한 모습을 보이고 자신이 인식하는 것이야말로 진정한 현실이라고 확신한다. 일정한 관계에 대한 두려움을 지니고 들쭉날쭉한 행동패턴을 보인다.
7(PO)	침착하다. 소수의 믿을 만한 타인과의 관계는 차분하고 진실성이 있다.	냉담하고 무관심하다. 비사교적이라 외부 활동을 많이 하지 않는다. 일과 변화가 별로 없으며 무미건조하다.

4. 1번과 2번 드라이버에 따른 성격특성과 해석

1) 드라이버에 따른 조기결단과 부정적 인생태도와 경계

특성 드라이버	조기결단	인생태도	경계	
			자기감	인간관계
1(BS)	나는 나 혼자 느끼고, 나 자신을 보호할 것이며, 너를 필요로 하지 않겠다.	IV	산만	경직
2(BC)	나는 나의 안전을 위해서 주변의 모든 사람과 모든 것을 통제할 것이다.	III	경직	경직

내담자 해석

① 조기결단: 1번 드라이버일 때 "나는 나 혼자 느끼고, 보호하며, 너를 필요로 하지 않겠다."이다. 쌍둥이로 출생했고, 맞벌이 부모로부터 충분한 돌봄을 받지 못하였으며, 쌍둥이 동생과 늘 비교 당하여 자신은 충분히 인정받지 못하였다고 느끼게 되었다. 가족의 관심이 자신에게 없다고 느껴질 때 "다 필요 없어, 나도 관심 안 가질 거야!"라는 자기암시적인 말을 자주 사용한다. 이는 스스로를 보호하고 책임져야 한다고 결단하게 된다.

2번 드라이버일 때 자신의 안전과 보호를 위해 "나는 나의 안전을 위해 주변의 모든 사람과 모든 것을 통제할 것이다."라고 결단한다. 이 조기결단은 다른 사람의 호의에 의심이 많아 잘 믿지 못하고, 밀어낼 때가 많고, 문단속에 민감하여 철저히 확인해야 마음이 편하다. 가족의 일상생활을 다 알고 있어야 할 것 같고, 늘 안전한 장소에서 타인을 관망한다. 안전하다고 느끼지 못할 때 과도한 불안을 느끼게 되는데, 혼자 자면 가위에 눌리고 불을 끄고 자면 무서워 불을 켠 후 끄는 것을 잊어버리게 된다. 소형차는 나의 안전을 보장해 주지 못할 것 같다.

② 인생태도: 1번 드라이버가 나타난 경우는 부정적인 상황에서 IV 영역으로 가는 인생태도를 보여 준다. 이는 자타에 대한 불신, 부조화, 삶의 의미를 상실한 태도를 보인다. 따라서 적극적으로 문제해결을 하고 싶어 하지 않고 모든 것이 잘 안 될 것 같다고 느낀다.

예 "일이 안 될 때 아예 하지 말자.", "다 포기하자."

2번 드라이버가 나타난 경우는 III 영역에 머무르게 된다. 타인의 의견을 수용하기 어렵고, 타인을 비난하는 모습을 보인다. 결국에는 타인을 비난하는 것으로 마무리하게 된다.

예 가족문제에서 항상 끝에 남동생을 비난한다.

"우리 집은 항상 ○○○가 문제죠. 그럴 줄 알았어요. 난 이제 ○○○한테 신경 안 쓸 거예요. 말하고 싶지도 않아요. 지 복을 걸어 찬 거지요. 뭐. 어쩌겠어요!"라고 비난한다.

③ 자기감 경계: 1번 드라이버가 부정적으로 갔을 때 자기감은 산만한 유형으로 경계가 서로 모호한 상태(ⓟⒶⓒ)이다. 자신에 대해서도 정확한 통찰이 부족할 수 있다. 현실 판단이 부족하여 과도하게 위험성을 판단하여 행동하거나, 자신의 욕구를 억제하고 과도하게 어른인 척하지만 아이의 감정으로 문제를 해결하려고 한다.

예 조카들(5명)에게 한없이 허용적이다가 갑자기 어른과 아이를 구분하여 야단을 친다.

"저는 매우 허용적인 이모예요. 하지만 아닌 것은 아니라고 해요."

"네가 그래서 나도 기분 나쁘거든……. 그래서 넌 이제 내 조카 안 할래."

2번 드라이버를 쓸 때는 자기감이 경직되어 방어적이고 배타적이다. 과도하게 주의하여 타인을 받아들이기 어려워한다. 타인의 친절을 의심하고 소수의 사람들과의 교류를 하면서 자신을 합리화한다.

예 "저는 다른 사람 쉽게 믿지 않아요. 세상이 얼마나 무서운데요."

④ 인간관계 경계: 1번이나 2번 드라이버로 갔을 때 모두 타인과의 관계가 경직된다. P 자아상태로 경직되어 "제가 맏딸이고 언니니까 해 주어야 해요.", "동생들이 제 말을 들어야죠."라고 한다. 주로 ⓟ 상태의 에너지를 많이 사용하는 대화를 보여 준다. 타인이 원하는 것이 아니라 자기가 해 주고 싶은 것을 해 줄 때가 많아 관계에서 경직되고 갈등을 보일 때 가 많다. 고집이 세고 자신의 방법을 수정하지 않는다. 다른 사람이 자신의 지시에 "네."라고 대답해 주고 동조해 주어야 한다고 생각한다.

예 어머니에게 자신의 방법을 요구하고 안 들어주면 벽을 쌓고 허무는 행위를 반복한다.

"왜 사람들이 나만 틀렸다고 하는지 이해할 수 없어요. 내가 왜 사과해야 해요!"

2) 드라이버에 따른 성격적응 유형과 반응

특성 드라이버	성격적응 유형	양면성		타인에 대한 반응	문제해결에 대한 반응
		긍정성	부정성		
1(BS)	창의적 몽상가 (조현성)	배려심	회피	회피(내향)	수동
2(BC)	재기형 회의자 (편집성)	신중성	의심	회피(내향)	중립

내담자 해석

① 성격적응 유형: 1번 BS 드라이버일 때 높은 민감성으로 감정 기복이 심하다. 우울하거나 기분 좋은 것이 수시로 반복된다. 하고 싶은 것이 많고 과한 에너지를 보이거나 쉽게 포기하고 실망하는 경우를 보인다. 2번 BC 드라이버일 때 한 가지에 몰입하고 저장하는 경향을 보인다. 특히, 청결에 민감하고 손 씻기에 과도하게 반응을 보인다. 예를 들면, 물티슈로 손을 씻고 다시 비누로 손을 씻고 또 티슈로 손을 씻는다. 이런 일상적인 것이 반복적이다.

② 양면성: 1번 BS 드라이버일 때 타인의 이야기를 잘 들어주고 타인에게 관심을 많이 가지고 있다. 자신과 의견이 맞지 않으면 화를 내고 그 문제에 대하여 해결보다는 회피하고 거론하지 않는다. 2번 BC 드라이버일 때 함부로 나서지 않고 신중하여 큰 문제를 일으키지 않으며 조용히 관망하지만 타인에 대하여 의심이 많아 쉽게 행동하지 않는다.

③ 타인에 대한 반응: 1번, 2번 드라이버 공통으로 문제 상황 시 회피적인 경향을 보인다. 사회적인 상호작용에서도 타인이 먼저 다가와 주기를 기다리는 태도를 취한다. 소수의 사람들과 어울리며, 갈등이 생겼을 때 타인이 먼저 말을 걸어 감정을 풀어주기를 기다린다. 과도한 자극적 활동에 참여하기를 즐겨하지 않는다.

④ 문제해결에 대한 반응: 1번 드라이버일 때 문제해결에 대한 반응은 수동적이며, 누군가 적극적으로 자신의 문제를 해결해 주기를 기다린다. 문제가 발생했을 때 스스로 먼저 문제를 해결하기보다는 도움을 줄 수 있는 가족구성원을 먼저 찾게 된다. 가족이니까, 엄마니까 내 문제를 도와주고 해결해 주어야 한다고 이야기한다.

2번 드라이버일 때 문제해결에 대한 반응은 중립이며 세심히 따져 보고 관망한다. 의심이 많고 신중하여 쉽게 결정을 내리지 못한다. 이로 인해 일처리가 신속하지 못하다. 자신의 생각을 표현하기보다는 "그럴 수도", "아닐 수도"라는 애매한 태도로 이야기한다.

3) 드라이버에 따른 선호하는 의사소통 방식

특성 드라이버	Ware의 의사소통 방식			Kahler의 의사소통 방식	
	개방문	표적문	함정문	채널	자아상태 기능
1(BS)	행동	사고	감정	지시적인	$+CP \rightarrow A$
2(BC)	사고	감정	행동	정보적인, 지시적인	$A \rightarrow A$, $+CP \rightarrow A$

내담자 해석

① Kahler의 의사소통 방식: (라포 형성) 의사소통 방식에서 라포 형성은 전문직 여성으로서 사고능력을 인정해 주고 상담과정을 설명해 준다. 긍정적인 CP 자아상태에서 A 자아상태로의 방식을 사용하여 권위적인 전문지식으로 부드럽게 지시하고 어떤 것이 더 좋은지 합리적으로 사고하도록 하며 힘든 감정을 터치하는 교류를 할 필요가 있다.

② Ware의 의사소통 방식: 1번 드라이버일 때 수동적으로 물러나고 욕구를 표현하지 않을 때 긍정적인 CP로 의사소통을 한다. 개방문은 '행동'을 통해서 한다.

- 개방문: 이곳에서도 불쾌한 냄새가 나나요? 손을 씻고 싶으시면 씻고 오셔도 됩니다.
- 표적문: 손을 너무 자주 씻는 당신의 행동에 대하여 어떻게 생각하십니까? 씻지 않을 때는 어떨 때인가요?
- 함정문: 지금 어떤 감정이신가요?

내담자의 손씻는 행동을 직접적으로 거론하고 사고하여 스스로 판단하도록 한다. 개방문인 행동과 표적문인 '사고'는 통합될 필요가 있다. 통합하여 감정의 변화를 가져오도록 한다.

4) 드라이버에 따른 선호하는 적응방식

특성 드라이버	타인과 관계 맺는 방식	위협에 대한 반응	만족을 주는 시간의 구조화	실행적 · 생존적 적응
1(BS)	무반응	외면	폐쇄, 활동	뒤로 한 발자국 물러서는 경향이 있으며, 잠잠해질 때까지 기다리는가?(생존)
2(BC)	사고	지적인 민감성으로	의식	먼저 조심스럽게 상황을 생각해 보고 그 후에 변화를 위한 결단을 통해 해결하려고 하는가?(생존)

내담자 해석

① 타인과 관계 맺는 방식: 1번 드라이버일 때는 타인과 관계 맺는 방식이 무반응이다. 자신의 의견을 표현하지 않거나 조용히 물러나 있다. 적은 접촉으로 실수를 줄이고 싶어 하여 소극적으로 관계를 맺는 편이다. 이는 병원의 근무(생명에 대한 책임감) 방식에 오랫동안 습관화된 영향일 것으로 보인다. 병원의 환자들과 특별한 관계를 맺기 어려우며, 감정에 휘둘리지 않아야 하는 직업적 특성일 것이다. 따라서 감정 대화를 회피하는 경향이 있으며, 항상 웃는 모습은 즐겁기보다는 웃는 것이 직업적으로 필요하기 때문일 것으로 보인다.

2번 드라이버일 때는 소수의 친밀한 사람들과 정보를 교환하고, 자신이 정보를 제공하기 위해 많은 지적인 정보를 알고 있어야 한다고 생각한다.

② 위협에 대한 반응: 1번 드라이버일 때는 위협적인 상황에서는 반응 동작이 크고 외면한다. 자신이 피해를 입어도 그 자리를 피해 버리고 적극적으로 항의하지 못한다. 위협적이었던 곳, 사물, 동물 등을 쳐다보지도 못하고 길이 멀어도 돌아가는 편을 택한다.

2번 드라이버일 때는 지적인, 민감성이다. 특히, 안전에 대하여서는 매우 민감하다. 건강을 해치는 담배 냄새에 매우 민감하다. 아래층에서 올라오는 담배 냄새가 너무 싫다. 화장실 냄새가 날 때는 밤늦게라도 화장실 청소를 해야 한다. 또한 주변의 위험한 것에 민감하게 반응하여 숲속, 물속 등 자연환경에서도 쉽게 접근하지 못한다.

③ 만족을 주는 시간의 구조화: 1번 드라이버일 때는 폐쇄를 주로 선택한다. 특히,
TV를 보며(오락, 여행 프로그램) 소리 내어 웃을 때 스트레스가 해소되고 편안하다
고 느낀다.

2번 드라이버일 때는 정해진 패턴에서 스트로크를 받아야만 한다고 생각해 안정
된 의식인 가족 행사에 참여한다.

④ 실행적(가족에게 인정받기를 원함) · 생존적 적응: 1번, 2번 드라이버 모두 자기보
호적인 생존적 반응으로 적응 방식을 선택한다. 뒤로 한 발 물러서는 경향이 있으
며, 자기에게 필요한 물건은 항상 많이 저장되어 있어야 한다고 생각하여 한번에
많이 구매를 한다. 없어지기 전에 구매하여 다시 쌓아 놓아 유통기한이 지나는 경
우도 많다. 타인보다는 자신이 살아가는 생존이 더 중요하다고 생각한다.

5) 불건강할 때 전형적인 심리게임 그리고 라켓

특성 드라이버	심리게임	금지령	라켓
1(BS)	• 몰아넣기(흠 잡아내기) • 자! 딱 걸렸어, 이 녀석 (규탄하기)	• 소속되지 마라. • 감정을 느끼지 마라. • 아이처럼 굴지 마라.	무감각, 단조로움, 공백상태, 불안(분노, 마음의 상처, 즐 거움, 성적인 느낌을 가린)
2(BC)	• 몰아넣기(흠 잡아내기) • 나를 차라(비난, 경멸 유발하기)	• 감정을 느끼지 마라. • 아이처럼 굴지 마라. • 소속되지 마라.	타인에 대한 분노, 불안, 질 투 의심(두려움을 가린)

내담자 해석

① 심리게임: 자신의 잘못을 지적한 사람이 잘못했을 때 "이렇게 잘못을 하면서 왜
나한테만 그래?" 남 탓을 하며 다른 공간으로 회피하며 대화를 차단한다. 박해자
인 상대를 당혹스럽게 하여 미안한 마음이 들게 하여 사과하게 만들고 "나도 미안
해."라고 사과하는 편이다. 흠 잡아내기를 하여 자신의 잘못을 가리고 고치지 않
는 정당성을 확보하여 잘못된 행동을 반복한다.

② 금지령: 다양한 외부 활동에 참여하지 못하고 무미건조한 생활을 한다. 자신의 감
정을 억제하고 어른스럽게 행동하며, 무의식적인 메시지로 '아이처럼 굴지 마라'
는 메시지를 받았다. 쌍둥이 중 맏딸로 언니의 행동을 강요받았다. 특히, 언니의

어른스러운 행동을 보여 주기를 기대하여 동생보다 잘해야 한다고 생각하게 하였다. 하지만 주변 사람이 동생에게 중요한 일을 시키고 자신을 무시하는 것 같을 때 많이 화가 났다. 자신도 모르게 "언니가~, 언니가 해 줄게"라는 말을 많이 사용하고 있다.

③ 라켓: 1번 드라이버일 때 초월한 듯하고 공백상태이다. 무감각, 단조로움이다. 병원과 집 이외의 활동은 거의 없으며, 많은 계획은 세우나 실행하지 않고 단조로운 생활을 반복한다. 분노, 즐거움, 마음의 상처, 성적인 느낌을 솔직하게 드러내지 못하고 있다.

2번 드라이버일 때는 두려움을 가린 불안, 의심이 많다. 다른 사람의 선의를 믿지 못하고 거절한다. 타인에 대한 불안과 의심이 많아 관계 형성이 소극적이고 관계를 맺은 사람들과도 활동이 별로 없다. 주로 집에서 혼자 지낸다.

6) 드라이버에 따른 인생각본

드라이버 \ 특성	과정각본	축소각본	허용
1(BS)	'결코'식 (생각만 하고 실행하지 않음)	스트레스 상황에서 현재 있는 그대로의 모습을 받아들이지 않고 '만약 ~이라면 OK'라는 사고방식으로 시작한다.	자신의 욕구나 감정을 개방적으로 표현해도 좋다.
2(BC)	'까지'식 + '결코'식		솔직하게 개방하고 믿음을 가져도 좋다.

내담자 해석

① 과정각본: 1번 드라이버의 '결코'식 각본을 사용하는 내담자는 무수한 계획을 세운다. 여행, 다이어트 등, 하지만 실제로는 시도하지 않고 무기력하게 TV를 보고 있다. 자신의 즐거움을 실행하지 못한다.

2번 드라이버의 '까지'식 + '결코'식 각본을 사용할 때는 매우 신중하여 계획을 바로 실행하지 못하고 할 수 없는 이유를 찾아내고 실행하지 못하거나, 실행하는 데 시간이 많이 소요된다.

특히, 상대방은 자신의 계획에 잘 동조하지 않을 거라고 생각하여 상대방이 들어주지 않으면 이야기를 잘하지 않는다고 한다.

② 축소각본: '강인한 한 OK이다', '주의하는 한 OK이다' 그러나 항상 강함을 유지할 수는 없고, 매사에 주의할 수 없으므로 'NOT-OK'가 될 수 있다. 축소각본에 빠질 경우 1번 드라이버는 IV 영역에 머무르는 것으로 자신이 강인하지 못했을 때 주의하지 못해서 실수하거나 위험했을 때 자신과 타인 모두를 부정하게 된다. 2번 드라이버는 빠질 경우 III 영역에 머무르게 된다.

예 "병원에서 주의했어야 하는데…… 왜 내가 그런 실수를 했지. 그런데 잘 생각해 보면 그건 내 실수도 아니야. 누군가 먼저 잘못해 놓았어. 그런 상황도 모르고 오해하는 수간호사는 참 리더 자격이 없어."

③ 허용: 1번 드라이버일 때 자신의 욕구를 있는 그대로 먼저 표현해도 좋다. 자신의 즐거움을 억제하지 말고 계획을 실행해도 좋다. 당신의 즐거움을 먼저 생각해도 좋다.

2번 드라이버일 때 다른 사람에게 솔직하게 개방하고 믿음을 가져도 좋다. 함께 계획을 세우고 실행해도 좋다. 당신의 계획을 믿어 줄 것이다.

7) 드라이버와 양육방식, 오염된 성격구조, 치료의 핵심

특성 ／ 드라이버	오염된 성격구조	양육방식	치료의 핵심
1(BS)	이중오염 상태에서 ⓟ가 ⓒ를 비판, ⓒ는 회피	모호한, 주저하는	홀로 서는 것, 원하는 것을 요구하는 것
2(BC)	ⓟ에 의해 Ⓐ 오염, ⓒ 배제	일치하지 않는	세상은 안전하다고 느끼는 것

내담자 해석

① 오염된 성격구조: 1번 드라이버일 때 오염된 성격구조는 ⓟ와 ⓒ가 Ⓐ를 침범하여 ⓟ가 ⓒ를 비판하고 ⓒ는 회피하는 모습이다. 욕구나 감정을 비판하고 원칙을 강조한다. 자신의 감정을 누르고 회피한다.

2번 드라이버일 때 오염된 성격구조는 ⓟ에 의해 Ⓐ가 오염되고, ⓒ를 배제하여 원칙을 강요해 감정을 배제하여 '감정을 드러내지 마라'이다.

② 양육방식: 1번 드라이버에서 양육방식은 '모호한'이다. 자신의 감정을 표현하는 것이 서투르게 양육되었다. '아이처럼 굴지 마라' 금지령으로 자신의 ⓟ에 의해 자

신의 감정을 회피하도록 하였다. 쌍둥이 동생과 같은 시대를 살면서 서로 다른 역할로 인한 어린이와 부모에 대한 올바른 정체성을 갖지 못하고 모호하고 주저하는 행동이 내재되었다.

2번 드라이버에서 양육방식은 일치하지 않는 것이다. ℗에 의해 자신의 감정을 배제하여 다른 사람이 이야기하는 대로 행동하도록 하였다. 어린 시절 오랫동안 함께 지낸 어린 이모의 성숙되지 못한 행동이 신뢰성을 주지 못하고 내담자를 불안하게 하고 안전하지 못하다는 생각을 갖게 했을 것으로 보인다. 특히, 이것은 현재까지 이어져 내담자의 양육방식에도 영향을 미치고 있다(조카들에게 들쭉날쭉한 감정으로 표현함).

③ 치료의 핵심: 1번 드라이버일 때 치료의 핵심은 자신이 진정으로 원하는 것을 요구하고 감정을 표현하는 것이다.

2번 드라이버일 때 치료의 핵심은 세상은 안전하다고 느끼는 것이다.

8) 드라이버에 따른 전형적인 디스카운트와 상담의 쟁점

특성 드라이버	전형적인 디스카운트	상담의 쟁점
1(BS)	• 자신의 힘이나 책임을 포기하는 것 • 분노, 마음의 상처, 즐거움, 성적인 느낌을 가리는 것(핵심: 자신의 감정과 욕구를 수용하는 것)	• 수동행동(아무것도 하지 않는 것, 과잉반응)과 직면하게 한다. • 자신의 욕구나 감정을 소중히 하는 것을 돕는다.
2(BC)	• 할 수 있음에도 안전하다는 감각을 느끼지 못하기 때문에 기꺼이 하겠다고 나서지 않는 것 • 자신의 수용 방법을 제고하는 것 • 취약한 감정을 감추기 위해 분노를 사용하는 것	• 안전한 환경을 만들고 천천히 신뢰를 쌓아간다. • ⓒ 자아가 자유로워질 수 있도록 돕는다. • 대인관계에서 두려움의 감정을 처리하는 방법을 배우도록 한다.

내담자 해석

① 전형적인 디스카운트: 1번 드라이버일 때 전형적인 디스카운트는 자신의 힘이나 책임을 포기하는 것이다. 자신의 분노, 마음의 상처 등 자심의 감정을 수용하고 즐거움을 포기하지 않는 것이다. 자신은 할 수 없다고 디스카운트를 하여 문제해

결에서 뒤로 물러나 있고, 수동적으로 대처하지 않도록 한다.

2번 드라이버일 때 전형적인 디스카운트는 할 수 있음에도 안전하다는 감각을 느끼지 못하기 때문에 기꺼이 하겠다고 나서지 않는 것이다. 내담자는 성인으로서 안전하다고 인식하며 스스로 대인관계에서 무반응, 회피 등이 아니라 천천히 신뢰를 쌓고 먼저 다가가 관계를 맺어도 안전하다고 느끼도록 한다.

② 상담의 쟁점: 1번 드라이버일 때 상담의 쟁점은 어른 자아로 회피나 광기의 도피구를 막는다. 수동적인 행동인 아무것도 하지 않는 모습에서 빠져나오게 하며, 직면하게 한다.

2번 드라이버일 때 상담의 쟁점은 안전한 환경을 만들고 천천히 신뢰를 쌓아가며, ⓒ 자아가 자유로워질 수 있도록 돕는다. 자신의 감정을 있는 그대로 표현해도 좋고, 안전하다고 느끼도록 한다.

5. 내담자의 드라이버와 관계된 개선방안

1) 상담자가 본 내담자의 문제

• 내담자가 자신의 감정과 욕구를 잘 표현하지 않고 억제하고 있다.
• 어릴 적부터 언니로서 역할을 강요받고 자라서 과잉반응과 불안이 많다.
• 안전하다고 느끼지 못하면 과도하게 불안해지고 주변을 자기 방식대로 통제하려고 한다.

2) 현재 상태에 대한 개선방안

① 상담목표
• 맏이로서가 아닌 딸로서 가족구성원에게 인정받는 활동 찾기
• 부정적인 감정에 직면하고 머무르기
  (화가 나거나 불만스러울 때 잠을 자거나 TV로 회피하지 않기)
• 자신의 욕구나 필요가 무엇인지 탐색하고 욕구충족을 위해 실천에 옮기기

• 세상은 안전하다고 느끼기

② 상담계획

• **초기**: 내담자와의 관계를 형성하고, 계약하여 상담의 과정을 이해한다.
• **중기**: 위로받고 지지받는 활동과 심리검사 등 객관적인 정보를 제공하고 자신의 잠재된 욕구를 통찰하고 실행에 옮기는 연습을 한다.
• **종결**: 변화를 위해 새로운 결단을 하고 새로운 목표를 세우도록 하며, 추수상담을 통해 실천사항들을 확인한다.

③ 상담전략

• 내담자가 자신을 잘 지지하고 위로할 수 있도록 돕는다.
• 안전하지 않은 것이 무엇인지 자신을 탐색하도록 하여 직면하게 한다.
• 자신이 가지고 있는 감정과 욕구가 괜찮은 것(OK)이라는 것을 수용하도록 돕는다.
• 솔직한 자신의 불안, 분노, 두려움에 대해 이야기를 나눌 수 있도록 동거인의 참여를 계획한다.

6. 상담과정과 상담결과

1) 상담과정

• **초기**: 내담자는 이모의 권유로 상담에 참여하였다. 자신이 많은 시간을 불안해하여 과도하게 손 씻기를 한다는 것과 냄새에 민감하여 자주 불편해하는 것이 타인과 갈등의 소지가 된다는 것이 힘들다고 하였다. 타인에게 있는 그대로 수용받고 싶다고 하면서 정서적 감정을 표출하고 상담을 계속 하겠다는 의지를 밝혔다.
• **중기**: CKDP 검사를 통해 검사 결과를 나누는 과정에서 호기심을 가지고 참여하였다. 검사 결과를 이야기해 줄 때 "나는 안 그래요. 그렇지 않아요. 이거 검사지가 이상해요." 하며 웃으며 이야기하였다. 하지만 어린 시절의 성장과정을 탐색하고 그때의 조기결단이 현재의 삶에 영향을 미치고 있다는 것을 알게 되면서 자기인식

을 시작하였다. 이때는 "아~ 맞다" 이런 수긍의 느낌을 자주 표현하였다. 추후 이어지는 과정에서 조금씩 자신과 가족, 동거인과의 관계 개선에 관심을 보이고 스스로 목표를 세우고 지키겠다는 다짐을 하였다.

- 종결: 자신의 감정을 억제하지 않고 책임감에서 벗어나며, 스스로 자신을 책임지고 안전하다고 느끼도록 앞으로 추수상담을 통해 지지와 실천사항을 확인하는 것이 필요하다.

2) 상담결과

내담자의 CKDP 검사와 상담으로 인생각본을 이해하게 되면서 과도한 씻기, 회피, 의존, 과도한 두려움과 안전에 대한 집착, 물건 저장 등에 대하여 직면하고 탐색하는 기회가 되었다. 특히, 이러한 것들은 어린 시절과 관계가 있으며, 자신의 어린 시절을 탐색하면서 힘들었던 감정을 표출하게 되었고 오히려 상담 받기를 잘했다는 긍정적인 마음을 솔직하게 표현하였다. 특히, 이모와 진솔한 대화를 나누게 되었으며, 계속적인 추후 상담과정에 신뢰를 갖고 참여하기로 하였다.

7. 상담자 총평

내담자는 자신의 문제를 새롭게 보기 시작하였다. 처음 검사에 대한 내용이 자신과 맞지 않으며, 검사지가 신뢰하기 어렵다고 이야기하였으나, CKDP를 통한 어린 시절의 탐색으로 차츰 상담에 집중하였고, 내용들을 수용하였다. 자신의 집이 안전하다고 신뢰하기 시작하였고, 과도한 씻기를 줄이는 계획을 스스로 세우고 실천 중이다.

추후 이어지는 상담을 통하여 내담자가 타인과의 관계에서도 안전하다고 느끼고 먼저 다가가며, 자신의 감정을 억제하지 않고 솔직하게 표현하고, 인정받으며 무미건조하지 않은 삶을 살아가기를 기대한다.

제5장

커플상담 사례

CKDP 심리검사에 의한 커플상담 사례분석 **1**

타협할 줄 모르는 남편과 의심하는 아내
대화가 안 되고 기대도 없고 함께 사는 것이 답답해요

상담자: 노정자

1. 내담자 기본 정보

내담자 1: 남편/성별: 남/연령: 38세/학력: 대학원 졸업/검사일: 2019. 02. 02.
내담자 2: 아내/성별: 여/연령: 36세/학력: 대학교 졸업/검사일: 2019. 02. 02.

1) 의뢰 경위 및 주 호소문제

① 의뢰 경위
부부 갈등으로 이혼을 하기 위해 법률사무소를 방문하였는데 법률사무소에서 본 상

담소에 연계하였다.

② 주 호소문제: "대화가 안 되고 기대도 없고 함께 사는 것이 답답해요."

내담자 1: 돈을 아무리 벌어도 행복하지 않고 아내와 대화가 안 되어 가슴이 답답하다. 행복하지 않아 이혼을 하려고 생각했으나 진정으로 원하는 것은 가족과 행복하게 사는 것이라고 한다.

내담자 2: 그동안 자녀들의 부모 역할을 위해 남편과 살았고 살기 위해 마음을 닫고 살아왔다. 더 이상 남편에 대한 기대는 없지만 공감을 받아 봤으면 좋겠다고 한다.

2) 행동 관찰

① 내담자 1

- 체격이 큰 편이고 대머리이며 목소리가 매우 크다.
- 상담시간을 잘 지키고 진지한 태도이다.
- 자신의 생각과 태도를 분명하게 전달한다.

② 내담자 2

- 짧은 머리에 아담하고 날씬하며 목소리가 작고 여성스러워 보인다.
- 자신의 태도가 분명하다.
- 공감해 주면 눈물을 흘린다.

3) 내담자의 자원

① 내담자 1

- 솔직하게 자신의 생각을 표현한다.
- 약속한 것을 지키고자 하는 강한 의지와 결단력이 있다.
- 상담에 대한 신뢰를 갖고 부부관계 개선을 위해 노력하는 태도를 보인다.
- 무슨 일이든 하고자 하면 적극적이며 에너지가 많아 열정적이다.

- 경제적 수완이 좋은 편이라 젊은 나이임에도 경제적으로 풍요롭다.
- 상황 판단이 빠르다.

② 내담자 2

- 자신의 생각이 분명하며 또박또박 명확하게 말한다.
- 자녀를 헌신적으로 돌본다.
- 자녀들을 위해 노력하는 태도와 가족이 행복하게 살고 싶은 열망이 강하다.
- 상담자에 대한 신뢰가 강하며 상담을 받고 가면 마음에 힘이 생긴다고 한다.
- 아담한 체격에 아름다운 외모를 갖고 있다.
- 꼼꼼하고 세심하며 규칙을 중요시 여긴다.

4) 가계도

내담자 1: 어린 시절에는 아버지의 급한 성격으로 아버지 앞에서 불안했고, 재빠르게 행동하면 칭찬을 했기 때문에 그 후로 칭찬받기 위해 서둘러서 행동했다. 어머니는 외아들이라고 과잉보호했으며, 말만 하면 들어주었다. 거절당한 경험이 없으며 어머니는 알아서 미리 챙겨 주는 편이었다. 어린 시절 경제적으로 풍요롭게 자랐다.

내담자 2: 아버지는 강한 분이었고, 무슨 행동을 하든 "그렇게 하면 남들이 뭐라고 하겠니."라고 하는 등 부정적 스트로크를 많이 받고 자랐다. 어머니는 아버지의 꾸지람에도 무스트로크로 대했기에 자신을 보호해 줄 사람이 없다고 생각하여 혼자 생각하고 어린 시절부터 경제관념이 강했다. 고등학교를 졸업하고 부모에게 도움을 끝없이 주어야 하는 상황이 힘들어서 도피하고 싶은 마음에 일찍 결혼했다. 그래서 결혼하면 무자녀 부부가 되고 싶었지만, 현재는 살아가는 힘이 자녀들이다.

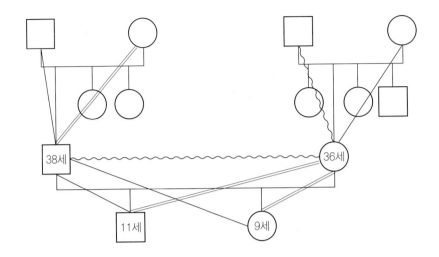

5) 생태도

　내담자 1: 새벽형으로 5시에 일어나서 헬스장에서 운동하고, 아침 7시 30분에 제일 먼저 출근하여 직장에서 주로 시간을 보낸다. 직장 동호회 모임인 산악회도 가입하고 직장동료들과 잘 지내고 필요하다고 판단되면 본인이 먼저 다가가서 인간관계를 형성하는 적극적이고 활동적인 사람이다.

　내담자 2: 사내 커플로 만나서 결혼 후 전업주부로 살아왔다. 자녀들 뒷바라지와 신앙생활이 전부이고 생활이 단순하고 활동 범위도 좁은 편이며 본인이 필요하지 않은 만남은 선호하지 않는다.

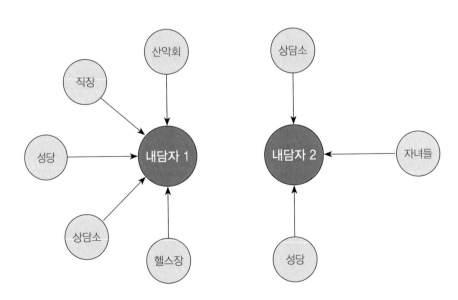

2. 내담자 검사 결과

〈내담자 1: 남편〉

드라이버 \ 구분	PO	TI	BS	BC	BP	TH	HU
점수	35	45	33	30	35	37	48
순위	5	2	6	7	4	3	1
등급	3~4	1~2	5	6~7	3~4	3~4	1~2

〈내담자 2: 아내〉

드라이버 \ 구분	PO	TI	BS	BC	BP	TH	HU
점수	36	29	34	34	33	30	32
순위	1	7	2	2	5	6	4
등급	3~4	6~7	3~4	3~4	5	6~7	3~4

<CKDP 심리검사 체크리스트>

내담자 1

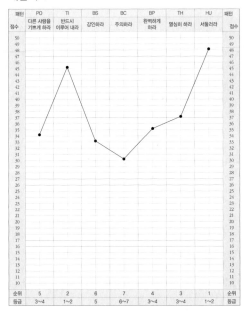

내담자 2

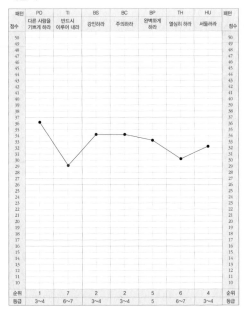

　　내담자 1 해석: 1순위 HU(48점, 1~2등급), 2순위 TI(45점, 1~2등급), 7순위 BC(30점, 6~7등급)으로 1, 2순위 HU, TI가 역기능적으로 높다. HU, TI, BC 드라이버에 중점을 두어 해석한다.

　　내담자 2 해석: 1순위 PO(36점, 3~4등급), 2순위 BC(34점, 3~4등급), 7순위 TI(29점, 6~7등급)으로 1, 2순위 PO, BC가 주 드라이버이다. PO, BC, TI 드라이버에 중점을 두어 해석한다.

3. 드라이버에 따른 성격의 특성 및 기능

1) 드라이버에 따른 성격의 특성

〈내담자 1〉

드라이버 ＼ 특성	성격 기술
1(HU)	신속함, 열심인, 에너지가 많음, 빠른 판단력, 자기중심적, 성급
2(TI)	목표지향적, 활력 넘치는 수완가, 달변
7(BC)	건성, 우유부단, 부주의, 통찰력

〈내담자 2〉

드라이버 ＼ 특성	성격 기술
1(PO)	타인의 감정에 대한 관심, 인간관계 중시, 의존성
2(BC)	사고의 경직성, 훌륭한 사고자, 상세함에 주의 집중
7(TI)	독자적 사고, 사회성 부족, 의존적, 소극적

내담자 커플관계 해석

　　1번, 2번 드라이버인 HU, TI가 1~2등급으로 역기능일 때 남편은 목표가 정해지면 어떤 방법으로든 목표를 이루어 내기 위해서 노력한다. 남편은 그 일에만 몰입하여 성과를 내는 편이고 그런 일을 할 때 비로소 성취감을 느끼며 살아 있다고 느낀다. 남편은 스트레스를 받으면 극단적인 상황에 몰렸다고 판단하여 성급하게 이혼하자는 말을 했다. 남편은 일 중심적으로 생활하여 사회적으로는 경제적 부를 성취했지만, 본인이 원하는 것에 브레이크를 거는 아내를 보면 왜 돈을 버는지 의욕이 사라진다.

7번 드라이버일 때 남편은 아내가 말을 하면 주의 깊게 물어보거나 경청하려는 태도 보다는 자신의 생각대로 판단하며 오해하는 일이 많다. 아내는 생각이 많고 조심스러우며 세심하게 주의 집중하다 보니 남편이 일을 벌이려고 하면 브레이크를 거는 일이 많다. 남편은 보이는 것을 중요시하는 반면에 아내는 현실적인 면을 강조하므로 주 드라이버가 역기능일 때 갈등이 심각하다.

2) 드라이버에 따른 순기능과 역기능

〈내담자 1〉

특성 드라이버	순기능	역기능
1(HU)	열정적·행동적이고 마음먹으면 짧은 시간 많은 일을 한다. 추진력이 좋고 바쁠수록 일을 잘한다. 머리가 잘 돌아가고 빠른 결단을 내린다. 일을 짧은 시간에 모아서 하는 습관으로 여가시간을 더 확보한다.	실수를 줄이기 위한 계획적 시간 안배가 필요하다. 상대방의 말이 끝날 때까지 집중하지 못한다. 자기 생각대로 짐작하지 말고 상대에게 확인해야 한다. 성급히 판단하지 말고 자유로운 교제를 하며, 재촉하지 말고 시간을 준다.
2(TI)	매력적 카리스마로 타인을 이끈다. 촉진자이다. 행동하기 좋아하고 모든 취미를 즐기기 원한다. 매력적이고 좋은 인상을 줄 수 있는 모습을 좋아한다.	타인을 조작, 이용하려 하고 경쟁적 상황을 만든다. 타인이 자신을 위해 존재하듯 결론 맺으려 한다. 친밀한 시간을 갖는 데 어려움이 있다. 자신이 속박, 갇히거나 통제된 상황을 두려워한다.
7(BC)	자신에게 오는 정보를 융통성 있게 받아들이며, 다양한 분야에 대한 관심을 통해 정보를 과감하게 탐색할 수 있다. 주의를 집중하나 새로운 분야에 대한 호기심이 생기면 도전하는 경향을 보인다.	다양한 관심과 다양한 분야에 대한 정보를 수집함에 있어 치밀성이나 정확도가 낮을 수 있다. 객관성보다 직관에 의존하여 판단하여 실수가 생길 수 있다.

〈내담자 2〉

드라이버＼특성	순기능	역기능
1(PO)	타인과 관계를 즐긴다. 에너지가 높고, 상상력도 풍부하며 타인과 잘 어울린다. 상호작용이 필요하면 능동적으로 참여한다.	과도한 반응을 보이고, 정서적으로 불안하며 비판에 당황한다. 의존적일 때 자기통제가 어렵다. 타인이 원하는 것이 아니라 자기가 해 주고 싶은 것 해 준다.
2(BC)	모든 면이 날카롭고 명확하다. 가장 세심하고 어떤 일이든 확신을 원한다. 명확한 대답과 빈틈없는 상태를 유지한다. 고도의 사고능력을 가지고 있어 머리가 좋고 매우 민감하며, 지각력이 뛰어나다. 소수 관계를 선호하고, 자신의 판단대로 행동한다.	정보를 자주 오해하고, 사고패턴이 종종 경직·과장·완고하여 자신 인식을 현실로 확신하고, 통제하길 원한다. 약점을 거부하고, 타인에 대한 시기와 질투가 많아 타인의 동기를 의심한다.
7(TI)	독자적 사고를 하고, 자기 자신에게 충실하며, 열정이 있다. 행동하기를 좋아하고 좋은 인상을 줄 수 있는 모습을 좋아한다.	타인을 조작, 이용하려 한다. 경쟁적 상황을 만든다. 타인이 자신을 위해 존재하듯 결론 맺으려 한다. 친밀한 시간을 갖는 데 어려움이 있다. 자신이 속박되고, 갇히거나 통제된 상황을 두려워한다.

내담자 커플관계 해석

남편은 열정적이고 목표지향적이라 회사를 5명 중 입사한 한 사원에서 200여 명 규모의 기업으로 성장시킨 초창기 멤버였고 그 시기가 제일 재미있었다고 한다(1번, 2번 드라이버 사용). 모든 사람에게 잘하고 좋은 사람으로 인정받으나 목표를 이루기 위해 조작해서라도 성과를 내려 하여(2번 드라이버) 아내에게 늘 지적 받는 것이 불편하고 의욕이 저하된다. 아내는 역기능적일 때 남편에게 과도하게 반응하며 강해 보이지만 사실은 남편에게 의존적이며 감정을 과잉적으로 드러낸다(1번 드라이버). 아내는 세심하고 명확하고 완고하여 남편의 사업이나 생활방식을 통제하는 일이 많다(2번 드라이버). 남편이 즉흥적이고 일을 벌이는 것에 대해 아내가 늘 지적하는 태도를 보이니 남편도 지치고 아내도 마음의 문을 닫고 부모 역할만 하며 쇼원도 부부로 생활한다. 부부의 드라이버 패턴 모델을 살펴보면 아내와 남편이 공통적인 주 드라이버는 HU, PO로 상위 좌측에 위치 해 있을 때는 순기능으로 소통이 가능하다. 그러나 2번 드라이버는 상대적으로 남편은 하위 좌측, 아내는 하위 우측으로 상반되어 있어 생활패턴이 상이하여 역기능을 사용할 때 서로 심각한 갈등을 초래할 수 있는 경향성을 볼 수 있다.

4. 1번과 2번 드라이버에 따른 성격특성과 해석

1) 드라이버에 따른 조기결단, 부정적 인생태도, 경계

〈내담자 1〉

특성 드라이버	조기결단	인생태도	경계	
			자기감	인간관계
1(HU)	나는 짧은 시간에 신속하게 모든 일을 처리할 것이다.	II	산만	산만
2(TI)	사람을 신뢰할 수 없어 조작해서라도 내가 원하는 것을 얻을 것이다.	III	경직	경직

① 조기결단: 1번 드라이버가 1~2등급으로 '나는 짧은 시간에 신속하게 모든 일을 처리할 것이다.' 어린 시절부터 신속하게 행동하면 칭찬을 받은 경험이 많았다. 칭찬받는 것이 좋았고 선생님이 하라는 대로 했을 때 더욱 칭찬을 받으면서 토를 달지 않고 윗사람의 권위에 순종하는 경향성이 강하다. 직장에서도 신속하고 판단이 빠르다 보니 상사로부터 늘 인정과 칭찬을 받지만 집에서는 잘 안 된다. 2번 드라이버일 때 '사람을 신뢰할 수 없어 조작해서라도 내가 원하는 것을 얻을 것이다.'의 조기결단을 하는 남편은 주말에 산악회 가는 것을 아내가 싫어하니까 퇴근 후 야간 산악회나 조찬 산악회를 만든다. 이처럼 남편은 자신이 원하는 산악회는 유지하면서 직장생활에 이상이 없게 할 정도로 수완이 좋고 원하는 것을 어떤 방법으로라도 성취하는 경향성이 강하다.

② 인생태도: 1번 드라이버일 때 인생태도가 II 영역으로 가는 인생태도를 보여 준다. 자기부정, 타인긍정에 대한 자기비하, 회의, 자책 등의 태도를 보인다. 따라서 배우자가 부정적 반응을 보일 때는 자신의 잘못 때문이라는 생각을 한다. 2번 드라이버를 사용할 때는 III 영역 자기긍정, 타인부정의 배타적 인생태도를 보인다. "내가 이 정도로 노력했는데 당신이 그럴 수가 있어, 그렇다면 내가 행복하기 위해서 이혼하자."는 극단적인 말을 하어 법적 절차를 진행했다.

③ 자기감 경계: 1번 드라이버가 부정적으로 갔을 때 자기감은 산만한 유형이다.

ⓒ 자아가 Ⓐ 자아를 침범하여 망상적 태도가 되어 Ⓐ 자아가 오염되어 혼란스러울 때 산만하게 되어 결정하기 어렵다. 이런 경우 남편은 자신에 대해서 정확한 통찰이 어려울 뿐 아니라 정서적으로 불안하여 아내가 비판을 하면 무척 우울해지고 의욕이 상실된다. 2번 드라이버가 부정적으로 갔을 때는 경직된 자아상태를 보인다. ⓅⒶⒸ의 에너지의 흐름이 유연하지 못하고 융통성이 부족하며 다른 사람의 말을 듣지 못하고 자기 생각대로 판단하고 행동하려고 한다. 경직 시 ⓒ 자아에 의해 Ⓐ 자아가 오염되어 있고, Ⓟ 자아가 배제되어 있어 아내와 타협하려는 생각을 하지 못하고 경직된 자아상태로 얼굴표정이 굳어지고 무기력해진다.

④ 인간관계 경계: 1번 드라이버일 때 인간관계가 산만하며, 타인의 말이 귀에 들어오지 않고 자신의 생각을 밀고 나가는 특성이 있다. 앞의 말만 듣고 끝까지 경청하지 못하는 특성이 있다. 2번 드라이버일 때 인간관계는 성취하고자 하는 것에 몰입하여 경직된 상태로 다른 생각을 하지 못하고 다른 사람의 말도 귀에 들어오지 않는다.

〈내담자 2〉

드라이버\특성	조기결단	인생태도	경계	
			자기감	인간관계
1(PO)	나는 당신을 즐겁게 해 주고 행복하게 해 줄 것이다.	II	산만	산만
2(BC)	나는 나의 안전을 위해서 주변의 모든 사람과 모든 것을 통제할 것이다.	III	경직	경직

① 조기결단: 1번 드라이버일 때 '나는 당신을 즐겁게 해 주고 행복하게 해 줄 것이다.' 어린 시절부터 자신의 감정과 욕구를 부모가 들어주지 않았고 동생들, 가족들을 부양하는 일을 하면 인정과 칭찬을 받았다. 돈을 벌어도 부모의 생활과 동생들의 학비를 위해 주는 생활을 해 왔다. 결혼을 도피처럼 여기고 고단한 친정을 떠나고 싶었다. 2번 드라이버를 사용할 때는 '나는 나의 안전을 위해서 주변의 모든 사람과 모든 것을 통제할 것이다.'로 결혼 후 부모님과 왕래를 거의 하지 않았다. 남편의 외도로 힘들 때도 출가외인으로 내치는 부모님을 의지할 수 없다고 생각하였다. 배우자 외도 시 버림받을 것 같은 두려움 속에서 자신의 안전을 위해

아이들 양육에 몰입하면서 견디다가 몸으로 병이 왔다.

② 인생태도: 1번 드라이버일 때 인생태도가 Ⅱ영역으로 가는 인생태도를 보여 준다. 자기부정, 타인긍정에 대한 자기비하, 회의, 자책 등의 태도를 보인다. 따라서 배우자의 부정적 태도와 외도에 눈치를 보고 자신이 몸매 관리를 잘못해서 예쁜 여자들에게 눈길이 간 것이라고 생각하여 외모에 더욱 신경 쓰며 자책을 한다. 2번 드라이버일 때는 Ⅲ 영역 자기긍정, 타인부정의 배타적 인생태도를 보인다. 아내는 남편의 외도를 용서하고 이 정도로 살기 위해서 몸부림쳤는데 남편이 자신의 행복을 위해서 이혼하자는 극단적인 말을 하자, 더 이상 믿을 사람이 없다고 생각한다.

③ 자기감 경계: 1번 드라이버가 부정적으로 갔을 때 ⓟ와 ⓒ가 ⓐ 자아를 침범하여 객관적이고 합리적인 판단을 하기 어려우며 편견과 망상으로 진행될 수 있다. 그러므로 자기감은 산만한 유형으로 자신에 대해서도 정확한 통찰이 어려우며 정서적으로 불안하다. 남편이 손님 접대를 위해 노래방을 다녀왔다고 말만 해도 아내는 과거의 상처가 올라와 과잉반응과 불안한 감정으로 일상생활이 어렵다. 2번 드라이버가 부정적으로 갔을 때는 ⓟⓐⓒ의 에너지의 흐름이 순환이 안 되어 경직된 자아상태를 보인다.

④ 인간관계 경계: 1번 드라이버일 때 인간관계가 산만하며, 남편의 말이 귀에 들어오지 않고 자신의 생각에 사로잡혀서 마음의 문을 닫는다. 2번 드라이버일 때 인간관계는 자신의 생각에 몰입하고 자신의 불안전성에 대한 두려움으로 경직된 상태로 다른 생각을 하지 못하고 사고와 행동의 경직을 보인다.

내담자 커플관계 해석

남편의 2번 드라이버와 아내의 2번 드라이버는 자기긍정, 타인부정의 인생태도이다. 배타적인 행동과 자기감과 인간관계가 경직된 상태로 커플의 2번 드라이버가 충돌되었을 때는 타인의 말이 들어오지 않고 자신의 주장만 하게 되어 심각한 상황을 초래할 수 있다. 부부가 쇼핑을 하다가 "아, 저 물건 괜찮네."라고 아내가 말하면 남편은 어떤 점이 맘에 드는지 물어보지도 않고 뒷말이 끝나기도 전에 물건을 한아름 사들고 달려온다. 이런 상황이면 자기긍정, 타인부정의 인생태도로 아내는 그런 남편을 향해 내가 괜찮다고 했지 언제 사오라고 했냐고 하며 경직된 표정으로 화를 내고 내가 당신 앞에서 무슨 말을 못한다고 하며 상대방을 질책한다. 남편은 아내의 말이 끝날 때까지 잘 경청하고 갖고 싶은지 의견을 물어서(A) 주고받는(+NP) 대화 방법을 시도해 보는 노력을 해야 한다. 아내는 남편을 질책(-CP)하기보다는 잘 알아듣도록 설명해 주는(+NP) 노력을 해야 한다.

2) 드라이버에 따른 성격적응 유형과 반응

〈내담자 1〉

특성 드라이버	성격적응 유형	양면성		타인에 대한 반응	문제해결에 대한 반응
		긍정성	부정성		
1(HU)	열정적 과잉반응자 (연기성)	신속성	과잉반응	참여(외향)	능동
2(TI)	매력적 조작자 (반사회성)	수완력	조작	참여, 회피	능동, 수동

① 성격적응 유형: 1번 드라이버가 1~2등급인 남편은 열정적 과잉반응자로 매우 신속한 판단력과 추진력으로 일을 처리하고 쾌감을 느낀다. 부정성이 극단으로 갈 때는 히스테리 성격특성을 보일 수 있다. 2번 드라이버일 때는 활력이 넘치는 수완가이지만 부정성이 극단으로 갈 때는 조작을 해서라도 목표를 이루어 내야 한다는 생각으로 반사회성 행동을 할 수 있다.

② 양면성: 1번 드라이버가 1~2등급인 남편은 매우 신속한 상황 판단력과 추진력으로 직장에서 일처리를 신속, 명확히 하여 인정을 받지만 부정성이 극단으로 갈 때는 정서적 불안정으로 흥분을 잘하는 편이다. 2번 드라이버일 때는 활력이 넘치는 수완가로 매력적인 카리스마를 지니는 훌륭한 촉진자이다. 부정성으로 갈 때는 조작을 해서라도 목표를 이루어 내야 한다는 생각을 하여 남들이 오해할 수 있다. 남편이 부정성으로 갈 때 아내가 2번 드라이버인 BC를 쓸 때면 이런 남편에게서 불안과 불신을 느낀다.

③ 타인에 대한 반응: 적극적으로 참여하고 행동으로 옮기는 참여 외향형이나 배우자가 브레이크를 걸면 힘이 빠진다.

④ 문제해결에 대한 반응: 1번, 2번 드라이버가 능동과 수동이나 남편은 주로 능동

적·적극적이고 열정적으로 문제해결에 참여하고 머릿속에 필름처럼 문제에 대한 상황이 파악된다. 남편이 수동적일 때는 아내가 적극적으로 반대할 때이다.

〈내담자 2〉

| 특성
드라이버 | 성격적응 유형 | 양면성 | | 타인에 대한
반응 | 문제해결에 대한
반응 |
		긍정성	부정성		
1(PO)	열정적 과잉반응자 (연기성)	친밀성	과잉반응	참여	능동
2(BC)	재기형 회의자 (편집성)	신중성	의심	회피	중립

① 성격적응 유형: 1번 드라이버는 열정적 과잉반응자로 본인이 옳다고 생각하는 일에는 열정적 과잉반응을 보인다. 2번 드라이버일 때는 과거일 때부터 마음에 쌓아놓고 하나하나 따지고 들어가며 뒤끝이 남아 있는 편이다.

② 양면성: 1번 드라이버 긍정성은 친밀감을 느끼고 사람과의 관계를 중요시하지만, 부정성을 보일 때는 남편이 모임에서 늦게 와도 여자문제와 연관시켜 과민하게 반응하는 편이다.

③ 타인에 대한 반응: 안정된 상황에서는 적극적으로 참여하지만 2번 드라이버로 갈 때는 살기 위해 회피하거나 무관심하게 행동하는 경향이 있다. 이로 인해 남편에게 마음 문을 닫고 부모 역할로만 살자고 다짐한다.

④ 문제해결에 대한 반응: 문제해결에 대한 반응은 주로 중립적으로 해결하려고 한다. 남편의 외도로 인한 분노 속에서도 자녀들을 위해 부모 역할로서 부부관계를 유지한다. 그러나 남편에게 마음의 문을 닫고 살면서 먼저 이혼하자는 말은 하지 않는 태도를 보인다.

내담자 커플관계 해석

일 처리와 상황 판단이 과잉으로 빠른 능동적인 남편은 아내의 말을 귀담아 듣지 않고 미리 판단하고 행동으로 실천하다가(열정적 과잉반응, 신속성) 핀잔을 듣는 일이 반복되고 그로 인해 의욕이 상실된다. 아내는 마음을 읽지 못하고 자신의 방식대로 행동하는 남편에 대한 부정적 경험으로 자극을 받으면 과잉반응을 보이며 부부갈등이 심각해

진다. 모든 면에 신중하고 논리적인 아내는 남편의 신중하지 못한 행동과 조작하려는 태도에 부정적 반응을 보이며 갈등이 깊어진다. 커플은 1번 드라이버가 부정성으로 갔을 때는 과잉반응으로 히스테리로 갈수 있고 남편이 2번(TI) 드라이버의 부정성을 무의식적으로 쓸 때면 아내의 2번 드라이버인 BC와 충돌이 일어나 의심하는 상황이 벌어지고 이에 남편에게 사업을 하지 못하게 한다.

3) 드라이버에 따른 선호하는 의사소통 방식

〈내담자 1〉

특성 드라이버	Ware의 의사소통 방식			Kahler의 의사소통 방식	
	개방문	표적문	함정문	채널	자아상태 기능
1(HU)	감정	사고	행동	양육적인	+NP → +FC
2(TI)	행동	감정	사고	정서적인, 양육적인, 지시적인	+FC → +FC +NP → +FC +CP → A

① Ware의 의사소통 방식: 1번 드라이버 시 개방문은 감정이며, 가장 에너지가 많은 개방문으로 라포 형성을 하여 대화를 한다. 남편과 의사소통을 할 때는 감정을 보호해(+NP) 주면서 공감하고 즐겁게 대화해(+FC) 주며 접근할 때 사고가 터치되면서 사고와 감정이 통합이 일어나 행동이 따라오게 된다.

2번 드라이버 시 개방문은 행동이며, TI 하려는 행동에 즐겁게(+FC) 직면시켜 주며 접근할 때 감정의 터치가 되면서 행동과 감정의 통합이 일어나 사고가 따라오게 된다.

② Kahler의 의사소통 방식: 1번 드라이버의 개방문으로 들어갈 때 의사소통 방식은 +NP 기능을 사용하여 긍정적이고 따뜻한 감정의 언어를 사용하여 즐겁게 상호작용한다. 2번 드라이버일 때 개방문은 정서적인, 양육적인 (+NP)나 (+CP) 상태에서 긍정적이고 밝은 FC나 A 자아상태로 교류하면 효과적인 의사소통이 될 것이다.

〈내담자 2〉

특성 드라이버	Ware의 의사소통 방식			Kahler의 의사소통 방식	
	개방문	표적문	함정문	채널	자아상태 기능
1(PO)	감정	사고	행동	양육적인	+NP → +FC
2(BC)	사고	감정	행동	정보적인 지시적인	A → A +CP → A

① Ware의 의사소통 방식: 1번 드라이버 시 개방문은 감정이며 가장 에너지가 많은 개방문으로 라포 형성을 하며 대화를 시도한다. 아내와 의사소통할 때는 감정을 보호해(+NP) 주면서 공감하고 즐겁게 대화해(+FC) 주며 접근할 때 사고가 터치되면서 사고와 감정이 통합이 일어나 행동이 따라오게 된다.

2번 드라이버일 때 개방문은 사고이며, 개방문인 사고로 라포 형성을 하여 대화할 때 감정의 터치가 되면서 사고와 감정의 통합이 일어나 행동이 따라오게 된다.

② Kahler의 의사소통 방식: 의사소통에서 라포 형성은 양육적인 언어(+NP)로 감정을 읽어 주거나 공감해 주고 따뜻하게 교류하여 활력과 신바람의 자아기능(+FC)이 활성화될 필요성이 있다. 2번 드라이버 시 사실(A)을 중심으로 현실 판단적 기능(A)을 논리적·원칙적으로 대화할 때 효과적으로 의사소통할 수 있다.

내담자 커플관계 해석

커플은 주 호소문제에서도 다루었듯 의사소통의 어려움을 갖고 있다. 커플의 의사소통 방식을 살펴보면 커플은 공통으로 1번 드라이버의 개방문은 감정이다. 커플은 가장 에너지가 많은 개방문으로 라포 형성을 하여 감정을 보호하고(+NP) 공감하면서 즐겁게 대화(+FC)를 시도하는 훈습을 할 때 효과적으로 의사소통을 할 수 있다. 하지만 남편의 1번 드라이버, 아내의 2번 드라이버가 충돌되거나 남편의 2번 드라이버와 아내의 1번 드라이버가 충돌되었을 경우 의사소통의 어려움을 초래할 수 있다. 극단적으로 의사소통의 가장 큰 어려움이 예상되는 조합은 커플의 2번 드라이버끼리(TI-BC) 충돌되었을 때이다. 아내는 남편의 행동에 대해 의도가 무엇인지 확인하고 의심, 확대해석하며 남편은 그런 상황이 되면 불같이 화를 내거나 무기력해지면서 이렇게 열심히 노력해도 불행하다면 행복해지기 위해 이혼을 하자고 말한다.

4) 드라이버에 따른 선호하는 적응방식

〈내담자 1〉

드라이버 \ 특성	타인과 관계 맺는 방식	위협에 대한 반응	만족을 주는 시간의 구조화	실행적 · 생존적 적응
1(HU) (1~2)	감정	감정이 과도하게 상승	잡담, 게임, 친밀	주변의 모든 사람을 행복하게 하기 위해 서둘러서 신속하게 하는가?(실행)
2(TI) (1~2)	먼저 상황 평가	이득을 얻기 위해 타인을 조종	게임, 잡담	상황을 어림잡아 파악하고 자신의 이득을 위해 어떤 조치를 바로 취할 수 있는가?(생존)

① 타인과 관계 맺는 방식: 주 드라이버일 때 타인과 관계 맺는 방식은 감정이다. 많은 사람을 접촉하는 것을 즐거워하고 에너지가 많고 열정적이며 타인에게 자신의 감정을 적극적으로 표현한다.

② 위협에 대한 반응: 1번 드라이버일 때 위협에 대해 감정이 과도하게 상승하고, 끝장을 보자는 심정으로 법적 소송까지 갈 정도로 과잉반응하는 경향성이 있다.

③ 만족을 주는 시간의 구조화: 1번, 2번 드라이버일 때 잡담, 게임을 선택한다. 혼자보다는 사람을 만나고 동호회 모임을 통해 잡담과 친밀감을 형성하며 시간을 보낸다.

④ 실행적/생존적 적응: 자기보호적인 생존적 반응으로 실행을 선택한다. 서둘러 신속하게 실행해야 주변 사람들을 행복하게 해 주고 신뢰를 받을 수 있다고 생각한다. 무엇이든 마음먹으면 실행하고 충분히 생각하기보다 해야 되는 일이나 상관의 지시에 옆을 보지 않고 그 기대를 충족시키기 위해 실행한다. 2번 드라이버일 때 자신을 보호하기 위한 생존적 반응으로 상황을 어림잡아 파악하고 자신의 이득을 선점하는 것이 자신을 보호한다고 생각한다.

〈내담자 2〉

특성 드라이버	타인과 관계 맺는 방식	위협에 대한 반응	만족을 주는 시간의 구조화	실행적·생존적 적응
1(PO) (3~4)	감정	감정이 과도하게 상승	잡담, 게임, 친밀	주변의 모든 사람을 행복하게 좋은 느낌을 가질 수 있도록 에너지를 쓰고 있는가?(실행)
2(BC) (3~4)	사고	지적인 민감성으로 상대방 공격	의식, 잡담, 게임	먼저 조심스럽게 상황을 생각해 보고 그 후에 변화를 위한 결단을 통해 해결하려고 하는가?(생존)

① 타인과 관계 맺는 방식: 주 드라이버일 때 타인과 관계 맺는 방식은 감정이다. 감정의 교류를 통해 친밀감을 느끼나 남편과 감정의 교류를 통해 친밀감을 느끼는 대화를 해 본 경험이 없다고 한다. 그래서 소원이 남편에게 공감을 받아 보는 것이라고 한다.

② 위협에 대한 반응: 위협에 대해 감정이 과도하게 상승하여 과잉반응을 보이고 이런 경우는 자기통제가 어려워진다. 때로는 억압했던 감정이 폭발하여 몸에 병이 오기도 한다.

③ 만족을 주는 시간의 구조화: 1번, 2번 드라이버일 때 잡담, 게임, 친밀, 의식을 선택하여 시간을 구조화한다. 종교생활과 자녀들이 성장하는 모습을 보며 위로를 받고 마음이 통하는 소수의 사람과의 잡담을 통해 친밀감을 느낀다.

④ 실행적·생존적 적응: 자기보호적인 생존적 반응으로 실행을 선택한다. 주변 사람을 행복하게 해 주고 좋은 느낌을 가질 수 있도록 에너지를 쓰고 있는가? 어린 시절에는 부모님과 형제를 위해, 결혼 후에는 남편과 자녀를 위해 자신의 에너지를 사용한다. 특히, 남편의 마음에 드는 아내가 되기 위해 가정 살림과 몸매 관리를 철저히 하며 에너지를 쓴다. 2번 드라이버일 때 자신을 보호하기 위한 생존적 반응으로 조심스럽게 상황을 생각해 보고 시간은 걸리지만 변화를 위해 결단을 내린다.

내담자 커플관계 해석

자기를 보호하기 위한 생존방식으로 남편은 주변의 모든 사람을 행복하게 해 주기 위해 서둘러서 신속하게 실행함으로써 주변 사람들에게 신뢰를 받을 수 있다고 생각한다. 아내는 타인(어린 시절-부모, 형제, 현재-남편과 자녀)을 위해 에너지를 사용해야 신뢰를 받을 수 있다고 생각하여 실행한다. 커플이 관계 맺는 주 드라이버를 볼 때 타인을 행복하게 하기 위해 에너지를 쓰고 있다. 남편은 앞으로 서두르지 말고 인내하면서 소통하고 자기중심적이 아니라 타인을 배려하는 경청의 기술을 훈련하여 주 드라이버의 적응 방식으로 관계 맺을 필요성이 있다. 또 2번 드라이버를 활용하여 성급하게 상황을 평가하기보다 조심스럽게 상황을 생각하고, 평가하는 아내의 의견을 경청하여 관계 맺고 시간의 구조화를 한다면 커플은 더욱 친밀해지고 성장할 가능성이 있다.

5) 불건강할 때 전형적인 심리게임, 금지령, 라켓

〈내담자 1〉

드라이버 ＼ 특성	심리게임	금지령	라켓
1(HU)	• 당신을 도우려고 노력할 뿐이야(합리화, 약점 가리기) • 당신이 아니었다면(보상받기)	• 나를 떠나지 마라. • 생각하지 마라. • 중요한 존재가 되지 마라. • 나 자신(성별)이 되지 마라.	불안, 슬픔, 혼란, 두려움(분노를 가린)
2(TI)	• 법정 공방(합리화, 정당화하기) • 네가 할 수 있다면 나를 잡아 봐(우위 점하기)	• 슬픔을 느끼지 마라. • 너 자신이 되지 마라. • 생각하지 마라.	혼란, 분노(두려움과 슬픔을 가린)

① 심리게임: '당신을 도우려고 노력할 뿐이야.'라고 합리화 및 정당화하는 심리게임을 사용한다. 남편은 활력 있고 열정적으로 타인에게 도움을 주려고 한다(구원자). 아내가 "그 학원에 예쁜 여자 있어?"라고 물으면 아내가 싫어하니까 자신은 학원에 다니고 싶지만, 아내를 위해서 학원을 끊는다(구원자 → 희생자). 아내가 언제 내가 학원 끊으라고 했느냐고 다그치면 당신이 싫어해서 내가 그만둔 것인

데…… 그 마음을 몰라 주는 아내에게 한없이 섭섭한 마음에 눈을 마주치기도 싫어한다(박해자).

② 금지령: 어린 시절 자신의 감정을 드러내는 것보다 아버지가 말한 대로 순응하며 신속하게 행동할 때 칭찬을 받고 자랐다. 내 생각과 감정을 표현하는 것보다 어른들에게 사랑받는 방법으로 다른 사람들보다 신속하게 행동하고 시키는 대로 행동하는 '생각하지 마라.'라는 메시지를 무의식적으로 받고 자라 왔다.

말 잘 듣고 신속하게 행동하는 아이로 자라 온 과정에서 청소년기에 외지에 나와서 자취 생활을 하면서 주로 혼자 지내는 시간이 많았다. 사람을 좋아하는데 빈집에서 혼자 지내고 식사를 챙겨 먹는 일이 너무 힘들었다. 어린 시절에는 부모님을 의지하며 자랐으나 이 시기 부모님과 떨어져서 혼자 생활하는 일이 무척 힘들었으며 무의식적으로 '나를 떠나지 마라.'는 메시지를 선택하여 현재도 본인이 퇴근하면 아내가 집에서 맞이해 줄 때 제일 행복하다고 한다. 아내가 직장생활을 하는 것보다 가사를 담당하고 퇴근 후 자신을 맞이해 주길 원한다.

③ 라켓: 1번, 2번 드라이버를 사용할 때 분노를 가린 불안, 슬픔, 두려움, 혼란의 라켓 감정이다. 어린 시절부터 자신의 감정을 표현하거나 관계를 맺는 교류보다는 마음속의 분노를 가리기 위해 매사에 열심히 적극적으로 참여하는 행동으로 사회적 성취를 하였다.

〈내담자 2〉

특성 드라이버	심리게임	금지령	라켓
1(PO)	• 당신을 도우려고 노력할 뿐이야(합리화 약점 가리기) • 당신이 아니었다면(보상받기)	• 생각하지 마라. • 중요한 존재가 되지 마라. • 너 자신(성별)이 되지 마라.	불안, 슬픔, 혼란, 두려움(분노를 가린)
2(BC)	• 자! 딱 걸렸어, 이 녀석(규탄하기, 정당화하기) • 나를 차라(비난, 경멸 유발하기)	• 신뢰하지 마라. • 감정을 느끼지 마라. • 즐기지 마라.	타인에 대한 분노, 불안, 질투, 의심

① 심리게임: 1번 드라이버는 '당신을 도우려고 노력할 뿐이야.' 게임을 사용한다. 아내는 도피하기 위해 결혼하여 남편이 안식처라고 생각하고 헌신적으로 내조를 했다(구원자). 그러나 남편의 외도로 상처를 입은 후(희생자) 여성으로서의 매력을 유지하기 위해 더욱 몸매 관리에 힘썼다. 남편이 취미생활을 끈기 있게 못하는 편인데 학원을 잘 다니자 무의식적으로 '자! 딱 걸렸어.'라는 메시지를 사용하여 "그 학원에 예쁜 여자 있어?"라고 퉁명스럽게 말했다(구원자 → 박해자). 아내가 "그 학원에 예쁜 여자 있어?"라고 말한 것은 전에 입은 상처 때문에 과잉반응하는 것이다. 그런데 남편은 그 말을 듣고 더 이상 묻지도 않고 그다음 날 학원을 그만두고 아내를 위해 노력했다고 생각한다. 아내는 그런 말을 한 것은 학원을 그만두라는 것이 아니라 자신의 감정을 읽어 주기 원하는 것이라고 합리화한다.

② 금지령: 어린 시절부터 아버지에게 혼나며 자랐다. 말을 하면 자르고 말대꾸하지 말라고 하고 그것밖에 못하느냐고 하며 자신의 생각을 표현하지 못하는 환경이었다. 이처럼 '생각하지 마라.', '중요한 존재가 되지 마라.', '감정을 느끼지 마라.'는 메시지를 무의식적으로 받고 자랐다. 아버지는 세상에 믿을 사람이 없다는 말을 자주 하셨고 사람을 신뢰하지 못하게 하는 금지령을 내담자에게 주었다.

③ 라켓: 1번, 2번 드라이버일 때 남편에 대한 분노를 가린 불안, 두려움, 의심, 혼란의 라켓 감정이다. 어린 시절부터 자신의 감정을 표현하거나 관계를 맺는 교류보다는 마음속의 분노를 가리기 위해 매사에 혼자 생각하고 결정하며 안전하게 살아남기 위해 현실 판단적인 자아를 선택하며 살아왔다.

내담자 커플관계 해석

커플은 심리게임을 하며 살아간다. 커플이 심리게임을 벗어나는 방법은 자신의 감정을 정직하게 표현하는 훈련이 필요하다. 남편은 아내의 말을 듣고 먼저 상황을 평가하여 신속하게 행동으로 옮기는 것보다 아내에게 구체적으로 물어보고 자신의 감정을 정직하게 교류하는 것이 필요하다. 커플은 어린 시절 금지령으로 '생각하지 마라.', '감정을 느끼지 마라.'를 무의식적으로 받으며 분노를 가린 두려움, 불안, 혼란, 의심의 라켓 감정으로 솔직하게 자신의 감정을 표현하고 긍정적으로(+NP) 교류하는 훈습을 받지 못했다. 앞으로 자신의 감정을 정직하게 표현하고 교류를 통해 자율적인 사람으로 성장하는 노력이 필요하다.

6) 드라이버에 따른 인생각본

〈내담자 1〉

특성 드라이버	과정각본	축소각본	허용
1(HU)	그 후 식(뒷일에 미리 근심 걱정)	스트레스 상황에서 현재 그대로의 모습을 받아들이지 않고 '만약 ~이라면 OK'라는 사고방식으로 시작할 때, OK가 아닌 축소각본에 빠진다.	여유를 가지고 해도 좋다.
2(TI)	결코 식, 항상 식, 거의 식 1		먼저 자신에게 진솔해도 좋다.

① 과정각본: 1번 드라이버를 썼을 때 '그 후'식 각본을 사용하는 내담자는 일어나지 않은 일을 미리 근심 걱정한다. 이혼을 하면 경제력이 좋은 본인이 자녀를 양육하는 것이 좋겠다고 생각하나 진정으로 원하는 것은 이혼하지 않는 것이다.

② 축소각본: 남편은 만약 이혼하면 모든 힘든 일이 OK(해결)라고 생각한다. 그러나 진정으로 원하는 것은 이혼하지 않고 행복한 가정을 만들어 가는 것이므로 OK가 아닌 축소각본에 빠진다. 축소각본에 빠질 경우 IV 영역에 머무른다.

③ 허용: 서둘러서 일어나지 않은 상황을 판단하고 앞서가지 말고 여유를 가지고 천천히 해도 좋다고 자신을 허용하도록 한다. 먼저 자신의 내면에게 진솔해도 좋다고 허용한다.

〈내담자 2〉

특성 드라이버	과정각본	축소각본	허용
1(PO)	'그 후'식(뒷일을 미리 근심 걱정)	스트레스 상황에서 현재 그대로의 모습을 받아들이지 않고 '만약 ~이라면 OK'라는 사고방식으로 시작할 때, OK가 아닌 축소각본에 빠진다.	먼저 자신을 기쁘게 해도 좋다.
2(BC)	'까지'식+'결코'식		솔직히 개방하고 믿음을 가져도 좋다.

① 과정각본: '그 후'식 각본을 사용하는 아내는 뒷일을 미리 근심 걱정한다. 남편이 이혼하자는 말을 하자 가슴이 무너지는 두려움이 몰려오고 걱정되지만, 진심을

말하지 못하고 이혼 후 살아야 할 방법에 대해 근심 걱정한다. 현재의 감정과 상황을 자각하지 못하고 일어나지 않는 미래에 대해 두려워한다.

② 축소각본: 힘들어도 강인하게 부모 역할을 하는 한 OK라고 생각하지만, 부부의 이혼 위기에 OK가 아닌 축소각본에 빠진다. 그동안 자녀와 남편을 위해 견뎌 온 세월에 대한 허망함을 느낀다. 극도의 스트레스 상황에서 억울함과 분노로 자신의 있는 모습 그대로를 받아들이지 않고 내 탓, 남편 탓을 하는 IV 영역에 머무른다.

③ 허용: 아이와 남편을 기쁘고 행복하게 하기 위해 감정을 억압하고 맞추며 살아왔다. 타인을 의식하여 속마음과 감정을 개방하지 못했지만 이제는 먼저 내 자신을 기쁘게 해도 좋다고 허용하는 태도가 필요하다.

내담자 커플관계 해석

커플은 1번 드라이버를 사용하여 여유를 가지고 천천히 하며, 먼저 자신을 기쁘게 해도 좋다고 서로를 허용해 주는 관계가 필요하다. 2번 드라이버를 사용하여 먼저 자신의 내면에게 진솔하게, 서로 솔직히 개방하고 감정을 표현하는 허용의 시간을 가져야 할 필요가 있다.

7) 드라이버에 따른 전형적인 디스카운트와 상담의 쟁점

〈내담자 1〉

드라이버 \ 특성	전형적인 디스카운트	상담의 쟁점
1(HU)	• 여유롭게 대처하는 것 • 참을성 있게 기다리는 것 (핵심: 자신의 감정이 무엇인지에 대해 깊이 생각하는 것)	• 매사를 단계적으로 계획 세우고 시간 안배를 할 필요가 있다. • 자기 생각대로 짐작하지 말고 상대방에게 확인해야 한다. • 여유롭게 대처하는 방법을 깨닫는다.
2(TI)	• 척하거나 연기하지 말고 정직한 것 • 인간관계는 서로 돕고 사는 것(핵심: 남을 조종하고 조작하려는 태도에서 벗어나 진정한 자기가 되는 것)	• 신뢰감을 구축하고 큰 안목에서 내담자를 움직여야 한다. • 타인을 조화와 화합의 대상으로 여기도록 한다. • 반사회적 행동을 멈추고, 정직해지도록 돕는다. • 과거에 잃어버린 것에 대한 애도작업을 한다.

① 전형적인 디스카운트: 1번 드라이버일 때 서두르지 말고 '여유롭게 대처하는 것', 신속하게 행동하기보다는 '참을성 있게 기다리는 것'이 필요하다. 자신의 감정이 무엇인지 깊이 생각하고 타인의 의견을 물어보고 행동하는 훈련을 통해 디스카운트하지 않도록 한다.

2번 드라이버일 때 '연기하지 말고 정직한 것', '남을 조정하고 조작하려는 태도에서 벗어나 진정한 자기가 되는 것'을 훈련하도록 해야 한다.

② 상담의 쟁점: 1번 드라이버일 때 매사를 단계적으로 계획하고 시간 안배를 하며 자기 생각대로 짐작하지 말고 상대방에게 확인한 후 여유롭게 대처하도록 한다.

2번 드라이버일 때 수단을 위해 타인을 조정하기보다는 타인을 조화와 화합의 대상으로 여기며 정직할 수 있도록 돕는다.

〈내담자 2〉

특성 드라이버	전형적인 디스카운트	상담의 쟁점
1(PO)	• 자신의 분노나 힘에 직접 접촉하는 것 • 타인을 기쁘게 하기보다는 스스로를 기쁘게 하는 것	• 상담자와 진솔하게 감정을 나누기로 계약한다. • 억압된 분노와 접촉하도록 하고 타인과의 경계를 분명히 하도록 한다. • 스스로 생각하는 힘이나 능력에 대해 스트로크를 해 준다. • 감정과 현실을 구분하게 한다.
2(BC)	• 능력이 있음에도 안전하다는 감각을 느끼지 못해 기꺼이 하겠다고 나서지 않는 것 • 자신의 수용방법을 재고하는 것(핵심: 세상을 안전하다고 느끼는 것)	• 상처를 주고받거나 광기의 도피구를 막는다. • 안전한 환경을 만들고 천천히 신뢰관계를 쌓아간다. • 타인의 행동에 대한 추측을 검토하도록 한다. • 타인과의 관계를 통해 두려운 감정을 처리하는 방법을 배운다. • 어린이 자아상태가 자유로워질 수 있도록 돕는다.

① 전형적인 디스카운트: 1번 드라이버일 때, 자신의 분노나 힘에 직접 접촉하는 것, "타인을 기쁘게 하기보다 스스로를 기쁘게 하는 것'이 필요하다. 아내는 자녀와 남편을 기쁘게 하기 위해 최선을 다했지만, 상처를 받고 분노하며 상대방을 디스카운트하는 패턴을 가졌다. 자신 스스로를 기쁘게 하는 것이 필요하다.

2번 드라이버일 때 '세상을 안전하다고 느끼는 것', '능력이 있어도 안전하다는 감각을 느끼지 못해 기꺼이 나서지 않는 것'에서 벗어나도록 해야 한다.

② 상담의 쟁점: 1번 드라이버일 때, 상담자와 진솔하게 감정을 나누어 억압된 분노와 접촉하도록 하며 감정과 현실을 구분하게 한다. 그리고 억압된 분노와 접촉하도록 하여 타인과의 경계를 분명히 하도록 한다. 스스로 생각하는 힘이나 능력에 대해 스트로크를 해 준다. 2번 드라이버일 때, 안전한 환경을 만들고 천천히 신뢰관계를 쌓아간다. 타인과의 관계를 통해 두려운 감정을 처리하는 방법을 배운다. 어린이 자아상태가 자유로워질 수 있도록 돕는다.

내담자 커플관계 해석

커플은 자신의 감정이 무엇인지에 대해 깊이 생각하지 못한다. 커플은 1번 드라이버일 때 남편은 여유롭게 대처하고 참을성 있게 기다리며 아내는 타인을 기쁘게 하기보다는 자신을 기쁘게 하며 자신의 분노에 직접 접촉하는 경험이 필요하다. 2번 드라이버일 때, 남편은 타인을 조종하고 조작하려 하지 말고 척하는 연기에서 정직한 태도를 보이도록 한다. 아내는 자신이 능력이 있음에도 세상이 안전하다고 느끼지 못해 나서지 않는 점을 자각하고 부부가 서로를 이해하고 수용하는 경험이 필요할 것이다.

8) 드라이버와 양육방식, 오염된 성격구조, 치료의 핵심

〈내담자 1〉

특성 드라이버	양육방식	불건강할 때		문제점	치료의 핵심
		태도	자아상태		
1(HU)	서두르는	과잉반응	ⓒ에 의해 Ⓐ 오염	자신의 방식대로 하기 위해 서두른다.	여유롭게 대처하는 것
2(TI)	미리 해 주는	조작	ⓒ에 의해 Ⓐ 오염, Ⓟ 배제	남과 타협하고 협력하는 데 미숙하다.	타인과 협력할 필요가 있음을 배우는 것, 진솔한 모습을 찾는 것

① 양육방식: 남편은 어린 시절 아버지가 성격이 급해서 불안했고 칭찬받기 위해 서둘렀으며 학교에서도 서둘러서 행동하면 칭찬받은 경험이 많았다. 남편은 타협하고 논의하는 교류를 하기보다는 아버지로부터 칭찬받기 위해 신속하게 행동

했고, 어머니는 큰아들에 대한 애착으로 과잉보호하여 원하는 것은 말하기도 전에 미리 알아서 해 준 미숙한 양육자였다.

② 불건강할 때: 자신이 한 행동에 대해 평가를 받기 위해 조작을 해서라도 인정을 받으려는 특성이 있다. 남편은 ⓟ 자아를 배제하고 ⓒ 자아에 의해 ④ 자아가 오염되어 타인과 타협하거나 현실 상황을 논의하기보다는 자기 마음대로(ⓒ 자아) 미리 판단하여(④ 자아 오염) 과잉반응을 하거나 조작을 해서라도 인정받으려고 한다.

③ 문제점: 타인의 말을 끝까지 경청하기보다는 자신의 방식대로 판단하고 서둘러서 진행한다. 내 방식을 고집하다 보니 남과 타협하고 협력하는 데 미숙하다.

④ 치료의 핵심: 미리 판단하지 말고 여유를 갖고 대처하며 상대방의 말을 듣고 확인하기를 연습하도록 한다. 또 타인과 협력하여 진솔한 관계를 갖는 것이 필요하다.

〈내담자 2〉

| 특성
드라이버 | 양육방식 | 불건강할 때 | | 문제점 | 치료의 핵심 |
		태도	자아상태		
1(PO)	타인을 기쁘게 하는 것을 강조하는	과잉반응	ⓒ에 의해 ④ 오염	남과 의존적 관계를 맺기 쉽다.	스스로 홀로 설 수 있다는 것, 도망가는 것을 중지하는 것
2(BC)	일치하지 않는	의심	ⓟ에 의해 ④ 오염, ⓒ 배제	사람들을 잘 신뢰하지 못한다.	세상은 안전하다고 느끼는 것

① 양육방식: 아내는 어린 시절 무서운 아버지로부터 자주 "남들이 뭐라고 하겠니.", "됐어."라며 말을 중간에 자르는 등 언어적 부정적 스트로크를 많이 받고 자랐다. 어머니는 무스트로크로 대했고 본인을 보호해 주지 못했다. 부모에게 인정받기 위해 늘 노력하며 살아왔다.

② 불건강할 때: 아내는 결혼 전 아무리 노력해도 인정받지 못하자 도피하고 싶어서 결혼을 선택했다. 하지만 남편의 외도와 부부 갈등으로 결혼이 안전을 보장해 주지 못하자 남편에 대한 의심으로 확대 해석을 한다. 그래도 아이들의 어머니로 살기로 선택했지만, 이혼 이야기가 나오자 그동안 억압된 감정이 과잉반응으로 표출되었다.

③ 문제점: 나 자신을 기쁘게 하기보다는 부모님과 가족을 위해 살아오고 견뎌 온 시간들이 많았다. 사회적으로는 강해 보이지만 심리적으로는 의존적 관계를 맺고 살아왔으며 사람들을 잘 신뢰하지 못한다.

④ 치료의 핵심: 세상은 안전하다는 경험을 늘려 나가고 불건강할 때 회피하는 것을 중지하고 홀로 설 수 있다는 경험을 하는 것이 중요하다.

내담자 커플관계 해석

남편은 자신의 방식대로 하기 위해 서두르는 행동을 멈추고 여유를 갖고 대처하며, 아내의 말을 듣고 확인하기를 연습하도록 한다. 타협하는 것이 어려운 남편과 의심이 많은 아내를 위해 진솔하게 교류하는 것이 필요하다. 아내는 세상은 안전하다는 경험을 배우자를 통해 늘려 가도록 한다. 또한 아내는 회피하는 것을 중지하며 의존적인 것에서 벗어나 홀로 설 수 있다는 경험을 하는 것이 중요하다. 커플이 서로 이해하고 수용하는 경험이 필요하다.

5. 내담자 커플의 드라이버와 관계된 개선방안

1) 상담자가 본 내담자 커플의 문제

1번, 2번 드라이버가 1~2등급으로 명확한 남편은 상대방이 원하는 것이 무엇인지 경청을 끝까지 하지 못하고 첫마디만 듣고 판단한다. 아내가 말을 하면 남편은 확인하지 않고 즉시 자신이 판단한 대로 행동으로 옮길 정도로 서둘러서 행동한다. 이로 인해 남편은 노력했다고 생각하고 아내는 자신이 원하지 않는 방식으로 상황이 흘러가 갈등의 패턴이 반복된다. 남편은 일을 벌이고 성취에 대한 욕구가 강해 뭐든지 몰입하며 그 목표를 달성하기 위해 모든 수단을 동원한다.

1번, 2번 드라이버가 PO, BC인 아내는 신중한 모습으로 지켜보다가 남편의 행동이 불안하여 극단적으로 브레이크를 건다. 그러면 남편은 나름대로 열심히 노력했는데 아내가 본인을 인정하지 않는다고 여겨 의욕을 상실하고 갈등이 증폭된다. 특히, 남편의 외도 경험으로 여성 관련 문제만 나오면 아내는 의심, 확대해석하고 과잉반응을 보일 때 남편은 더 이상 방법이 없다고 생각하고 이혼하자고 했다. 이에 아내는 자녀와 남편을 위해 참고 살아온 자신의 삶이 허망하게 느껴져서 살기 위해 마음의 문을 완전히 닫아 버렸다. 이제 그만 심리게임에서 벗어나 진솔하게 자신의 감정을 교류할 필요성이 절실하다.

2) 내담자 커플의 현재 상태에 대한 개선방안

① 상담목표
- 커플 상보교류를 통해 서로가 원하는 것이 무엇인지 진솔하게 나누고 확인한다.
- 커플이 주 드라이버 패턴의 순기능과 역기능, 라켓 감정을 자각하고 허용하도록 한다.
- 행복하게 살기 위해 구체적인 계획을 단계적으로 세워서 실천한다.

② 상담계획
- **초기**: 내담자와 신뢰감을 형성하여 핵심 감정을 교류한다.
- **중기**: 심리검사를 통해 주 드라이버와 교류패턴을 자각하고 서로를 허용하고 인정하도록 실천한다.
- **종결**: 변화를 위해 새로운 결단을 하고 자율적인 사람으로 성장하도록 돕는다.

③ 상담전략
- 커플이 자신을 잘 이해하고 상대방을 잘 이해하도록 한다.
- 커플이 자신의 욕구에 대해 진솔하게 표현하도록 한다.
- 아내는 자신의 감정을 회피하지 않고 직면한다.
- 남편은 아내의 말을 경청하고 확인하는 연습을 통해 미리 판단하지 않도록 확인하기를 한다.
- 주 드라이버에 따른 역기능을 자각하고 자신을 허용하도록 한다.

6. 상담과정과 상담결과

1) 상담과정

- **초기**: 내담자와 신뢰감을 형성하여 핵심 감정을 교류한다.
  부부의 개방문, 함정문, 표적문을 통해 자신을 통찰해 가도록 한다.
- **중기**: 심리검사를 통해 주 드라이버와 교류패턴을 자각하고, 서로를 허용하며, 인정하도록 실천한다.
  서로의 순기능과 역기능을 이해하고 순기능을 활성화하기 위한 노력을 하도록 한다.
  서로의 교류패턴을 이해하고 활성화 방안 계획을 실천하도록 한다.
  일상 속에서 스트로크의 질과 양의 타이밍을 적절하게 사용하도록 한다.
- **종결**: 변화를 위해 새로운 결단을 하고 자율적인 사람으로 성장하도록 돕는다.
  활성화 방안과 실천 계획을 행동으로 옮겨서 자율적인 부부로 살도록 한다.
  자녀들에게 자율적인 부모의 모습을 통해 가족구성원들이 행복한 삶을 살도록 한다.

2) 상담결과

이혼 위기에 만난 부부의 역기능을 순기능으로 변화시키기 위해 먼저 자신이 어떤 사람인지 이해하는 시간을 갖도록 했다. 커플은 심리검사를 통해 주 드라이버 패턴과 교류패턴을 자각하였다. 남편은 상처받은 내면의 어린이 자아를 치유하기 위해 공감하는 대화를 통해 감정을 표출하도록 하였고, 배우자에게 준 상처에 대해 사과하고 용서하는 시간을 가졌다. 커플은 상담 진행을 통해 왜곡된 라켓 감정이 변화되어 편안하게 눈을 보고 대화하게 되었다. 교차교류와 이면교류를 사용하던 부부는 조금씩 상보교류를 하면서 잘 경청하고 확인하기를 통해 여유를 갖고 말하고 행동하였다. 노력하는 남편을 통해 아내의 마음이 열리면서 감정이 순화되었다. 커플은 주 드라이버가 부정성으로 갈 때 어떤 역기능적 행동을 하는지 알게 되면서 자신을 허용하는 연습을 반복하였다.

7. 상담자 총평

   CKDP 검사를 통해 부부의 내면세계와 인생각본, 치료의 핵심을 정확히 알게 되었다. 남편은 주 드라이버가 1, 2등급으로 부정성으로 갈 때 어떤 역기능을 사용하는지 정확히 알 수 있었다. 남편은 본인의 노력이 상대방에게 과잉행동으로 비춰져 오히려 불편을 줄 수 있음도 알게 되었다. 서두르고 타협할 줄 모르며, 성취를 위해 몰입하는 남편과 의심 많고 조심스럽고, 타인을 기쁘게 하기 위해 맞추며 사는 아내 사이에서 서로가 행복을 추구하지만 심리게임을 하며 진솔하게 교류하지 못하였음을 자각하게 되었다. 상담을 통해 남편의 외도로 인해 아내의 상처가 얼마나 깊은지 들여다보는 시간이 되었다.

   남편은 CKDP 검사를 통해 아내가 불건강할 때 의심하는 확대해석의 태도에 대한 설명을 들으면서 이 검사지가 자신을 위해 만들어진 것 같다고 하며 이제 조금이나마 아내의 마음을 이해하게 되었다고 했다. 서로 잘 말하고 잘 듣는 상보교류를 통해 사랑과 행복은 내가 원하는 대로 하는 것이 아니고 상대방이 원하는 것이 무엇인지를 교류하면서 만들어 가는 것임을 자각하며 노력하고 있다.

CKDP 심리검사에 의한 커플상담 사례분석 **2**

서로의 다른 점을 알고 싶은 중년기 부부

자녀양육 관점이 너무 달라 아이들에게 문제가 생기는 것 같아요

상담자: 박봉근

1. 내담자 기본 정보

내담자 1: 남편/성별: 남/연령: 48세/학력: 대학 졸업/검사일: 2017. 12. 02.
내담자 2: 아내/성별: 여/연령: 48세/학력: 대학 졸업/검사일: 2018. 03. 25.

1) 의뢰 경위 및 주 호소문제

① 의뢰 경위

자녀양육 문제나 일상생활에서 사소한 문제로 서로 안 맞는 부분이 많아 작은 일로 부딪치는 일이 일어나고, 그로 인해 서로 마음이 상하고 갈등하는 경우가 있었기 때문에 서로의 다른 점을 알고 싶어 CKDP 검사와 상담을 받게 되었다.

② 주 호소문제

내담자 1: "아내가 자녀들에게 지나치게 개입하는 것을 보면 화가 나요."

아내가 자녀들에게 지나치게 과잉개입하고 힘들게 하여 아이들이 짜증을 많이 부리고 반항심이 커지는 것 같다. 아내와 자녀양육 태도의 불일치로 인하여 부부간의 갈등으로 확산되는 경우가 종종 있어 힘들다고 호소하고 있다.

내담자 2: "아이들을 방치하고 자신의 편이 되어 주지 않아 속상해요."

남편이 아이들 문제에 너무 무관심하고 방임하고 있으며, 자녀양육 과정에서 자신의 편을 들어주지 않고 아이들을 옹호하여 속상하고 교육을 망치고 있다고 호소하고 있다.

2) 행동 관찰

내담자 1: 자기 일을 먼저 한 다음 주변을 둘러본다. 주어진 일을 변함없이 수행하는 통제력이 있다.

내담자 2: 성격이 꼼꼼하고 세심하며 궁금한 것은 그냥 넘어가지 못하고 끝까지 물어본다. 무슨 일을 하면 자신이 힘들어도 완벽하게 해 내는 성격이다.

3) 내담자의 자원

내담자 1: 가장으로서 책임감이 강하고 자기발전을 위해 늘 준비하고 노력한다.

내담자 2: 책임감이 강하고 자녀에 대해 기대와 관심을 가지고 여러 방면으로 자녀를 위해 정보를 수집하고 적극적으로 개입하고 리드한다.

4) 가계도

내담자 1: 농사를 지으시는 아버지와 어머니 밑에서 어린 시절을 자유롭게 보내며 성장하였다. 거의 통제를 받지 않고 자유분방하게 방목하는 수준으로 유년 시절을 보냈다.

내담자 2: 바쁘신 부모님 밑에서 어렸을 때부터 집안일을 도맡아 했다. 대학을 졸업하고 결혼하기 전까지 유치원 교사로 근무하였고, 집과 직장 그리고 종교생활(가톨릭)에 충실하였다.

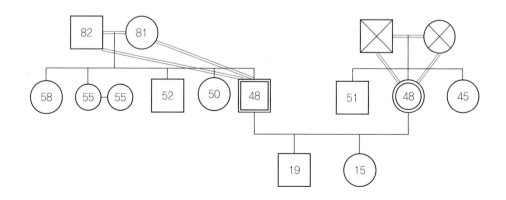

5) 생태도

내담자 1: 하루 시간 중 대부분을 직장에서 보내고 있으며, 일과 후에는 탁구 동호인들과 주 3회 정도 운동하고 뒤풀이 모임을 즐긴다. 원가족에게는 신경을 많이 쓰지 않으며 무관심한 편이다. 현재 가족생활에서는 기본적이고 일상적인 활동만을 하고 있다. 대부분의 시간은 자기계발과 자기 성취를 위해 시간을 보내고 있다.

내담자 2: 자녀들을 돌보고 양육시키는 데 관심을 많이 가지고 있다. 자녀교육에 대한 정보수집을 많이 하고 또래 어머니들과 소통을 많이 한다. 꼼꼼하고 정확한 성격으로 자신의 몸이 힘들 정도로 자녀교육과 가정생활에 신경을 많이 쓴다. 원가족에는 관심이 적으며 종교활동에서 마음의 안정을 얻고 있다.

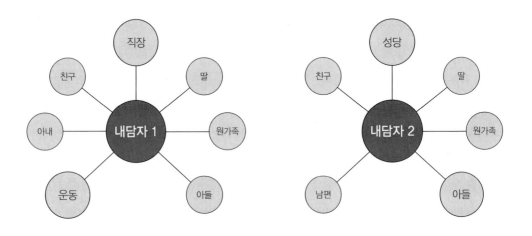

2. 내담자 검사 결과

⟨내담자 1⟩

드라이버 \ 구분	PO	TI	BS	BC	BP	TH	HU
점수	29	32	37	41	33	29	32
순위	7	4	2	1	3	7	4
등급	6~7	5	3~4	1~2	5	6~7	3~4

〈내담자 2〉

드라이버＼구분	PO	TI	BS	BC	BP	TH	HU
점수	30	24	31	28	28	26	27
순위	2	7	1	3	3	6	5
등급	6~7	8~9	5	6~7	6~7	6~7	6~7

\<CKDP 심리검사 체크리스트\>

내담자 1

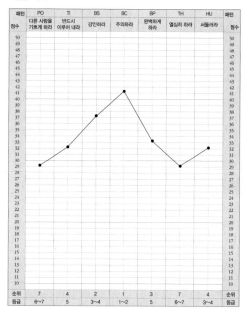

내담자 2

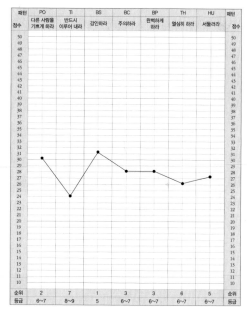

　내담자 1: 1순위 BC(41점, 1~2등급), 2순위 BS(37점, 3~4등급), 7순위 PO(29점, 6~7등급)으로 1순위 BC가 역기능적으로 높다. BC, BS, PO 드라이버에 중점을 두고 해석한다.

　내담자 2: 1순위 BS(31점, 5등급), 2순위 PO(30점, 6~7등급), 7순위 TI(24점, 8~9등급)으로 7순위 TI가 역기능적이다. 순위 간의 점수 차가 1~2점, 1순위부터 7순위까지 총 점수 차가 7점으로 점수 차이가 크지 않은 형태이다.

3. 드라이버에 따른 성격의 특성 및 기능

1) 드라이버에 따른 성격의 특성

〈내담자 1〉

드라이버＼특성	성격 기술
1-BC(1~2)	완고, 과잉민감, 의심, 회의적 등
2-BS(3~4)	초연, 고립, 수동성, 공상, 침착, 섬세, 인내 등
7-PO(6~7)	냉담, 무관심, 비사교적, 무미건조 등

〈내담자 2〉

드라이버＼특성	성격 기술
1-BS(5)	침착, 창의적 , 섬세, 배려, 인내, 친절 등
2-PO(6~7)	공감, 사교적, 온정적, 재미있는 등
7-TI(8~9)	사회성 부족, 의존적, 리더십 부족, 소극적 등

내담자 커플관계 해석

1번 드라이버일 때 남편은 자기 생각이 완고하고 다른 사람의 의도를 있는 그대로 받아들이지 않고 의심하고, 확신이 생길 때까지 몇 번이고 생각하고 조심스럽게 일을 추진한다(독립심, 일관성, 조심성). 아내는 섬세하고 민감하게 반응한다.

2번 드라이버일 때 남편은 의지가 강한 모습과 혼자서 문제를 해결하고, 위기 상황에서도 변함없이 침착하며, 참고 견딘다. 아내는 따뜻하고 사교적이며 즐거움을 추구하는 경향이 있다.

7번 드라이버로 인하여 남편은 다른 사람들 일에 무관심하고 냉담하게 반응하며, 비사교적이고 무미건조하다. 내 일이 아니면 참견하지 않는다. 아내는 의존적이고 작은 일도 하나하나 물어보며 작은 일도 결정을 못하고 혼란스러워할 때가 있다.

2) 드라이버에 따른 순기능과 역기능

〈내담자 1〉

드라이버＼특성	순기능	역기능
1-BC (1~2)	모든 면에서 가장 명확하고 날카로우며, 가장 세심하게 생각할 수 있는 사람이다. 어떤 일이든지 확신을 갖기를 원한다. 명확한 대답을 좋아한다. 소수의 사람들과 관계 맺기를 선호하고 문제해결과 사회적인 상호작용에서 자신의 판단대로 행동한다.	자신에게 오는 정보를 자주 오해하고 사고 패턴은 종종 경직되어 있거나 과장되어 있다. 자신이 느낀 감정과 생각에 대해 완고한 모습을 보이고 자신이 인식하는 것이야 말로 진정한 현실이라고 확신한다. 타인의 동기를 의심하기도 한다.
2-BS (3~4)	고독을 추구하는 경향이 있으며 혼자 일하는 것을 좋아한다. 위기 상황에 침착하게 효과적으로 행동한다. 자연과의 조화에 관심이 있다. 일대일 만남을 선호하며, 문제를 해결하는 태도와 사회적인 상호작용 태도는 타인이 먼저 움직일 때까지 기다린다.	자신의 욕구가 정말로 필요하다고 인정될 때까지 기다리는 경향이 있다. 배경에만 머물러 있고 저자세를 유지하고 물의를 일으키지 않아야 하는 금욕주의자이다. 희로애락의 감정을 느끼거나 수용하는 것이 어렵다. 타인에게 도움을 청하기보다 스스로 많은 짐을 진다.
7-PO (6~7)	가장 객관적인 태도를 유지하고 항상 중심을 잃지 않는 일관된 모습이다.	차갑고 인정머리 없고 독선적인 사람으로 비쳐 인간관계에서 평가절하가 될 수 있다.

〈내담자 2〉

드라이버＼특성	순기능	역기능
1-BS (5)	친절하고 보호적이며 지지적인 사람이다. 매우 높은 민감성을 지니고 있으며, 주변을 즐겁고 편안하게 해 준다. 창의적인 생각을 해 내는 사람이며, 예술적인 감각을 가지고 있기도 하다.	타인과 의존적인 관계를 만드는 경향이 있다.
2-PO (6~7)	타인과 관계를 즐기고 좋은 기분이 들게 만드는 특성이 있으며 상상력이 풍부하다. 일반적으로 타인과 잘 어울리는 경향이 있으며 집단에 관여하는 것을 즐긴다. 문제를 해결해야 할 때나 사회적 상호작용이 필요한 경우 능동적 참여를 한다.	정서적으로 매우 과도해지는 경향이 있어 흥분을 잘하고, 과도한 반응을 보이며 정서적으로 불안해 보인다. 자기중심적이며, 의존적일 때는 적절한 자기통제를 못할 때가 있다.
7-TI (8~9)	의욕이 상실되어 있는 상태로 자신을 돌아볼 수 있는 기회이며 변화할 수 있는 기회이다.	의욕상실과 무망감으로 삶에 대해 좌절할 수 있다.

내담자 커플관계 해석

1번 드라이버일 때 남편은 신중하고 주변에 휘둘리지 않고 자신의 소신대로 살아갈 수 있으나, 역기능이 작용할 때는 주어진 정보를 자기 생각대로 해석하고 받아들이며 그것이 맞다고 독단으로 빠지는 경향이 있다. 아내는 친절하고 보호적이며, 다른 사람의 요구에 민감하게 반응해 준다. 역기능일 때는 과잉개입으로 상대방에게 간섭으로 여겨지며, 지나치게 작은 것에 예민할 때가 많다.

2번 드라이버일 때 남편은 침착하고 다른 사람의 도움 없이 혼자서도 일을 잘 수행해 낸다. 역기능일 때는 다른 사람과 갈등을 일으키지 않으려고 소극적이고 저자세로 일관하여 자기주장을 못하는 경우가 있고 쉽게 물러나고 오래도록 기다리다가 시기를 놓칠 때가 있다.

7번 드라이버일 때 남편은 자기중심이 확고하여 주변의 유혹에 흔들리지 않으나, 역기능일 때 주변 사람들로부터 냉정하고 무심하다는 평가를 받을 수 있다. 아내는 지금을 자신의 삶을 돌이켜 볼 수 있는 좋은 기회로 활용할 수 있으나, 역기능일 때는 삶에 대한 실의에 빠질 수 있는 위기가 될 수 있다.

4. 1번과 2번 드라이버에 따른 성격특성과 해석

1) 드라이버에 따른 조기결단, 부정적 인생태도, 경계

〈내담자 1〉

드라이버 \ 특성	조기결단	인생태도	경계	
			자기감	인간관계
1-BC(1~2)	나는 나의 안전을 위해서 주변의 모든 사람과 모든 것을 통제할 것이다.	III (I+ U−)	경직	경직
2-BS(3~4)	나는 나 혼자 느끼고 나 자신을 보호할 것이며 너를 필요로 하지 않겠다.	IV (I− U−)	산만	경직

① 조기결단: 1번 드라이버일 때 다른 사람들의 시선을 많이 의식하고, 행동을 조심하고 자기 기준을 벗어나지 못하며, 주변에서 일어나는 상황에 대해 알고 싶어 한다. 2번 드라이버일 때 자신을 보호하기 위한 방법으로 다른 사람과의 갈등을 최대한 피하려고 애쓰고 혼자 생각하여 결정하고 잘 물어보지 않고 알아서 일을 처리한다.

② 인생태도: 1번 드라이버일 때 I+, U- 유형으로 독선적·배타적·편집적으로 다른 사람의 의도를 의심하기도 하고 다른 사람에게 일을 맡기지 않는다. 2번 드라이버일 때 I-, U- 유형으로 만사무용적 태도로 불신이 깊어지면 감정적으로 일을 처리하면서 극단적인 결정을 내릴 수 있다('네 맘대로 해라' 그리고 단절).

③ 자기감 경계: 1번 드라이버일 때 ⓅⒶⒸ의 에너지의 흐름이 유연하지 못하고 융통성이 부족하여 문제해결 기술이 떨어진다. 다른 사람의 조언을 잘 듣지 않고 자기 생각대로 한다. 2번 드라이버일 때 Ⓟ와 Ⓒ가 Ⓐ 자아를 침범하여 객관적이고 합리적인 판단을 흔들리게 한다. 선입견과 편견이 생기고 망상으로 진행될 수 있다(부정적 생각이 꼬리를 물고 계속 확산되어 가다가 마음이 혼란스럽고 걷잡을 수 없을 수준까지 도달하여 스스로 깜짝 놀라서 멈추고, 몹시 불쾌한 기분이 들 때가 가끔 있다).

④ 인간관계 경계: 1번, 2번 드라이버 모두 경직으로 외부에서 주어진 정보를 무시하거나 자신의 입맛에 맞는 정보만 받아들이는 경향이 있다. 한번 약속한 것은 도중에 변경하기가 어렵다. 그래서 쉽게 약속이나 확답을 잘 안 한다.

〈내담자 2〉

드라이버　　　特性	조기결단	인생태도	경계	
			자기감	인간관계
1-BS(5)	나는 나 혼자 느끼고 나 자신을 보호할 것이며 너를 필요로 하지 않겠다.	IV	산만	경직
2-PO(6~7)	나는 당신을 즐겁게 해 주고 행복하게 해 줄 것이다.	II	산만	산만

① 조기결단: 1번 드라이버일 때 자신이 해야 할 일은 반드시 완수해야 한다는 책임감에 사로잡혀 있다. 어려운 환경에서 성장하면서 혼자서 진학, 직장, 결혼 등을

선택하였다. 2번 드라이버일 때 가족 간의 친밀감과 함께하는 것을 중요하게 여겨서 가족은 반드시 식사를 함께 해야 한다고 생각하고 있다.

② 인생태도: 1번 드라이버일 때 만사무용적 태도로 감정이 쌓이면 폭발할 수 있다. 2번 드라이버일 때 도피적 태도로 부족한 부분을 크게 생각하고 항상 아쉬워하고 자책하고 후회한다. "남이 떡이 커 보인다."

③ 자기감 경계: 1번과 2번 드라이버가 산만으로 ⓟ와 ⓒ가 Ⓐ 자아를 침범하여 Ⓐ 자아가 혼란스러울 때 작은 일도 쉽게 결정하지 못하고 고민할 때가 있다.

④ 인간관계 경계: 1번 드라이버일 때 경직되어 자기 방식을 고집할 수 있으며, 2번 드라이버일 때 산만으로 관계가 너무 복잡하고 정리가 되지 않는 상황이다. 휴대전화에 너무 많은 메시지가 있어 모두 확인하기가 힘들다.

내담자 커플관계 해석

남편은 자기 안전이 중요하며 자기 위주의 생활을 하고 싶어 하고, 아내는 자신을 보호하면서도 행복한 가정을 연출하기 위해 노력한다. 남편은 경직된 모습, 아내는 산만스러운 모습이다.

2) 드라이버에 따른 성격적응 유형과 반응

〈내담자 1〉

특성 / 드라이버	성격적응 유형	양면성		타인에 대한 반응	문제해결에 대한 반응
		긍정성	부정성		
1-BC(1~2)	재기형 회의자 (편집성)	신중성	의심	회피(내향)	중립
2-BS(3~4)	창의적 몽상가 (조현성)	배려심	회피	회피(내향)	수동

① 성격적응 유형: 1번 드라이버일 때 타인의 의도를 신뢰하지 못하고 근본적으로 의심을 가지고 있다. 2번 드라이버일 때는 상상과 공상을 자주 하고 부정적으로 갈 때는 망상적 생각을 하기도 한다.

② 양면성: 1번 드라이버일 때는 매우 신중하여 안전하다고 생각될 때 움직이며, 의

심을 품기도 한다. 2번 드라이버일 때 잘 참고 상대방의 말을 끝까지 들어주지만 곤란한 상황이 발생하면 적극적으로 해결하기보다는 회피하는 경향이 있다.

③ 타인에 대한 반응: 외부 자극에 민감하게 반응하고 내향적이며 자극을 탐색하기 보다는 물러나거나 회피하는 경향이 있다.

④ 문제해결에 대한 반응: 웬만해서는 먼저 나서서 해결하지 못하고 시간이 해결해 주기를 바란다. 어쩔 수 없을 때 조심스럽게 접근한다.

〈내담자 2〉

드라이버 \ 특성	성격적응 유형	양면성		타인에 대한 반응	문제해결에 대한 반응
		긍정성	부정성		
1-BS(5)	창의적 몽상가 (조현성)	배려심	회피	회피(내향)	수동
2-PO(6~7)	열정적 과잉반응자 (연기성)	친밀성	과잉반응	참여(외향)	능동

① 성격적응 유형: 1번 드라이버일 때 문제점을 잘 찾아내고 생각하는 것이 빠르다. 2번 드라이버일 때 감정이 쌓여 극단적일 때는 화를 버럭 내고 계속 투덜대고 짜 증을 부릴 때도 있다.

② 양면성: 1번 드라이버일 때 긍정적일 때는 세심하게 배려하고 회피적일 때도 있 다. 2번 드라이버일 때 친밀감의 욕구가 커서 가족이 함께하는 것, 챙겨 주는 것을 잘하고 부정적일 때는 과잉개입과 간섭으로 가족들과 마찰을 겪기도 한다.

③ 타인에 대한 반응: 내향적으로 회피하기도 하고 외향적으로 참여를 즐기기도 한다.

④ 문제해결에 대한 반응: 수동과 능동으로 상황에 따라 신속하고 빨리 대처하는 경 향이 있으나 산만하다.

내담자 커플관계 해석

남편은 조심스럽고 안전한 방법을 찾고 수동적이고 회피적인 면이 크다. 아내는 내 향적이고 수동적인 면이 있으나 상황에 따라 해결책을 찾아내서 적극적으로 상황에 대 처하는 경향도 있다.

3) 드라이버에 따른 선호하는 의사소통 방식

〈내담자 1〉

특성 드라이버	Ware의 의사소통 방식			Kahler의 의사소통 방식	
	개방문	표적문	함정문	채널	자아상태 기능
1-BC(1~2)	사고	감정	행동	정보적인	A → A
2-BS(3~4)	행동	사고	감정	지시적인	+CP → A

① Ware의 의사소통 방식: 1번 드라이버일 때 처음 대화의 시작은 논리적으로 설득이 되어야(사고) 대화가 시작되고 나서 감정에 호소하여 통찰이 되어야 마음을 움직이고 행동으로 실행할 수 있는 소통방식이 필요하다. 이해가 되지 않고는 절대실행에 옮기지 못한다. 2번 드라이버일 때 행동으로 먼저 시작되었을 때는 그 상황을 이해하고 납득시킬 수 있는 논리적 근거가 있어야 감정의 문을 열수 있다.

② Kahler의 의사소통 방식: 1번 드라이버일 때 객관적인 정보와 분명한 정보를 바탕으로 명확하고 구체적이고 현실 가능한 의사표시에 움직이게 된다. 2번 드라이버일 때 지시적인 소통을 해야 할 때는 정당한 근거가 있어야 받아들인다.

〈내담자 2〉

특성 드라이버	Ware의 의사소통 방식			Kahler의 의사소통 방식	
	개방문	표적문	함정문	채널	자아상태 기능
1-BS(5)	행동	사고	감정	지시적인	+CP → A
2-PO(6~7)	감정	사고	행동	양육적인	+NP → +FC

① Ware의 의사소통 방식: 1번 드라이버일 때, 급할 때는 신속하게 대처하여 행동이 앞서고 나중에 생각해 보고 감정에 호소하거나 활동을 통해 접근하여 신뢰를 형성한 다음, 논리적인 사고로 설득하여 감정의 문을 열도록 한다. 2번 드라이버일 때 마음을 알아주고 공감해 준 다음에 논리적으로 설득하면 더 잘 받아들이는 경향이 있어서 행동은 자연스럽게 따라오게 된다.

② Kahler의 의사소통 방식: 1번 드라이버일 때 분명한 지시로 Ⓐ 자아에 호소하고, 2번 드라이버일 때 따뜻하게 챙겨주는 마음으로 호소했을 때 순응하는 경향이 있다.

내담자 커플관계 해석

남편은 1번 드라이버 방식이 익숙하고, 아내는 2번 드라이버 방식을 선호하기 때문에 사고와 감정이 부딪칠 수 있으므로, 대화의 시작점에 서로 유의해서 시작해야 한다.

4) 드라이버에 따른 선호하는 적응방식

〈내담자 1〉

특성 드라이버	타인과 관계 맺는 방식	위협에 대한 반응	만족을 주는 시간의 구조화	실행적 · 생존적 적응
1-BC(1~2)	사고	지적인 민감성으로 상대방 공격	의식 그리고 잡담, 게임	먼저 조심스럽게 상황을 생각해 보고, 그 후 변화를 위해 결단을 통해서 해결하려고 하는가?(생존)
2-BS(3~4)	무반응	외면	폐쇄 그리고 활동, 친밀	뒤로 한 발짝 물러서는 경향이 있 으며 잠잠해질 때까지 기다리는 가?(생존)

① 타인과 관계 맺는 방식: 1번 드라이버일 때 안전이 우선이기 때문에 접근이 신중하며, 적합한 주제가 있을 때 접근하여 관계하기기 쉽고 사실적인 문제로 정보를 나눈다. 2번 드라이버일 때 접근하고 싶은 마음이 있을지라도 참고 인내하며 기다리는 경향이 있다.

② 위협에 대한 반응: 1번 드라이버일 때 지적이나 거부를 당할 때 근거와 논리로 상대방에게 반박하려고 한다. 2번 드라이버일 때 대수롭지 않게 생각하고 외면해 버린다.

③ 만족을 주는 시간의 구조화: 1번 드라이버일 때 부담이 가지 않는 의례적인 행사에 조용히 참여하고(미사), 약간의 잡담과 게임으로 시간을 보낸다. 2번 드라이버일 때 혼자 등산하기, 도서관에서 시간 보내기를 선택하고 혼자 수영하거나 친한 친구들과 가끔씩 소통한다.

④ 실행적 · 생존적 적응: 1번 드라이버일 때 행동으로 움직이기 전에 조심스럽게 상황을 살피고 안전하다고 확신이 들 때 결단하고 움직인다. 자신을 보호하는 방식이다(생존방식). 2번 드라이버일 때 갈등 상황을 피하기 위해 한 발짝 물러서서 참고 기다린다(생존방식).

〈내담자 2〉

특성 드라이버	타인과 관계 맺는 방식	위협에 대한 반응	만족을 주는 시간의 구조화	실행적·생존적 적응
1-BS(3~4)	무반응	외면	폐쇄 그리고 활동, 친밀	뒤로 한 발짝 물러서는 경향이 있으며 잠잠해질 때까지 기다리는가? (생존)
2-PO(6~7)	감정	감정이 과도하게 상승	잡담 그리고 게임, 친밀	주변의 모든 사람을 행복하게 좋은 느낌을 가질 수 있도록 에너지를 쓰고 있는가?(실행)

① 타인과 관계 맺는 방식: 1번 드라이버일 때 대화하기보다는 물러나 있는 모습을 보이고, 2번 드라이버일 때 감정적인 반응으로 밝고 에너지 넘치는 목소리로 첫 대면을 한다. 관계있는 많은 사람과 마음을 나누고 예의를 지켜가면서 관계를 유지한다.

② 위협에 대한 반응: 1번 드라이버일 때 사리에 안 맞다고 생각이 들면 무시하고 외면하는 경향이 있으며, 2번 드라이버일 때 두려움이 있는 상황에서 민감해지고 즉각적으로 디테일하게 반박한다.

③ 만족을 주는 시간의 구조화: 1번 드라이버일 때 다른 사람과 교류를 차단하기도 하나 활동과 친밀감을 추구한다. 2번 드라이버일 때 주변 사람들과 부담이 가지 않는 이런저런 애기로 즐겁게 시간을 보내고 게임한다. 때로는 친밀감 형성을 위해 노력한다.

④ 실행적·생존적 적응: 1번 드라이버일 때 기다리는 경향과 2번 드라이버일 때 살아가기 위해서는 좋은 인상을 주는 것이 중요하고, 주변의 모든 사람들과 잘 지내려고 노력한다. 자신이 해야 할 일이라고 생각하거나 책임감이 주어졌을 때 힘들어도 참고 완수한다.

내담자 커플관계 해석

남편은 안전한 생활이 중요하고, 아내는 2번 드라이버를 주로 사용하여 친밀감과 즐거운 활동을 추구한다. 남편에게는 탐색할 수 있는 시간이 주어져야 안전감을 느끼고 다른 사람과 편안하게 관계할 수 있다.

5) 불건강할 때 전형적인 심리게임, 금지령, 라켓

〈내담자 1〉

드라이버 \ 특성	심리게임	금지령	라켓
1-BC (1~2)	• 몰아넣기(흠 잡아내기, 거부하기) • 자! 딱 걸렸어, 이 녀석 • 당신 탓으로 이렇게 되었어(책임전가)	• 친해지지 마라. • 신뢰하지 마라. • 감정을 느끼지 마라. • 즐기지 마라. • 소속되지 마라(함께하지 마라).	타인에 대한 분노, 불안, 질투, 의심(두려움을 가린)
2-BS (3~4)	• 당신이 아니었다면……(보상받기) • 나에게 뭔가를 하라(불평하기, 조종하기)	• 성취하지 마라(성공하지 마라). • 기쁨을(성, 분노)을 느끼지 마라. • 즐기지 마라. • 소속되지 마라(함께하지 마라).	무감각, 단조로움, 공백 상태, 불안(분노, 마음의 상처, 즐거움 성적인 느낌을 가린)

① 심리게임: 1번 드라이버일 때 참고 지켜보고 있다가(그래, 어떻게 하는지 한번 보자!) 일이 잘못되면 상대방에게 책임을 추궁한다. 한계를 설정해 놓고 어겼을 때 박해자로 변한다. 2번 드라이버일 때 지나간 일을 가지고 원망을 한다. Ⓐ 자아가 의식하지 못한 상태에서 일어난다.

② 금지령: 1번 드라이버일 때 자신의 영역을 지키려고 하며 적당한 거리를 두고 관계하고, 구속받는 것을 싫어하여 소속되는 것을 조심스럽게 생각한다. 2번 드라이버일 때 나서거나 리드하지 못하고, 마음 놓고 즐기지를 못한다.

③ 라켓: 1번 드라이버일 때 자신의 안전과 두려움을 감추기 위해 다른 사람의 의도를 의심하고 화를 내면서 방어한다. 2번 드라이버일 때 마음의 상처(스트레스 상황)를 관리하기 위해 조용한 장소에 가거나, 혼자 등산을 하거나 도서관에 가서 마음을 관리한다. 다른 사람이 보았을 때 재미없고 단조롭고 답답해 보일 수 있으나 자신은 편안하고 안정된 상태이다.

〈내담자 2〉

특성 드라이버	심리게임	금지령	라켓
1–BS(5)	• 내가 얼마나 노력했는지 봐라(압박하기) • 당신이 아니었다면……(안심하기) • 몰아넣기(흠 잡아내기)	• 감정을 느끼지 마라. • 친해지지 마라. • 중요한 존재가 되지 마라. • 아이처럼 굴지 마라.	불안, 우울, 죄책감(분노, 마음의 상처와 성적인 감정을 가린), 분노(슬픔을 가린)
2–PO(6~7)	• 몰아넣기(흠 잡아내기) • 자! 딱 걸렸어, 이 녀석(규탄하기) • 나를 차라(비난, 경멸 유발하기)	• 친해지지 마라. • 신뢰하지 마라. • 감정을 느끼지 마라. • 아이처럼 굴지 마라. • 소속되지 마라.	타인에 대한 분노, 불안, 질투, 의심(두려움을 가린)

① 심리게임: 1번 드라이버일 때 주어진 일에 너무 많은 에너지를 투입하여 일을 마치고 나서 너무 힘들어하며, 상대방에게도 자신의 기준에 맞추도록 요구하기 때문에 기대 수준에 못 미치면 추궁하고 화를 낸다. 2번 드라이버일 때 잘못한 것을 기억하고 있다가 조목조목 지적한다.

② 금지령: 1번 드라이버일 때 잘하는 점이 있으면서 남의 앞에 나서지 못하고 자신감이 부족하다. 서툴거나 미숙한 행동은 못 받아들인다. 2번 드라이버일 때 다른 사람을 신뢰하지 못하고 세심하게 확인하는 행동을 한다.

③ 라켓: 1번 드라이버일 때 약한 모습이나 슬픔을 안 보이고 상대방에게 지지 않으려고 상대방을 몰아붙이고 화를 낸다. 2번 드라이버일 때 두려움을 가리기 위해 확인하고 타인에 대해 비난한다.

내담자 커플관계 해석

아내의 높은 기대 수준과 남편의 차분한 스타일이 서로 갈등을 유발할 수 있으며 아내의 노력에 대한 남편이 지지가 부족하여 아내가 보상심리로 남편에게 투사하는 경향이 있을 수 있다.

6) 드라이버에 따른 인생각본

〈내담자 1〉

특성 드라이버	과정각본	축소각본	허용
1-BC(1~2)	'까지'식 + '결코'식	스트레스 상황에서 현재 있는 그대로의 모습을 받아들이지 않고 '만약 ~이라면 OK'라는 사고방식으로 시작할 때, OK가 아닌 축소각본에 빠진다.	솔직히 개방하고 믿음을 가져도 좋다.
2-BS(3~4)	'결코'식 (생각만 하고 시도를 하지 않음)	• 몰이꾼: ~하는 한 OK, 무감정 • 제지꾼: 자기 탓, 죄의식, 근심 • 비난꾼: 네 탓, 비난, 의기양양한 • 낙담꾼: 무가치한, 무익한	있는 그대로도 괜찮다.

① 과정각본: 생각은 많으나 쉽게 실행으로 옮기지 못하며 몇 번의 생각 끝에 결정하며 안전하다고 확신이 설 때까지 시도하지 못하기 때문에 추진력이 부족하다. "망설이다 망한다."

② 축소각본: 안전하고 완벽해야 OK이다. 실수했을 때는 네 탓이나 다른 사람을 비난하는 비난꾼으로 변한다. 완벽하게 목표를 완성했을 때 자존감이 올라가고 괜찮은 사람이라는 생각이 든다.

③ 허용: '지금 있는 모습도 충분하다'는 생각을 가지고 살아간다. 솔직하게 자신을 개방하고 조금 부족해도 세상은 안전하다는 것을 믿는다. 포기하는 것을 배우도록 하고 한번 시작했더라도 상황이 바뀌면 미루거나 순위를 바꾸어서 하는 융통성을 가진다.

〈내담자 2〉

드라이버 \ 특성	과정각본	축소각본	허용
1-BS(5)	'결코'식 (생각만 하고 시도를 하지 않음)	스트레스 상황에서 현재 있는 그대로의 모습을 받아들이지 않고 '만약 ~이라면 OK'라는 사고방식으로 시작할 때, OK가 아닌 축소각본에 빠진다.	있는 그대로도 괜찮다.
2-PO(6~7)	'그 후'식 (뒷일에 대해 미리 근심 걱정함)	• 몰이꾼: ~하는 한 OK, 무감정 • 제지꾼: 자기 탓, 죄의식, 근심 • 비난꾼: 네 탓, 비난, 의기양양한 • 낙담꾼: 무가치한, 무익한	솔직히 개방하고 믿음을 가져라.

① 과정각본: 1번 드라이버일 때 자신의 진정한 욕구를 속으로만 생각하고 표현하지 못한다. 2번 드라이버일 때 아직 오지도 않은 미래의 일을 미리 걱정하고 근심한다.

② 축소각본: 자신의 마음을 잘 통제했을 때 OK이다. 그렇지 않을 때는 죄의식, 근심 등 제지꾼이나 무가치한 낙담꾼으로 변한다.

③ 허용: 자신의 마음과 생각을 솔직히 개방하고 있는 그대로의 모습을 받아들이고 믿음을 갖도록 한다.

내담자 커플관계 해석

두 사람 모두 BS 드라이버가 1~2순위로 잘 참고 견디는 힘이 있다. 자신들의 감정과 욕구를 더 소중하게 생각하고 감정을 살피고 충족하는 연습이 필요하다. 모두 편안한 마음으로 과제를 수행하도록 한다. 즐거운 마음으로 임하고 실수를 기꺼이 받아들이고 좀 더 개방적으로 생활하도록 노력한다.

7) 드라이버에 따른 전형적인 디스카운트와 상담의 쟁점

〈내담자 1〉

드라이버 \ 특성	전형적인 디스카운트	상담의 쟁점
1-BC (1~2)	• 능력이 있음에도 안전하다는 감각을 느끼지 못해 기꺼이 하겠다고 나서지 않는 것 • 자신이 수용 방법을 재고하는 것(핵심: 세상을 안전하다고 느끼는 것)	• 상처를 주고받거나 광기의 도피구를 막는다. • 안전한 환경을 만들고 천천히 신뢰관계를 쌓아 간다. • 타인과의 관계를 통해 두려운 감정을 처리하는 방법을 배운다. • 어린이 자아상태가 자유로워질 수 있도록 돕는다.
2-BS (3~4)	• 자신의 욕구나 감정을 인정하고 충족하기 위해 적절한 행동을 하는 것 • 자신의 힘이나 책임을 포기하는 것(핵심: 자신의 감정과 욕구를 수용 하는 것)	• 수동행동(아무것도 하지 않는 것, 과잉반응, 불안, 무능과 폭력)과 직면하게 한다. • 자신의 욕구나 감정을 소중히 하는 것을 돕는다. • 문제점을 확실히 인식하도록 돕는다.

① 전형적인 디스카운트: 1번 드라이버일 때 잘해야겠다고 생각하지 말고 부족하지만 이런 기회를 통해 배우겠다는 생각으로 적극적으로 참여하고 협조하는 것을 더 중요하게 생각한다. 2번 드라이버일 때 자신의 감정과 욕구를 더 소중하게 생각하고 충족하는 연습을 한다.

② 상담의 쟁점: 표현하고 싶은 말이나 행동이 있으면 점진적으로 진행한다. 급하게 서둘지 말고 단계적으로 접근하는 방안을 세운다.

〈내담자 2〉

드라이버 \ 특성	전형적인 디스카운트	상담의 쟁점
1-BS (5)	• 자신의 욕구나 감정을 인정하고 충족하기 위해 적절한 행동을 하는 것 • 자신의 힘이나 책임을 포기하는 것(핵심: 자신의 감정과 욕구를 수용하는 것)	• 수동행동(아무것도 하지 않는 것, 과잉반응, 불안, 무능과 폭력)과 직면하게 한다. • 자신의 욕구나 감정을 소중히 하는 것을 돕는다. • 문제점을 확실히 인식하도록 돕는다.

| 2-PO (6~7) | • 자신의 분노나 힘에 직접 접촉하는 것
• 타인을 기쁘게 하기보다는 스스로를 기쁘게 하는 것(핵심: 자신의 감정이 무엇인지에 대해 깊이 생각하는 것) | • 상담자와 진솔하게 감정을 나누기로 계약한다.
• 억압된 분노와 접촉하도록 하고 타인과의 경계를 분명히 하도록 한다.
• 스스로 생각하는 힘이나 능력에 대해 스트로크를 해 준다.
• 감정과 현실을 구분하게 한다. |

① 전형적인 디스카운트: 타인과 비교하는 행동, 자신의 장점을 보지 못하고 부족한 것만 크게 보는 성향을 바꾸도록 노력한다. 평상시에 있는 것에 감사하는 마음을 갖도록 한다.

② 상담의 쟁점: 누구보다도 자신이 가장 소중한 존재임을 인식한다. 인간은 누구나 부족할 수밖에 없다는 사실을 인정하고 받아들이게 한다. 잘하려고 하지 말고 적당히 하려고 노력한다.

내담자 커플관계 해석

커플 모두 참여하는 것 자체에 의미를 둔다. 있는 것에 감사하는 생활, 실수를 허용하는 삶의 자세, 현재를 즐길 줄 아는 삶을 살도록 한다.

8) 드라이버와 양육방식, 오염된 성격구조, 치료의 핵심

〈내담자 1〉

특성 드라이버	양육방식	불건강할 때		문제점	치료의 핵심
		태도	자아상태		
1-BC(1~2)	일치하지 않은	의심	Ⓟ에 의해 Ⓐ 오염, Ⓒ 배제	회피	세상은 안전하다고 느끼는 것
2-BS(3~4)	모호한, 주저하는	회피	이중오염 상태에서 Ⓟ가 Ⓒ를 비판, Ⓒ는 회피	과잉반응	원하는 것을 요구하는 것 홀로 서는 것

① 양육방식: 1번 드라이버일 때 원칙적이고 융통성이 없는 아버지와 사교적이고 의욕이 넘치며 수완이 좋은 어머니의 가치관 차이로 인하여 일관된 메시지를 보내지 못하는 상태의 양육을 받은 것으로 보인다. 2번 드라이버일 때 무슨 일이든 먼저 주도하지 못하고 주저하며 한 발 물러서려는 행동이 보인다.

② 불건강할 때: 부모로부터 물려받은 가치가 합리적 판단을 하는 데 방해를 하고 있으며, 어린이처럼 자유스럽고 즐거운 활동을 막고 있다.

③ 문제점: 갈등 상황에서 회피전략을 사용한다.

④ 치료의 핵심: 타인을 신뢰하지 못하는 경향이 있는데 지나치게 조심하고 신중한 태도를 개선하고 부족하고 실수해도 괜찮다는 생각과 세상은 안전하다는 생각을 가진다.

〈내담자 2〉

| 드라이버 \ 특성 | 양육방식 | 불건강할 때 | | 문제점 | 치료의 핵심 |
		태도	자아상태		
1-BS (5)	모호한, 주저하는	회피	이중오염 상태에서 ⓟ가 ⓒ를 비판, ⓒ는 회피	감정을 느끼고 수용하는 것이 어렵다.	원하는 것을 요구하는 것, 홀로 서는 것
2-PO (6~7)	타인을 기쁘게 하는 것을 강조하는	과잉 반응	ⓒ에 의해 ⓐ 오염	남과 의존적 관계를 맺기 쉽다.	스스로 홀로설 수 있다는 것, 도망가는 것을 중지하는 것

① 양육방식: 1번 드라이버일 때 너무나 바른 훈육과 모범적인 사람들의 일화와 성실하게 노력하여 성공한 사람들의 얘기를 늘 반복한다. 2번 드라이버는 주변 사람들과 즐겁고 좋은 관계를 유지하기 위해 노력한다.

② 불건강할 때: 지나친 가치판단적인 사고가 합리적인 생각과 판단을 가로막는다. 지나치게 옳은 것을 강조하여 바른 말의 가치가 퇴색되어 가족들에게 잘 통하지 않고 고리타분하게 들린다.

③ 문제점: 자신의 감정을 먼저 알아차리고 수용한다. 최근 들어서는 자신의 능력으로 잘 안 되기 때문에 의존하고 도움을 받고 싶어 한다.

④ 치료의 핵심: 자기 자신이 자신감을 가지고 편안한 마음으로 세상을 살아가도록 한다. 자신에게 먼저 인정자극을 주어 삶에 자신감을 갖게 한다.

내담자 커플관계 해석

모두 가치판단적인 경향이 강하다. 서로 원하는 것을 요구하고, 느긋하고 편안한 마음으로 살아가도록 한다.

5. 내담자 커플의 드라이버와 관계된 개선방안

1) 상담자가 본 내담자 커플의 문제

① 내담자 1: 갈등 상황에서 회피하고 관계를 단절하고 자기만의 세계로 도망친다.
② 내담자 2: 높은 기대와 완벽주의적 성향으로 인해 자신의 기대 수준에 미치지 못했을 때 상대를 인정하지 않고 비난하는 행위로 인해 가족과의 관계가 단절된다.

2) 내담자 커플의 현재 상태에 대한 개선방안

① 상담목표
　자신들의 완벽주의적/자기중심적 성격이 타인에게 미치는 영향을 알고, 상대방의 입장에서 생각하고 현실적인 기대수준을 갖는다.
② 상담계획
　심리검사를 통해 자신들의 성격특성을 깨닫고, 서로 상대방의 입장에서 생각하는 연습을 한다.
③ 상담전략
- 상대방의 입장에서 먼저 생각해 보고 나서 자신의 생각을 말한다.
- 갈등 상황에서 자신의 방식대로 대처하지 말고 마음을 열고 소통한다.
- 자신과 타인에게 관대한 기준을 적용한다. 특히, 타인의 부족한 점을 언급하지 말고 좋은 점만 언급하는 연습을 한다.

6. 상담과정과 상담결과

1) 상담과정

- 초기: 심리검사를 통해 자신의 성격특성을 이해한다.
- 중기: 서로의 입장에서 생각해 보는 연습을 지속적으로 한다.
  타인과 비교하지 않고 있는 그대로의 모습을 서로 인정한다.
- 종결: 관대하고 허용적이고 있는 그대로의 삶을 살아가도록 노력한다.

2) 상담결과

심리검사와 평상시 상담을 통해 자신들의 성격을 탐색해 왔으며, 서로가 자신의 성향을 알아차렸으나 현실적인 기대를 포기할 수가 없기 때문에 쉽게 변화를 가져오기는 쉽지 않았다. 좀 더 시간이 지나고 경험이 쌓이면 현실을 인정할 것으로 생각된다.

7. 상담자 총평

〈내담자 1〉

인생은 혼자 살아가는 것이 아니라 관계 속에서 살아감을 인식하고, 냉담하고 회피적인 삶의 자세를 버리고 주변 사람들에 대해 관심을 가지고 함께 살아가려고 노력한다. 먼저 나와 가장 가까운 가정에서 가족들을 기쁘게 하려고 노력하고, 가족들을 돕는 연습을 한다. 방 청소하기와 설거지하기 등을 시키기 전에 즐거운 마음으로 한다.

나와 생각이 다른 사람과도 맞춰서 생활해 보려는 태도가 필요하다. 다른 사람의 입장에서 생각해 보는 연습이 필요하다. 나의 성격은 내가 아니라 나의 것이다. 필요할 때 필요한 성격기능을 잘 활용하고 필요하지 않을 때 내려놓는 습관을 형성해야 한다.

〈내담자 2〉

남편과 자녀에게 현실적인 기대를 가지고 작은 노력이나 변화를 시도할 때 칭찬하고 격려한다. 먼저 삶의 모델을 보이는 것이 중요하다. 작은 것에 감사하는 삶의 자세를 가족들에게 보여 준다. 가정에서 가족들의 부족한 점보다는 장점을 찾으려고 노력하고 서로 칭찬하고 격려하는 가정 분위기를 만들어 간다.

나도 타인도 인간 그 자체로 소중하고 존중받을 존재임을 인정하는 노력이 필요하다. 상대방의 입장에서 생각해 보고 나의 성격특성이 상대방, 특히 가족구성원에게 어떻게 영향을 미칠지를 생각해 본다. 다른 사람들과 자주 부딪치는 이유가 무엇인지 그 사람의 입장에서 생각해 보는 연습이 필요하다.

가족의 문제는 상호 간의 역동관계에서 나타나는 결과임을 알아야 한다. 가족 중 어느 한 사람이 변화하면 그 변화가 다른 사람에게 영향을 미치는 순환적 관계임을 알아야 한다. 내가 먼저 행복해지면 다른 가족들도 영향 받음을 알고 내 자신부터 변화하고 내 자신부터 행복한 삶을 살아가도록 노력하고 실천하기를 바란다.

지금 이 순간 부부가 새로운 결단을 통하여 가족들이 행복한 삶을 선택하여 살아가기를 바란다.

편안한 대화를 원하는 부부

의사소통을 하기가 너무 힘들어요

상담자: 서경원

1. 내담자 기본 정보

내담자 1: 남편/성별: 남/연령: 54세/학력: 대학 졸업/검사일: 2018. 05. 07.
내담자 2: 아내/성별: 여/연령: 55세/학력: 대학 졸업/검사일: 2018. 05. 07.

1) 의뢰 경위 및 주 호소문제

① 의뢰 경위

부부는 서로를 존중하고 아끼는 마음이 있으나 심리검사 후 대화 시 가끔 나타나는 갈등(남편은 집요하게 대답을 요구, 아내는 멈춤이나 회피)에 대해 더 알고 싶어 상담에 임하게 되었다.

② 주 호소문제: "의사소통을 하기가 너무 힘들어요."

내담자 1: 가끔 아내와 대화가 되지 않는다. 내가 하는 말에 자신의 감정이나 생각 등을 그냥 얘기해 주면 되는데 주저하면서 "잘 모르겠다", "나중에 얘기하자"고 한다. 그래서 답답하다.

내담자 2: 대화를 할 때 잘 모르겠다고 하거나 지금 생각이 잘 나지 않는다고 하면 그대로 믿어 주고 기다려 주면 되는데 자꾸만 집요하게 자기가 듣고자 하는 말을 하도록 한다. 내가 말하는 그대로 받아 주면 좋겠다. 왜 이렇게 집요하고 민감하게 반응하는지 모르겠다.

2) 행동 관찰

내담자 1: 마른 체형에 깔끔한 인상이며, 파마를 한 머리는 상당히 개성 있어 보인다. 반지와 팔찌를 하고 있으며, 옷차림은 수수하다. 대화에 있어서 상대방을 배려하는 편이며, 상담 시에는 신중하고 조심성 있게 설명하는 편이고, 일상적인 내용은 가볍게 이야기한다. 대화 내용에 따라 말을 많이 하거나 간단하게 하기도 한다.

내담자 2: 보통의 체구에 웃는 인상이며, 염색한 머리 사이로 살짝살짝 흰머리가 보인다. 옷차림은 깔끔하고 액세서리를 하고 있다. 상담 내내 대화는 편안했으며, 자신의 이야기에 대해 어려워하거나 불편해하지 않는다.

3) 내담자의 자원

① 내담자 1
- 상황 판단과 분석력이 좋으며, 자신의 역할을 감당한다.
- 자신이 선택한 것에 대해서는 끝까지 최선을 다하는 성격이다.
- 배려 있게 상담에 임하며 참여하는 시간을 소중히 하려고 한다.
- 부모에 대한 애정과 자녀에 대한 애정이 강하다.
- 자신감이 있고 자신의 철학이 있다.
- 가족을 위하면서도 자신을 위한 시간 투자에도 적극적이다.
- 자녀양육에 있어 자녀들이 스스로 선택하고 자신의 인생을 결정하도록 한다.

② 내담자 2
- 신앙에 대해 깊이가 있고 적극적이고 열정적이다.
- 솔직한 편이고 다른 사람과의 대화를 불편해하지 않는다.
- 자신의 생각을 솔직하게 말하며 타인과의 관계를 개방적으로 접근한다.
- 사람 사귀는 것을 좋아하며, 인간관계가 좋다.
- 상담에 대한 긍정적인 기대가 있다.

4) 가계도

① 내담자 1

할아버지(사망): 젊은 시절 아내의 병사로 인해 혼자가 되었지만 추진력과 결단력, 리더십이 있어 사업을 하면서 집안을 이끌었다. 사업 실패로 농사를 지었지만 집안과 문중의 많은 대소사를 리드했다. 사업 실패와 건강 악화로 노년기 투병생활을 하다 생을 마감했다.

아버지: 어릴 때부터 운동을 좋아해 몸이 날렵했으며, 군에서 운전을 배워 운전기사로 평생 직업을 삼았다. 퇴직 후 농사를 지으며 시골 이장과 집안과 문중의 일을 도맡아 바쁘게 생활한다.

어머니: 결혼 후 남편은 타지에서 일을 하고, 시댁에서 홀시아버지를 모시고 세 자녀를 키우면서 농사를 지으면서 생활했다. 유교적인 집안에 며느리로 들어와 종교적인 박해와 시집살이를 기도로 인내하고 견디며 생활했다. 노년기에는 당뇨와 무릎 수술로 인한 육체적 고통을 견디며 생활하고 있다.

② 내담자 2

할머니(사망): 어릴 적 백내장으로 인해 앞을 보지 못했고, 그래서 보통 수준보다도 지능이 낮았던 할아버지와 결혼했지만 할아버지는 일찍 사망했다. 남편의 이른 부재에도 세 자녀를 양육하였다.

아버지(사망): 가장으로서의 역할을 어릴 때 부여 받았고 그로 인해 일찍 생계를 유지해야 하는 어려움이 있었다. 말수가 많이 적었고 무뚝뚝했다. 나이 차이가 많았던 막냇동생의 철없는 행동으로 경제적인 어려움까지 있어 많이 고단하고 고생스러운 삶이었다. 50대 초반의 나이에 암이 발병하여 사망하였다.

어머니: 외동딸로 태어나 농사일, 집안일 등으로 결혼 전부터 일이 많았고, 무뚝뚝한 남편으로 인해 앞 못 보는 시어머니에게 의지해서 4남매를 양육했다. 농사 등으로 인한 육체적 고통과 힘들었던 결혼생활을 신앙의 힘으로 이겨내며 생활했으며, 자녀들도 신앙을 통해 은혜 있는 삶을 살기를 바랐다. 척수에 생긴 종양 제거 수술 후 건강이 급격히 약화되어 몸과 마음의 기력이 약해져 집 안에서 간신히 거동하며 노년기를 보내고 있는 상황이다.

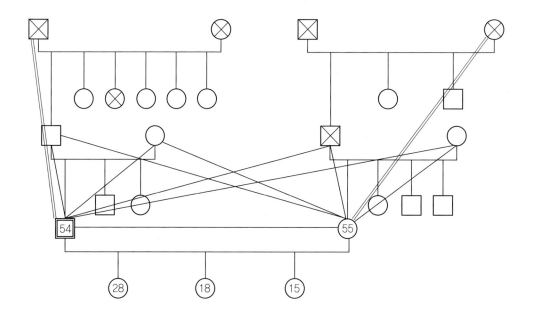

5) 생태도

　내담자 1: 남편은 어렸을 때 자신의 의지보다는 훈육적 관심에 의해 성장하면서 하라는 대로만 하고 살았고, 알아서 다 해 주는 것에 익숙해서 살았다. 부모보다 할아버지의 훈육에 의해 인생의 가치관을 수립하였다. 손이 귀한 집안의 장손인 본인에게 모든 것이 집중되어 많이 부담스러웠다고 한다. 지금도 동생한테 가끔 원망 섞인 말을 듣곤 한다. 결혼하고 난 후부터는 가족을 보살피고 자신뿐만 아니라 가족을 생각하면서 살아오고 있다. 현재는 직장생활이 전반적인 중심에 있고 집안일에도 관심을 가지면서 자신의 시간, 즉 취미생활과 자신에게 의미 있는 사람들과 어울려 가끔 시간을 보낸다. 직장과 집안일에 대한 구분을 명확하게 하려고 노력하는 편이고, 집에서는 자신과 가족에게 집중한다. 가족 안에서 자녀들보다는 아내에게 더 많은 에너지를 쓰고 관심을 가진다.

　내담자 2: 아내는 어릴 적부터 신앙이 깊고, 그 안에서 누림을 원한다. 1년에 한 시기씩 우울기 동안의 힘듦을 신앙 안에서 극복하려 애쓴다. 자상하고 세심한 남편과 이해심과 사랑 많은 시댁 어른들, 그리고 사랑스러운 세 딸이 있어 자신만 건강하다면 걱정이 없겠다는 말을 자주 한다. 사람들과 어울리는 데 너무나 자연스러운 성품으로 직장, 교회, 아이들 학부모 모임, 또래 모임 등에서 관계성이 좋은 편이다. 직장생활, 집안일, 신앙생활, 모임에 대부분의 시간을 할애하면서 보낸다.

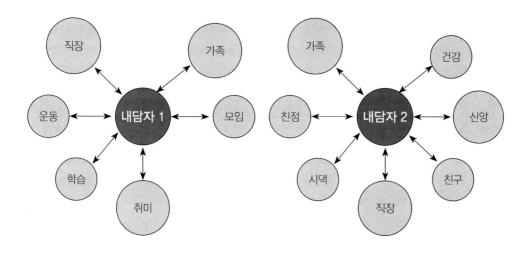

2. 내담자 검사 결과

〈내담자 1〉

드라이버 \ 구분	PO	TI	BS	BC	BP	TH	HU
점수	25	38	30	29	32	34	23
순위	6	1	4	5	3	2	7
등급	6~7	1~2	6~7	6~7	5	3~4	8~9

〈내담자 2〉

드라이버 \ 구분	PO	TI	BS	BC	BP	TH	HU
점수	33	28	29	29	32	29	26
순위	1	6	3	5	2	4	7
등급	3~4	6~7	6~7	6~7	5	6~7	6~7

\<CKDP 심리검사 체크리스트\>

내담자 1

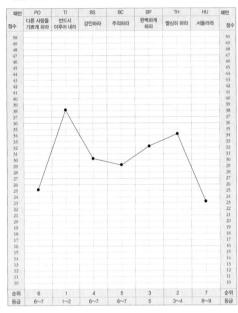

내담자 2

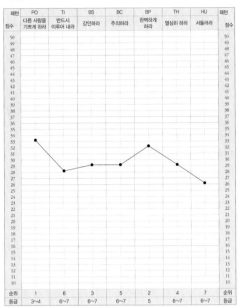

내담자 1: 1순위 TI(38점, 1~2등급), 2순위 TH(34점, 3~4등급), 7순위 HU(23점, 8~9등급)으로 1순위 TI가 역기능적으로 높다. 1순위 TI는 1~2등급으로 리더십, 사회적 갈등, 조작적이고, 이기적이며, 2순위는 TH 3~4등급으로 탐색적이고 의욕적이며 호기심 많고 끈질긴, 저항과 고집이 있다. 3순위는 BP로 5등급이며 신뢰적이고 책임감이 있으며 성실하고 계획적이다. 일부 일 중독과 느슨하기도 하다. 4순위는 BS로 6~7등급이며 침착하고 섬세하며 배려와 인내가 있고 일부 연연해하거나 불친절할 때도 있다. 5순위는 BC로 6~7등급이며 세심하고 신중하며 집중력 있게 일하는 반면 우유부단하거나 건성일 때도 있다. 6순위는 PO로 6~7등급이며 공감을 잘하고 재미있지만 한편으로 냉담하거나 무관심, 무미건조할 때가 있다. 7순위는 HU로 8~9등급이며 느림과 수동적이고 둔할 때가 있다. 남편은 전체적으로 에너지가 높은 편이며, 목표지향적이고 탐색적인 활동과 자신이 하고 싶은 대로 행동하고 싶어 하는 성향이다.

내담자 2: 1순위 PO(33점, 3~4등급), 2순위 BP(32점, 5등급), 7순위 HU(26점, 6~7등급)으로 1, 2순위 PO, BP가 주 드라이버이다. 1순위 PO는 3~4등급으로 공감과 사교적이며, 재미있는 반면 의존적인 경향도 나타난다. 2순위 BP는 5등급으로 신뢰성과 책임감, 성실함이 있다. 완고하거나 과잉성실함도 있다. 3순위는 BS로 6~7등급이며 배려심과 친절 등이 있고 인내심이 부족하거나 안절부절못할 때가 있다. 4순위는 TH 6~7등급으로 호기심은 있으나 위축되거나 의욕상실일 때가 있다. 5순위 BC는 6~7등급으로 집중력이 있으나 산만함과 우유부단함이 있다. 6순위 TI는 6~7등급으로 매력적이고 열정이 있는 한편 의존적이거나 리더십이 부족하기도 하다. 7순위는 HU으로 행동적이지만 느리고 둔하거나 수동적이기도 하다. 아내는 전체적으로 6~7등급이 많아 에너지가 낮아 보인다. 인간관계를 중시하며 사람 사귀는 일을 재미있어 한다. 과잉성실한 신앙 활동의 모습이 있다.

3. 드라이버에 따른 성격의 특성 및 기능

1) 드라이버에 따른 성격의 특성

〈내담자 1〉

드라이버 \ 특성	성격 기술
1(TI)	목표지향, 활력 넘치는 수완가, 달변, 사회적 갈등, 조작적, 카리스마, 이기적
2(TH)	탐색적, 타인의 통제에 저항, 문제해결에 수동적, 고집스러운, 잘못된 것을 잘 찾고 잘 지적, 장난기, 타인과 관계에서는 활동적
7(HU)	천천히, 약간 수동적, 느림, 무미건조, 정서적 반응이 느림, 관심 분야에 대한 열정

〈내담자 2〉

드라이버 \ 특성	성격 기술
1(PO)	타인의 감정에 대한 관심, 인간관계 중시, 에너지가 많음, 온정적인, 사교적, 자기중심성, 의존성
2(BP)	완벽주의자, 순응성, 과잉성실, 의무감, 성실함, 혼자 있을 때 행복
7(HU)	천천히, 수동적, 느림, 정서적 반응이 느림, 관심 분야에 대한 열정

내담자 커플관계 해석

남편은 1번, 2번 드라이버일 때 직장에서의 업무역량을 발휘하고 사람들에게 능력을 인정받는다. 역기능적일 때는 업무성과를 이루기 위해 몰입하고 갈등과 통제에 대한 저항을 감수하면서도 일을 추진한다. 잘 지적하고 불평불만을 이야기한다. 아내와 대화 도중 자신의 요구에 맞지 않는 대답은 끝까지 명확한 답을 요구해서 갈등을 일으키기기도 한다. 집안에서는 자신이 계획해서 가족을 동행하게 하고 여행을 간다. 역기능적일 때는 여러 가지 문제점을 고집하며 장소도 잘 정하지 않고 미루기도 하면서 갈등이 생긴다.

아내는 1번, 2번 드라이버일 때 관계를 중시하며 직장에서 사람들의 관심을 받고, 일을 함에 있어서도 성실하고 완벽해서 인정을 받는다. 가정에서도 남편의 이끎에 온정적이며 잘 따라 주어 문제가 해결되도록 한다. 역기능적일 때 성가대, 예배, 교회 모임 등에 제대로 참석할 수 없는 경우에 스트레스를 받고, 타인에 대해 별로 관심을 두지 않는다.

7번 드라이버일 때 남편과 아내는 느긋한 태도로 서로에게 집중해서 잘 맞는 분위기가 연출된다. 남편은 식사를 천천히 한다거나 걸음도 편안하고 천천히 걷는 걸 좋아한다. 남편은 취미생활을 아주 즐겁게 하며, 아내는 신앙활동에 열정적이다. 역기능적일 때 모임에 늦거나 머뭇거리는 경향이 많고, 어떨 때는 성급하게 판단하기도 한다.

2) 드라이버에 따른 순기능과 역기능

〈내담자 1〉

드라이버 \\ 특성	순기능	역기능
1(TI)	매력적인 카리스마를 지니고 있으며, 타인을 이끌면서 사회에서 신화를 만들어 낸다. 훌륭한 촉진자이다. 행동하기를 좋아한다. 매력으로 보이게끔 하며 좋은 인상을 줄 수 있는 모습을 좋아한다. 능동, 수동, 참여, 회피 등 모든 영역을 오간다.	자신이 직접 할 수 있음에도 불구하고 타인을 조작하거나 이용하려 한다. 상황을 경쟁적으로 만드는 경향이 있다. 타인과 친밀한 시간을 원하지만 친밀한 시간에 갇히거나 통제된 상황을 두려워한다.

드라이버 \ 특성	순기능	역기능
2(TH)	유희적 어린이 자아상태 에너지를 많이 가지고 있으며 즐거운 것을 좋아한다. 훌륭한 친구가 될 수 있는 사람이다. 훌륭한 탐색가이자 비평가이다. 자신이 흥미를 추구하는 데 집요한 성향을 보인다. 대단한 열정으로 일을 시작하고 문제해결을 위해 모든 가능성을 실천에 옮긴다. 집단에서 타인과 관계 맺기를 좋아한다.	자신이 정한 방식대로 살기를 결심한 사람이며 타인의 어떤 지시에도 따르기를 거부한다. 자신이 원하는 것을 얻지 못했을 때 매우 불만스러워한다. 수동적이며 의존적 경향이 있어 타인들로부터 관심을 받는 것을 좋아하지만 부정적인 방법으로 관심을 유도한다. 해야 할 일을 많이 만들기를 좋아한다.
7(HU)	여유로운 시선으로 즐길 수 있으며 편안한 느낌을 주기도 한다. 침착하게 다른 사람에게 피해를 주지 않으면서 일을 처리한다. 정보를 많이 받아들여 실수가 적고 안정적이다. 관심이 있는 분야에 대해서는 열정적이다.	에너지가 적고 느리기도 하다. 둔하고 수동적으로 다른 사람의 행동을 기다리기도 한다. 무엇이든 충분한 정보를 받아들여야만 행동하기도 한다. 관심이 없는 분야는 수동적이다.

〈내담자 2〉

드라이버 \ 특성	순기능	역기능
1(PO)	타인과 관계를 즐기고, 좋은 기분이 들도록 만드는 특성이 있다. 매우 높은 에너지를 가지고 있다. 공동체의 사기를 올리는 데 탁월하다. 타인과 잘 어울리는 경향이 있으며 집단에 관여되는 것을 즐긴다. 문제를 해결해야 할 때나 사회적 상호작용이 필요한 경우 능동적 참여를 한다.	정서적으로 매우 과도해지는 경향이 있어 흥분을 잘하고, 과도한 반응을 보이며 정서적으로 불안해 보인다. 자기중심적이며, 허영심이 있어 보인다. 타인이 비판하면 당황스러워한다. 의존적일 때는 적절한 자기통제를 못할 때가 있다. 타인에게 자기주장과 정당한 비판을 하지 못한다.
2(BP)	일반적으로 책임성 있고, 성실하며 믿을 수 있는 사람이다. 이들은 열심히 일하며, 예의범절을 지키는 사람이다. 차림새가 단정하고, 완벽하게 보이려는 경향이 있다. 일반적인 문제해결과 상호작용의 형태는 먼저 접근하고 집단보다는 소수의 사람과 관계 맺기를 선호한다.	자신이 이룩해 놓은 것을 즐기지 못한다. 강한 자기 규제를 지닌 완벽주의자이며 과도한 성실함과 의무감을 가지고 있다. 따라서 완벽하게 마무리할 수 없을 때 스트레스를 받는다. 타인을 믿지 못해 일을 위임하지 못하여 일을 혼자 다 한다.
7(HU)	마음을 먹고 나면 신속하게 자기 일을 마무리한다. 바쁠 때 집중력이 좋아 일을 잘 처리하며 마감시간을 잘 지킨다. 여유를 즐길 수 있으며 편안한 느낌을 주기도 한다. 침착하게 다른 사람에게 피해를 주지 않으면서 일을 처리한다.	계획된 것을 미루어 제대로 시작하지 못할 때도 있으며, 시작하고 난 후 급하게 마감하여 업무를 처리한다. 에너지가 적고 느리기도 하다. 둔하고 수동적으로 다른 사람의 행동을 기다리기도 한다.

내담자 커플관계 해석

내담자 부부의 검사 결과를 보면 먼저 남편은 활기차고 목표지향적이어서 직장생활을 하면서도 조직을 성장·확대시키고 급여와 보상을 올리는 일이 힘들었지만 좋았다고 한다(1번, 2번 드라이버). 그러면서도 타인을 참여시켜 업무의 성과를 내고자 하며(1번 드라이버), 자신의 방식을 부정한 지시는 견딜 수 없어 직장을 그만두기도 한다(2번 드라이버). 자녀들도 자신의 계획을 만들어 목표를 하나씩 이루어 나가길 희망하며 아빠로서 그런 것에 중심을 두고 양육에 힘쓴다(순기능과 역기능이 동시에 나타남). 취미생활에 있어서도 동호회에서 시작한 지 얼마 되지 않아 열정적인 활동으로 운영진에 합류하여 전체적인 운영을 이끌고 있다(7번 드라이버).

아내는 직장에서나 교회에서나 관계지향적인 모습으로 성실하고 책임감 있게 잘 해결하며, 좋은 이미지를 유지하고 있으며 즐겁게 생활한다(1, 2번 드라이버). 역기능적일 때 가정의 경제적인 부분에 대해 남편에게 많이 의존적이고, 당황스러워하며 정서적으로 과도하게 반응하기도 한다. 또 신앙생활도 남편이 보기에는 충분하지만 본인은 연습이나 참여, 신앙활동이 자신의 기준에 완벽하지 않아 스트레스를 받는다. 직장생활에 있어 연륜이 있는 분들과 업무를 진행함에 있어서도 집중하여 열정적으로 진행하여 칭찬을 받으면서 일한다.

남편과 아내의 주 드라이버가 좌측과 우측의 균형을 유지하며 순기능으로 작용하고 신뢰롭지만 주 드라이버의 관계지향적이거나 성취지향적인 부분의 갈등이 발생할 수 있다.

4. 1번과 2번 드라이버에 따른 성격특성과 해석

1) 드라이버에 따른 조기결단, 부정적 인생태도, 경계

〈내담자 1〉

드라이버＼특성	조기결단	인생태도	경계	
			자기감	인간관계
1(TI)	사람을 신뢰할 수 없어, 조작해서라도 내가 원하는 것을 얻을 것이다.	III	경직	경직
2(TH)	나는 살아남기 위해서 투쟁해야만 한다. 그것은 내가 획득한 것을 지켜야 하기 때문이다.	IV	산만	경직

① 조기결단: 1번 드라이버일 때 조작해서라도 내가 원하는 것을 얻을 것이다. 할아버지의 지나친 보호는 다른 가족들이 동생들에게 관심을 주는 상황을 두고 볼 수 없어 은연 중 동생들을 조작하여 나에게 관심이 오게 한다. 이런 조기결단은 직장 일을 함에 있어 다른 직원들이 함께 참여할 수밖에 없게 만들거나 업무량이나 성과를 내가 원하는 방향으로 달성하여 수당이나 급여 상승을 만들어 내고 만다. 또한 서로의 의견이 충돌하는 부분에 대해서는 과하게 표현하거나 한쪽이 양보를 하게 만들어서라도 나의 성과로 만들어 낸다.

2번 드라이버일 때 살아남고 지키기 위해 장손으로서의 위치를 지켜내고 권위 있게 되기 위해 할아버지의 손을 빌어 가족을 통제하거나 나에게 피해가 가지 않게 하고(심지어 부모까지도), 쉽게 휘둘리지 않기 위해 속내를 잘 표현하지 않고 무겁게 행동한다. 직업군인으로서 혼자서 다른 사람이 보기에 괜찮은 모습이어야 한다는 강박을 가지고 혼신의 힘을 다해 투쟁하며 살아가고 있다.

② 인생태도: 1번 드라이버일 때 부정적인 상황에서 III 영역으로 가게 된다. 자기긍정, 타인부정으로 나는 믿을 수 있지만 타인은 비판하고 불평하는 태도를 보인다. "내가 여러 번 얘기했는데 이번 달 집안 경제가 마이너스인 것은 당신이 제대로 가계부를 쓰지 않고 내 말대로 하지 않았기 때문이다."라고 한다. 2번 드라이버일 때 IV 영역으로 가게 되며 만사무용의 태도를 취하게 되어 누구도 믿을 수 없다고

하기도 하고 소파에 기대고 앉아 아무것도 하지 않기도 한다.

③ 자기감 경계: 1번 드라이버일 때 자기감은 경직으로 ⓅⒶⒸ의 에너지의 흐름이 유연하지 못하고 융통성이 부족하여 문제해결 기술이 떨어진다. 직장에서나 집 안에서나 다른 사람의 조언을 잘 듣지 않고, 자기 생각대로 한다. Ⓐ 자아는 Ⓒ 자아에 의해 오염되어 있고, Ⓟ 자아가 배제되어 있어 부인과 타협하지 못하거나 상급자에 대해 저항하는 경향이 나타난다.

2번 드라이버일 때 '산만'으로 Ⓒ 자아가 Ⓐ 자아를 침범하여 망상적 태도로 Ⓐ 자아가 혼란스러울 때 작은 일도 쉽게 결정하지 못하고 고민하면서 아내가 해결해 주기를 바라기도 한다.

④ 인간관계 경계: 1번, 2번 드라이버 모두 경직으로 경직된 상태에서는 다른 생각을 하지 않고 다른 사람 말도 잘 듣지 않아 타인과의 상호작용에 어려움이 생긴다. 직장에서 문제가 생길 때 타인의 의견을 수용하지 못하고 다른 사람을 내세워 해결하기를 바라거나 집안일에도 아내가 나서 주기를 바라는 회피적인 행동을 한다.

〈내담자 2〉

드라이버＼특성	조기결단	인생태도	경계 자기감	경계 인간관계
1(PO)	나는 당신을 즐겁게 해 주고 행복하게 해 줄 것이다.	II	산만	산만
2(BP)	나는 완벽해지기 위해서 최선을 다할 것이다.	II	산만	경직

① 조기결단: 1번 드라이버일 때 '나는 당신을 즐겁게 해 주고 행복하게 해 줄 것이다.' 어린 시절부터 자신의 감정과 욕구를 부모가 들어주지 않았고, 성적이 좋으면 간신히 할머니로부터 칭찬과 격려, 인정을 받았다. 동생들이 많아 장녀로서 돈을 먼저 벌어야 했기 때문에 인문계 고등학교에 가지 못하고 여상에 진학했다. 자신의 욕구는 무시된 채로 부모의 기대와 욕구를 위해 행동한다. 집에서도 자신의 생각보다는 남편이나 자녀의 요구에 따라 식사를 준비하거나 따라 준다. 2번 드라이버일 때 신앙생활을 잘하는 것이 어머니에게 칭찬받는 유일한 길이어서 모든 활동에 참여하면서 칭찬받기 위해 최선을 다한다.

② 인생태도: 1번, 2번 드라이버일 때 모두 II 영역으로 가는 인생태도를 보인다. 자

기부정, 타인긍정에 대한 자기비하, 회의, 자책 등의 태도를 보인다. 따라서 남편과 갈등이 생길 때 대부분 자신이 잘못해서라고 생각하거나, 자녀들이 자신의 역할을 못하거나 잘못했을 때 내가 제대로 돌봐주지 않아서라고 자책을 한다.

③ 자기감 경계: 1번, 2번 드라이버 모두 부정적으로 갔을 때 ⓟ와 ⓒ가 ⓐ 자아를 침범하여 객관적이고 합리적인 판단을 하기 어려우며 편견과 망상으로 진행될 수 있다. 자기감은 산만한 유형으로 자신에 대해서도 정확한 통찰이 어려우며 정서적으로 불안하여 남편과의 갈등이 생길 때 제대로 말하지 못하고 머뭇거리거나 불안한 감정과 불편함이 생긴다. 이럴 때 혼란스러워하고 작은 집안일도 제대로 결정하지 못하는 때가 있다.

④ 인간관계 경계: 1번 드라이버는 '산만'으로 부부의 대화 갈등이 생길 때 남편의 말이 귀에 들어오지 않고 자신의 생각에 사로잡혀서 마음의 문을 닫는다. 회복하는데 시간이 오래 걸리기도 한다. 2번 드라이버는 '경직'으로 타인에 대한 신뢰가 낮고, 목표 달성을 위해 에너지를 집중하므로 타인과의 관계에서 상호작용의 어려움이 있다. 직장에서 다른 사람을 전혀 생각하지 않고 자신의 결정대로 하면서 다른 사람과 잠시 단절되기도 한다.

내담자 커플관계 해석

남편은 어떻게 해서든 자기 성취와 성공을 이루고 자신의 것들을 지켜야 한다고 생각하고 가족에게나 직장에서나 자신의 의도대로 진행되도록 한다. 다른 사람의 말을 잘 듣지 않고 통제하거나 핑계를 대면서 회피하기도 한다. 반면에 아내는 주변 사람을 행복하게 해 주려는 목적으로 인정과 칭찬을 받기 위해 자기 생각보다는 주변의 요구를 수용하면서 성장했고 민감한 대화의 갈등이 생길 때는 자신을 탓하거나 제대로 자신의 의견을 표현하지 못하고 머뭇거리고 불안해한다. 이런 경우 대화가 단절된다.

☞ 개선방안

남편은 부인을 위해 관심을 가지고 돌봐줄 수 있는 노력(+NP)이 필요해 보이고 아내는 남편의 성취 노력이나 결정, 판단을 격려해 주거나(+NP) 또는 노력을 존중해 주려는 (+CP) 시도가 필요해 보인다.

2) 드라이버에 따른 성격적응 유형과 반응

〈내담자 1〉

특성 드라이버	성격적응 유형	양면성		타인에 대한 반응	문제해결에 대한 반응
		긍정성	부정성		
1-TI(1~2)	매력적 조작자 (반사회성)	수완력	조작	참여(외향), 회피(내향)	능동, 수동
2-TH(3~4)	유희적 반항자 (수동-공격성)	탐색적	저항	참여(외향)	수동

① 성격적응 유형: 1번 드라이버일 때 활력이 넘치는 수완가, 훌륭한 촉진자로서 매력적이지만 반사회성의 행동으로 조작을 해서라도 목표를 달성하려는 부정의 극단을 나타낼 수 있다. 직장에서는 업무의 성과를 나타내고 의욕적이지만 어려움이 생길 때 기관이나 당사자의 의견을 따로 만나 내가 의도하는 방향으로 몰아서 해결한다. 2번 드라이버일 때는 탐색적 분석가의 모습으로 집단에서는 타인과 관계 맺는 것을 좋아하지만 자신의 목적을 달성하지 못했을 경우 불만스럽고 부정적인 관심을 보일 수 있으며, 일을 미루기도 한다. 교회 모임이나 동호회 모임이 있을 때 즐겁게 시간을 보내고 오지만 다 끝나고 난 후에는 자신과 맞지 않는 의견에 대해 불평하거나 비판한다.

② 양면성: 1번 드라이버일 때 열정적이고 성과적인 매력이 있어 직장에서나 집안에서 좋은 인상을 가지기도 한다. 그렇지만 상황이 제대로 진행되지 않을 경우 조작적 환경에 의해 제대로 달성되지 못하고 스스로 통제되는 어려운 상황에 처하기도 한다. 2번 드라이버일 때 직장 일이나 취미생활에 있어 성과 있고 발전적인 진행이 가능하도록 한다. 다만, 제대로 되지 않을 때 타인의 지시에 따르지 않으며 매우 불만스러워하고 저항적이 된다.

③ 타인에 대한 반응: 1번 드라이버일 때 참여(외향)와 회피(내향)를 오가는 경향이 있어 집단의 소모임을 가질 때 적극적으로 참여하여 관계 맺기를 선호하는 경향이 있으며, 마음에 들지 않을 때는 선호하지 않는 상황에서는 회피적이다. 2번 드라이버일 때 탐색적이지만 자신이 원하는 것을 얻지 못했을 때 불평불만을 한다.

④ 문제해결에 대한 반응: 1번 드라이버일 때 문제해결에 대한 상황을 자신의 영역

안에서 가능할 때 대부분 능동적인 반응을 보이고 제대로 처리할 수 없을 때 수동적인 반응까지 유동적이고, 해결하기 곤란한 문제일 경우 탐색적 활동으로 수동적인 반응의 경향성을 나타낸다. 2번 드라이버일 때 자신의 문제를 제대로 해결하지 못해 불편해하며 말을 잘하지 않는다.

〈내담자 2〉

특성 드라이버	성격적응 유형	양면성		타인에 대한 반응	문제해결에 대한 반응
		긍정성	부정성		
1-PO(3~4)	열정적 과잉반응자 (연기성)	친밀성	과잉반응	참여(외향)	능동
2-BP(5)	책임감 있는 일 중독자 (강박-신경증적)	정확성	과잉성취	회피(내향)	능동

① 성격적응 유형: 1번 드라이버는 열정적 과잉반응자로 신앙활동처럼 본인이 옳다고 생각하는 일에는 열정적 과잉반응을 보이지만 2번 드라이버일 때는 일에 있어 직장 업무를 진행함에 있어 계획적으로 본인의 욕구에 맞게 높은 성과를 보이나 잘 되지 않을 때 스트레스를 받는다.

② 양면성: 1번 드라이버일 때 사람들과의 인간관계를 중요시하면서 친밀감을 가지는 긍정성을 가지지만 부정성을 보일 때는 남편 모임의 사람, 장소 등을 꼬치꼬치 캐묻는 경향이 있다. 2번 드라이버일 때는 성실하게 자기 일을 끝까지 책임을 지지만 자신의 건강을 돌보지 않을 때도 있다.

③ 타인에 대한 반응: 1번 드라이버일 때 안정된 상황에서는 적극적으로 참여하지만 2번 드라이버로 갈 때는 회피하거나 무관심하게 행동하는 경향이 있어서 문제가 해결될 때까지 타인과의 교류를 회피하거나 남편에게 마음의 문을 닫고 피상적인 역할에만 집중한다.

④ 문제해결에 대한 반응: 1번, 2번 드라이버일 때 문제 파악이 될 때까지는 신중하게 고민하고 생각하지만, 확신이 서면 능동적이어서 갈등을 일으킨 당사자나 남편과의 갈등 요소를 침착하게 자신의 객관적인 방법으로 처리해 나간다.

내담자 커플관계 해석

남편은 성과지향적인 목표를 나타내며 수완력 있게 상황에 대한 분석과 판단이 이루어지며, 결과를 얻고자 노력하고 자신의 방식대로 추진해 나간다. 그래서 아내는 남편이 원하는 답이 아닐 경우에는 재차 계속된 질문을 통해 답을 얻고자 하는 행동이 불편하고 부정적 경험으로 자극이 되며 부부갈등이 진행되기도 한다. 남편은 아내가 생각하고 결정하는 데까지 기다리려는 노력이 필요하며, 그 이후 자연스러운 대화가 이어지도록 하는 노력이 필요하다.

☞ 개선방안

남편은 자신의 관점이 아닌 아내의 의견이나 다른 사람의 생각을 그대로 인정하거나 수용하려는 노력이 필요하고 아내는 자신의 감정과 의견에 대한 솔직한 표현을 하려는 노력이 필요하다.

3) 드라이버에 따른 선호하는 의사소통 방식

〈내담자 1〉

드라이버 ＼ 특성	Ware의 의사소통 방식			Kahler의 의사소통 방식	
	개방문	표적문	함정문	채널	자아상태 기능
1-TI(1~2)	행동	감정	사고	정서적인, 양육적인, 지시적인	+FC → +FC +NP → +FC +CP → A
2-TH(3~4)	행동	감정	사고	정서적인	+FC → +FC

① Ware의 의사소통 방식: 1번, 2번 드라이버일 때 접촉문은 '행동'이다. "그렇게 했을 때 어떠셨나요?"로 질문을 시작하고 이 행동을 통해 안정감을 가지고 실질적인 변화를 위한 표적문, 즉 감정을 통해 원활한 소통과 변화의 시작이 되며("그때의 느낌을 알려 주실 수 있을까요?", "그때 정말 좋았겠어요."), 정서적인 경험의 기회를 부여해 주는 적절한 허용이 되도록 하고 난 후 마지막 함정문을 통해 통합과 변화가 이어지도록 한다. 함정문인 사고방식에 대해 지적했을 경우 대화의 문을 닫아 버릴 가능성이 크다.

② Kahler의 의사소통 방식: 1번 드라이버의 경우 공히 정서적인 채널을 통해 라포 형성과 소통이 되도록 해야 하고, 의사소통 방식은 +FC, +NP, +CP 기능을 사용하여 긍정적이며 따뜻한 감정의 언어를 사용하여 즐겁게 상호작용하도록 한다. 2번 드라이버일 때 정서적인 채널을 통해 소통하고 자아상태 기능은 (+FC) 상태에서 긍정적이고 밝은 교류가 효과적인 의사소통이 될 것이다.

〈내담자 2〉

특성 드라이버	Ware의 의사소통 방식			Kahler의 의사소통 방식	
	개방문	표적문	함정문	채널	자아상태 기능
1-PO(3~4)	감정	사고	행동	양육적인	+NP → +FC
2-BP(5)	사고	감정	행동	정보적인	A → A

① Ware의 의사소통 방식: 1번 드라이버일 때 개방문은 감정이며 가장 에너지가 많은 개방문으로 라포 형성을 하여 대화를 시도한다. "지금 기분은 어떠세요?" 아내와의 의사소통은 감정을 통해 접촉하고 정서적인 의사소통을 통해 깊이 있는 사고를 하도록 도움을 주며 함정문을 통해 통합과 개선이 이루어지도록 한다.

2번 드라이버일 때 개방문은 사고이며 개방문인 사고로 라포 형성을 하고 난 후 깊은 감정의 만남과 소통을 통해 사고와 감정의 통합이 일어나 행동이 변화되도록 한다.

② Kahler의 의사소통 방식: 1번 드라이버는 의사소통에서 라포 형성은 양육적인 채널을 통해 소통하고 +NP 기능을 통해 공감과 따뜻한 격려는 활력과 신바람의 자아기능(+FC)이 활성화될 수 있도록 할 것이며, 2번 드라이버는 여러 가지 정보와 사실을 중심으로 현실 판단적 기능(A)을 사용하여 논리적·원칙적으로 대화할 때 효과적으로 의사소통할 수 있다.

내담자 커플관계 해석

의사소통 방식을 살펴보면 남편은 개방문을 행동으로 시작하고 라포 형성을 하여 감정을 깊이 있게 느끼고 교류하며, 공감하는 소통을 할 때 효과적으로 의사소통할 수 있다. 하지만 아내의 개방문은 감정과 사고로 시작된다. 서로 다른 개방문 시작점이 충돌되거나 의사소통의 어려움을 초래할 수 있다. 그렇지만 남편과 아내 모두 양육적인 채널을 통한 소통이 가능하며 +NP 기능의 소통이 가능하므로 서로를 격려하고 보호하며 편안한 소통이 될 수 있다. 특히, 남편이 얼마나 탁월한 행동을 했는지에 대한 내용의 소통 시작이나 아내가 어떤 감정인지를 아는 대화는 대화의 질을 높이고 편안한 소통 시작이 될 것이다.

☞ **개선방안**

아내는 남편의 사고방식에 대한 지적하지 않아야 하고 이루어 낸 행동에 대해 칭찬하도록 하면서 접근하고, 남편은 먼저 아내의 감정을 읽어 주면서 대화를 시작해야 한다.

4) 드라이버에 따른 선호하는 적응방식

〈내담자 1〉

특성 / 드라이버	타인과 관계 맺는 방식	위협에 대한 반응	만족을 주는 시간의 구조화	실행적 · 생존적 적응
1-TI(1~2)	먼저 상황 평가	이득을 얻기 위해 타인을 조종	게임 그리고 잡담	상황을 어림잡아 파악하고 자신의 이득을 위해 어떤 조치를 바로 취할 수 있는가?(생존)
2-TH(3~4)	반응	불평하며 싸움	잡담 그리고 게임	자신의 방식을 고수하고자 다른 사람의 기대에 대항하여 지속적으로 투쟁 하는가?(실행)

① 타인과 관계 맺는 방식: 1번 드라이버일 때 사람보다는 그 상황을 먼저 평가하고 판단하여 사람들과의 관계와 관계적 연결고리를 파악하여 어떻게 할지를 판단하고 타인과의 관계를 형성한다. 기본적으로는 적극적이고 활동적으로 타인에게 먼저 다가가는 방식의 관계를 선호한다. 2번 드라이버일 때는 물어보거나 확인하는 등 주변과 상황에 대한 반응을 보고 관계 맺는다.

② 위협에 대한 반응: 1번 드라이버일 때 목적 달성을 위해 상황과 사람을 자기에게 유리하게 조정하여 목적한 것을 이루려고 하며, 2번 드라이버일 때 불평을 통해 갈등이 발생하고 싸움을 하기도 한다.

③ 만족을 주는 시간의 구조화: 1번, 2번 드라이버일 때 가까운 사람들 또는 동호회, 모임의 사람들과 즐거운 잡담으로 사람들과 시간을 보내기도 하고 혼자 있는 경

우에는 자신의 게임을 즐기기도 하는 등 중요한 시간을 보낸다.

④ 실행적·생존적 적용: 1번 드라이버일 때 자신에게 일어나는 상황, 자신이 처한 상황 판단이 이루어지며, 그에 따라 업무적으로나 개인사, 가정사의 일에서나 자신에게 이득이 될 수 있는 조치를 취하곤 한다. 2번 드라이버일 때 자신에게 주어진 상황을 자신의 방식대로 끝까지 고수하고자 하며, 그것을 위해 끝까지 노력하며 안 될 경우에는 대항하며 퇴사를 감행하는 등 실행적 반응을 한다.

〈내담자 2〉

특성 드라이버	타인과 관계 맺는 방식	위협에 대한 반응	만족을 주는 시간의 구조화	실행적·생존적 적용
1-PO(3~4)	감정	감정이 과도하게 상승	잡담 그리고 게임, 친밀	주변의 모든 사람을 행복하게 좋은 느낌을 가질 수 있도록 에너지를 쓰고 있는가?(실행)
2-BP(5)	사고	경직된 이성작용으로 대응	잡담 그리고 게임	자신이 가장 올바르다고 생각하는 일을 가장 성실하게 하려고 하는가?(실행)

① 타인과 관계 맺는 방식: 1번 드라이버일 때 타인과 관계 맺는 방식은 감정이다. 감정의 교류를 통해 친밀감을 느끼거나 남편과 감정의 교류를 통해 평상시 친밀감을 느끼는 대화를 나누며 남편에게 공감을 받는 대화를 한다. 2번 드라이버일 때 타인과 관계 맺는 방식은 사고이다. 정보의 의견 교환을 통해 서로 나눌 때 대화가 잘 이루어진다.

② 위협에 대한 반응: 1번 드라이버일 때 감정이 과도하게 상승하여 남편을 당황하게 하는 경우가 생기고, 자기통제도 쉽지 않으며, 때로는 신체화 증상으로 몸이 아프기도 한다. 2번 드라이버일 때 남편과 대화 갈등 시 머뭇거리거나 표현을 하지 않는 등 경직된 반응으로 대응한다.

③ 만족을 주는 시간의 구조화: 1번 드라이버일 때 주변 사람들과 어렵지 않게 즐거운 주제의 잡담을 나누며, 친밀감 있는 언행으로 인간관계를 유지하는 시간을 많이 보낸다. 또한 신앙생활을 통해 자신에게 주어진 시간들을 주변 사람들과 나누며 시간을 보낸다. 2번 드라이버일 때 주변 사람들과 많은 이야기를 하며 즐거워한다.

④ 실행적·생존적 적용: 1번 드라이버일 때 주변의 관계 맺고 있는 사람들과 이야

기를 잘 들어주거나 먼저 연락하면서 편하게 해 주기 위해 노력한다. 어린 시절 무뚝뚝하고 애정 표현이 적은 부모를 행복하게 해 주기 위해 성적을 잘 받거나 교회에서도 모든 활동에 참여하여 주변 사람들이 좋아하게 하는 노력에 에너지를 사용했다. 2번 드라이버일 때 교회 안의 신앙활동이 중심이 되어 어느 것 하나도 빠트리지 않고 참가한다.

내담자 커플관계 해석

자기를 보호하기 위한 생존 방식으로 아내는 주변의 모든 사람을 행복하게 해 주기 위해 관계를 중시하고 좋은 인상을 주려고 하며, 모범적이고 순종적이기도 하다. 이런 행동이 주변 사람들에게 신뢰를 받을 수 있다고 생각하고, 남편은 생존을 위해 자신을 보호하고 이득을 위해 조치한다. 대화를 할 때도 자신의 방식대로 정확한 것을 요구하기도 한다. 반응을 먼저 살피거나 관찰하는 등 자신에게 도움이 되는 지를 본다.

☞ 개선방안

자신의 방식대로 자신의 이익을 위해 삶에 적응하는 남편과 다른 사람을 행복하게 해 주고 싶은 아내의 적응방식이 시간의 구조화를 통해 상호 보완적으로 진행된다면 친밀한 성장의 기회가 될 것으로 보인다.

5) 불건강할 때 전형적인 심리게임, 금지령, 라켓

〈내담자 1〉

드라이버 \ 특성	심리게임	금지령	라켓
1-TI(1~2)	• 네가 할 수 있다면 나를 잡아 봐 (우위 점하기) • 경찰과 도둑(비난하기) • 법정 공방(합리화, 정당화하기)	• 생각하지 마라. • 친해지지 마라. • 슬픔(두려움)을 느끼지 마라.	혼란, 분노(두려움과 슬픔을 가린)
2-TH(3~4)	• 나에게 뭔가를 하라(불평하기, 조종하기) • 나를 차라(비난, 경멸 유발하기)	• 감정을 느끼지 마라. • 성장하지 마라(나를 떠나지 마라). • 신뢰하지 마라.	좌절(마음의 상처를 가린)

① 심리게임: 1번 드라이버일 때 주로 내담자는 '네가 할 수 있다면 나를 잡아 봐.'(우위 점하기) 게임에 빠진다. 아내가 피곤해하거나 힘들어할 때 잘 받아 주면서 자신이 좀 더 잘해 주지 않아서라고 하지만 아내가 표현을 잘 못하고 머뭇거리거나 말문을 닫을 때 왜 제대로 말을 못하냐며 아내를 비난하는 박해자가 된다. 부적절한 우월감으로 종결한다.

2번 드라이버에서 '나에게 뭔가를 하라'(불평하기, 조종하기)로 남편은 집안일을 열심히 하면서 아내에게 칭찬받는 기대를 하고 칭찬 받을 때 좋은 관계를 가지나 반응이 없거나 당연시할 때 불평하면서 박해자가 된다. 가사를 함께 하지만 아내가 알아주기를 바라는 마음이 크다.

② 금지령: 1번 드라이버에서 어린 시절 자신의 감정을 드러내지 않고 할아버지가 말한 대로 순응하며 행동할 때 장손으로서 칭찬을 받고 자랐다. 나 자신의 생각과 감정으로 판단하는 것보다 다른 사람들에게 사랑받는 방법은 다른 사람들이 말하는 대로 순응하는 것, 그에 맞추어 행동하는 것이었다. 아이들의 호기심이 무시된 채 '생각하지 마라.'는 메시지를 무의식적으로 받고 자랐다. 2번 드라이버는 '감정을 느끼지 마라.'이다. 해야 할 일에 대해 감정으로 머뭇거리지 말고 해 나가야 한다.

③ 라켓: 1번 드라이버일 때 두려움과 슬픔을 가린 혼란과 분노의 라켓 감정으로 어린 시절 양육환경에서 자신의 감정을 표현하거나 관계를 맺는 교류보다는 마음속 혼자 될 수 있다는 분노는 두려움과 슬픔을 가리고 있으며, 내 자신의 생각이 무시된 분노는 두려움을 가리기 위해 안전하게 살아남고 성과를 이루어 왔다. 2번 드라이버는 어렸을 때 나의 의지가 좌절된 상처는 아무도 몰라야 한다.

〈내담자 2〉

드라이버 \ 특성	심리게임	금지령	라켓
1-PO(3~4)	• 당신을 도우려고 노력할 뿐이야(합리화, 약점 가리기) • 당신이 아니었다면……(보상받기) • 바보(회피하기)	• 중요한 존재가 되지 마라. • 성장하지 마라(나를 떠나지 마라). • 생각하지 마라.	불안, 슬픔, 혼란, 두려움(분노를 가린)

| 2-BP(5) | • 당신을 도우려고 노력할 뿐이야(합리화, 약점 가리기)
• 내가 얼마나 노력했는지 봐라(압박하기, 보상받기)
• 당신이 아니었다면……(보상받기) | • 중요한 존재가 되지마라.
• 감정을 느끼지 마라.
• 즐기지 마라. | 불안, 우울, 죄책감(분노, 마음의 상처와 성적인 감정을 가린), 분노(슬픔을 가린) |

① 심리게임: 1번, 2번 드라이버는 '당신을 도우려고 노력할 뿐이야.' 게임을 사용한다. 남편이 직장 일이 잘 안 되거나 힘들어할 때 아내는 같이 고민하고 도우려고 노력한다. 그러나 위로가 되지 않을 때 남편은 그냥 좀 내버려 두라고 하는 등 아내가 제대로 도움을 주지 못한다고 하면서 아내는 희생자가 된다. 죄책감이나 부족함으로 종결된다.

② 금지령: 1번, 2번 드라이버는 '중요한 존재가 되지 마라.'로, 어린 시절부터 부모님은 표현이 없었고 공부나 잘해야 그나마 인정받는 느낌을 받았으며, 그것도 동생들을 가르치기 위해 인문계 고등학교를 가지 못하고 하고 싶은 공부를 하지 못하는 상황이 되는 등 자신의 욕구를 제대로 표현하지 못하는 환경이었다. 이처럼 중요한 존재가 되지 말라는 메시지를 무의식적으로 받고 자라 왔다.

③ 라켓: 1번 드라이버일 때 분노를 억압하여 불안, 혼란의 라켓 감정으로 어린 시절부터 자신의 욕구를 표현하거나 얻지 못하는 양육환경 속에서 성장한다. 마음속의 분노를 가리기 위해 매사에 가르쳐 주는 사람도 없이 스스로 생각하고 결정하며 안전하게 살아남기 위해 선택하며 살아왔다. 2번 드라이버일 때 나의 공부나 인정에 대한 욕구가 좌절되어 분노가 생겼지만 아무것도 내 마음대로 할 수 없는 내가 너무 슬펐던 걸 가린 것이었다.

내담자 커플관계 해석

부부는 심리게임을 하며 살아간다. 심리게임에서 벗어나기 위해 자신의 감정을 솔직하게 표현하는 훈련이 필요하고, 남편은 아내의 말을 듣고 먼저 평가하기보다 아내에게 구체적으로 물어보고 기다려 주며 자신의 감정을 정직하게 교류하는 것이 필요하다.

☞ **개선방안**

남편은 원하는 답이 아닐지라도 그대로 받아들여 주고 수용해 주며, 자신의 감정을 정직하게 표현하는 교류를 통해 자율적인 사람으로 성장하려는 노력이 필요하다.

6) 드라이버에 따른 인생각본

〈내담자 1〉

특성 드라이버	과정각본	축소각본	허용
1-TI(1~2)	'결코'식, '항상'식, '거의'식 I	스트레스 상황에서 현재 있는 그대로의 모습을 받아들이지 않고 '만약 ~이라면 OK'라는 사고방식으로 시작할 때, OK가 아닌 축소각본에 빠진다. • 몰이꾼: ~하는 한 OK, 무감정 • 제지꾼: 자기 탓, 죄의식, 근심 • 비난꾼: 네 탓, 비난, 의기양양한 • 낙담꾼: 무가치한, 무익한	먼저 자신에게 진솔하게 해도 좋다.
2-TH(3~4)	'항상'식 (노력은 하지만 자기 틀에서 못 벗어남)		그냥 해도 좋다.

① 과정각본: 1번, 2번 드라이버일 때 내담자에게서 보이는 과정각본은 상황에 따라 다른 모습을 보이지만 종합하면, 타인에 대한 불신에 따른 우유부단함, 행동은 추진력이 있는 데 반해 실제적으로 중요하게 처리해야 하는 부분에 있어서는 실행에 옮기지 못하고 그 두려움을 다른 일을 벌이는 것으로 포장한다. 이러한 반복되는 '항상'식 패턴으로 내면적으로 불안의 수준을 유지시키고 그 불안에서 도망가고자 새로운 영역으로 도피하거나 타인이나 상황의 핑계를 만든다.

② 축소각본: '목표를 달성하는 한 OK이다.', '더더욱 노력하는 한 OK이다.' 그러나 항상 목표를 달성할 수 없고, 모든 일을 노력하기만 해서는 달성할 수 없고 다 좋은 것은 아니므로 'NOT-OK'가 될 수 있다.

③ 허용: 1번 드라이버일 때 먼저 나 자신의 내면에게 진솔해도 좋다고 허용한다. 2번 드라이버일 때 일어나지 않은 상황을 판단하고 앞서가지 말고 여유를 가지고 천천히 해도 좋다고 자신을 허용하도록 한다.

〈내담자 2〉

드라이버 ＼ 특성	과정각본	축소각본	허용
1-PO (3~4)	'그 후'식 (뒷일에 대한 미리 걱정)	스트레스 상황에서 현재 있는 그대로의 모습을 받아들이지 않고 '만약 ~이라면 OK'라는 사고방식으로 시작할 때, OK가 아닌 축소각본에 빠진다.	먼저 자신을 기쁘게 해도 좋다.
2-BP (5)	'까지'식 (완벽할 때까지 끝내지 못함)	• 몰이꾼: ~하는 한 OK, 무감정 • 제지꾼: 자기 탓, 죄의식, 근심 • 비난꾼: 네 탓, 비난, 의기양양한 • 낙담꾼: 무가치한, 무익한	있는 그대로 해도 좋다.

① 과정각본: 1번 드라이버일 때 '그 후'식 각본을 사용하는 내담자는 몸이 좋지 않을 때 출근하지 못한 것이 걱정되지만 제대로 말하지 못하고 직장을 그만둔 이후의 일까지 근심 걱정한다. 현재의 감정과 상황을 자각하지 못하고 일어나지 않은 미래에 대해 두려워한다. 2번 드라이버일 때 신앙활동에 대해 끊임없이 완벽한 기준을 가지고 반복해서 노력하지만 항상 부족함을 느낀다.

② 축소각본: 다른 사람을 기쁘게 하는 한 OK라고 생각하지만 언제나 사람들을 기쁘게 해 줄 수만은 없는 상황에서 축소각본에 빠진다. 스트레스 상황에서 자신의 있는 모습 그대로를 받아들이지 않고 무가치함을 느낀다.

③ 허용: 1번 드라이버일 때 나 아닌 주변의 다른 사람, 가족의 아이와 남편을 기쁘고 행복하게 하기 위해 감정을 많이 표현하지 않으면서 살아왔으나 이제는 먼저 내 자신을 기쁘게 해도 좋다고 허용한다. 2번 드라이버일 때 있는 그대로 해도 좋다고 허용해 준다.

내담자 커플관계 해석

내담자 부부 둘 다 자신의 감정을 솔직하게 들여다보고 진술하게 표현할 필요가 있다. 구체적이고 솔직하게 자신의 필요를 알리고, 정직하게 이해할 필요가 있다.

아내는 스트레스 상황에서 무가치하게 느끼게 되어 힘들 수 있다.

☞ **개선방안**

자신들의 감정과 욕구를 더 소중하게 생각하고 감정을 살펴서 즐거운 마음으로 임하고 실수를 기꺼이 받아들이고 서로 이해하며 경험할 수 있도록 개방하고 서로 지지해 주는 노력이 필요하다.

7) 드라이버에 따른 전형적인 디스카운트와 상담의 쟁점

〈내담자 1〉

특성 드라이버	전형적인 디스카운트	상담의 쟁점
1-TI (1~2)	• 척하거나 연기하지 않고 정직한 것 • 인간관계는 서로 돕고 사는 것(핵심: 남을 조종하고 조작하려는 태도에서 벗어나 진정한 자기가 되는 것)	• 신뢰감을 구축하고, 큰 안목에서 내담자를 움직여야 한다. • 타인을 조화와 화합의 대상으로 여기도록 한다.
2-TH (3~4)	• 흑백논리의 갈등으로부터 자유로워지는 것 • 자신의 감정을 직접적으로 조화롭게 표현하는 것(핵심: 목적이 없는 갈등으로부터 자유롭게 되는 것)	• 목적 없는 갈등으로부터 자유스러워진다. • 양자택일 사고방식에서 탈피한다. • 삶을 투쟁으로 생각하지 않도록 깨닫는다. • 감정을 직접적으로 표현할 수 있는 방법을 배운다.

① 전형적인 디스카운트: 1번 드라이버일 때 '연기하지 말고 정직한 것', '남을 조정하고 조작하려는 태도에서 벗어나 진정한 자기가 되는 것'을 훈련하도록 해야 한다. 자신의 진정함과 만나서 직면하고 생활 속에서도 연기하지 않고 정직하게 자신을 표현하고 서로 돕고 사는 것을 느낀다. 2번 드라이버일 때 나와 다른 기준의 사람에게 꼬치꼬치 물어서 자세히 알아야 하는 것을 줄이고 결과적으로 목적 없는 갈등으로부터 자유롭게 되어 서로 조화로운 감정 표현을 할 수 있어야 한다.

② 상담의 쟁점: 1번 드라이버일 때 나의 것만 바라보지 말고 큰 안목으로 볼 수 있어야 하고 그로 인해 서로에게 신뢰를 줄 수 있도록 하면서 세상은 조화롭고 또한 서로 화합하며 살아가야 하는 것을 깨닫고 실천한다. 2번 드라이버일 때 삶을 투쟁으로 생각하지 않고 목적 없는 갈등으로부터 자유로워져야 한다. 아내에게 꼬치꼬치 캐물으면서 답답하게 하고 대화가 어려워지는 갈등으로부터 벗어나야 한다.

〈내담자 2〉

특성 드라이버	전형적인 디스카운트	상담의 쟁점
1-PO (3~4)	• 자신의 분노와 힘에 직접 접촉하는 것 • 타인을 기쁘게 하기보다는 스스로를 기쁘게 하는 것(핵심: 자신의 감정이 무엇인지에 대해 깊이 생각하는 것)	• 상담자와 진솔하게 감정을 나누기로 계약한다. • 억압된 분노와 접촉하도록 하고 타인과의 경계를 분명히 하도록 한다. • 스스로 생각하는 힘이나 능력에 대해 스트로크를 해 준다. • 감정과 현실을 구분하게 한다.
2-BP (5)	• 상황이나 인간관계에서 자신이 어떻게 느끼고 있는지 깨닫는 것 • 이대로도 좋다고 여기고 즐기는 것(핵심: 존재 그 자체만으로도 좋다고 인정하는 것)	• 쉬지 않고 일한다는 도피구를 막는다. • 자신도 실수할 수 있다는 사실을 인정한다. • 모든 것을 사고로 처리할 수 있는 것이 아니라, 자신이 어떻게 느끼고 있는지를 깨닫게 한다. • 자신의 존재가치에 대해 느끼도록 돕는다.

① 전형적인 디스카운트: 1번 드라이버일 때, '자신의 분노나 힘에 직접 접촉하는 것', '타인을 기쁘게 하기보다는 스스로를 기쁘게 하는 것' 아내는 자녀와 남편을 기쁘게 하기 위해 최선을 다했지만 상처를 받고 분노하며 상대방을 디스카운트하는 패턴을 가졌다. 자신 스스로를 기쁘게 하는 것이 필요하다. 2번 드라이버일 때 이대로도 좋다고 여기고 즐길 수 있도록 한다.

② 상담의 쟁점: 1번 드라이버일 때 상담자와 진솔하게 감정을 나누도록 하고 스스로 생각하는 힘이나 능력에 대해 스트로크를 해 주어 표현할 수 있도록 해 준다. 2번 드라이버일 때 자신도 실수할 수 있다는 사실을 인정하고 자신의 존재가치에 대해 느끼도록 돕는다.

내담자 커플관계 해석

남편은 목적을 위해 조정해서라도 반드시 이루어 내려고 하거나 정직하지 않게 접근하는 경향이 있고, 꼬치꼬치 물어 대화하는 목적 없는 갈등을 일으키는 경우가 있다. 아내는 내가 모든 사람을 기쁘게 할 수 없다는 것을 알아야 하고 대화 갈등 시에 표현하지 않거나 마음의 문을 닫는 경우도 있다.

☞ **개선방안**

남편은 인간관계는 서로 돕고 사는 것이라는 것을 인지하고 연기하거나 척하지 않으면서 정직하게 자기가 되는 것에 직면하는 것이 필요하고 타인과의 화합으로 함께 나갈 수 있도록 하는 노력이 필요하다. 아내는 자신의 분노에 직접 접촉하는 경험을 통해 타인보다 자신 스스로를 기쁘게 하는 노력이 필요하다. 억압된 분노와 접촉하도록 하고 지금까지 자신이 해 온 노력에 대해 격려한다.

8) 드라이버와 양육방식, 오염된 성격구조, 핵심

〈내담자 1〉

드라이버＼특성	양육방식	불건강할 때		문제점	치료의 핵심
		태도	자아상태		
1-TI(1~2)	미리 해 주는	조작	ⓒ에 의해 Ⓐ 오염, Ⓟ 배제	남과 타협하고 협력하는 데 미숙하다.	타인과 협력할 필요가 있음을 배우는 것, 진솔한 모습을 찾는 것
2-TH(3~4)	과잉 통제하는	저항	이중오염된 상태에서 Ⓟ와 ⓒ가 서로 비판	삶을 투쟁하듯 살려고 한다.	삶을 투쟁하듯 살 필요가 없다는 것

① 양육방식: 1번 드라이버일 때 남편은 손이 귀해 장손이라는 것으로 먹는 것, 입는 것, 주변 사람과의 관계까지도 모두 할아버지가 신경 쓰고 알아서 해 주었다. 2번 드라이버일 때 어린 시절 할아버지에 의해 대부분 양육되고 성장하면서 부모보다는 할아버지의 인정과 칭찬을 받아야 했고, 장손으로 집안의 내력이나 가볍지 않은 행동, 모범적인 모습과 전통적 유교집안의 훈육을 통해 성장했다.

② 불건강할 때: 1번 드라이버일 때 자신이 한 행동에 대해 평가를 받기 위해 조작을 해서라도 인정을 받으려는 특성이 있다. 내담자는 Ⓟ 자아를 배제하고 ⓒ 자아에 의해 Ⓐ 자아가 오염되어 타인과 타협하거나 현실 상황을 논의하기보다는 자기 마음대로(ⓒ 자아) 미리 판단하여(Ⓐ 자아 오염) 과잉반응을 하거나 조작을 해서라도 인정받으려고 한다.

2번 드라이버일 때 저항이다. 어렸을 때 나 자신의 모습이 없는 상태로 성장해 온 모습에 저항하기 위해 일탈을 꿈꾸기도 하고 장난스럽게 표현하기도 한다.

③ 문제점: 타인의 말을 끝까지 경청하기보다는 자신의 방식대로 판단하고 진행한다. 내 방식을 고집하다 보니 남과 타협하고 협력하는 것이 미숙하다.

④ 치료의 핵심: 자신의 진솔한 모습에 집중할 필요가 있으며, 필요시 타인과 협력해도 괜찮다는 것을 알 필요가 있다. 뿐만 아니라 경험을 통해 타인과 주고받는 상호작용의 즐거움을 느낄 필요가 있다. 다른 사람을 조작하거나 이용하려는 모습에서 벗어나 자신이 진정으로 원하는 것에 대해 주체적인 행동을 할 수 있도록 하고 함께 더불어 사는 것을 느끼면서 성장할 필요가 있다.

〈내담자 2〉

드라이버＼특성	양육방식	불건강할 때		문제점	치료의 핵심
		태도	자아상태		
1-PO (3~4)	타인을 기쁘게 하는 것을 강조하는	과잉 반응	ⓒ에 의해 Ⓐ 오염	남과 의존적 관계를 맺기 쉽다.	스스로 홀로 설 수 있다는 것, 도망가는 것을 중지하는 것
2-BP (5)	성취를 강조하는	과잉 성취	Ⓟ에 의해 Ⓐ 오염	과도하게 성실함과 의무감이 강하다.	자신에 대한 허용과 인정자극 필요

① 양육방식: 1번 드라이버일 때 어린 시절 어머니와 아버지는 조용하고 자기 일을 열심히 했지만 무뚝뚝하고 애정 표현이 서툴렀고 칭찬에 인색했다. 그나마 스트로크를 받을 수 있는 것은 성적이었고, 어머니의 관심을 받기 위해서 교회활동을 열심히 하는 것이었다. 그래서 어떻게 해서든 부모를 기쁘게 하고 인정받기 위해 노력했다. 2번 드라이버일 때 조금이라도 인정받으려면 성적으로라도 성취를 이루어 내야 해서 언제나 우수한 성적을 받아내고야 말았다.

② 불건강할 때: 1번 드라이버일 때 과잉반응이다. 인정받지 못하고 욕구나 감정 표현이 서툴렀던 어린 시절의 경험은 남편과의 갈등이나 불편한 상황에서 감정적 과잉반응을 머뭇거리면서 말을 닫아버리거나 하는 불안한 감정을 전달했다. 2번 드라이버일 때 모범적이고 착한 어린 시절의 학생 모습을 유지해야 했기에 집안의 착한 딸과 열정적인 신앙, 성적 우수생 이미지를 위해 과하게 노력했다.

③ 문제점: 나 자신을 기쁘게 하기보다는 부모님과 가족을 위해 살고 견뎌 온 시간들

이 많았다. 사회적으로는 관계성이 좋아 보이지만 그로 인해 심리적으로는 의존적 관계를 맺을 가능성이 높다.

④ 치료의 핵심: 세상은 안전하다는 경험을 늘려 나가고 불건강할 때 회피하는 것을 중지하고 홀로 설 수 있다는 경험을 하는 것이 중요하다.

내담자 커플관계 해석

남편은 어린 시절 알아서 다 해 주거나 철저한 방식의 훈육을 통해 양육되어 왔고 그럼으로써 조작을 통해서라도 이루어 내고 인정을 받으려 하는 모습이 많았다. 아내는 칭찬과 인정을 받기 위해 착하고 모범적이고 우수한 성적만을 위해 노력하는 모습을 가지고 있다. 그로 인해 자신에 대한 표현이 서툴고 어려워한다.

☞ 개선방안

남편은 조작하는 행동을 멈추고 자신 그대로가 수용되는 경험을 가질 수 있도록 해야 하며, 아내의 말을 듣고 확인하는 것을 연습하도록 한다. 타협하는 것이 어려운 남편에게 아내가 진솔하게 교류하는 것이 필요하다. 아내는 세상은 안전하다는 경험을 배우자를 통해 늘려 나가고 회피하는 것을 중지하며 의존적인 것에서 벗어나 홀로 설 수 있다는 경험을 하는 것이 중요하다는 것을 배우자가 이해하고 수용하는 경험이 필요하다.

5. 내담자 커플의 드라이버와 관계된 개선방안

1) 상담자가 본 내담자 커플의 문제

1번 드라이버가 1~2등급으로 명확한 남편은 상황을 먼저 평가하거나 성과 달성을 위해 조작하거나 이용하려는 행동을 한다. 타협하는 것이 서툴고 어려운 남편은 자신이 판단한 대로 행동으로 옮긴다. 이로 인해 남편은 노력했다고 생각하고, 아내는 자신이 원하지 않는 방식이 되는 갈등의 패턴이 반복된다. 남편은 일을 신중하게 생각하지만 성취에 대한 욕구가 강해 몰입하며 그 목표를 달성하기 위해 모든 수단을 동원한다.

1번, 2번 드라이버가 PO, BP인 아내는 남편을 지지하고 기쁘게 하기 위해 노력하지만 만족스럽지 못하고 자신의 노력이 제대로 되지 않을 때 갈등을 일으킨다. 특히, 남편의 집요한 대답 요구와 친정에 대한 무관심 등은 갈등 시 아내의 과잉반응을 일으켜 마음의 문을 잠시 닫게 만든다.

2) 내담자 커플의 현재 상태에 대한 개선방안

① 상담목표
- 지금 서로에게 가장 중요한 것이 무엇인지 나누고 우선순위 정하기
- 부부의 공통 과제인 세상에 대한 신뢰를 쌓기 위해 서로가 울타리되어 주기
- 원하는 것을 구체적으로 말하기
- 행복하게 살기 위해 구체적인 계획을 단계적으로 세워서 실천하기

② 상담계획
- **초기**: 라포 형성과 자기이해, 내담자와 신뢰감을 형성하여 핵심 감정을 교류한다.
- **중기**: 심리검사를 통해 자신들에 대한 주 드라이버와 교류패턴을 자각하고 서로를 허용하고 인정하도록 실천한다.
  변화 시도를 위한 계획을 수립하고 경험한다.
- **종결**: 변화를 위해 새로운 결단을 하고 자율적인 사람으로 성장하도록 돕는다.

③ 상담전략
- 부부가 자신을 잘 이해하고 상대방을 잘 이해하도록 한다.
- 부부가 자신의 욕구에 대해 진솔하게 표현하고, 남편은 자신의 감정을 회피하지 않고 직면한다.
- 상대방의 말을 경청하고 확인하는 연습을 통해 미리 판단하지 않도록 확인하기를 한다.
- 주 드라이버에 따른 역기능을 자각하고 자신을 허용하도록 한다.

6. 상담과정과 상담결과

1) 상담과정(초기, 중기, 종결 등으로 구분하여 요약)

- 초기: 내담자 부부와 라포를 형성하여 신뢰감 있는 교류를 진행한다.
  내담자 부부의 주 호소문제에 접근하여 목표를 설정하고 합의하고 사례를 계약한다.
- 중기: CKDP 검사를 통해 드라이버와 교류패턴을 서로 확인하고 이해하는 시간을 갖는다.
  부부의 긍정적인 교류패턴을 활성화하고 부정적인 교류패턴을 점검하도록 한다.
  변화를 위한 개선방안을 작성하고 생활 속에서 실천하도록 노력한다.
- 종결: 상담과정 동안의 변화된 모습을 점검하고 유지하도록 지원한다.
  부부의 재결단을 돕고 자율적인 부부의 모습을 지향하도록 돕는다.

2) 상담결과

상담을 통해 부부는 서로에 대해 이해하는 기회가 되었으며, 성장과정이 다르고 드라이버와 각본이 다르므로 그 차이점을 성장의 발판으로 삼아 서로의 지지자가 되었다고 표현했다. 사소한 동기에서 시작된 상담이 부부관계가 성숙해지는 계기가 되었고, 서로의 시선과 생각의 범위를 넓히는 계기가 되었으며, 새로운 자각의 시작이 되었다고 말했다.

상담자는 부부의 역기능을 순기능으로 변화시키기 위해 먼저 내담자 부부가 각자 자신이 어떤 사람인지 이해하는 시간을 갖고, 심리검사를 통해 주 드라이버 패턴과 교류패턴을 자각하도록 하였다. 또한 부부가 상처받은 내면의 어린이 자아를 치유하기 위해 공감하는 대화를 통해 감정을 표출하도록 해 주었고, 서로에게 준 상처에 대해 사과하고 용서하는 시간을 가졌다. 상담 진행을 통해 왜곡된 라켓 감정이 변화되어 편안하게 눈을 보고 대화하게 되었고, 교차교류와 이면교류를 사용하던 부부는 조금씩 상보교류를 하면서 잘 경청하고 확인하기를 통해 여유를 갖고 말하고 행동하였다. 비슷하면서도 다르고 많이 다른 것 같지만 일면에서는 비슷한 서로의 모습을 보면서 서로를 위하고 서로에게 편안한 사람들이 되기 위해 노력하는 모습이 좋았다.

7. 상담자 총평

검사와 상담을 통해 부부의 인생각본, 치료의 핵심 등을 정확히 알게 되었다. 남편의 주 드라이버가 1, 2등급으로 부정성으로 갈 때 어떤 역기능을 사용하는지 정확히 알 수 있었다. 타협할 줄 모르고, 성취를 위해 몰입하는 남편과 타인을 기쁘게 하기 위해 맞추며 사는 모습으로 성실하고 완벽하게 하기 위해 노력하는 아내는 서로가 행복을 추구하지만 심리게임을 하며 진솔하게 교류하지 못하였음을 자각하게 되었다. 서로 잘 말하고 잘 듣는 상보교류를 통해 사랑과 행복은 내가 원하는 대로 하는 것이 아니고 상대방이 원하는 것이 무엇인지를 교류하면서 상대방이 원하는 방식으로 해야 한다고 자각하게 되었다.

드라이버에 따른 성격으로 부부에게 나타나는 특징을 이해하고, 순기능과 역기능으로 부부에게 드러나는 문제를 찾아갈 수 있었다. 조기결단, 인생태도, 성격적응, 타인과 문제해결에 대한 반응으로 삶의 에너지와 방향을 이야기할 수 있었다.

부부에게 이 검사와 상담 적용은 한층 부부관계 소통을 잘할 수 있는 기회가 되었으며, CKDP 검사의 구조화된 상담으로 개인적인 통찰을 느낄 수 있었다.

내담자들이 변화는 서로를 위하는 작은 노력에서부터 시작되고, 진실로 이해하고 수용하게 된다면 저항에 부딪치더라도 넘어설 수 있다는 확신과 자각을 통해 스스로 변화되어 가는 자율성의 부부가 되기를 희망한다.

CKDP 심리검사에 의한 커플상담 사례분석 **4**

의욕이 없는 남편과 조종하려는 아내
매사에 소극적인 남편이 적극적이었으면 좋겠어요

상담자: 손희란

1. 내담자 기본 정보

내담자 1: 남편/성별: 남/연령: 50세/학력: 전문대 졸업/검사일: 2017. 12. 15.
내담자 2: 아내/성별: 여/연령: 47세/학력: 대학원 졸업/검사일: 2017. 12. 15.

1) 의뢰 경위 및 주 호소문제

① 의뢰 경위

여러 사람 앞에 서면 과잉긴장하는 남편과 사회적 상호작용을 잘하며 이상이 높은 아내의 성격 차이를 극복하고 부부관계 만족도를 높이고 싶다.

대인관계가 발달된 아내는 사회에서 어떤 일을 해도 잘 해 내는데 남편은 늘 말단이 편하고 승진을 하는 것을 꺼리며 자연인처럼 살고 싶어 한다. 책임감 있는 남편은 말수는 적지만 곰처럼 우직하여 일을 잘하는 편인데, 직장에서 중요한 역할을 맡겨 주면 게으른 사람처럼 의욕이 없어지고 자신보다 못한 다른 사람에게 양보하여 아내가 불만이다. 남편은 타인의 요구에 거절하지 못하며 부모님의 병환, 또 다른 인간관계에 지쳐 있고, 아내 또한 일과 가족과 시댁에서 모두 다 인정받으려다 보니 몸과 마음이 분주하여 스트레스에 노출되어 있다. 상담을 통해 부부의 성격 차이를 극복하고 마음 편하게 중년의 여유를 찾고 싶어 내방하였다.

② 주 호소문제

내담자 1: "혼자 그냥 놔두었으면 좋겠어요."

부모님과 형제들을 챙기는 것을 당연하게 받아들이는 곰팅 남편이다. 큰아들인 남편은 가족에게 최선을 다하고 쓸개까지 빼 주려고 하는 우직한 곰 같은 성격으로, 5년 전 암에 걸린 아버지를 한결같이 보살피는 남편이다. 쇼핑할 때 지금 당장 필요하지 않는 물건을 2개 이상 사며 미래를 대비하고 있으며, 혼자만의 시간을 갖고 싶어 한다. 자신의 원칙과 소신이 있어 자신의 영역만은 방해받지 않고 자유롭게 살고 싶어 한다. 또 행복한 가정을 소원하는 아내의 욕구도 들어 주고 싶어 한다. 〈벼룩시장〉을 검색하며 정보를 얻고 정독하는 게 취미인 남편은 미래를 대비하는 물품을 모으는 것이 취미이다. 자녀들이 남편의 취미생활을 이해하고 지지하는 편인데, 아내는 부부가 함께 하는 일을 선호해서 혼자만의 시간을 방해한다. 살면서 가장 힘들어하는 것은 사람들이 많이 있는 곳에서 발표하는 일이다. 남들 앞에 서면 실수할까 봐 머리가 하얗게 변한다고 한다. 남편은 정년퇴직이 목표이고 퇴직 후에는 자연인처럼 마음 편하게 강아지를 키우면서 사는 게 꿈이다.

내담자 2: "매사 소극적인 남편이 적극적이었으면 좋겠어요."

무엇을 하더라도 잘할 수 있는 현명한 아내이지만 남편을 조종하려 한다. 솔직하고 자신감 있는 아내는 어디에서든 인정을 받으며 다양한 사람들과 만난다. 남편의 답답한 성격이라도 장점을 찾으며 '그럴 수도 있지.' 하고 살아왔다. 새로운 일도 미니멀하게 다시 시작할 수 있다고 생각하는 긍정적인 성격이고, 자투리 시간에도 즐거운 것을 찾고 감동한다. 일이나 갈등이 생기면 솔직하게 오픈하고 문제해결을 하는 아내에게 남편이 모든 것을 의지하고 맡기고 있다. 다재다능한 아내는 결혼 후 명절이나 대소사를 챙기고 부모님의 든든한 버팀목이 되고 있으며 아이들도 빈틈없이 챙기고 살아왔다. 신혼 초부터 직장을 그만두고 싶어 하는 남편을 북돋우며 내조하여 20년 근속수당을 받게 한 것이 가장 자랑스럽다. 의욕이 없는 남편과 바람 잘 날 없는 시댁 대소사에 체력이 소진되었지만, 그동안 인정해 주는 남편과 시댁 식구에게 맞춰 주며 살아왔으니 이제는 자기 자신을 챙기면서 살고 싶은 욕구가 있다.

2) 행동 관찰

내담자 1: 180cm 키에 몸집이 큰 편으로 곱슬머리, 어깨가 넓고 힘이 세 보이며 꼭 다문 입술이 깔끔해 보인다. 각지고 큰 얼굴이지만 대화를 해 보면 겉모습과는 달리 수용적이며 착해 보여 선한 인상이다. 짙은 눈썹, 말수가 적고 묻는 말에만 상대방의 눈을 보고 이야기하는데 감정은 보이지 않는다. 웃는 모습이 순수해 보인다. 긴장하면 손을 만지는 버릇이 있다.

내담자 2: 긴 단발머리와 큰 키에 맞장구를 잘 치고 따뜻한 웃음을 지녔다. 단정한 옷차림에 상대방의 눈을 응시하면서 경청하고, 눈물이 많으며 얼굴이 하얗고 밝아 보인다. 대화를 좋아하고 말을 조리 있게 잘한다.

3) 내담자의 자원

① 내담자 1
- 정직하다.
- 한 번 말한 것은 꼭 지킨다.
- 건강하다(결혼 후 술, 담배 등 기호식품을 하지 않는다).
- 깔끔하고 속정이 깊다.
- 아내의 능력을 존중하고 지지한다.
- 성실하고 책임감이 강하다(25년 근속).
- 정보력이 좋고 인내심이 강하다.
- 무슨 일이든지 잘 먹고 아내가 시키는 일은 거절하지 않는다.

② 내담자 2
- 남편의 말을 잘 듣고 대안을 세운다.
- 갈등이 발생하면 문제해결에 탁월하여 믿음을 준다.
- 계획한 대로 일을 잘 마무리한다.
- 가족애가 있고 자녀와 정이 깊다.
- 대인관계가 좋아 사회생활을 잘하며 상담을 선호한다.
- 자신의 꿈을 이루어 가면서도 시댁에 잘하고 대인관계가 원만하다.
- 남편과 취미와 식성이 비슷하다.
- 문제해결력이 있으며 갈등 상황을 현명하게 잘 푸는 기술이 있다.

4) 가계도

내담자 1: 2남 1녀의 큰아들로 태어났다. 아버지는 큰아들을 사랑했지만 늘 기대수준이 높아 칭찬에 인색했다. 부지런하여 새벽 4시면 일어나 새벽기도를 하시고 밤늦게까지 일하시는 아버지는 책임감이 강하시고 말씀을 잘하신다. 아버지는 사료공장을 하는 친구의 보증을 서서 서울의 3층 건물을 차압당한 후 말없이 일만 하신다. 사고 치는 막내아들은 늘 실수해도 챙겨 주고 감싸면서도 모범생인 남편에게는 공부를 강요하고 과도한 기대를 보였다고 한다. 한번은 남편이 초등학교 시절 가족들이 밥을 함께 먹는데 책을 보고 있자 갑자기 화를 내며 책을 집어던졌다고 한다. 그 이후 아버지 앞에서 책을 읽지 않는 아이로 자랐다고 하며 칭찬에 인색한 아버지에 대한 상처가 있다. 현명한 아내를 만나야 곰 같은 아들이 성공한다고 생각하여 아버지가 점찍어 놓은 친구의 딸인 지금의 아내와 결혼하였다. 최근에 선관위 자원봉사를 하라는 제의가 들어왔으나 쉬는 날 일하는 것을 싫어하는 남편은 거절하였다고 한다. 귀찮은 일에 얽매이는 것을 힘들어한다.

내담자 2: 2남 2녀의 셋째로 태어났다. 자수성가한 부모님은 온 가족이 교류하고 공유하는 행복한 가정이 자랑이다. 여섯 식구가 영화를 함께 보러 가거나 외식을 같이 하면서 등 주위 사람들의 칭찬과 인정을 받고 자라났다. 특별하지도 모자라지도 않는 평범한 것을 추구하면서도 집에 들어오실 때 늘 손에 간식을 들고 밝게 웃으며 퇴근하는 아버지와 평생 자녀들 뒷바라지하면서 현모양처를 꿈꾸는 따뜻한 어머니 밑에서 자랐다. 두 분 다 조실부모한 후 군대 간 남편을 따라와서 터 잡고 사시는 어머니는 적응력이 뛰어나고 천연재료를 사용하는 음식 솜씨가 뛰어나서 가족들이 집밥을 그리워하고, 모여서 서로 칭찬하며 떠들썩하게 식사하는 유쾌한 가정이다. 그러나 시댁은 말이 없고 급하게 식사만 하는 분위기로, 일 중독에 빠진 것처럼 명절에도 일을 하는 곳이었고, 그 시댁에서 2년을 같이 살아냈다. 신혼 초 시아버지는 남편과 아내를 앉혀 놓고 아이 낳지 말고 둘만 잘살라고 하면서 유학을 진지하게 권하였다. 그 말을 듣고 아내는 피임을 하고 있었는데 남편과 의논하여 다음날 지금의 아들을 임신하고 분가하여 살고 있다고 한다.

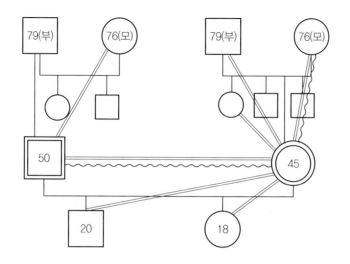

5) 생태도

내담자 1: 남편의 하루 일과는 아침에 일어나면 아내와 기대앉아 빙그레 이야기를 듣는다. 발령 온 회사에서 8시간만 근무하면 칼퇴근하기 때문에 나머지 시간을 활용할 수 있어서 좋다고 한다. 잔업이나 특별근무를 하지 않고 핑계를 대서라도 매일 전화하시는 부모님의 댁에 가서 안부를 묻고 어머니가 요구하시는 허드렛일을 돕고 역할을 마치면 무심하게 일상으로 돌아온다. 주 1~2회 교회에 참석하며 교회에서는 재무를 맡고 있다. 먹는 것을 좋아하여 아내가 해 주는 음식을 좋아한다고 말하면서도 아이들과 외식을 자주 한다. 밥 먹을 때는 오로지 음식에 집중하며 말을 하지 않는 편이다. 전국 지도를 보고 분석을 하고 조용히 〈벼룩시장〉에 나오는 관심 있는 땅을 눈여겨보다가 아내 보고 함께 가자고 한다. 그러나 요즘은 빠듯한 시간 때문에 심신이 지쳐 있어 흡사 감정이 없어 보인다. 스트레스가 쌓이면 남편은 미래에 발생할 위험에 대비하고자 전쟁이 일어나더라도 생존할 수 있게 소모품들을 미리미리 준비하고 있다.

내담자 2: 아내는 아침 5시쯤 기상해서 남편과 도란도란 일상적인 이야기를 한다. 또한 실제로는, 아내 혼자 대부분의 시간을 이야기하며 보낸다. 인터넷 기사를 검색하고 아침식사를 준비하고 아이들을 학교 보낼 때 늘 분주하고 여유가 없다. 아내는 가족들에게 요리를 잘한다, 맛있다는 칭찬을 들으면 삶의 의미를 느껴 더 맛있게, 많은 요리를 한다. 아내는 느리고 의욕이 없는 남편이 직장생활을 잘할 수 있게 격려하고 지지하여 묵묵하게 직장을 다녀 정년퇴직을 할 수 있게 하는 것이 목표이다. 가정과 일을 양립하면서 탁월하게 일을 하여 표창장을 받기도 하였다. 재능기부로 강의를 하고 있으며 편찮은 시부모님 간병 때문에 개인시간이 없고 분주하다.

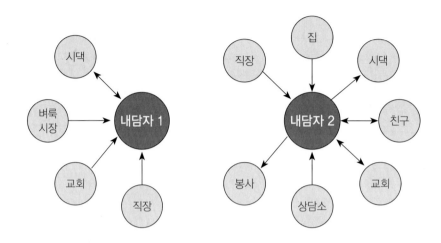

2. 내담자 검사 결과

〈내담자 1〉

구분 드라이버	PO	TI	BS	BC	BP	TH	HU
점수	27	31	38	32	33	27	28
순위	7	4	1	3	2	6	5
등급	6~7	5	3~4	5	5	6~7	5

〈내담자 2〉

구분 드라이버	PO	TI	BS	BC	BP	TH	HU
점수	37	37	32	35	34	35	32
순위	1	2	7	4	5	3	6
등급	1~2	3~4	5	3~4	3~4	3~4	3~4

<CKDP 심리검사 체크리스트>

내담자 1

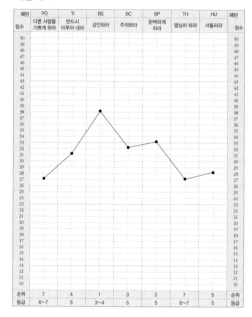

패턴 점수	PO 다른 사람을 기쁘게 하라	TI 반드시 이루어 내라	BS 강인하라	BC 주의하라	BP 완벽하게 하라	TH 열심히 하라	HU 서둘러라	패턴 점수
순위	7	4	1	3	2	7	5	순위
등급	6~7	5	3~4	5	5	6~7	5	등급

내담자 2

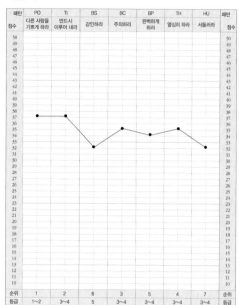

패턴 점수	PO 다른 사람을 기쁘게 하라	TI 반드시 이루어 내라	BS 강인하라	BC 주의하라	BP 완벽하게 하라	TH 열심히 하라	HU 서둘러라	패턴 점수
순위	1	2	6	3	5	4	7	순위
등급	1~2	3~4	5	3~4	3~4	3~4	3~4	등급

내담자 1 해석: 1순위 BS(38점, 3~4등급), 2순위 BP(33점, 5등급), 7순위 PO(27점, 6~7등급)으로 BS, BP, PO 드라이버에 중점을 두고 해석한다.

남편에게는 곰팅이라는 별명도 있지만 대리 운전기사라는 별명도 있다(BS). 아내가 아프거나 힘들어하면 느리지만(BS) 책임을 지려고 하여(BP) 아내의 분부가 떨어지기 무섭게 흡사 머슴처럼 그 일을 처리하며(HU) 행동으로 옮긴다(BP). 지적 받는 것을 싫어하는 남편은 식당에서 주차를 하더라도 누가 봐도 안전하게 주차한다(BC). 사람과의 관계에서 불편하거나 폐 끼치는 것을 싫어해서 휴대전화를 바꾸면 전화번호를 저장하지 않는다. 그러다 다시 전화번호가 많이 쌓이곤 하면 힘겨워한다(BS가 높고 TH가 낮을 때). 사람들의 주의가 자기에게 집중되면 피하고 싶어 손발이 가려워지는 현상이 나타나기도 한다(PO가 낮음). 과잉억압과 과잉성실로 삶을 즐기지 못한다.

내담자 2 해석: 1순위 PO(37점, 1~2등급), 2순위 TI(37점, 3~4등급), 7순위 BS(32, 5등급)이다.

PO, TI, BS, HU 드라이버를 중심으로 해석한다.

⇒ 아내는 참하고(BS) 현명한 편이다(BP), 누구하고도 잘 어울리며 긍정적이고 밝은

성격이다(PO). 마음이 약하고 무르며(PO) 친구에게 묻거나(BC) 힘 있는 상대방을 따라가는 데 익숙하다(BS). 쉽게 말한 것이 그대로 이루어질 때가 많은 편이다(TI). 자신이 계획한 일들을(TH) 주위 사람들이 따라주어 늘 행운이 따른다(TI). 안전을 추구하며(BC) 미리 해 주는 책임감(BP)으로 자신의 삶을 희생하며 배려하는 경향이 있다(PO). 시간이 정해진 일은 빨리 처리한다(HU).

3. 드라이버에 따른 성격의 특성 및 기능

1) 드라이버에 따른 성격의 특성

〈내담자 1〉

특성 드라이버	성격 기술
1-BS(3~4)	배려하는, 예술적, 창의적 사고, 수동성, 혼자 있을 때 행복, 초연, 함께하기 불편한, 부끄러움, 조용하고 섬세한, 내향적, 상상력, 친절하고 지지적인, 타인과 거리를 둔, 인내, 불안 등
2-BP(5)	완벽주의자, 순응성, 과도한 책임감, 신뢰성, 과잉억제, 과잉성실, 공손함, 일 중심 생활, 긴장, 휴식이 어려운, 깔끔한, 문제해결 능동적, 즐기기 힘든 등
7-PO(6~7)	타인 감정에 대한 관심이 낮고, 비사교적, 정서적 불안정, 냉담함 등

〈내담자 2〉

특성 드라이버	성격 기술
1-PO(1~2)	공감, 온정적, 사교적, 의존적, 배려, 과도한 정서, 타인을 조종하려고 함 등
2-TI(3~4)	목표지향, 이기적, 촉진자, 우월한 독자적 사고, 사회적 갈등, 활력 넘치는 수완가, 달변, 충동적, 조작적 등
7-BS(5)	섬세함, 배려, 친절함, 창의적 등

내담자 커플관계 해석

1번 드라이버일 때 남편은 혼자 생각하고 혼자 느끼는 것에 익숙해져 있어 대화하기 전까지 아내는 속을 알 수 없다. 감정의 표현이 없고 답답해서 아내가 울음을 터뜨리면 그제야 솔직하게 이야기하고 감정을 알아차리고 친절해진다. 자신의 생각대로 혼자 하는 것을 좋아하지만 남편은 아내가 요구하거나 회사가 요구하는 일은 실수 없이 처리하고 아내가 기한 내에 마칠 수 있도록 업무를 도와주거나 가사를 도와준다.

2번 드라이버일 때 남편은 식당 주차장에서 10분 이상 안전하고 완벽한 주차를 위해 헤매고 돌아다닌다. 은행에서 잠깐 돈을 찾을 때에도 개구리 주차는 용납할 수가 없어 전전긍긍하고 안전한 주차를 위해 최선을 다하다가 먼 곳에 주차하고 〈벼룩시장〉을 보고 있다.

7번 드라이버일 때 남편은 현실적으로 해결하지 못하는 감정적인 문제가 대두되면 얼굴표정이 굳어지고 침묵으로 일관한다. 가족의 문제도 힘이나 일로 해결하려고 시도하다가 아내에게 일임한다.

2) 1번과 2번 드라이버의 순기능과 역기능

〈내담자 1〉

드라이버 \ 특성	순기능	역기능
1(BS) (3~4)	친절하고 보호적이며, 지지적인 사람이다. 매우 높은 민감성을 지니고 있으며 예쁜 아내의 주변을 돌며 즐겁고 편안하게 해 준다. 혼자 일하는 것을 좋아한다. 위기 상황에 침착하게 효과적으로 대처한다. 자연과의 조화에 관심을 가지고 있어 자연인처럼 살고 싶어 한다. 사회적인 상호작용 태도는 타인이 먼저 움직일 때까지 기다린다.	현실 세계의 사람과 상호작용하기보다는 자신의 공상 세계, 즉 〈벼룩시장〉 탐독을 하며 출장이 잦은 아내의 운전기사를 시간이 될 때마다 자처하고 있다. 자신의 욕구가 정말로 필요하다고 인정 될 때 가장 좋은 땅을 값싸게 살 수 있어 저자세를 유지하고 있다. 가족을 위해 누구와도 쉽게 친해지지 않으려 하고 강해지기 위해 스스로 노력한다.

2-BP (5)	일반적으로 책임성 있고, 성실하며 믿을 수 있는 사람이다. 깨끗한 가정을 위해 음식물 쓰레기 버리기, 설거지 등을 한다. 일을 구조화하여 조직적이며 계획적으로 해 낸다. 집단보다는 소수 사람과 관계 맺기를 선호한다.	남편은 자신이 이룩해 놓은 것을 즐기지 못해 땅을 사놓고도 다른 사람이 경작하고 완벽하게 마무리할 수 없을 때 스트레스를 받는다. 타인이 자신의 기준에 적절하게 도달하지 못할 답답해한다. 타인을 믿지 못해 아내가 운전이 서툴다고 생각하여 혼자 운전을 다한다.
7-PO (6~7)	정서적으로 과도한 흥분은 하지 않는다. 에너지와 감정 기복이 없다. 타인이 원하는 것이 아니라 자기가 해 주고 싶은 현실적인 것을 해 주는 것이 필요하다. 혼자의 관심 속 자신의 의무에 충실하다.	타인과 관계를 즐기지 못하고 항상 똑같은 일상을 살아간다. 무관심하고 냉담하다. 비사교적이고 무미건조하다.

〈내담자 2〉

특성 드라이버	순기능	역기능
1-PO (1~2)	타인과 관계를 즐기고 좋은 기분이 들도록 만드는 특성이 있다. 매우 높은 에너지를 갖고 있으며 상상력이 풍부하다. 공동체의 사기를 올리는 데 탁월하다. 일반적으로 타인과 잘 어울리는 경향이 있으며 집단에 관여하는 것을 즐긴다. 문제를 해결해야 할 때나 사회적 상호작용이 필요한 경우 능동적 참여를 한다.	정서적으로 매우 과도해지는 경향이 있어 흥분을 잘한다. 과도한 반응을 보이며 정서적으로 불안하거나 자기중심적이다. 타인이 조금이라도 비판을 하게 되면 매우 당황스러워한다. 타인이 원하는 것이 아니라 자기가 해 주고 싶은 것을 해 준다. 타인에게 자기 주장과 정당한 비판을 하지 못한다.
2-TI (3~4)	매력적인 카리스마를 지니고 있으며 타인을 이끌면서 신화를 만들어 낸다. 훌륭한 촉진자이며 새로운 운동을 시작하는 사람이다. 행동하기를 좋아하고 인생에서 모든 취미를 다 즐기려고 하는 사람이다. 매력적으로 보이게끔 하며 좋은 인상을 줄 수 있는 모습을 좋아한다. 능동, 수동, 참여, 회피 등 모든 영역을 오간다.	자신이 직접 할 수 있음에도 불구하고 타인을 조작하거나 이용하려 한다. 상황을 경쟁적으로 만드는 경향이 있으며 타인이 자신을 위해 존재하는 것으로 결론을 맺으려 한다. 타인과 친밀한 시간을 원하지만 친밀한 시간을 갖는 것에 어려움을 느낀다. 자신이 속박되거나 갇히거나 통제된 상황을 두려워한다.
7-BS (5)	친절하고 보호적이다. 지지적이고 주변을 즐겁게 한다. 주위 사람들을 편안하게 해 주며 조화롭다.	타인과 의존적 관계를 만드는 경향이 있다. 타인에게 도움을 청하기보다 스스로 많은 짐을 진다.

내담자 커플관계 해석

내담자 부부의 심리검사 결과에서 남편의 1번 드라이버(BS, 1~2등급)와 아내의 7번 드라이버(BS, 5등급)의 차이와, 그리고 아내의 1번 드라이버(PO, 1~2등급)와 남편의 7번 드라이버(PO, 6~7등급)를 주의 깊게 살펴볼 필요가 있다. 본 사례의 경우 남편과 아내가 서로 남을 배려하며 비슷한 것 같으나 정반대의 성격을 보이고 있다.

호인이라는 평을 듣고 있는 남편과 자신의 생각이 늘 맞다고 생각하는 아내이지만, 다른 사람의 일을 내 일처럼 생각하여 거절하지 못하고 끊임없이 말을 들어주는 데에는 한계가 있다. 남편의 1번 드라이버(주 기능) BS와 아내의 7번 드라이버(열등 기능) BS가 역기능으로 작용할 때 남편은 아내의 감정을 이해할 수 없어 침묵하고 있다. 아내는 자신의 대인관계를 묵묵히 들어주고 가끔씩 운전해 주는 남편이 고맙기도 하지만 답답하기도 한다. 예를 들면, 일이 많은 지친 아내를 위해 주말에 남편이 운전을 해 주게 되는 경우가 종종 있는데 혼자 있기를 좋아하는 남편은 쉽고 편하게 생각한다. 그러나 일이 끝난 아내가 혼자 차에서 정보 검색을 하고 있는 남편이 고맙기도 하고 미안하기도 해서 예고 없이 지인들에게 인사를 시키는 경우 예기치 않은 상황에 당황한 남편이 경직된 태도를 보여 부부 사이에 마찰이 생긴다.

4. 1번과 2번 드라이버에 따른 성격특성과 해석

1) 드라이버에 따른 조기결단, 부정적 인생태도, 경계

〈내담자 1〉

드라이버＼특성	조기결단	인생태도	경계 자기감	인간관계
1(BS)	나는 나 혼자 느끼고 나 자신을 보호할 것이며 너를 필요로 하지 않겠다.	IV (I− U−)	산만	경직
2(BP)	나는 완벽해지기 위해서 최선을 다할 것이다.	II (I− U+)	산만	산만

① 조기결단: 부모님으로부터 사랑과 기대를 한 몸에 받은 남편이었다고 한다. 그런데 군대 갔다 휴가 나왔을 때 아버지의 보증 건도 문제였고, 아이 셋에 경제적으로 힘들고 어렵게 살아왔는데 이제는 집까지 차압되면 어떻게 하나고 염려하시며 서류상 이혼을 요구하시는 어머님의 모습을 보고 존재에 대한 상처를 받았다. 그 이후 남편은 '나는 나 혼자 느끼고 나 자신을 보호할 것이며 너를 필요로 하지 않겠다'는 조기결단을 하게 된다. 즉, 남편은 부모님이 생일을 잊어버리고 챙기지 않아도 별로 불만이 없다. 대학을 입학할 때에도 집과 가까운 4년제를 가지 않고 조기결단하여 취직이 잘 된다는 전문대를 졸업하여 이른 나이에 직장에 들어가서 남에게 신세를 안 지고 살고 있다.

② 인생태도: 1번 드라이버일 때 부정적인 상황에서 IV 영역으로 가게 된다. I'm not OK, You're not OK를 취하게 되며, 자기부정 · 타인부정의 상태로 주로 모호하고 주저하는 양육적 태도를 연출하여 창의적 몽상가처럼 능동적으로 대처하지 못하였다. 2번 드라이버일 때 배타적인 태도(You're not OK)를 취하게 되어 독선적 성향을 나타내며 자타 디스카운트를 하며 CP와 NP의 기능을 연출한다. 즉, 친가의 갈등이 생겨 자신의 뜻대로 되지 않을 때 가장 스트레스를 받으며, "직장을 그만두고 부산에 가서 혼자 살 거야."라고 냉담하게 반응하며 만사무용적인 태도를 취해 아내를 당황하게 만든다.

③ 자기감 경계: 1번 드라이버가 부정적으로 갔을 때는 에너지의 흐름이 유연하지 못하고 융통성이 부족하며 다른 사람의 말을 듣지 못하고 자기 생각대로 판단하고 행동하려고 한다. 즉, ⓒ 자아가 Ⓐ 자아를 침범하여 망상적 태도를 보이는 오염된 A 자아상태가 되어 혼란스러울 때 산만해지면서 결정을 잘 내리지 못한다. 2번 드라이버가 부정적으로 갔을 때 자기감은 산만한 유형이다. 산만하여 ⓒ 자아에 의해 Ⓐ 자아가 오염되어 있고, Ⓟ 자아가 배제되어 있어, 즉 계획에 없는 손님들이 집에 온다고 하는 연락을 받을 때 바쁘고 시간이 없는 상황에서 더 느려지거나 기타를 치면서 자신에게 집중한다. 다른 사람들에게 잘 보이기 위해 집안 청소를 돕는 법은 없으며 관계로 풀기보다는 혼자만의 세계에 빠진다.

④ 인간관계 경계: 1번 드라이버일 때 남편이 열심히 무언가를 하고 있을 때 끝내지도 않았는데 또 다른 일을 지시하면 경직되어 자기 방식을 고집하고 다른 사람의 충고나 조언을 받아들이지 않는다. 2번 드라이버일 때 산만으로 타인의 말이 귀

에 들어오지 않고 자신의 생각을 고집하며 듣고 싶은 말만 듣게 된다. 한번 계획한 것은 변경하거나 수정하지 않는다. 즉, 쉽게 약속이나 협상하지 않는다. 이러한 특성 때문에 아내는 남편을 답답해한다.

〈내담자 2〉

특성 드라이버	조기결단	인생태도	경계	
			자기감	인간관계
1(PO)	나는 당신을 즐겁게 해 주고 행복하게 해 줄 것이다.	II (I− U+)	산만	산만
2(TI)	사람을 신뢰할 수 없어, 조작해서라도 내가 원하는 것을 얻을 것이다.	III (I+ U−)	경직	경직

① 조기결단: 1번 드라이버일 때 아내는 타인에게 더 친절하게 대하고 희생하고 봉사하면서 힘을 얻는다. 친정어머니는 주위 사람들에게 봉사하는 것을 낙으로 살아왔고 아버지의 칭찬과 인정을 한 몸에 받으며 김치나 된장을 나누어 주는 일을 즐겨 하셨다. 어머니의 밝은 표정을 보면 내담자도 덩달아 기분이 좋아졌는데, 아버지는 아내를 잘 만나서 기분이 좋다고 춤까지 추셨다고 한다. 남편과의 만남에서 첫날 마음이 통하고 3개월 만에 결혼한 용기를 격려한다.

② 인생태도: 1번 드라이버일 때 II 영역에 I−, U+ 유형으로 도피적 태도(I'm not OK)를 취하게 되어 아내는 남편에게 의존적으로 대하면서 자신의 감정을 이해 받는다. 자책, 회의, 회피적 성향을 나타내며 AC 기능을 연출한다.
2번 드라이버일 때 III영역에 머물러 I+, U− 유형으로 배타적인 태도(You're not OK)를 취하게 되고, 독선적 성향을 나타내며 CP와 NP의 기능을 연출한다. 부부가 결혼 초에 약속한 구두계약을 상기시키며 실수를 타산지석으로 삼는다. 운전습관 같은 고질적인 문제를 솔직하게 이야기하고 기도하고 다시 목표를 세운다.

③ 자기감 경계: 1번 드라이버일 때는 미리 예측해서 해 주다가 비난을 들을 때가 있다. 자기감이 '산만'으로 ⓒ 자아가 Ⓐ 자아를 침범하여 현실감이 떨어지고 Ⓐ 자아가 혼란스러운 상태가 된다. 아내는 말을 버벅거리고 일의 우선순위를 정하지 못하고 정확한 통찰이 어려워져서 감정이 올라간다. 이럴 때는, 잠을 자거나 운동을 하여 긍정적 에너지를 충전한 후 몇 가지 아내가 하고 있는 것에 대한 감정을

묻고 다른 대안을 제시하며 남편과 협의한다. 2번 드라이버일 때 '경직'으로 ⓟⒶ ⓒ의 에너지가 Ⓐ 자아는 ⓒ 자아에 의해 오염되어 있고, ⓟ 자아가 배제되어 있다. 남편을 변화시키려 하다가 문제해결 기술이 떨어져 급격하게 말수가 줄어들 때면 솔직하게 자신의 힘든 점을 남편에게 이야기한다.

④ 인간관계 경계: 1번 드라이버는 '산만'으로 선택이나 결정을 내려야 하는 중요한 상황에서 남편과 의견이 일치하지 않으면 스트레스를 받게 되고 결정을 지연하거나 감정이 격해질 수 있다. 2번 드라이버는 '경직'으로 문제해결이 되지 않으면 근심하거나 신체화 증상이 일어나거나 눈물이 난다. 또 인간관계는 유지하고 있으나 협조할 마음은 생기지 않는다. 그러나 포기하지 않고 더 좋은 환경이 있는 곳에서 새롭게 시작할 수 있는 방안을 공유한다.

내담자 커플관계 해석

남편의 1번 드라이버 BS와 아내의 7번 드라이버 BS는 자기부정, 타인부정의 드라이버가 충돌되었을 때는 남편은 소극적이고 혼자만의 시간을 갖거나 아내는 감정적으로 자신의 주장을 하게 될 수 있다. 이때는 감정을 있는 그대로 들어주고 허용하면서도 사실에 입각한 대화가 필요하다.

☞ 개선방안

자신의 욕구를 내려놓고 싸우는 모든 것을 중단한다. 부정적인 경계를 벗어나기 위해 현명한 아내와 자연인 같은 남편이 함께 산책을 하고 맛있는 음식을 함께 나누며 긍정적인 대화를 통해 서로의 다른 의견과 기분을 이야기한다. 사실적인 대화보다는 공감하고 수용하는 지금-여기(hear and now) 감정 대화를 하며 기분을 전환한다.

2) 드라이버에 따른 성격적응 유형과 반응

〈내담자 1〉

특성 드라이버	성격적응 유형	양면성		타인에 대한 반응	문제해결에 대한 반응
		긍정성	부정성		
1-BS(3~4)	창의적 몽상가 (조현성)	배려심	회피	회피(내향)	수동
2-BP(5)	책임감 있는 일 중독자 (강박-신경증적)	정확성	과잉성취	회피(내향)	능동

① 성격적응 유형: 1번 드라이버일 때 조용하고 수동적인 태도를 보이는 사람이 정보 검색을 통해 계절과 맞지 않는 물건을 싸게 사서 쟁여 놓거나 시댁의 문제에 마음을 지나치게 쓰던 남편이 만사무용적인 태도를 보이며 아내에게 위임하고 상대방이 움직일 때까지 무심하게 있다.

② 양면성: 1번 드라이버일 때는 아버지를 싫어하면서도 아버지의 말을 아무 말 없이, 그리고 아무 조언 없이 잘 들어 주지만 금방 잊어버린다. 부모님의 일로 힘들고 벅찬 일이 생길 때 부모님 편을 들다가도 아내에게 맡기고 수동적이 된다. 2번 드라이버일 때 일적으로 높은 평가를 받으면서 완벽하게 일할 때 아내는 칭찬을 하고 좋아하는데 부담스러운 일을 맡으면 남편은 힘들어하고 그만 다 내려놓고 싶어 해서 아내를 걱정하게 만든다.

③ 타인에 대한 반응: 1번, 2번 드라이버를 사용했을 때 모두 회피이다. 외부 자극에 둔감하고 배려하는 것 같으나 민감하게 반응하고 내향적이며 자극을 탐색하기보다는 수동적이 되어 물러나거나 회피하는 경향이 있다.

④ 문제해결에 대한 반응: 문제해결에 대한 반응은 1번 드라이버를 사용했을 때 집 전화가 오면 전화벨이 오래 울려도 아내가 받기를 바라며 수동적이다. 2번 드라이버를 사용했을 때 손기술이 좋아서 아내의 안경을 깨끗하게 닦아 준다. 또한 일을 시작하면 마무리할 때까지는 완벽하게 하지만 시작하기를 매우 어려워하고 느리게 행동하여 답답해 보인다.

〈내담자 2〉

특성 드라이버	성격적응 유형	양면성		타인에 대한 반응	문제해결에 대한 반응
		긍정성	부정성		
1-PO(1~2)	열정적 과잉반응자 (연기성)	친밀성	과잉 반응	참여(외향)	능동
2-TI(3~4)	매력적 조작자 (반사회성)	수완력	조작	참여(외향), 회피(내향)	능동, 수동

① 성격적응 유형: 1번 드라이버일 때 아내는 퇴근하고 나서도 아이들과 남편과 시댁을 챙긴다. 시어머니가 "너는 왜 요즘 전화를 안 하니!"라고 하는 말에 과잉반응하여 내가 얼마나 바쁜지 변명하듯 이야기하고 스트레스를 받는다. 2번 드라이버일 때 활력이 넘치는 따뜻한 대화로 남편이나 지인의 도움 등을 이끌어 낸다.

② 양면성: 1번 드라이버일 때 남편과 대화 도중이라도 외부에서 전화가 오거나 다른 볼일이 생기면 꼭 필요한 일이 아님에도 불구하고 과잉친절을 베풀어 일을 만드는 경향이 있다. 남편과 함께 동행하기를 바라면 남편이 스트레스를 받는다. 2번 드라이버일 때 남편이 고민하는 문제를 의논하면 바로 대안을 찾고 추진한다. 예를 들면, IMF 때 집값이 떨어지고 회사가 부도날 것을 염려하고 경제적으로 고민하는 남편의 말을 듣고, 걱정 말라고 안심시키고 아파트를 전세로 돌리고 회사 근처의 빌라 1층을 사서 이사를 하여 미래를 대비하는 재테크와 아이들 재능개발을 동시에 만족하였다.

③ 타인에 대한 반응: 1번 드라이버일 때 일에 집중할 때도 남편을 기쁘게 하기 위해 배려하고 전화로 무엇을 먹으면 좋은지 어디에서 쉬고 있는지 챙긴다. 2번 드라이버일 때는 중요한 일에 우선순위를 정하고 남편에게 일이 마무리될 때까지는 전화도 하지 말고, 기다려 달라고 말하고 충분히 아내의 시간을 갖고 아내의 일에 집중한다.

④ 문제해결에 대한 반응: 함께 의논하고 협상하거나 자원의 도움을 받아 다양한 방법을 동원해 적극적으로 문제를 해결한다.

내담자 커플관계 해석

남편은 1번 드라이버일 때 에너지의 수준이 낮은 회피(내향)적 성향이며, 창의적이고 책임감 있게 명확한 상황 파악을 하고 기다리고 있는데 아내는 1번 드라이버일 때 에너지 수준이 높은 참여(외향)적 성향을 나타내며 눈에 보이는 정서적인 반응을 선호하고 목표대로 실천하려고 한다. 남편이 정보력이 있고 창의적 대안이 있다고 생각하기에 의존하면서도 아내의 뜻대로 조종하려는 속마음이 내재되어 있다.

☞ **개선방안**

성격이 다른 부부가 스트레스와 갈등을 예방하기 위해서는 존중하는 태도를 갖고, 매우 높은 민감성과 정보력을 지니고 있는 남편의 장점을 살려 주고 긍정적인 스트로크를 통해 솔직한 감정을 교류하여 서로의 자존감을 회복한다.

3) 드라이버에 따른 선호하는 의사소통 방식

〈내담자 1〉

특성 드라이버	Ware의 의사소통 방식			Kahler의 의사소통 방식	
	개방문	표적문	함정문	채널	자아상태 기능
1-BS(3~4)	행동	사고	감정	지시적인	+CP → A
2-BP(5)	사고	감정	행동	정보적인	A → A

① Ware의 의사소통 방식: 1번 드라이버(BS)일 때 세상과 접촉을 행동을 통해서 한다. 행동한 뒤에 뒤로 물러가는 수동의 형태이다. 아내가 사고를 사용해서 실제적인 이야기를 하면 수용력이 좋아서 대화가 잘 통하게 된다. 그러나 아내와 갈등 상황에서는 회피(내향)를 사용하며 외부의 자극에 예민하고 외부 자극을 회피하는 경향이 보이며 뒤로 물러나 인간관계가 경직되기도 한다. 욕구나 감정을 잘 견디려 하는 남편에게 회피한 행동에 직면하여 원하는 것을 들어보는 감정의 의사소통을 하여 감정이나 욕구를 잘 표현하게 한다.

2번 드라이버(BP)일 때 개방문의 접촉 영역이 사고이고 표적문이 감정이다. 그러므로 논리적이고 원칙적으로 대화할 때 효과적으로 소통할 수 있다. 사고와 감정이 통합이 일어나면 과잉으로 완벽한 행동을 내려놓고 집착에서 여유를 찾는다.

② Kahler의 의사소통 방식: 곰팅이처럼 보이지만 평상시 1번 드라이버일 때(BS)의

사소통 방식은 지시적이지는 않은 +CP → A 성향으로 아내와 대화가 잘 통한다. 2번 드라이버일 때, 정확한 것을 좋아하고 꼭 필요한 말만 하는 의사소통 방식이다. 아내가 감정적으로 말하는 것을 싫어하며 친정 식구들에게 남편의 단점을 이야기하는 것을 알면 표정이 어둡게 변하고 입을 꾹 다문다. 긍정적이면서 구체적이고 현실 가능한 대안을 갖고 대화를 시도할 필요가 있다.

〈내담자 2〉

특성 드라이버	Ware의 의사소통 방식			Kahler의 의사소통 방식	
	개방문	표적문	함정문	채널	자아상태 기능
1-PO (1~2)	감정	사고	행동	양육적인	+NP → +FC,
2-TI (3~4)	행동	감정	사고	정서적, 양육적, 지시적	+FC → +FC, +NP → +FC, +CP → A

① Ware의 의사소통 방식: 1번 드라이버일 때 개방문의 접촉 영역이 감정이고 표적문이 사고이며 함정문이 행동이다. 따라서 아내는 감정적인 이야기에 즉각적인 반응을 잘한다. 그리고 필요한 통합이 이루어질 때는 사고적인 대화를 했을 때 효과적이다. 그랬을 때 함정문의 과잉행동을 멈추는 행동이 일어난다. 예를 들면, 아내는 "예, 저도 그래요." 등 감정의 말을 사용할 때 반응을 잘하게 되는데 명확하고 논리적인 언어를 사용하고 이해하게 되면 과잉행동을 멈추게 된다. 2번 드라이버일 때는 개방문이 행동이고 표적문이 감정이며 함정문이 사고이다. 통찰력이 생겨서 추진력이 발휘되는 행동을 통해 기적같이 일들을 이루어 내는 의사소통을 한다. 비판하는 감정이 사고로 이해가 되면 행동력은 빠른 편이다. 즉, 아내의 뜻대로 조작하려고 하거나 조종하려고 하는 사고방식을 중지하게 된다.

② Kahler의 의사소통 방식: 1번 드라이버일 때 양육적이고 따뜻한 +NP 기능을 사용하여 긍정적이고 따뜻한 감정의 언어를 만들어 상호작용하게 하며, 2번 드라이버일 때 정서적(+FC), 양육적(+NP), 지시적인(+CP) 의사소통을 교류하는데 FC나 A 자아상태로 교류하면 효과적인 의사소통이 된다.

내담자 커플관계 해석

가정생활에서의 남편은 1번 드라이버 BS(강인하라)로 솔직하게 자기감정을 드러내지 않고 회피한다. 2번 드라이버(BP)를 사용하면 지나치게 완벽하게 하려고 하여 강박이 생겨서 경직된 사고를 보이게 된다.

아내는 1번 드라이버(PO)의 감정을 개방문으로 사용하게 되는데 남편에게 비위를 맞추고 나서 그것을 통해 상대방을 조종하려고 하는 방식이다. 2번 드라이버(TI)를 썼을 때 남편의 의견을 들으려 하지 않고 아내의 마음속에 미리 정해 놓은 수단 방법을 아내가 적극적으로 사용하므로 갈등이 일어나게 된다.

☞ **개선방안**

남편의 의사소통 방식은 욕구와 감정을 잘 드러내지 않고 아내에게 정확하고 모범적으로 하게끔 유도하는 방식인데 이 방식에서 벗어나야 한다. 아내는 남편의 비위를 맞춰 주는 의사소통 방식을 사용하다가 소극적인 남편의 의견을 무시하고 자기 주장대로 하는 의사소통 방식에서 벗어나야 한다.

4) 드라이버에 따른 선호하는 적응방식

〈내담자 1〉

특성 / 드라이버	타인과 관계 맺는 방식	위협에 대한 반응	만족을 주는 시간의 구조화	실행적 · 생존적 적응
1–BS (3~4)	무반응	외면	폐쇄 그리고 활동, 친밀	뒤로 한 발자국 물러서는 경향이 있으며 잠잠해질 때까지 기다리는가?(생존)
2–BP (5)	사고	경직된 이성 작용으로 대응	활동 그리고 게임, 친밀	자신이 가장 올바르다고 생각하는 일을 가장 성실하게 하려고 하는가?(실행)

① 타인과 관계 맺는 방식: 1번 드라이버일 때 무반응을 보이고 관계보다 일에 집중한다. 타인이 물어보기 전까지는 자신의 의견을 표현하지 않고 가까이 다가가지 않는다. 가벼운 대화는 잘하는 편인데 감정적인 대화는 듣기만 하고 있다. 2번 드라이버일 때 타인과 관계 맺는 방식은 사고이다. 남편은 일에 있어서는 누구보다

탁월하여 인정을 받으며 구체적이고 논리적인 사고로 완벽하게 문제를 처리한다. 그러나 아내에게는 언제나 아무 문제가 없는 사람처럼 입을 굳게 다물고 있다.

② 위협에 대한 반응: 1번 드라이버일 때 별일 아니라고 여기면서 외면한다. 2번 드라이버일 때 말을 더욱 아끼며 위협에 대처하기 위해 계획대로 행동하며 완벽한 정보를 수집한다.

③ 만족을 주는 시간의 구조화: 1번 드라이버일 때 주로 폐쇄 그리고 활동을 사용한다. 일을 하거나 혼자만의 기타 치는 시간을 통해 만족을 느끼고 에너지를 충전한다. 2번 드라이버일 때 활동을 하고 게임을 한다. 또 아내가 좋아하는 맛집에 가거나 산책을 통해 질적인 시간을 공유하며 친밀감을 표현하고 아이처럼 즐거워한다.

④ 실행적 · 생존적 적응: 1번 드라이버일 때 상황을 파악하고 뒤로 한 발자국 물러서서 일을 마무리하려고 한다(생존). 2번 드라이버일 때 교회에서 재무 일을 빈틈없이 보거나 남편이 올바르다고 생각하는 일들을 성실하게 해낸다.

〈내담자 2〉

특성 드라이버	타인과 관계 맺는 방식	위협에 대한 반응	만족을 주는 시간의 구조화	실행적 · 생존적 적응
1-PO (1~2)	감정	감정이 과도하게 상승	잡담 그리고 게임, 친밀	주변의 모든 사람을 행복하게 좋은 느낌을 가질 수 있도록 에 너지를 쓰고 있는가?(실행)
2-TI (3~4)	먼저 상황을 평가	이득을 얻기 위해 타인을 조종	게임 그리고 잡담	상황을 어림잡아 파악하려 하 고 자신의 이득을 위해 어떤 조 치를 바로 취하는 경향이 있는 가?(생존)

① 타인과 관계 맺는 방식: 1번 드라이버일 때 타인과 관계 맺는 방식은 감정이다. 가족이 첫 번째라고 생각하여 남편이나 아이들에게 헌신적이며 보호적이다. 일보다 가족이 중요하고 돈이나 명예보다, 좋은 관계와 마음 편한 감정을 원한다. 2번 드라이버일 때 활동적이고 계획한 것을 이루어 내려고 행동하며 남편에게 먼저 이해를 구하고, 안전하다고 생각되면 자신의 감정과 행동을 적극적으로 표현한다.

② 위협에 대한 반응: 1번 드라이버일 때 남편이 2차선 도로를 규정 속도 이상 운전

하면 감정이 올라가 즉각 과잉반응을 보이고 후회한다. 감정이 과도하게 상승할 때는 부부의 의견이 다를 때이다. 속도를 줄여 달라고 부탁했는데 남편이 아내의 말을 듣지 않으면 위협으로 느끼고 밥을 먹어도 체하거나 식욕이 없는 증상이 나타난다.

2번 드라이버일 때 목적 달성을 위해 상황적 한계에 놓이게 되면 주변의 인적 자원을 활용하여 성과를 내려고 하거나 전략을 세워 행동을 한다.

③ 만족을 주는 시간의 구조화: 1번 드라이버일 때 일과 관련된 업무를 쉽게 잡담처럼 해결하려고 한다. 2번 드라이버일 때 타인을 관찰하고 원하는 것을 빠르게 판단하여 직관적으로 예측해서 행동하며 모든 사람들과 고루 시간을 내어 잘 지내려고 한다. 예를 들면, 공부하기 싫어하고 자격증을 따기 싫어하는 남편에게 사회복지사 자격증을 따면 시댁에 일주일에 한 번씩 가주겠다고 제안한다.

④ 실행적·생존적 적응: 1번 드라이버일 때 자기보호적인 안전한 생존적 방식으로 우선순위를 정하여 관계하고 주변의 모든 사람들이 좋은 사람이라고 인정해 주는 것이 행복하다고 생각한다. 예를 들면, 아버님 생신에 마을 사람들에게 떡을 돌리고 좋은 며느리, 좋은 아내라는 인정 욕구를 보인다.

아내는 결혼 전에는 친정 식구들을 위해 자신의 에너지를 사용하여 인정을 받았고 결혼 후에는 남편과 시댁 식구들을 위해 헌신하고 봉사한다.

2번 드라이버일 때 자신의 목적 달성을 위해 상황을 추진하여 행동하고 직관적으로 이익이 되는 선택을 해서 계획된 일이라도 급하게 변경한다. 융통성을 발휘해 계획을 변경하고는 남편이 따라 주길 바란다.

내담자 커플관계 해석

남편은 혼자만의 조용한 공간에서 기타를 치거나 〈벼룩시장〉을 정독하거나, 지도를 분석하는 등 자신의 일에 몰입하는 것을 선호하고, 아내는 함께하는 것을 선호한다. 조용한 공간에서 자투리 시간을 활용하여 친밀감을 나누고, 산책하며, 공유한다. 갈등 상황에서, 과정보다는 결과를 추구하는 아내가 부담스럽지만 남편은 묵묵히 따라 준다. 남편이 정서적 교감을 선호하는 아내를 위해 잠깐 시간을 내어 아내 곁에서 친밀감을 표시하고 떠나면 아내는 잠시 잠깐의 행복으로 안심한다.

☞ **개선방안**

융통성 있는 아내가 신중하고 뒤로 물러서 있는 남편에게 조종하지 않고 감정이나 욕구를 솔직하게 표현한다. 남편은 아내의 감정을 존중하고 아내는 남편의 외면하는 마음을 수용한다. 부부가 만족을 주는 시간의 구조화에서는 아내는 남편의 혼자만의 시간을 존중해 주고 남편은 아내의 친밀감을 교류하고 싶은 마음을 공감한다.

5) 불건강할 때 전형적인 심리게임, 금지령, 라켓

〈내담자 1〉

드라이버　　　특성	심리게임	금지령	라켓
1-BS (3~4)	• 나를 차라 • 나에게 뭔가를 하라 (불평하기, 조종하기)	• 성공하지 마라. • 함께 하지 마라. • 잘되려고 하지 마라. • 기쁨(분노)을 느끼지 마라. • 즐기지 마라. • 생각하지 마라.	무감각, 단조로움, 공백 상태, 불안(분노, 마음의 상처, 즐거움과 성적인 느낌을 가린)
2-BP (5)	• 당신을 도우려고 노력할 뿐이야(합리화, 약점 가리기)	• 감정을 느끼지 마라. • 친해지지 마라. • 중요한 존재가 되지 마라. • 즐기지 마라.	불안, 우울, 죄책감(분노, 마음의 상처와 성적인 감정을 가린), 분노(슬픔을 가린)

① 심리게임: 1번 드라이버일 때 숨겨진 의도를 가지고 '나를 차라.', '나에게 뭔가를 하라.'고 한다. 실패의 경험이 두려운 남편은 집을 팔아서라도 치과의사나 목사가 되기를 바라는 아버지에 분노를 느끼면서도 아내가 하고 싶어 하는 공부는 지원한다. 능력이 부족한 남편 역할을 자처하면서 책임전가를 하고 있는 심리게임을 한다. 2번 드라이버일 때 '당신을 도우려고 노력할 뿐이야.', 즉 남편은 설거지를 도맡아하면서 물을 과도하게 많으 소비한다. 오랜 시간 동안 여러 번 완벽하게 닦고 행구면서 아내의 심기를 거스르며 심리게임을 하고 있다. 구원자에서 희생자로 간다.

② 금지령: 1번 드라이버일 때 '성공하지 마라.', '함께 하지 마라.', '잘되려고 하지 마라.', '기쁨(분노)을 느끼지 마라.', '즐기지 마라.', '생각하지 마라.'의 금지령을 사

용한다. 즉, 아버지가 원하는 큰아들이 보란 듯이 치과의사가 돼서 부모님께 보답하라는 메시지를 외면하고 있다. 많은 말을 하지는 않지만 직장에서 더 중요한 책임을 맡으면 실패하는 것에 대한 두려움으로 승진하는 것을 극도로 꺼리게 되는 것이다. 2번 드라이버일 때 마음 놓고 즐기지 못하고 초연한 척한다.

③ 라켓: 1번 드라이버일 때 무감각, 단조로움, 공백상태, 불안의 라켓 감정은 내재된 분노와 마음의 상처에 대한 표현이다. 〈벼룩시장〉을 탐독하며 정보를 얻거나, 미래의 위험요인에 대비하기 위해 지금은 필요하지 않은 중고 골동품을 사며 공백 시간에 무언가를 하고 있다. 아내와 함께 의논하게 되면 잔소리를 듣게 될까 봐 의논하지 않고 있으며 불안한 마음의 상처를 가지고 있다. 2번 드라이버를 사용할 때 마음의 상처나 슬픔을 가리기 위해 교류를 최소화하고 가족을 돌보는 일에 매진하고 자신의 일에 많은 에너지를 쏟는다.

〈내담자 2〉

특성 드라이버	심리게임	금지령	라켓
1-PO (1~2)	• 라포(복수하기, 관심 끌기) • 당신이 아니었다면(보상받기) • 바보(회피하기) • 당신을 도우려고 노력할 뿐이야(합리화, 약점 가리기)	• 성장하지 마라(나를 떠나지 마라). • 생각하지 마라. • 중요한 존재가 되지 마라. • 너 자신이 되지 마라.	불안, 슬픔, 혼란, 두려움(분노를 가린)
2-TI (3~4)	• 네가 할 수 있다면 나를 잡아 봐(우위를 점하기) • 경찰과 도둑(비난하기, 굴복시키기) • 암묵적 이해(공생하기) • 법정 공방(합리화, 정당화하기)	• 친해지지 마라. • 슬픔(두려움)을 느끼지 마라. • 생각하지 마라. • 너 자신이 되지 마라.	혼란, 분노(두려움과 슬픔을 가린)

① 심리게임: 1번 드라이버일 때 주로 아내는 "당신이 아니었다면 이렇게 힘들지 않았을 텐데, 당신을 도우려고 노력할 뿐이야."라고 말하며 합리화하고 약점을 가리는 심리게임을 한다. 즉, 시아버지가 원하는 유학의 꿈을 포기하고 아이를 낳고 나서 시아버지가 기뻐하는 공부를 하여 인정을 받는다. 2번 드라이버일 때 '공생하기', '우위를 점하기' 심리게임을 사용한다. 상호 문제의 핵심을 건드리는 것을

피함으로써 안정되고 상호 유익한 현재의 관계를 유지하면서도 추구하는 목적을 달성하려 한다.

② 금지령: 1번 드라이버일 때 '나를 떠나지 마라.', '너 자신이 되지 마라.', '중요한 존재가 되지 마라.' 등 '나를 챙기는 것은 이기적인 것이다' 라는 성격은 양육자로부터 받은 엄마의 양육방식에서 기인한다. 남편과의 관계에서 상대방이 원하지도 않은 것을 미리 해 주면서 상대방을 조정하려고 하는 전형적인 금지령을 가지고 있다. 2번 드라이버일 때 혼란을 가리고 슬프지 않은 척, 기쁜 척, 괜찮은 척하면서 스스로 애쓰고 노력한 것에 대한 암묵적인 이해 받기를 바라고 있다. 즉, "생일날 받고 싶은 선물이 있을 때 말 하지 않고 있다가 네가 내가 갖고 싶은 것을 알아맞혀 봐." 라고 하고 맞히지 못할 때 남편에게 서운한 태도를 취하고 있다.

③ 라켓: 1번 드라이버일 때 '나를 떠나지 마라'에 나타나는 감정과 태도는 나보다 집안 대소사를 먼저 스스로 챙기고 나서, 생각만큼 인정받거나 이해받지 못할 때 몸이 아프거나 눈물이 나온다. 원가족에서 셋째로 태어나 중요한 존재가 되어 보지 못한 경험이 있기 때문에 불안한 상태를 만들지 않으려고 노력한다. 2번 드라이버일 때 친밀하게 지내다가 이사를 가게 되면 서운하고 혼란스러운 감정이 몰려온다. 결국 자신을 떠날 수도 있다는 두려움과 슬픔을 가리고 친밀하게 다가가지 못한다.

내담자 커플관계 해석

남편은 가족의 중요한 순간에 문제 상황을 만들지 않기 위해서 아내와 함께 공유하고 싶지만 바쁜 아내는 문제가 발생한 다음 다양한 시도를 하고 문제해결을 도모하고 있다. 남편은 두려운 상황을 견디기 위해 묵묵히 참고 있는 것이다. 남편과 아내가 서로의 감정에 솔직하게 직면하고 이야기 나누므로 친밀감을 더해 주는 것을 자각하게 되었다.

☞ 개선방안

심리게임에서 벗어나 남편과 아내는 서로에게 솔직하게 이야기하고 스트로크한다. 남편은 "잘하고 있어." 아내는 "괜찮아, 걱정하지 마." 등 친밀감을 높이는 대화도 필요하지만 부부가 감정을 솔직하게 직면할 필요가 있다.

CKDP 심리검사에 의한 커플상담 사례분석 4 | 433

6) 드라이버에 따른 인생각본

〈내담자 1〉

특성 드라이버	과정각본	축소각본	허용
1-BS (3~4)	'결코'식 (생각만 하고 시도를 하지 않음)	스트레스 상황에서 현재 있는 그대로의 모습을 받아들이지 않고 '만약 ~이라면 OK'라는 사고방식으로 시작할 때, OK가 아닌 축소각본에 빠진다.	자신의 욕구나 감정을 개방적으로 표현해도 좋다.
2-BP (5)	'까지'식(완벽할 때까지 끝내지 못함)	• 몰이꾼: ~하는 한 OK, 무감정 • 제지꾼: 자기 탓, 죄의식, 근심 • 비난꾼: 네 탓, 비난, 의기양양한 • 낙담꾼: 무가치한, 무익한	있는 그대로 해도 좋다.

① 과정각본: 1번 드라이버일 때 '결코'식 각본을 사용하는 내담자는 생각만 하고 시도하지 않는다. 스트레스 상황에서는 자신의 욕구나 감정을 명확히 표현하지 않고 문제해결을 보류하고 생각만 하고 행동하지 않고 있다. 예를 들면, 아내가 "뭐 먹고 싶어?"라고 물어볼 때까지 결코 스스로 먹고 싶은 것을 고르지 않는다.

2번 드라이버일 때 '까지'식 각본을 사용하여 완벽할 때까지 끝내지 못한다.

② 축소각본: '만약 ~ 이라면 OK이다', '만약 ~그렇게 된다면 OK이다' 그러나 항상 생각만 하고 몽상을 하며 시도를 하지 않기 때문에 'NOT-OK'가 될 수 있다. 1번, 2번 드라이버 모두 축소각본에 빠질 경우 IV 영역 낙담꾼—무가치한, 무익한 사람이라고 생각한다.

③ 허용: 1번 드라이버일 때 자신의 욕구나 감정을 솔직히 개방적으로 표현하고 나의 존재만으로 괜찮다고 허용하고 해독한다. 2번 드라이버일 때 불안을 내려놓고 '있는 그대로 표현해도 좋다.'고 허용한다.

〈내담자 2〉

드라이버 　　特性	과정각본	축소각본	허용
1-PO (1~2)	'그 후'식(뒷일에 대하여 미리 근심 걱정함)	스트레스 상황에서 현재 있는 그대로의 모습을 받아들이지 않고 '만약 ~이라면 OK'라는 사고방식으로 시작할 때, OK가 아닌 축소각본에 빠진다.	먼저 자신을 기쁘게 해도 좋다.
2-TI (3~4)	'결코'식(생각만 하고 시도하지 않음) '항상'식(노력하지만 자기 틀에서 벗어나지 못함) '거의'식 I (결정을 못 내리고 반복하는 경향)	• 몰이꾼: ~하는 한 OK, 무감정 • 제지꾼: 자기 탓, 죄의식, 근심 • 비난꾼: 네 탓, 비난, 의기양양한 • 낙담꾼: 내 탓 남 탓, 무가치한, 무익한	먼저 자신에게 진솔해도 좋다.

① 과정각본: '그 후'식 각본을 사용하는 아내는 다양한 정보와 자원을 동원하여 문제를 해결해야만 근심에서 벗어난다. 뒷일에 대해 미리 근심하고 걱정하여 소화가 되지 않거나 입맛을 잃어버릴 때가 있다.

② 축소각본: '좋은 성과를 내면 OK이다.', '열정적으로 남을 기쁘게 하면 OK이다.' 그러나 항상 완벽하게 해 낼 수 없고, 모든 사람을 모두 만족시킬 수 없으므로 II번 영역인 제지꾼으로 자기 탓, 죄의식, 근심 등의 축소각본으로 'NOT-OK'가 될 수 있다.

③ 허용: '자신을 기쁘게 해도 좋다.', '먼저 자신에게 진솔해도 좋다.'고 허용한다.

내담자 커플관계 해석

남편은 생각만 하고 시도를 하지 않으려고 하는 각본을 가지고 있고 아내는 뒷일에 대해 미리 근심하고 걱정하는 교류패턴의 과정각본을 알게 되었다. 남편은 스트레스가 발생했을 때 축소각본을 가지고 낙담하며 무가치한 사람으로 인식하고 있었으며, 아내는 스트레스 상황에서 자기 탓을 하며 죄의식과 근심에 빠져 있는 각본을 알게 되었다. 허용의 해독제를 가지고 남편은 자신의 욕구나 감정을 개방적으로 표현하고 아내는 먼저 자신을 기쁘게 하는 허용을 통해 경계선을 분명하게 하여 부부가 삶의 주인으로서 서로를 편안하게 하고 누릴 수 있도록 한다.

☞ **개선방안**

거절하지 못하는 부부의 모습에서 벗어나 축소각본에 빠지지 않기 위하여 먼저 자신을 기쁘게 하고 허용의 태도를 취한다.

7) 드라이버에 따른 전형적인 디스카운트와 상담의 쟁점

〈내담자 1〉

드라이버 \ 특성	전형적인 디스카운트	상담의 쟁점
1-BS (3~4)	• 자신의 욕구나 감정을 인정하고 충족하기 위해 적절한 행동을 하는 것 • 자신의 힘이나 책임을 포기하는 것(핵심: 자신의 감정과 욕구를 수용하는 것)	• 어른 자아로 회피나 광기의 도피구를 막는다. • 수동행동(아무것도 하지 않는 것, 과잉반응, 불안, 무능과 폭력)과 직면하게 한다. • 자신의 욕구나 감정을 소중히 하는 것을 돕는다. • 문제점을 확실히 인식하도록 돕는다.
2-BP (1~2)	• 상황이나 인간관계에서 자신이 어떻게 느끼고 있는지 깨닫는 것 • 이대로도 좋다고 여기고 즐기는 것(핵심: 존재 그 자체만으로도 좋다고 인정하는 것)	• 쉬지 않고 일한다는 도피구를 막는다. • 자신도 실수할 수 있다는 사실을 인정한다. • 모든 것을 사고로 처리할 수 있는 것이 아니라, 자신이 어떻게 느끼고 있는지를 깨닫게 한다. • 자신의 존재가치에 대해 느끼도록 돕는다.

① 전형적인 디스카운트: 1번 드라이버를 사용할 경우 '자신의 욕구나 감정을 인정하고 도피하지 말고 직면하여 적절한 행동을 하여야 한다. 자신의 감정과 욕구를 허용하고 말할 수 있어야 한다. 2번 드라이버를 사용할 경우 존재만으로 감사하고 이대로도 좋다고 여기고 즐겨야 한다. 부모님에 대한 왜곡된 사랑이나 편견에서 벗어나 스스로 할 수 있게 자율성을 부여하고 소진되지 않게 자신의 능력을 키워야 한다.

② 상담의 쟁점: 1번 드라이버의 경우 모든 것이 사고로 처리하지 못한다는 사실을 직시하고 자신의 욕구나 감정을 소중히 하고 문제가 생겼을 때 나만이 해결할 수 있다는 강인한 생각을 버리고 아내에게 솔직하게 문제를 공유하고 자율성을 회복할 수 있도록 돕는다. 2번 드라이버일 때 모든 문제를 사고로 해결하기보다는 상대방의 감정을 이해하여 함께 문제를 해결하도록 한다.

〈내담자 2〉

특성 드라이버	전형적인 디스카운트	상담의 쟁점
1-PO (1~2)	• 자신의 분노나 힘에 직접 접촉하는 것 • 타인을 기쁘게 하기보다는 스스로를 기쁘게 하는 것(핵심: 자신의 감정이 무엇인지에 대해 깊이 생각하는 것)	• 남편과 진솔하게 감정을 나누기로 계약한다. • 억압된 분노와 접촉하도록 하고 타인과의 경계를 분명히 하도록 한다. • 스스로 생각하는 힘이나 능력에 대해 스트로크를 해 준다. • 감정과 현실을 구분하게 한다.
2-TI (3~4)	• 척하거나 연기하지 않고 정직한 것 • 인간관계는 서로 돕고 사는 것(핵심: 남을 조종하고 조작하려는 태도에서 벗어나 진정한 자기가 되는 것)	• 신뢰감을 구축하고 큰 안목에서 내담자를 움직여야 한다. • 타인을 화합과 조화의 대상으로 여긴다. • 반사회적 행동을 멈추고 정직해지도록 한다. • 과거에 잃어버린 것에 대한 애도작업을 한다.

① 전형적인 디스카운트: 1번 드라이버일 때 남편과의 관계에서 맞춰 주려고 과도하게 애쓰며 잘못을 전가하지 말고 자신의 분노나 힘에 직접 접촉해야 한다. 2번 드라이버일 때 '괜찮은 척하는 과잉긍정'에서 벗어나야 한다. 즉, 결혼생활 동안 힘들어도 '좋은 척, 괜찮은 척'하며 남들이 보기에 항상 행복한 가정이어야만 한다고 생각하고 살았다. 예를 들어, 부모님 생신 때 용돈만 드려도 되는데 힘들어도 꼭 찾아뵙고 음식을 해 드리고 돕는 방법을 채택하면서 한 마디라도 시부모님이 서운한 이야기를 하면 바로 분노하지만 괜찮은 척하며 감정을 가렸다.

② 상담의 쟁점: 1번 드라이버일 때 남편과 진솔하게 감정을 나누고 친구 등 친척과의 관계에서 오는 경계를 명확히 해야 한다. 감정과 현실을 구분하고 과잉친절로 서로 불편하지 않게 한다. 2번 드라이버일 때 남편이 내 뜻대로 해 주지 않으면 불평하거나 슬픈 표정을 지으면서 아내가 하자는 대로 조종하려고 한다.

스스로 할 수 있게 큰 안목에서 신뢰감을 구축하는 방법은 조화와 균형 있는 솔직한 대화를 통해 문제에 직면하고 과거의 상처를 보듬어 준다.

내담자 커플관계 해석

남편은 능력이 있음에 불구하고 자신의 욕구나 감정을 인정하지 않고 적절한 반응을 하지 않았다. 아내와 함께 모든 일을 공유하기를 바라고 있으며 함께 부모님께 효도하며 실속 있게 사는 것만이 최선이라고 생각하는 사고를 가지고 있다. 수동행동을 보이는 남편의 핵심 감정을 이해하고, 아내는 과잉반응을 하여 문제를 떠안게 되는 행동을 자제해야 한다.

☞ **개선방안**

감정과 현실을 구분해서 문제점을 확실히 인식하도록 돕는다.

수정적이고 눈치 보는 상태에서 벗어나 부부가 함께 문제에 직면하여 의논하며 해결한다.

8) 드라이버와 양육방식, 오염된 성격구조, 치료의 핵심

〈내담자 1〉

드라이버 \ 특성	양육방식	불건강할 때		문제점	치료의 핵심
		태도	자아상태		
1-BS (3~4)	모호한, 주저하는	회피	이중오염 상태에서 ⓟ가 ⓒ를 비판 ⓒ는 회피	감정을 느끼고 수용하는 것이 어렵다.	원하는 것을 요구하는 것, 홀로 서는 것
2-BP (5)	성취를 강조하는	과잉 성취	ⓟ에 의해 ⓐ 오염	과도하게 성실함과 의무감이 강하다.	자신에 대한 허용과 인정자극 필요

① 양육방식: 1번 드라이버의 경우 어린 시절 감정과 욕구를 명확히 표현하지 못하고 우유부단한 양육방식을 통해 자신의 감정을 수용하기 힘들고 모호하고 주저하는 양육환경에서 살아왔다. 2번 드라이버의 경우 초등학교 시절 학예회 때 앞에 나가서 연극을 하다가 연기하는 것이 부끄러워 아무 말도 하지 못하고 서 있었던 경험이 있다. 성취를 강조하는 아버지 밑에서 자신에 대해 디스카운트하면서 긍정적인 허용을 갖지 못하였다.

② 불건강할 때: 1번 드라이버일 때 경계가 분명하지 않을 때 타인과 교류하지 않고 회피하며 혼자 있기를 선호한다. 감정 표현을 하지 못하고 수용하는 것이 어렵다.

2번 드라이버일 때 명확하고 분명하지 않은 상황에 대한 불안이 높아 많은 정보
수집을 하며 과잉성취하려는 태도를 보인다. 즉, 즐겁고 자유로운 활동을 하지
못하고, 직장과 가족에서만 안주하려고 하거나 자신이 잘하고 있는 일에만 집중
하는 일중독이 증상이 나타날 수 있다. 즉, ⓟ에 의해 Ⓐ가 오염된 상태를 보인다.
그러므로 과도하게 성실함과 의무감이 강하다.

③ 치료의 핵심: 1번 드라이버일 때 감정을 느끼고 수용하는 것이 어려우므로 원하
는 것을 요구하고 정당하게 이야기하며 홀로서는 것이 중요한 과업이다.

2번 드라이버일 때 자신에 대한 허용과 인정자극이 필요하다. 과도하게 성실한
의무감의 짐을 내려놓고 허용과 인정자극이 필요한 것이다. 즉, 자신에게 엄격하
고자 하는 정직성을 이해하고 아내와 진솔하게 감정을 나누는 방안을 모색해야
한다.

〈내담자 2〉

| 특성
드라이버 | 양육방식 | 불건강할 때 | | 문제점 | 치료의 핵심 |
		태도	자아상태		
1-PO (1~2)	타인을 기쁘게 하는 것을 강조하는	과잉 반응	©에 의해 Ⓐ 오염	남과 의존적 관계 를 맺기 쉽다.	스스로 홀로설 수 있다 는 것, 도망가는 것을 중지하는 것
2-TI (3~4)	미리 해 주는	조작	©에 의해 Ⓐ 오염, ⓟ 배제	남과 타협하고 협 력하는 데 미숙	타인과 협력할 필요가 있음을 배우는 것, 진 솔한 모습을 찾는 것

① 양육방식: 1번 드라이버인 경우 타인을 기쁘게 하는 것을 강조하는 양육환경에서
자라났다. 어린 시절 아버지는 새벽에 숙제를 하거나 벼락치기 공부를 하면 많은
사람들 앞에서 칭찬과 인정을 쏟아부어 주서서, 그런 아버지를 기쁘게 하고 잘 보
이기 위해 새벽에 일어나는 습관이 생겼다. 2번 드라이버인 경우 미리미리 챙겨
주고 인정이 많은 어머니의 양육방식에서 자라났으며 2남 2녀 중 셋째로서 언니
들보다 더 잘하고 싶어 경쟁심을 갖게 되었고 목표 지향적인 성격이 형성되었다.

② 불건강할 때: 1번 드라이버인 경우 불건강할 때 ©에 의해 Ⓐ 오염되어 경계가 분
명하지 않을 때 망상에 빠질 수 있으며 과잉반응하게 된다.

2번 드라이버인 경우 사회적 가치가 ©에 의해 Ⓐ 오염, Ⓟ 배제되어 조작해서라도 목적하는 것을 얻으려고 한다. 정직하고 솔직한 모습으로 자신을 개방하며 도망가는 것을 중지해야 한다.

③ 문제점: 1번 드라이버인 경우 타인을 기쁘게 하면서도 의존적인 관계를 만들게 된다. 즉, 시댁과의 갈등이 깊어지면 가까이 사는 것에 대한 부담감이 커져 도피구를 찾아 이사를 하고 싶은 마음이 생긴다.

2번 드라이버인 경우 타인과 타협하고 협력하는 것이 미숙하여 회피하려고 한다. 즉, "자라 보고 놀란 가슴 솥뚜껑 보고 놀란다."라는 속담처럼 시댁의 작은 일에도 과잉반응하게 된다.

④ 치료의 핵심: 1번 드라이버일 때 능력이 부족하다고 생각되거나 자신의 실수가 눈에 띄게 나타날 때라 할지라도 스스로 홀로 설 수 있다고 믿고 회피하거나 도망가는 것을 중지하는 것이다.

2번 드라이버일 때 타인과 협력할 필요가 있음을 배우는 것, 진솔한 모습을 찾는 것이 치료의 핵심이다. 특정 상황에서 자신에 대한 허용과 인정자극을 통해, 타인과 협력하고 타협하는 방법이 필요하다. 또한 자신이 진정 원하는 것이 무엇인지 자신의 감정에 솔직할 필요가 있다.

내담자 커플관계 해석

부부 모두 스스로 설 수 있다고 자각하고 지금까지 잘 살아왔으니 성격의 다름을 인정해야 한다. 아내는 특정 상황에서 과잉행동을 중지하고 남편은 과도한 성실함과 의무감에서 벗어나서 진정 자신이 원하는 것을 찾아야 한다. 남편은 아내를 믿고 자신의 걱정과 불안을 정직하게 개방하고, 아내는 솔직하게 자신을 감정을 느끼고 수용하며 부부가 과도한 책임과 의무감에서 벗어난다.

☞ 개선방안

부부가 자신의 감정을 수용하고 자기 자신에게 집중하며 솔직하게 서로를 개방하고 스트로크하며 기대와 바람을 나누는 시간이 필요하다.

5. 내담자 커플의 드라이버와 관계된 개선방안

1) 상담자가 본 내담자 커플의 문제

내담자 1: 자신의 감정을 잘 표현하지 않는다. 문제 상황 시 가만히 있어서 힘이 센 곰팅이라고 부른다. 아내에게 권한을 부여하는 것 같으면서도 모든 것을 책임지고 있다. 결혼하고 분가를 하였는데도 시부모님의 의료 부양이나 친밀감 부양마저 모두 곰팅이의 몫이므로 자기주장을 잘하시는 시어머니가 부르시면 한 치의 망설임 없이 자신의 시간을 다 포기하고 우선순위를 시댁에 두고 살고 있어 문제가 발생한다. "부모님이 살면 얼마나 사시겠어." 하고 말하며 불안을 숨기고 우유부단한 태도를 취한다.

내담자 2: 아내는 부모님 부양을 해야 하고 가족들 뒷바라지 등 다른 사람을 기쁘게 하기 위해 분주하게 살아왔다. 학업도 자신의 능력을 발휘하기 위해서가 아니라 남을 위해서 공부했다고 생각하는 것이다. 자신의 감정을 느끼고 수용하기보다는 타인의 눈치를 보면서 안전하지 않은 상황에서는 과잉반응을 하는 등 남과 의존적인 관계를 맺으며 살아왔다.

감정이 상처 받는 일은 회피해 왔으며 자신의 감정을 수용하기 힘든 양육환경에서 욕구를 성취하려고 심리게임을 한 것으로 보인다.

2) 내담자 커플의 현재 상태에 대한 개선방안

① 상담목표
- 부부가 마음 편히 원하는 것을 진솔하게 나누고 확인한다.
- 억압된 분노와 접촉하도록 하고 타인과의 경계를 분명히 하도록 한다.
- 부부가 주 드라이버 패턴과 열등기능을 자각하여 서로를 이해한다.
- 부부의 시간구조화를 통해 구체적인 계획의 우선순위를 정한다.
- 자율성을 회복하고 성격의 차이를 극복하기 위해 단계적으로 계약한다.

② 상담계획

- **초기: 계약하기**
  - 인테이크, 라포 형성
  - 자기탐색, 자기이해 및 변화를 시도하기
- **중기: 자각하기**
  - 심리검사를 통한 자기분석, 타인조망 확장하기
  - 주 드라이버 패턴의 교류패턴을 자각하고 허용을 실천 한다.
- **종결: 재결단**
  - 자율적인 변화 노력을 통해 변화와 성장 경험하기
  - 상담과정을 평가하고 실천 계약 세우고 재구조화하기
  - 추수상담 연계

③ 상담전략

- 부부의 삶의 태도를 이해하고 스트로크하기
- 가계도 및 생태도 분석을 통한 욕구를 이해하고 감정에 직면하여 현실감각 찾기
- 배우자를 이해하고 경청하며 교류와 소통을 통한 공감하기
- 노후 설계와 미래 지향적인 삶에서 현실감각에 맞는 생활태도 허용하기
- 타인에게 하는 것처럼 부부관계에서도 배려하고 존중하기, 반존대 쓰기

6. 상담과정과 상담결과

1) 상담과정

- **초기:** 상담 계약 및 라포 형성을 통해 CKDP 검사, CKEO 검사, HTP, SCT 등의 상담을 구조화하기
  원가족 탐색을 통한 주 호소문제와 원하는 것을 탐색하기
- **중기:** 심리검사(CKEO, CKDP)를 통한 주 드라이버와 교류패턴 자각을 통한 심층상담 실시하기

양육자로부터 받은 상처와 고질적인 각본 털어내기

스트로크를 통한 자존감 향상 및 순기능과 역기능 활성화하기

감정의 갈등 상황을 직면하고 솔직하게 오픈하고 소통하기

• 종결: 변화를 위한 재결단을 통해 자율성 회복과 친밀성 회복 높이기

자율적인 부부의 모습을 실천하고 통찰하여 가족의 행복 찾기

2) 상담결과

본 상담을 통해 의욕이 없는 남편과 조종하는 아내의 성격 차이를 극복할 수 있게 되었다. 자율성을 회복하여 감정을 솔직하게 터놓고 이야기함으로써 성격이 다른 부부라고 할지라도 새롭게 재결단할 수 있는 변화의 기회가 되었다. CKDP의 드라이버 패턴 검사를 통해 무의식에 내재되어 있던 불편한 마음을 해소할 수 있었고 긍정적인 스트로크를 통해 서로의 마음을 이해하고 공감하는 계기가 되었다. 자원은 한정되어 있고 사회는 급변하고 있어 내적 · 외적 문제는 늘 상존하지만 내담자 부부는 자신과 타인의 모습을 자각하고 허용하고 있는 것으로 보아 성공적인 상담이었다고 생각한다.

7. 상담자 총평

본 상담을 하고 서로 다른 성격을 존중하게 되면서 부부관계가 개선되었고 미처 자각하지 못했던 생활패턴을 통해 서로를 이해하는 기회가 되었다.

아내는 문제가 일어나기 전에 예방하는 것이 배려라고 생각했는데 드라이버 패턴 검사를 통해 무의식중에 상대방에게 자율성을 해치는 말이나 행동을 하는 자신을 자각하였으며, 남편은 서두르지 않고 묵묵히 자기 일을 하는 것이 상대방으로 하여금 의욕이 없어 보이게 된다는 것을 자각하였다.

남편은 양육자로부터 받아서 고착된 성품인 곰같은 우직한 태도로 직장에서 늘 완벽을 추구하고 있다. 실수하게 될 것을 두려워해서 과도한 책임을 맡게 되면 회피하고 있는 뿌리 깊은 마음의 상처를 알게 되었고, 아내는 감정에 사로잡혀 남을 기쁘게 하려고 끊임없이 노력하는 심리게임을 중지하고 서로의 이야기에 귀 기울이게 되었다. 부부가

성격의 차이에서 오는 서로의 감정을 솔직하게 오픈하며 갈등을 극복하고 관계가 회복되었다. CKDP 드라이버 패턴 검사를 통해 무의식에 내재되어 있는 서로의 다름을 인정하고 공감하게 된 것이다.

교류분석 상담을 통해 특별히 잘해서 사랑받는 것이 아니라 존재만으로 사랑받는다는 사실을 알게 되었고 일관성과 안정감 있는 대화의 중요성을 깨닫고 부부의 자율성, 자각성, 친밀성을 높여 관계를 개선할 수 있었다.

CKDP 심리검사에 의한 커플상담 사례분석 **5**

교감하기 힘든 부부
서로가 가진 불편한 감정을 솔직하게 드러내기가 힘들어요

상담자: 이인영

1. 내담자 기본 정보

내담자 1: 남편/성별: 남/연령: 55세/학력: 박사/검사일: 2018. 05. 06.
내담자 2: 아내/성별: 여/연령: 55세/학력: 석사/검사일: 2018. 05. 06.

1) 의뢰 경위 및 주 호소문제

① 의뢰 경위
결혼 25주년으로 서로의 삶에 충실하려 하지만 서로 나눔이 없이 밋밋한 대화로 상담의 도움을 받고자 합의하고 상담소에 내방하였다.

② 주 호소문제: "서로가 가진 불편함 감정을 솔직하게 드러내기가 힘들어요."
내담자 1: 외부적인 일이나 가족 행사에는 적극적인 모습을 가지고 있고 자녀의 일에도 관심을 가지고 있으나, 부부끼리는 서로 대화를 나누지 않아 불편함이 있을 때 아내는 자신의 공간으로 회피하여 서운하게 된다.
내담자 2: 평상시 남편에게 특별히 원하는 것이 없지만, 대화할 때 부드러운 말씨나 서로에 대한 관심사를 나누고 싶은데 남편은 자신의 이야기 위주로 말하여 대화 내용과 말투에서 힘들어지고 말하기 싫어지는 느낌을 자주 받는다.

2) 행동 관찰

내담자 1: 부드럽기도 하고 날카로운 이미지를 지닌 편으로 자신의 외적인 분위기를 잘 표현하는 세련된 감각을 지녔고, 대상에 따라 자기 표현, 자기 주장을 잘한다.

내담자 2: 체력적으로 지쳐 보이고 자신의 일에 관련된 에너지만 사용하고 다른 외부의 일에는 관심을 가지지 않는 모습으로 이야기를 한다. 긴 파마 머리에 여성스러워 보인다.

3) 내담자의 자원

① 내담자 1
- 신중하고 생각이 많다.
- 자신의 일에는 완벽하게 최선을 다하는 모습을 보인다.
- 가족에 대한 애정이 많고 돌봄을 잘한다.
- 사회 시사적 내용과 주변에 관심사가 많다.
- 미적인 감각이 뛰어나다.
- 새로운 시도를 좋아한다.
- 동식물 돌보기를 잘하고 좋아한다.

② 내담자 2
- 상대방의 말을 잘 들어주고 잘 기다린다.
- 자녀를 위해 헌신적으로 돌봄을 한다.
- 자녀들을 위해 노력하는 태도와 가족이 행복하게 살고 싶은 열망이 강하다.
- 미적인 감각이 있다.
- 자신만의 시간을 가지려 노력한다.

4) 가계도

내담자 1: 어린 시절 사업 확장을 잘하신 아버지 덕에 경제적으로 풍요롭게 지낼 수는 있었으나 권위적이고 화가 많아 가족과 친화력이 적은 아버지에 대하여 어려움이 있다.

가정 경제력이 강하신 어머니와 가장 오래 같이 친근하게 지냈고, 어머니에 대한 효심이 크고 가족 돌봄을 우선으로 한다. 3남 1녀의 형제관계에서는 막내로 소통을 잘하고 좋은 추억이 많아 어린 시절에 대한 자부심이 크다. 자연과의 친숙함이 활성화가 잘되어 자유로운 사고로 창의적인 자신의 일에 몰입을 잘한다.

내담자 2: 어린 시절 대가족에서 자란 내담자는 서열에 대한 경계로 가족규칙의 영향을 많이 받아 억압된 부분이 많아 말수가 적은 모습이 나타난다. 할아버지의 사랑을 많이 받아 권위 대상에 어려움이 적고 사랑받는 행동을 잘한다. 1남 2녀의 첫째로 새로운 일이나 어려운 일에 대해 부담을 느끼고 두려움을 갖는 편이다. 가족의 중요한 일에는 참여를 잘하고 적극적으로 소통을 하려고 한다.

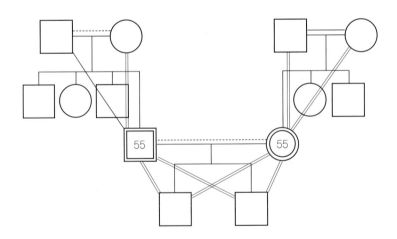

6) 생태도

내담자 1: 서울과 지방으로 주 3일 대학 강의를 나가고, 나머지 시간에는 자신의 작업실에서 개인 작업을 한다. 외부 활동에 다양하게 접근하여 많은 사람들과도 접촉을 하며 생활하고 집에서도 집안일을 도우며 지내고 있다. 자신의 문화적인 생활을 위하여 영화나 시사에 관심을 가지고 있다.

내담자 2: 남편과 전공이 같았으나 결혼 이후 다른 전공으로 공부하여 자신을 개발하고 점차 직업으로 전환되어 주 6일을 일하고 있다. 자신의 일에 열심히 전념하고 있으나 시간적인 자기관리를 잘 못하여 피곤해한다. 두 자녀가 있는데 첫째는 유학 중이고 둘째는 군 입대로 현재 돌볼 자녀가 없어 자녀를 그리워하고 직업 외에는 다른 흥미를 느끼지 않는다.

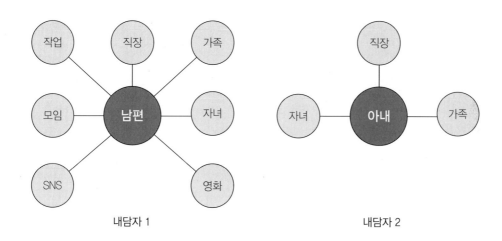

내담자 1   내담자 2

2. 내담자 검사 결과

⟨내담자 1⟩

구분 드라이버	PO	TI	BS	BC	BP	TH	HU
점수	32	31	33	39	37	40	27
순위	5	6	4	2	3	1	7
등급	3~4	5	3~4	1~2	3~4	1~2	6~7

⟨내담자 2⟩

구분 드라이버	PO	TI	BS	BC	BP	TH	HU
점수	29	27	35	31	29	30	23
순위	4	6	1	2	5	3	7
등급	5	6~7	3~4	6~7	6~7	5	8~9

<CKDP 심리검사 체크리스트>

내담자 1

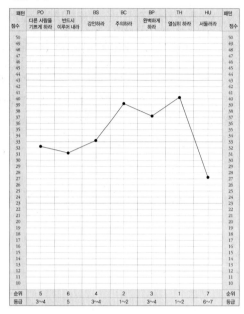

내담자 2

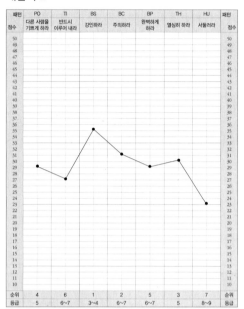

　내담자 1 해석: 1순위 TH(40점, 1~2등급), 2순위 BC(39점, 1~2등급), 7순위 HU(27점, 6~7등급)으로 1, 2순위 TH, BC가 역기능적으로 높고, 7순위 HU가 역기능적으로 낮다. TH, BC, HU 드라이버에 중점을 두고 해석한다. 남편은 TH(열심히 하라)로 탐색적이고 외향적으로 주의를 기울이는 주변의 세심함이 크게 느껴지고 전체적인 에너지는 있으나 서두르지 않아서 성취감을 느끼기 힘든 모습을 보인다.

　내담자 2 해석: 1순위 BS(35점, 3~4등급), 2순위 BC(31점, 6~7등급), 7순위 HU(23점, 8~9등급)으로 1, 2순위 BS, BC가 주 드라이버이고, 7순위 HU가 역기능적으로 낮다. BS, BC, HU 드라이버에 중점을 두고 해석한다. 아내는 BS(강인하라)만 유난히 높아 자기표현이 수동적이고 전체적인 에너지가 낮아서 말이 없는 모습으로 드라이버 전체의 동인이 낮게 나타난다.

3. 드라이버에 따른 성격의 특성 및 기능

1) 드라이버에 따른 성격의 특성

〈내담자 1〉

드라이버 ＼ 특성	성격 기술
1(TH)	탐색적, 수동–공격성, 과잉의존, 고집스런, 잘못된 것을 잘 찾고 지적, 장난기, 타인과의 관계에서 활동적, 불평불만, 외향, 수동
2(BC)	세심함, 상세함에 주의집중, 신중성, 지식 있는, 조심스러운, 통제력, 완고, 의심
7(HU)	느림, 약간 수동적, 편안함, 신중함, 여유

〈내담자 2〉

드라이버 ＼ 특성	성격 기술
1(BS)	배려하는, 예술적, 수동성, 혼자 있을 때 행복, 초연, 함께하기 불편한, 친절하고 지지적인, 타인과 거리를 둔, 인내, 불안, 고립, 냉정, 내향, 수동
2(BC)	신중성, 회의적, 우유부단
7(HU)	수동적, 느림, 무미건조, 편안함, 여유

내담자 커플관계 해석

남편이 1번, 2번 드라이버인 TH와 BC가 1~2등급으로 역기능일 때 외부에 대한 지식적인 관심을 표현할 때 부정적인 것을 잘 지적하고 불평불만을 이야기하며 자신의 사고로 추리하여 의심하는 내용이 많다. 아내는 잘 듣는 태도를 가지나 자신과 관련이 없는 내용에서는 거리를 두고 회피하려는 태도와 자리를 피하는 태도를 보여 대화의 내용에 일치성이 적은 모습을 보인다.

남편과 아내의 7번 드라이버는 같은 HU로 느긋한 태도로 여유 있어 보이지만 주변에서는 답답하다는 이야기를 듣는 편이다. 때로는 주변인들이 만날 때 편하다는 이야기를 하기도 한다.

2) 1번과 2번 드라이버의 순기능과 역기능

〈내담자 1〉

드라이버 \ 특성	순기능	역기능
1(TH)	유희적 어린이 자아상태 에너지를 많이 가지고 있으며 자기가 좋아하는 즐기는 것을 좋아한다. 훌륭한 탐색가이자 비평가이며, 동시에 연구 보고자이다. 자신의 흥미를 추구하는 데 집요한 성향을 보인다. 자기 자신의 예술적인 작업에 대단한 열정으로 일을 시작하고, 문제해결을 위해 모든 가능성을 실천에 옮긴다. 대외적으로는 활동을 많이 하고 모임에서 타인과 관계 맺기를 좋아한다.	자신이 정한 방식대로 예술가의 삶을 살기를 결심한 사람이며 타인의 어떤 지시에도 따르기를 거부한다. 자신이 원하는 것을 직접적으로 표현하는 데에는 어려움을 가지고 있다. 정작 자신이 원하는 것을 얻지 못할 때에는 매우 불만스러워한다. 문제해결에서 수동적인 경향이 있어 타인들로부터 관심을 받는 것을 좋아하지만 직접적인 방법으로 나서려 하지 않는다. 해야 할 일을 많이 만들기를 좋아해 완성보다 출발에 더 헌신적이다.
2(BC)	자신의 일에 세심하게 생각할 수 있으며, 어떤 일에서든지 확신을 갖기를 원한다. 완벽을 위하여 명확한 대답을 좋아하고 빈틈없는 상태를 유지하며 고도의 사고능력을 가지고 있다. 머리가 좋고, 민감하며 지각력이 우수하다. 문제해결과 사회적인 상호작용 속에서는 자신의 판단대로 행동하는 경향이 있다.	자신에게 오는 정보를 자신의 기준에 근거하여 해석하여 오해하고 사고패턴은 종종 경직될 수 있다. 자신이 느낀 감정과 생각에 대해 완고한 모습을 보이고 자신이 인식하는 것이야말로 진정한 현실이라고 확신한다.
7(HU)	매사에 신중하고 실수가 적어 일처리에 신뢰감을 준다. 충분히 생각하고 판단하며 집중력이 있다. 필요 이상의 낭비적인 에너지를 쏟지 않으며, 다른 사람을 재촉하거나 성급하지 않다. 상대방의 이야기를 끝까지 듣고 숙고함으로써 타인과의 갈등 상황에 잘 대처한다.	상황 판단에서 다소 신속하지 않을 수 있으며, 심사숙고함으로써 시간이 급한 일에 대해서는 부담을 가질 수 있다. 사전에 계획되지 않은 일에 대해 당혹스러워한다. 정보를 수집하는 데 많은 시간을 사용하며 확신이 없을 때는 행동하지 않는다.

〈내담자 2〉

특성 드라이버	순기능	역기능
1(BS)	가족에게 보호적이며, 지지적이다. 매우 높은 민감성으로 주변의 사람들을 편안하게 해 준다. 고독을 추구하는 경향이 있으며 혼자 일하는 것을 좋아한다. 위기 상황에도 침착하게 효과적으로 행동한다. 인생의 근본적인 문제를 깊이 있게 생각하는 경향이 있어 영적인 것을 추구하고 자연과의 조화에 관심을 지니고 있다. 사회적인 상호작용 태도는 타인이 먼저 움직일 때까지 기다린다.	자신의 욕구가 정말로 필요하다고 인정될 때까지 기다리는 경향이 있다. 배경에만 머물러 있고 전경으로 드러나지 않아 상황에 접촉을 꺼려 한다. 저자세를 유지하고 물의를 일으키지 않으려고 신경을 쓴다. 타인에게 도움을 청하기보다 스스로 책임지는 경향이 있다.
2(BC)	소수의 사람들과 관계 맺기를 선호하며 문제해결과 사회적인 상호작용 속에서는 자신의 판단대로 행동한다.	자신에게 오는 정보를 자신의 기준에 근거하여 해석하여 오해하고 사고패턴은 종종 경직될 수 있다.
7(HU)	신중하게 생각하고 실수가 적어 일처리에 신뢰감을 준다. 자신이 원하는 중요한 부분에서 집중력으로 여유 있는 시간을 좋아하고 있다. 필요 이상의 낭비적인 에너지를 쏟지 않으며, 다른 사람을 재촉하거나 성급하지 않게 하여 편안한 모습을 보인다. 상대방의 이야기를 끝까지 듣고 숙고함으로써 타인과의 갈등 상황에 잘 대처한다.	급한 상황 판단에서 신속하지 않을 수 있으며, 심사숙고함으로써 시간이 급한 일에 대해서는 부담을 가지고 포기하기도 한다. 사전에 계획되지 않은 일에 대해 당혹스러워한다. 정보를 수집하는 데 많은 시간을 사용하며 확신이 없을 때는 행동하지 않는다.

내담자 커플관계 해석

남편의 1번, 2번 드라이버가 순기능일 때는 자신이 관심을 가지는 외부의 일을 확장하고 새로운 일을 만드는 일에 흥미를 느껴서 주변 사람들과 협업을 잘하는 모습도 보여서 활동적이고 진취적인 모습을 보인다. 역기능일 때는 일을 하다가 잘 안 되는 경우에 많이 신경을 쓰고 자신의 생각과 감정을 표현하는데, 외부에서는 잘 표현하지 않고 집에서 짜증을 부리는 모습을 보인다. 아내는 이런 모습을 마음에 들어 하지 않으나 지켜보고 스스로 해결할 때까지 기다리거나, 조용히 이야기를 들어주는 모습으로 진정을 시킨다.

아내의 1번, 2번 드라이버가 순기능일 때는 자신의 일에만 관심을 가지고 자신이 확신하는 일에만 관여를 하여 실수를 줄이려고 노력하는 모습을 보인다. 역기능으로는 자신의 바람을 이야기하지 않고 할 수 있는 일에서는 무리를 하거나 어려움이 있는 경우에는 모든 일을 안 하고, 후퇴하는 경우로 이때 남편이 많이 답답해하고 지적을 많이 하는데 아내는 움직이지 않는다.

4. 1번과 2번 드라이버에 따른 성격특성과 해석

1) 드라이버에 따른 조기결단, 부정적 인생태도, 경계

〈내담자 1〉

드라이버 \ 특성	조기결단	인생태도	경계	
			자기감	인간관계
1(TH)	나는 살아남기 위해서 투쟁해야만 한다. 그것은 내가 획득한 것을 지켜야 하기 때문이다.	IV	산만	경직
2(BC)	나는 나의 안전을 위해서 주변의 모든 사람과 모든 것을 통제할 것이다.	III	경직	경직

① 조기결단: 1번 드라이버가 TH 1~2등급으로 '나는 살아남기 위해서 투쟁해야만 한다. 그것은 내가 획득한 것을 지켜야 하기 때문이다.' 3남 1녀 중 막내로 어려움 없이 자라다가 서울로 유학을 온 경우로 자신에 대한 자부심을 갖고 자아실현을 위해서는 열심히 노력을 해야 한다는 강박을 가지고 자신의 일에 열심히 하려고 고군분투를 하는 모습이 보인다.

2번 드라이버도 1~2등급으로 '나는 나의 안전을 위해서 주변의 모든 사람과 모든 것을 통제할 것이다.' 남편은 추진하는 일이 마음에 들지 않는 경우 다른 사람에게 의존하거나 믿지 않고 계획부터 실행까지 모든 과정을 통제를 한다.

② 인생태도: 1번 드라이버일 때 부정적인 상황에서 IV 영역으로 가게 된다. 남편은 하는 일에 문제가 생기면 위기감을 많이 느끼고 절망하거나 포기하려는 생각을 한다. 만사무용의 태도(I'm not OK, You're not OK)를 취하게 되며, 자타에 대한 불신, 부조화, 삶의 의미를 상실한 태도를 보인다.

2번 드라이버일 때 III 영역에 머무를 때는 잘못된 부분에 대한 화를 표현하고 따지는 모습을 보이고 싸우려는 갈등의 상황으로 몰고 간다. 배타적인 태도(You're not OK)를 취하게 되어 타벌적이고, 독선적이며 편집적·강박적 성향을 나타낸다.

③ 자기감 경계: 1번 드라이버일 때 ℗, ⓒ 자아의 오염으로 인한 공허와 절망을 경험한다. 위기감을 느낄 때는 자신이 생각한 것을 상상하며 최악의 시나리오를 이야기한다. 내면에서 ℗ 자아가 ⓒ 자아를 비판하고, 그 반응으로 ⓒ 자아는 회피하는 경향을 보인다. ℗와 ⓒ가 ⓐ 자아를 침범하여 객관적이고 합리적인 판단을 흔들리게 한다. 선입견과 편견이 생기고 망상으로 진행될 수 있다.

2번 드라이버일 때 ℗ⓐⓒ의 에너지의 흐름이 유연하지 못하고 융통성이 부족하여 문제해결 기술이 떨어진다. 다른 사람의 조언을 잘 듣지 않고 자기 고집대로 생각대로 한다. ℗ 자아가 ⓐ 자아를 오염시키고 있으며 ⓒ 자아를 배제시키는 경향이 있어 직관이나 감정에 대해 회피하는 경향을 보인다.

④ 인간관계 경계: 1번, 2번 드라이버 모두 경직으로 부정적인 경계에서 배신감을 느끼고 실망하고 관계를 차단하고 자기 혼자서 모든 일을 처리하려는 모습을 보인다. 사람과의 관계보다 자신의 불안을 통제하기 위한 안전을 추구하는 행동으로 차단을 사용한다.

〈내담자 2〉

드라이버 \ 특성	조기결단	인생태도	경계	
			자기감	인간관계
1(BS)	나는 나 혼자 느끼고, 나 자신을 보호할 것이며, 너를 필요로 하지 않겠다.	IV	산만	경직
2(BC)	나는 나의 안전을 위해서 주변의 모든 사람과 모든 것을 통제할 것이다.	III	경직	경직

① 조기결단: 1번 드라이버로 '나는 나 자신을 보호할 것이며, 너를 필요로 하지 않겠다.'라고 결단한다. 종갓집 대가족의 장녀로 태어나 자신 스스로 알아서 조용히 자신의 일을 해결해야 칭찬을 받고 할아버지의 사랑을 많이 받아 강화된 부분이다.

또 2번 드라이버를 사용하는 경우 자신을 보호하기 위해 '나는 나의 안전을 위해 주변의 모든 사람과 모든 것을 통제할 것이다.'라고 결단한다.

이러한 결단의 경향은 현재 생활에서도 혼자 있기를 즐기며 스스로를 보호하고, 안전하기 위한 활동으로 경제적인 영향력을 확보하고 모든 활동의 시간을 통제하고 관리를 해야 안정된 생활을 할 수 있다고 생각을 한다.

② 인생태도: 1번 드라이버일 때 부정적인 상황에서 IV 영역으로 가게 된다. 남편의 이해할 수 없는 폭발적인 행동을 지켜볼 때 위기에 대한 불안을 느끼고 남편 행동을 무시하고 나 자신의 감정을 무시하고 그 자리를 떠난다. 자신에 대한 강인함을 느끼고 싶어서 드러내거나 표현하지 않고 견딘다. 만사무용의 태도(I'm not OK, You're not OK)를 취하게 되며, 자타에 대한 무시, 포기, 불신, 부조화, 삶의 의미를 상실한 태도를 보인다.

2번 드라이버일 때 III 영역에 머문다. 남편의 불평불만이 보일 때 다른 반론으로 같이 이야기를 나누지 않고 배타적인 태도(You're not OK)로 갈등 야기를 피하기 위해 남편과의 접촉을 안 하고 차가운 표정으로 냉정하게 대한다.

③ 자기감 경계: 1번 드라이버일 때 부정적 경계를 피하기 위해 자기 자신에 대한 여러 자아기능을 다 사용하고 애쓰려 한다. Ⓟ, Ⓒ 자아의 오염으로 인한 공허와 절망을 경험한다. 내면에서 Ⓟ 자아가 Ⓒ 자아를 비판하고, 그 반응으로 Ⓒ 자아는 회피하는 경향을 보인다. Ⓟ와 Ⓒ가 Ⓐ 자아를 침범하여 객관적이고 합리적인 판단을 흔들리게 한다. 선입견과 편견이 생기고 망상으로 진행될 수 있다.

2번 드라이버일 때 ⓅⒶⒸ의 에너지의 흐름이 유연하지 못하고 융통성이 부족하여 문제해결 기술이 떨어진다. 다른 사람의 조언을 잘 듣지 않고 불편해하며 아무 말 없이 자기 생각대로 한다. P자아가 A자아를 오염시키고 있으며 Ⓒ 자아를 배제시키는 경향이 있어 감정에 대해 회피하는 경향을 보인다.

④ 인간관계 경계: 1번, 2번 드라이버 모두 경직으로 사람과의 관계보다 자신의 불안을 통제하기 위한 안전을 추구하는 행동으로 아무도 만나기 싫어하고 대인관계에서 아주 개인적인 영역에 대한 개방은 조심스러워한다. 그래서 혼자만의 편안한 시간을 가지려고 자신만의 공간에서 활동을 즐긴다.

내담자 커플관계 해석

남편이 자신의 일이나 가족을 위해 늘 애쓰며 고군분투하는 모습을 아내는 인정해 주기는 하지만 도움을 나눌 생각은 없다. 자신의 영역에서 활동할 뿐 소통이 없다.

인생태도에서는 서로 부정적인 상황에서 IV 영역으로 남편은 타벌적 요소로 나타나고, 아내는 냉정한 모습으로 나타나 겉으로 싸우지 않고 냉전 기간을 보내며 각자의 회복의 시간을 필요로 한다.

자기감에서는 ⓒ 자아는 회피하는 경향으로 자신의 감정을 회피한다. 인간관계에서 남편은 많이 노력하며 모임 등 관계를 의식적으로 지속하고 있고, 아내는 노출을 하기 싫어하고 의식적인 모임도 어렵게 결정한다.

2) 드라이버에 따른 성격적응 유형과 반응

〈내담자 1〉

특성 / 드라이버	성격적응 유형	양면성		타인에 대한 반응	문제해결에 대한 반응
		긍정성	부정성		
1(TH)	유희적 반항자 (수동-공격성)	탐색적	저항	참여(외향)	수동
2(BC)	재기형 회의자 (편집성)	신중성	의심	회피(내향)	중립

① 성격적응 유형: 1번 드라이버가 유희적 반항자로 자신이 좋아하는 일에는 신나게 적극적인 모습을 보이고 즐기는 모습으로 아내에게 말을 잘한다. 자신이 좋아하지 않는 일은 미루고 게으른 모습을 보인다.

2번 드라이버에서는 자신이 하는 일에 꼼꼼하고 신중한 모습으로 일처리를 하는데 아내가 다른 일을 부탁할 때 거칠게 거절을 하며 자신의 일의 중요성을 말한다.

② 양면성: 1번 드라이버의 긍정적인 면은 탐색적으로 다방면에 재주가 많아서 확산적으로 일을 벌여서 발전적인 도모를 잘한다. 아내에게 자신이 생각한 일에 대한 다양성을 이야기하기를 신나 한다. 부정성은 불편해지거나 일이 꼬이는 경우에는 저항적으로 반론을 잘하고 목소리가 커지는 경우가 있다.

2번 드라이버에서 긍정적으로는 신중하고 철저하게 준비하는데 부정성으로는 상대방을 의심하고 질문을 많이 하여 자신의 뜻을 관철시키려는 태도가 보인다.

③ 타인에 대한 반응: 타인에 대한 성격적응으로는 1번 드라이버일 때는 사람을 가리지 않고 타인에 대한 긍정성을 잘 찾고 만나는 것을 좋아하고 잘해 준다(외향).

2번 드라이버에서는 1번 드라이버의 참여적인 태도로 잘 이루어질 때는 드러나지 않는데 마음에 들지 않을 때는 생각을 많이 하고 실망을 많이 한다(내향).

④ 문제해결에 대한 반응: 1번 드라이버에서는 원하는 것을 탐색하고 다른 사람의 의견을 따른다(수동). 2번 드라이버에서는 갈등이 있을까 걱정하여 해결을 위한 신중함으로 갈등을 피하려고 중립을 선택한다(중립). 대부분 일에 대한 두려움을 갖지 않고 잘 적응하려고 노력하는 편이다.

〈내담자 2〉

특성 드라이버	성격적응 유형	양면성		타인에 대한 반응	문제해결에 대한 반응
		긍정성	부정성		
1(BS)	창의적 몽상가 (조현성)	배려심	회피	회피(내향)	수동
2(BC)	재기형 회의자 (편집성)	신중성	의심	회피(내향)	중립

① 성격적응 유형: 1번 드라이버일 때 창의적 몽상가로 친절하고 민감성으로 배려하나 배경에만 머물러 있고 자신의 욕구가 정말로 필요하다고 인정될 때까지 기다리는 경향이 있다.

2번 드라이버일 때는 재기형 회의자로 선택적으로 생각을 많이 한다. 남편의 행동이 과다할 경우나 중요한 일일 때 어려워하고 생각이 많다.

② 양면성: 1번 드라이버일 때는 잘 참고 상대방의 말을 끝까지 들어주지만 곤란한 상황이 발생하면 적극적 해결보다는 회피하는 경향이 있다. 2번 드라이버일 때 매우 신중하여 안전하다고 생각될 때 움직이며, 부정적일 때는 의심을 품기도 한다.

③ 타인에 대한 반응: 외부 자극에 민감하게 반응하고 내향적이며 자극을 탐색하기보다는 물러나거나 속으로만 생각하는 경향이 있다.

④ 문제해결에 대한 반응: 문제해결에 대한 반응은 1번 드라이버로 먼저 움직이기보다는 상대방이 원할 때만 수동적인 태도를 하고, 관계가 어려워지면 중립적인 태도로 갈등을 피한다. 주변 상황에 대해 예측할 수 없는 상황에서 스트레스를 경험하며, 자신의 행동에 있어서도 충동적이고 예측할 수 없는 것에 대해 통제하려고 하여 ⓒ 자아를 배제시키는 경향이 있다.

내담자 커플관계 해석

아내는 남편이 자신의 주변 일을 많이 하고 늘 바쁘게 보내는 모습과 완벽하게 일하려는 모습, 갈등을 해결하는 모습을 긍정적으로 본다. 그러나 아내는 남편이 말이나 반응을 크게 나타낼 때 내용보다는 태도에 따른 반응을 힘들어한다.

남편은 아내가 일 영역에 대한 소극적인 태도를 안타까워하고, 여러 가지 생각을 말로 해 준다. 남편은 말을 해도 실천하지 않는 아내에게 투덜거린다.

부부의 성격적응 유형과 반응의 차이가 형태적인 구별의 차이가 커서 아내는 남편을 버거워하고 남편은 표현하기 어려워하는 아내를 보며 속 터져 하는 경향이 갈등으로 나타날 때, 아내는 움추려 들고 남편은 더 공격적인 부분으로 강조를 한다. 남편의 열정적인 반응과 아내의 여러 가지 많은 생각의 차이를 이해하고 서로의 성격적응과 반응에 관심을 가져서 남편과는 재미있게 신나는 대화를 나누며 정서를 다루고, 아내에게는 하고 싶은 것에 대한 생각을 기다려 주면서 대화를 하면 다가가기 좋을 것 같다.

3) 드라이버에 따른 선호하는 의사소통 방식

〈내담자 1〉

특성 드라이버	Ware의 의사소통 방식			Kahler의 의사소통 방식	
	개방문	표적문	함정문	채널	자아상태 기능
1(TH)	행동	감정	사고	정서적인	+FC → +FC
2(BC)	사고	감정	행동	정보적인, 지시적인	A → A +CP → A

① Ware의 의사소통 방식: 1번 드라이버일 때 남편은 가장 많은 에너지가 집중되어 있는 곳이 행동이다. 남편의 변화를 만들어 내기 위한 통합이 필요한 곳이 표적문인 감정이다. 남편의 변화를 위해 저항을 받지 않으려면 함정문의 접촉 영역인 사고를 먼저 다루지 않아야 한다.

남편은 예술적인 작업과 외부 활동에 관한 행동적인 활동에 대해 대화를 나눌 때 소통이 잘된다. 이때에 소통이 잘 되는 것은 남편의 개방문인 행동에 스트로크가 될 때인 것 같다. 그리고 서로 같이 감정을 나누면 원활한 대화가 되면서 융통성 있는 사고로 변화된다. 이때 행동적인 지적을 했을 때, 화를 내거나 더 이상 대화를 안 하려는 모습이 보인다.

2번 드라이버일 때 남편은 가장 많은 에너지가 집중되어 있는 곳이 사고이다. 남편에 변화를 만들어 내기 위한 통합이 필요한 곳이 표적문인 감정이다. 남편의 변화를 위해 저항을 받지 않으려면 함정문의 접촉 영역인 행동을 먼저 다루지 않아야 한다.

남편은 중요한 일을 처리하고 추진하기 전에 사전 작업으로 충분한 자료와 정보 수집하는 것을 좋아한다. 이때 서로의 생각을 나눌 때 편안하게 느낀다. 생각이 아내와 서로 다를 때는 남편의 감정을 잘 알아주거나 애교로 남편의 마음을 움직여서 남편이 하고자 하는 생각을 감정과 잘 통합되면서 안정감 있게 행동으로 추진된다. 생각의 차이로 반론이 제기되면 날카로워지고 차갑게 대한다.

② Kahler의 의사소통 방식: 1번 드라이버를 쓸 때, 라포 형성이나 일반적인 의사소통을 할 때는 정서적인 채널을 활용하고, 자아상태 기능은 +FC를 활용해야 한다.

남편은 가족들과 친근감의 표현을 잘하고 나누는 모습이 많다. 가족과 있을 때는 장난기로 정서적인 교감을 잘한다. 자아상태는 +FC로 즐겁게 지내기를 바라는데 정서적인 접촉이 필요해 보인다. 2번 드라이버의 개방문으로 사고로 정리를 하고 자아상태는 정보적인(A), 지시적인(+CP) 의사소통을 할 때 편안하게 대화를 잘한다.

〈내담자 2〉

특성 드라이버	Ware의 의사소통 방식			Kahler의 의사소통 방식	
	개방문	표적문	함정문	채널	자아상태 기능
1(BS)	행동	사고	감정	지시적인	+CP → A
2(BC)	사고	감정	행동	정보적인 지시적인	A → A +CP → A

① Ware의 의사소통 방식: 1번 드라이버일 때 아내는 가장 많은 에너지가 집중되어 있는 곳이 행동이다. 아내에게 변화를 만들어 내기 위한 통합이 필요한 곳이 표적문인 사고이다. 아내의 변화를 위해 저항을 받지 않으려면 함정문의 접촉 영역인 감정을 먼저 다루지 않아야 한다.

아내는 남편이 거칠게 표현하면 모든 의사소통을 차단한다. 남편이 부드럽게 말하거나 아내가 좋아하는 행동을 할 경우에는 남편의 의사소통에 대한 의지가 생기고 마음을 열면서 표정도 밝아지고 행복해한다.

2번 드라이버일 때 아내는 가장 많은 에너지가 집중되어 있는 곳이 사고이다. 아내에게 변화를 만들어 내기 위한 통합이 필요한 곳이 표적문인 감정이다. 아내의 변화를 위해 저항을 받지 않으려면 함정문의 접촉 영역인 행동을 먼저 다루지 않아야 한다.

아내는 남편과 중요한 일처리를 할 때 남편의 세심하고 정확한 면의 도움을 받기를 원한다. 하나하나 설명해 주기를 바라는데 행동에 대해서 지적하거나 비난하는 말투를 싫어한다.

② Kahler의 의사소통 방식: 1번 드라이버를 쓸 때, 라포 형성이나 일반적인 의사소통을 할 때는 지시적인 채널을 활용하고, 자아상태 기능은 (A)를 활용해야 한다.

아내는 혼자 있는 시간과 침범당하지 않는 시간에 대한 편안한 상태를 좋아한다. 자아상태는 (A)이다.

2번 드라이버의 개방문으로 사고로 정리를 하고 자아상태는 정보적인(A), 지시적인(+CP) 의사소통을 할 때 편안하게 대화를 잘한다.

내담자 커플관계 해석

남편과 아내의 의사소통의 주 드라이버의 핵심은 개방문이다. 행동으로 서로 관찰하고 의사소통으로 시작한다. 남편의 감정 표현에 아내는 좀 더 생각하는 모습이다.

남편은 아내의 주변을 탐색적으로 관찰하고 행동을 지켜본다. 아내와의 감정의 일치성을 가질 때 편안해지고 의사소통을 잘하며 서로의 생각을 나눌 수 있을 때 편안해진다. 아내의 행동에 변화가 없을 때 답답한 마음을 거칠고 센 감정적인 표현으로 하면서 갈등이 발생한다.

2번 드라이버일 때 개방문은 아내와 함께 서로의 생각을 나누며 시작을 하면 좋고, 감정을 공감해 주면서 서로의 마음을 충분히 이야기하면 서로가 원하는 행동으로 나타낼 때 행복할 수 있다. 아내가 행동에 대한 지적이나 불만을 이야기하면 대화의 장애가 생기고 어려워진다.

남편과 아내는 똑같은 1번 드라이버와 1번 드라이버, 2번 드라이버와 2번 드라이버로 소통될 때 개방문의 접근이 잘 이루어진다. 남편의 1번 드라이버와 아내의 2번 드라이버의 접근이 있을 때, 남편의 2번 드라이버와 아내의 1번 드라이버의 접근이 있을 때 개방문의 접근이 달라서 소통의 어려움이 생길 수 있어 세심한 통찰이 필요할 것 같다.

남편의 감정 표현이 크면 아내는 조심스러워하고, 바로 표현하지 못해 남편이 힘들 어한다. 남편의 표출적인 감정 표현과 아내의 두려워하는 정서 표현에 대한 지지적인 조율이 필요하다.

4) 드라이버에 따른 선호하는 적응방식

〈내담자 1〉

특성 드라이버	타인과 관계 맺는 방식	위협에 대한 반응	만족을 주는 시간의 구조화	실행적 · 생존적 적응
1-TH (1~2)	반응	불평하며 싸움	잡담 그리고 게임	자신의 방식을 고수하고자 다른 사람의 기대에 대항하여 지속적으로 투쟁하는가?(실행)
2-BC (1~2)	먼저 상황 평가	이득을 얻기 위해 타인을 조종	게임 그리고 잡담	먼저 조심스럽게 상황을 생각해 보고 그 후에 변화를 위한 결단을 통해 해결하려고 하는가?(생존)

① 타인과 관계 맺는 방식: 1번 드라이버일 때 타인과 관계 맺기 방식은 물어보기, 따지기 등 주변과 상황에 대한 반응이 크다. 남편은 아내에게 중요한 일을 할 때 가족의 모든 일에 관심과 챙겨주는 도움을 준다.

2번 드라이버에서는 완벽하고 철저한 성향으로 먼저 상황을 평가하고 준비하는 모습을 보인다. 남편은 아내에게 질문을 많이 하며 대화를 준비한다.

② 위협에 대한 반응: 1번 드라이버에서는 위협에 대해 불평을 한다. 목적을 위한 것 이면 자신의 방식에 대해 자신의 주장을 세우며 필요하다면 목소리를 크게 하며 격앙된 모습을 보인다. 남편은 가족의 잘못을 지적하기도 하고 세상에 대한 지적을 비판하는 모습이 많다.

2번 드라이버에서는 자신의 이득에 대한 부분을 계산하고 목적을 위해 설득력 있게 조종하는 모습을 보인다. 남편은 경제적인 부분에서 정확한 계산을 원하고 자신에게 오는 불이익에 대한 부분을 인정하기 어려워, 계산하고 또 계산하고 기록한다.

③ 만족을 주는 시간의 구조화: 1번, 2번 드라이버에서는 자신과 관심사가 맞는 사람

과 시간을 나누고, 자기 관리 차원에서 각종 모임에 참여한다. 남편은 자신과 코드가 맞는 사람들과 여행이나 모임 등으로 대화를 많이 나누고 활동의 시간구조화를 중요한 시간으로 간주한다.

④ 실행적·생존적 적응: 1번 드라이버에서 자신의 방식을 고수할 수 있고, 목표 성취를 위해 다른 사람의 기대에 적극적으로 자신만의 방법을 위해 실행력이 높은 편이다.

2번 드라이버일 때는 자신을 보호하기 위한 생존적 반응으로 먼저 조심스럽게 상황을 생각해 보고 그 후에 변화를 위한 결단을 통해 해결하려고 한다.

1, 2번 드라이버로 남편은 자신을 보호하는 생존과 타인의 기대를 충족하는 실행적 요소를 갖고 있다. 남편은 가족과 외부 영역에 관심을 가지고 활동한다.

〈내담자 2〉

특성 드라이버	타인과 관계 맺는 방식	위협에 대한 반응	만족을 주는 시간의 구조화	실행적·생존적 적응
1-BS (3~4)	무반응	외면	폐쇄 그리고 활동, 친밀	뒤로 한 발자국 물러서는 경향이 있으며, 잠잠해질 때까지 기다리 는가?(생존)
2-BC (6~7)	사고	지적인 민감성으로 상대방 공격	의식, 잡담, 게임	먼저 조심스럽게 상황을 생각해 보 고 그 후에 변화를 위한 결단을 통 해 해결하려고 하는가?(생존)

① 타인과 관계 맺는 방식: 1번 드라이버일 때 타인과 관계 맺기 방식은 무반응이 크다. 아내는 접근하고 싶은 마음이 있을지라도 참고 인내하며 기다리는 경향이 있으며 구체적인 대화나 감정대화를 회피하는 경향이 있다.

2번 드라이버에서는 신중한 성향으로 먼저 상황을 평가하고 준비하는 모습을 보인다. 아내는 남편과 의논하기를 바란다.

② 위협에 대한 반응: 1번 드라이버에서는 위협에 대해 외면을 한다. 아내는 위협에 대한 회피적인 모습으로 어려울 때 신경 쓰지 않는 모습을 보인다.

2번 드라이버에서는 자신의 이득에 대한 부분을 계산하고 목적을 위해 설득력 있게 조종하는 모습을 보인다. 아내는 경제적인 부분에서 안정감이 중요하여 투자보다는 저축에 대한 비중을 1년 단위로 계획한다.

③ 만족을 주는 시간의 구조화: 1번 드라이버일 때 폐쇄 또는 의식적인 시간의 구조화를 사용하고 자신의 할 일에 대한 활동과 혼자만의 시간을 선호한다. 일, 목욕 등 같이 있어도 혼자만의 시간으로 편하게 생각한다.

2번 드라이버일 때 직업과 의식적인 가족의 일을 제일 중요하게 생각하고 나머지 시간은 집에서 가장 기본적인 가사와 쉬기만 한다. 아내는 친구와의 잡담이나 게임의 시간에 의미를 두지 않는다.

④ 실행적 · 생존적 적응: 1번, 2번 드라이버 모두 생존적 반응으로 적응방식을 선택한다. 집안의 서열이 뚜렷하여 장녀로 알아서 자신의 일을 해야 칭찬과 인정을 받아서 어른들이나 주변의 상황에 조심성을 많이 가지고 인정받기 위해 생존적 반응을 하게 된다. 자신이 구축될 때 외부에 신경을 쓸 수 있다.

내담자 커플관계 해석

1번 드라이버에서 남편의 적응방식과 아내의 적응방식이 상반된 모습으로 서로 다르다. 위협에 대한 대처 반응도 현저하게 다른 모습을 보여 부부의 만족하는 시간구조화가 서로의 영역이 다른 모습을 지켜볼 수 있었다. 바쁜 모습으로 다른 공간에서 각자만의 실행과 생존을 취하고 있는 모습을 보인다.

2번 드라이버에서는 서로의 민감성을 발휘하여 의식적인 일에 잘 참여하고 서로에게 신뢰감을 줄 수 있는 영역으로 보여 2번 드라이버에서 같이 의견을 수립한다면 의사소통의 교류가 잘 이루어질 수 있다.

5) 불건강할 때 전형적인 심리게임, 금지령, 라켓

〈내담자 1〉

특성 / 드라이버	심리게임	금지령	라켓
1-TH (1~2)	• 나에게 뭔가를 하라 (불평하기, 조종하기)	• 감정을 느끼지 마라. • 성취하지 마라.	좌절(마음의 상처를 가린), 의분, 혼란(분노를 가린)
2-BC (1~2)	• 몰아넣기(흠 잡아내기, 거부하기) • 당신 탓으로 이렇게 되었어(책임전가)	• 신뢰하지 마라. • 감정을 느끼지 마라. • 즐기지 마라.	타인에 대한 분노, 불안, 질투, 의심(두려움을 가린)

① 심리게임: 1번 드라이버에서 '나에게 뭔가를 하라.'로 남편이 열심히 뭔가를 한 만큼 다른 사람에게 기대를 하고 도움을 받거나 도움 받기 전에는 좋은 관계를 가지나 상대방의 노력이 안 보이면 지적을 하거나 열심히 노력하지 않는다고 화를 내며 불만을 표현한다. 남편은 이러한 상황을 아내가 알아주기를 바라고 뭔가를 원한다.

2번 드라이버에서는 '몰아넣기' 게임을 사용한다. 대부분의 상황에서 긍정적인 태도로 타인의 도움을 준다(구원자). 그러나 만족스럽지 못한 결과가 나타날 때 욱하면서 성질을 부리고 남 탓을 하며 상대방의 잘못을 지적하여(구원자 → 박해자) 상대를 당혹스럽게 하고 미안한 마음이 들게 하여 원하는 것을 얻어낸다.

② 금지령: 1번 드라이버에서 '성취하지 마라.'로 열심히 노력한 결과에 만족하지 않고 더 높은 기대와 이상을 표현하고 싶어 한다. 실패한 결과에 대한 아버지의 지적이나 잔소리에 자신감이 없고 실패에 대한 두려움으로 끝까지 진행하기 어려워하는 모습을 보인다.

2번 드라이버에서는 '감정을 느끼지 마라.'로 자연스러운 표현이 금지되어서 정서교류가 결핍된 부분으로 막내로 부모와 형제자매 사이에서 생존을 위한 부분이 자신의 감정을 억누르고 두려움을 가린 무관심한 행동으로 나타난다.

③ 라켓: 1번, 2번 드라이버일 때 분노를 가린 혼란의 라켓 감정으로 어린 시절부터 자신의 감정을 표현하거나 관계를 맺는 교류보다는 마음속 분노를 가리기 위해 매사에 혼자 생각하고 결정하며 안전하게 살아남기 위해 현실 판단적인 자아를 선택한다.

〈내담자 2〉

드라이버＼특성	심리게임	금지령	라켓
1-BS (3~4)	• 나를 차라(비난, 경멸 유발하기) • 궁핍(암묵의 이해)	• 소속되지 마라(함께하지 마라). • 잘 되려고 하지 마라. • 기쁨(성, 분노)을 느끼지 마라. • 즐기지 마라. • 생각하지 마라.	무감각, 단조로움, 공백 상태, 불안(분노, 마음의 상처, 즐거움, 성적인 느낌을 가린)

2-BC (6~7)	• 몰아넣기 • 나를 차라(비난, 경멸 유발하기) • 당신 탓으로 이렇게 되었어(책임전가)	• 신뢰하지 마라. • 감정을 느끼지 마라. • 즐기지 마라. • 소속되지 마라(함께하지 마라).	타인에 대한 분노, 불안, 질투, 의심(두려움을 가린)

① 심리게임: 1번 드라이버의 심리게임은 궁핍으로 남편과의 상호 문제의 핵심을 건드리는 것을 피함으로써 표면적으로 안정된 현재의 관계를 유지하기 위하여(구원자 → 희생자)로 한다.

2번 드라이버는 몰아넣기 게임을 사용한다. 대부분의 상황에서 긍정적인 태도로 타인의 도움을 준다(구원자). 그러나 만족스럽지 못한 결과가 나타날 때 상대방의 잘못을 지적하여(구원자 → 박해자) 상대를 당혹스럽게 하고 미안한 마음이 들게 하여 원하는 것을 얻어낸다.

② 금지령: 1번 드라이버는 '즐기지 마라.' 지나치게 엄격한 친정 원가족에서부터 장녀로서 역할이 어른스럽게 행동해야 하고 즐거움을 가린 모습으로 ⓒ 자아를 숨긴다. '아무것도 하지 마라.' 금지령으로 뭔가 실행하려고만 하면 제동을 거는 환경에서 못하는 것이 많았다. 적극적이지 못하고 타인의 의견을 따르는 순종적인 모습을 보인다.

2번 드라이버는 '감정을 느끼지 마라.'로 자연스러운 표현이 금지되어서 정서교류가 결핍된 부분으로 할아버지가 크게 웃거나, 울거나 하는 행동에 대한 부분을 용서하지 않았다. 이러한 부분이 자신의 감정을 억누르고 두려움을 가린 무관심한 행동으로 나타난다.

③ 라켓: 1번 드라이버를 사용할 때 어린 시절 자신의 진짜 감정인 즐거움이나 화남을 드러내지 않고 자신의 결점을 가리기 위해 무감각, 단조로움, 공백상태, 불안의 라켓 감정을 사용한다.

2번 드라이버를 사용할 때는 어린 시절 장녀로서 내면의 두려움을 가리기 위해 의심의 라켓 감정으로 안전을 위해 정보를 수집하는 행동을 한다.

내담자 커플관계 해석

1번 드라이버에서 남편이 심리게임으로 '나에게 뭔가를 하라.'로 불평불만을 할 때 아내는 참아내는 수락자의 모습으로 심리게임을 하여 남편으로 하여금 원하는 것이 많은 모습의 박해자로 게임을 진행한다. 아내의 심리게임은 궁핍으로 아무 일이 없기를 바라는 무사안일주의 구원자의 모습이 남편과 부딪혀 희생자의 모습으로 갈등 상황이 끝나고 만다. 부부의 의사소통은 남편의 표현이 목소리가 큰 행동으로 나올 때 아내는 힘들어하고 더 이상의 대화가 없다.

2번 드라이버에서는 서로 같은 몰아넣기 게임으로 부부의 심리게임 목적이 같고, 남편과 아내의 금지령은 '감정을 느끼지 마라.'로 자연스러운 표현이 금지되어 정서교류가 결핍된 부분으로 자신의 감정을 숨기거나 드러내지 않는 것이 안전하다고 생각한다.

6) 드라이버에 따른 과정각본과 축소각본 그리고 허용

〈내담자 1〉

드라이버 \ 특성	과정각본	축소각본	허용
1-TH (1~2)	'항상'식 (노력은 하지만 자기 틀에서 못 벗어남)	스트레스 상황에서 현재 그대로의 모습을 받아들이지 않고 (만약 ~이라면 OK라는 사고 방식으로 시작할 때, OK가 아닌 축소각본에 빠진다.)	그냥 해도 좋다.
2-BC (1~2)	'까지'식 + '결코'식		솔직히 개방하고 믿음을 가져도 좋다.

① 과정각본: '항상'식으로 노력은 하지만 자기 틀에서 못 벗어나므로 남편은 자신의 예술작업을 마무리하지 못할 때 만족감을 못 느낀다.

남편은 1번 드라이버일 때 자신의 예술작업에만 전념하고 싶은 자기의 마음과 가정을 돌보아야 하는 다른 일에서 못 벗어나 전념하지 못하고 결과의 만족이 떨어지는 것에 힘들어하고 있다.

2번 드라이버일 때는 '까지'식+'결코'식 각본을 사용하는 남편은 자신이 정한 목표달성을 위해 한 가지 일에 신중함을 보여서 준비성이 높아 마무리까지 마음의 여유를 갖지 못한다.

② 축소각본: 자신의 현재 상황을 잘 통제했을 때 OK이다. 그렇지 않을 때는 죄의식, 근심 등 무가치한 낙담꾼으로 변한다. 남편은 스트레스 상황에서 현재 그대로의 모습을 받아들이지 않고 OK가 아닌 축소각본에 빠진다.

③ 허용: 남편이 열심히 하는 것으로 그냥 해도 좋다. 만족을 위한 것이 아니라 노력
하는 것으로 발전을 할 수 있다고 허용해야 한다. 남편 스스로 예술적인 작업에
전념하고픈 마음을 허용해도 좋다.

〈내담자 2〉

특성 드라이버	과정각본	축소각본	허용
1-BS (3~4)	'결코'식 (생각만 하고 실행 하지 않음)	스트레스 상황에서 현재 있는 그대 로의 모습을 받아들이지 않고 '만 약 ~이라면 OK'라는 사고방식으 로 시작할 때, OK가 아닌 축소각본 에 빠진다.	자신의 욕구나 감정을 개방적으로 표현해도 좋다.
2-BC (6~7)	'까지'식 + '결코'식	• 몰이꾼: ~ 하는 한 OK, 무감정 • 제지꾼: 자기 탓, 죄의식, 근심 • 비난꾼: 네 탓, 비난, 의기양양한 • 낙담꾼: 무가치한, 무익한	솔직히 개방하고 믿음 을 가져도 좋다.

① 과정각본: '결코'식으로 생각만 하고 실행하지 않으므로 아내는 해야 할 일에 대한
선택 이외에는 안 움직인다. 아내는 1번 드라이버일 때 자신의 가정을 돌보아야
하는 것에 대한 것 외에 다른 일은 안 하기로 결정한다.
2번 드라이버일 때는 '까지'식+'결코'식 각본을 사용하는 아내는 자신이 정한 목
표달성을 위해 한 가지 일에 신중함을 보여서 준비성이 높아 마무리까지 마음의
여유를 갖지 못한다. 아내는 자녀의 유학과 자녀의 돌봄에 대한 부모 역할을 우선
으로 하고 자녀의 독립을 목표로 두고 그때까지는 자신의 모든 것을 집중한다. 아
내의 특징은 1번, 2번 모두가 어렵게 결정하고 어렵게 움직인다.
② 축소각본: '강인한 한 OK이다.', '주의하는 한 OK이다.' 그러나 항상 강함을 유지
할 수는 없고, 매사에 주의할 수 없으므로 'NOT-OK'가 될 수 있다. 스트레스 상황
에서 현재 있는 그대로의 모습을 받아들이지 않고 '만약 ~이라면 OK'라는 사고방
식으로 시작할 때, OK가 아닌 축소각본 낙담꾼의 모습으로 무가치하게 느낀다.
③ 허용: 자신이 욕구를 그대로 느껴도 괜찮다고 스스로 허용하고 솔직하게 표현하
도록 한다. 현실에서 자신이 원하는 것을 선택해도 좋다.

내담자 커플관계 해석

1번 드라이버에서 남편의 '항상'식과 아내의 '결코'식 과정각본의 모습은 다른 모습으로 남편은 쉬지 않고 움직이고 아내는 생각만 하고 실행하지 않을 수도 있어 서로의 장단점과 허용으로 편안하게 경험의 기회가 있어야겠다.

2번 드라이버에서는 '까지'식 + '결코'식 과정각본으로 신중한 모습이 너무 커서 실행력이 모두 떨어질 수 있는 모습이다.

부부의 축소각본에서는 스트레스 상황에서 낙담꾼의 모습으로 무가치하게 느끼게 되어 힘들 수 있다. 허용으로 자신들의 감정과 욕구를 더 소중하게 생각하고 감정을 살펴서 즐거운 마음으로 임하고 실수를 기꺼이 받아들이고 서로 이해하며 경험해야 한다.

7) 드라이버에 따른 전형적인 디스카운트와 상담의 쟁점

〈내담자 1〉

드라이버 〉 특성	전형적인 디스카운트	상담의 쟁점
1-TH (1~2)	• 흑백논리의 갈등으로부터 자유로워지는 것 • 자신의 감정을 직접적으로 조화롭게 표현하는 것(핵심: 목적 없는 갈등으로부터 자유롭게 되는 것)	• 목적 없는 갈등으로부터 자유로워진다. • 양자택일 사고방식에서 탈피한다. • 삶을 투쟁으로 생각하지 않도록 깨닫는다. • 감정을 직접적으로 표현할 수 있는 방법을 배운다.
2-BC (1~2)	• 능력이 있음에도 안전하다는 감각을 느끼지 못해 기꺼이 하겠다고 나서지 않는 것 • 자신의 수용 방법을 재고하는 것(핵심: 세상을 안전하다고 느끼는 것)	• 상처를 주고받거나 광기의 도피구를 막는다. • 수동행동(아무것도 하지 않는 것, 과잉반응, 불안, 무능과 폭력)과 직면하게 한다. • 자신의 욕구나 감정을 소중히 하는 것을 돕는다. • 문제점을 확실히 인식하도록 돕는다. • 타인과의 관계를 통해 두려운 감정을 처리하는 방법을 배운다.

① 전형적인 디스카운트: 1번 드라이버의 사용은 주변의 여러 사건 등의 시사 내용에 민감하고 자신의 생각을 이야기하면서 비평을 하며 감정이 표출된다. 남편은 흑백논리의 갈등으로부터 자유로워지는 것과 자신의 감정을 직접적으로 조화롭

게 표현해야 한다.

2번 드라이버를 사용할 경우는 할 수 있는 능력이 있음에도 불구하고 새로운 시도나 도전에 두려움을 가지고 있다. 익숙한 것들을 선호하는 내담자는 자신의 감정과 욕구를 있는 그대로 수용하며, 세상과 타인을 신뢰하도록 도울 수 있도록 아내와의 관계를 통해 두려운 감정을 처리하는 방법을 배운다.

② 상담의 쟁점: 아내와 함께 삶에 여유를 가지고 삶을 투쟁으로 생각하지 않도록 깨닫는다. 자신의 내면의 감정을 자각하고 표현할 수 있는 방법을 배운다.

〈내담자 2〉

특성 드라이버	전형적인 디스카운트	상담의 쟁점
1-BS (3~4)	• 자신의 욕구나 감정을 인정하고 충족하기 위해 적절한 행동을 하는 것 • 자신의 힘이나 책임을 포기하는 것(핵심: 자신의 감정과 욕구를 수용하는 것)	• 어른 자아로 회피나 광기의 도피구를 막는다. • 수동행동(아무것도 하지 않는 것, 과잉반응, 불안, 무능과 폭력)과 직면하게 한다. • 자신의 욕구나 감정을 소중히 하는 것을 돕는다. • 문제점을 확실히 인식하도록 돕는다.
2-BC (6~7)	• 능력이 있음에도 안전하다는 감각을 느끼지 못해 기꺼이 하겠다고 나서지 않는 것 • 자신의 수용 방법을 재고하는 것(핵심: 세상을 안전하다고 느끼는 것)	• 상처를 주고받거나 광기의 도피구를 막는다. • 수동행동(아무것도 하지 않는 것, 과잉반응, 불안, 무능과 폭력)과 직면하게 한다. • 자신의 욕구나 감정을 소중히 하는 것을 돕는다. • 문제점을 확실히 인식하도록 돕는다.

① 전형적인 디스카운트: 1번 드라이버를 사용할 경우는 다양한 감정의 억제로 인해 내면의 불안과 두려움을 분노의 감정으로 단조롭게 표현할 수 있어 가까운 사람들과 풍부한 감정적인 상호작용의 어려움을 경험한다. 아내는 무감각 또는 무반응으로 이대로 '괜찮다'라고 스스로 합리화하는 경향이 있다. 아내는 자신의 문제점을 인식하고 자신의 욕구나 감정을 소중히 하는 것을 돕도록 한다.

2번 드라이버를 사용할 경우 할 수 있는 능력이 있음에도 불구하고 새로운 시도나 도전에 두려움을 가지고 있다. 익숙한 것들을 선호하는 내담자를 자신의 감정과 욕구를 있는 그대로 수용하며, 세상과 타인을 신뢰하도록 도울 필요가 있다.

② 상담의 쟁점: 1번 드라이버의 경우에는 남편과의 관계에서 자신의 욕구나 감정을 표현하고 관찰하고 탐색하고 행동하지 않는 것에 직면해야 한다. 2번 드라이버의 경우는 대인관계에서 두려움의 감정을 처리하는 방법을 배우도록 한다. ⓟ 자아가 ⓒ 자아를 비판하거나, ⓒ 자아가 배제되는 상황에서 ⓒ 자아를 있는 그대로 수용하고 느낄 필요가 있다.

내담자 커플관계 해석

1번 드라이버에서 남편은 목적 없는 갈등으로부터 자기 자신의 내면의 감정을 조화롭게 표현하고 싶어 드라이버에 따른 디스카운트가 있음에도 불구하고 자신의 표현을 자유롭게 하는 반면, 아내는 자신의 감정과 욕구를 수용하고 싶어 디스카운트를 자신의 힘이나 책임을 포기하고 아무것도 하지 않는다.

2번 드라이버에서 부부의 안전한 방법으로 서로의 문제점을 인식하고 미세하게 서로의 솔직한 감정 표현이 필요하다.

8) 드라이버와 양육방식, 오염된 성격구조 치료의 핵심

〈내담자 1〉

드라이버 / 특성	양육방식	불건강할 때		문제점	치료의 핵심
		태도	자아상태		
1-TH (1~2)	과잉 통제하는	저항	이중오염된 상태에서 ⓟ와 ⓒ가 서로 비판	삶을 투쟁하듯 살려고 한다.	삶을 투쟁하듯 살 필요가 없다는 것
2-BC (1~2)	일치하지 않는	의심	ⓟ에의해 ⓐ 오염, ⓒ 배제	사람을 신뢰하지 못한다.	세상은 안전하다고 느끼는 것

① 양육방식: 남편은 사업을 하는 아버지의 일방적인 자기주장, 잔소리가 많고 자녀의 교육과 양육을 도맡은 어머니의 과잉통제와 열심히 열정적으로 삶을 살아가려는 어머니의 모습으로부터 영향을 받았다. 남편은 인정받고자 끊임없이 자신의 성장을 위해 노력하려는 모습을 보인다.

② 불건강할 때: 남편은 자신이 원하는 삶에 대한 만족이 떨어질 때는 자신의 주장을 위하여 삶에 저항을 하는 모습으로 자기주장이 강하게 표출된다.

③ 문제점: 남편은 예술적인 작가생활 외에도 대외적인 활동과 강의, 모임 등 전국구로 활동이 많아 삶을 치열하게 살아가는 모습을 보인다. 활기 있는 모습도 있지만 자신이 목표로 하는 성공감을 느끼기 어려워 안타까움을 갖는다.

④ 치료의 핵심: 남편은 삶을 치열하게 살 필요가 없이 행복감을 느낄 수 있는 자신의 일에 몰입을 할 수 있도록 한다. 남편은 자기이해를 갖고 아내와의 교류에서 같이 회복되어야 하겠다.

〈내담자 2〉

| 특성
드라이버 | 양육방식 | 불건강할 때 | | 문제점 | 치료의 핵심 |
		태도	자아상태		
1-BS (3~4)	모호한, 주저하는	회피	이중오염 상태에서 Ⓟ가 ⓒ를 비판, ⓒ는 회피	감정을 느끼고 수용하는 것이 어렵다.	원하는 것을 요구하 는 것, 홀로 서는 것
2-BC (6~7)	일치하지 않는	의심	Ⓟ에 의해 Ⓐ 오염, ⓒ 배제	사람들을 잘 신 뢰하지 못한다.	세상은 안전하다고 느끼는 것

① 양육방식: 1번 드라이버에서는 엄격한 할아버지와 교육자인 아버지의 영향력이 크다. 상대적으로 약한 어머니 사이에서 눈치를 보는 아이로 모호한 양육이 되었다. 할아버지의 사랑과 부모에게 사랑을 받기 위해 혼자 스스로 해야 하는 독립적인 모습을 보여 성취감을 느낄 수 있었고 자신의 솔직한 감정을 드러낼 수 없었다. 2번 드라이버에서는 양육방식이 일치하지 않아 세상에 대한 안전과 신뢰를 못하여 조심스러움과 인정받기 위해 노력을 해야 한다.

② 불건강할 때: 아내는 남편과의 교류를 차단하며 혼자 있기를 선호한다. 명확하고 분명하지 않은 상황에 대한 불안이 높을 때 무시하거나 포기하는 회피 성향으로 자신이 안전을 위해 통제할 수 있는 시간과 공간, 인간관계를 위한 활동을 선택한다.

③ 치료의 핵심: 아내는 자신의 감정을 드러내지 않고 자신이 원하는 것을 요구하기 힘들어한다. 그래서 자신을 돌보고 솔직한 감정을 표현하는 경험이 필요하다. 아

내는 세상이 안전하다는 경험, 남편과의 좋은 경험을 가지고 자기를 이해하며 돌볼 수 있는 기회가 필요하다.

내담자 커플관계 해석

남편과 아내는 서로의 어릴 적 양육방식에서 오는 문제점과 치료의 핵심을 이해할 필요가 있다. 남편은 양육방식에서 자신의 인정을 받고자 치열하게 살아온 것을 아내에게 위로받고 자신이 좋아하는 작업에 몰입할 수 있도록 한다.

아내는 양육방식에서 사랑을 받고자 스스로 알아서 하고 눈치를 보는 모습이다. 자기가 원하는 것을 요구하고, 자율적으로 자신을 돌보며, 솔직한 감정을 표현할 수 있는 경험이 필요하다. 남편과 아내는 서로를 이해하고 서로의 좋은 경험을 위하여 기회를 가져야 한다.

5. 내담자 커플의 드라이버와 관계된 개선방안

1) 상담자가 본 내담자 커플의 문제

- 내담자 1: 아내와 대화 시 자신의 이야기 위주로 자기 표현과 표출이 강하다.
- 내담자 2: 남편과의 대화를 회피하고 자신의 감정을 드러내지 않는다.

2) 내담자 커플의 현재 상태에 대한 개선방안

① 상담목표
- 부부끼리 지지해 주기
- 부부의 불편한 감정을 표현하고 원하는 것을 구체적으로 말하기
- 부부가 자신의 욕구나 필요가 무엇인지 탐색하고 욕구 충족을 위해 실천에 옮기기

② 상담계획
- 초기: 부부의 심리적 상태를 이해하기

- 중기: 부부의 대화패턴을 이해하고 훈련하기
- 종결: 부부의 좋은 경험을 나누며 자기 표현하기

③ 상담전략
- 자아상태 분석, 드라이버 패턴 분석에 대해 이론 공부 함께하기
- 부부가 서로 인정 스트로크 나누기
- 부부가 함께 대화할 수 있는 시간을 사전에 협의하고 계획하기
- 부부가 서로 이야기 잘 들어주고 서로 피드백 나누기

6. 상담과정과 상담결과

1) 상담과정

- 초기: 상담계약 및 주 호소문제를 파악하고, 상담과정에 대한 오리엔테이션 실시하기
- 중기: CKDP 검사를 통해 함께 교류분석에 대한 이론 공부하기
  바쁘게 살아온 경험을 함께 이야기 나누고 서로 교류패턴을 자각하고 서로를 허용하며 인정하도록 실천하기
- 종결: 변화를 위하여 새로운 재결단을 하고 자율적인 부부로 살도록 활성화 방안 찾기

2) 상담결과

이 25년 차 부부는 자녀를 떠나보내며 부부의 삶에서 서로의 솔직한 자기감정을 표현하지 못해서 심리검사를 통하여 주 드라이버 패턴과 교류패턴을 자각하였다. 그동안 서로 다른 모습을 이해하기보다는 포기하고 있었던 모습에서 서로의 CKDP 심리검사의 성격적 특성에서 순기능과 역기능을 이해하고 자신의 성장과정을 이야기하면서 변화할 수 있는 자신을 이해하게 되었다.

남편과 아내는 심리게임과 금지령으로 자신의 어린아이를 이해하고, 자신과 배우자에 대한 이해로 공감을 가질 수 있었다. 서로의 의사소통을 위한 대화 방식으로 서로 마음의 문을 열고 상보교류와 긍정 스트로크를 통해 노력할 수 있다는 희망을 가질 수 있었다.

남편은 자녀를 떠나보내고 나서 아내의 우울감과 바쁜 삶에 지친 아내에게 그저 쉬라고만 하던 데에서 나아가 심리적으로 아내의 마음에 다가가며 공감하며 부드럽게 말할 수 있었다. 아내는 남편의 가장으로서의 무게와 자신의 역할에 충실하려는 모습을 충실함으로 이해할 수 있었고, 거친 말투 안에 사랑으로 걱정하는 마음이 있음을 이해하게 되었다. 그리고 함께 대화할 수 있는 시간으로 기회를 갖기로 하였다.

7. 상담자 총평

CKDP 검사를 통해 서로의 불편한 감정을 솔직하게 직면하기 힘든 부부의 인생각본을 이해하고 부부의 관계역동을 이해하게 되었다.

드라이버에 따른 성격으로 부부에게 나타나는 특징을 이해하고, 순기능과 역기능으로 부부에게 드러나는 문제를 찾아갈 수 있었다. 조기결단, 인생태도, 성격적응, 타인과 문제해결에 대한 반응으로 삶의 에너지와 방향도 이야기할 수 있었다.

드라이버에 따른 의사소통 방식으로 서로에게 접촉할 수 있고 마음의 문을 열 수 있는 초점을 이해하였다. 심리게임과 금지령으로 불편한 관계의 상황을 나누었다. 어린 시절 성장과 관련된 인생각본까지 이해하고 상담 적용하게 되었다.

이 검사와 상담 적용으로 한층 부부관계에 소통이 될 수 있는 기회가 되었으며, CKDP 검사의 구조화된 상담으로 개인적인 통찰을 느낄 수 있었다.

CKDP 심리검사에 의한 커플상담 사례분석 **6**

냉혹한 위기에 맞선 부부
함께 경제 위기를 극복하고 어머님을 부양할 방법도 찾고 싶어요

상담자: 조윤정

1. 내담자 기본 정보

내담자 1: 남편/성별: 남/연령: 50세/학력: 대학원 졸업/검사일: 2017. 01. 30.
내담자 2: 아내/성별: 여/연령: 50세/학력: 대학원 졸업/검사일: 2017. 01. 30.

1) 의뢰 경위 및 주 호소문제

① 의뢰 경위

50대 내담자 2는 80대 시어머님과 조카, 동갑내기 남편과 아들 둘(6명)로 구성된 가족과 20년 가까이 함께 살면서 일과 가정을 잘 꾸려 왔다고 자부해 왔다. 그러던 어느 날 우연히 막내며느리(내담자 2)를 제외한 시댁 식구들의 회의 결과를 보고, 그동안 함께 산 삶 자체에 대해 회의감을 느꼈다고 한다. 그래도 자신의 방식대로 당혹스러운 상황을 이해하려고 노력하면서 앞으로 남편과 합심해서 내 집 마련을 위해 힘쓰면서 어머님이 오래 사실 수 있도록 건강을 챙겨드리기로 결심한다. 그래서 생활비와 부양비를 절감하고자 시댁 어른들께 상의를 드렸으나 단칼에 거절당하고, 오히려 '어머님도 제대로 부양하지 못하면서 자기만 살려고 분가하려고 한다'는 거친 비난을 받았다. 결국 1년 정도 끊임없이 시댁 식구들과 절충을 시도하다가 타협점을 찾지 못하고 아들 둘을 데리고 남편이 있는 지방으로 내려오면서 상담을 의뢰하였다.

② 주 호소문제: "함께 경제 위기를 극복하고 어머님을 부양할 방법도 찾고 싶어요."

내담자 1: 아버지와 큰형의 죽음을 겪고 나서 어머니마저 잃을까 봐 월급의 대다수를 어머님의 건강을 지켜드리는 데 사용하고, 일보다는 어머님을 돌보는 데 에너지를 쏟다 보니 이직이 반복되고 결국 수입이 불안정한 상태가 되었다. 이젠 어머니로부터 독립하여 스스로 자립하고 싶고, 내 가정은 내가 꾸려 나가고 싶다. 아내가 좀 더 현명하게 시댁 식구들과 타협했다면 어머니로부터 작은 아파트라도 구입할 물질적 지원을 받을 수 있었으나 지금은 그것조차 기대할 수 없어서 절망적이다.

내담자 2: 시댁 어르신들이 막냇동생 내외(내담자 부부)에게 무조건 시댁 문화를 따를 것을 강요하는데도 남편이 '막내는 발언권이 없다'는 소극적인 자세를 취하는 것에 답답함을 느끼고 있다. 그리고 남편이 20년 가까이 자신의 월급 대부분을 어머님을 부양하는 데 쏟고, 생계는 아내에게 전가하는 무책임한 행동에 대해 지적하면서 이젠 과잉 효도를 멈추고, 우리 가족을 위해 생계비를 부담해야 한다고 주장하고 있다. 아내는 조카를 분가시키고 어머님과 합가해서 살지, 아니면 분가 상태를 유지하면서 부양해야 될지 고민하고 있다. 시댁 어르신들과 몇 가지 타협을 한 후 합가할 생각도 있으나 타협이 되지 않는다면 분가 상태를 유지하려고 한다.

2) 행동 관찰

내담자 1: 숱 많은 스포츠형 머리, 차돌처럼 단단한 체형, 짙은 눈썹, 호탕한 웃음, 주로 상대방의 눈을 응시하면서 경청하고, 자신의 생각과 느낌을 간단명료하게 전달한다. 말수가 적다. 거리를 두려는 경향이 있다.

내담자 2: 단발머리, 밝은 웃음, 정장 스타일의 깔끔한 옷차림, 상대방의 눈을 응시하면서 경청하고, 자신의 생각과 느낌을 생동감 있게 전달한다.

3) 내담자의 자원

① 내담자 1
- 약속한 것은 꼭 지킨다.
- 환경을 탓하지 않고, 자신의 의지에 힘을 실어 노력한다.
- 바른 식습관을 갖고 있다(몸에 유익한 것만 섭취하고 술과 담배를 하지 않는다).
- 까칠하지만 속정이 깊고, 맞춤형으로 가족구성원을 돌본다.
- 아내의 재능을 인정하고 지지한다.

• 성실하고 책임감이 강하다.

② 내담자 2

• 남편의 비전을 믿고, 남편의 재능을 높이 평가한다.
• 갈등 상황 시 깊은 통찰시간을 가진 후 상황에 맞게 문제를 해결한다.
• 목표가 정해지면 고도의 집중력을 발휘하여 성과를 낸다.
• 남편의 철학관을 좋아하고 삶 속에 적용하고 실천한다.
• 상담에 대한 깊은 신뢰가 있다.
• 자신의 꿈을 점진적으로 현실화시켜 나가고 있다.

4) 가계도

내담자 1: 막내아들을 사랑했지만 공포를 유발시킬 정도로 혹독한 훈육방법을 사용한 아버지, 수재지만 몸이 약한 막내아들을 과잉보호한 어머니의 양육환경 속에서 착하고 반듯한 모범생으로 성장하였다.

그러나 가정의 생계를 책임졌던 아버지가 갑자기 중풍으로 자리에 눕고, 연이어 큰형의 죽음까지 겹치게 되면서 삶에 대해 고뇌를 하며 철학과 종교활동에 빠지게 되었다고 한다. 그 후 병 수발 들기도 힘든 어머니가 자신의 아침밥까지 챙겨 주려면 힘들 것이라고 생각하고 집을 나와 학교 앞 고시텔에서 생활하다가 우연히 지하철에서 지금의 아내를 만나 결혼하였다고 한다.

내담자 2: 자수성가한 부모님 밑에서 '전쟁 상황에서도 살아남는 법을 배워야 한다.'라는 아버지의 군인정신에 의해 어린 시절부터 활쏘기, 발차기, 산 정상에 오르기 등 혹독한 훈련과 훈육환경 속에서 성장하였다고 한다. 그러나 대학 입학 후 장학금을 받으면서 가정 경제에 기여를 하는 순간 막내딸에 대한 아버지의 사랑이 각별해지면서 혹독한 훈련은 사라지고 '공주님'이라는 호칭을 들으며 총애를 했다고 한다. 지금도 친정집에 가면 아버지와 어머니 모두 '작은 공주님' 왔다고 좋아한다고 한다. 그 후 우연히 지하철에서 만나 구애를 하는 남편과 7년간 연애를 하다가 결혼하였다고 한다.

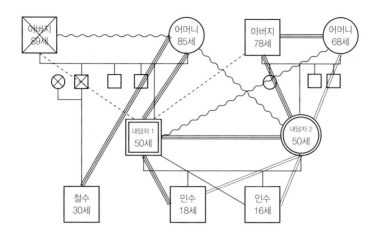

5) 생태도

내담자 1: 남편은 아침 7시에 기상해서 아침식사 후, 교육사업 파트너인 지인들과의 스터디 모임에 참석한다. 스터디 모임 후 출근해서 늦은 시간까지 일하다가 밤 10시 30분에 퇴근한다. 그리고 집에 도착한 후 아내가 챙겨 주는 야식을 간단히 먹고, 밤 12시 30분까지 아이들 학습지도를 한다. 간혹 스터디가 취소되면 아내 직장으로 찾아가 점심을 함께 먹는다. 주 1회 수영을 다녔으나 최근 바쁜 스케줄로 가지 못하고 있다. 주 1회 아들들과 함께 고령의 어머님을 뵈러 가서 말벗이나 소소한 것을 챙겨드린다. 내담자는 자신을 위한 여가시간은 거의 없고, 일을 제외한 시간에는 거의 가족들을 돌보는 데 시간을 사용한다. 특히, 아들들에 대한 사랑이 깊어서 아들 혼자 할머니 집에 간 경우에는 아들과 1시간 이상 스카이프로 화상 대화를 한다. 식탐이 있는 아내를 위해 주 1회 아내가 좋아하는 음식을 사주고, 아내의 이야기를 들어준다. 바쁘기 전에는 아들과 아내를 위해 직접 영양식을 만들어 주기도 했다고 한다.

내담자 2: 아내는 아침 5시에 기상해서 아침식사를 준비하고, 아이들을 학교 보낸 후 남편과 함께 식사를 한다. 그리고 교육 관련 자영업을 하고 있어서 주 3~4회 정도는 외부 출장을 다니고, 나머지 날은 집에서 재택근무를 하며 학습지도안을 작성하거나 인터넷으로 업무를 한다. 아이들이 학교에서 올 때쯤 저녁 준비를 하여 아이들과 함께 저녁식사를 한다. 남편이 퇴근할 때까지 아이들의 학습상태 점검, 집안일 등을 하다가 교안을 작성하거나 드라마 분석 작업을 한다. 남편이 퇴근해서 집에 오면 야식을 챙겨 준 후 하체 운동을 하다가 밤 12시 30분에 취침한다. 주 1~2회 정도 양가 부모님께 안부 전화를 드리고, 한 달에 1~2번 정도 방문하여 소소한 선물을 드리거나 말벗이 되어 드린다. 아내는 가족과 보내는 시간을 좋아하고, 일만 하는 남편이 안쓰러워 주 1회 정도 전신 스포츠 마사지를 해 준다.

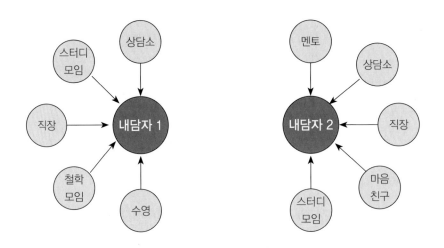

2. 내담자 검사 결과

〈내담자 1〉

드라이버 ＼ 구분	PO	TI	BS	BC	BP	TH	HU
점수	36	27	34	41	39	33	35
순위	3	7	5	1	2	6	4
등급	1~2	6~7	3~4	1~2	1~2	3~4	3~4

〈내담자 2〉

드라이버 ＼ 구분	PO	TI	BS	BC	BP	TH	HU
점수	31	36	30	24	37	28	25
순위	3	2	4	7	1	5	6
등급	3~4	3~4	6~7	8~9	3~4	6~7	6~7

<CKDP 심리검사 체크리스트>

남편

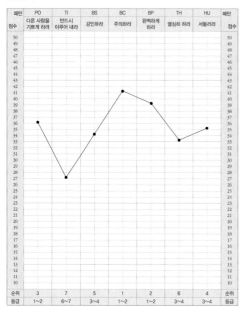

아내

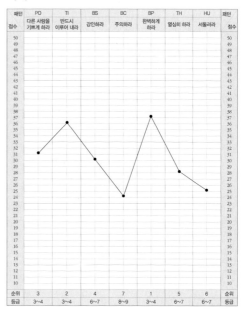

내담자 1 해석: 1순위 BC(41점, 1~2등급), 2순위 BP(39점, 1~2등급), 7순위 TI(27점, 6~7등급)으로 1순위 BC가 역기능적으로 높다. BC, BP, TI 드라이버에 중점을 두고 해석한다.

⇒ 총명하고, 제갈량 같은 훌륭한 조언자이며 신의가 있고 책임감이 강하지만 조정과 통제에 관심이 많고, 과잉억제와 과잉성실로 삶을 즐기지 못한다.

내담자 2 해석: 1순위 BP(37점, 3~4등급), 2순위 TI(36점, 3~4등급), 7순위 BC(24점, 8~9등급)이다. BP, TI, BC 드라이버에 중점을 두고 해석한다.

⇒ 활력 넘치는 수완가이며 대범하고 사람을 잘 믿어 누구하고도 잘 어울리지만 우유부단하고 경솔한 면이 있으며 과도한 책임감과 의무감으로 자신의 삶을 희생하는 경향이 있다.

3. 드라이버에 따른 성격의 특성 및 기능

1) 드라이버에 따른 성격의 특성

〈내담자 1〉

드라이버＼특성	성격 기술
1-BC(1~2)	과잉민감, 훌륭한 사고자, 조심스러운, 신중함, 조정과 통제에 관심 많음
2-BP(1~2)	완벽, 과도한 책임감, 신뢰성, 일 중심 생활, 문제해결 능동적, 즐기기 힘든
7-TI(6~7)	우월한 독자적 사고, 사회성 부족, 의존적, 소극적, 보호 본능 유발

〈내담자 2〉

드라이버＼특성	성격 기술
1-BP(3~4)	완벽 추구, 신뢰성, 과도한 책임감, 성실, 공손, 계획성, 일 중심 생활, 깔끔함
2-TI(3~4)	목표지향, 열정, 촉진자, 행동하기를 좋아함, 사회성, 수완력
7-BC(8~9)	산만, 우유부단, 대범함, 연륜 무관 자유 어울림

내담자 커플관계 해석

1번 드라이버일 때 남편은 자신의 생각을 고수하려고 하고, 아내가 다른 시각에서 이야기하면 '소모성 대화는 여기까지'라고 하며 대화를 거부한다. 아내가 합가에 대한 이야기를 하거나 자녀의 진학에 대해서 다른 제안을 했을 때 남편에게 거부당한 적이 있다. 아내는 주어진 업무를 기한 내에 마치기 위해 주변 환경을 조정하고, 모든 만남과 여가시간을 중지하고 일에 집중한다. 이럴 때 남편은 아내가 일을 기한 내에 마칠 수 있도록 업무를 도와주거나 가사를 도와준다.

2번 드라이버일 때 남편은 식사량과 잠자는 시간을 줄이고 일에 몰입한다. 심지어 자녀 학습지도를 하거나 식사할 때도 끊임없이 일을 한다. 주어진 업무를 기한보다 신속하게 끝마치는 경향이 있다. 아내는 업무와 관련된 새로운 아이디어를 다각적인 차원에서 분석·적용하여 일조차 게임처럼 연애하듯 즐긴다.

7번 드라이버일 때 남편은 사람들과의 관계에서 마음의 상처를 입은 경우 관계를 개선하려고 하기보다는 거리를 두거나 단절을 선택하고, 단절 이유를 여간해선 이야기해 주지 않는다. 이런 패턴은 직장생활에도 적용되어 여러 번 이직하는 이유가 되곤 하였다. 지금까지 남편이 사직하면 아내가 적극적으로 나서서 지인의 도움을 받아 남편의 새 직장을 찾아 왔으나, 현재 직장은 유일하게 남편 스스로의 힘으로 일궈 낸 것이다. 남편의 사업을 확장시키기 위해 아내가 지인의 도움을 받으려고 했으나 남편이 거절한 상태이다. 남편은 가정 경영은 아내에게 맡기고 스스로의 힘과 의지로 자신의 사업을 확장시켜 나가길 원하고, 아내는 생계를 혼자 책임져야 하는 부담감으로 남편의 사업이 좀 더 확장되어 생계비에 대한 부담을 덜고 싶어 한다. 이런 현실적인 문제가 수면 위로 올라와 갈등을 겪게 될 때 남편은 침묵으로 일관하고, 아내는 생계비를 절약하기 위해 외부 활동 및 행사 등을 중지할지 고민하면서 결정장애를 겪기도 한다.

2) 드라이버에 따른 순기능과 역기능

〈내담자 1〉

드라이버＼특성	순기능	역기능
1-BC (1~2)	모든 면에서 가장 명확하고 날카로우며, 가장 세심하게 생각할 수 있는 사람이다. 어떤 일에서든지 확신 갖기를 원한다. 명확한 대답을 좋아하고 빈틈없는 상태를 유지하며, 고도의 사고능력을 가지고 있다. 지배, 관리하는 것을 좋아하는 남편은 결혼 초기부터 가정의 규칙을 세워 가족 철학 스터디, 아빠와의 대화 등을 진행하며 수장 역할을 해 왔다. 소수의 사람과 관계 맺기를 선호하고, 문제해결과 사회적인 상호작용 측면에서 자신의 판단대로 행동한다.	자신에게 오는 정보를 자주 오해하고 사고 패턴은 종종 경직되어 있거나 과장되어 있다. 예를 들면, 친인척이 빈번하게 방문하여 오지랖 넓게 어머님에게 이것저것 '며느리 길들이기'를 알려 준 후 고부갈등이 증폭되자 친인척 방문을 싫어하게 되었다. 또 아내에게 시댁 친인척과 통화하는 것을 자제해 달라고 요청하기도 하였다.

2-BP (1~2)	일반적으로 책임성 있고, 성실하며 믿을 수 있는 사람이다. 깨끗한 가정을 유지하기 위해 정기적으로 소독하기, 쓰레기 버리기, 쓰레기통 소독하고 말리기, 장롱 및 서랍장 정기적으로 정리하기 등을 한다. 일을 만들어 내고, 자신의 영역에서 높은 평가를 받는다. 늘 정돈된 느낌을 주며, 의상 입는 패턴도 정해져 있다. 일을 구조화하여 조직적이며 계획적으로 신속하게 해 낸다. 집단보다는 소수 사람과 관계 맺기를 선호한다.	남편은 강한 자기규제를 지닌 완벽주의자이며 과도한 성실함과 의무감을 가지고 있다. 수입 창출 시 대부분 어머님 건강 챙기는 것에 사용한다. 기존에 2~3년 정도 매달 200만 원에 달하는 영양제와 건강 관련 제품을 어머님께 사드린 적이 있다. 덕분에 어머님은 80대 고령임에도 불구하고 건강한 편이다. 수입이 줄어도 계속 이런 패턴을 유지하다가 더 이상 영양제를 구입할 수 없게 되자 아내에게 구입하도록 요청했다. 이것이 이후에 아내가 시댁 식구와 갈등을 겪게 되는 씨앗이 되었다.
7-TI (6~7)	소수의 사람들과 관계를 깊게 맺고 상대방에 잘 맞춰 준다. 자신이 좋아하는 영역에서는 능동, 수동, 참여, 회피 등 모든 영역을 오간다. 다만 이런 성향은 소수의 모임에만 국한되는 경향이 있다.	연애 시절 남편은 볼링, 포켓볼 등을 아내에게 가르쳐 주는 즐거움으로 돈을 많이 쓴 적이 있었다. 그러나 어느 순간부터 아내가 자신보다 더 잘하자 데이트 때마다 승부욕이 발동해서 시합하자고 제안하고 하루 종일 볼링만 친 적도 있다. 이렇듯 데이트 상황에서 미성숙한 태도를 빈번하게 드러내서 여러 번 이별 통보를 받곤 했다.

〈내담자 2〉

특성 드라이버	순기능	역기능
1-BP (3~4)	일반적으로 책임성 있고, 성실하며 믿을 수 있는 사람이다. 일을 만들어 내고, 자신의 영역에서 일반적으로 좋은 성과를 낸다. 일을 구조화하여 조직적이며 계획적으로 한다. 일반적인 문제해결과 상호작용의 형태는 먼저 접근하고 집단보다는 소수 사람과 관계 맺기를 선호한다.	강한 자기규제를 지닌 완벽주의자이며 과도한 성실함과 의무감을 가지고 있다. 그래서 완벽하게 마무리할 수 없을 때 극심한 스트레스를 받는다. 이때 일명 헐크가 될 수 있어서 타인과 교류도 중지하고 휴대전화도 꺼 놓는다. 그리고 혼자 사색하면서 대안을 강구하거나 음악 감상을 통해 긍정적 에너지를 충전한다. 과거에 상대방이 기대에 부응하지 못했을 때 문자로 이별을 통보한 적이 있다.

2-TI (3~4)	가치 있는 일이라고 판단했을 때 타인을 이끌면서 좋은 성과를 만들어 내는 부드러운 카리스마가 있다. 한때 훌륭한 촉진자라는 찬사를 받은 적이 있고, 지금 현재도 과거의 지인들과 상호 유익한 관계를 유지하고 있다. 사람들과 교류하며 행동하기를 좋아하고, 본업을 연애하듯 즐긴다. 매력적으로 보이게끔 하며, 좋은 인상을 줄 수 있는 모습을 좋아한다. 외부 활동 시 단정한 의상을 선호하지만, 가정에서 남편과 단둘이 있을 때는 상당히 자극적인 의상을 선호한다(친정 엄마랑 닮은 점). 능동, 수동, 참여, 회피 등 모든 영역을 자유롭게 오갈 수 있다.	자신이 직접 할 수 있는 일임에도 불구하고 일, 가정, 아내 역할, 엄마 역할, 며느리 역할을 효과적으로 해 내기 위해 남편의 도움을 받곤 했다. 예를 들면, 일요일 가사 업무, 3번 식사 준비, 설거지, 거실 청소, 화장실 청소, 밑반찬 만들기, 어머님 발 마사지 등 남편에게 '자기가 나의 직장 업무를 도와주면 이 모든 것을 나 혼자 할 수 있어요.'라고 제안한다. 결국 남편은 아내의 직장 업무를 보조해 주고, 아내는 가사 업무, 며느리 역할을 하게 된다.
7-BC (8~9)	상대방을 잘 믿고 사람들을 편안하게 해 준다. 도저히 불가능한 문제라고 해도 거침없이 교류하여 문제를 해결하기도 한다. 만인이 비난하는 사람일지라도 상대방의 긍정적인 면을 보면 상대방과 좋은 관계를 이끌어 낸다. '이미 서로에게 깊은 상처를 입혔기 때문에 어머님께서 너를 보지 않을 것이다.'라는 남편의 경고에도 불구하고 점증적으로 관계 개선을 하여 시어머님과 화해하였다.	아내의 경우 상대방의 장점만 보고 상대방을 쉽게 믿고, 어떤 상황에 대해 자신의 방식대로 기대하는 경우가 있어 뒤늦은 후회를 하거나 자책하는 경우가 있다. 연애 시절 남편의 복잡한 가족사로 시댁 식구와의 갈등을 예견했음에도 불구하고 어설픈 효심과 경솔함으로 함께 살게 되면서 지금의 경제적 위기와 부양 문제를 떠안게 되었다.

내담자 커플관계 해석

내담자 부부의 심리검사 결과에서 남편의 1번 드라이버(BC, 1~2등급)와 아내의 7번 드라이버(BC, 8~9등급) 그리고 아내의 2번 드라이버(TI, 3~4등급)와 남편의 7번 드라이버(TI, 6~7등급)를 주의 깊게 살펴볼 필요가 있다. 본 사례의 경우 상반된 기질을 조화롭게 하여 성과를 내서 경제적으로 안정되고 가족 간 화목함을 유지할 때는 서로 아껴 주고 챙겨 주는 외눈박이 물고기 같은 형상을 보인다. 그러나 남편의 1번 드라이버 BC와 아내의 7번 드라이버 BC가 역기능으로 작용할 때 남편은 아내의 대인관계를 통제하고, 아내는 자신의 대인관계를 통제하는 남편에게 갑갑함을 느끼면서 갈등이 증폭된다고 한다. 예를 들면, 아내 주변에 아내가 좋아하는 스타일의 남자가 등장했을 때 남편

은 극도로 예민해지면서 상대방을 경계·분석하고 수시로 다른 사례를 들며 아내가 상
대방을 멀리하도록 유도하면서 갈등이 증폭된다. 지금은 남편의 이런 성향을 알고 비
록 공적인 관계인 지인일지라도 남편이 경계하는 경우 적당한 거리를 유지하면서 갈등
을 사전에 예방한다고 한다.

4. 1번과 2번 드라이버에 따른 성격특성과 해석

1) 드라이버에 따른 조기결단, 부정적 인생태도, 경계

〈내담자 1〉

특성 드라이버	조기결단	인생태도	경계	
			자기감	인간관계
1(BC)	나는 나의 안전을 위해서 주변의 모든 사람과 모든 것을 통제할 것이다.	III (I+ U−)	경직	경직
2(BP)	나는 완벽해지기 위해서 최선을 다할 것이다.	II (I− U+)	산만	산만

① 조기결단: 부모님으로부터 왜곡된 사랑을 받다가 어느 날 아버지의 중풍과 큰
형의 죽음으로 자신을 돌봐 주던 어머니가 아버지의 병 수발과 부모님을 잃
은 어린 손자를 돌보게 되면서 스스로 자신의 안전을 위해서 주변의 사람과 모
든 것을 통제해야 한다고 결단하게 된다. 1번 드라이버 BC를 사용할 때는 주
변 사람을 완벽하게 돌보고, 그들이 자신의 통제권 안에 있게 한다. 자신의 돌
봄과 양육방법이 옳다고 생각하고 그대로 이행한다. 남편의 돌봄 방법이 만족
스럽고, 논리적·합리적이어서 아내도 남편의 방법을 존중해 주는 편이다. 또
2번 드라이버 BP를 사용할 때 남편은 '나는 완벽해지기 위해서 최선을 다할 것이
다.'라고 결단한다. 갑작스러운 가정의 위기를 경험하게 되면서 청소년 시절부터
'홀로서기'를 해야 했다고 한다. 대학 시절부터 아르바이트를 하여 등록금을 마련
하거나 어머니의 노고를 덜어 드리기 위해 독립해서 살았다고 한다.
② 인생태도: 1번 드라이버일 때, 부정적인 상황에서 III 영역으로 가게 된다. 배타적

태도(You're not OK)를 취하게 되며, 자기긍정, 타인부정, 우월감의 태도를 보이며 주로 CP와 NP 기능을 연출한다. 2번 드라이버일 때 II 영역에 I-, U+ 유형으로 도피적 태도(I'm not OK)를 취하게 되어 자책, 회의, 회피적인 성향을 나타낸다.

③ 자기감 경계: 1번 드라이버가 부정적으로 갔을 때는 ⑫Ⓐ©의 에너지의 흐름이 유연하지 못하고 융통성이 부족하며, 다른 사람의 말을 듣지 못하고 자기 생각 대로 판단하고 행동하려고 한다. 경직 시 © 자아에 의해 Ⓐ 자아가 오염되어 있고, ⑫ 자아가 배제되어 있어 아내와 타협하려고 생각하지 않고 대화를 단절한다. 2번 드라이버가 부정적으로 갔을 때 자기감은 산만한 유형이다. 즉, © 자아가 Ⓐ 자아를 침범하여 망상적 태도를 보이는 오염된 A 자아상태가 되어 혼란스러울 때 산만해지면서 결정을 잘 내리지 못한다. 이런 경우 자신에 대해서 정확한 통찰이 어려울 뿐 아니라 정서적으로 불안하여 아내가 재촉하면 침묵으로 일관한다. 대답을 회피하는 기간이 길어지면 아내가 남편에게 문자로 기대하는 바를 간결하게 표현하고, 일주일 정도 여유를 주고 결정할 것을 요구한다. 그러면 대부분 아내가 기대하는 답을 주곤 한다.

④ 인간관계 경계: 1번 드라이버일 때 경직되어 자기 방식을 고집할 수 있으며, 2번 드라이버일 때 산만으로 타인의 말이 귀에 들어오지 않고 자신의 생각을 밀고 나가는 특성이 있고 앞의 말만 듣고 경청하지 못하는 특성이 있다. 한번 약속한 것은 여간해선 도중에 변경하지 않는다. 그래서 쉽게 약속이나 확답을 잘하지 않는다. 이러한 특성 때문에 아내는 남편과의 약속은 신뢰가 간다고 한다.

〈내담자 2〉

특성 드라이버	조기결단	인생태도	경계	
			자기감	인간관계
1(BP)	나는 완벽해지기 위해서 최선을 다할 것이다.	II (I- U+)	산만	산만
2(TI)	사람을 신뢰할 수 없어, 조작해서라도 내가 원하는 것을 얻을 것이다.	III (I+ U-)	경직	경직

① 조기결단: 1번 드라이버일 때 자수성가한 부모님의 독립적이고 강한 훈육환경 속에서 '나는 완벽해지기 위해서 최선을 다할 것이다.'를 결단한다. 어린 시절 아버

지가 스케이트, 활쏘기, 자전거 타기, 산 타기 등을 가르쳐 주셨는데 형제자매 간 시합을 시켜 꼴등을 하는 경우 두 배로 훈련을 받아야 했다고 한다. 그래서 꼴등을 하지 않으려고 혼자 논에서 자전거 타는 연습을 하거나 산에 올라가서 활쏘기 연습을 했다고 한다. 2번 드라이버일 때 '내가 원하는 것을 꼭 성취해야 한다.'고 결단한다. 어린 시절부터 아버지가 출근하면서 영어 쓰기, 일기장 쓰기 등 숙제를 내주시고 퇴근 후 검사를 하셨다고 한다. 아버지가 내준 숙제를 하지 않은 경우, 기합을 받거나 무릎 꿇고 앉아 아버지의 훈계를 들어야 했다고 한다. 그래서 형제 자매랑 상의해서 역할분담을 해서 서로서로 숙제를 도와주고 시간이 부족하면 일기장 내용을 가상으로 꾸며서 썼다고 한다. 한 사람이라도 완수하지 못하면 형제 자매 모두 기압을 받았기 때문에 자연스럽게 협력하였다고 한다.

② 인생태도: 1번 드라이버일 때 II 영역에 I-, U+ 유형으로 도피적 태도(I'm not OK)를 취하게 되어 자책, 회의, 회피적인 성향을 나타내며 AC 기능을 연출한다.

2번 드라이버일 때 III 영역에 머무를 때는 I+, U- 유형으로 배타적인 태도(You're not OK)를 취하게 되고, 독선적 성향을 나타내며 CP와 NP의 기능을 연출한다.

③ 자기감 경계: 1번 드라이버일 때 '산만'으로 ⓒ 자아가 Ⓐ 자아를 침범하고 망상적 태도로 Ⓐ 자아가 혼란스러운 상태가 되어 일의 우선순위를 정하지 못하고 고민 한다. 이런 경우 자신에 대해서 정확한 통찰이 어려울 뿐 아니라 정서적으로 불안 하여 상대방이 업무적으로 재촉하면 스트레스를 받는다. 이런 경우 모든 것을 차 단하고 혼자만의 사색의 시간을 갖고 대안을 찾거나 음악 감상으로 긍정적 에너 지를 충전한 후 몇 가지 대안을 제시하며 상대방과 협의를 한다.

2번 드라이버일 때 '경직'으로 ⓅⒶⓒ의 에너지의 흐름이 유연하지 못하고 융통성 이 부족하여 문제해결 기술이 떨어진다. 다른 사람의 조언을 잘 듣지 않고, 자기 생각대로 한다. Ⓐ 자아는 ⓒ 자아에 의해 오염되어 있고, Ⓟ 자아가 배제되어 있 다. 자신을 지속적으로 속박하거나 권위를 앞세워 강압적으로 통제하려고 하면 권위에 맞서 싸우고 모든 것을 버리고 그곳을 떠난다고 한다.

④ 인간관계 경계: 1번 드라이버는 '산만'으로 선택이나 결정을 내려야 하는 중요한 상황에서 스트레스를 받게 되면 결정을 지연하거나 단절을 선택할 수도 있다.

2번 드라이버는 '경직'으로 목표 달성을 위해 에너지를 집중하여 성과를 내야 하 므로 가족구성원이 자신의 일에 협조해야 한다고 생각한다. 협조하지 않고 오히려 목표 도달에 방해를 받게 되면 거리를 두고 일할 수 있는 환경을 찾아 나선다고 한다.

내담자 커플관계 해석

남편의 1번 드라이버 BC와 아내의 7번 드라이이버 BC는 자기긍정 및 타인부정의 인생태도로, 배타적인 행동과 자기감과 인간관계가 경직된 상태로 커플의 7번 드라이버가 충돌되었을 때는 타인의 말이 들어오지 않고 자신의 주장만 하게 되어 서로의 마음을 나누지 못하고 대화가 중단되기도 한다. 아내는 부부만 오붓한 식사를 하는 경우, 의논하고 싶었던 부분이나 사소한 이야기라도 남편과 대화를 나누고 싶어 하지만 남편은 식사 내내 침묵을 유지하는 경향이 있다. 그러다가 남편이 결정을 보류하고 있는 아들의 진학이나 합가 등의 이야기가 나오면 "이젠 그만."이라고 말하고 이야기를 중지할 것을 요청한다. 그러면 아내는 공허함을 느끼며 남편과의 친밀감 시도를 중지하고, 최대한 냉철함을 유지하려고 한다. 과거에 아내가 냉철함을 유지하지 않고, 감정이 격해져 계속 대화를 시도했다가 남편이 감정이 상해서 식사를 하지 않고 바로 출근한 적이 있었기 때문에 또다시 어리석은 시도를 하지 않기로 했다고 한다. 보통 이런 경우 남편이 아내가 궁금해하거나 나누고 싶었던 내용에 대해 뒤늦게라도 자신의 의견이나 정보를 제공해 주는 식으로 아내의 마음을 풀어 주곤 한다.

2) 드라이버에 따른 성격적응 유형과 반응

〈내담자 1〉

드라이버	특성 성격적응 유형	양면성		타인에 대한 반응	문제해결에 대한 반응
		긍정성	부정성		
1-BC(1~2)	재기형 회의자(편집성)	신중성	의심	회피(내향)	중립
2-BP(1~2)	책임감 있는 일 중독자 (강박-신경증적)	정확성	과잉성취	회피(내향)	능동

① 성격적응 유형: 1번 드라이버일 때 신중하고 고도의 사고능력을 갖고 있어 총명하다는 평가를 받는다. 반면, 아내의 의도를 신뢰하지 못하고 어느 때는 까칠하게 어느 때는 다정하게 대하는 등 양면적인 모습을 보임으로써 갈등을 유발하기도

한다.

② 양면성: 1번 드라이버일 때는 매우 신중하여 안전하다고 생각할 때 행동에 옮기지만 의심을 품기도 한다. 2번 드라이버일 때 일적으로 높은 평가를 받으며 찬사를 받지만, 과도한 업무가 주어졌을 때 타협하지 않고 혼자 강행하다가 건강에 적신호가 오기도 한다.

③ 타인에 대한 반응: 외부 자극에 민감하게 반응하고 내향적이며 자극을 탐색하기보다는 물러나거나 회피하는 경향이 있다.

④ 문제해결에 대한 반응: 문제해결에 대한 반응은 주로 중립적 태도를 취하는 1번 드라이버를 사용한다. 주변 상황에 대해 예측할 수 없는 상황에서 스트레스를 경험하며, 자신의 행동에 있어서도 충동적이고 예측할 수 없는 것에 대해 통제하려고 하여 ⓒ 자아를 배제시키는 경향이 있다. 웬만해서는 먼저 나서서 해결하지 못하고 아내가 해결하고 나면 놀라워하거나 그에 대한 평가를 하기도 한다.

〈내담자 2〉

특성 / 드라이버	성격적응 유형	양면성		타인에 대한 반응	문제해결에 대한 반응
		긍정성	부정성		
1-BP (3~4)	책임감 있는 일 중독자 (강박-신경증적)	정확성	과잉성취	회피(내향)	능동
2-TI (3~4)	매력적 조작자 (반사회성)	수완력	조작	참여 (회향), 회피 (내향)	능동, 수동

① 성격적응 유형: 1번 드라이버일 때 책임성 있고 일을 구조화하여 조직적이며 계획적으로 일을 완수하여 높은 성과를 보이나 완벽하게 마무리할 수 없을 때 스트레스를 받는다.

2번 드라이버일 때 활력이 넘치는 수완가로 매력적이고 세련된 달변가 모습을 보이나 목표 달성을 위해 다양한 자원(예: 남편이나 지인의 도움 등)을 활용하기도 한다.

② 양면성: 1번 드라이버일 때 일 적으로 높은 평가를 받으며 찬사를 받지만, 과도한 업무가 주어지면 현실을 도피하거나 일을 미루는 경향이 있다. 그로 인해 관계적 어려움에 처한다. 2번 드라이버일 때 열정적인 수완가로 좋은 성과를 내지만 성과에 대한 압박을 받으면 가정에 소홀해지면서 다양한 자원을 활용하여 성과를

내려고 한다. 이로 인해 가족 간 갈등이 야기되기도 한다.

③ 타인에 대한 반응: 일에 몰입할 때는 내향적으로 타인과의 교류를 회피한다.

④ 문제해결에 대한 반응: 혼자만의 공간과 시간을 확보하여 조용히 통찰의 시간을 가진 후 다양한 자원을 활용하여 적극적으로 문제를 해결한다.

내담자 커플관계 해석

남편은 에너지의 수준이 낮은 회피(내향)적 성향이며, 안전하고 명확한 상황 파악 후 충분히 기다린 다음 행동을 선택하는 반면, 아내는 2번 드라이버일 때 에너지 수준이 높은 참여(외향)적 성향을 나타내며, 정서적인 반응을 선호하고 목표가 정해지면 곧바로 실천하려고 한다. 아내는 중요한 상황이라고 판단하는 안건에 대해 남편이 침묵으로 일관하고 결정을 보류할 때 답답함을 느끼고, 신뢰하는 지인들에게 자문을 구해 최선이라고 판단되는 방향으로 일을 추진한다. 하지만 아내는 시간은 걸릴지라도 남편이 현명한 판단을 할 것이라는 믿음이 있기에 최종 결정은 보류하고 있다가 남편이 때가 되어 자신의 의견을 이야기하면 그때 최종 결정을 하여 신속하게 추진하여 매듭을 짓는다. 이렇듯 최종 결정을 보류하는 또 다른 이유는 남편과의 갈등을 예방하고, 가정의 평화를 위해서라고 한다.

3) 드라이버에 따른 선호하는 의사소통 방식

〈내담자 1〉

특성 드라이버	Ware의 의사소통 방식			Kahler의 의사소통 방식	
	개방문	표적문	함정문	채널	자아상태 기능
1-BC(1~2)	사고	감정	행동	정보적인, 지시적인	A → A, +CP → A
2-BP(1~2)	사고	감정	행동	정보적인	A → A

① Ware의 의사소통 방식: 1번, 2번 드라이버일 때 처음 대화의 시작은 논리적으로 설득이 되어야(사고) 대화가 시작되고 나서 감정에 호소하여 통찰되어야 마음이 움직이고 행동으로 실행할 수 있는 소통방식이 필요하다. 이해가 되지 않으면 여간해선 실행에 옮기지 않는다. 아내가 남편과 단둘이 있는 오붓한 시간에 대화의

주제를 이성적으로 시도하고, 부모님에 대한 애틋한 마음을 전달하면 도저히 시간을 낼 수 없는 상황에도 시간을 내서 부모님을 뵈러 간다.

② Kahler의 의사소통 방식: 남편의 의사소통 방식은 A 자아상태에서 A 자아상태로의 방식을 사용하고 있으므로 소통을 하려면 객관적인 정보와 분명한 정보를 바탕으로 구체적이고 현실 가능한 대안을 갖고 대화를 시도할 필요가 있다.

〈내담자 2〉

드라이버 \ 특성	Ware의 의사소통 방식			Kahler의 의사소통 방식	
	개방문	표적문	함정문	채널	자아상태 기능
1-BP(1~2)	사고	감정	행동	정보적	A→A
2-TI(3~4)	행동	감정	사고	정서적, 양육적, 지시적	+FC → +FC, +NP → +FC, +CP → A

① Ware의 의사소통 방식: 1번 드라이버일 때 처음 대화의 시작은 논리적으로 설득이 되어야(사고) 대화가 시작되고, 다음 감정에 호소하여 통찰되어야 마음이 움직이고 행동으로 실행할 수 있는 소통방식이 필요하다. 이해가 되지 않으면 여간해선 실행에 옮기지 않는다.

2번 드라이버일 때 세상과 접촉을 '행동'을 통해서 한다. 이 행동은 얼마나 '총명한가'를 말해 줌으로써 정서적인 방식으로 관계를 맺는다. 양육적인 의사소통을 통해 '감정'을 경험하도록 도와 시댁과의 갈등으로 집을 나와 사무실에서 생활하는 비참함과 감정을 인정하고 진실할 수 있도록 허용하면 남편을 통해 집을 마련하려는 사고를 중지하고, 자신의 힘으로 문제를 해결하려고 할 것이다.

② Kahler의 의사소통 방식: 정서적이고 따뜻하며 명료한 의사소통 방식을 통해 신뢰를 획득하는 것이 중요하다.

내담자 커플관계 해석

가정생활에서 개방문은 남편은 1번 드라이버 BC, 아내는 2번 드라이버 TI를 선호한다. 아내가 남편과 어머님 부양문제를 상의하고 싶을 때 즉흥적으로 제안하지 말고, 객관적인 정보와 현실적인 문제를 고려하여 사전에 남편과 상의한다면 둘 간의 충돌을 예방할 수 있을 것이다. 남편은 행동하기 좋아하는 아내가 뭔가를 제안했을 때 "우리의 대화는 여기서 끝."이라고 차갑게 말하는 것이 아니라 아내의 마음을 정서적으로 지지해 주면서 대화를 마무리해야 한다.

4) 드라이버에 따른 선호하는 적응방식

〈내담자 1〉

특성 / 드라이버	타인과 관계 맺는 방식	위협에 대한 반응	만족을 주는 시간의 구조화	실행적 · 생존적 적응
1-BC (1~2)	사고	지적인, 민감성으로	의식	먼저 조심스럽게 상황을 생각해 보고 그 후 변화를 위해 결단을 통해서 해결하려고 하는가?(생존)
2-BP (1~2)	사고	경직된 이성작용으로 대응	활동, 친밀	자신이 가장 올바르다고 생각하는 일을 가장 성실하게 하려고 하는가?(실행)

① 타인과 관계 맺는 방식: 1번 드라이버일 때 안전이 우선이기 때문에 접근이 신중하여, 적합한 주제가 있을 때 접근해야 관계 맺기가 쉽고 사실적인 내용으로 정보를 나눈다. 2번 드라이버일 때 타인과 관계 맺는 방식은 사고이다. 학문적인 분야에서 서로 정보를 주고받거나 어떤 상황에 대해 분석할 때 커플 간 대화가 잘되고 즐거운 분위기가 된다.

② 위협에 대한 반응: 1번 드라이버일 때 지적이나 거부를 당할 때 근거와 논리로 상대방에게 반박하려고 한다. 의상이나 헤어스타일 등 사적 영역에 대한 조언을 하는 경우 대화 중단을 요청한다. 2번 드라이버일 때 일을 동시에 완벽하게 마무리하기 위해서 자기만의 공간을 확보하여 가능한 대화를 차단하고, 식사도 간편식으로 한다.

③ 만족을 주는 시간의 구조화: 1번 드라이버일 때 친숙한 스터디 모임에 참여하여 정보를 주고받고 약간의 잡담을 한다. 2번 드라이버일 때 예정된 스케줄이 연기되거나 취소되면 아내가 좋아하는 맛집 탐방 등 질적인 시간을 공유하며 친밀감을 표현한다.

④ 실행적 · 생존적 적응: 1번 드라이버일 때 행동으로 옮기기 전에 신중하게 상황을 살피고 안전하다고 확신이 들 때 결단하고 움직인다. 자신을 보호하는 방식이다. (생존방식) 2번 드라이버일 때 동시에 여러 가지 일을 완수해야 하는 경우 컴퓨터 2대를 동시에 켜놓고 집중적으로 작업에만 몰입한다.

〈내담자 2〉

특성 드라이버	타인과 관계 맺는 방식	위협에 대한 반응	만족을 주는 시간의 구조화	실행적 · 생존적 적응
1-BP (1~2)	사고	경직된 이성작용으로 대응	활동, 친밀	자신이 가장 올바르다고 생각하는 일을 가장 성실하게 하려고 하는가?(실행)
2-TI (1~2)	먼저 상황을 평가	이득을 얻기 위해 타인을 조종	잡담	상황을 어림잡아 파악하려 하고 자신의 이득을 위해 어떤 조치를 바로 취하는 경향이 있는가?(생존)

① 타인과 관계 맺는 방식: 1번 드라이버일 때 타인과 관계 맺는 방식은 사고이다. 학문적인 분야에서 서로 정보를 주고받거나 어떤 상황에 대해 분석할 때 커플 간 대화가 잘되고 즐거운 분위기가 된다. 2번 드라이버일 때 적극적이고 활동적으로 남편에게 먼저 다가가는 방식을 취하고, 자신의 감정을 적극적으로 표현한다.

② 위협에 대한 반응: 1번 드라이버일 때 완벽하게 마무리할 수 없는 시간 부족의 한계를 느끼면 평소에는 양보했던 공간에 대해 "지금 중요한 업무를 매듭지어야 하기 때문에 그 공간을 양보해 주세요."라고 단호하게 요청한다. 2번 드라이버일 때 목적 달성을 위해 상황적 한계에 놓이면 주변의 인적 자원을 활용하여 성과를 내려고 한다.

③ 만족을 주는 시간의 구조화: 1번 드라이버일 때 일과 관련된 업무를 매듭짓고 나서 홀가분한 마음으로 함께 식사하거나 산책하면서 정서적 친밀감을 나누는 것을 선호한다. 2번 드라이버일 때 즐거운 주제의 잡담으로 타인이 열정적인 관심을 갖더라도 가야 할 시간이 되면 다음에는 더 재미있는 이야기를 해 주겠다고 기대감을 주고 곧바로 그 자리를 나온다.

④ 실행적 · 생존적 적응: 1번 드라이버일 때 동시에 여러 가지 일을 완수해야 하는

경우 다양한 상황을 고려하여 우선순위를 정한다. 그리고 나서 1순위에 해당되는 업무를 탁월하게 해 내기 위해 다른 업무는 뒤로 미루고 1순위에 해당되는 업무에만 집중한다. 2번 드라이버일 때 자신의 목적 달성을 위해 상황을 파악하고 보다 이득이 되는 행동을 취하곤 한다.

내담자 커플관계 해석

남편은 혼자만의 조용한 공간에서 자신의 업무에 몰입하는 것을 선호하고, 아내는 각자의 일을 하더라도 같은 공간에서 함께 하면서 자투리 시간을 활용하여 친밀감을 나누는 것을 선호한다. 아내가 남편과 같은 공간에서 일을 하려면 가능한 말을 걸지 말고 음악 감상 시 헤드폰을 사용하여 소음을 내지 말아야 한다. 남편은 정서적 교감을 선호하는 아내를 위해 대화 시도 시 잠깐이라도 아내 곁으로 오거나 아내를 쳐다보면서 아내의 감정을 살피고 자신의 감정이나 상황을 표현할 필요가 있다.

5) 불건강할 때 전형적인 심리게임, 금지령, 라켓

〈내담자 1〉

특성 드라이버	전형적		
	심리게임	금지령	라켓
1–BC (1~2)	• 몰아놓기(흠 잡아내기, 거부하기) • 당신 탓으로 이렇게 되었어(책임 전가)	• 친해지지 마라. • 즐기지 마라. • 소속되지 마라.	타인에 대한 분노, 불안, 질투 의심(두려움을 가린)
2–BP (1~2)	• 내가 얼마나 노력했는지 봐라(압박하기, 보상받기) • 몰아넣기(흠 잡아내기)	• 감정을 느끼지 마라. • 친해지지 마라. • 즐기지 마라.	불안, 우울, 죄책감(분노, 마음의 상처와 성적인 감정을 가린), 분노(슬픔을 가린)

① 심리게임: 1번 드라이버일 때 상대가 독자적으로 진행한 일이 잘못되어 자신에게 피해가 가면 상대방에게 책임을 전가한다. 일이 잘못되었을 때 박해자가 된다. 2번 드라이버일 때 아내가 "이렇게 계속해서 사업을 중지한 채 내 사무실에서 가족들이 생활할 수는 없어요. 합가할 수 없다면 작은 집이라도 구해서 살아야 하지

않을까요?"라고 대화를 시작하면 아내가 시댁과 갈등을 겪다가 집을 나온 점을 매우 심각하게 다루면서 아내의 요구를 거부한다. 그 순간 남편은 구원자에서 박해자가 된다.

② 금지령: 1번 드라이버일 때 자신의 영역을 지키려고 하며 적당한 거리를 두고 관계를 맺고, 구속받는 것을 싫어하여 소속되는 것을 조심스럽게 생각한다. 2번 드라이버일 때 마음 놓고 즐기지를 못한다.

③ 라켓: 1번 드라이버일 때 내면의 두려움을 가진 의심의 라켓 감정으로 인해 안전을 위해 정보를 수집하는 행동을 하며, 상대의 관심과 선행을 의심하고 차갑게 거절한다. 2번 드라이버를 사용할 때 마음의 상처나 슬픔을 관리하기 위해 교류를 최소화하고 가족을 돌보는 것과 자신의 일에 많은 에너지를 쏟는다.

〈내담자 2〉

특성 드라이버	심리게임	금지령	라켓
1-BP (1~2)	• 내가 얼마나 노력했는지 봐라(압박하기, 보상받기) • 당신을 도우려고 노력할 뿐이야(합리화, 약점 가리기)	• 감정을 느끼지 마라. • 친해지지 마라. • 중요한 존재가 되지 마라.	불안, 우울, 죄책감(분노, 마음의 상처와 성적인 감정을 가린), 분노(슬픔을 가린)
2-TI (3~4)	• 암묵적 이해(공생하기) • 법정 공방(합리화, 정당화하기)	• 슬픔(두려움)을 느끼지 마라. • 친해지지 마라.	혼란, 분노(두려움과 슬픔을 가린)

① 심리게임: 1번 드라이버일 때 주로 아내는 '내가 얼마나 노력했는지 봐라.' 심리게임을 사용한다. 가정의 평화를 위해 대부분의 상황에서 아내가 구원자 역할을 하며 다른 가족구성원들의 부족한 부분을 채우려고 한다. 그러나 이 사실을 인정하지 않고 자신이 희생한 부분만 언급하며 아내를 비난할 때 대화를 중단하고 냉철함을 유지하기 위해 혼자만의 시간을 갖는다. 2번 드라이버일 때 '암묵적 이해(공생하기)' 심리게임을 사용한다. 상호 문제의 핵심을 건드리는 것을 피함으로써 안정되고 상호 유익한 현재의 관계를 유지하면서 추구하는 목적을 달성한다(일적 파트너십 발휘). 그러다가 아내가 남편의 잘못(예: 남편 역할)을 지적하면서 지금이라도 바로잡아야 한다고 이야기를 하면 남편은 아내의 잘못을 비난한다.

② 금지령: 1번 드라이버일 때 중요한 존재가 되는 것을 조심스럽게 생각하고, 그런 상황이 되지 않도록 존재감 없이 묵묵히 자신의 일을 하거나 적극적으로 나서지 않는다. 2번 드라이버일 때 슬픈 감정(채울 수 없는 정서적 공허함)을 관리하기 위해 선호하는 가수 노래를 감상하며 슬픔을 위로받거나 드라마 분석을 통해 즐거운 감정을 회복하려고 한다.

③ 라켓: 1번 드라이버일 때 '중요한 존재가 되지 마라.'라는 금지령에 의한 분노를 감추기 위해 존재감 없이 지내다가 "당신은 막내니까 발언권이 없어요."라는 식의 말을 들으면 억압된 분노감정이 일어나서 상대방과 일시적으로 거리를 둔다. 그리고 운동이나 음악 감상으로 스트레스를 해소한 후 냉철함을 찾았을 때 다시 상대방과 교류한다. 내담자는 위계질서가 분명했던 가정환경에서 둘째로 성장했다고 한다. 2번 드라이버일 때 친밀하게 지내고 싶어도 친밀하게 지내면 상대방이 부담스러워하고 결국 자신을 떠날 수도 있다는 두려움 때문에 가까이 다가가지 못하고 혼란스러워한다. 그러다가 상대방에게 서운함을 느낄 때 이별을 고한다. 지금은 이런 패턴을 알기에 친밀성 정도를 적당히 조정하면서 이별을 선택하지 않고 상호 유익한 평생지기로 지내려고 한다.

내담자 커플관계 해석

신중하고 완고한 남편은 문제 상황에 대한 책임을 아내에게 전가하거나 아내의 흠을 이야기하면서 현실을 직면하지 않고 제3자처럼 자신의 일에만 몰입하는 경향이 있다. 아내는 문제를 해결하려고 다양한 방법을 동원하여 추진하면서 남편에게 문제해결에 적극적으로 동참해 주기를 재촉한다. 그러면 남편이 아내의 행동을 보고 "비현실적인 대안은 그만!"이라고 하면서 대화를 중단한다. 따라서 위기 상황 시, 부부가 게임에 빠질 수 있음을 인정하고, 서로 게임에서 벗어나서 상호 만족할 수 있는 대안을 찾아 문제를 해결해 나가야 한다. 부부가 평소 상호 보완하여 상생하여 좋은 결실을 맺는 점에 대해 감사해하며, 서로의 이야기에 좀 더 귀 기울여 줄 때 성숙된 부부로 재탄생할 것이다.

6) 드라이버에 따른 인생각본

〈내담자 1〉

특성 드라이버	과정각본	축소각본	허용
1-BC (1~2)	'까지'식 + '결코'식	스트레스 상황에서 현재 있는 그대로의 모습을 받아들이지 않고 '만약 ~이라면 OK'라는 사고방식으로 시작할 때, OK가 아닌 축소각본에 빠진다.	솔직하게 개방하고 믿음을 가져도 좋다.
2-BP (1~2)	'까지'식(완벽할 때까지 끝내지 못함)	• 몰이꾼: ~하는 한 OK, 무감정 • 제지꾼: 자기 탓, 죄의식, 근심 • 비난꾼: 네 탓, 비난, 의기양양한 • 낙담꾼: 무가치한, 무익한	있는 그대로 해도 좋다.

① 과정각본: '까지'식 각본을 사용하는 내담자는 자신이 소망하는 탁월한 결실을 도출하기 위해 미완성된 모습을 공개하는 것을 거부하고 혼자서 일을 하거나 아이 학습지도나 어머님을 돌보는 데 시간을 보낸다. 많은 정보와 자료를 가지고 있지만 안전한 환경이 조성될 때까지는 문제해결을 보류한다.

② 축소각본: '주의하는 한 OK이다.', '완벽하면 OK이다.' 그러나 항상 빈틈없는 상태를 유지하거나 완벽함을 유지할 수 없으므로 'NOT-OK'가 될 수 있다. 1번, 2번 드라이버 모두 축소각본에 빠질 경우 III영역에 머무른다.

③ 허용: 자신의 욕구를 솔직히 개방하고 믿음을 갖고, 있는 그대로 해도 괜찮다. '솔직히 개방하고 믿음을 가져도 좋다.', '있는 그대로 해도 좋다.'

〈내담자 2〉

특성 드라이버	과정각본	축소각본	허용
1-BP (3~4)	~까지 식(완벽할 때까지 끝내지 못함)	스트레스 상황에서 현재 있는 그대로의 모습을 받아들이지 않고 '만약 ~이라면 OK'라는 사고방식으로 시작할 때, OK가 아닌 축소각본에 빠진다.	있는 그대로 해도 좋다.
2-TI (3~4)	'결코'식(생각만 하고 실행하지 않음) '항상'식(자기 틀에서 벗어나지 못함) '거의'식 I (결정을 못 내리고 반복)	• 몰이꾼: ~ 하는 한 OK, 무감정 • 제지꾼: 자기 탓, 죄의식, 근심 • 비난꾼: 네 탓, 비난, 의기양양한 • 낙담꾼: 무가치한, 무익한	자신에게 진솔해도 좋다.

① 과정각본: '까지'식 각본을 사용하는 내담자는 다양한 정보와 자원을 동원하여 문제를 점증적으로 해결해 나가지만 중요한 결정은 남편이 결정을 내릴 때까지 보류한다.

② 축소각본: '완벽하게 마무리하면 OK이다.', '좋은 성과를 내면 OK이다.' 그러나 항상 완벽하게 해 낼 수 없고, 추구하는 목표마다 성과를 낼 수 없으므로 'NOT-OK'가 될 수 있다.

③ 허용: '있는 그대로 해도 좋다.', '먼저 자신에게 진솔해도 좋다.'

내담자 커플관계 해석

내담자 부부 둘 다 자신의 감정을 솔직하게 들여다보고 자신의 상황을 개방할 필요가 있다. 또 구체적이고 솔직하게 상대방에게 기대하는 바를 표현하고, 좀 더 여유를 갖고 삶을 즐길 수 있도록 한다.

7) 드라이버에 따른 전형적인 디스카운트와 상담의 쟁점

〈내담자 1〉

드라이버 \ 특성	전형적인 디스카운트	상담의 쟁점
1-BC (1~2)	• 능력이 있음에도 안전하다는 감각을 느끼지 못해 기꺼이 하겠다고 나서지 않는 것 • 자신의 수용 방법을 재고하는 것(핵심: 자신의 감정과 욕구를 수용하는 것)	• 상처를 주고받거나 광기의 도피구를 막는다. • 안전한 환경을 만들고 천천히 신뢰를 쌓아 간다. • ⓒ 자아가 자유로워질 수 있도록 돕는다. • 대인관계에서 두려움의 감정을 처리하는 방법을 배우도록 한다.
2-BP (1~2)	• 상황이나 인간관계에서 자신이 어떻게 느끼고 있는지 깨닫는 것 • 이대로도 좋다고 여기고 즐기는 것(핵심: 존재 그 자체만으로도 좋다고 인정하는 것)	• 쉬지 않고 일한다는 도피구를 막는다. • 자신도 실수할 수 있다는 사실을 인정한다. • 모든 것을 사고로 처리할 수 있는 것이 아니라, 자신이 어떻게 느끼고 있는지를 깨닫게 한다. • 자신의 존재가치에 대해 느끼도록 돕는다.

① 전형적인 디스카운트: 1번 드라이버를 사용할 경우 '능력이 있어도 안전하다는 감각을 느끼지 못해 기꺼이 나서지 않는 것'에서 벗어나도록 해야 한다. 막내아들일지라도 어머님을 20년간 모시고 살았기 때문에 수입에 맞게 생활하려면 시댁 행사를 조정해야 한다고 적극적으로 주장하여 문제를 해결할 수 있음에도 어떤 행동도 취하지 않고 있다. 2번 드라이버를 사용할 경우 '이대로도 좋다고 여기고 즐기는 것'에서 벗어나야 한다. 막내아들에 대한 어머니의 왜곡된 사랑과 집착으로 함께 살면서 다양한 문제가 발생했음에도 불구하고 문제를 축소해서 생각하고 그대로 살아왔다.

② 상담의 쟁점: 1번 드라이버의 경우 안전한 환경을 만들고 천천히 신뢰관계를 쌓아간다. 타인과의 관계를 통해 두려운 감정을 처리하는 방법을 배운다. 어린이 자아상태가 자유로워질 수 있도록 돕는다. 2번 드라이버일 때 모든 것을 사고로 처리할 수 있는 것이 아니라, 자신이 어떻게 느끼고 있는지를 깨닫게 하고 적극적으로 문제를 해결하도록 돕는다.

〈내담자 2〉

드라이버 \ 특성	전형적인 디스카운트	상담의 쟁점
1-BP (3~4)	• 상황이나 인간관계에서 자신이 어떻게 느끼고 있는지 깨닫는 것 • 이대로도 좋다고 여기고 즐기는 것(핵심: 존재 그 자체만으로도 좋다고 인정하는 것)	• 쉬지 않고 일한다는 도피구를 막는다. • 자신도 실수할 수 있다는 사실을 인정한다. • 모든 것을 사고로 처리할 수 있는 것이 아니라, 자신이 어떻게 느끼고 있는지를 깨닫게 한다. • 자신의 존재가치에 대해 느끼도록 돕는다.
2-TI (3~4)	• 척하거나 연기하지 않고 정직한 것 • 인간관계는 서로 돕고 사는 것(핵심: 남을 조종하고 조작하려는 태도에서 벗어나 진정한 자기가 되는 것)	• 신뢰감을 구축하고 큰 안목에서 내담자를 움직여야 한다. • 타인을 화합과 조화의 대상으로 여긴다. • 반사회적 행동을 멈추고 정직해지도록 한다. • 과거에 잃어버린 것에 대한 애도작업을 한다.

① 전형적인 디스카운트: 1번 드라이버일 때 '이대로도 좋다고 여기고 즐기는 것'에서 벗어나야 한다. 일과 가정, 자녀양육을 병행하느라 힘들고, 시어머님과 합가 시 가치관 충돌과 수입과 지출의 불일치로 고통 받을 수 있음에도 불구하고 다른 사람 입장만 고려해서 희생을 자처하려고 하고 있다. 2번 드라이버일 때 '척하거나 연기하는 것'에서 벗어나야 한다. 20년간 함께 살면서 수많은 상처와 부당한 대우를 받았음에도 불구하고 행복한 순간과 확대가족의 유익한 점만 떠올리며 '화목한 척, 괜찮은 척' 하며 과잉효심을 발휘하였다. 예를 들면, 비싼 선물 수시로 사 드리기, 발 마사지 해 드리기 등(디스카운트 중 '과잉적응' 예시).

② 상담의 쟁점: 1번 드라이버일 때 어설픈 효심과 남편에 대한 과잉된 사랑으로 자신의 존재가치를 디스카운트하고 있으므로 '자신의 존재가치'를 느끼도록 돕는다. 어설픈 효심으로 서로에게 지울 수 없는 상처를 남겼음을 깨닫게 하고, 또다시 어리석은 행동을 하지 않도록 돕는다. 2번 드라이버일 때 남편을 조화와 화합의 대상으로 여기고 남편과 합심하여 경제적 위기와 부양문제를 해결한다.

내담자 커플관계 해석

남편은 능력이 있음에도 안전하다는 감각을 느끼지 못해 적극적으로 문제를 해결하지 않고, 아내는 어설픈 효심과 남편에 대한 과잉된 사랑으로 자신의 존재 가치에 대해 디스카운트하고 있다. 이제라도 부부가 합심하여 어머님 울타리에서 벗어난 독립된 공간에서 천천히 신뢰관계를 쌓으면서 가법을 바로 세워야 한다. 그리고 부부가 수입을 투명하게 하여 공동으로 생활비를 충당하고, 경제적 위기를 벗어날 수 있도록 적극적으로 노력해야 한다. 또 부양문제는 남편이 좀 더 주도적으로 시댁 식구와 타협할 수 있도록 하고, 아내는 무조건적인 희생이 진정한 효는 아님을 자각하고 신중하게 행동하도록 한다.

8) 드라이버와 양육방식, 오염된 성격구조, 치료의 핵심

⟨내담자 1⟩

드라이버 ＼ 특성	양육방식	불건강할 때		문제점	치료의 핵심
		태도	자아상태		
1-BC (1~2)	일치하지 않는	의심	ⓟ에 의해 Ⓐ 오염, Ⓒ 배제	사람들을 잘 신뢰하지 못한다.	세상은 안전하다고 느끼는 것
2-BP (1~2)	성취를 강조하는	과잉 성취	ⓟ에 의해 Ⓐ 오염	과도하게 성실함과 의무감이 강하다.	자신에 대한 허용과 인정 자극 필요

① 양육방식: 1번 드라이버의 경우 아버지는 자신이 정한 기준에 대해 엄격하고 완고하며 혹독했으며, 어머니는 지나치게 관대하고 과잉보호를 하지만 비난을 잘하는 양육태도를 보였다. 2번 드라이버일 때 과도하게 억제하거나 지나치게 성실하고 의무감이 강하다. 어린 시절 부모님 모두 성실과 성취를 강조했다고 한다. 아버지의 기대에 부응하지 못하거나 어머니의 말을 듣지 않았을 때 혹독한 벌과 비난을 받았다.

② 불건강할 때: 타인과의 교류를 차단하며, 혼자 있기를 선호한다. 명확하고 분명하지 않은 상황에 대한 불안이 높아 많은 정보 수집을 필요로 한다. 어린아이처럼 자유스럽고 즐거운 활동을 하지 못하고, 직장과 집에만 있으려고 한다.

③ 문제점: 타인을 잘 신뢰하지 못하고, 과도한 성실함과 의무감으로 일과 자녀 학습지도, 부양을 책임지고 있다. 일례로 독립하겠다고 분가해서 살고 있음에도 매주 1회 어머님 집을 방문하여 소소한 것을 돌봐드리고 있으며, 어머님이 아프다고 하시면 업무 중에도 어머님을 병원에 모시고 간다.

④ 치료의 핵심: 이제는 혼자서 모든 것을 감당하려고 하지 말고, 형제들과 상의하여 어머님 부양을 공동 분담할 필요가 있다. '나 아니면 어머님을 누가 부양하고 모실 수 있을까?'라는 의심을 버려야 한다.

〈내담자 2〉

특성 / 드라이버	양육방식	불건강할 때		문제점	치료의 핵심
		태도	자아상태		
1-BP (3~4)	성취를 강조하는	과잉 성취	ⓟ에 의해 ⓐ 오염	과도하게 성실하다. 의무감이 강하다.	자신에 대한 허용과 인정 자극 필요
2-TI (3~4)	미리 해 주는	조작	ⓒ에 의해 ⓐ 오염, ⓟ 배제	타인과 타협하고 협력하는 데 미숙하다.	타인과 협력할 필요가 있음을 배우는 것, 진솔한 모습을 찾는 것

① 양육방식: 1번 드라이버인 경우 어린 시절 아버지는 학업성취와 스케이트 타기, 자전거 타기, 수영 등을 잘할 수 있도록 혹독한 훈련과 훈육방법을 사용하였다. 그리고 시험 기간에 자신의 시험공부는 필수적으로 하고, 잠을 줄여서라도 남동생들의 시험공부도 지도하도록 하셨다. 2번 드라이버인 경우 아버지께서 공부에 대한 학습계획안이나 습득해야 할 운동 등을 미리 짜놓으시고, 무조건 아버지 말씀대로 공부하도록 지시하셨다.

② 불건강할 때: 시댁과의 갈등이 최고조였을 때 고통을 '건설적인 방향으로 해소해야 한다'고 자기합리화를 하면서 의뢰된 일들을 거절하지 않고 모두 수락하여 주말까지 일을 하고, 그것도 부족해서 국가시험에 도전하여 시험 공부에 매진하였다. 그로 인한 대가를 지금 처절하게 치르고 있다.

③ 문제점: 과도한 성실함과 의무감으로 자신을 제대로 돌보지 못하고 타인 중심으로 살아왔으며, 타인과 타협하고 협력하는 것이 미숙하여 맞벌이를 하고 있음에도 가정경영에 실패하였다.

④ 치료의 핵심: 자신에 대한 허용과 인정자극이 필요하고, 타인과 협력하고 타협하는 방법을 배워야 한다. 또 자신이 진정 원하는 것이 무엇인지 자신의 감정에 솔직할 필요가 있다. 즉, 타인을 위한 삶이 아닌 자신의 삶을 살 수 있어야 한다.

내담자 커플관계 해석

부부 둘 다 자신의 존재가치를 자각하고, 과도한 성실함과 의무감에서 벗어나서 진정 자신이 원하는 삶이 무엇인지 알아야 한다. 남편은 아내를 믿고 자신의 고민이나 불안을 정직하게 개방하고, 부부가 합심하여 문제를 해결하여 과도한 의무감에서 벗어나야 한다. 의심이 많은 남편과 타협이 미숙한 아내에게는 솔직한 마음과 서로에게 기대하는 바를 나누는 시간이 필요하다.

5. 내담자 커플의 드라이버와 관계된 개선방안

1) 상담자가 본 내담자 커플의 문제

내담자 1: 자신의 감정을 잘 표현하지 않고, 문제 상황 시 적극적으로 해결하지 않고 소극적인 자세를 취한다. 아내에게 친밀감을 표현하는 방법이 미성숙하고, 과도한 성실함과 의무감으로 일 중독과 과잉된 부양으로 삶을 있는 그대로 즐기지 못하고 있다. 즉, 결혼하여 일가를 이루었으면 아내와 합심하여 내 가족 중심으로 삶을 가꾸어 나가야 하는데 모든 것을 어머님 중심으로 진행하고, 시댁 문화를 강요하는 시댁 식구들의 언행에 대해 방관자 입장을 취하였다. 어머님에 대한 과잉효심으로 아내와의 갈등이 최고조였을 때 "우리는 가정의 법도를 바로 세워야 해! 자기는 내 남편이야, 어머님 남편이야? 노선 분명히 해! 남편이 있지만 난 늘 외로워."라는 극단적인 비난을 받기도 했다.

내담자 2: 가정과 일 모두 성공하는 슈퍼우먼 증후군에 사로잡혀 자신에게 행복한 삶이 무엇인지 모르는 채 타인의 기대에 부응하는 삶을 살아왔다. 이로 인해 자신의 가치관에 부합되지 않는 상황이 시댁 식구와의 관계에서 재현되었을 때 미성숙하게 대처하여 그동안의 노고를 인정받지 못하고, 가족 모두를 궁지에 몰게 되었다. 남편과의 갈등이 최고조였을 때 "난 널 위해 최선을 다했는데 내가 남편으로서 도대체 무엇을 잘못한 거니?", "자기는 95점 남편이야. 5%가 부족해. 내가 자기에게 기대한 것은 두 가지일 뿐. 밤일 잘하고(사랑), 돈 잘 벌어오는 것(생활력)."이라는 속세적인 대화를 주고받았다.

2) 내담자 커플의 현재 상태에 대한 개선방안

① 상담목표
- 부부가 진정 원하는 것이 무엇인지, 서로에게 기대하는 것이 무엇인지 솔직하게 소통한다.

- 부부가 주 드라이버 패턴 등을 자각하여 서로를 이해한다.
- 부부의 수입을 공동 관리하여 경제적 위기를 점증적으로 극복한다.
- 건강한 부양방법이 무엇인지 안다.

② 상담계획
- 1단계: 계약하기
  - 라포 형성
  - 자기탐색, 자기이해 및 변화를 시도하기
- 2단계: 자각하기
  - 자기분석, 타인조망 확장하기
- 3단계: 문제해결
  - 익숙한 습관에서 벗어나 자발적인 변화 시도를 위한 계획 수립하기
- 4단계: 재결단
  - 원하는 삶을 스스로 결정하고 자발적인 변화 노력을 통한 변화 경험하기
- 5단계: 종결
  - 상담과정을 평가하고 실천 계약 맺기 및 추후 상담 구조화하기

③ 상담전략
- 자아상태와 드라이버 패턴 분석을 통한 자기 및 배우자 이해를 하도록 한다.
- 가계도 및 생태도 분석을 통해 문제의 원인을 파악한다.
- 가정의 법도를 바로 세우도록 한다(생활비 공동관리, 부부관계 재정립 등).
- 경제적 위기를 극복할 올바른 소비습관을 익히도록 한다.
- 효에 대한 가치관 재정립을 통해 건강한 부양방법을 찾도록 한다.
- 상담자의 객관적 피드백을 제공한다.

6. 상담과정과 상담결과

1) 상담과정

- **초기**: 상담계약 및 주 호소문제를 파악하고, 상담과정에 대한 오리엔테이션 실시하기
  가계도, 생태도, 사회적 지지망, 원가족 탐색을 통한 문제의 원인 파악 및 사정하기
  상담목표 설정 및 계약서 작성하기
- **중기**: CKEO, CKDP 분석을 통한 자기 이해 및 배우자 이해하기
  가정의 법도 바로 세우기(생활비 공동관리, 부부관계 재정립 등)
  경제적 위기를 극복할 올바른 소비습관 익히기
  효에 대한 가치관 재정립을 통한 건강한 부양방법 찾기
- **종결**: 목표 달성 평가하기
  변화 유지 재결단하기

2) 상담결과

20년간 시어머님을 잘 부양하고 시조카까지 잘 품고 살아오는 등 일과 가정에서 나름 잘 지내 왔다고 자부해 왔던 50대 아내가 시댁과의 갈등 속에 타협점을 찾지 못하고, 집을 나와 사무실에서 거주하면서 경제적 위기와 부양문제로 고민하다가 상담을 의뢰했다. 부부가 함께 CKDP 분석을 통해 자신의 인생태도와 각본을 이해하고 주로 쓰는 드라이버 패턴이 남편은 'BC(주의하라)'이고, 아내는 'BP(완벽하라)'임을 알게 되었으며, 모든 문제의 원인은 자신이었음을 인정하였다. 그리고 두 사람 모두 BP 드라이버가 높다 보니 일 중독의 경향과 과잉억제, 과잉된 성실함과 의무감으로 자신의 진정한 삶을 간과한 채 타인 중심의 삶을 살고 있었음을 자각하였다. 상담 진행을 통해 내담자 부부는 이제라도 원가족의 굴레에서 벗어나서 독립된 일가를 이루고, 가정의 법도를 바로 세워 경제적 위기와 부양문제를 적극적으로 해결하겠다고 재결단하였다.

7. 상담자 총평

본 상담은 성공을 향해 달려왔던 두 부부가 50대가 되면서 자아의 에너지를 외적 · 물질적 차원인 일에 대한 성공과 물질적 풍요로부터 내적 · 정신적 차원으로 전환하게 되면서 그동안의 원가족 굴레와 각본에서 벗어나 자율적인 부부로 재탄생하기 위해 공개상담을 자처하면서 시작되었다. 처음에 BC가 1~2등급인 남편은 상담 자체를 거부하고 경계했지만 냉혹한 위기를 극복하고 싶어 하는 아내의 결의에 찬 모습을 보고 서서히 마음의 문을 열었다고 한다. CKDP 분석과정을 통해 서서히 자신과 배우자를 이해하게 되고, 위기에 대한 절망감에서 한 줄기 희망의 빛을 보기 시작했다. 문제의 원인을 정확히 파악하게 되면서 부부가 겪고 있는 문제에 대한 해결방법을 찾게 되었다. 큰 집이 아닌 작은 집에 살지라도 부부가 합심하여 상반된 기질을 조화롭게 하여 상생한다면 이 위기를 극복할 수 있으리라 기대한다. 본 상담을 통해 CKDP 분석이 개인을 이해하고 문제를 극복하는 데 얼마나 큰 도구인지를 새삼 깨닫게 되었다.

CKDP 심리검사에 의한 커플상담 사례분석 **7**

불편한 배려와 완벽한 업무 진행의 충돌
저 사람이 도대체 왜 그러는지 이해하고 싶어요

상담자: 조찬희

1. 내담자 기본 정보

내담자 1: 연노랑/성별: 여/연령: 45세/학력: 대학 졸업/검사일: 2019. 03. 12.
내담자 2: 핫초코/성별: 여/연령: 39세/학력: 대학 졸업/검사일: 2019. 03. 12.

1) 의뢰 경위 및 주 호소문제

① 의뢰 경위
어린이집 교사인 내담자 커플 두 사람은 내담자 1이 동료를 도우려고 한 행동에 도움을 받는 동료 내담자 2가 불편해하고 화를 내며 서로 갈등이 생기고, 다툼이 잦아졌다. 해당 어린이집 원장의 권유로 상담을 하게 되었다.

② 주 호소문제: "저 사람이 도대체 왜 그러는지 이해하고 싶어요."
내담자 1: 자신은 동료교사를 도와주려 한 행동인데 핫초코 선생님이 화를 내어 업무도 동료관계도 어떻게 해야 할지 모르겠고 슬프고 일하고 싶은 의욕이 없어진다.

내담자 2: 전혀 도움이 되지 않고 업무에 불편을 주는 동료의 부적절한 말과 행동 때문에 화가 치민다. 고의가 없이 도우려고 한 동료에 대해 참다가 결국에는 화를 내는 자신의 모습이 부끄럽고 그것이 더욱 감정을 치솟게 만들어 힘이 든다.

2) 행동 관찰

내담자 1: 키 154cm에 60kg으로 통통한 편이며, 큰 눈을 끔뻑이면서 빤히 바라보고 느긋하게 움직인다. 평소 머리카락은 흐트러져 있고, 넉넉한 사이즈의 니트 옷을 자주 입고 말을 하지 않으면 차분해 보인다. 낯을 가리지 않고 누구에게나 말을 잘 걸고 수다와 잡담을 즐긴다.

내담자 2: 키 166cm에 63kg의 탄탄한 체형으로 눈빛이 초롱초롱 빛나고, 붉은 립스틱을 바른 입매가 야무지다. 커트 머리에 살짝 웨이브진 머리컬이 경쾌하고 단정한 분위기를 낸다. 캐주얼하고 센스 있는 차림새로 살집이 있지만 자신의 매력을 돋보이게 한다. 타인을 경계하고 조심스러워하며 말 건네기를 어려워한다. 밝고 쾌활하며 큰 소리로 잘 웃는다. 맡은 업무에 최선을 다하고 경계가 명확하다.

3) 내담자의 자원

① 내담자 1
- 타인에게 관대하고 너그러운 편이다.
- 귀를 솔깃하게 하는 입담을 가지고 있다.
- 느리고 서툴지만 하려고 하는 마음은 있다.

② 내담자 2
- 합리적인 사고를 가지고 무엇이든 명확하게 물어서 정확하게 업무 진행을 한다.
- 생각해 보고 이해가 되면 상대방을 인정하고 주어진 문제를 빠르게 해결하고 집중한다.
- 성격이 밝고 에너지가 넘친다.
- 자신의 생각을 명료하고 정확하게 전달할 수 있다.

4) 가계도

내담자 1: 퇴임하신 아버지가 최근에 돌아가시고 현재는 조금 거동이 불편하신 친정 어머니가 살아계신다. 아버지는 인자하셔서 자신을 예뻐하셨다. 어머니는 어린이집 교사셨는데 3명의 자녀 중에서 공부를 못하고 놀기를 좋아하는 딸을 못마땅하게 여겨 꾸지람과 잔소리가 심하셨다고 한다. 어머니와는 사이가 좋지 않지만 오빠는 먼 곳에 살고 있어 어머니와 가까이 살고 있는 자신이 주말에 들러 어머니를 돌보아 드리고 있다. 남편은 소개팅으로 만났고 남편의 끈기 있고 변함없는 모습을 보고 결혼하였다. 자녀가 하나 있고, 현재 미혼인 남동생과 함께 살며 친정에 많은 관심을 쏟는다.

내담자 2: 아버지가 잘 기억이 나지 않을 만큼 어린 시절 여의었고 어머니와 함께 살았다. 두 살 차이 나는 오빠가 자랄수록 더욱 어른스러워지면서 아빠 역할을 대신하였기 때문에 오빠를 믿고 의지하였다. 핫초코는 어머니가 생계를 유지하기 위한 활동으로 많아 바빠서 성장하는 동안 자신의 일을 스스로 해 내야 했다. 그리고 간단한 가사는 핫초코가 스스로 해 내며 성장하였다. 어머니는 특별한 잘못이 없는 한 나무라지 않으셨고 바르게 성장할 수 있도록 엄한 모습과 강인한 모습을 딸에게 보이셨다. 그리고 딸이 자신의 역할만 잘 해 내면 자유롭게 지내도록 특별히 규제하지 않았다. 이후 세 살 많은 남성과 사귀었고 아이가 생겨 결혼해서 지금의 가정을 이루었다.

〈내담자 1〉

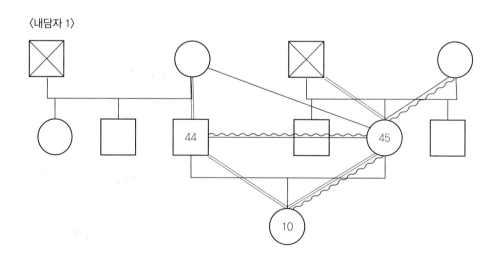

〈내담자 2〉

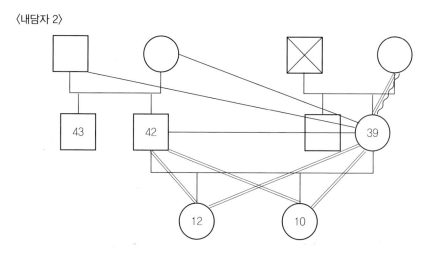

5) 생태도

내담자 1: 남편의 급여로는 생활에 부족함을 느껴 취업을 하게 되었다. 약간의 부동산을 소유하고 있어 큰 어려움과 걱정은 없지만 어린 딸, 남동생과 함께 살고 있기에 경제활동의 필요성을 느꼈다. 거동이 불편하신 어머니를 돌보아 드리고 있고, 자신도 건강이 좋지만은 않아 한 달에 한 번 가량은 병원진료를 받는다. 요리와 가사에는 취미가 없어서 외식을 자주 하고 청소 도우미를 불러 청소를 하기도 한다. 대인관계는 넉살과 재미있는 말솜씨로 상대가 누구이든 큰 어려움 없이 대화를 나눈다. 느긋한 편이고 남편과 부부싸움을 할 때도 있지만 이내 아무 일 없었다는 듯 일상생활을 한다.

내담자 2: 딸이 초등학교 고학년에서 중학생이 될 즈음, 이제 아이들이 많이 자라 스스로 제 일을 할 수 있게 되었다고 생각하여 취업을 하였다. 남편을 따라 종종 부부 동반 모임을 가고 직장을 다니기 전에는 주변 언니들과 모임을 가졌고, 현재는 일을 하느라 집에 가면 쉬기에도 시간이 부족하다고 한다. 주말에 친정보다는 시댁을 자주 방문한다. 가정과 직장, 시댁 중심으로 살고 있다.

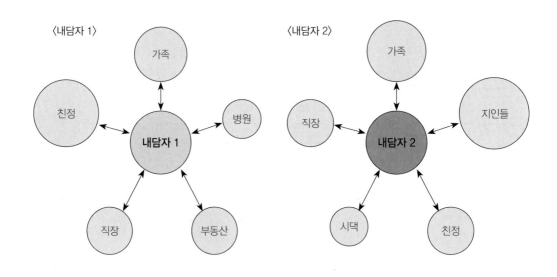

2. 내담자 검사 결과

〈내담자 1〉

드라이버 \ 구분	PO	TI	BS	BC	BP	TH	HU
점수	33	30	22	23	27	33	30
순위	1	3	7	6	5	2	4
등급	3~4	5	8~9	8~9	6~7	3~4	5

〈내담자 2〉

드라이버 \ 구분	PO	TI	BS	BC	BP	TH	HU
점수	31	33	38	38	38	30	37
순위	6	5	2	3	1	7	4
등급	5	3~4	1~2	1~2	1~2	5	1~2

<CKDP 심리검사 체크리스트>

내담자 1

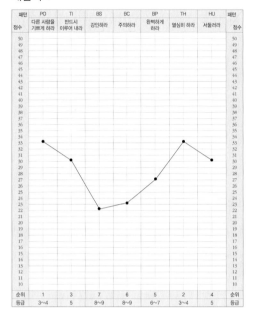

패턴 점수	PO 다른 사람을 기쁘게 하라	TI 반드시 이루어 내라	BS 강인하라	BC 주의하라	BP 완벽하게 하라	TH 열심히 하라	HU 서둘러라	패턴 점수
순위	1	3	7	6	5	2	4	순위
등급	3~4	5	8~9	8~9	6~7	3~4	5	등급

내담자 2

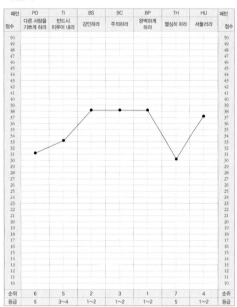

패턴 점수	PO 다른 사람을 기쁘게 하라	TI 반드시 이루어 내라	BS 강인하라	BC 주의하라	BP 완벽하게 하라	TH 열심히 하라	HU 서둘러라	패턴 점수
순위	6	5	2	3	1	7	4	순위
등급	5	3~4	1~2	1~2	1~2	5	1~2	등급

　　내담자 1 해석: 주 드라이버 PO(33점, 3~4등급), 2순위 TH(33점, 3~4등급)로 점수와 등급이 같다. 2개의 드라이버의 점수는 같으나 일상 속에서 친절하고 사교적인 모습을 자주 보이며 PO 드라이버를 교류 중에 조금 더 사용한다. 업무 중에는 탐색적인 모습과 수동-공격적 저항, 불평불만하는 모습의 TH 드라이버를 볼 수 있다. 3순위는 TI(30점, 5등급)로 수완력과 독자적 사고를 보이고 4순위 HU(30점, 5등급)로 행동적인 모습을 보인다. 5순위는 BP(27점, 6~7등급), 6순위는 BC(23점, 8~9등급), 7순위 BS(22점 8~9등급)이다. BS, BC, BP 세 가지가 전반적으로 낮은 점수와 등급이다. 개방적이고 타인을 잘 믿는 모습과 함께 부주의하고 부정확하고 즉흥적이고 무례한 모습을 보인다.

　　내담자 2 해석: 주 드라이버 BP(38점, 1~2등급), 2순위 BS(38점, 1~2등급), 3순위 BC(38점, 1~2등급), 4순위 HU(37점, 1~2등급), 5순위 TI(33점, 3~4등급), 6순위 PO(31점, 5등급), 7순위 TH(30점, 5등급)로 전체 드라이버가 5등급 이상이다. 자신의 업무를 똑부러지게 처리하고 매우 예의바른 모습에서 주 드라이버 BP를 엿볼 수 있다. BP, BS, BC가 같은 1~2등급과 점수로 우선순위를 다투기 어려우나 자신의 감정을 많이 억누르고 표현하지 않는 BS 드라이버가 2순위, 매우 신중하고 예민하고 세심한 면에서

BC 드라이버를 3순위로 정하였다. 표면적으로 드러내지 않으려고 노력하지만 참고 있음이 느껴지는 성급함과 흥분, 과잉반응 등이 1~2등급 HU 드라이버의 성격을 보인다. 열정과 수완력, 매력적인 모습에서 3~4등급의 TI 드라이버 성격을 보인다. 동료와의 대화 중 공감하는 모습에서는 PO 드라이버를, 수업 중에 의욕적이고 호기심 많고 활기찬 모습에서는 TH 드라이버 성격을 볼 수 있다.

내담자 해석

〈내담자 1〉

- 1번 주 드라이버 PO(다른 사람을 기쁘게 하라) 3~4등급: 자신의 업무를 마치지 못했지만, 동료의 업무를 먼저 생각하며 도우려 하고 신경 써 준다. 상대방에게 스스럼없이 다가가 머릿속에 떠오르는 궁금한 사항, 최근 화제 등을 두서없이 이야기하며 잘 웃는다. 자신의 이야기도 재미있게 희화화하여 연노랑과 함께하면 재미있고 즐겁다. 쉽고 단순한 작업도 스스로 이행해 보지 않고 자신은 처음이라 잘 못하니 무조건 해 달라고 한다.

- 2번 드라이버 TH(열심히 하라) 3~4등급: "그렇긴 그런데~" 하면서 결국은 타인의 말에 수긍하지 않고 계속 자신의 주장을 반복해서 말하며 끝까지 고집한다. 자기 뜻과 다를 때, 자신의 기분이 상했을 때 눈을 잘 마주치지 않고 표정이 굳어지며 상대방이 하는 말에 시큰둥해지며 수동-공격을 보인다. 상대를 잘 탐색하여 패션이나 헤어스타일, 기타 작은 변화들을 이내 알아차린다.

- 7번 드라이버 BS(강인하라) 8~9등급: 떠오르는 말들을 상대의 입장을 생각해 보지 않고 그냥 해 버린다. 상대방이 대답하기 곤란하거나 말하고 싶지 않은 사항, 불편해하는 말들을 여과 없이 물어보거나 쉽게 말을 건네서 불편하거나 어처구니없는 상황이 벌어진다.

〈내담자 2〉

- 1번 주 드라이버 BP(완벽하게 하라) 1~2등급: 업무가 주어지면 그 일을 마무리 할 때까지 집중하고 열심히 하며 책임감을 보인다. 믿음직스럽다. 주변을 항상 청결히 한다. 자신의 교실에 연노랑 선생님이 도와준다며 들어와 자신의 업무마저 혼란스럽게 하는 것이 불편하여 스트레스를 받아 연노랑의 도움을 불편해하며 무 자

르듯 거절했다. 상사에게 깍듯이 대하여서 거리를 둔다.

- 2번 드라이버 BS(강인하라) 1~2등급: 매우 높은 민감성을 가지고 있으며 낯가림과 부끄러움을 탄다. 아이들에게도 동료에게도 친절하다. 스트레스 상황이 발생했을 때 매우 침착하며 가장 합리적이고 효율적인 방향으로 반응한다. 자신의 깊은 속 이야기를 절대 먼저 말하지 않으며, 타인과 거리를 두며 냉정하고 경직된 모습을 보인다. 직접적 구체적 감정표현, 욕구 전달을 못하고 타인에게 도움을 요청하기 보다는 자신의 분노를 억누르며 혼자 이겨 내려고 한다.
- 7번 드라이버 TH(노력하라) 5등급: 활기차고 순수하다. 아이들과 장난치며 활동하기를 즐겨 하고 호기심이 있어서 새로운 정보를 궁금해하며 탐색적이다.

3. 드라이버에 따른 성격의 특성 및 기능

1) 드라이버에 따른 성격의 특성

〈내담자 1〉

드라이버 ＼ 특성	성격 기술
1(PO)	과도한 정서, 시선 끌기, 의존적, 타인조정, 공감, 사교적, 온정적, 재미있는
2(TH)	적대감, 저항, 고집, 수동-공격적, 불평불만, 탐색적, 의욕적, 활기찬, 끈질 긴, 호기심
7(BS)	인내심 부족, 불친절, 안절부절못함, 연연함

〈내담자 2〉

드라이버 ＼ 특성	성격 기술
1(BP)	완벽주의자, 순응성, 과도한 책임감, 신뢰성, 과잉억제, 과잉성실, 공손함, 일 중심 생활, 긴장, 휴식이 어려운, 문제해결 능동적, 혼자 있을 때 행복, 깔끔한, 즐기기 힘든 등
2(BS)	초연, 고립, 수동성, 고상, 냉정 등
7(TH)	탐색적, 의욕적, 활기찬, 끈질긴, 호기심 등

내담자 커플관계 해석

BP(완벽하게 하라)가 연노랑은 6~7등급, 핫초코는 1~2등급으로 큰 격차를 보이며 서로 업무를 함께 진행함에 있어서 갈등을 보인다. 그리고 BS(강인하라)가 연노랑은 8~9등급, 핫초코는 1~2등급으로 서로 매우 반대되는 수준을 보인다.

2) 드라이버에 따른 순기능과 역기능

〈내담자 1〉

특성 드라이버	순기능	역기능
1(PO)	타인과의 관계를 즐기고, 만나면 좋은 기분이 들도록 만드는 특성이 있다. 매우 높은 에너지를 가지고 있으며 상상력이 풍부하여 폭소를 터트리게 한다. 공동체 사기를 올리는 데 탁월하다. 타인과 잘 어울린다. 문제를 해결해야 할 때나 사회적 상호작용이 필요한 경우 능동적으로 참여한다.	정서적으로 매우 과도해지는 경향이 있어 쉽게 흥분하고 과도한 반응을 보이며 정서적으로 불안해 보인다. 자기중심적이다. 타인이 조금이라도 비판을 하면 매우 당황스러워한다. 의존적일 때는 적절한 자기통제를 못할 때가 있다. 타인에게 자기주장과 정당한 비판을 하지 못한다. 타인이 원하는 것이 아니라 자기가 해 주고 싶은 것을 해 준다.
2(TH)	유희적 어린이 자아상태 에너지를 많이 가지고 있으며 즐거운 것을 좋아한다. 누구와도 친구가 될 수 있는 사람이다. 자신의 흥미를 추구하는 데 집요한 성향을 보인다. 집단에서 타인과 관계 맺기를 좋아한다.	자신이 정한 방식대로 살기를 결심한 사람이며 타인의 어떤 지시도 따르기를 거부한다. 자신이 원하는 것을 직접적으로 표현하는 데에는 어려움을 가지고 있으며 정작 자신이 원하는 것을 얻지 못했을 때 매우 불만스러워한다. 수동적이며 의존적 경향이 있어 타인들로부터 관심을 받는 것을 좋아하지만 부정적인 방법으로 관심을 유도한다.

〈내담자 2〉

특성 드라이버	순기능	역기능
1(BP)	자신의 일에 책임감이 있고 성실하여 믿음직하다. 인사를 중요하게 생각하고 예의범절을 지키고, 타인에게도 지키도록 한다. 자기가 맡은 업무에 최선을 다하며 교실과 주변을 정리정돈한다. 차림새가 단정하고, 완벽하게 보이려는 경향이 있다. 업무를 체계적으로 계획하여 진행한다. 업무를 처리하고 완벽하게 하고자 한다. 문제해결과 상호작용의 형태는 먼저 접근하고 집단보다는 소수 사람과 관계 맺기를 선호한다.	자신의 업무를 마치기 전에는 쉬지 못하고 긴장하고 굳어진 모습을 보인다. 업무 중간 쉬는 시간에도 여전히 경직된 모습을 볼 수 있다. 강하게 자기를 제어하려고 한다. 동료교사가 자신의 업무에 도움을 준다고 한 행동이지만 방해가 되어서 스트레스를 받고 참다가 상대 교사를 비난하며 화를 낸다. 동료와 불편한 상황이 생기고 자신의 영역에 들어오지 못하도록 말하고 혼자 일한다.
2(BS)	보육할 때 아이들에게 매우 친절하고, 보호적이며, 지지적이다. 높은 민감성으로 아이들과 상호작용한다. 위기 돌발 상황에서 침착하게 효과적으로 행동한다. 아이들이 자연 속에서 마음껏 뛰어노는 것이 참 좋다고 생각한다. 감정과 욕구를 표현해야 하는 문제에 있어서는 타인이 먼저 움직일 때까지 기다린다.	자신의 욕구를 알아차리고 인정하고 표현할 때까지는 많은 시간이 필요하다. 감정과 욕구를 거의 이야기하지 않는다. 그래서 친해지기가 어렵다. 그러나 자리를 깔아 주듯 말을 해도 되겠다는 상황이 주어질 때에 욕구를 드러낸다(술자리). 그리고 자신의 감정을 잘 인정하지 않는다. 옆에서 볼 때는 매우 화가 난 듯 보이는데 아니라고 하면서 자신의 감정을 눌러버린다. 자기로 인하여 불편한 상황이 전개되지 않도록 노력한다.

내담자 커플관계 해석

연노랑은 자신만의 방식으로 타인을 기쁘게 하기 위해서 동료교사를 도우려고 많은 에너지를 사용한다. 핫초코는 완벽한 업무처리를 통하여 인정받고자 하는 욕구가 강하다. 연노랑의 타인을 도우려는 마음에서 비롯된 미흡한 업무처리와 핫초코의 완벽하려는 드라이버의 차이점에서 충돌이 발생한다. 그리고 자신의 욕구와 감정을 잘 표출하지 못하는 핫초코가 참았다가 드러내는 순간에는 휘몰아치듯 터져나와 갈등이 발생한다. 논리적인 핫초코와 감정적인 연노랑의 대화는 상대방 말의 속 뜻을 이해하는 데 긴 시간과 노력이 필요하다.

4. 1번과 2번 드라이버에 따른 성격특성과 해석

1) 드라이버에 따른 조기결단, 부정적 인생태도, 경계

〈내담자 1〉

특성 드라이버	조기결단	인생태도	경계	
			자기감	인간관계
1(PO)	나는 당신을 즐겁게 해 주고 행복하게 해 줄 것이다.	II	산만	산만
2(TH)	나는 살아남기 위해서 투쟁해야만 한다. 그것은 내가 획득한 것을 지켜야 하기 때문이다.	IV	산만	경직

〈내담자 2〉

특성 드라이버	조기결단	인생태도	경계	
			자기감	인간관계
1(BP)	나는 완벽해지기 위해서 최선을 다할 것이다.	II	산만	산만
2(BS)	나는 나 혼자 느끼고, 나 자신을 보호할 것이며, 너를 필요로 하지 않겠다.	IV	산만	경직

내담자 커플관계 해석

두 사람의 인생태도는 II 영역과 IV 영역으로 같고, 자기감은 산만, 인간관계는 산만과 경직으로 같다.

내담자 해석

① 조기결단

〈내담자 1〉

- PO 1번 주 드라이버일 때 어머니를 기쁘게 해 주기 위해서 오빠나 동생보다 어릴 적부터 부모님 말씀을 잘 들었으며 심부름을 도맡아 하였다고 한다.
- TH 2번 드라이버일 때 통제적인 어머니의 양육을 받으며 자라는 과정에서 저항심이 생겼고, 자발성을 터치받으면 침해받는다고 생각하며 가장 힘들어한다.

〈내담자 2〉

- BP 1번 주 드라이버일 때 "하려고 마음먹었으면 제대로 해 버려라."라는 친정어머니의 말을 기억하며 하기로 마음만 먹으면 보란 듯이 해 낸다.
- BS 2번 드라이버일 때 "오글거리는 감정표현을 못 견디겠어요." 감정을 표현하는 것을 어려워하며 어린 시절 어머니가 강인하고 억척스러웠으며 투박했다고 한다. 어려서 아버지를 여의고 어머니가 가계를 꾸려 나가시며 아이들의 어리광을 받아 주지 않으셨던 것이 자연스러운 표현이 어렵고 어색하고 감정이나 욕구를 편안하게 표현하는 것이 힘들어 참거나 견디어 내며 자라게 되었다고 한다.

② 인생태도

〈내담자 1〉

- PO 1번 주 드라이버일 때–자기부정, 타인긍정: 타인을 위해 한 행동인데 부적절한 상황이 발생하면 자신을 비하하고 자책하며 혼자 있으려고 한다.
- TH 2번 드라이버일 때–자기부정, 타인부정: 자신의 의견을 주장하다가 수용이 되지 않으면, 그런 말을 한 자신도 별로이고 수용하지 못하는 상대방도 좋은 사람은 아니라고 생각하며 관계를 끊으려고 한다.

〈내담자 2〉

- BP 1번 주 드라이버일 때–자기부정, 타인긍정: 연노랑 선생님이 나를 도와주려고 그런 건데, 도움이 되지 않는다고 화를 내버린 자신을 부끄럽고 미안하게 생각하며 자신의 이런 부족한 모습에도 변함없이 도움을 주려는 연노랑 선생님을 참 괜찮은 사람이라고 생각한다.
- BS 2번 드라이버일 때–자기부정, 타인부정: 다툼이 생겨 화가 났을 때 자신의 감정을 억누르며 이렇게 화가 난 자신과 자신을 화나게 만드는 상대방 모두 NOT-OK로 여기고 부정적인 태도를 보인다.

③ 자기감 경계(자기 자신에 대한 ⓟⓐⓒ 관계/자기 자신에 대한 감각)

〈내담자 1〉

1번과 2번 드라이버 모두 산만–ⓟⓐⓒ의 경w계가 모호한 상태: C 자아상태의 본능적이고 감정적인 목적으로 자신의 불편감을 호소한다. "선생님 이건 이렇게 하는 게 편

할 거 같아요.”(C 자아상태: 이건 이렇게 하는게 내가 일하기 쉽고 편해~) 그런데 대화 도중
에 말이 바뀌면서 ⑫ 자아의 NP 기능적인 목적(P 자아상태: 이렇게 일하는 것이 어린이집
운영에 도움이 될 거 같아서 도움을 드리려고 한 말이에요.)라고 하며 말이 바뀐다. 그래서
“어! 처음에는 그렇게 말씀하지 않으셨는데요.”라고 하면 자신 내부의 Ⓐ 자아는 혼란
스러워하면서 자신이 처음에 무슨 말을 했는지 모른 채 마지막에는 얼버무린다.

〈내담자 2〉

1번과 2번 드라이버 모두 산만-ⓅⒶ©의 경계가 모호한 상태: ‘이건 다 마쳐야 난 쉴
수 있어!’라고 가치판단을 하는 ⑫ 자아는 자신에게 규칙을 정해서 지키라고 한다. 그
러나 본능적인 © 자아는 “아~ 피곤해! 이제 그만하고 쉬고 싶다.”라고 말하면서 쉬고
싶어 하는 상태에서 서류작업을 하니 업무에 진척이 있는 것도 쉬는 것도 아닌 상태에
서 지지부진해진다.

④ 인간관계 경계

〈내담자 1〉

- PO 1번 드라이버일 때-산만 · 모호함(편견과 망상으로 애매한 태도): 타인을 돕고자
  했는데 적절하지 못해 불편한 상황이 펼쳐지면 자신이 불필요한 존재라 생각하며
  비관하고(편견-타인이 화가 났다면 나 때문이고 내가 잘못한 것이다./망상-화를 내는
  이유는 나를 싫어하기 때문이다.) 슬픔과 좌절에 빠진다. 어떻게 해야 할 줄 몰라 당
  황하며 “미안해요”라고 말하며 자신이 잘못했다고 생각한다. 안절부절못하며 어떻
  게 이렇게 된 건지 상황 판단이 되지 않고, 어떻게 해야 할지 알 수 없는 상태가 되
  어 눈물을 흘린다(우울패턴).
- TH 2번 드라이버일 때-경직 · 벽(심적 에너지가 순환되지 않아 정보를 받아들이기 어
  려움): 자신이 추구하는 바가 수용되지 않을 때 © 자아상태에 돌입하여 낮은 AC
  기능을 보이며 고집스러워지고 표정이 굳어져 말이 없어지고 상대방의 자극에 적
  개심을 드러낸다.

〈내담자 2〉

- BP 1번 드라이버일 때-산만 · 모호함(편견과 망상으로 애매한 태도): P 자아상태의
  가치판단으로 ‘연노랑 선생님은 일하기 더 힘들게 도대체 왜 저러는 거야?’(⑫ 자
  아의 편견상태: 내가 원하지 않은 상대방의 도움이 내 업무를 방해한다. 자기 일이나 잘할

일이지! 도움을 거부할 거야!) 업무에 혼란을 주는 동료교사의 도움을 받지 않았으면 한다. 그리고 C 자아상태의 본능적 자아는 '도우려고 한 행동인데 내 마음에 들지 않는다고 선의로 한 행동에 화를 내버렸어. 정말 부끄러워. 어떻게 하지? 아, 미안해~'(ⓒ 자아의 망상상태: 동료의 고의 없는 행동에 화를 내버린 나는 정말 미숙한 인간이야! 도움을 받아들였어야 했는데……)라고 생각한다. 자신에게 일어나는 감정들을 무시하거나 거부하며 자기망상에 빠져 이러지도 저러지도 못하는 Ⓟ 자아와 ⓒ 자아의 혼란에 휩싸이게 된다.

- BS 2번 드라이버일 때-경직·벽(심적 에너지가 순환되지 않아 정보를 받아들이기 어려움): 자신의 감정, 분노, 수치심, 부끄러움 등을 표현하기 어려워서 C 자아상태에 돌입하여 불안한 표정과 함께 표정이 굳어져 말이 없어지고 그때는 상대방의 어떤 말도 듣고 수용하는 것이 어렵다.

2) 드라이버에 따른 성격적응 유형과 반응

〈내담자 1〉

특성 드라이버	성격적응 유형	양면성		타인에 대한 반응	문제해결에 대한 반응
		긍정성	부정성		
1(PO)	열정적 과잉반응자 (연기성)	친밀성	과잉반응	참여(외향)	능동
2(TH)	유희형 반응자 (수동-공격성)	탐색적	저항	참여(외향)	수동

내담자 해석

① 성격적응 유형: 1번 PO 드라이버일 때 타인에 대한 관심이 많고 에너지가 넘친다. 그러나 문제 상황에서는 매우 감정적인 과잉자동반응으로 그 순간에 자신의 감정을 숨김없이 표현한다. 2번 TH 드라이버일 때는 재미있고 흥미로운 일들에 시간을 보낸다. 그러나 자신이 원하는 것을 표현하는 데 어려움을 가지고 정작 자신이 원하는 것을 얻지 못할 때 부정적으로 저항하고 문제해결 방법에 수동적이고 의존적인 모습을 보인다.

② 양면성: 1번 드라이버일 때 긍정성은 타인과 쉽게 친해지는 면을 보이고 부정성

은 감정표현이 즉흥적이고 지나치다는 것이다. 2번 드라이버일 때 긍정성은 탐색적이고 활력이 있지만 부정성은 자신이 원하지 않는 방식에는 매우 저항적이다.

③ 타인에 대한 반응: 참여(외향)

집단의 일원이 되는 것을 좋아하는 사람으로 외부의 자극에 대해 잘 참고, 높은 심적 에너지로 더욱 많이 표현하고, 추가적인 자극을 찾는다. 회식과 티타임을 매우 좋아하고 술과 고기, 다과를 잘 먹으며 타인을 웃게 만드는 유머러스한 말을 많이 한다. 식당 주인, 종업원, 택시 기사 등 모르는 누구와도 쉽게 이야기 나눈다.

④ 문제해결에 대한 반응

• PO 1번 드라이버일 때-능동: 문제해결과 사회적 관계를 맺기 위해 먼저 다가간다. 타인을 돕고 기쁘게 하기 위해 적극적으로 먼저 다가가 돕고, 말을 걸고, 가지고 있는 것을 나누어 준다.

• TH 2번 드라이버일 때-수동: 문제해결과 사회적 관계를 맺기 위해 먼저 다가오기를 기다린다. 자신의 방식을 고수하려고 할 때는 자신의 욕구와 불만을 드러내고 수동-공격성을 보이며 버틴다.

〈내담자 2〉

| 특성
드라이버 | 성격적응 유형 | 양면성 | | 타인에 대한
반응 | 문제해결에 대한
반응 |
		긍정성	부정성		
1(BP)	책임감 있는 일 중독자 (강박-신경증적)	정확성	과잉성취	회피(내향)	능동
2(BS)	창의적 몽상가 (조현성)	배려심	회피	회피(내향)	수동

내담자 해석

① 성격적응 유형: 1번 드라이버일 때 책임감 있는 일 중독자로 일을 계획적으로 처리하며 완벽하게 마무리하고 그렇게 하지 못했을 때 심한 스트레스를 받는다. 2번 드라이버일 때는 친절하고 보호적이며 높은 민감성으로 타인을 배려하나 배경에만 머물러 있고 자신의 욕구가 정말로 필요하다고 인정될 때까지 기다리는 경향을 보인다.

② 양면성: 1번 드라이버일 때 긍정성은 정확하게 자신의 일, 역할을 책임감을 가지

고 해 내는 것이며, 부정성은 지나치게 과잉된 성취를 이루려고 하여 스스로 힘들어하고 경직된다는 것이다. 2번 드라이버일 때 긍정성은 타인을 배려하며 타인에게 맞추어 주고 인내심이 뛰어난 모습을 보인다. 부정성은 문제 상황 발생 시 회피하는 것이다.

③ 타인에 대한 반응: 회피(내외향)

혼자 또는 소수와 함께 하는 것이 마음이 편하다. 친한 사람과 함께 있는 것이 좋고, 낯선 사람과는 친해지기까지 시간이 걸린다. 낯선 사람과 있을 때 긴장된다.

④ 문제해결에 대한 반응

- BP 1번 드라이버일 때―능동: 문제해결과 사회적 관계를 맺기 위해 먼저 다가간다. 완벽한 업무를 정확하게 이루어 내기 위해서 재차 물어보고 확인하고 상대방에게 적극적으로 다가가 의견을 듣고 업무에 반영한다.
- BS 2번 드라이버일 때―수동: 문제해결과 사회적 관계를 맺기 위해 먼저 다가오기를 기다린다. 자신의 욕구와 감정을 드러내지 않고 참고 견뎌낼 때는 묵묵히 또는 입을 꾹 다물고 상황을 버텨내는 것처럼 보인다. 마음의 상처나 분노를 가리고자 할 때 상대방이 먼저 말을 걸어 물어보기 전까지는 말이 없고, 설령 물어보았을 때도 자신의 감정과 느낌을 잘 표현하지 못하고 사고적인 말과 생각들만 늘어놓는다.

내담자 커플관계 해석

타인에 대한 반응에서 연노랑은 타인에 대해 참여, 핫초코는 회피로 타인에 대한 반응이 서로 다르다. 연노랑은 스스럼없이 타인에게 다가가고 자신을 개방한다. 가벼워 보이는 농담, 잡담, 너스레를 잘 떨며 낯가림이 없다. 그러나 핫초코는 타인을 경계하고 신뢰하기 전까지는 개방하지 않는다. 상대의 말을 경청하고 궁금한 것에 대해서 질문을 많이 한다.

문제해결에 있어서는 주 드라이버를 사용할 때 두 사람 모두 능동적이고 2번 드라이버를 사용할 때는 수동반응을 보인다. 그러나 2번 드라이버로 수동반응일 때는 연노랑은 회피하며 눈물을 터뜨리고 혼자 있으려 하고 수동―공격을 보이며 핫초코는 회피하며 입을 꾹 다물고 눈을 마주치지 않으며 경직되는 모습을 보여 문제해결이 어려워진다.

☞ **개선방안**

연노랑과 핫초코가 서로 많이 다르지만 문제를 해결하려고 하는 능동적인 마음은 같다는 것을 알아차린다. 그래서 서로 다른 연노랑의 수동–공격이나 핫초코의 경직된 경우가 상대를 싫어하거나 나쁘다고 생각하지 않음을 알고 시간을 갖고 이야기 나누며 그러한 행동과 말에 대해서 자신의 기분과 마음을 설명해 본다.

3) 드라이버에 따른 선호하는 의사소통 방식

〈내담자 1〉

특성 드라이버	Ware의 의사소통 방식			Kahler의 의사소통 방식	
	개방문	표적문	함정문	채널	자아상태 기능
1(PO)	감정	사고	행동	양육적인	+NP → +FC
2(TH)	행동	감정	사고	정서적인	+FC → +FC

〈내담자 2〉

특성 드라이버	Ware의 의사소통 방식			Kahler의 의사소통 방식	
	개방문	표적문	함정문	채널	자아상태 기능
1(BP)	사고	감정	행동	정보적인	A → A
2(BS)	행동	사고	감정	지시적인	+CP → A

내담자 커플관계 해석

양육적이고 정서적인 대화의 시작을 원하는 연노랑과 지시적이고 정보적인 의사소통으로 대화를 시작하기 원하는 핫초코. 서로 다른 의사소통 방식을 보이므로 대화에 어려움이 있다.

내담자 해석
① Ware의 의사소통 방식

❶ 개방문: 맨 처음 접하게 되는 문, 가장 많은 에너지가 집중되어 있는 곳

❷ 표적문: 치료를 통한 변화를 만들어 내기 위해서 통합이 필요한 곳

❸ 함정문: 의미 있는 변화를 볼 수 있는 곳, 가장 큰 방어기제가 있는 곳

〈내담자 1〉

- PO 1번 드라이버일 때: 타인이 원하는 것이 아니라 자기가 해 주고 싶은 것을 해 준다.
  - 처음 접촉할 때 가장 에너지가 집중되어 있는 감정에 양육적인 +NP 감정(개방문)으로 접근한다. "연노랑 선생님, 고맙고 미안해요."(+NP) → (+FC) 연노랑의 기분이 좋아진다.
  - 그다음 변화를 만들어 내기 위해서 통합이 필요한 사고(표적문)를 움직여서 감정과 통합하면, "연노랑 선생님 업무도 많으실 텐데 제 업무를 먼저 도와주어서 작업을 금세 마쳤어요. 선생님 업무가 있는데 제 일 먼저 해 주시면 제가 너무 미안해요. 다음에는 선생님 업무를 마감하신 후에 도움 부탁드릴게요. 어젠 정말 고마웠어요."
  - 마지막으로 의미 있는 변화를 볼 수 있는, 가장 큰 방어기제가 작용하던 행동(함정문)이 변화한다. 동료가 부담스러워하지 않도록 자신의 업무를 마감한 후 동료를 돕는 방향으로 행동이 바뀐다.

- TH 2번 드라이버일 때: 지금 있는 그대로를 만족하지 못하고 더 노력해야 한다고 생각하고 지금 있는 그대로는 가치가 없다고 생각하고 뭔가를 더 해야 한다고 생각한다. 그래서 이것저것 모색하고 더 하려고 한다. 그래서 충돌이 일어난다. 건강할 때는 모험적이고 탐색적인데 불건강할 때는 시빗거리를 찾는다.
  - 처음 접촉할 때 가장 에너지가 집중되어 있는 행동에 정서적인 +FC 행동(개방문)으로 접근한다. 유머감각을 갖고 라포 형성이 되도록 한다. "연노랑 선생님, 어제 노래방에서 춤추고 노래할 때 정말 즐거웠어요." (+FC) → (+FC) "즐거웠다고 하니 저도 기분이 좋네요."
  - 그다음 변화를 만들어 내기 위해서 통합이 필요한 감정(표적문)을 움직여서 행동과 통합하면, 라포가 형성되면, "연노랑 선생님, 지난 회의시간 선생님 반이 아닌 3세(생후 12~24개월) 반 어린 친구들을 데리고 매주 30분 거리를 차를 타고 이동해 체험활동을 하고 왔으면 좋겠다는 의견을 내셨는데 수용이 되지 않았었죠. 그때 그 의견을 낸 후 어떻게 느꼈어요? 연노랑 선생님이 말하고 난 후 기분이 어땠어요?"

─마지막으로 의미 있는 변화를 볼 수 있는, 가장 큰 방어기제가 작용하고 있던 사고(함정문)가 변화한다. "아, 제가 '3세 반 선생님과 영아들의 발달을 고려하지 못하고 의견을 냈었구나.' 하고 나중에 알게 되었어요. 그리고 3세 반 선생님께 미안해지더라고요." 하고 연노랑 선생님의 사고가 변화한다(머리를 긁적이며 미안해함.).

〈내담자 2〉

• BP 1번 드라이버일 때: 타인이 자신의 기준에 적절하게 도달하지 못할 때 비난을 한다면

─처음 접촉할 때 가장 에너지가 집중되어 있는 사고에 정보적인 A사고(개방문)로 접근한다(라포 형성). "핫초코 선생님, 이건 어떤 방법이 적절할까요?" (A) → (A) 핫초코 선생님이 질문을 반기며 아는 만큼 상세히 대답해 준다.

─그다음 변화를 만들어 내기 위해서 통합이 필요한 감정(표적문)를 움직여서 사고와 통합하면, "핫초코 선생님, 그 방법대로 괜찮은 거 같아요. 제가 많이 서툴죠. 선생님께 물어보길 잘한 것 같아요. 고마워요. 잘 모를 때는 제가 물어볼게요. 알려 주세요.

─마지막으로 의미 있는 변화를 볼 수 있는, 가장 큰 방어기제가 작용하던 행동(함정문)이 변화한다. 서툰 동료에게 불편해했던 행동이 도움을 수용하는 행동으로 바뀌고 동료교사를 이해하며 도움을 주고받는 좋은 관계가 된다.

• BS 2번 드라이버일 때: 동료에게 자신의 감정을 표현하지 않고 비언어적인 방법으로 의사소통한다면

─처음 접촉할 때 가장 에너지가 집중되어 있는 행동에 지시적인 +CP 행동(개방문)으로 접근한다(라포 형성). "핫초코 선생님, 이것을 내일 사용할 수 있도록 연노랑 선생님과 준비해 놓으세요." (+CP) → (A) "네. 그렇게 하겠습니다."

─그다음, 변화를 만들어 내기 위해서 통합이 필요한 사고(표적문)를 움직여서 행동과 통합하면, "핫초코 선생님, 업무 준비하시느라 고생하셨군요. 동료와 함께 준비를 하시면서 어떻게 느끼셨어요?

─마지막으로 의미 있는 변화를 볼 수 있는, 가장 큰 방어기제가 작용하고 있던 감

정(함정문)이 변화한다. 네에, 재미있게 이야기 나누며 준비했어요. 즐거웠어요. 이야기를 나누며 일을 했더니 시간은 혼자 하는 것보다 더 걸렸지만 사이가 돈독해졌답니다. 앞으로 함께 하는 게 익숙해질 것 같아요."

② Kahler의 의사소통 방식

〈내담자 1〉

- PO 1번 드라이버일 때: (+NP → +FC) 양육적인 의사소통으로 내담자와 라포를 형성한다.

  "오시느라고 고생하셨어요. 식사는 하셨어요? 바쁘신 것 같던데 어떻게 지내셨어요?", "아~ 그러셨어요. 힘드셨겠군요.", "이것 좀 드셔 보세요." 등 챙겨 주고 염려해 주는 양육적인 말을 통하여 라포를 형성한다.

- TH 2번 드라이버일 때: (+FC → +FC) 정서적인 의사소통으로 내담자와 라포를 형성한다.

  "아~, 오늘 너무 멋진 옷을 입으셨네요. 좋은데 가시나 봐요.", "어제 함께 해서 정말 즐거웠어요. 다음에도 꼭 같이 가요.", "하하 하하^^ 정말 재미있어요. 그래서 그다음에 어떻게 되었어요?" 등 즐겁고 유쾌하고 기분 좋아지는 정서적인 말을 통하여 라포를 형성한다.

〈내담자 2〉

- BP 1번 드라이버일 때: (A → A) 정보적인 의사소통으로 내담자와 라포를 형성한다.
  "이번 주 날씨는 어떠할 거라고 하던가요? 이번 주 활동주제는 무엇인가요? 선생님 생각은 어떠세요?" 등 사고적이고 정보/지식적인 말을 통하여 라포를 형성한다.

- BS 2번 드라이버일 때: (+CP → A) 지시적인 의사소통으로 내담자와 라포를 형성한다.

  "바깥활동 후 선생님도 아이도 손을 깨끗이 씻고 교실에 입실하도록 하세요.", "선생님이 맡은 부분은 어디인가요? 맡은 영역을 다음 주까지 작성하여 제출하세요."

4) 드라이버에 따른 선호하는 적응방식

〈내담자 1〉

특성 / 드라이버	타인과 관계 맺는 방식	위협에 대한 반응	만족을 주는 시간의 구조화	실행적 · 생존적 적응
1(PO)	감정	감정이 과도하게 상승	잡담 그리고 게임, 친밀	주변의 모든 사람을 행복하게 좋은 느낌을 가질 수 있도록 에너지를 쓰고 있는가?(실행)
2(TH)	반응	불평하며 싸움	잡담 그리고 게임	자신의 방식을 고수하고자 다른 사람의 기대에 대항하여 지속적으로 투쟁하는가?(실행)

〈내담자 2〉

특성 / 드라이버	타인과 관계 맺는 방식	위협에 대한 반응	만족을 주는 시간의 구조화	실행적 · 생존적 적응
1(BP)	사고	경직된 이성작용으로 대응	활동 그리고 게임, 친밀	자신이 가장 올바르다고 생각하는 일을 가장 성실하게 하려고 하는가?(실행)
2(BS)	무반응	외면	폐쇄 그리고 활동, 친밀	뒤로 한 발자국 물러서는 경향이 있으며, 잠잠해질 때까지 기다리는가?(생존)

내담자 커플관계 해석

타인과 관계 맺는 방식, 위협에 대한 반응 모두 다르다. 다만, 만족을 주는 시간의 구조화에서 친밀 또는 게임이 부분적으로 일치한다.

내담자 해석

① 타인과 관계 맺는 방식

〈내담자 1〉

• PO 1번 드라이버일 때–감정: 감정적인 반응으로 첫 대면에 임한다.
• TH 2번 드라이버일 때–반응: 집단의 의견이나 행동과는 다른 엇갈리는 반응을 한다.

〈내담자 2〉

• BP 1번 드라이버일 때–사고: 사고를 요하는 주제로 대화하기를 선호한다.

• BS 2번 드라이버일 때–무반응: 대화하기보다는 물러나 있는 모습을 보이며 지켜
보고 있다.

② 위협에 대한 반응

〈내담자 1〉

• PO 1번 드라이버일 때–감정이 과도하게 상승: 위협적인 상황에서 혼란스러워하
며 매우 슬퍼한다.

• TH 2번 드라이버일 때–불평하며 싸움: 위협적인 상황에서 계속해서 반복하여 자
신을 정당화하며 논쟁을 멈추지 않는다.

〈내담자 2〉

• BP 1번 드라이버일 때–경직된 이성작용으로 대응: 위협적인 상황, 자신의 업무
또는 주장한 것에 대해서 문제가 발생했을 때에 침착하고 굳은 표정으로 또박또박
자신의 생각과 논리를 편다.

• BS 2번 드라이버일 때–외면: 위협적인 상황, 다툼이나 감정적인 문제에 휩싸이면
말이 없어진다. 그리고 발생한 문제에 대해서 불편해하고 입에 담아 거론하기를
거부한다.

③ 만족을 주는 시간의 구조화

〈내담자 1〉

• PO 1번 드라이버일 때–잡담 그리고 게임, 친밀: 음식을 입에 쏘옥 넣어 주는 등
친밀한 행동과 타인을 염려해 주는 말을 아낌없이 한다.

• TH 2번 드라이버일 때–잡담 그리고 게임: 주도적으로 이야기하고, 잘 웃으며, 자
신만의 독특하고 기발하고 4차원적인 생각과 말투, 재미있고 엉뚱한 이야기로 사
람들을 배꼽 잡게 하는 등 분위기를 유쾌하게 만든다.

〈내담자 2〉

- BP 1번 드라이버일 때–활동 그리고 게임, 친밀: 자신이 정한 목적을 달성하기 위한 활동을 추구하며 동료에게 업무와 관련된 일을 구체적으로 상세히 설명하며 친밀감을 형성한다. 심리게임으로 자신이 생각하는 논리를 정당화하기 위해서 이면교류하기도 한다. 이러한 대화 후에는 알 수 없는 불쾌한 감정이 남는다.
- BS 2번 드라이버일 때–폐쇄 그리고 활동, 친밀: 쉬는 시간에 동료교사와 함께 한 공간에 있기보다는 각 반에서 개별적으로 조용히 쉬는 것을 좋아한다. 가만히 타인의 이야기를 다 들은 후 수용하는 표정의 끄덕임을 보이고 자신이 하고 싶은 말을 차분히 한다.

④ 실행적 · 생존적 적응

누구나 생존과 실행 두 가지 모두 사용하지만 그중 더 많이 사용하는 것은 실행이다.

〈내담자 1〉

- PO 1번 드라이버일 때

(실행) 주변의 모든 사람을 행복하게 좋은 느낌을 가질 수 있도록 에너지를 쓰고 있는가?

실행은 주위(가족)의 기대를 충족시키기 위해서 개발한 것이다.

타인을 즐겁고 재미있게 해 주기 위해서 재미있고 유쾌한 이야기와 장난스러운 말을 즐겨 한다.

- TH 2번 드라이버일 때

(실행) 자신의 방식을 고수하고자 다른 사람의 기대에 대항하여 지속적으로 투쟁하는가?

타인과의 관계에서 내 자발성을 지킬 수 있는가!

실행은 자신의 자발성을 지키고자 더욱 노력하며 계속 저항하는 것처럼 보인다.

"선생님 가운데부터 놓으면 양쪽의 대칭을 맞추기가 쉬워요."

"네, 저는 처음부터 차례로 놓아도 될 거 같아요."

"선생님 보라 반 선생님 전화 바꿔 주세요."

"네, 그런데 저기 지나가는 핑크 반 선생님 바꿔 드릴게요."

자신의 의견을 고집하고 타인과 다른 자신의 의견을 이야기할 때 그에 따른 합리적이고 구체적인 이유를 말하지 않으며 자신만의 사고에 빠져 일방적인 모습을 보이며 타인으로 하여금 투쟁하고 저항하는 것이 느껴지게 한다.

〈내담자 2〉

• BP 1번 드라이버일 때

(실행) 자신이 가장 올바르다고 생각하는 일을 가장 성실하게 하려고 하는가?

실행은 주위(가족)의 기대를 충족시키기 위해서 개발한 것이다.

타인에 자신의 업무능력을 인정받기 위해 최선을 다하고, 업무에 대한 칭찬을 받았을 때 크게 기뻐한다.

• BS 2번 드라이버일 때

(생존) 뒤로 한 발자국 물러서는 경향이 있으며 잠잠해질 때까지 기다리는가?

생존은 자기 자신의 생존을 위해 욕구나 감정을 잘 드러내지 않는다.

언쟁이나 다툼이 있을 때, 순간 정지하여 숨을 참고, 그 시간이 지나가기를 기다렸다가 시간이 경과한 후에 감정이 모두 사그라들면 그때 말을 하기 시작한다.

5) 드라이버에 따른 전형적인 심리게임, 금지령, 라켓

〈내담자 1〉

특성 드라이버	심리게임	금지령	라켓
1(PO)	• 라포(복수하기, 관심 끌기) • 당신이 아니었다면……(보상받기) • 바보(회피하기) • 당신을 도우려고 노력할 뿐이야(합리화, 약점 가리기)	• 성장하지 마라(나를 떠나지 마라). • 생각하지 마라. • 중요한 존재가 되지 마라. • 너 자신(성별)이 되지 마라.	(분노를 가린) 불안, 슬픔, 혼란, 두려움
2(TH)	• 예, 그러나……(거절하기) • 나에게 뭔가를 하라(불평하기, 조종하기) • 바보(회피하기) • 나를 차라(비난, 경멸 유발하기)	• 성장하지 마라(나를 떠나지 마라). • 감정을 느끼지 마라. • 성취하지 마라. • 친해지지 마라. • 신뢰하지 마라.	(마음의 상처를 가린) 좌절, (분노를 가린) 의분, 혼란

〈내담자 2〉

특성 드라이버	심리게임	금지령	라켓
1(BP)	• 내가 얼마나 노력했는지 봐라(압박하기) • 당신이 아니였다면(안심하기) • 몰아넣기(흠잡기)	• 감정을 느끼지 마라. • 친해지지 마라. • 중요한 존재가 되지 마라. • 아이처럼 굴지 마라.	(분노, 마음의 상처와 성적인 감정을 가린) 불안, 우울, 질투, (슬픔을 가린) 분노
2(BS)	• 당신이 아니였다면……(안심하기) • 나를 차라(비난, 경멸 유발하기) • 나에게 뭔가를 하라(불평하기)	• 성취하지 마라(성공하지 마라). • 소속되지 마라. • 제정신이 되지 마라. • 기쁨(성, 분노)을 느끼지 마라. • 아이처럼 굴지 마라. • 성장하지 마라(나를 떠나지 마라). • 생각하지 마라.	(분노, 마음의 상처, 즐거움, 성적인 느낌을 가린) 무감각, 단조로움, 공백상태, 불안

내담자 커플관계 해석

연노랑의 '생각하지 마라', 핫초코의 '감정을 느끼지 마라', '친해지지 마라'는 서로에게 허용이 필요한 금지령으로 반대되는 서로를 보며 느끼고 알아차리는 부분들이 생긴다.

내담자 해석

① 심리게임

〈내담자 1〉

• PO 1번 드라이버일 때−바보(회피하기), 당신을 도우려고 노력할 뿐이야(합리화, 약점 가리기): 자기 내면의 어떤 것을 타인에게 보이기 싫어 가리려고 게임을 한다. 도움을 주려고 한 행동이지만 상대방에게 도움이 되지 않고 업무를 더디게 하거나 혼란스럽게 만든다. 그래서 도움을 받은 사람이 불편해하면 "내가 함께 일하면 힘들게 하고 내 업무도 잘못해서 자책하고 있으며 비참하고 슬프다."라고 말한다. 또는 "도와주려고 그런 것뿐이에요. 나는 동료 선생님을 위해서 그런 거였어요." 라고 하며 남을 위해서 그랬다고 말하며 불편해진 상황을 종료시킨다.

- TH 2번 드라이버일 때—예 그러나…… (거절하기), 나에게 뭔가를 하라(불평하기, 조종하기): "연노랑 선생님, 이것 좀 해 보세요!", "네네, 그런데 제가 이건 해 보지 않아서 몰라요."(거절하기) "선생님 그 지희 어머님께 감사하다고 말씀해 주세요. 그리고 어머님 생각이 어떠신지 물어봐 주세요.", "네, 원장님 말씀도 맞는데 그런데 지희 어머님이 원장님이 그렇게 한다고 달라질까요? 그리고 제가 말하면 말씀 안 하실 거예요(원장님이 직접 물어보세요!)."라고 하면서 타인이 하도록 유도한다. 또는 "제가 시간이 없어요. 제가 얼마나 바쁜데요. 아이고 힘들어."라고 말하며 자신에게 업무가 주어질까 봐 불평과 푸념을 늘어놓는다(불평하기, 조종하기). 정작 여유시간에는 차를 마시며 수다와 잡담으로 한두 시간을 훌쩍 보내 버린다.

〈내담자 2〉

- BP 1번 드라이버일 때—내가 얼마나 노력하는지 봐라(압박하기): 자신이 생각하는 것을 지키기 위해서 게임을 사용한다. 자신이 처리한 업무에 대해 기타의 이견이 있거나 수정사항이 있을 때 "네, 그래요. 어제 몇 번을 봤는데도 그렇네요. 제가 늦은 시간까지 이 일을 처리하려고 진짜 고생했습니다." 하며 자신의 작업이 완벽하지 못한 것에 대하여 자신의 노력을 어필하며, 업무 지시 및 전달하는 상대가 압박을 느끼며 더 이상 말하기 어렵게 만든다.
- BS 2번 드라이버일 때—당신이 아니였다면(안심하기): 자신의 강인함을 지키기 위해 게임을 사용한다. "선생님이 아까 그렇게 말했잖아요!"라고 말하면서 상대방을 탓하면서 갈등이 유발된 상황을 상대에게 떠넘기며 자신의 탓이 아닌 것으로 마음의 안정을 찾으려 한다.

② 금지령

내면아이 치료 참고표(카페: 심리검사방: 기타 TA 심리검사방)

〈내담자 1〉

- PO 1번 드라이버일 때—성장하지 마라, 생각하지 마라: "이거 어떻게 할까요.", "(수납함에서 자신이 꺼낸 만들기 재료들) 이 재료들은 어디에 넣을까요?" 스스로 생각해 보지 않고 쉽고 간단하고 당연한 것들을 무조건 물어봐서 상대방을 어이없거나 지

치게 만든다. 자신이 결정하지 못하고 타인에게 의존하며 논리적 · 합리적 · 이성적 판단을 하기 어렵다.

- TH 2번 드라이버일 때–성취하지 마라: 어떤 일을 할 때 자신 없어 하고 자신은 무엇이든 못하는 사람이라고 생각한다. "난 못해요. 해 주세요."를 입에 달고 산다. 자신감이 없고 자신을 실패하는 사람으로 생각한다.

〈내담자 2〉

- BP 1번 드라이버일 때–감정을 느끼지 마라. 친해지지 마라: 애정표현과 자유스러운 표현이 어려운 가정에서 성장하여 타인에게 속을 보이지 않으려 하고, 약한 모습을 감추며 감정들을 참아내려는 모습을 보인다. 자신의 생활이나 본심을 드러내지 못하고, 자신의 감정을 억누르며 무감각하고 타인에 대하여 무관심하다. 주말을 보내고 와서 가족들과 보낸 시간들을 이야기하기를 꺼려 하며, 자신이 상대에게 건네는 말은 입술의 말, 1차원의 상투적인 가벼운 인사말에 불과하다.

- BS 2번 드라이버일 때–분노를 느끼지 마라. 아이처럼 굴지 마라: 분노를 보이지 않아야 하는 모습이라고 생각한다. 화가 나지 않은 척하며 자신의 감정을 억누른다. 어른스럽게 보이려고 행동하고 애교나 앙탈, 어리광, 엄살……과 같은 모습은 찾아보기 어렵다.

③ 라켓

〈내담자 1〉

- PO 1번 드라이버일 때–(분노를 가린) 불안, 슬픔, 혼란, 두려움: 불안해하며 타인을 돕고, 생각대로 되지 않으면 슬퍼하고 혼란스러워하며 타인에게 인정받지 못할까 두려워한다. 자신이 어떤 것을 하기에 미흡하다고 생각하며 서투른 자신에게 화가 나는 부분이 불안, 슬픔, 혼란, 두려움이라는 라켓 감정으로 표출된다.

- TH 2번 드라이버일 때–(마음의 상처를 가린) 좌절/(분노를 가린) 의문, 혼란: 자신의 의견이 수렴되지 않았을 때 (마음의 상처를 가린 채) 좌절한다. 자신의 의견이 반영되지 않은 것이 아니라, 자기 자신이 거절당한 것으로 마음의 상처를 받고 좌절한다. 의견이 수렴되지 않은 것에 자기 탓도 있지만 '상대방이 자신을 괜찮은 사람으로 여겨 주지 않음'으로 생각해 상대가 잘못했다고 상대를 탓하며 (분노를 가린 채)

의분과 혼란을 보인다.

〈내담자 2〉

- BP 1번 드라이버일 때−(분노, 마음의 상처와 성적인 감정을 가린) 불안, 우울, 질투/ (슬픔을 가린) 분노: 타인이 자신보다 괜찮은 사람으로 보일 때 질투를 보인다. 자신보다 다른 사람이 더 인정받는 것에 대한 우울함과 불안한 표정이 살짝 드러났다 감춰진다. 질투, 우울, 불안 안에는 자신이 괜찮지 않게 느껴지는 상대평가에 대한 상처받은 마음이 있다. 분노로 표출된 경우는 자신이 열심히 했지만 낮게 평가되었을 때 어두워진 마음, 슬픔을 슬픔으로 드러내지 못하고 분노로 표현한다.
- BS 2번 드라이버일 때−(분노, 마음의 상처, 즐거움, 성적인 느낌을 가린): 무감각, 단조로움, 공백상태, 불안: 자신이 성장하면서 화를 내는 것, 상처받은 마음을 표현하는 것, 즐거운 감정을 드러내고 즐기는 것, 성적인 느낌을 드러내는 것에 대한 부정적 피드백을 통하여 드러내지 않는 것이 익숙해져 있다. 드러내는 것이 무척 어색하고 부끄럽다. 성인이 된 지금은 자신의 감각을 느끼지 못하고, 감정이 단조로워지며, 다양한 감정들이 불안으로 드러난다. "왜 눈물이 나는지 모르겠어요."라고 말하며 이야기 도중 자신도 모르게 눈물을 흘린다. 특히 화가 났을 때와 슬플 때의 그 숨은 진짜 감정을 잘 모른다.

6) 드라이버에 따른 인생각본

〈내담자 1〉

특성 / 드라이버	과정각본	축소각본	허용
1(PO)	'그 후'식(뒷일에 대해 미리 근심 걱정함)	스트레스 상황에서 현재 있는 그대로의 모습을 받아들이지 않고 '만약 ~이라면 OK'라는 사고방식으로 시작할 때, OK가 아닌 축소각본에 빠진다.	먼저 자신을 기쁘게 해도 좋다.
2(TH)	'항상'식(노력은 하지만 자기 틀에서 못 벗어남)	• 몰이꾼: ~하는 한 OK, 무감정 • 제지꾼: 자기탓, 죄의식, 근심 • 비난꾼: 네 탓, 비난, 의기양양한 • 낙담꾼: 내 탓 남 탓, 무가치한, 무익한	그냥 해도 좋다.

〈내담자 2〉

드라이버 ＼ 특성	과정각본	축소각본	허용
1(BP)	'까지'식(완벽할 때까지 끝내지 못함)	스트레스 상황에서 현재 있는 그대로의 모습을 받아들이지 않고 '만약 ～이라면 OK'라는 사고방식으로 시작할 때, OK가 아닌 축소각본에 빠진다.	있는 그대로도 괜찮다.
2(BS)	'결코'식(생각만 하고 시도는 하지 않음)	• 몰이꾼: ～하는 한 OK, 무감정 • 제지꾼: 자기탓, 죄의식, 근심 • 비난꾼: 네 탓, 비난, 의기양양한 • 낙담꾼: 내 탓 남 탓, 무가치한, 무익한	자신의 욕구나 감정을 개방적으로 표현하라.

내담자 커플관계 해석

서로 다른 과정각본이지만, 제지꾼과 낙담꾼으로 쉽게 빠지는 같은 축소각본을 보인다. 자신의 각본에 허용을 한다면 서로 원만한 동료관계로 발전할 수 있다.

내담자 해석

① 각본과정

〈내담자 1〉

- PO 1번 드라이버일 때-'그 후'식(뒷일에 대해 미리 근심 걱정함): "원아 서류를 언제까지 달라고 말을 못하겠어요. 그랬다가 신입 원아가 어린이집 안 다닌다고 할까 봐요."라고 말하며 일어나지도 않을 일을 미리부터 염려해서 자신이 해야 할 진짜 업무가 무엇인지를 잊어버리고 망각한다.

- TH 2번 드라이버일 때-'항상'식(노력은 하지만 자기 틀에서 못 벗어남): "저는 한다고 했는데 또 이렇게 되었네요." 열심히 한다고 했지만 지난번에 지적당한 미흡한 업무처리와 같은 패턴의 언쟁이 계속해서 발생한다. 바르게 정리되지 않은 청소기, 닫혀져 있지 않은 서랍……. "선생님 바르게 정리해 주세요.", "네, 그렇지만 ～ 때문에 그랬어요. ～하느라 그랬어요."라는 변명을 반복하며 늘 제자리걸음이다.

〈내담자 2〉

- BP 1번 드라이버일 때-'까지'식(완벽할 때까지 끝내지 못함): "이렇게 하는 게 맞는

가요? 이건 어떻게 하나요?" 매우 상세하고 구체적으로 업무를 처리하고 완벽하게 해 내려 한다. "지난번에 말씀드린 서류는 다 준비되셨어요?" 하고 물으면 "새롭게 변경된 부분을 어떻게 해야 할지 어려워요. 그 부분을 하고 있는 중이에요."라고 말한다. 업무처리 시 시간이 다소 걸리지만 말끔하게 완성하여 제출한다.

- BS 2번 드라이버일 때-'결코'식(생각만 하고 시도를 하지 않음): "그러니까요 그래야 되는데 잘되지 않아요."라고 말하면서 학부모와의 상호작용에서 귀여움 섞인 말투나 상대방을 부드럽게 만드는 말을 건네기를 어려워한다. "호호~ 진수 어머님 그럼 이것 좀 부탁드려요."라며 상대방에게 욕구를 표현하는 것과 "어머~ 하얀이 어머님, 하얀이가 제게 달려와 안겨서 얼마나 기분 좋았는지 몰라요."라는 감정을 표현하는 것을 어려워한다.

② 축소각본

〈내담자 1〉

- PO 1번 드라이버일 때-제지꾼(자기 탓, 죄의식, 근심): 만약 타인에게 인정을 받으면, 타인을 기쁘게 하면 OK이다. 그러나 타인을 기쁘게 하지 못한다면 NOT-OK 이다. 상대가 기쁘지 않은 것을 내 탓으로 여긴다. 동료 선생님의 표정이 좋지 않으면 '내가 무엇을 또 잘못했나?' 생각하고 근심하며 자신의 탓을 하며 문제 원인을 찾으려고 하는 패턴을 가지고 있다.

- TH 2번 드라이버일 때-낙담꾼(내 탓 남 탓, 무가치한, 무익한): 의견 충돌이 있는 불편한 상황에서 '이렇게 된 것은 나도 부족한 사람이고 너도 괜찮지 못한 인간이기 때문이다.'라고 생각한다. "이렇게 일도 못하는 제가 계속 근무하면서 동료 선생님들을 힘들게 하고 어린이집에 도움이 되지 않는 이런 상황이 무슨 의미와 가치가 있어요? 일을 그만둘까를 놓고 몇 번이나 생각하고 있어요."라고 말한다.

〈내담자 2〉

- BP 1번 드라이버일 때: 제지꾼(자기 탓, 죄의식, 근심): 자신이 맡은 일을 완벽하게 해내었다면 OK이다. 그러나 완벽하지 않다, 미흡하다는 말을 듣는 순간, 순식간에 NOT-OK가 된다. '내가 미흡해서 잘못한 것이군. 내가 그 부분을 빠뜨렸군!' 하며 자책하고 몹시 힘들어하고 불쾌함을 보인다.

- BS 2번 드라이버일 때: 낙담꾼(내 탓 남 탓, 무가치한, 무익한): 감정과 욕구를 표현하지 않고 참아내는 그에게 "화난 표정을 짓고 있네요."라고 말하면 "그런 거 아니에요." 하고 바로 부정한다. 감정을 표현하는 것, 상대방이 감정을 드러내는 것을 힘들어한다. 특히 화를 내거나 경직된 자신의 모습과 타인의 감정을 공감하는 것이 힘들어 받아들이지 못하고 거부한다.

③ 허용

〈내담자 1〉

- PO 1번 드라이버일 때−먼저 자신을 기쁘게 해도 좋다: 타인 중심에서 자기중심적으로 생각해 본다. 그리고 자신의 원하는 욕구와 기쁨이 무엇인지 알아차리고, 자신을 위한 욕구와 기쁨을 스스로에게 허용한다. "내가 좋아하는 것은 무엇이지? 나는 지금 무엇을 하고 싶지?" 등 생각해 보고 "음…… 저녁엔 무엇이 먹고 싶지?(남편은 늘 고기가 좋다지만) 나는 오늘 해물탕이 먹고 싶어.", "음…… 친구에게 카페에 가기 전에 '바닷가를 조금 걷고 차를 마시면 기분이 더 좋을 거 같아.'라고 말해 보자!" 라고 자신의 욕구를 알아차리고, 타인중심적이었던 모습에서 자기중심적이 되어 자신의 욕구를 표현하고 자신의 욕구와 기쁨을 먼저 허용해 본다.

- TH 2번 드라이버일 때−그냥 해도 좋다, 자신의 방식을 고집하지 않고 그냥 해라!: 지금까지의 자기의 방식 '나는 무엇이든 잘 못해! 그러니까 다른 사람의 도움을 받아야 해! 그리고 다른 사람에게 물어보고 조금 이상하거나 맞지 않는 것 같아도 그냥 말해 준 대로 할 거야!' 무조건 해 달라고 하고 자신은 못한다는 말을 멈추고 그냥 해 보라! 누구에게나 처음 해 보는 것, 잘하지 못하는 것, 모르는 것이 있다. 무조건 도움 받으려는 의존적 방식을 버리고 스스로 자신이 해 보고 싶은 방법으로 자유롭게 그냥 해 보라! 스스로 해 보는 것 그것만으로도 충분한 의미가 있다.

〈내담자 2〉

- BP 1번 드라이버일 때−있는 그대로도 괜찮다: '잘하지 못하는 내 모습을 누군가 본다면, 보인다면 나는 괜찮지 않은 사람으로 평가될 거야!'라는 생각으로 늘 긴장된 모습을 유지한다. 완벽한 모습이 아닐지라도 우리 모두는 존재 자체만으로 아름답고 소중하다. 즐거운 마음으로 자신이 해 낸 만큼, 그만큼에 만족하고 인정해

주자. 자신을 위한 셀프스트로크인 칭찬이 필요하다.

- BS 2번 드라이버일 때–자신의 욕구나 감정을 개방적으로 표현하라: 내 감정을 표현하는 것, 드러내는 것은 약한 모습을 보여 주는 거야. 힘들어하는 모습, 슬픈 모습, 화가 나 있는 모습…… 이러한 모습들을 보이지 않으려고 애쓰지 말고, 자신의 감정을 조화롭게 표현해 보자. 동료에게 자신의 진솔한 감정을 드러낼 때 더욱 인간적인 매력을 느끼고 가까워질 수 있다.

7) 드라이버에 따른 전형적인 디스카운트와 상담의 쟁점

〈내담자 1〉

드라이버 \ 특성	전형적인 디스카운트	상담의 쟁점
1(PO)	• 자신의 분노나 힘에 직접 접촉하는 것 • 타인을 기쁘게 하기보다는 스스로를 기쁘게 하는 것(핵심: 자신의 감정이 무엇인지에 대해 깊이 생각하는 것)	• 상담자와 진솔하게 감정을 나누기로 계약한다. • 억압된 분노와 접촉하도록 하고 타인과의 경계를 분명히 하도록 한다. • 스스로 생각하는 힘이나 능력에 대해 스트로크를 해 준다. • 감정과 현실을 구분하게 한다.
2(TH)	• 흑백논리의 갈등으로부터 자유로워지는 것 • 자신의 감정을 직접적으로 조화롭게 표현하는 것(핵심: 목적이 없는 갈등으로부터 자유롭게 되는 것)	• 목적 없는 갈등으로부터 자유스러워진다. • 양자택일 사고방식에서 탈피한다. • 삶을 투쟁으로 생각하지 않도록 깨닫는다. • 감정을 직접적으로 표현할 수 있는 방법을 배운다.

〈내담자 2〉

드라이버 \ 특성	전형적인 디스카운트	상담의 쟁점
1(BP)	• 상황이나 인간관계에서 자신이 어떻게 느끼고 있는지 깨닫는 것 • 이대로 좋다고 여기고 즐기는 것(핵심: 존재 그 자체만으로도 좋다고 인정하는 것)	• 쉬지 않고 일한다는 도피구를 막는다. • 자신도 실수할 수 있다는 사실을 인정한다. • 모든 것을 사고로 처리할 수 있는 것이 아니라, 자신이 어떻게 느끼고 있는지를 깨닫게 한다. • 자신의 존재가치에 대해 느끼도록 돕는다.

2(BS)	• 자신의 욕구나 감정을 인정하고 충족하기 위해 적절한 행동을 하는 것 • 자신의 힘이나 책임을 포기하는 것(핵심: 자신의 감정과 욕구를 수용하는 것)	• 어른자아로 회피나 광기의 도피구를 막는다. • 수동행동(아무것도 하지 않는 것, 과잉반응, 불안, 무능과 폭력)과 직면하게 한다. • 자신의 욕구나 감정을 소중히 하는 것을 돕는다. • 문제점을 확실히 인식하도록 돕는다.

내담자 커플관계 해석

연노랑은 핫초코에게 자신의 감정과 욕구를 적절하게 표현하는 법을 익히고, 자신의 생각하는 힘과 능력을 에누리하지 않고 이끌어 내어 업무를 진행한다. 핫초코는 자신의 욕구와 감정이 무엇인지 알고 소중히 하며, 욕구와 감정을 포기하지 않고 연노랑에게 표현하며 서로 친밀한 동료관계를 유지할 수 있다.

내담자 해석
① 전형적인 디스카운트
〈내담자 1〉

• PO 1번 드라이버일 때-내담자가 자신의 분노나 힘에 직접 접촉하게 하는 것, 타인을 기쁘게 하기보다는 스스로를 기쁘게 하는 것(핵심: 자신의 감정이 무엇인지에 대해 깊이 생각하는 것): '불안(슬픔, 혼란, 두려움)한 이 감정은 무엇 때문일까? 진짜 내 감정은 무엇일까?' 느끼며 알아차려 본다.

• TH 2번 드라이버일 때-흑백논리의 갈등으로부터 자유로워지는 것, 자신의 감정을 직접적으로 조화롭게 표현하는 것(핵심: 목적이 없는 갈등으로부터 자유롭게 되는 것): '나는 처음이기 때문에 못해! 못한다 하고 다른 사람에게 해 달라고 하자! 일은 능숙하게 잘하는 사람이 해야 해!'와 같은 양자택일, 흑백논리 사고방식을 고집하며 계속해서 업무 추진에 불편함을 초래한다.

〈내담자 2〉

• BP 1번 드라이버일 때-상황이나 인간관계에서 자신이 어떻게 느끼고 있는지 깨닫는 것, 이대로 좋다고 여기고 즐기는 것(핵심: 존재 그 자체만으로도 좋다고 인정하는 것): 연노랑과의 관계에서 나는 무엇을 느끼고 있지? 동료와의 이러한 갈등을

갈등 자체만으로 문제로 여기지 않는다. 주어진 문제를 부정적으로 보지 않고 성숙한 관계를 위한 기회로 생각한다.

- BS 2번 드라이버일 때−자신의 욕구나 감정을 인정하고 충족하기 위해 적절한 행동을 하는 것, 자신의 힘이나 책임을 포기하는 것(핵심: 자신의 감정과 욕구를 수용하는 것): '내가 연노랑에게 느끼는 나의 감정, 나의 욕구는 무엇이지?'라고 자신에게 물어본다.

② 상담의 쟁점

거의 반대되는 CKDP 심리 그래프를 보이는 이 두 사람, 각자 심리검사 분석에 대한 설명을 함께 들어본 후 자신과 상대방의 말과 행동이 달랐던 점을 이해할 수 있도록 한다. 서로 다름에서 오는 상대방에 대한 주관적인 해석에서 벗어나, 상대방의 반응이 왜 그러했는지 너그럽게 받아들이고 자신의 표현(자극)을 좀 더 조화롭게 해 본다.

〈내담자 1〉

- PO 1번 드라이버일 때−상담자는 내담자의 진짜 감정이 무엇인지 알 수 있도록 이야기 나누어 본다. 내담자의 억압되었던 감정인 분노와 접촉하도록 한다. 상담자는 내담자의 힘이나 능력에 대해 생각하도록 하고 스트로크해 준다. 내담자가 감정과 현실을 구분하게 한다. '불안일까? 타인에게 인정받지 못한 데서 오는, 타인을 만족시키지 못한 나 자신과 나에게 만족하지 못하는 타인을 향한 분노는 아닐까? 나는 정말 인정받지 못한 그런 사람인가? 아니다. 내게도 에너지와 재능이 있다! 그렇다면 내가 갖고 있는 힘과 능력은 무엇일까? 나에게는 이러한 장점과 재능이 있구나! 난 괜찮은 사람이구나!' 하고 자신을 인정한다. 그리고 부정적으로 보았던 자신과 타인에 대한 감정과 현실을 구분한다. 그리고 내가 나 자신을 위해 나의 욕구를 알아보자! '나를 기쁘게 하는 것은 무엇일까?' 자신을 위한 생각을 해 본다.
- TH 2번 드라이버일 때−상담자는 내담자가 목적 없는 갈등으로부터 자유로워지도록 알아차릴 수 있는 이야기를 나누어 본다. 내담자는 양자택일 사고방식에서 탈피하도록 하며, 삶을 투쟁으로 생각하지 않도록 깨닫는다. 감정을 직접적으로 표현할 수 있는 방법을 배운다. 누구나 처음으로 하게 되는 일들이 있고 이러한 것들은 스스로 서툴지만 실행해 보고 마스터하는 과도기를 갖고 자신도 능숙한 숙련자

가 되어 타인을 도울 수 있는 사람이 될 수 있다. "선생님 제가 서툴지만 스스로 한 번 해 볼게요. 제가 서툰 모습을 보이면 선생님이 실망할까 봐(화내거나, 짜증낼까 봐, 불편해할까 봐) 조심스럽네요. 해 보고 모르는 건 물어볼게요. 그때 저 좀 도와주세요." 하고 자신의 진짜 감정을 표현해 보고 자기만의 방식에서 벗어날 수 있다.

〈내담자 2〉

- BP 1번 드라이버일 때−실수할 수 있다는 사실을 인정한다. 도움이 되지 않는 행동을 하는 동료의 실수에 대해 '그래 누구나 실수할 수 있어. 그럴 수 있어.'라고 할 수 있는데 그동안 실수할 수 있다는 것을 수용하지 못했구나. 그리고 실수에 대한 감정이 화로 표출되었었구나. 내가 동료와 함께 있는 것! 그 자체만으로 좋은 것이고 서로 다른 우리가 함께 지낼 땐 다툼이나 의견 대립이 있을 수 있어. 이러한 소소한 일상의 일면을 감사할 수 있음을 깨닫는다.

- BS 2번 드라이버일 때−자신의 수동행동을 인지하고, 욕구와 감정을 정확히 알고 문제점을 확실히 인식한다. 아무 말도 하지 않으면 동료와의 문제가 해결되지 않는다. 문제는 계속되고 갈등은 깊어질 것이다. "연노랑 선생님, 저는 선생님과 함께 근무하면서 즐거운 어린이집 생활을 하고 싶어요! 제가 아까는 기분 나빠 해서 미안해요. 지금은 괜찮아졌어요. 잘 해 내고 싶은 마음에 제가 그랬어요. 다음에는 무엇을 할 건지 물어보거나 알려 주고, 충분히 서로 이야기 나눈 후에 진행해 주세요!" 하고 이야기할 수 있는 힘, 자신의 감정을 이야기할 수 있는 에너지가 핫초코 자신에게 있다. 자신의 감정과 욕구를 포기하지 않고 이야기할 수 있는 힘은 자신의 감정과 욕구를 수용할 때에만 가능하다.

8) 드라이버와 양육방식, 오염된 성격구조, 치료의 핵심

〈내담자 1〉

드라이버 ＼ 특성	오염된 성격구조	양육방식	치료의 핵심
1 PO	ⓒ에 의해 Ⓐ가 오염된	타인을 기쁘게 하는 것을 강조하는	스스로 홀로설 수 있다는 것, 도망가는 것을 중지하는 것

| 2 TH | 이중오염 상태에서 ⓟ와 ©가 서로 비판 | 과잉통제하는 | 삶을 투쟁하듯 살 필요가 없다. |

〈내담자 2〉

드라이버 〉 특성	오염된 성격구조	양육방식	치료의 핵심
1 BP	ⓟ에 의해 ④ 오염	성취를 강조하는	자신에 대한 허용과 인정자극 필요
2 BS	이중오염 상태에서 ⓟ가 ©를 비판, ©는 회피	모호한, 주저하는	원하는 것을 요구하는 것, 홀로 서는 것

내담자 커플관계 해석

각자 매우 다른 부모 밑에서 성장한 연노랑과 핫초코, 연노랑은 본능적 자아에 현실판단적 자아가 쉽게 오염되고, 핫초코는 가치판단적 자아에 현실판단적 자아가 오염되기 쉬워 서로 다른 오염 상태에서 갈등이 오기 쉽다. 이러한 다름에서 서로에 자극과 반응에 대한 공감도가 낮다.

내담자 해석

① 오염된 성격구조

〈내담자 1〉

- PO 1번 드라이버일 때-©에 의해 ④가 오염된: 상대가 화난 표정일 때 '나 때문인가? 내가 뭘 잘못했나?'라고 ©에 의해 ④가 오염된 생각, 망상에 빠진다. 상대방의 표정이 어두운 이유를 합리적으로 사고하여 '집에서 무슨 일이 있었나? 개인적인 고민이 있나? 어디가 아픈가?' 등 보다 객관적으로 생각해 본다.

- TH 2번 드라이버일 때-이중오염 상태에서 ⓟ와 ©가 서로 비판: '서로 도우면 좋지만 미흡한 내가 도와주어 봤자 지난번처럼 동료 선생님의 화를 돋을 뿐이야! 그렇다면 그냥 돕지 말고 내 일이나 하자.' ©로 ⓟ를 비판한다. '내가 미흡해서 일을 잘 못한다고 그냥 있을 것이 아니라 그래도 업무를 할 때 동료 선생님을 서로 도와야 해.' ⓟ로 ©를 비판한다. ⓟ와 ©가 서로 비판하여 갈등하는 이도 저도 못하는 이중오염 상태에 빠져 있다. 갈등에서 빠져나와 '내가 미흡하지만 어떻게 하는 게

동료교사에게 도움이 되는지 물어보고, 할 수 있는 만큼만 해 보자!' 라고 합리적인 사고와 판단을 할 수 있다.

〈내담자 2〉

- BP 1번 드라이버일 때−ⓟ에 의해 Ⓐ 오염: 사회적인 가치 판단으로 과도한 일반화의 오류를 자주 범한다. "선생님에게 아이를 맡기면서 인사를 하지 않다니, 저 사람은 매우 경우에 없는 사람이야! 어휴, 안 봐도 알만 하다. 알만 해!"라고 하면서 사회적 관습을 지키지 않은 사람을 과잉일반화로 상대의 전체를 평가절하한다.
- BS 2번 드라이버일 때−이중오염 상태에서 ⓟ가 ⓒ를 비판, ⓒ는 회피: 가치판단으로 본능적인 욕구를 눌러 버린다. 선생님들과 같이 아이들을 데리고 봄나들이를 나와서 '덥지만 내가 먼저 어린이집으로 돌아가자고 하면 안 돼!'라고 생각하며 절대 먼저 돌아가자고 말하지 않는다. 자신의 본능적인 욕구 '아, 덥다. 어서 돌아갔으면.'이라는 욕구는 ⓟ 자아 가치판단의 말을 지키기 위해 ⓒ 자아 본능은 회피해 버린다. "선생님, 오늘 너무 더운데, 오늘은 조금 일찍 돌아가면 어때요?" 하고 자신의 의견을 이야기해 본다.

② 양육방식

〈내담자 1〉

- PO 1번 드라이버일 때−타인을 기쁘게 하는 것을 강조하는: 어린 시절 위로는 오빠, 아래로는 남동생 틈에서 자랐다. 오빠와 동생은 공부를 잘했는데 자신은 공부를 못했다고 한다. 비판적이고 지시적인 초등교사인 어머니의 통제를 받으며, 어머니에게 예쁨을 받으려고 눈치를 보며 어머니 말을 잘 듣는 아이로 자랐다. 어머니의 심부름을 도맡아 하는 딸이었지만 어머니는 공부를 못하는 딸을 못마땅해하셨으며 연노랑에게 "넌 멍청해."라고 말했다고 한다.
- TH 2번 드라이버일 때−과잉통제하는: 과잉통제하에 성장하여 타인의 지시를 거부한다. 지시하는 사람에게는 거부하고 자신은 남을 통제하려는 경향이 있다. 자신이나 자신의 가족(남편, 딸)에게 지시적인 사람에 대하여 거부와 저항을 보인다. 시댁에서 시어머님이 자신과 둘째 아들인 자신의 남편에게만 일을 시키고 아주버님과 형님은 쉬도록 하면 직접 나서서 "아니 어머님! 왜 우리 신랑만 시켜요! 아주

버님 시키세요!"라고 직접적으로 말을 하거나 "아주버님이 하세요!"라고 한다.

〈내담자 2〉
- BP 1번 드라이버일 때-성취를 강조하는: 어린 시절 아버지를 일찍 여의고 어머니의 양육을 받았다. 혼자 아이들을 책임진 친어머니는 핫초코가 집안일을 해 놓았을 때, 스스로 무언가를 이루어 놓았을 때 긍정 스트로크인 칭찬을 주었다.
- BS 2번 드라이버일 때-모호한, 주저하는: 핫초코의 어머니는 칭얼거리는 딸을 넉넉하게 다독여 줄 마음의 여유가 없었다. 우는 딸을 달래주기보다는 "뚝! 울지 말고 말로 해!"라고 하면서 아이를 다그치거나 강압적으로 울음을 서둘러 그치도록 했다. 그래서 핫초코는 자신의 욕구나 감정을 표현하는 것이 어렵고, 성인이 된 지금은 욕구와 감정이 정확히 무엇인지 모른다. 욕구와 감정을 드러내서 말하기를 주저하며 상당히 불편해한다.

③ 치료의 핵심
〈내담자 1〉
- PO 1번 드라이버일 때-스스로 홀로 설 수 있다는 것, 도망가는 것을 중지하는 것: 나 스스로 해 낼 수 있는 에너지와 능력이 내 안에 잠재되어 있다는 것, 내가 원하는 것이 무엇인지 내가 즐거워하는 것은 무엇인지 알고 나의 감정과 욕구를 회피하지 않고 받아들인다.
- TH 2번 드라이버일 때-삶을 투쟁하듯 살 필요가 없다: 타인을 탓하며 비난과 불평을 쏟지 않고, 긍정적인 방법으로 자신의 의견을 이야기할 수 있다.

〈내담자 2〉
- BP 1번 드라이버일 때-자신에 대한 허용과 인정자극 필요: 나 스스로 해 낼 수 있는 에너지와 능력이 내 안에 잠재되어 있다는 것, 내가 원하는 것이 무엇인지 내가 즐거워하는 것은 무엇인지 알고 나의 감정과 욕구를 회피하지 않고 받아들인다.
- BS 2번 드라이버일 때-원하는 것을 요구하는 것, 홀로 서는 것: 자신과 타인을 탓하며 마음속에서 비난과 불평을 쏟지 않고, 적절한 여러 가지 방법으로 자신의 욕구와 감정을 이야기할 수 있다.

5. 내담자 커플의 드라이버와 관계된 개선방안

1) 상담자가 본 내담자 커플의 문제

〈내담자 1〉
• 연노랑 자신의 감정과 욕구보다는 주변 사람들의 눈치를 보며 기분을 살피고 타인 중심으로 행동한다.
• 자신이 해 주고 싶은 것을 상대방에게 물어보지 않고 타인에게 해 준다(과배려).
• 불평이나 불만으로 자신의 욕구와 주장을 표현한다.
• 적절하지 않은 자신만의 방식을 고집한다.

〈내담자 2〉
• 업무를 잘 해 내려는 마음이 커서 방해되는 모든 것이 불쾌하다.
• 자신의 감정이 무엇인지 정확히 모르고 이를 드러내는 것은 부정적인 것으로 생각해 참고 있다.
• 타인과 자신의 깊은 속이야기를 나누며 친밀해지는 것을 두려워한다.

2) 내담자 커플의 현재 상태에 대한 및 개선방안

① 상담목표
• 연노랑과 핫초코 각 내담자의 다른 점을 먼저 이해한다(자발).
• 조화롭게 자신의 감정과 욕구, 의견을 표현하여(자발) 함께 업무를 처리하여 원만한 직장생활과 동료관계를 유지한다(친밀).

② 상담계획
• CKDP 심리검사를 통해 내담자 자신을 분석하고 서로 다름을 인정한다.
• 서로 다른 상대방의 표현과 반응을 상대방의 입장에서 생각해 볼 수 있고, 이해할 수 있으며 한 걸음 더 나아가 자신의 역기능적인 표현과 반응을 순기능적으로 변

화하여 교류할 수 있다.

③ 상담전략
• 동료교사의 다름을 이해하고 타인이 수용할 수 있도록 조화롭게 욕구, 감정, 의견을 표현하도록 한다.
• 갑자기 매끄럽게 거스름 없이 변화하기는 어려우므로 과도기를 이해하고 조금씩 달라지는 모습을 격려한다.

6. 상담과정과 상담결과

1) 상담과정

• **초기**: 긍정적 상호작용을 통하여 라포를 형성하고 내담자의 호소문제를 알고, 심리검사와 분석을 통하여 상담을 구조화한다.
• **중기**: 내담자의 자원과 순기능을 긍정 피드백하고 변화 가능성을 함께 믿으며 내담자 각자의 구체적인 패턴의 역기능을 인지하여 알아차리게 돕는다. 연노랑과 핫초코 각자의 개선되어야 할 점을 인지하고 직장생활을 할 때 적용해 본다.
• **종결**: 자율성을 회복할 수 있도록 재결단을 위한 구체적 개선방안을 생활 속에서 실천하도록 약속하고, 추수상담을 약속하며 상담을 마친다.
　－연노랑은 동료교사에게 구체적으로 어떤 도움이 필요한지 물어보고 도와준다.
　－핫초코는 자신의 기분(욕구)이 어떤지 표현할 수 있고, 감정(욕구)을 표현하는 것이 부정적인 것이 아님을 늘 자각하고 자신이 왜 그런지 말하며 동료와 친밀감을 형성한다.
　－연노랑은 자신이 해 보지 않은 것들도 두려워하지 않고 그냥 해 본다.
　－핫초코는 자신이 정해 놓은 규칙과 기준에서 벗어나는 상대를 좀 더 넓은 마음으로 지켜본다.

2) 상담결과

연노랑과 핫초코 각 내담자는 구체적인 개선방안들을 세우고 이를 직장 내에서 실천했다. 아직 서로가 위협적이라고 느끼는 상황에서 자신의 드라이버 패턴에 걸려 역기능적 문제를 보일 때도 있지만 그 횟수가 줄었으며, 무엇보다 점진적으로 두 사람 간의 친밀감이 두텁게 형성되어 각자의 욕구와 감정을 보다 조화롭게 표현하며 원만한 관계를 유지하게 되었다.

이러한 변화는 두 사람의 관계뿐만 아니라 직장 내에 좋은 활력이 되었다. 원만한 관계 형성으로 인해 중요한 발달시기인 영아에게 온정적이면서 구체적이고 예민한 상호작용을 할 수 있는 교사가 되어 바람직한 보육을 제공하게 되었다. 두 내담자에게 자주 발생하던 불편한 배려 상황들은 동료교사가 원하는 배려로 바뀌고 서로에게 인정을 받아 OK, 실제 도움이 되는 도움을 받아 OK~!가 되는 선순환을 가져왔다. 밝고 명랑한 선생님들을 보신 원아 부모들도 만족스러운 표정을 지으며 어린이집에 대한 믿음을 보였다. 이처럼 어린이집에서 소중한 영아를 돌보는 교사의 성장은 영아에게도, 동료와의 관계에도, 어린이집 운영에도 긍정적인 파장을 가져왔다.

심리검사와 분석을 통해 자신의 성격특성을 알고, 역기능적인 부분을 알아차림으로써, 의도적으로 역기능을 순기능으로 구체화하여 계획하고 실행에 옮길 수 있게 되었고, 자율성을 회복하는 보다 성숙한 모습에 가까워질 수 있었다. 행복을 추구하는 연노랑과 핫초코는 보다 성숙한 교사로 변화하였다. 우리는 누구나 긍정적인 존재이며, 변화할 수 있고(변화 가능성), 합리적으로 사고할 수 있다는(합리적 사고) 교류분석의 철학을 깨달을 수 있는 상담이었다.

7. 상담자 총평

한국형 드라이버 패턴 검사인 CKDP 심리검사 분석을 통해 인간의 드라이버 패턴과 자신을 무의식적으로 통제하는 동인을 탐색하여 내담자의 심리적 현상을 측정하고, 인생각본을 진단하여 내담자 자신의 내면을 볼 수 있었다. 심리검사와 상담을 통한 커플 내담자의 관계 해석은 내담자의 갈등 상황과 그 뿌리 깊은 원인을 알아차리게 하였고,

이는 서로 다름을 분명하게 알고 이해하여 공감할 수 있도록 도움을 주었다. 상대에 대한 공감과 함께 구체적인 개선방안 실천, 소통 방법의 변화는 내담자의 관계와 삶을 변화시켰다. 다름을 이해하고 공감하며 지금–여기 현재에 적절한 행동을 하였을 때 친밀해질 수 있음을 상담을 통하여 경험하였다. CKDP 심리검사와 교류분석 상담으로 상담의 쟁점과 핵심을 꿰뚫어 내담자를 깊이 이해하고 바람직한 변화를 이끌어 내는 상담결과에 이를 수 있었다. CKDP 심리검사를 통한 상담은 우리가 어떠한 방향으로 변화하는 것이 균형 있는 삶을 살아가는 스스로가 될 수 있는지 방향을 잡아 주는 길잡이가 되어 준다. 이 순간, 누구든지 현재에 알맞은 드라이버 행동 변화로 행복에 한 걸음 더 가까이 다가갈 수 있으며 교류분석 상담을 통하여 교류분석에서 추구하는 자율성을 회복하고 발휘하는 자율적 인간이 될 수 있다.

1. 내담자 기본 정보

내담자 1: 남편/성별: 남/연령: 38세/학력: 대학 졸업/검사일: 2018. 05. 26.
내담자 2: 아내/성별: 여/연령: 37세/학력: 대학 졸업/검사일: 2018. 05. 26.

1) 의뢰 경위 및 주 호소문제

① 의뢰 경위

상담하는 분과 친분이 있어서 부부의 문제를 의논하게 되었고, 더 자세히 알고 싶어 검사에 참여하였다.

② 주 호소문제

내담자 1: "신속히 내가 하라는 대로 했으면 좋겠어요!"

아내는 말이 안 통한다. 내 말을 그냥 들으면 되는데, 말대꾸를 한다. 몇 번 말해야 겨우 듣는 것 같아 답답하다. 신속히 빨리 내 말을 잘 들었으면 좋겠다.

내담자 2: "과도한 민감함에 지쳤어요!"

남편만의 과도한 위생개념과 자신에게 자신의 말만 들으라는 식의 비난이 힘들다. 자신이 더럽다고 하는 부분에 대해서 잘 참지 못한다. 심지어 시골의 모습에 과도하게 반응하고 더럽다고 직설적으로 표현하는 것이 싫다. 그리고 과도한 감정기복도 싫다. 네 살 난 딸에게 잘 해 주다가도 화를 낸다. 남편이 평범한 어른처럼 행동했으면 좋겠다. 있는 그대로 수용하는 여유가 있었으면 좋겠다. 과도하게 민감한 행동이 반복될 때 지친다.

2) 행동 관찰

내담자 1: 조끼를 즐겨 입는 모습의 단정한 차림이다. 전체적인 모습은 매우 깔끔하다. 분위기를 잘 살피는 편이며, 자신의 이야기를 적극적으로 하는 편이다. 주로 자신의 힘든 점을 이야기한다.

내담자 2: 매우 마른 체형이며 목소리는 조용조용하다. 웃는 모습을 주로 하고 있으며 여성적인 옷차림을 한다. 대화에서는 수동적으로 주로 듣는 모습을 보인다. '그렇지, 그렇지', '~음' 등 듣고 있다는 반응을 많이 보이며, 자신의 이야기를 하기보다 주로 듣는다.

3) 내담자의 자원

① 내담자 1
- 자기 생각을 적극적으로 표현한다.
- 상담을 긍정적으로 생각하여 참여하고자 하는 의지가 많다.
- 상담에 참여할 수 있는 시간적인 여유가 있다.

② 내담자 2
- 다른 사람의 말을 잘 경청하고 수용한다.
- 상담을 긍정적으로 생각하고 참여한다.
- 검사지를 신뢰한다.
- 자녀교육에 힘쓰고 헌신하며 돌봄을 한다.

4) 가계도

내담자 1: 어린 시절 부모의 이혼과 아버지의 재혼으로 혼란기를 경험하였다. 할머니의 영향을 많이 받았으며 부모에게 의지하고 싶었지만, 의지할 수 없었다. 할머니는 내담자와 동생 둘 다 귀찮아하였으며, 경상도 분이시라 강하고 직선적으로 말씀하셔서 마음에 상처를 많이 받았다(너희 아버지가 너희 어머니와 사고 쳐서 널 낳았다. 더 좋은 여자와 결혼했어야 하는데…… 너 때문에 결혼했다). 특히, 내담자는 자신이 원치 않는 아들이었다는 느낌을 받아 많이 힘들었다고 한다. 장남이지만 원가족에서는 장남 대접을 받지 못하였고, 지금도 부모님 댁과 친밀감은 크지 않다. 동생은 절에서 생활하고 있으며, 가족과 왕래하지 않는다. 친어머니와 성장 후에 만났지만 많이 실망하여 다시 만나지 않고, 새어머니 쪽을 선택하였다.

내담자 2: 매우 작은 시골에서 4남매 중 셋째로 자랐으며, 동네 주변의 사람들은 쌍둥이 자매나, 남동생에게 관심이 많았다. 내담자의 이름으로 불리거나, 내담자의 몫으로 새 옷을 사주는 경우가 드물었다. 특히, 사람들은 '네가 남자였으면 좋았을 텐데'라는 말을 많이 하였다. 아버지는 매우 느긋한 성격의 소유자였으며, 자식들에게 관심은 많았으나 말로 표현하지는 않는 과묵함을 많이 보였다. 부모는 자식에게 매우 헌신적이었고 지금도 그러하다. 전체 가족의 흐름은 급할 것이 없어 보이는 느린 편이다. 가족끼리 밀착되어 있으며, 가족의 행사, 가족문화에 참여율이 매우 높다.

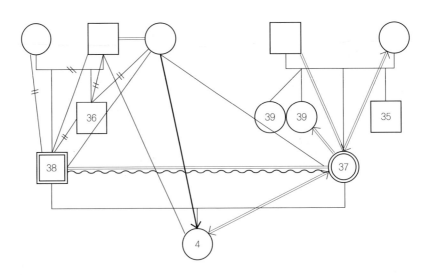

5) 생태도

내담자 1: IT 분야 공공기관 보안 관련 직장을 다니고 있으나, 스트레스를 많이 받으며 직장 분위기 때문에 사람들과 친밀감을 형성하지 못하고 있다. 특히, 주야간의 불규칙적인 업무로 인하여 생활리듬에 에너지를 과도하게 사용하며 매우 단조로운 생활패턴을 보이고 있다. 자녀보다는 아내에게 에너지를 더 많이 쓰고 있다. 그리고 자신의 몸을 위하여 집에서 운동을 하려고 하지만 잘 이루어지지 않고 있다고 하였다. 처가 행사에 잘 참여하지 못하는 것에 스트레스를 받고 있다. 특히, 동서는 처가 행사에 잘 참여하지만 자신은 참여하지 못하고 부담스러워 비교되는 것이 싫다고 하였다. 가끔 지역 동호회에 참여하려고 하지만 자신의 근무시간에 모임이 있을 때와 피곤하면 나가지 않게 된다. 타인에게 헌신적이지 못하다.

내담자 2: 학교 내 특수교육 교사로 근무하고 있으며, 자녀교육과 돌봄에 많은 에너지를 사용하고 있다. 결혼 후 남편의 직장이 있는 현재 지역에 5년 정도 살았지만 지역 친구가 없다. 늦게 이사 온 쌍둥이 언니 집과 교류하는 것이 전부이다. 특히, 양육에 대하여 언니의 도움을 많이 받으며 아이의 놀이를(언니의 자녀들) 위하여 언니 집에서 생활하는 경우가 많은 편이다. 언니나 엄마와 통화를 많이 하고 있으며, 시댁과의 스트레스는 없지만 많이 교류하지 않고 있다.

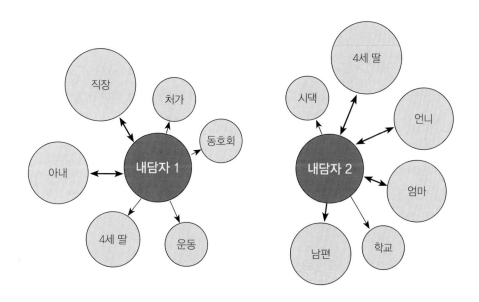

2. 내담자 검사 결과

〈내담자 1〉

드라이버 구분	PO	TI	BS	BC	BP	TH	HU
점수	31	33	29	34	28	33	32
순위	5	3	6	1	7	2	4
등급	5	3~4	6~7	3~4	6~7	3~4	3~4

〈내담자 2〉

드라이버 구분	PO	TI	BS	BC	BP	TH	HU
점수	33	27	36	30	28	22	21
순위	2	5	1	3	4	6	7
등급	3~4	6~7	1~2	6~7	6~7	8~9	8~9

<CKDP 심리검사 체크리스트>

내담자 1

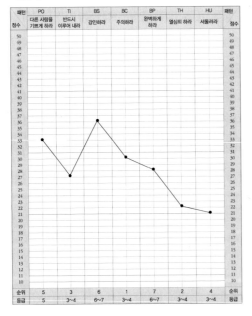

내담자 2

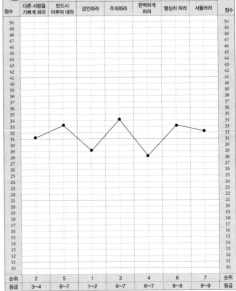

　내담자 1 해석: 1순위 BC(34점, 3~4등급), 2순위 TH(33점, 3~4등급), 7순위 BP(28점, 6~7등급)으로 1, 2순위 BC, TH가 주 드라이버이나 점수가 같은 TI와 점수 차이가 많지 않은 것에 대하여서도 살펴볼 필요가 있다. 그리고 2순위를 TH로 한 것은 그 성향이 본인과 맞다는 내담자의 의견을 참고하였다. 1순위 BC는 3~4등급으로 과잉민감, 신중함, 통제력을 보이며, 2순위 TH는 3~4등급으로 불평불만, 수동–공격적 · 탐색적이며, 3순위 TI는 3~4등급으로 이기적, 독자적 사고를 보인다. 4순위 HU는 3~4등급으로 신속함, 과잉반응을, 5순위 PO는 5등급으로 사교적인 특성이다. 6순위 BS는 6~7등급, 7순위 BP는 6~7등급으로 인내심은 부족하고 무례하고 무책임일 수 있으나, 반면 자신의 감정을 억제하지 않고 자유롭고 즉흥적으로 표현하는 특성을 보인다. 따라서 남편인 내담자는 전체적으로 내적인 에너지가 높은 모습을 나타내며, 민감하고 신속함을 추구하며 탐색적이다. 자신의 감정을 억제하지 않고 자신이 원하는 대로 자유롭게 행동하고 싶어 하는 성향을 보여 준다.

　내담자 2 해석: 1순위 BS(36점, 1~2등급), 2순위 PO(33점, 3~4등급), 7순위 HU(21점, 8~9등급)으로 1, 2순위 BS, PO가 주 드라이버로 BS는 1~2등급으로 과잉이며. HU, TH는 지나치게 낮아 역기능을 나타내고 있다. 1순위 BS는 1~2등급으로 초연, 수동성이며, 2순위 PO는 3~4등급으로 공감, 의존적이다. 3순위는 BC 6~7등급으로 건성, 산만, 신중함으로 나타내며 4순위 BP는 6~7등급으로 공손, 느슨함이고 5순위 TI는 6~7등급으로 매력적 · 소극적이다. 6순위 TH는 8~9등급으로 무기력, 7순위 HU는 8~9등급으로 무미건조, 느림을 나타낸다. 아내인 내담자는 1, 2번 드라이버 외에는 6~7등급에서 8~9등급에 분포하고 있어 전체적으로 내적인 에너지가 낮은 모습을 보여 준다. 감정을 억제하여 초연함과 타인의 대화에 공손함으로 공감을 잘하지만 듣기만 하고 행동으로 옮기지 않는 건성의 태도를 보여 준다. 또한 무미건조하고 느림과 느슨함, 그리고 힘이 없어 보이는 무기력한 모습을 보일 수 있다.

3. 드라이버에 따른 성격의 특성 및 기능

1) 드라이버에 따른 성격의 특성

〈내담자 1〉

드라이버 〳 특성	성격 기술
1(BC)	과잉민감, 의심, 질투, 사고의 경직성, 통제력, 세심함
2(TH)	고집스러운, 불평불만, 문제해결에서 수동적
7(BP)	무책임, 즉흥적, 무례한, 불성실

〈내담자 2〉

드라이버 〳 특성	성격 기술
1(BS)	침착, 인내, 조용함, 섬세함, 초연, 배려하는, 수동성, 혼자 있을 때 행복
2(PO)	타인 감정 공감, 온정적, 친절, 인간관계 중시
7(HU)	무미건조, 느림, 참을성이 많음, 흥분을 잘하지 않는

내담자 커플관계 해석

부부 중 남편은 1번, 2번 드라이버인 BC, TH가 3~4등급으로 세심하고 탐색적이나 청결에 대해서는 과잉민감을 보이고 있다. 사고의 경직성으로 자신만의 청결 개념을 가지고 있으며, 자신의 생각과 방법으로 통제하려고 한다. 반면, 아내는 1번 드라이버인 BS는 1~2등급으로 과잉으로 지나치게 인내하고 초연하고 7번 드라이버인 HU가 8~9등급으로 느슨함, 둔함을 보여 주어 갈등의 원인이 될 수 있다. 사고의 경직성, 민감하고 통제적인 남편과 초연하고 느슨한 아내는 서로 힘들어한다.

아내는 2번 드라이버일 때 PO로 인간관계를 중요시하여, 가족행사에 잘 참여해야 하고 자신의 역할을 해야 한다고 생각한다. 남편이 "왜 행사가 많으냐"고 불평불만만 하고 무례하게 행동할 때와 자신의 잘못을 뒤늦게 후회하지만 문제를 적극적으로 해결하지는 못하는 경우에는 아내인 자신이 나서서 중재해야 해야 될 때 갈등을 일으킬 수 있다.

남편은 아내의 7번 드라이버인 HU가 8~9등급일 때 무미건조하고 자신이 이야기하면 바로 바로 행동을 했으면 하는데 그렇지 않을 때 답답해하고, 아내는 이 정도 느슨함은 원가족에서 문제가 되지 않았는데 남편은 참지 못하고 보채는 것 같을 때 서로 갈등을 일으킬 수 있다.

2) 드라이버에 따른 순기능과 역기능

〈내담자 1〉

드라이버 \ 특성	순기능	역기능
1(BC)	모든 면에서 가장 명확하고 날카로우며, 가장 세심하게 생각할 수 있는 사람이다. 어떤 일이든지 확신을 갖기를 원한다. 명확한 대답을 좋아한다. 소수의 사람들과 관계 맺기를 선호하고 문제해결과 사회적인 상호작용에서 자신의 판단대로 행동한다. 자기신념이 확실하다.	자신에게 오는 정보를 자주 오해하고 사고패턴은 종종 경직되어 있거나 과장되어 있다. 자신이 느낀 감정과 생각에 대해 완고한 모습을 보이고 자신이 인식하는 것이야말로 진정한 현실이라고 확신한다. 타인의 동기를 의심하기도 한다.
2(TH)	훌륭한 탐색가이며, 비평가이다. 자신의 흥미를 추구하는 데 집요한 성향을 보인다. 집단에서 타인과 관계 맺기를 좋아한다.	자신이 정한 방식대로 살기를 결심한 사람이며, 타인의 어떠한 지시에도 따르기를 거부한다. 자신이 원하는 것을 직접적으로 표현하는 데 어려움을 가지고 있으며, 정작 자신이 원하는 것을 얻지 못하였을 때 매우 불만스러워한다. 수동적이며 의존적 경향이 있어 타인들로부터 관심을 받는 것을 좋아하지만 부정적인 방법으로 관심을 유도한다.
7(BP)	늘 정돈된 느낌을 주며, 차림새가 단정하다. 자유스러움을 추구하며 자기 감정에 충실한 모습을 보여 준다.	강한 자기규제를 지닌 완벽주의자이다. 완벽하게 마무리할 수 없을 때 스트레스를 받는다. 타인이 자신의 기준에 적절하게 도달하지 못하였을 때 비난을 한다. 이러한 기대와 빈번한 비판은 다른 사람들과의 관계를 어렵게 한다. 무례하고 즉흥적이어서 실수가 잦다.

〈내담자 2〉

특성 드라이버	순기능	역기능
1(BS)	친절하고 보호적이며 지지적인 사람이다. 매우 높은 민감성을 지니고 있으며, 주변을 즐겁고 편안하게 해 준다. 고독을 추구하는 경향이 있으며, 혼자 일하는 것을 좋아한다. 위기 상황에 침착하고 효과적으로 대처한다. 문제를 해결하려는 태도와 사회적 상호작용 태도는 타인이 먼저 움직일 때까지 기다린다.	자신의 욕구가 정말로 필요하다고 인정될 때까지 기다리는 경향이 있다. 배경에만 머물러 있고 물의를 일으키지 않아야 하는 금욕주의자이다. 타인과 의존적인 관계를 만드는 경향이 있으며, 타인에게 도움을 요청하기보다는 스스로 많은 짐을 진다.
2(PO)	타인과 관계를 즐기고 좋은 기분이 들도록 만드는 특성이 있으며 상상력이 풍부하다. 일반적으로 타인과 잘 어울리는 경향이 있으며 집단에 관여하는 것을 즐긴다. 문제를 해결해야 할 때나 사회적 상호작용이 필요한 경우 능동적 참여를 한다.	정서적으로 매우 과도해지는 경향이 있어 흥분을 잘하고, 과도한 반응을 보이며 정서적으로 불안해 보인다. 타인에게 자기주장과 정당한 비판을 하지 못한다. 타인이 원하는 것이 아니라 자신이 해 주고 싶은 것을 해 준다.
7(HU)	관용적이고 여유가 있으며, 침착함으로 문제를 해결한다. 참을성이 많다. 실수가 적다.	에너지가 적고 무미건조 하고 느리다. 둔하고 타인이 먼저 나설 때까지 기다리는 수동성을 보여 준다.

4. 1번과 2번 드라이버에 따른 성격특성과 해석

1) 드라이버에 따른 조기결단, 부정적 인생태도, 경계

〈내담자 1〉

특성 드라이버	조기결단	인생태도	경계	
			자기감	인간관계
1(BC)	나는 나의 안전을 위해서 주변의 모든 사람과 모든 것을 통제할 것이다.	III	경직	경직
2(TH)	나는 살아남기 위해 투쟁해야만 한다. 그것은 내가 획득한 것을 지켜야 하기 때문이다.	IV	산만	경직

① 조기결단: 1번 드라이버일 때 '나는 나의 안전을 위하여 주변의 모든 사람과 모든 것을 통제할 것이다.' 어린 시절 할머니의 영향으로 주변 사람들로부터 원치 않음과 부모의 이혼과 재혼은 안전하지 않다고 느끼게 하였고 자신의 감정과 욕구는 거부당하였다. " 자식은 다시 낳아도 되지만 아내는 아니잖아요. 그런데 퇴근 후 지지 받고 싶은데 아내가 아이 욕구 먼저 해결하고 있으면 화가 나요. 아내가 내 말만 듣고 내가 말하면 바로바로 행동했으면 좋겠어요." 즉, 자신만의 통제 대상인 아내가 통제되지 않을 때 불안하다. 2번 드라이버를 사용할 때는 '나는 살아남기 위해 투쟁해야만 한다. 그것은 내가 획득한 것을 지켜야 하기 때문이다.'로 어린 시절 '너만 아니었으면'으로 존재 자체를 거부당한 것 때문으로 해석된다. 이러한 심리적 특성은 '우리 것은 챙겨야 해.' 아내에게 '주는 대로 다 챙겨'라고 하며 욕심을 내는 경우가 많다. 그리고 돈을 많이 축적하고 싶어 아내가 직장을 가졌으면 하면서도 자신만 챙겨 주는 아내가 퇴근 후 자신만을 위한 행동을 했으면 한다. 즉, 아내를 통제하기 위해서 끊임없이 자신의 방법을 요구하고 이기려고 한다.

② 인생태도: 1번 드라이버일 때 인생태도가 III 영역으로 가는 인생태도를 보여 준다. 자기긍정, 타인부정으로 타인을 비판하고, 불평하는 태도를 보인다. 주로 CP 기능을 사용하여 아내의 말을 말대꾸로 치부해 버린다. "전에도 같은 이야기를 했는데, 또 내 말대로 하지 않았지?" 그건 아내가 잘못되었기 때문이다.

2번 드라이버일 때는 IV 영역으로 자기부정, 타인부정의 만사무용적 인생태도를 보인다. 문제 상황에서는 오히려 포기해 버리고 피곤하다며 잠을 자는 것으로 회피한다. 그리고 계속 이 상태로라면 우리 부부는 희망이 없다.

③ 자기감 경계(자기 자신에 대하여 느끼는 것-ⓅⒶⒸ에 느끼는 자기감): 1번 드라이버가 부정적으로 갔을 때는 ⓅⒶⒸ의 에너지의 흐름이 유연하지 못하고 완고하며 경직되어 아내의 말을 듣지 못하고 자기 생각대로 판단하고 통제하려고 한다. 경직 시 Ⓒ 자아에 의해 Ⓐ 자아가 오염되어 있고, Ⓟ 자아가 배제되어 있어 자신의 감정을 드러내어 아이처럼 행동하고 아내의 마음과 입장을 배려하지 못하고 짜증내며 장소를 벗어나고 대화를 단절한다. 2번 드라이버일 때 산만한 유형으로 인생은 살 만하지 않고 너무 힘들다고 느낀다. 문제해결에 대하여 어떻게 해야 할지 혼란스러워 해결하려고 하기보다는 아내가 해결해 주기를 바란다. 즉, 본인이 Ⓟ 자아로 어른처럼 통제하다가도 문제해결에서는 Ⓒ 자아로 숨어 아내에게 보채고

자신의 감정만을 알아달라고 한다.

④ 인간관계 경계: 1번, 2번 드라이버일 때 경직으로 타인과 갈등 상황이 생기면 스스로 해결하기보다는 회피한다. 사고가 유연하지 못하여 타인의 의견을 적절히 수용하지 못한다. 직장에서도 그렇고 동호회에서도 타인과 지속적인 친밀감을 형성하지 못하고 있다. 처가나 부모님 댁에서 문제가 발생하면 아내가 중재하기를 바라고 중재하여도 적극적으로 관계 회복에 노력하기보다는 어색해한다. 융통성이 없다. 특히, 아내의 느슨함을 여유 있게 받아들이지 못한다.

⟨내담자 2⟩

특성 드라이버	조기결단	인생태도	경계	
			자기감	인간관계
1(BS)	나는 나 혼자 느끼고 나 자신을 보호할 것이며 너를 필요로 하지 않는다.	IV	산만	경직
2(PO)	나는 당신을 즐겁게 해 주고 행복하게 해 줄 것이다.	II	산만	산만

① 조기결단: 1번 드라이버일 때 '나는 나 혼자 느끼고 나 자신을 보호할 것이며 너를 필요로 하지 않는다.'이다. 내담자는 스스로도 입버릇처럼 "난 혼자 컸어."라고 즐겨 말한다고 한다. 4남매 중 셋째로 작은 마을의 관심을 독차지하던 두 살 위의 쌍둥이 언니들과 아들로서 존재감이 컸던 두 살 아래 동생 사이에 자신은 방치되었다고 느낀다. 자신만으로 주목 받을 땐 거의 없었고 가운데 출생순위로 나의 감정과 욕구는 잘 받아들여지지 않았다. 즉, 남편이 과도하게 통제하고 보채는 것이 싫다. 그냥 자기 것은 남편 스스로 하면 되는데, 왜 자신을 봐 달라고 하는지 모르겠다.

2번 드라이버일 때 가족 간의 친밀감과 함께하는 것을 중요하게 여겨서 가족들 의식과 행사에는 반드시 참여하고 자신의 남편도 동참해서 가족을 기쁘게 해 주고 싶다. 가족들이 남편의 무례한 행동을 비난할 때 자신의 탓으로 느낀다. 아내는 타인을 기쁘게 하기 위해 대화를 들어 주지만 자신의 감정을 표현하기 위해서 전화를 먼저 하지는 않고 타인이 전화했을 때 반응을 보인다.

② 인생태도: 1번 드라이버일 때 부정적인 상황에서 IV 영역의 만사무용의 태도를

보인다. 자타에 대한 불신으로 남편과 자신은 변화되지 않을 것 같아 삶의 의미를 상실한 태도를 보인다. 2번 드라이버일 때 II 영역에 머무르며 자책으로 이런 남편을 선택한 것은 자신의 잘못이라고 생각하게 된다.

③ 자기감 경계: 1번과 2번 드라이버가 산만으로 Ⓟ와 Ⓒ가 Ⓐ 자아를 침범하여 현실을 판단하지 못하고 아무것도 하지 않는 배경에만 머물러 있으려고 한다. 적절한 감정 표현과 적절한 타인대응을 하지 못하고 수동성을 선택한다.

④ 인간관계 경계: 1번 드라이버일 때 경직되어 자신의 감정을 드러내기보다는 혼자 울거나 수면으로 외부와 차단한다. 2번 드라이버일 때 산만으로 많은 사람들의 이야기를 들어주는 역할을 담당하지만 자신의 이야기는 하지 않는 편이라 깊은 교류가 일어나지 않는다. 적절하게 추임새와 무조건적인 수용 반응으로 상대방이 원하는 대답을 하여 기쁘게 하지만 적극적으로 외부 활동에 참여하거나 교류하지 않는다. 남편의 이야기도 들어주는 것 같지만 단지 들어주는 것뿐 변화를 이끌지는 못하며, 건성으로 들은 것 같을 때 남편이 화를 낸다.

내담자 커플관계 해석

남편은 '나는 나의 안전을 위하여 주변의 모든 사람과 모든 것을 통제할 것이다.' 아내는 '나 혼자 느끼고 너는 필요치 않다.'이다. 즉, 남편은 자신만의 통제 대상인 아내가 통제되지 않을 때 불안을 느끼게 되고 비난을 한다. 반면 아내는 과잉민감할 때 오히려 느슨하고 감정을 잘 드러내지 않으며, 자녀에게 집중하여 남편을 배제하여 초연함을 보여 준다. 이는 남편에게는 어린 시절 배제되었던 트라우마를 재경험하는 과정이 될 수도 있을 것이다. 아내는 오히려 남편이 과잉통제하고 사소한 것에 민감하여 닦고 자신에게 청결을 과도하게 요구할 때 불편함을 느끼게 된다. 따라서 남편이 통제하려고 하면 오히려 건성으로 대답해 주고 실제로는 변화에 소극적인 과정을 반복한다.

☞ 개선방안

남편은 아내가 통제 대상이 아니라는 것을 이해하고, 아내는 남편의 요구를 진정으로 들어주어 신속히 행동으로 옮기는 것이 필요하다.

2) 드라이버에 따른 성격적응 유형과 반응

〈내담자 1〉

특성 / 드라이버	성격적응 유형	양면성		타인에 대한 반응	문제해결에 대한 반응
		긍정성	부정성		
1(BC)	재기형 회의자 (편집성)	신중성	의심	회피(내향)	중립
2(TH)	유희적 반항자 (수동-공격성)	탐색적	저항	참여(외향)	수동

① 성격적응 유형: 1번 드라이버일 때 지배 관리하는 것을 좋아하며 민감하고 날카롭다. 특히, 청결에 대해서는 매우 날카롭고 예민하다. 청결에 대한 편집성이 강하다. 집 안 물건에는 그렇지 않지만 외부에서 들여오는 모든 물건에 대하여 예민하다. 모든 물건을 대체로 물티슈로 닦으려고 한다. 심지어 아내와 딸에게 매일 가지고 다니는 자신의 가방도 더럽다고 만지지 못하게 한다. 2번 드라이버일 때는 집단 속에서 즐거운 시간을 갖기를 바라며 참여하다가도 자신의 의견과 맞지 않으면 모임이 끝난 후 아내에게 그 상황과 사람에 대하여 비평하는 성향을 보인다.

② 양면성: 1번 드라이버일 때는 매우 신중하여 보안 업무 처리를 잘 해 내지만 타인의 동기를 의심하고 타인과의 관계 개선 노력을 하지 않는다. 2번 드라이버일 때 탐색적이지만 자신이 원하는 것을 얻지 못하면 불평불만을 한다.

③ 타인에 대한 반응: 1번 드라이버일 때 회피의 내향적이고 2번 드라이버일 때 참여적이다. 원가족의 문제에 회피적이고, 적당한 거리를 유지한다. 생존에 필요한 관계에만 참여하고 유지한다. 소수의 사람들과의 관계에만 초점이 맞추어져 있다. 가끔은 의식(가족행사 등)에 참여하나 자신의 뜻대로 되지 않으면 불만을 당사자에게 바로 말하지 않고 다른 대상에게(아내 및 자녀에게) 말하거나 화를 내 분위기를 어색하게 하는 경우가 있다.

④ 문제해결에 대한 반응: 문제해결에 대한 반응은 1번 드라이버일 때 중립과 2번 드라이버일 때 수동이다. 자신이 만든 문제를 스스로 해결하지 못하고 오히려 삐쳐 있거나, 무언과 화난 표정으로 대처하여 아내가 중재하는 경우가 많고 처형댁이나 시댁에서 자신은 열심히 이야기하는 데 남들이 흘려듣고 잘 안 듣는 것 같을

때 말수가 적어지며 수동적으로 바뀐다.

〈내담자 2〉

드라이버 \ 특성	성격적응 유형	양면성		타인에 대한 반응	문제해결에 대한 반응
		긍정성	부정성		
1(BS)	창의적 몽상가 (조현성)	배려심	회피	회피(내향)	수동
2(PO)	열정적 과잉반응자 (연기성)	친밀성	과잉반응	참여(외향)	능동

① 성격적응 유형: 1번 드라이버일 때 친절하고 보호적이며 배려하여 '착하다, 여성스럽다, 잘 웃는다' 라는 말을 듣지만 좀처럼 자신의 감정을 속 시원하게 드러내지 않아 오히려 답답하다. 주변 사람은 내담자인 아내를 화를 내지 않는 사람으로 표현할 정도로 감정의 현실에서 희로애락을 잘 드러내지 않는 괴리감을 보여 준다. 2번 드라이버일 때는 공감을 잘하여 타인이 이야기하기 좋은 상대로 느끼게 한다. 남이 기대하는 대로 행동해야 될 것 같았다. 자신의 이야기를 하는 것은 부끄럽고 익숙하지 않았다. 타인이 자신에 대하여 잘 알고 있으면 어색하고 부끄럽다. 이제는 그렇지 않아 자신의 감정을 드러내려고 하면 타인이 오히려 잘 수용하지 못하는데, 그 대상이 현재는 남편이거나 원가족이다. 어색해하는 남편과 원가족을 위해 다시 감정을 드러내지 않게 된다.

② 양면성: 1번, 2번 드라이버일 때 긍정성은 배려심이 많고 친밀한 모습을 유지한다. 목소리가 크지 않고 상대방의 말을 끝까지 들어주고 상대방에게 맞추어 들어주지만 많은 시간 혼자 잠을 자는 것으로 외부 활동을 회피한다. 혼자 잠자는 것이 너무 행복하다. 친구를 만들지 않고 소극적인 관계만을 유지한다. 2번 드라이버일 때 과잉반응으로 오히려 사소한 것에 눈물을 흘릴 때가 있다.

③ 타인에 대한 반응: 1번 드라이버일 때 회피로 적극적이지 않다. 외부 활동은 주로 학교이며 생존에 필요한 활동만 겨우 하는 정도이다. 2번 드라이버일 때 참여이다. 밀착된 가족의 행사나 자녀 등 자신이 헌신해야 하는 대상에 대해서는 참여하여 관계를 유지하려고 한다.

④ 문제해결에 대한 반응: 1번 드라이버일 때 수동으로 남편에게 의존하고 싶어 하

나 오히려 남편의 문제를 중재해야 되는 경우와 자녀 문제에 대해서는 2번 드라이버인 능동의 반응으로 대처한다. 남편이 시댁 문제에 나서지 못할 때 혼자서 시댁일에 참여하고 과감하게 장거리 운전에 도전하여 홀로 시댁의 경조사를 챙긴다.

내담자 커플관계 해석

아내는 배려심과 친밀성으로 자신의 욕구보다는 남편과 자녀를 위하여 문제해결에 대해서 능동적으로 행동하다가 남편에게 가끔씩 감정을 과도하게 표출한다. 반면 남편은 신중성, 탐색적으로 한발 뒤로 물러나 수동적으로 문제해결에 반응을 보이며, 아내가 가끔씩 보여 주는 과도한 감정표출에 당황하고 자신의 통제를 벗어난 것 같아 회피하여 대화를 차단한다.

☞ 개선방안

아내는 감정을 쌓아두지 말고 자신의 감정을 있는 그대로 표현하여 자신의 감정을 알리고, 남편은 아내가 드러내는 감정을 자신의 관점이 아닌 아내의 관점에서 보려고 노력하고 공간을 벗어나지 않으며 해결하려고 해야 한다. 아내는 "지금 내 감정은 이래요." 남편은 "그렇구나! 속상하구나!" 등으로 천천히 대화를 연습하고 이어 가도록 한다.

3) 드라이버에 따른 선호하는 의사소통 방식

〈내담자 1〉

드라이버 \ 특성	Ware의 의사소통 방식			Kahler의 의사소통 방식	
	개방문	표적문	함정문	채널	자아상태 기능
1(BC)	사고	감정	행동	정보적인, 지시적인	A → A +CP → A
2(TH)	행동	감정	사고	정서적인 (감정)	+FC → +FC

① Ware의 의사소통 방식: 1번 드라이버일 때 처음 대화의 시작은 논리적으로 설득이 되어야(사고) 대화가 시작되고, 다음 감정에 호소하여 통찰이 되어야 마음을 움직이고 행동으로 실행할 수 있는 소통 방식이 필요하다. 자신이 인식하는 것이야말로 진정한 현실이라고 확신하는 경직된 사고가 먼저 변화되어야 한다. 2번 드라이버일 때 세상과 접촉을 '행동'을 통해서 한다. "행동을 했을 때 어떤 감정이었나요?", "그 행동! 참 멋졌어요!" 양육적 의사소통을 통해 '따뜻한 감정'을 경험하도록 도와주어 자신의 사고를 변화하고 다양한 생각과 의견의 차이를 수용하도록 한다(사고에 에너지가 많으며, 행동에 대하여 직접적으로 지적하면 저항하고 문을 닫아버리는 의사소통 방식이다).

② Kahler의 의사소통 방식: 1번 드라이버일 때 객관적인 정보와 분명한 정보를 바탕으로 명확하고 구체적이고 현실 가능한 의사 표시에 움직이게 된다. 과도하고 민감하게 청결에 집착하여 씻고 닦는 행동을 할 때 "힘들지만 큰 호흡을 하고 가방을 만지는 것을 허용해 보세요!"로 긍정적 지시를 내린다. 2번 드라이버일 때 정서적인 감정을 수용해 주는 의사소통 방식을 통해 받아들인다. "당신도 힘들겠군요! 제가 부탁할 때 한 번씩만 참아보세요!" +FC로 할 때 효과적이다.

〈내담자 2〉

특성\드라이버	Ware의 의사소통 방식			Kahler의 의사소통 방식	
	개방문	표적문	함정문	채널	자아상태 기능
1(BS)	행동	사고	감정	지시적인	+CP → A
2(PO)	감정	사고	행동	양육적인	+NP → +FC

① Ware의 의사소통 방식: 1번 드라이버일 때 행동을 통해서 시작한다. 물러서는 행동에 직면하도록 한다. "이렇게 (행동)해 보실래요?", "큰 소리를 내 보세요?" 식의 감정이나 욕구가 드러날 수 있는 행동을 먼저 하도록 하고 "그 행동에 대해 어떻게 생각해요?", "지금 그 행동을 했더니 기분이 어떠셨나요?"라는 질문을 통해 사고를 통합하도록 한다. 감정과 욕구를 표현하지 않는 아내에게 먼저 자연스럽게 감정을 표출하도록 한다. 2번 드라이버일 때 마음을 알아주는 감정으로 시작한다. "얼마나 힘드셨어요!", 초연하게 웃고 있지만, 속상할 때가 많았을 것 같아

요."로 공감해 준 다음 "그런데 그렇게 감정을 쌓아두는 것이 자신에게 좋은 것인가요?" 논리적으로 설득하면 더 잘 받아들이는 경향이 있고, "자, 이제 쌓아두지 말고 말해 보세요." 등의 행동을 동기화하여 행동이 자연스럽게 따라오게 한다.

② Kahler의 의사소통 방식: 1번 드라이버일 때 의사소통 방식은 긍정적인 +CP에서 → A 방식을 사용하는 것이 효과적이다. 아내는 수동적이고 회피적이기 때문에 긍정적인 CP로 이끌어 주면 효과적이다. 2번 드라이버일 때 상대방이 따뜻하게 지지해 줄 때 자신의 감정을 솔직히 표현하고 의사소통에 효과적으로 반응한다.

내담자 커플관계 해석

남편은 BC, 아내는 BS로 1번 드라이버일 때 대화에서 남편은 행동을 지적 받고, 아내는 감정이 상하면 저항하고 대화를 단절하기 쉽다. 남편은 분명한 근거와 자료가 뒷받침될 때 사고를 변화할 수 있다. 아내는 모호한 신호를 통하여 대화하기보다는 분명하고 정확한 내용으로 감정이 상하지 않도록 대화를 해야 하며 아내는 행동의 통제를 받지 않으며 비난 받지 않고 자신이 원하는 행동과 욕구를 드러낼 수 있도록 허용되고 그런 행동을 했을 때 감정을 지지 받아야 한다.

☞ 개선방안

아내는 남편이 외부 물건에 대하여 더럽다고 생각하는 것 자체는 인정을 해 주고 행동에 대하여서는 과도하게 지적하지 않아야 한다. 남편은 자신의 방법과 생각을 아내와 자녀에게 과하게 요구하지 않고, 생각이 다를 수 있다고 허용해야 한다.

4) 드라이버에 따른 선호하는 적응방식

〈내담자 1〉

특성 드라이버	타인과 관계 맺는 방식	위협에 대한 반응	만족을 주는 시간구조화	실행적 · 생존적 적응
1(BC)	사고	지적인 민감성으로 상대방 공격	의식 그리고 잡담, 게임	먼저 조심스럽게 상황을 생각해보고 그 후에 변화를 위한 결단을 통해 해결하려고 하는가?(생존)

2(TH)	반응 (대항)	불평하며 싸움	잡담 그리고 게임	자신의 방식을 고수하고자 다른 사람의 기대에 대항하여 지속적으로 투쟁하는가?(실행) 내 방식을 보여 줄 수 있는가? (실행)

① 타인과 관계 맺는 방식: 1번 드라이버일 때 안전이 우선이기 때문에 접근이 신중하여, 적합한 주제가 있을 때 접근해야 관계 맺기가 쉽고 사실적인 내용으로 정보를 나눈다. 인터넷으로 물건을 구매할 경우 결재 화면을 반드시 사진을 찍어 둘 정도로 의심이 많고 믿지 못한다. 할인된다고 하였는데, 할인이 안 되었을 것 같아 찍어 둔다. 즉, 사진이라는 객관적인 증거를 갖고 있고 싶어 한다. 심지어 식당 영수증을 챙겨 두어 나중에 식중독이라든지, 아플 경우 증명하려고 하였다. 2번 드라이버일 때 반응이다. 아버지는 다른 사람에게 허용적인데 자신에게는 엄격하고 관심이 적은 분이셨다. 아버지에게 배신감을 느끼고, 아버지가 이중인격자로 보여 화가 나서 아버지와 같은 스타일의 사람들에게는 투쟁하게 된다. 아내도 가끔은 딸이나 다른 가족 및 타인에게는 관대하나 자신에게는 덜 관대하게 대하는 것 같을 때 대응하게 된다.

② 위험에 대한 반응: 1번 드라이버일 때 지적이나 거부를 당할 때 근거와 논리로 상대방에게 공격한다. 어릴 적 할머니와 같이 자신을 지적하면 논리적으로 공격하게 된다. 중학교까지 함께 생활한 할머니에게는 수동적이었지만 성인이 되어서는 참지 못하고 공격하게 된다. 2번 드라이버일 때 불평불만을 하고 싸움을 통하여 자신의 것을 지키려 한다. 획득하려고 한다. 자신의 자발성을 지키려고 한다.

③ 만족을 주는 시간의 구조화: 1번, 2번 드라이버일 때 부담이 가지 않는 행사에 참여하고, 잡담과 게임으로 시간을 보낸다. 가까운 사람들과 술자리를 통하여 긴장과 스트레스를 해소하려 한다. 가볍게 대화하고 자신의 이야기를 누군가 들어주는 것을 즐긴다. 틈틈이 휴대전화 게임을 즐긴다.

④ 실행적·생존적 적응: 1번 드라이버일 때 행동으로 움직이기 전에 조심스럽게 상황을 살피고 안전하다고 확신이 들 때 결단하고 움직인다. 극단으로 가면 의심이다. 2번 드라이버일 때 자신의 방식을 고수하고자 투쟁한다. 자신은 아무도 원하지 않았기 때문에 스스로 투쟁하여 획득하지 않으면 안 된다고 생각한다.

〈내담자 2〉

특성 드라이버	타인과 관계 맺는 방식	위협에 대한 반응	만족을 주는 시간의 구조화	실행적 · 생존적 적응
1(BS)	무반응	외면	폐쇄 그리고 활동, 친밀	뒤로 한 발짝 물러서는 경향이 있으 며 잠잠해질 때까지 기다리는가? 갈등을 회피할 수 있는가?(생존)
2(PO)	감정	감정이 과도하게 상승	잡담 그리고 게임, 친밀	주변의 모든 사람을 행복하게 좋은 느낌을 가질 수 있도록 에너지를 쓰 고 있는가?(실행)

① 타인과 관계 맺는 방식: 1번 드라이버일 때 타인과 관계 맺는 방식이 무반응이다. 대화하기보다는 타인의 이야기를 경청하기를 먼저 한다. 스스로 말을 잘하지 못한다고 생각하였고, 어릴 때 TV에서 슬픈 장면이 나오거나 일상생활에서 잘 울었을 때 주변 사람들이 놀렸다. 놀림 받을까 봐 희로애락 감정 표현을 억제했다. 2번 드라이버일 때 감정적인 반응으로 따뜻하고 배려하는 태도와 몸짓으로 첫 대면을 한다. 다른 사람에게 잘 보이고 싶어 하였고 존재감이 없던 어린 시절에 타인에게 맞추어 행동하고 예의 바르게 하면 인정받을 수 있다고 생각하게 되었기 때문이다.

② 위협에 대한 반응: 1번 드라이버일 때 침착하고 효과적으로 대처하나 해결이 안 될 것 같을 때는 외면하는 경향이 있다. 특히, 감정이 얽혀 있는 문제는 해결이 어렵게 느껴진다. 감정이 얽혀 큰 소리로 싸움이 일어난 경우 자신의 중재가 잘못될 수 있을까 두려워 외면하게 된다. 2번 드라이버일 때 두려움이 있는 상황에서 감정이 과도하게 상승하여 감정 조절이 안 될 때가 있으며 당황스러워한다.

③ 만족을 주는 시간의 구조화: 1번 드라이버일 때 다른 사람과 교류를 차단하기도 하나 활동과 친밀감을 추구한다. 교류를 차단할 때는 잠을 자거나 혼자 있는 것이며, 아무것도 하지 않으며 폐쇄를 하게 된다. 집안일은 하지만 생각을 차단한다. 2번 드라이버일 때 친밀감은 추구할 때는 가족들과의 모임이나, 여행 그리고 직장에서의 간단한 친목 도모 활동 정도에는 참여한다. 주변 사람들과 부담이 가지 않는 이런저런 얘기로 즐겁게 시간을 보내고 게임과 때로는 친밀감 형성을 위해 노력한다. 친정의 언니나 어머니와 전화통화를 주로 하며 잡담으로 시간을 보낸다.

④ 실행적 · 생존적 적응: 1번 드라이버일 때 기다리는 경향이다. 셋째 딸로서 보채기보다는 조용할 때 칭찬 받았다. 2번 드라이버일 때 살아가기 위해서는 좋은 인

상을 주는 것이 중요하고 주변의 모든 사람들과 잘 지내려고 노력한다. 자신이 해야 할 일이라고 생각하거나 책임감이 주어졌을 때 힘들어도 참고 하며, 스스로 많은 짐을 진다.

내담자 커플관계 해석

남편은 아내에게 2번 드라이버인 PO를 쓰기를 원하여 자신을 챙겨 주기를 원하고 자신이 통제했을 때 거절하지 않기를 기대한다. 반면, 아내는 PO를 통하여 남편의 기대에 충족하려고 하다가 지쳐 외면하고 무반응, 폐쇄를 반응하고 싶어 한다.

☞ 개선방안

아내는 남편을 기쁘게 하기보다는 자신을 기쁘게 하는 것이 무엇인지, 남편에게 말로 표현하고 실행하는 것이 필요하다. 그리고 남편은 타인과 다른 원가족에게는 관대하고 자신에게는 관대하지 못한 아내의 행동이 서운한 경우는 어떨 때인지 공격하고 비난하지 않고 '나 전달법'으로 자신의 감정을 아내에게 표현하는 것이 필요하다.

5) 불건강할 때 전형적인 심리게임, 금지령, 라켓

〈내담자 1〉

드라이버 \ 특성	심리게임	금지령	라켓
1(BC)	• 몰아넣기(흠 잡아내기, 거부하기) • 자! 딱 걸렸어, 이 녀석 • 당신 탓으로 이렇게 되었어(책임전가)	• 친해지지 마라. • 신뢰하지 마라. • 감정을 느끼지 마라. • 즐기지 마라. • 소속되지 마라(함께하지 마라).	타인에 대한 분노, 불안, 질투, 의심(두려움을 가린)
2(TH)	• 예, 그러나 ……(거절하기) • 바보(회피하기) • 나를 차라(비난, 경멸 유발하기)	• 나를 떠나지 마라. • 신뢰하지 마라.	좌절(마음의 상처를 가린)

① 심리게임: 1번 드라이버일 때 진행한 일이 잘못되어 자신에게 피해가 가면 상대방에게 책임을 전가한다. 일이 잘못되었을 때 주로 아내를 비난하는 박해자가 된다. 2번 드라이버일 때 잘못한 후 문제해결에 회피하여 바보가 되고 희생자로 종결한다. 아내가 구원자가 되어 문제해결에 나서게 한다.

② 금지령: 1번 드라이버일 때 '소속되지 마라.'이다. 관계 속에서 잘 적응하지 못하고 갈등을 일으키거나 관계를 갖는 시간이 힘들면 바로 차단해 버린다. 문제를 해결하기보다는 외면하거나 회피해 버린다.

특히, 원가족의 문제에는 참여하고 싶지 않다. 동생과 단절되었는데, 관계 회복에 나서지 않고 있다. 성인은 결혼하면 자신의 가정이 우선이고 각자 책임지며 살아가야 하기 때문이다. 동생의 문제는 동생의 문제일 뿐이다. 2번 드라이버일 때 '신뢰하지 마라.'이다. 잘 믿지 못하고 의심한다. 특히, 외부 세상은 믿을 수가 없고 매우 더럽다. 타인들과 공유했던 물건들은 깨끗하지 못하다.

③ 라켓(부적절한): 1번 드라이버일 때 불안의 라켓 감정으로 인해 안전을 위해, 항상 자원을 축적하기를 원하며, 아내가 든든한 버팀목이 되어 주기를 기대한다. 부모의 이혼과 아버지의 재혼은 자신이 안전하지 않은 존재로 불안감을 과하게 느끼도록 한 것으로 보인다. 두려움을 화로 표현하고 의심하며 과도한 청결개념으로 편집성을 보여 준다. 화의 대상은 할머니와 주로 아버지였는데, 이제는 가끔씩 딸과 아내가 되기도 한다. 2번 드라이버일 때는 좌절이다. 어릴 때 거부당했던 상처는 아무도 몰랐으면 좋겠다. 목표한 일이 안 될 것 같으면 위축되고 자포자기에 빠진다.

〈내담자 2〉

특성 드라이버	심리게임	금지령	라켓
1(BS)	• 당신이 아니었다면(보상받기) • 나에게 뭔가를 하라(불평하기, 조종하기)	• 잘되려고 하지 마라. • 즐기지 마라.	무감각, 단조로움, 불안 (분노, 마음의 상처)

2(PO)	• 몰아넣기(흠 잡아내기) • 자! 딱 걸렸어, 이 녀석(규탄하기) • 나를 차라(비난, 경멸 유발하기)	• 친해지지 마라. • 신뢰하지 마라. • 감정을 느끼지 마라. • 아이처럼 굴지 마라. • 소속되지 마라.	타인에 대한 분노, 불안, 질투, 의심(두려움을 가린)

① 심리게임: 1번 드라이버일 때 '당신만 아니었다면'으로 남편의 행동에 힘들어한다. 2번 드라이버일 때 '자! 딱 걸렸어, 이 녀석'이다. 대부분의 상황에서 긍정적인 태도로 타인의 도움을 주는 구원자 역할을 하다가 상대가 잘못하면 박해자로 규탄하기를 한다. 평상시 남편에게 맞추기 위해 감정을 억제하고 기쁘게 하려고 하다가 남편이 물티슈로 닦고 있을 때 박해자가 되어 규탄하게 된다.

② 금지령: 1번 드라이버일 때 '즐기지 마라.' 이다. 외부에서 취미활동이나 즐거운 활동에 참여하지 않는다. 주로 집에서 쉬는 것이 편하다. 2번 드라이버일 때 '감정을 느끼지 마라.'이다. 어린 시절 아버지는 감정을 과도하게 표현하는 분이 아니었다. 아버지는 말씀이 적었고 매우 과묵하였으며, 천천히 행동하는 분이셨으며, 친가나 외가 모두 할아버지가 매우 엄하셨다. 그리고 자주 울었던 어린 시절 놀림으로 인하여 감정을 억제하게 되었다.

③ 라켓: 1번 드라이버를 사용할 때 단조로움의 라켓 감정을 사용하며 타인과의 교류보다는 혼자 있는 것을 선호하였다. 2번 드라이버를 사용할 때는 두려움을 가린 의심을 사용한다. 쉽게 도전하지 못하고 뒤로 물러나 있으며, 외부 활동에 참여하기보다는 회피를 선택한다.

내담자 커플관계 해석

남편은 '소속되지 마라.'이고 아내는 '즐기지 마라.'이다. 아내는 남편이 원가족들(시댁, 처가)과 잘 지냈으면 좋겠는데, 그렇지 못하고 실수하여 가족들의 질타를 받으면 속상하다. 자신이 미리미리 조용히 일처리를 하는데 남편은 그것을 잘 모르는 것 같다고 생각하면서도 말을 잘하지 않고 혼자 참는 것을 선택한다. 남편은 아내가 너무 원가족들과 친밀하게 지내려고 하는 것 같을 때 힘들어한다. 우리끼리 더 잘 살아야 하는데, 타인에게 신경을 많이 쓰는 것이 싫다.

☞ **개선방안**

남편과 아내는 각자 생각하는 원가족에 대한 자신들의 생각과 해야 할 일들을 이야기 나누고 함께 공동의 공유가치를 정하고 참여하도록 한다.

6) 드라이버에 따른 인생각본

〈내담자 1〉

특성 드라이버	과정각본	축소각본	허용
1(BC)	'까지'식 + '결코'식	스트레스 상황에서 현재 그대로의 모습을 받아들이지 않고 '만약 ~이라면 OK'라는 사고방식으로 시작할 때, OK가 아닌 축소각본에 빠진다.	솔직히 개방하고 믿음을 가져도 좋다.
2(TH)	'항상'식(노력은 하지만 자기 틀에서 못 벗어남)		그냥 해도 좋다.

① 과정각본(각본 과정): 약점이 있는 존재로 인식되는 것을 거부하며 어떤 일이든지 확신을 갖기를 원한다. 안전하다고 확신이 설 때까지 시도하지 못하기 때문에 추진력이 부족하다. 노력은 하지만 경직된 자신의 틀을 벗어나지 못하여 같은 실수를 반복한다. 어린 시절의 이야기는 약점이라고 생각해 말하면 안 될 것 같아 아내에게도 결혼 후에 이야기했다. 이런 이야기들을 타인이 아는 게 싫다. 원가족 이야기를 할 때면 좋은 이야기, 아버지의 공무원이나, 성공담만 이야기하게 된다.

② 축소각본: 안전하면 OK이다, 실수했을 때는 다른 사람을 비난하는 비난꾼으로 변한다. 다른 사람을 통제하고 주변을 안전하게 통제해야 한다. 안전하지 않다고 생각되면 불안하고 스트레스를 받는다. 외부에서 물건을 집 안으로 들여 놓는 것은 매우 안전하지 않고 더럽다. 물티슈로 닦지 않으면 스트레스를 받으며, 아내가 동조하지 않고 비난하는 것처럼 보일 때 화가 난다. 퇴근 후 네 살 딸아이를 안아 주고 싶어도 손을 씻지 않으면 안아달라고 하는 것을 허용하기 어렵다.

③ 허용: '자신의 욕구나 감정을 솔직히 개방하고 믿음을 가져도 좋다.', '그냥 해도 좋다.'고 허용한다.

⟨내담자 2⟩

특성\n드라이버	과정각본	축소각본	허용
1(BS)	'결코'식\n(생각만 하고 시도를 하지 않음)	스트레스 상황에서 현재 있는 그대로의 모습을 받아들이지 않고 '만약 ~이라면 OK'라는 사고방식으로 시작할 때, OK가 아닌 축소각본에 빠진다.	자신의 욕구나 감정을 개방적으로 표현해도 좋다.
2(PO)	'그 후'식\n(뒷일에 대해 미리 근심 걱정함)\n모든 것이 걱정	• 몰이꾼: ~하는 한 OK, 무감정\n• 제지꾼: 자기 탓, 죄의식, 근심\n• 비난꾼: 네 탓, 비난, 의기양양한\n• 낙담꾼: 무가치한, 무익한	먼저 자신을 기쁘게 해도 좋다.

① 과정각본: 1번 드라이버일 때 '결코'식 각본을 사용하는 아내는 늘 혼자서 책을 보거나 휴식을 취하고 이것저것 배워 볼까, 활동해 볼까 계획을 세워 보지만 막상 쉽게 도전하지는 않는다. 생존에 필요한 에너지만(가정살림, 육아, 직장) 사용하고 몸을 많이 역동적으로 움직이지 않는다. 2번 드라이버일 때는 미리 걱정하여 쉽게 도전하지 않는다.

② 축소각본: 자신의 마음을 잘 통제했을 때 OK이다. 그렇지 않을 때는 죄의식, 근심 등 제지꾼이나 무가치한 낙담꾼으로 변한다. 타인에게는 초연하고 평화로워 보이는 것을 선택해야 될 것 같다. 내 감정을 있는 그대로 표현하기는 부끄럽고 타인이 싫어할 것 같다.

③ 허용: '자신의 욕구나 감정을 솔직히 개방적으로 표현해도 좋다.', '먼저 자신을 기쁘게 해도 좋다.'이다.

내담자 커플관계 해석

남편은 안전하면 OK, 아내는 자신의 마음을 통제했을 때 OK이다. 남편은 안전하다고 확신이 생기지 않으면 움직이지 않으며, 노력은 하지만 자신의 틀 안에서 노력하므로 쉽게 그 틀을 벗어나지 못한다. 반면 아내는 '결코'식과 '그 후'식으로 미리 걱정하고 쉽게 도전하지 않으며, 자신의 감정을 통제한다.

☞ **개선방안**

믿음을 가지고 개방적으로 표현하며 지지해 주는 서로의 역할이 필요하다.

7) 드라이버에 따른 전형적인 디스카운트와 상담의 쟁점

〈내담자 1〉

특성 드라이버	전형적인 디스카운트	상담의 쟁점
1(BC)	자신이 수용 방법을 재고하는 것(핵심: 세상을 안전하다고 느끼는 것)	• 상처를 주고받거나 광기의 도피구를 막는다. • 타인과의 관계를 통해 두려운 감정을 처리하는 방법을 배운다.
2(TH)	자신의 감정을 직접적으로 조화롭게 표현하는 것(핵심: 목적이 없는 갈등으로부터 자유롭게 되는 것)	• 목적 없는 갈등으로부터 자유로워진다. • 삶을 투쟁으로 생각하지 않도록 깨닫는다.

① 전형적인 디스카운트: 1번 드라이버일 때 '자신이 수용 방법을 재고하는 것'이다. 세상을 안전하다고 느끼는 것이다. 외부의 세계로부터 자신과 가정을 지켜야 하기 때문에 모든 것을 들여올 때는 닦아야 하는 신념으로부터 벗어나야 한다. 2번 드라이버일 때 목적 없는 갈등으로부터 자유로워지는 것이다. 자신이 갈등을 벌이고 있는 안전에 대한 생각으로부터 자유로워져야 한다.

② 상담의 쟁점: 1번 드라이버일 때는 상처를 주고받거나 광기의 도피구를 막는다. 자신이 청결과 안전에 대한 방법으로부터 자신과 아내, 자녀가 받는 것에 대하여 막아야 한다. 일관되지 않는 안전에 대한 생각은 아내와 자녀에게 혼란을 주고 있다. 2번 드라이버일 때는 삶을 투쟁으로 받아들이지 말고 목적 없는 갈등으로부터 자유로워져야 한다. 자신의 집은 지키는 방법이 물건을 닦는 것이라는 갈등으로부터 벗어나야 한다.

〈내담자 2〉

특성 드라이버	전형적인 디스카운트	상담의 쟁점
1(BS)	자신의 힘이나 책임을 포기하는 것(핵심: 자신의 감정과 욕구를 수용하는 것)	• 수동행동(아무것도 하지 않는 것, 과잉반응, 불안 무능과 폭력)과 직면하게 한다. • 자신의 감정과 욕구를 소중히 하는 것을 돕는다.
2(PO)	타인을 기쁘게 하기보다는 스스로를 기쁘게 하는 것(핵심: 자신의 감정이 무엇인지에 대해 깊이 생각하는 것)	스스로 생각하는 힘이나 능력에 대해 스트로크를 해 준다.

① 전형적인 디스카운트: 1번 드라이버일 때 자신의 힘을 포기하지 말고 자신의 감정과 욕구를 수용하는 것이다. 어릴 적 놀림으로 자신의 감정을 억제하였던 것에서 출발하여 '나는 부끄러워서 하지 못할 것이다.'라는 것에서 벗어나야 한다. 아내는 무조건 참아서 회피하는 것으로 문제해결 방법에서 책임을 포기하지 말아야 한다. 2번 드라이버일 때는 자신의 감정이 무엇인지를 깊이 생각하고 스스로를 기쁘게 하는 것이 필요하다.

② 상담의 쟁점: 1번 드라이버일 때는 수동행동과 직면하게 하여 아무것도 하지 않는 것으로부터 벗어나야 한다. 외부 활동에 능동적으로 참여하여 자신의 솔직한 감정을 지지 받는 것이 필요하다. 2번 드라이버일 때는 자신에게 힘이나 지지의 스트로크를 해 주어야 한다. '자신은 부끄러워 아무것도 못할 것이다.'는 생각에서 벗어나 상담자에게 말했던 것처럼 잘할 수 있음을 믿어 주어야 한다.

내담자 커플관계 해석

부부는 외부세계에 대하여 안전하다고 믿으며, 다양한 도전을 통하여 두려움과 통제, 무력감으로부터 자유로워져야 한다. 아내는 남편의 위생개념이 싫고 화가 나면서도 말하지 않고 참고 회피하여 평화를 유지하려고 하고, 남편은 경직된 사고로 자신의 방법을 유지하려 한다.

☞ **개선방안**

서로가 불안하고 두려운 것은 무엇인지 솔직하게 대화를 나누고 함께 자신들의 힘에 대하여 지지해 준다.

8) 드라이버와 양육방식, 오염된 성격구조, 치료의 핵심

〈내담자 1〉

특성 / 드라이버	양육방식	불건강할 때		문제점	치료의 핵심
		태도	자아상태		
1 (BC)	일치하지 않은	의심	Ⓟ에 의해 Ⓐ 오염, Ⓒ 배제	사람들을 신뢰하지 못한다.	세상은 안전하다고 느끼는 것
2 (TH)	과잉 통제하는	저항	이중오염 상태에서 Ⓟ와 Ⓒ가 서로 비판	삶을 투쟁하듯 살려고 한다.	삶을 투쟁하듯 살 필요가 없다는 것

① 양육방식: 1번 드라이버일 때 경상도 출신의 직설적인 할머니, 이혼하여 집을 떠난 어머니, 재혼한 아버지와 새어머니 등의 양육자가 혼란스러웠으며, 이는 일치하지 않은 양육방식으로 길러졌을 수 있다. 할머니와 아버지의 잔소리와 지적은 고등학교까지 이어졌다. 하지만 자신에게는 엄하고 지적하면서 타인에게는 너그러운 모습은 어릴 때는 순응했지만 지금은 그런 비슷한 사람을 보기만 해도 화가 나고 분노의 감정이 생겨 상대하고 싶지 않아진다. 2번 드라이버일 때는 할머니가 과잉통제하여 남편의 C자아를 억압하였다.

② 불건강할 때: 1번, 2번 드라이버일 때 의심과 저항이다. 주변의 가족들인 어른들의 상황을 이해하기 어려웠고, 오히려 의심하고 저항으로 표출되는 것으로 해석된다. 타인과의 관계에서 의심과 저항은, 관계를 지속하고 긍정적으로 문제를 해결하기보다는 관계를 소원하는 요소로 보인다. 아버지에 대해서는 지금도 친밀한 관계를 가지기가 어렵다. 아버지의 행동과 비슷한 타인을 만나면 화가 나는데, 가끔 아내에게서 발견한다.

③ 문제점: 사람들을 신뢰하지 못하고 삶을 투쟁하듯 산다. 자신은 자신이 지켜야 하며, 자신의 울타리 안에서는 과잉통제하려는 모습을 보인다. 주 양육자를 믿지 못

하고 의심하였던 남편은 외부 세계를 믿지 못하고 외부로부터 들어오는 물건은 모두 통제해야 안전하다고 믿는다. 심지어 아내가 통제되어야 한다고 생각한다.

④ 치료의 핵심: 세상은 신뢰할 만하고 삶은 투쟁하듯이 비난하고 과하게 쟁취하지 않아도 불안하지 않다고 여긴다. 현재는 아내를 믿으며 외부 세계를 신뢰하여 자신의 가정에 외부 세계를 허용하는 것을 늘려 나간다.

〈내담자 2〉

드라이버 \ 특성	양육방식	불건강할 때		문제점	치료의 핵심
		태도	자아상태		
1(BS)	모호한, 주저하는	회피	이중오염 상태에서 ⑫가 ⓒ를 비판, ⓒ는 회피	감정을 느끼고 수용하는 것이 어렵다.	원하는 것을 요구하는 것, 홀로 서는 것
2(PO)	타인을 기쁘게 하는 것을 강조하는	과잉 반응	ⓒ에 의해 Ⓐ 오염	남과 의존적 관계를 맺기 쉽다.	스스로 홀로 설 수 있다는 것, 도망가는 것을 중지하는 것

① 양육방식: 1번 드라이버일 때 모호한 주저하는 양육방식이다. 부모의 바쁜 일상 속에 이모와 지내는 경우가 많았으며, 쌍둥이 언니들의 영향까지 받은 것으로 해석된다. 본인이 나서지 않아도 언니들의 그늘 밑에서 해결이 되는 부분이 많았고 언니들에게 착하게 행동해야만 자신의 존재를 인정할 것 같았다. 스스로 나서기보다는 언니들이 해 주기를 기다리고 나서지 않았다. 2번 드라이버는 주변 사람들과 즐겁고 좋은 관계를 유지하기 위해 노력해야만 관심의 대상이 되고 칭찬 받은 것으로 해석된다.

② 불건강할 때: 1번 드라이버일 때 회피이다. 타인과의 교류를 차단하며, 혼자 있기를 선호한다. 언니들이 갈등이 있을 때는 누구의 편을 들어야 할지 선택하기 어려웠다. 차라리 말 안 하고 회피하는 것이 좋았고, 문제를 만들지 않아야 한다고 생각하면 혼자 조용히 있는 것을 선택하였다. 지금도 언니들이 갈등 상황에서 "넌 누구 말이 맞는 것 같니?"라고 물으면 둘 다에게 상처를 주고 싶지 않아 그냥 웃는 것으로 표현할 때가 많거나 "에이 몰라……."라고 자신의 생각을 말하지 않는다.

③ 문제점: 타인과의 깊은 대화로 자신의 솔직한 이야기를 하지 못하고, 대부분은 억

제하고 참는다. 타인의 말을 경청하고 들어주어 타인을 기쁘게 하지만 자신은 지친다.

④ 치료의 핵심: 자신감을 가지고 편안한 마음으로 세상을 살아가도록 한다. 자신에게 먼저 인정자극을 주어 삶에 자신감을 갖게 한다. 타인보다는 스스로를 기쁘게 하는 것이 필요하다.

내담자 커플관계 해석

남편과 아내는 둘 다 일치하지 않고 모호한 양육방식으로 성장하였고, 둘 다 존재감이 드러나는 삶을 살지 못하였다. 혼자 느끼고 혼자 회피하는 것에 익숙하도록 성장하여 서로의 신뢰를 통하여 서로가 원하는 것을 자연스럽게 요구하고 들어주어야 할 것이다.

☞ 개선방안

서로에게만 밀착하지 않고 외부에서 친구관계를 형성하여 외부 세계를 신뢰하는 것을 도전하도록 한다.

5. 내담자 커플의 드라이버와 관계된 개선방안

1) 상담자가 본 내담자 커플의 문제

남편은 1번 드라이버가 BC로 3~4등급이다. 민감하고 날카롭고 통제의 성향을 보여준다. 안전하지 않다고 느낄 때 편집성의 깔끔함과 자신이 기대하는 아내의 행동을 요구하고 통제하려고 한다. 반면 아내는 BS 1~2등급으로 감정과 욕구를 표현하지 않고, 타인에 대하여 정당한 비판을 하지 못한다. 자신의 감정을 드러내다가도 남편의 반응에 따라 감정을 억제하고 남편의 편집성이 보일 때도 속으로 화가 나지만 눌러 참는 편이다. 아내의 HU가 8~9등급으로 느긋하고 여유 있는 행동을 남편이 비난하고 재촉할 때 아무것도 안 하고 회피하고 싶어 한다. 하지만 남편은 이런 아내가 서운하다. 자신의 말을 귀담아 듣지 않고 신속히 처리하지 않을 때 화가 난다. 이 부부는 둘 다 깊은 교류를 갖는 친구가 별로 없고, 생존을 유지하는 교류만을 하고 있는 경우이다. 외부 세계에 대하여 둘 다 두려움을 가지고 신뢰하지 못하고 둘만 밀착되어 있다.

2) 내담자 커플의 현재 상태에 대한 개선방안

① 상담목표

• 서로가 원하는 것이 무엇인지 구체적이고 솔직하게 표현하기
• 서로가 변화 가능한 힘이 있음을 믿어 주고 지지해 주기
• 부부라도 서로 다른 인격체임을 인정하기
• 자신에 대하여 깊이 탐색하고 새로운 결단으로 긍정하기

② 상담계획

• **초기**: 내담자와 신뢰감을 형성하여 핵심 감정을 교류하고 상담계획 세우기
• **중기**: 심리검사를 통해 문제해결 및 변화 시도하기
• **종결**: 재결단을 통하여 순기능의 드라이버로 서로 변화된 삶 유지하기

③ 상담전략

• 의사소통 방식 훈련하기
• 부부의 친밀감 형성 활동시간 계획하기
• 상담자가 지속적인 지지해 주기

6. 상담과정과 상담결과

1) 상담과정

• **초기**: 정보 수집 및 상담 계약하기
  충분한 이야기로 배우자의 속마음 알기
  원하는 주 호소문제를 명확히 하고 사정도구를 통하여 원인을 파악하기

변화 가능한 상담의 목표를 세우기

- **중기**: CKDP를 통해 서로를 충분히 이해하기

  각자의 어린 시절 위로하고 위로 받기

- **종결**: 긍정적 변화를 위하여 재결단을 하고 성장하도록 돕기

2) 상담결과

부부의 주 호소문제는 "신속히 내가 하라는 대로 했으면 좋겠어요!", "과도한 민감함에 지쳤어요!"이다.

CKDP를 통해 각자의 삶을 되돌아보게 되었다. 무엇보다 남편은 아내가 자신의 통제대상이 아니라는 점을 이해하게 되었고 아내는 남편이 집단 속에서 거부당한 것 같을 때, 안전하지 않다고 불안을 느낄 때 편집성과 자신과 가장 가까운 아내를 통제하려고 하는 것에 대하여 이해하게 되었다. 아내는 자신이 안 참으면 평화를 유지 못할 것 같았다. 나만 포기하면 될 것 같았다. 그러나 자신이 남편의 이야기는 들어주지만 남편이 원하는 행동으로 변화하지는 않고 건성으로 들어주어 남편이 계속 비난하게 만드는 심리게임으로 남편을 초대하고 있음을 알게 되었다. 검사와 상담을 통하여 편안해진 마음으로 서로를 바라볼 수 있어서 좋았고 과거 조기결단으로부터 벗어나고 싶어졌다고 하였다. 특히, 남편은 자신의 약점인 어릴 적 이야기를 아내 아닌 상담자에게 말하는 것이 쉽지 않았다. 자신의 성장과정을 말하면 무시당할 것 같았다. 이제는 그렇게 생각하지 않겠다고 하였다. 자신이 무엇을 위로 받아야 하는지 알 것 같다고 하였다. 상담을 받은 후 자녀양육에 대하여 생각하게 되고 서로가 의논하기도 한다고 하였다. 외부세계에 대하여 신뢰하는 것이 필요한 부부로 상담 자체가 신뢰하기 시작한 것이라는 자각도 하게 되었다. 추후 유지되는 것과 상담자의 관리가 필요하다.

7. 상담자 총평

남편은 '자신의 이야기를 잘 들어주는 아내의 모습', 아내는 '자신을 리드해 주는 통제력'이 믿음직하여 결혼을 하게 되었다고 한다. 하지만 아내가 자신이 말할 때 건성으

로 듣거나 전에 말했는데도 같은 행동을 반복할 때 자신을 무시하는 것 같아 기분이 나쁘고, 아내는 타인과 이야기를 할 때 자신에 대한 이야기가 부끄러워 잘 하지 않았던 모습만을 자신의 모습으로 인정하고 통제하려고 할 때 지친다고 하였다.

본 검사를 통해 부부는 자신의 삶을 깊이 있게 들여다보며, 양육환경의 중요성을 깨달았고 자신들의 자녀를 위해서도 상담 받기를 잘했다고 하여 상담에 대하여 매우 긍정적이었다. 결혼 5년 차에 들어서는 부부로서 연애와 다른 결혼의 관점에서 자신들을 점검해 보아 의미 있었다는 평가이다. CKDP는 상담자로서 결혼 초기의 어린 자녀를 둔 부부들이 미래를 위하여 꼭 받았으면 하는 바람을 갖도록 하였다. 이 상담을 통하여 뿌듯함을 느꼈고 적극적으로 상담에 참여해 준 부부에게 감사드린다. 상담이 한 단계 성장하고 행복한 생활로 나아가는 데 중요한 길잡이가 되기를 기대해 본다.

CKDP 심리검사에 의한 커플상담 사례분석 **9**

무반응한 남편과 소외감을 느끼는 아내

혼자 있고 싶어 하는 남편 때문에 소외감을 느껴요

상담자: 홍은영

1. 내담자 기본 정보

내담자 1: 남편/성별: 남/연령: 48세/학력: 대학원 졸업/검사일: 2017. 03. 25.
내담자 2: 아내/성별: 여/연령: 48세/학력: 대학원 졸업/검사일: 2017. 03. 25.

1) 의뢰 경위 및 주 호소문제

① 의뢰 경위

부부가 함께 시간을 공유하고 싶어 하는 아내와 각자 자신이 원하는 시간을 갖기를 원하는 남편의 바람이 상충되어 서로에 대한 불만이 쌓여 가는 부부가 서로 이해의 폭을 넓히고자 내방하였다.

② 주 호소문제

내담자 1: **"혼자 있는 시간을 방해받고 싶지 않아요."**

서재에서 혼자 책을 보거나 인터넷을 통해 자료를 찾는 등 혼자 하는 작업을 좋아하는 남편은 아내가 자신을 방해한다고 느낀다. 그냥 혼자 있도록 나를 가만히 놓아두었으면 좋겠다고 한다.

내담자 2: **"가족 안에서 소외감을 느껴요."**

남편과 상호작용하기를 좋아하여 함께 공유하는 시간을 갖고자 원한다. 여행, 영화, 장보기, 쇼핑, 찻집에서의 대화 등 다양한 활동을 함께하기를 요청하나 번번이 거절하는 남편에 대해 불만이 많다.

2) 행동 관찰

내담자 1: 보통 이상의 키에 군살 없이 날렵해 보이는 체형, 선한 눈빛과 차분하고 단정한 옷차림과 예의 바른 태도에서 성실함이 배어 나오는 첫인상이다. 군더더기가 없는 말투로 신중하고, 길지 않은 대답을 하며 경청하는 태도를 보인다.

내담자 2: 명랑하고 쾌활한 성격의 직장여성으로 밝은 미소에 호감이 가는 첫인상이다. 자기 표현이 분명하고 명료한 어휘를 구사하나 서둘러 결론이 나길 재촉한다. 내방 경위에 대한 설명을 구체적이고 주도적으로 표현한다.

3) 내담자의 자원

① 내담자 1

- 상담에 대해 긍정적인 기대감이 있으며, 자기탐색에 신중하다.
- 상담자에 대한 신뢰가 있으며 타인을 배려한다.
- 이해되고 납득할 수 있는 영역에 대해 실천력이 강하다.
- 아내의 권유로 왔으나 상담에 임하는 자세는 긍정적이다.

② 내담자 2

- 성장에 대한 욕구가 있고 적극적이고 열정적이다.
- 남편과 자신에 대해 깊이 있는 탐색을 원하며, 솔직하고 개방적이다.
- 자신의 생각이나 상황에 대한 표현이 명료하다.

4) 가계도

〈내담자 1〉

외할머니(사망): 외할아버지가 돈벌이를 위해 일본으로 건너간 후 수년 동안 연락두절된 상황에서 6·25 전쟁이 발발하였으며 살기 힘든 환경 속에서 외할머니가 집을 나갔다고 한다. 그 후 외할머니는 재가하였고, 어린 시절 외롭게 성장하였으나 독립적인 성향이다.

아버지(사망): 화전민으로 가난하게 생활하였으나 사업수완이 있어서 강원도에서 산약재를 가져와 팔아 이문을 남겨 번 돈을 노름으로 탕진하였다. 주변에 술친구들이 많았고 빚보증을 서 주는 등 금전관계의 손해로 어려움을 겪었다.

어머니(사망): 남편에 대한 신의를 지켰으며, 휴게소에서 산약재와 토산품을 파는 코너를 운영하며 자녀들을 양육했다. 반듯하고 품위가 있는 성품이어서 마을에서 존경을 받았다. 자녀와 자부들이 지켜보는 가운데 임종을 맞이할 정도로 가족 간 유대가 있다.

아들(21세): 군복무 중인 대학생으로 걱정을 끼치지 않는 모범생이다. 부모에게 의존하지 않고, 독립적이고 신중한 성격과 일 처리가 믿음이 간다고 한다.

〈내담자 2〉

아버지(사망): 할아버지는 한의사였으며, 아버지는 일본에서 치기공일을 하시다가, 본국으로 돌아와 결혼하고 일본에서의 재산을 인정받지 못하여 가난하게 사셨다. 과묵한 성품에 가정적이고 배려심 있고, 손재주가 남달라 동네에서 농기구(지게, 멍석, 망태기 등)를 만들어 나누었다고 한다. 겨울에는 일찍 일어나 가마솥에 물을 미리 데워 놓고 나무를 적당한 크기로 잘라 밥을 짓기 편하게 준비해 두는 등 아내를 보살피고 아이들의 운동화를 미리 데워두는 자상한 성품이었다.

어머니(사망): 결혼 전 여종을 데리고 다니는 부유한 환경에서 자랐고, 활달하고 적극적인 성품으로 강인하며 리더십이 있다. 마을 부녀회를 이끌었고, 독실한 크리스천 신앙생활을 했다. 아들을 많이 낳지 못한 것에 대한 한이 있었으며 성경을 읽기 위해 스스로 한글을 깨치는 총명한 분이셨다.

아들(21세): 남편과 공통의 관심사를 가지고 있는 아들에게는 서운함을 가지고 있다. 남편을 닮은 아들이 든든하고 대견하기도 하지만 조심스럽고 눈치가 보인다고 한다.

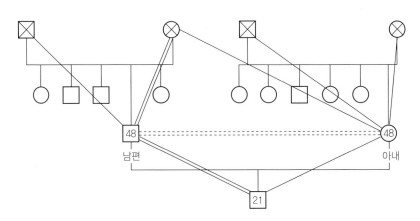

5) 생태도

내담자 1: 남편은 주로 생활하는 공간이 직장과 집이지만 직장에서는 최소의 에너지를 사용하려고 한다. 주 2회 이상 운동을 하기 위해 운동클럽에 간다. 주로 집에 있는 시간에는 투자활동과 관련된 정보 검색 및 팟캐스트를 듣는 것을 즐긴다. 독서의 대부분은 경제 서적이고 베스트셀러는 대부분 읽는 편이다. 가끔 직장 동향인 모임, 동기 모임에 참여하며 가족과 관련된 일에 시간을 사용한다. 큰형과 큰누나, 여동생이 근거리에 거주하고 있어서 자주 왕래하는 편이다. 생태도를 통해서 볼 수 있듯이 남편의 생활은 단순한 편이며, 관심의 영역 및 활동의 범위도 몇 가지에 집중되는 경향을 보인다. 남편은 스스로 필요하지 않은 활동에 대해서는 선호하지 않는 편이다. 자신의 라이프스타일에 대해서 효율적이라고 여기고 있다.

내담자 2: 아내는 주로 호기심이 많아 전공 관련 학회활동에 시간을 할애하고, 여성지도자 모임, 음악 동호회, 먹자계 모임 등 다양한 모임으로 저녁시간을 보낸다. 주말에는 친구들 모임보다 시댁이나 친가에 신경을 좀 더 쓰고자 노력하는 편이다. 남편과 달리 아내는 직장 일에 대해 에너지를 많이 사용하는 편이며, 퇴근하고 돌아와서도 필요한 경우 직장 업무를 하곤 한다. 자신이 하는 일에 대해 자부심이 있고, 최선의 성과를 내고 싶어 한다.

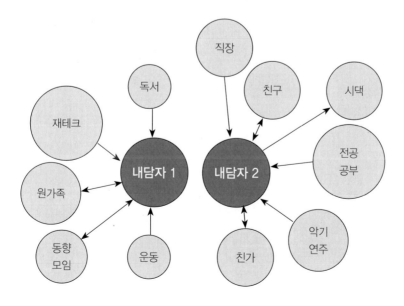

2. 내담자 검사 결과

〈내담자 1〉

드라이버 \ 구분	PO	TI	BS	BC	BP	TH	HU
점수	29	34	39	38	37	27	27
순위	5	4	1	2	3	6	7
등급	5	3~4	1~2	1~2	3~4	6~7	6~7

〈내담자 2〉

드라이버 \ 구분	PO	TI	BS	BC	BP	TH	HU
점수	28	37	30	27	33	34	35
순위	6	1	5	7	4	3	2
등급	6~7	1~2	6~7	6~7	5	3~4	1~2

CKDP 심리검사 체크리스트

내담자 1

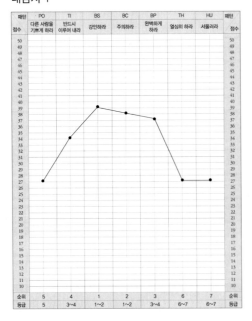

내담자 2

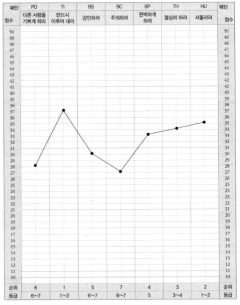

내담자 1 해석: 주 드라이버 BS(39점, 1~2등급), 2순위 BC(38점, 1~2등급), 3순위 BP(37점, 3~4등급), 4순위 TI(34점, 3~4등급), 5순위 PO(29점, 5등급), 6순위 TH(27점, 6~7등급), 7순위 HU(27점, 6~7등급)으로 1순위 BC가 역기능적으로 높다. BS, BC 드라이버를 주로 사용하며 신중하고 수동적이며, 타인과 거리를 두는 경향이 있다.

내담자 2 해석: 주 드라이버 TI(37점, 1~2등급), 2순위 HU(35점, 1~2등급), 3순위 TH(34점, 3~4등급), 4순위 BP(33점 5등급), 5순위 BS(30점, 6~7등급), 6순위 PO(28점, 6~7등급), 7순위 BC(27점, 6~7등급)으로 TI, HU가 역기능적으로 높다. 목표지향적 에너지를 사용하며, 신속하고 분명한 것을 선호하는 경향이 있다.

3. 드라이버에 따른 성격의 특성 및 기능

1) 드라이버에 따른 성격의 특성

〈내담자 1〉

드라이버 ＼ 특성	성격 기술
1-BS(1~2)	수동적, 혼자 있을 때 행복, 초연, 부끄러운, 배려하는, 타인과 거리를 둔, 인내
2-BC(1~2)	회의적, 지식 있는, 조심스러운, 통제력, 주의집중, 사고의 경직성
7-HU(6~7)	무미건조, 정서적 반응이 느림, 판단의 신중성, 소수의 대인관계, 제한된 관심

〈내담자 2〉

드라이버 ＼ 특성	성격 기술
1-TI(1~2)	목표지향, 활력 넘치는 수완가, 달변, 사회적 갈등, 조작적, 카리스마
2-HU(1~2)	신속함, 열심인, 주변의 시선 끌기, 에너지가 많음, 빠른 판단, 성급
7-BC(6~7)	대범함, 추진력, 다양한 관심, 행동하는, 주도적인, 도전하는

〈내담자 1〉

• 1번 주 드라이버 BS(강인하라) 1~2등급: 타인과 거리를 두고 조용하고 섬세하며 가정적인 가장이다. 감정의 변화가 없고 자극에 초연한 태도를 보이며 혼자 있을

때 안정감과 행복감을 느낀다. 가정생활에서 아내와의 관계에서 자신의 감정이나 욕구를 드러내지 않는 편이며, 대부분 긍정적인 반응으로 일관한다. 이런 부분에서 아내는 정서적으로 소통되지 않는다고 느껴 심리적인 허기를 호소하는 것으로 보인다.

- 2번 드라이버 BC(주의하라) 1~2등급: 자신이 하고 있는 업무, 투자에 대해 정보 수집, 문헌에 대해 방대한 양을 공부하는 편이다. 이는 불안한 상황을 통제하고자 하는 내면적 욕구이며, 예측하지 못한 상황에서도 손실을 줄일 수 있도록 사전에 준비하기 위함이다. 여러 가지 변수를 고려하여 늘 최악의 상황을 대비한다. 매사에 신중한 태도를 보이며 의사결정을 해야 할 때 혼자서 심사숙고하여 결정한다.

- 7번 드라이버 HU(서둘러라) 6~7등급: 아내와의 가정사의 일을 결정할 때 여러 상황을 고려하느라 숙고의 시간이 필요하다. 신중하게 결정해야 하는 일도 있지만 상황에 따라 빠른 결정을 해야 하는 상황에서는 대화를 회피한다. 이런 부분을 아내는 자신을 거절하는 것으로 받아들여 마음에 상처를 입곤 한다. 통제된 감정과 느린 정서 반응으로 인해 무미건조해 보일 수 있다.

〈내담자 2〉

- 1번 주 드라이버 TI(반드시 이루어 내라) 1~2등급: 1남 5녀의 막내로 태어나 아들을 원했던 부모님의 인정을 얻기 위해 성취지향적·목표지향적 태도가 강화되었다. 탁월한 어휘력과 친화력 있는 성격으로 처음 보는 사람에게도 호감을 줄 수 있는 장점을 지니고 있다. 남편에게도 애교 있는 아내이며, 원하는 것을 분명하게 요구하는 경향이 있다. 반면, 남편의 감정을 돌보지 않아 갈등을 겪기도 한다.

- 2번 드라이버 HU(서둘러라) 1~2등급: 적극적인 태도로 직장에서 업무처리 속도가 빠르며, 집안일에서도 결정한 일에 있어서는 신속하게 처리하기를 원한다. 주변에 활력을 주어 구심점의 역할을 하나 자기중심적이고 성급한 경향이 있다.

- 7번 드라이버 BC(주의하라) 6~7등급: 사람에 관심이 있으며, 필요하거나 확신하는 일을 추진할 때 대범함을 보인다. 가족모임이나 행사 때 다른 가족들의 의견과 효율성을 따지고, 세밀히 살펴서 무리 없이 진행하기를 원하며 익숙한 것을 선호하는 남편과 달리 아이디어가 많은 아내는 색다른 이벤트를 기획하곤 한다.

내담자 커플관계 해석

1번 드라이버일 때 남편은 타인과 거리를 두고 조용하고 섬세하며 가정적인 가장이다. 아내는 활력이 넘쳐 다양한 호기심으로 취미활동과 학술활동을 선호하여 외부 활동을 한다. 2번 드라이버일 때 남편은 독서, 재테크 관련 정보 수집 및 주식분석, 시간과 환경을 자신의 통제하에 두고 생활한다. 아내는 자신이 목표한 일에 대해 계획을 세워 추진력을 발휘한다. 무리한 시간 일정으로 잦은 몸살을 경험하기도 한다. 7번 드라이버일 때 남편은 타인에 대해서 관심을 두지 않으며 최소한의 에너지를 사용한다. 행동하기보다 생각하며 상황을 주의 깊게 살핀다. 아내는 다양한 관심과 열정이 있다. 이러한 특성을 드라이버 패턴 모델에 근거하여 해석하면 남편은 주로 회피(내향) 영역에 있으나 아내는 능동, 참여(외향) 영역의 드라이버를 사용하고 있다. 시간 활용에 있어서 남편은 개인적 공간인 서재에 있는 것을 선호하나 아내는 남편과 쇼핑이나 영화 관람, 여행 등 활동적인 여가를 즐기기를 원한다.

☞ 개선방안

내향(회피)적인 남편과 외향(참여)적인 아내의 성격특성을 고려할 때, 대화할 때 아내는 남편이 충분히 생각할 시간을 기다리고 먼저 말할 수 있도록 배려할 필요가 있다. 남편의 심사숙고한 내용을 바탕으로 구체적인 실행 계획을 세우고 추진하는 일은 아내가 주도적으로 한다면 부부의 성격특성의 강점을 살려 만족스러운 결과를 얻을 수 있을 것이다. 주 드라이버 사용의 차이를 통해 여가시간에 대한 서로의 견해 차이를 이해할 필요가 있다. 개인적인 선호 활동을 인정하되, 활동시간, 범위, 영역을 부부가 합의할 필요가 있다. 아내는 있는 그대로의 현상에 감정적 의미를 부여하지 않도록 하며, 남편은 활동의 이면의 의미를 수용하도록 도울 필요가 있다.

2) 드라이버에 따른 순기능과 역기능

〈내담자 1〉

특성 드라이버	순기능	역기능
1(BS)	보호적이며, 지지적이다. 높은 민감성으로 주변의 사람들을 편안하게 해 준다. 고독을 추구하는 경향이 있으며 혼자 일하는 것을 좋아한다. 위기 상황에도 침착하게 효과적으로 행동한다. 인생의 근본적인 문제를 깊이 있게 생각하는 경향이 있어 영적인 것을 추구하고 자연과의 조화에 관심을 지니고 있다. 사회적인 상호작용 태도는 타인이 먼저 움직일 때까지 기다린다.	타인과의 상호작용보다는 자신의 세계 안에서 안전을 추구한다. 자신의 욕구가 정말로 필요하다고 인정될 때까지 기다리는 경향이 있다. 배경에만 머물러 있고 저자세를 유지하고 물의를 일으키지 않아야 하는 금욕주의적 태도를 가지며, 비언어적 소통방법으로 의사소통하는 경향이 있다. 타인에게 도움을 청하기보다 스스로 많은 짐을 진다.
2(BC)	세심하게 생각할 수 있으며, 어떤 일에서든지 확신을 갖기를 원한다. 명확한 대답을 좋아하고 빈틈없는 상태를 유지하며 고도의 사고능력을 가지고 있다. 머리가 좋고, 민감하며 지각력이 우수하다. 소수의 사람들과 관계 맺기를 선호하며 문제해결과 사회적인 상호작용 속에서는 자신의 판단대로 행동한다.	자신에게 오는 정보를 자신의 기준에 근거하여 해석하여 오해하고 사고패턴은 종종 경직될 수 있다. 자신이 느낀 감정과 생각에 대해 완고한 모습을 보이고 자신이 인식하는 것이야말로 진정한 현실이라고 확신한다.
7(HU)	매사에 신중하여 실수가 적고, 일처리에 신뢰감을 준다. 충분히 생각하고 판단하며 집중력이 있다. 필요 이상의 낭비적인 에너지를 쏟지 않으며, 다른 사람을 재촉하거나 성급하지 않다. 상대방의 이야기를 끝까지 듣고 숙고함으로써 타인과의 갈등 상황에 잘 대처한다.	계획적이고 사전에 합의되지 않은 일에 대해서 소극적으로 참여하며 소수의 사람들과 익숙한 일을 선호함으로써 충분히 검증되지 않은 것에 대해서는 행동하기를 회피한다. 급하게 처리해야 하는 일에 있어 집중력이 떨어질 수 있다.

〈내담자 2〉

특성 드라이버	순기능	역기능
1(TI)	매력적인 카리스마를 지니고 있으며, 타인을 이끌면서 일에 대한 성과를 낸다. 촉진자의 역할과 행동하기를 좋아하고 인생에서 즐겁게 살고자 노력한다. 매력적으로 보이게끔 좋은 인상을 줄 수 있다. 능동, 수동, 참여, 회피 등 모든 영역을 오간다.	자신이 직접 할 수 있음에도 불구하고 타인을 이용하려 한다. 상황을 경쟁적으로 만드는 경향이 있으며, 타인이 자신을 위해 존재하는 것으로 결론 맺으려 한다. 타인과 친밀한 시간을 원하지만 친밀한 시간이 속박되거나 갇히거나 또는 통제된 상황을 두려워한다.
2(HU)	열정적이고 행동적이며 무엇이든 마음 먹으면 열심히 짧은 시간에 많은 일을 한다. 소모적인 논쟁을 피하며 일사천리로 일을 추진한다. 바쁠 때일수록 집중력이 좋아 일을 잘하며 신속하게 처리하여 마감 시간을 잘 지킨다. 남들이 보면 머리가 잘 돌아가고 빠른 결단력을 가지고 있다고 생각한다. 일을 짧은 시간에 모아서 하는 습관으로 여가시간을 더 확보할 수 있다.	실수를 줄이기 위해 매사를 단계적으로 계획을 하고 여유를 가질 수 있게 시간 안배를 할 필요가 있다. 상대방 말이 끝날 때까지 집중하고 자기 생각대로 짐작하지 말고, 상대방에게 확인해야 한다. 다른 사람들과 진실한 관계를 가지려면 성급하게 판단하지 말고 자유로운 교제에 참여하도록 한다. 다른 사람에게 재촉하기보다 충분한 정보를 받아들일 수 있도록 시간을 주어야 한다.
7(BC)	자신에게 오는 정보를 받아들이는 데 융통성 있게 받아들이며, 다양한 분야에 관심을 통해 다양한 정보를 과감하게 탐색할 수 있다. 새로운 분야에 대한 호기심이 생기면 도전하는 경향을 보인다.	다양한 관심과 다양한 분야에 대한 정보를 수집함에 있어 치밀성이나 정확도가 낮을 수 있으며, 객관성보다 직관에 의존하여 판단하여 실수가 생길 수 있다.

내담자 커플관계 해석

부부의 심리검사 결과에서 남편의 2번 드라이버(BC, 1~2등급)와 아내의 7번 드라이버(BC, 6~7등급) 그리고 아내의 2번 드라이버(HU, 1~2등급)와 남편의 7번 드라이버(HU, 6~7등급)를 주의 깊게 볼 필요가 있다. 건강한 상태에서 부부는 서로에게 매력적으로 끌리고 약점을 보완하는 환상적인 커플이다. 그러나 주 호소문제에서 나타나듯 상충되는 생활패턴으로 불만족스러울 수 있다. 드라이버의 역기능이 발휘되는 경우 남편은 행동하기보다 관조적 자세를 취하며 배경에 머물러 있게 된다. 아내는 자신의 방법으로 남편과 삶을 공유하고자 한다. 남편에게 맞추는 것을 통제받거나 속박당하는 것으로 인식하며 불편한 상황을 신속하게 종결하고자 한다.

☞ 개선방안

혼자 있기를 원하는 남편과 함께 시간을 보내기를 원하는 아내는 자신의 드라이버 역기능을 탐색할 필요가 있다. 상호작용보다 자신의 세계에 머물러 있고자 하며, 희로애락의 감정을 느끼거나 수용하는 것이 어려운 남편의 주 드라이버 특성에 대한 아내의 이해가 필요하다. 또 타인과의 친밀함을 원하지만, 통제받기를 원하지 않는 아내의 드라이버 특성을 남편은 이해할 필요가 있다. 남편이 생각에 머물러 있지 않고 행동할 수 있도록 아내는 남편에게 확신을 주고, 남편은 아내가 원할 때 정서적 표현의 빈도를 늘려야 한다.

4. 1번과 2번 드라이버에 따른 성격특성과 해석

1) 드라이버에 따른 조기결단, 부정적 인생태도, 경계

〈내담자 1〉

드라이버＼특성	조기결단	인생태도	경계	
			자기감	인간관계
1(BS)	나는 나 혼자 느끼고, 나 자신을 보호할 것이며, 너를 필요로 하지 않겠다.	IV (I− U−)	산만	경직
2(BC)	나는 나의 안전을 위해서 주변의 모든 사람과 모든 것을 통제할 것이다.	III (I+ U−)	경직	경직

① 조기결단

- BS 1번 주 드라이버일 때 15개월 터울인 동생의 출생으로 부모로부터 충분한 돌봄을 받지 못했으며, 욕구의 미충족으로 인해 자신을 보호하고 책임져야 한다고 결단하게 된다. 자신의 욕구를 드러내지 않고 부모를 돕고 지원하여 부모가 자신을 돌볼 수 있도록 하는 것을 배웠다. 그러므로 '나는 나 혼자 느끼고, 나 자신을 보호할 것이며, 너를 필요로 하지 않겠다.'라고 결단한다.

- BC 2번 드라이버일 때 자신을 보호하기 위해 '나는 나의 안전을 위해 주변의 모든 사람과 모든 것을 통제할 것이다.'라고 결단한다. 이러한 결단의 결과 현재 생활에서도 혼자 있기를 즐기며 자신을 보호하고, 안전하기 위한 활동으로 경제 서적, 투자 정보의 수집 등의 지식을 확보하고자 한다. 환경을 통제하기 위해 사전에 모든 것을 앎으로 위기 상황을 통제하고자 하는 것이다.

② 인생태도

- BS 1번 주 드라이버일 때 부정적인 상황에서 IV 영역으로 가게 된다. 만사무용의 태도(I'm not OK, You're not OK)를 취하게 되며, 자타에 대한 불신, 부조화, 삶의 의미를 상실한 태도를 보인다.

- BC 2번 드라이버일 때 III 영역에 머무를 때는 배타적인 태도(I'm OK, You're not OK)를 취하게 되어 타벌적이고, 독선적이며 편집적 · 강박적 성향을 나타낸다.

③ 자기감 경계

- BS 1번 주 드라이버일 때 ⑫, ⓒ의 오염으로 인한 공허와 절망을 경험한다. 내면에서 ⑫가 ⓒ를 비판하고, 그 반응으로 ⓒ는 회피하는 경향을 보인다. ⑫와 ⓒ가 ⒜를 침범하여 객관적이고 합리적인 판단을 흔들리게 한다. 선입견과 편견이 생기고 망상으로 진행될 수 있다.

- BC 2번 드라이버일 때 ⑫, ⒜, ⓒ의 에너지의 흐름이 유연하지 못하고 융통성이 부족하여 문제해결력이 떨어질 수 있다. 다른 사람의 조언을 잘 듣지 않고 자기 생각대로 한다. ⑫가 ⒜를 오염시키고 있으며 ⓒ를 배제하는 경향이 있어 직관이나 감정에 대해 회피한다.

④ 인간관계 경계

1번, 2번 드라이버 모두 '경직'으로 사람과의 관계보다 자신의 불안을 통제하기 위한 안전을 추구하는 행동으로 새로운 정보를 받아들이기 위해 확신이 필요하며 뒷받침될 수 있는 정보를 탐색하고 찾는 데 시간을 많이 사용하는 편이다. 가까운 관계에서도 자신의 준거틀 내로 받아들이지 않는 경향이 있다. 아내와의 관계에서도 아주 개인적인 영역에 대한 개방은 조심스러워한다.

〈내담자 2〉

드라이버 ＼ 특성	조기결단	인생태도	경계	
			자기감	인간관계
1(TI)	사람을 신뢰할 수 없어, 조작해서라도 내가 원하는 것을 얻을 것이다.	III (I+ U−)	경직	경직
2(HU)	나는 짧은 시간에 신속하게 모든 일들을 처리할 것이다.	II (I−,U+)	산만	산만

① 조기결단

- TI 1번 주 드라이버일 때 1남 5녀 중 막내 늦둥이로 태어나 많은 사랑을 받았다. 바로 위 자매와도 열 살이 차이나 정서적인 친밀도는 높지 않았다고 회상한다. 혼자 놀거나 집에서 키우는 동물들과 이야기했던 기억을 떠올렸고, 낮에 아무도 없는 집에 혼자 있었던 기억이 많다고 한다. 가족 내 존재감을 가지기 위해 자신의 능력을 과장해서라도 원하는 것을 얻어내고, 주변의 관심을 얻고자 결단한다.
- HU 2번 드라이버일 때 농사일로 바쁜 부모님의 관심을 얻기 위해 부모가 원하는 것을 재빠르게 알아차려 서둘러 행동했다. '나는 짧은 시간에 신속하게 모든 일을 처리할 것이다.'라고 결단한다.

② 인생태도

- TI 1번 주 드라이버일 때 III 영역에 머무를 때는 I+, U− 유형으로 배타적인 태도(You're not OK)를 취하게 되어 타벌적이고, 독선적이며 편집적 · 강박적 성향을 나타낸다.
- HU 2번 드라이버일 때 II 영역에 I−, U+ 유형으로 도피적 태도(I'm not OK)를 취하게 되어 자책 · 회의 · 회피적 성향을 나타낸다.

③ 자기감 경계

- TI 1번 주 드라이버일 때 '경직'으로 ⓟ, ⓐ, ⓒ의 에너지의 흐름이 유연하지 못하고 융통성이 부족하여 문제해결력이 떨어질 수 있다. 다른 사람의 조언을 잘 듣지 않고, 자기 생각대로 한다. ⓐ는 ⓒ에 의해 오염되어 있고, ⓟ가 배제되어 있다. 규칙이나 기준이 자신의 욕구를 제거한다고 여겨 ⓟ를 무시하거나 배제하는 경향을 보인다. 그러므로 권위자에 대한 저항을 나타낸다.
- HU 2번 드라이버일 때 '산만'으로 ⓒ가 ⓐ를 침범하여 망상적 태도로 ⓐ가 혼란스

러울 때 작은 일도 쉽게 결정하지 못하고 주저하는 경향을 보인다.

④ 인간관계 경계

- TI 1번 주 드라이버일 때 '경직'으로 타인에 대한 신뢰가 낮고, 목표 달성을 위한 에너지를 집중하므로 타인과의 관계에서 상호작용의 어려움이 있다.
- HU 2번 드라이버일 때 '산만'으로 선택이나 결정을 내려야 하는 중요한 상황에서 결정을 지연하거나 무책임한 행동을 할 수 있다.

내담자 커플관계 해석

성장과정에서 한 살 터울의 여동생에게 많은 것을 양보하고 오히려 돌보아야 하는 상황에서 스스로 자신을 돌보고 보호했던 남편은 신중하고 안전을 우선으로 해야 했다. 안전을 추구하기 위해 상황이나 환경을 통제하는 드라이버를 선택한 남편과 달리 아내는 딸이 많은 가정에서 아들을 기다려 늦둥이를 얻은 부모님의 기대에 부응하고자 했다. 자신의 욕구와 다른 돌봄에서 오는 '심리적 유기'를 경험하였고, 상황을 조작하거나 과장해서라도 주위의 관심을 얻고자 초기결단을 한다. 아내는 적극적이고 빠른 판단으로 한발 앞서 행동하며, 딸이지만 부모님의 기대에 부응하는 탁월한 아이가 되고자 노력한다. 이러한 조기결단에 따라 부부의 인생태도와 경계는 서로 차이를 보이는데 심리적으로 불건강할 때 남편은 아내에 대해 배타적 태도를 취하며 −CP, −NP 기능을 연출하고, 아내 역시 남편에 대해 −CP, −NP 기능을 연출하고 있어 서로 갈등관계에 놓이게 된다.

☞ 개선방안

부정적인 인간관계를 맺을 때 남편은 경직(심적 에너지가 순환되지 않아 정보를 받아들이기 어려움)되어 고립된 인간관계를 한다. 아내는 1번 드라이버를 사용할 경우 경직을, 2번 드라이버를 사용할 때는 모호하고, 피상적인(편견과 애매한 태도) 관계를 맺는다. 부부의 상호작용에서 부부 중 어느 한쪽이 −CP 기능을 연출할 때 다른 쪽이 +NP 기능을 사용하거나, 어느 한쪽이 −NP기능을 연출할 때 다른 한쪽이 +CP를 사용한다면 부부의 성장에 도움이 될 것이다. 예컨대, 함께 장보기를 원하는 아내가 −CP의 기능을 사용할 때, "가사는 공동의 일이니까 당신이 함께 시장 가는 일은 당연한 거 아니에요?"라는 태도를 보일 때 남편은 +NP 기능을 사용하여 "요즘 직장일로 바쁜 당신이 집안일까

지 하느라 고생이 많아요. 장보기를 같이 하고 싶다는 말이죠?"라는 태도로 아내의 정
서적인 부분을 감싸 줄 필요가 있다. 늦은 저녁식사 준비에 대해 남편이 −CP의 기능을
사용할 때 "주부로서 당신은 자신을 어떻게 생각하나요?"라는 태도를 보일 때, 아내는
+NP 기능을 사용하여 "시장하겠어요. 곧 저녁식사를 할 수 있도록 준비할게요. 조금만
기다려 주세요."라는 태도로 남편의 욕구에 반응하여 행동할 필요가 있다.

2) 드라이버에 따른 성격적응 유형과 반응

〈내담자 1〉

특성 드라이버	성격적응 유형	양면성		타인에 대한 반응	문제해결에 대한 반응
		긍정성	부정성		
1−BS(1~2)	창의적 몽상가(조현성)	배려심	회피	회피(내향)	수동
2−BC(1~2)	재기형 회의자(편집성)	신중성	의심	회피(내향)	중립

① 성격적응 유형

BS 1번 주 드라이버일 때 친절하고 보호적이며 높은 민감성으로 배려하나 전경보
다 배경에만 머물러 있고, 자신의 욕구가 정말로 필요하다고 인정될 때까지 기다
리는 경향이 있다. 일대일 관계를 선호하며 부끄러움이 많고 영적인 성숙에 대한
관심이 많다.

BC 2번 드라이버일 때 빈틈없고 명확하며 지각력이 뛰어나나 일정한 관계에 대한
두려움을 가지고 있어 대인관계에 거리를 둔다. 사려 깊고, 객관적인 데이터를 선
호하며 정보의 출처까지 꼼꼼히 챙긴다. 예의 바르게 행동하며, 통계, 회계, 경영
관련 분야에 관심이 높다. 어떤 일에서든 확신을 갖기를 원한다.

② 양면성

BS 1번 주 드라이버일 때 상대방의 말을 끝까지 들어주고 역지사지(易地思之)하여
갈등을 피하나 적극적 해결을 위해 나서기보다 관망하거나 회피하는 경향이 있다.

BC 2번 드라이버일 때 심사숙고하여 행동하고, 다양한 상황을 고려하여 예측하지
못한 상황에 대비하고자 하며, 타인의 의도를 재차 확인하고자 하는 경향이 있다.

③ 타인에 대한 반응

외부 자극에 민감하게 반응하고 내향적이며 자극을 탐색하기보다는 물러나거나 회피하는 경향이 있다. 자신의 의견이나 주장을 드러내지 않으려 하나 결정적 순간에는 의사결정을 단호하게 하는 편이다. 가족, 친근한 동료 외의 새로운 사람과의 관계에서는 긴장하는 경향이 있다.

④ 문제해결에 대한 반응

• BS 1번 주 드라이버일 때 수동적인 태도를 보인다. 주변 상황에 대해 예측할 수 없는 상황에서 스트레스를 경험하며, 예측할 수 없는 것에 대해 통제하려고 하여 ⓒ를 배제시키는 경향이 있다. 이러한 배제의 태도는 감각적 감정 자체를 무시하거나 회피하는 경향으로 드러난다.

• BC 2번 드라이버일 때 중립적인 태도를 보이는데 이는 확신이 들 때까지 기다리거나, 분명한 근거를 찾는 시간의 필요에 따른 결정 보류를 의미한다.

〈내담자 2〉

특성 드라이버	성격적응 유형	양면성		타인에 대한 반응	문제해결에 대한 반응
		긍정성	부정성		
1-TI(1~2)	매력적 조작자 (반사회성)	목표지향	조작적	참여(외향), 회피(내향)	능동
2-HU(1~2)	열정적 과잉반응자 (연기성)	신속	성급	참여(외향)	능동

① 성격적응 유형

• TI 주 드라이버일 때 활력이 넘치는 수완가로 매력적이며 타인을 설득하는 능력을 발휘한다. 미소 짓는 인상으로 호감을 주며 단정한 옷차림을 선호한다. 주변을 통제하거나 주도하려 하며 인간관계에서 친밀함에 따른 속박과 자유스러움에 따른 소외에 대해 갈등한다.

• 2번 HU 드라이버일 때 높은 에너지로 신속한 판단과 추진력으로 주변의 집중을 받곤 한다. 사람들의 관심을 받기를 원하며, 홀로 있기보다 여럿이 함께하는 활동을 선호한다. 때로 작은 문제를 큰 문제로 오해하여 주변 사람을 정서적으로 고갈되게 할 수 있다.

② 양면성

- TI 1번 주 드라이버일 때 지향하는 목표를 위해 수완능력을 발휘하나 불건강할 때는 상황을 과장하거나 조작한다. 그로 인해 사후 어려움에 빠질 수 있으며 추진에 따른 타인의 감정을 돌보지 않음으로써 관계갈등을 겪기도 한다.
- HU 2번 드라이버일 때 많은 일을 한꺼번에 신속히 추진하느라 심사숙고할 시간이 부족하고 그로 인해 성급한 의사결정을 한다.

③ 타인에 대한 반응

참여와 회피를 오가는 경향이 있고, 선호하는 상황에서는 참여하나 그렇지 않은 상황에서는 회피적이다.

④ 문제해결에 대한 반응

상황과 맥락을 파악하고자 하고, 적극적이며, 신속한 행동으로 문제해결을 위한 활동을 한다. 문제해결 과정에서 사전에 자신에게 유리한 방향으로 상황을 이끌기 위해 현실을 왜곡하는 경향이 있다.

내담자 커플관계 해석

남편은 에너지의 수준이 낮은 회피(내향)적이며, 안전하고 명확한 상황 파악 후 충분히 기다린 후 행동을 선택하는 반면 아내는 에너지 수준이 높은 참여(외향)적이며 정서적인 반응을 선호하고 목표가 정해지면 곧바로 성과나 결과를 도출하기를 원한다. 충분히 상황을 고려하는 남편의 숙고 시간이 지루하고 답답하게 여겨지는 아내는 짜증을 내거나, 남편이 싫어서 핑계를 대는 것으로 오해하여 서운함을 갖는다. 상황을 과장되게 인식하는 아내에 대해 남편은 무반응으로 일관하며 상황을 회피한다.

☞ 개선방안

성격적응 유형과 타인에 대한 반응의 현저한 차이에 대해 서로 대화로 소통할 필요가 있다. 아내는 남편을 답답하다고 보기보다 남편의 신중함을 보완적으로 받아들여 자문을 구하고, 남편은 충분히 숙고한 후 아내의 도움을 통해 신속히 일 처리가 될 수 있도록 협력을 구할 수 있을 것이다. 남편의 문제해결에 대한 반응은 수동적이거나 중립적인 태도를, 아내는 능동적인 태도를 취하는 서로의 차이를 수용할 필요가 있다.

3) 드라이버에 따른 선호하는 의사소통 방식

〈내담자 1〉

특성 / 드라이버	Ware의 의사소통 방식			Kahler의 의사소통 방식	
	개방문	표적문	함정문	채널	자아상태 기능
1−BS(1∼2)	행동	사고	감정	지시적인	+CP → A
2−BC(1∼2)	사고	감정	행동	정보적인, 지시적인	A → A, +CP → A

① Ware의 의사소통 방식

• BS 1번 주 드라이버일 때 가장 많은 에너지가 집중된 곳인 개방문, 즉 세상과 접촉을 '행동'을 통해서 한다. 이 행동은 '회피하는 수동'이다. 말하도록 하고, 참여하도록 하고, 원하는 것이 무엇인지 질문을 통해 타인에 의해 자신이 압도되지 않는다는 안정감을 갖도록 한다. 성격통합을 위한 문제해결 및 변화가 일어나는 표적문은 '사고' 영역이다. 이러한 것을 얻기 위해 어떤 것이 필요한지 생각해 보게 한다. 이렇게 생각하고 행동하는 가운데 '나쁜 감정'에 대한 변화가 일어나게 된다. 남편의 함정문인 감정으로 바로 접근할 경우 관계 단절을 맛보게 되므로 감정적인 접근을 해서는 안 된다. 당황하거나 창피를 당하는 일이 없도록 어떤 일에서든지 확신을 갖고자 원하는 남편은 일단 물러서서 상황을 살피는 시간이 필요하다.

• BC 2번 드라이버일 때 세상과 접촉하는 개방문은 '사고'이다. 명확한 사고능력을 인정받을 때 고맙게 여기며, 성격 영역 중 통합이 필요한 부분은 감정 영역으로 문제해결과 변화가 일어나는 표적문이다. 아내를 보호하거나 아내가 자신에 대해 어떻게 느끼는지에 대한 자신의 감정을 확인하는 것이다. 남편은 높은 민감성으로 인해 조심스럽게 외부 세계를 바라본다. 어느 누구도 자신과 밀접한 거리에 두려 하지 않는 경향으로 인해 타인을 신뢰할 수 있을 때까지 타인의 행동을 관찰한다. 이는 자신의 불안정을 투사하기 때문이다. 섣부른 개입은 남편에게 오해를 불러일으킬 수 있다. 경계가 풀리고 신뢰를 얻을 때까지 심리적 지지와 보호를 받는다고 느끼도록 양육적 태도로 다가가야 한다.

② Kahler의 의사소통 방식

- BS 1번 주 드라이버일 때 자아상태 행동은 긍정적인 CP 자아상태에서 A 자아상태로의 '지시하는 방식'을 사용하여 남편과 효과적인 상호작용을 위해서는 원리원칙과 관습에서 벗어나지 않는 명료하고 합리적인 근거를 가지고 교류할 필요가 있다. 긍정적인 지시적 · 정보 전달적 형식이 필요하다.

  → 지시적인 방식 +CP: "재활용 쓰레기를 정리해 줄래요?" → A: "지금 하는 일을 마치고 내가 할게요."

  → 정보적인 방식 A: "오늘 날씨가 어떤가요?" → A: "오늘은 맑은 날씨인데 미세먼지 농도가 나쁨 수준이에요"

- BC 2번 드라이버일 때 의사소통은 질문하고 반응하는 형식의 요구적인 방식("당신이 필요한 것을 말해 주세요.", "신문을 가져다 줘요.")과 직접적인 지시하는 방식으로 한다.

  → 요구하는 방식 A: "무엇이 필요한지 말해 주세요." → A: "지금 나는 휴식이 필요해요."

〈내담자 2〉

특성 드라이버	Ware의 의사소통 방식			Kahler의 의사소통 방식	
	개방문	표적문	함정문	채널	자아상태 기능
1-TI(1~2)	행동	감정	사고	정서적, 양육적, 지시적	+FC → +FC, +NP → +FC, +CP → A
2-HU(1~2)	감정	사고	행동	양육적	+NP → +FC

① Ware의 의사소통 방식

- TI 1번 주 드라이버를 사용할 때 세상과 접촉을 '행동'을 통해서 한다. 이 행동은 얼마나 '영리한가'를 말해 줌으로써 정서적인 방식으로 관계를 맺는다. 양육적 의사소통을 통해 '감정'을 경험하도록 돕고 획득할 수 없었던 것에 대한 아픔과 감정을 인정하고, 진실할 수 있도록 허용하면 타인을 조작하려는 사고를 중지하고 타인 위에 올라서고자 하는 시도를 멈추게 될 것이다.

- HU 2번 드라이버를 사용할 때 감정을 보호받기를 원하는 아내는 양육적인 방식의 정서적 의사소통 방식을 통해 감정을 탐색할 수 있도록 돕고 감정에 대한 깊이

있는 사고를 지속함에 따라 과도한 행동을 멈추게 된다. 특히, 현상을 있는 그대로 받아들이기보다 과잉반응하게 되는 경향이 있으므로 보호적이고 지지하는 태도로 다가가는 것이 필요하다.

② Kahler의 의사소통 방식

정서와 놀이의 교환이 개방된 정서적인 방식(+FC → +FC), 양육적인 방식(+NP → +FC), 직접적인 지시하는 방식(+C P→ A)과 같은 정서적이고 따뜻하며, 직접적인 지시적 의사소통 방식을 통해 신뢰를 획득하여 드라이버에 빠지지 않도록 도울 수 있다.

→ 정서적인 방식 +FC "아무 말도 하지 않으니까 무시당하는 기분이야." → +FC "미안해, 혼자 생각하고 있었어."

→ 양육적 방식 +NP "피곤해 보이네~ 과일 좀 줄까?"→ +FC: "오~ 좋아요. 그렇게 해 주면 힘이 날 것 같아요."

→ 직접적인 지시하는 방식 +CP: "물 한 잔 가져다주세요." → A: "OK"

내담자 커플관계 해석

가정생활에서 개방문을 남편은 1번 드라이버(BS), 아내는 2번 드라이버(HU)를 선호한다. 아내는 남편을 향해 명확한 기대치를 제시하고 남편의 생각을 묻는 질문을 통해 남편 스스로 행동의 필요를 판단하도록 해야 한다. 남편은 아내에게 보다 정서적인 의사소통 방식으로 '감정'이 무엇인지 탐색하도록 도와야 한다. 아내는 자신의 감정이 보호된다고 느낄 때 남편을 기다릴 수 있다. 그러나 남편이 2번 드라이버(BC)를 사용한다면 아내는 좀 더 분명하고 객관적인 자료에 근거하여 남편과 대화를 시도해야 한다.

☞ 개선방안

부부가 가장 무난하게 사용할 수 있는 개방문은 둘 다 1번 드라이버를 사용하는 경우일 것이다. 남편이나 아내가 얼마나 타인보다 탁월하고 영리한 행동(개방문: 행동)을 했는지에 대해 피드백한다면 둘의 대화는 즐거울 것이다. 자신을 보호하기 위해 멀리 떨어져 관망하는 남편과 다양한 관심사로 열정적인 아내가 서로의 주 드라이버를 통해 소통한다면 원활한 의사소통이 용이하다.

4) 드라이버에 따른 선호하는 적응방식

〈내담자 1〉

특성 드라이버	타인과 관계 맺는 방식	위협에 대한 반응	만족을 주는 시간의 구조화	실행적 · 생존적 적응
1–BS(1~2)	무반응	외면	폐쇄, 활동	뒤로 한 발짝 물러서는 경향이 있으며 잠잠해질 때까지 기다리는가?(생존)
2–BC(1~2)	사고	지적인, 민감성으로	의식	먼저 조심스럽게 상황을 생각해 보고 그 후 변화를 위해 결단을 통해서 해결하려고 하는가?(생존)

① 타인과 관계 맺는 방식

• BS 1번 주 드라이버를 사용할 때 타인에게 다가가고 싶은 마음이 있을지라도 기다리는 경향이 있으며 구체적인 대화나 감정 대화를 회피하는 경향이 있다. 타인과 의견이 다른 경우 자신의 의견을 표현하지 않거나 간단한 미소로 화제를 바꾸는 등 직접적인 반응을 하지 않는다.

• BC 2번 드라이버를 사용할 때 안전한 관계가 우선이기 때문에 신중하며 적합한 주제가 있을 때 타인과 관계 맺기를 자연스럽게 하는 경향이 있다. 사실적인 정보를 나누는 방식을 선호한다.

② 위협에 대한 반응

• BS 주 드라이버를 사용할 때 위협을 느낄 경우 대수롭지 않다는 듯이 외면해 버린다.

• BC 2번 드라이버를 사용할 때 세밀하게 관찰한 후 정보를 통한 확신을 얻고자 한다.

③ 만족을 주는 시간의 구조화

• BS 1번 주 드라이버를 사용할 때 '폐쇄 또는 활동'으로 시간의 구조화를 사용함에 따라 예측 가능하고 예견된 상황을 선호한다. 주로 독서하는 시간이 많고, 동향인 모임, 운동클럽 사람들과 만남을 가진다. 집에서 가장 기본적인 움직임을 할 뿐 혼자 있기를 선호한다.

• BC 2번 드라이버를 사용할 때: '의식' 수준으로 시간을 구조화한다. 주변 사람들과

의 관계에서 예의를 벗어나지 않는 범위의 의식적 수준으로 관계 맺기를 한다.

④ 실행적 · 생존적 적응

1번, 2번 드라이버 모두 자기 보호적인 '생존적' 반응으로 적응방식을 선택한다. 어릴 때부터 넉넉지 않은 가정형편에서 적은 용돈을 받아도 지갑에는 항상 돈이 있었고 형들이 빌리곤 했다고 한다. 또한 상황을 조심스럽게 관찰하고 탐색하기 위해 한 발짝 물러나 있는 태도를 취하며, 안전하다고 확인되는 상황에서만 행동한다.

〈내담자 2〉

특성 / 드라이버	타인과 관계 맺는 방식	위협에 대한 반응	만족을 주는 시간의 구조화	실행적 · 생존적 적응
1-TI (1~2)	먼저 상황을 평가	이득을 얻기 위해 타인을 조종	게임, 잡담	상황을 어림잡아 파악하려 하고 자신의 이득을 위해 어떤 조치를 바로 취하는 경향이 있는가?(생존)
2-HU (1~2)	감정	감정이 과도하게 상승	잡담, 게임, 친밀	주변의 모든 사람을 행복하게 하기 위해 서둘러 신속하게 하는가?(실행)

① 타인과 관계 맺는 방식

• TI 1번 주 드라이버를 사용할 때 적극적이고 활동적으로 타인에게 먼저 다가가는 방식의 관계를 맺는다. 타인과의 관계에서 관계적 힘의 원리를 파악하여 어떻게 할지를 판단한다.

• HU 2번 드라이버를 사용할 때 감정을 통해 타인과 관계를 맺고자 하며, 매력 있어 보이기 위해 노력한다. 주변의 관심을 원하지만 그것이 성적인 것은 아니다. 타인의 비판에 당황스러워한다.

② 위협에 대한 반응

• TI 1번 주 드라이버를 사용할 때 목적 달성을 위해 상황적 한계에 놓이게 되면 여러 수단을 동원하여 전략적인 행동을 한다. 자신이 직접 할 수 있음에도 타인을 조작하거나 이용하려 하며, 상황을 경쟁적으로 만드는 경향이 있어 다른 사람들이 자신을 위해 존재하는 것으로 비치게 한다.

• HU 2번 드라이버를 사용할 때 감정이 과도하게 상승하여 불안해한다. 든든히 의지할 사람을 찾아 안정감을 얻고자 노력한다.

③ 만족을 주는 시간의 구조화

- TI 1번 주 드라이버를 사용할 때 즐거운 주제의 잡담으로 사람들의 주변을 끌기도 하나 원하지 않는 상황에서는 심리게임을 한다.
- HU 2번 드라이버를 사용할 때 타인이 원하는 것에 대해 빠르게 판단하고 미리 예측해서 행동하며 사람들과 잘 지내고자 노력하여 모임에 참여한다. 사람들의 이름을 기억하여 불러주며 친밀한 관계를 형성하고자 한다.

④ 실행적/생존적 적응

- TI 1번 주 드라이버를 사용할 때 자기 자신을 스스로 보호하기 위해 상황을 신속하게 직관적으로 파악하여 자신의 이득이 되는 행동을 취한다.
- HU 2번 드라이버를 사용할 때 친밀한 관계를 선호하여 타인의 필요를 파악해서 미리 해 놓는다. 그로 인해 주변 사람들의 인정을 받고 도움에 대한 감사를 얻는다. 상황이나 타인의 필요, 욕구를 신속하게 파악하여 적합한 행동을 한다.

내담자 커플관계 해석

여가시간을 함께 보내자고 요구하는 아내와 아내가 제안하는 활동보다 혼자 있기를 원하는 남편은 무반응과 외면으로 상황을 회피한다. 아내는 이런 남편의 반응에 감정이 과도하게 상승하여 과잉반응으로 대응한다. 아내는 자신의 감정이 보호되기를 원하지만 남편은 한 발짝 물러서 기다린다. 이런 남편의 적응방식에 대해 아내는 자신이 존중받지 못한다고 여기며, 남편을 조종하려 해 보지만 반응이 없다.

☞ 개선방안

아내는 남편과 함께하는 시간을 가질 경우 남편의 적응방식을 고려할 필요가 있다. 아내는 2번 드라이버를 활용해 남편의 필요를 알아채고 남편이 할 수 있는 한 충분히 아내를 배려하고 있다는 것을 알아줄 필요가 있다. 남편은 2번 드라이버를 활용하여 민감성으로 아내의 감정을 살피고 자신의 감정이나 상황을 표현할 필요가 있다.

5) 불건강할 때 전형적인 심리게임, 금지령, 라켓

〈내담자 1〉

특성 드라이버	심리게임	금지령	라켓
1-BS(1~2)	• 몰아넣기(흠 잡아내기) • 자! 딱 걸렸어, 이 녀석 (규탄하기)	• 소속되지 마라. • 감정을 느끼지 마라. • 아이처럼 굴지 마라.	무감각, 단조로움, 공백상태, 불안(분노, 마음의 상처, 즐거움, 성적인 느낌을 가린)
2-BC(1~2)	• 몰아놓기(흠 잡아내기) • 나를 차라 (비난, 경멸 유발하기)	• 감정을 느끼지 마라. • 아이처럼 굴지 마라. • 소속되지 마라.	타인에 대한 분노, 불안, 질투, 의심(두려움을 가린)

① 심리게임: 1번, 2번 드라이버 모두 '몰아넣기' 게임을 사용한다. 아내의 부탁이나 가사 분담을 함께하고 가족을 보호하는 역할에 충실하며 긍정적인 태도로 타인에게 도움을 준다(구원자). 그러나 개인 시간을 과하게 침해한다거나 필요치 않은 활동을 요구할 때 '욱' 하면서 성질을 부리고 상대방 탓을 하며 잘못을 지적하여(구원자 → 박해자) 상대를 당혹스럽게 하고, 미안한 마음이 들게 하여 원하는 것을 얻어낸다. 친밀한 교류를 회피하거나 자기 정당화로 게임을 종결한다.

② 금지령: 1, 2순위 드라이버 모두 자신의 감정을 억제하고 살아오신 어머니의 영향으로 타인에게 함부로 부정적인 감정을 드러내는 것은 올바르지 않은 것이라고 내사하였다. 자신의 감정을 억제하고 어른스럽게 행동하며, 자신을 위해 노력하기보다 어머니 옆에서 어머니가 원하는 일을 성실히 수행하여 어머니를 안심시켰다. 무의식적인 메시지로 '아이처럼 굴지 마라.'라는 메시지를 받았다. 또한 내담자는 자신의 욕구나 감정을 표현하기보다 말 잘 듣고 착한 아이로 성장하는 과정에서 '감정을 느끼지 마라.', 즉 감정에 대해 무감각하며 내면적 불안을 회피하기 위해 단조로움과 공백상태를 선택했다.

③ 라켓

• BS 1번 주 드라이버를 사용할 때 자신의 결점을 가리기 위해 무감각, 단조로움, 공백상태, 불안의 라켓 감정을 사용하며 타인과의 교류보다는 지식이나 정보를 수집하는 일로 자신의 감정을 회피하는 행동을 한다.

- BC 2번 드라이버를 사용할 때 내면의 두려움을 가진 의심의 라켓 감정으로 인해 안전을 위해 지식이나 정보를 통해 상황을 통제하고자 한다.

〈내담자 2〉

드라이버 \ 특성	심리게임	금지령	라켓
1-TI(1~2)	• 네가 할 수 있다면 나를 잡아 봐(우위 점하기) • 경찰과 도둑(비반하기) • 암묵적 이해(공생하기)	• 성취(공)하지 마라. • 소속되지 마라. • 감정을 느끼지 마라. • 생각하지 마라.	혼란 분노(두려움과 슬픔을 가린)
2-HU(1~2)	• 라포(복수하기) • 당신이 아니었다면……(안심하기) • 바보(비난, 경멸하기)	• 생각하지 마라. • 중요한 존재가 되지 마라. • 너 자신(성별)이 되지 마라.	불안, 슬픔, 혼란 두려움(분노를 가린)

① 심리게임
- TI 1번 주 드라이버를 사용할 때 주로 내담자는 '네가 할 수 있다면 나를 잡아 봐.' (우위 점하기) 게임에 빠진다. 자신의 역량을 발휘하고 성과를 내어 타인에게 도움을 준다(희생자). 열심히 헌신하고 자발적으로 일하였으나 억울한 감정을 품고 자신의 희생에 대해 상대방을 원망한다(희생자 → 박해자). 복수심이나 타벌에 대한 만족감으로 게임이 종결되며 혼란과 분노의 라켓 감정을 갖게 된다.
- HU 2번 드라이버를 사용할 때 주로 내담자는 '라포(복수하기)' 게임에 빠진다. 매력적이고 호감이 가는 태도와 달변가로서 타인의 호감을 사기에 도움이 필요한 내담자에게(희생자) 호감을 보이며 다가오는 상대의 도움이나 친절에 대해 불편감을 나타내며 무시당했다고 비난한다(희생자 → 박해자). 증오, 복수의 감정으로 게임이 종결되고, 불안과 두려움의 라켓 감정을 가진다.
② 금지령: 1, 2순위 드라이버 모두 '생각하지 마라(문제는 미래에 해결해라, 지금은 상대를 어떻게 압도해야 할지만을 생각해라.).'는 금지령에 주로 반응한다. 부모로부터 심리적 또는 신체적 유기 경험으로 배신감을 경험하고 가식된 사랑만이 존재하는 세계에 놓여 있다고 느낀다. 살아남기 위해서는 떠나야 한다고 생각한다. 부모로부터 자신은 '바보 같다, 부족한 존재다.'라는 느낌을 받아서 그것을 복수하기 위

해 상대를 바보로 만들기 위해 반복적인 시도를 한다. 자신이 부족하지 않은 존재로 남기 위해 목표 달성과 성과에 집착한다.

③ 라켓: 1, 2순위 드라이버일 때 주로 내담자는 존재로 인정받기 위해 자신의 감정을 느끼지 않으려 하기 때문에 불안과 혼란을 겪는다. 자신의 슬픔이나 두려움을 가리기 위해 분노의 감정을 사용함으로써 타인을 압도하고 상황을 통제하여 우위를 점하고자 한다.

내담자 커플관계 해석

감정이 억제되고 안전을 추구함으로 신중한 태도를 취하는 남편에 비해 풍부한 감정을 가진 아내는 늘 자신의 존재의 가치를 확인받고자 남편의 감정 표현을 요구한다. 그러나 남편은 안정된 생활과 울타리를 제공함으로써 아내에게 존재가치와 사랑을 표현하고 있다. 뭔가를 하지 않아도 '이미 함께'라는 것이다. 사람은 혼자 있을 수 있어야 안정된 것이라고 생각하는 남편과 추억을 만들고 함께하는 뭔가를 공유하는 관계가 친밀한 관계라고 지각하는 아내 사이의 차이가 심리게임과 금지령에서도 드러나고 있다. 아내가 주도적으로 남편과 관계에서 '우위 점하기' 게임을 걸면 '몰아넣기'를 통해 아내를 할 말 없게 만드는 부부의 심리게임 패턴은 아내의 '라포 게임'으로 이어지고, 다시 남편의 '나를 차라' 게임으로 이어질 가능성이 높다. 게임의 수준이 파국적이지 않다 하더라도 부부의 게임 패턴을 이해하고 서로가 원하는 본질의 '원하는 것'에 대한 탐색작업이 필요하다.

☞ **개선방안**

아내는 남편에게 솔직하게 원하는 것을 말할 필요가 있다. 게임이나 상황을 조작하여 남편을 조종하기보다 '사랑받고 싶은 마음'을 정직하게 표현해야 한다. 이런 아내의 모습은 남편의 마음의 근육을 이완시키며 보호자적인 태도를 유발하게 할 수 있다. 남편은 함께하는 활동을 요구하는 아내의 숨은 의도(사랑받고 싶은 마음)를 헤아려 반응할 필요가 있다. 외부 활동보다 정적인 활동을 선호하는 남편을 배려하여 활동의 강도와 시간을 조율할 필요가 있다.

6) 드라이버에 따른 인생각본

〈내담자 1〉

드라이버＼특성	과정각본	축소각본	허용
1-BS(1~2)	'결코'식 (생각만 하고 실행 하지 않음)	스트레스 상황에서 현재 있는 그대로의 모습을 받아들이지 않고 '만약 ~이라면 OK'라는 사고방식으로 시작할 때, OK가 아닌 축소각본에 빠진다.	자신의 욕구나 감정을 개방적으로 표현해도 좋다.
2-BC(1~2)	'까지'식 + '결코'식	• 몰이꾼: ~하는 한 OK, 무감정 • 제지꾼: 자기 탓, 죄의식, 근심 • 비난꾼: 네 탓, 비난, 의기양양한 • 낙담꾼: 무가치한, 무익한	솔직하게 개방하고 믿음을 가져도 좋다.

① 과정각본: 결코 식 각본(결코 ~하지 않는)을 사용하는 내담자는 늘 혼자서 책을 보거나 인터넷을 통해 정보를 탐색하기를 즐기며 많은 정보와 자료를 가지고 있지만, 막상 행동으로 옮기기보다 늘 관찰하는 태도를 가지고 있다.

② 축소각본: '강인한 한 OK이다.', '주의하는 한 OK이다.' 그러나 항상 강함을 유지할 수 없고, 매사에 주의할 수도 없으므로 'NOT-OK'가 될 수 있다. 현재 남편은 축소각본에 빠질 경우 인생태도 Ⅲ 영역(자기긍정, 타인부정의 배타적 태도)에 머무른다.

③ 허용: 자신이 욕구를 그대로 느껴도 괜찮다고 스스로 허용하고 솔직하게 표현하도록 한다. '내면의 감정을 표현해도 괜찮다.', '원하는 것을 상대에게 요구해도 괜찮다.'

〈내담자 2〉

특성 드라이버	과정각본	축소각본	허용
1-TI(1~2)	'결코'식(생각만 하고 실행하지 않음) '항상'식(자기 틀에서 벗어나지 못함) '거의'식 I (결정을 못 내리고 반복)	스트레스 상황에서 현재 있는 그대로의 모습을 받아들이지 않고 '만약 ~이라면 OK'라는 사고방식으로 시작할 때, OK가 아닌 축소각본에 빠진다.	자신에게 진솔해도 좋다.
2-HU(1~2)	'그후'식(뒷일에 대한 미리 걱정)	• 몰이꾼: ~하는 한 OK, 무감정 • 제지꾼: 자기 탓, 죄의식, 근심 • 비난꾼: 네 탓, 비난, 의기양양한 • 낙담꾼: 무가치한, 무익한	여유를 가져도 괜찮다.

① 과정각본: 아내에게서 보이는 과정각본은 상황에 따라 다른 모습을 보이나 종합하면, 자신과 타인에 대한 불신에 따른 우유부단함, 행동이 빠른 데 반해 실제적으로 중요하게 처리해야 하는 부분에 있어서는 실행에 옮기지 못하고, 그 두려움을 다른 일을 벌여 포장한다. 이러한 반복되는 패턴으로 내면적으로 불안의 수준을 유지시키고 그 불안에서 도망가고자 새로운 영역으로 도피하거나 타인이나 상황의 핑계를 만든다.

② 축소각본: '목표를 달성하는 한 OK이다.', '신속하게 하는 한 OK이다.' 그러나 항상 목표를 달성할 수 없고, 모든 일을 신속하게 한다고 해서 다 좋은 것은 아니므로 'NOT-OK'가 될 수 있다. 현재 아내는 축소각본에 빠지는 경우 인생태도 II 영역(자기부정 타인긍정의 도피적 태도)에 머무른다.

③ 허용: '먼저 자신에게 진솔해도 좋다.', '여유를 가져도 괜찮다.'

내담자 커플관계 해석

현재 아내는 '항상'식 과정각본에 빠지곤 한다. 자신이 원하는 것에 스스로 진솔하지 못하고 표면적인 대화로 남편에게 요구하거나 비난한다. 남편은 결코식 각본을 사용하므로 멈춰서 생각에 잠겨 있곤 한다.

☞ **개선방안**

남편은 자신의 욕구나 감정을 회피하지 않고 개방적으로 표현해도 좋다고 스스로에게 허용할 필요가 있으며, 아내는 자신의 감정에 진솔하게 머물고, 여유를 가져도 좋다고 스스로에게 허용함으로써 부부의 친밀한 관계를 증진할 수 있다.

7) 드라이버에 따른 전형적인 디스카운트와 상담의 쟁점

〈내담자 1〉

드라이버 \ 특성	전형적인 디스카운트	상담의 쟁점
1-BS(1~2)	• 자신의 욕구나 감정을 인정하고 충족하기 위해 적절한 행동을 하는 것 • 자신의 힘이나 책임을 포기하는 것 (핵심: 자신의 감정과 욕구를 수용하는 것)	• 수동행동(아무것도 하지 않는 것, 과잉반응)과 직면하게 한다. • 자신의 욕구나 감정을 소중히 하는 것을 돕는다.
2-BC(1~2)	• 능력이 있음에도 안전하다는 감각을 느끼지 못해 기꺼이 하겠다고 나서지 않는 것 • 자신이 수용 방법을 재고하는 것(핵심: 세상을 안전하다고 느끼는 것)	• 안전한 환경을 만들고 천천히 신뢰를 쌓아간다. • ⓒ가 자유로워질 수 있도록 돕는다. • 대인관계에서 두려움의 감정을 처리하는 방법을 배우도록 한다.

① 전형적인 디스카운트

• BS 1번 주 드라이버일 때–'자신의 욕구나 감정을 인정하고 충족하기': 다양한 감정의 억제로 인해 내면의 불안과 두려움을 분노의 감정으로 단조롭게 표현할 수 있어 가까운 사람들과 풍부한 감정적인 상호작용의 어려움을 경험한다. 무감각 또는 무반응으로 이대로 '괜찮다'고 여기고 있다. 자신의 욕구와 감정을 디스카운트하고 있다.

• BC 2번 드라이버일 때–'기꺼이 하겠다고 나서기': 도전에 두려움을 가지고 있다. 익숙한 것들을 선호하는 내담자에게 자신의 감정과 욕구를 있는 그대로 수용하며, 세상과 타인을 신뢰하도록 도울 필요가 있다. 현재의 자신의 능력을 디스카운트하고 있다.

② 상담의 쟁점

- BS 1번 주 드라이버일 때 생각에 머물러 행동하지 못하는 것에서 벗어날 수 있도록 문제를 해결할 수 있는 능력이 있고, 유능하다는 것을 경험하며, 타인의 욕구를 존중하듯이 자신의 욕구와 감정을 소중히 여길 수 있도록 지지한다.
- BC 2번 드라이버일 때 대인관계에서 두려움의 감정을 처리하는 방법을 배우도록 한다. ⓟ가 ⓒ를 비판하거나, ⓒ가 배제되는 상황에서 ⓒ를 있는 그대로 수용하고 느낄 필요가 있다.

〈내담자 2〉

특성 드라이버	전형적인 디스카운트	상담의 쟁점
1-TI (1~2)	• 척을 한다거나 연기를 하려 하는 것 • 슬픔, 두려움 등의 상처받기 쉬운 감정을 가리기 위해 분노나 혼란을 사용하는 것(핵심: 남을 조정하려는 조작적인 행태를 포기하고 진정한 자기가 되는 것)	• 신뢰감을 구축하고 큰 안목에서 내담자를 움직여야 한다. • 타인을 화합과 조화의 대상으로 여긴다. • 반사회적 행동을 멈추고 정직해지도록 한다. • 과거에 잃어버린 것에 대한 애도작업을 한다.
2-HU (1~2)	• 여유롭게 대처하는 것 • 참을성 있게 기다리는 것(핵심: 자신의 감정이 무엇인지에 대해 깊이 생각하는 것)	• 매사를 단계적으로 계획을 세우고 시간 안배를 잘할 필요가 있다. • 자신의 생각대로 짐작하지 말고 상대방에게 확인해야 한다. • 여유롭게 대처하는 방법을 깨닫는다.

① 전형적인 디스카운트

- TI 1번 주 드라이버일 때-'가짜 감정에 속지 않고 진정한 감정과 맞닥뜨리기': 진정한 자신의 감정을 디스카운트하고 있다. 자신의 억울한 감정, 공평치 못한 대접으로 화나는 감정에 대해 직면하고 생활 속에서 감정을 바로 표현하기보다는 머물러 감정의 본질과 만나도록 한다. 남을 이용하여 자신의 욕구를 채우려는 시도를 멈추도록 한다.
- HU 2번 드라이버일 때-'여유를 가지고 기다리기': 타인에 대한 인정이나 돌봄에 조급하기보다 전체적 맥락에서 한 템포 늦추어 생각해 보고 정확한 타인의 의도와 의

중을 파악하여 행동에 옮기도록 한다.

② 상담의 쟁점

- TI 1번 주 드라이버일 때 아들을 원하였으나 막내딸로 태어나 연로하신 부모에게 '찌꺼래기'(쓸모없는 존재, 누군가 돌보지 못하는 불쌍한 존재)라고 불린 데 대한 감정에 애도작업이 필요하며 타인보다 우위에 있기보다 조화롭게 협력하는 것이 더 행복한 일이며 더욱 인정받는 일임을 통찰하도록 도울 필요가 있다.
- HU 2번 드라이버일 때 내담자가 여유를 가질 수 있는 '잠깐 멈추어 한 번 더 상황을 바라보기' 훈련을 하도록 도울 필요가 있다. 타인을 기쁘게 하기 위해 '빨리, 많이, 잘' 하고자 하는 패턴을 직면할 필요가 있다. 신속함이 성급함이 되어 실수를 하거나 필요하지 않은 일을 할 수도 있음을 직시해야 한다.

내담자 커플관계 해석

남편은 자신의 욕구나 감정을 있는 그대로 인정하고 충족할 권리와 자신의 능력에 대해 디스카운트하고 있으며, 아내는 어린 시절 유기 경험에 대한 충분한 애도작업이 필요하며 남편을 든든히 의지하고 싶은 강한 내면의 욕구를 가지고 있다. 현재 이러한 자신의 진정한 감정에 대해 디스카운트하고 있다.

☞ 개선방안

남편과 아내 둘 다 세상에 대해 안전하다는 신뢰를 쌓을 수 있도록 서로가 서로에게 믿을 수 있는 세계가 되도록 상호작용할 필요가 있음을 합의하고 서로에게 좋은 환경이 되는 경험을 하도록 한다. 서로의 경험을 통해 인간관계에서 신뢰를 기반으로 남편은 한 발 더 세상을 향해 나아가고, 아내는 타인을 수용하고 받아들이도록 한다.

8) 드라이버와 양육방식, 오염된 성격구조, 치료의 핵심

〈내담자 1〉

특성 드라이버	양육방식	불건강할 때		문제점	치료의 핵심
		태도	자아상태		
1-BS(1~2)	모호한, 주저하는	회피	이중오염 상태에서 ⓟ가 ⓒ를 비판, ⓒ는 회피	과잉반응	홀로 서는 것, 원하는 것 을 요구하는 것
2-BC(1~2)	일치하지 않는	의심	ⓟ에 의한 Ⓐ 오염, ⓒ 배제	회피	세상은 안전하다고 느끼 는 것

① 양육방식: 아버지의 부재 상태에서 신중하고 표현을 억제하는 어머니에 의해 양육되었다. "네가 알아서 해라."라고 자주 말씀하셨으며 그런 어머니의 태도에서 독립적이고, 자기 보호적인 태도를 가지게 되었다. 뿐만 아니라 자신이 걱정을 끼치지 않고 어머니를 편안하게 해 드려야 어머니가 자신을 돌볼 수 있음을 알기에 어머니가 걱정하실 일은 하지 않는 등 자신의 감정을 드러내기보다 어머니의 형편을 살폈다.

② 불건강할 때: 타인과의 교류를 차단하며, 혼자 있기를 선호한다. 명확하고 분명하지 않은 상황에 대한 불안이 높아 많은 정보 수집을 필요로 한다. 자신이 안전을 위해 통제할 수 있는 시간, 공간, 인간관계를 만들고자 위협 요소 자체를 만들지 않기 위해 최소한의 활동을 선택한다.

③ 치료의 핵심: 자신이 진정으로 원하는 것에 집중할 필요가 있으며, 필요시 타인에게 요구하거나 요청해도 괜찮다는 것을 알 필요가 있다. 뿐만 아니라 경험을 통해 타인과 주고받는 상호작용의 즐거움을 느낄 필요가 있다. 내면적인 두려움을 회피하기보다 직면하여 문제 상황에서 남 탓하기보다 주체적인 행동을 할 수 있도록 관찰자에서 신중한 행동가로 성장할 필요가 있다.

⟨내담자 2⟩

특성 드라이버	양육방식	불건강할 때		문제점	치료의 핵심
		태도	자아상태		
1-TI (1~2)	미리 해 주는	조작	ⓒ에 의해 Ⓐ 오염, ⓟ 배제	남과 타협하고 협력하는 데 미숙	타인과 협력할 필요가 있음을 배우는 것, 진솔한 모습을 찾는 것
2-HU (1~2)	서두르는	과잉반응	ⓒ에 의해 Ⓐ 오염	자신의 방식대로 하기 위해 서두른다.	여유롭게 대처하는 것

① 양육방식: 늦둥이로 태어나 할머니와 부모, 많은 형제자매가 있는 대가족 체계에서 자라 막내로서 귀여움을 한껏 받았으나 어느 정도 성장하였을 때는 의무와 책임이 주어지는 상황에 직면하면서 내담자는 '심리적 유기'를 경험한다. 자신의 욕구를 알기도 전에 양육자의 과잉보호나 과도한 양육을 받았으며, 자신은 노력하지 않으면서 양육자로부터 만족을 얻고자 하지만 성장하면서 그러한 욕구는 현실적으로 채워지기에 불가능하였다. 늦둥이에 대한 부모님의 죄책감은 가족구성원으로서의 책임에서 내담자를 제외하였다. 이를테면, 다른 형제들이 일하러 밭이나 논으로 나갈 때 막내에게는 아무 일도 시키지 않았다. 이로 인해 내담자는 많은 사랑을 받았음에도 불구하고 주관적 상실감과 소외를 경험하였다.

② 불건강할 때: 정서적 교류를 원하는 내담자의 심리적 허기가 채워지지 않아 권위자에 대한 저항감을 가지게 된다. 진솔한 관계보다 진정한 감정을 가려 갈등을 일으킨다. 자신의 존재감을 확인하기 위해 내담자는 우위를 점하는 전략을 사용하는 것이다.

③ 문제점: 타인과 타협하고 협력하는 것에 미숙함이 있고, 자신의 방식대로 하기 위해 서두르는 경향이 있다.

④ 치료의 핵심: 타인과 협력하고 조화를 이루도록 하며 자신의 진솔한 모습을 개방하고 신속한 결정보다 심사숙고하고 인내심 있게 기다려 줄 수 있도록 한다.

내담자 커플관계 해석

남편은 양육자와 '모호하고 주저하는', '일관성이 없는' 방식의 양육을 받음으로써 부모에게 많은 것을 요구하거나, 상대방의 상황을 살피는 방식을 배웠다. 아내는 늦둥이로 성장하면서 자신의 욕구를 알아차리기도 전에 미리 다 해 주는 양육자에 의해 성장했다. 그로 인해 자신의 노력보다 상대방을 이용해 자신의 욕구를 채우려는 방식을 학습하게 되었다. 불건강할 때 남편은 회피, 의심하는 태도와 아내의 조작, 과잉반응하는 태도가 서로 상충하여 본심을 왜곡하게 만드는 상황이 발생될 수 있다. 아내의 과잉반응에 남편은 감정 수용이 어렵고, 자신의 감정을 표현하지 못하여 상황을 보류한다. 타인과의 타협이나 협력이 미숙한 아내는 남편의 모호한 반응을 감당하지 못하고 있다. 안전하지 않은 상황에서 어떤 행동도 하지 않는 남편과 달리 신속한 결정이나 결과를 내고자 하는 아내와 극적인 대치 장면이 벌어지곤 한다.

☞ 개선방안

아내의 필요에 대해 요구하고 요청하는 모습을 통해 남편은 타인에게 원하는 것을 요구하고 표현해도 괜찮다는 것을 배우고, 아내는 남편의 심사숙고하고 신중한 의사결정의 장점을 배워 나간다면 서로에게 필요한 것을 보완하는 관계가 될 수 있다. 자아상태에서 남편은 Ⓟ에 의한 Ⓐ의 오염, 아내는 Ⓒ에 의한 Ⓐ가 오염되는 상황에 있게 될 때 남편은 Ⓟ로 아내의 Ⓒ를 보호하고 감정을 수용해 주어야 하며, 아내는 남편이 Ⓒ를 배제할 때 오히려 Ⓒ의 건강한 모습을 보여 주어 남편이 Ⓒ를 활용할 수 있도록 도울 수 있다. 남편은 아내를 통해 세상에 대한 안정감을 확인하도록 하고, 아내는 자신이 감정을 솔직하게 드러냈을 때 수용되지 않을 것이라는 두려움에서 벗어나 감정이 그대로 수용되는 경험을 통하여 상황이나 타인을 조종하려는 행동을 멈출 수 있다.

5. 내담자 커플의 드라이버와 관계된 개선방안

1) 상담자가 본 내담자 커플의 문제

• 내담자 1: 내담자에게 있어 세상은 안전하지 않다. 지식과 앎의 세계를 통해 자신과 환경을 잘 통제하여 안전함을 추구하고자 한다. 내담자의 초연해 보이는 태도는 외부 세계와 둔감한 정서 반응과 고립을 의미한다. 익숙한 것을 선호하고 신중하며 세심한 배려로 가장으로서 책임을 다하고자 노력한다. 고독을 즐기고 혼자

있을 때 만족감을 느끼며, 누구에게도 기대하지 않고 스스로 많은 일을 처리하므로 피곤하기 때문에 타인과의 거리를 둔다. 때문에 자신의 감정에 대해 무감각하게 된다. 정서적 반응을 원하는 아내에 대해 무반응으로 대하는 경향이 있다. 문제를 직면하지 않는 '회피'의 도피구를 막고, 타인에게 하듯이 자신의 욕구나 감정을 소중히 여기고 원하는 것을 요구하는 법을 배울 필요가 있다.

- 내담자 2: 늦둥이로 자라고 부모님을 일찍 여읜 탓에 내재적 외로움을 가지고 있으며, 남편의 든든함을 고마워하지만 좀 더 친밀한 정서적 교류를 바라고 있다. 그러나 원하는 바와는 달리 일과 취미활동으로 늘 바쁜 생활을 하고 있다. 자신의 시간에 맞추어 남편과의 활동을 공유하기를 요구하나 남편의 둔감한 정서 반응이 불만스럽다. 초기 어린 시절의 '심리적 유기' 경험에 따른 버려짐에 대한 두려움과 슬픔에 대한 애도작업이 필요하다. ~척하는 행동 아래 숨겨둔 감정에 충실하고, 다른 사람보다 한 발 앞서 있어야 한다는 강박적인 생각에서 벗어나 솔직함과 진실함으로 진정으로 원하는 자신의 욕구를 알아차리도록 해야 한다.

2) 내담자 커플의 현재 상태에 대한 개선방안

① 상담목표
- 지금 서로에게 가장 중요한 것이 무엇인지 우선순위 정하기
- 남편은 자신의 욕구에 대해, 아내는 진정한 감정에 대해 직면하기
  - 하루를 마친 시간, 일과에 대해 나누고 성장의 방향에서 서로 피드백하기
- 자아상태와 드라이버 패턴 검사를 통해 재결단하고, 새로운 선택 계약하기

② 상담계획
- 1단계: 계약하기
  - 라포 형성
  - 자기탐색, 자기이해 및 변화를 시도하기
- 2단계: 자각하기
  - 자기분석, 타인조망 확장하기
- 3단계: 문제해결

　　－익숙한 습관에서 벗어나 자발적인 변화 시도를 위한 계획 수립하기

　　－드라이버 패턴에 빠지지 않기 위한 전략 수립하기

- 4단계: 재결단

　　－원하는 삶을 스스로 결정하고 자발적인 변화 노력을 통한 변화 경험하기

- 5단계: 종결

　　－상담과정을 평가하고 실천 계약 맺기 및 추수상담 구조화하기

③ 상담전략

- 자아상태 검사, 드라이버 패턴 검사를 통해 자기 및 배우자 이해
- 상담목표 계약－임패스 해명－재결단 작업

6. 상담과정과 상담결과

1) 상담과정

- **초기**: 상담 계약 및 주 호소문제 파악, 상담과정에 대한 오리엔테이션
- **중기**: CKDP 검사를 통해 교류분석에 대한 이론을 함께 공부하고, 부부간 나누지 못했던 어린 시절의 경험과 가치관, 행동 양식에 대한 탐색 및 서로를 성장시키는 일에 동참하는 방법 모색하기
- **종결**: 상담을 통해 합의된 내용에 대해 계약하고 지킬 수 있도록 서약서 작성하기

2) 상담결과

　성장과 인생각본이 다른 부부는 그 차이점을 성장의 발판으로 삼아 서로의 지지자가 되었다. 정서적인 반응에 둔감한 남편에 대해 느끼는 소외감으로 부부상담을 요청했던 아내는 남편에 대해 이해할 수 있었고, 혼자 있을 수 있는 것이 안정감이라 여기며 아내의 소외 감정을 탓했던 남편은 아내의 정서적 목마름이 무엇인지 공감하게 되었다. 사소한 동기에서 시작된 상담이 중년기 부부관계를 돕우는 기회가 된 것이다. 남편은 특

별한 문제없이 살았고, 별다른 문제가 없다고 여겼지만 자신의 어린 시절과 현재의 삶에 대해 숙고하는 시간이 되었다고 한다. 아내는 모호하게 경험했던 대인관계에서의 어려움을 구체적으로 이해하게 되었다고 한다.

7. 상담자 총평

CKDP 검사를 통해 부부는 자신에 대해 깊이 있게 이해할 수 있었고, 아내와 다름을 수용하게 되었다. 상담자 역시 부부가 서로 더 깊이 이해하고, 상대의 성장을 위한 진정한 동반자가 된다는 것이 어떤 의미인지를 피부로 경험한 시간이었다. 앞으로 이들 부부가 서로의 성장의 동지가 되는 데 상담이 초석이 되기를 기대한다. 심리검사 해석 상담을 마무리할 즈음 아내가 했던 말이 인상 깊다. "상담시간에 서로를 이해하려고 노력하고, 남편과 공통의 대화 주제를 가지고 많은 시간을 보냈던 것이 제 인생에서 남편과 한 가장 만족스러운 '함께'였어요."

드라이버 패턴은 부모가 자녀에게 특별히 전달한 '기대'이다. '만약 네가 ~한다면 너는 OK이다'라는 메시지를 아동이 받아들이고 그렇게 살기로 결단한 신념이다. 성격과 드라이버 패턴은 밀접한 관련성이 있다. CKDP 검사는 무의식적인 역동을 일반인도 이해할 수 있도록 구성하여 상담자와 내담자가 평등한 관계에서 이론을 기반으로 자기분석을 할 수 있도록 한 점이 탁월하다.

CKDP 검사가 내면의 탐색과 인생각본 치료에 진정한 도움이 되는 좋은 도구로서 많은 이들의 성장을 도울 수 있기를 기대한다.

교류분석과
CKDP 심리검사 사례분석

참고문헌

김규수, 류태보(2001). **교류분석치료**. 서울: 형설출판사.

김종거(1986). 의사거래 분석을 통한 자아개념 및 인간관계 개선에 관한연구. 원광대학교 대학원
    석사학위논문.

김현수(1992). **교류분석 이론과 실제**. 전주: 금강출판사.

김현수(1992). **교류분석 치료**. 서울: 민지사.

박명래(1997). TA Instructor Course를 위한 교류분석 가이드북. 서울: 을지문화사.

박원모(2008). 교류분석 이론에 의한 중고등학생 자아상태 검사 개발 및 타당화. 경성대학교 대
    학원 박사학위논문.

박의순 외(2008). **기법을 중심으로 한 TA상담과 심리치료**. 서울: 시그마프레스.

박현주(2009). **에릭 번**. 서울: 학지사.

오영준(1997). TA 스트로크 상담기법이 아동의 자기 충족감과 인간관계 개선에 미치는 효과. 한
    국교원대학교 대학원 석사학위논문.

우재현(2006). **심성개발을 위한 교류분석(TA) 프로그램**. 정암서원.

우재현(2007). **교류분석 개인상담**. 정암서원.

우재현(2007). **임상 교류분석(TA) 프로그램**. 정암서원.

조은주(2005). 교류분석 프로그램이 중학생의 대인불안과 열등감 감소에 미치는 영향. 충북대학
    교 교육대학원 석사학위논문.

조혜정(2010). **심리게임**. 서울: 교양인.

주진익(1999). 의사교류분석 집단상담이 사회성발달에 미치는 영향. 순천향대학교 지역사회개
　　발대학원 석사학위논문.

최영일 외(2015). 교류분석을 활용한 집단상담 프로그램. 서울: 학지사.

최영일 외(2017). 교류분석 성격이론에 의한 CKEO 그램 사례분석. 서울: 학지사.

최영일(2010). 교류분석과 교사의 자율성 증진. 꿈꾸는 씨앗.

최영일(2011). 교류분석이론의 실제와 자기분석. 서울: 오래.

최영일(2012). 교류분석 강의지침서 I, II. 꿈꾸는 씨앗.

최영일(2013). CKEO 그램. 서울: 한국교류분석상담연구소.

최영일(2015). CKDP 심리검사. 서울: 한국교류분석상담연구소.

최영일(2018). CKFR 심리검사. 서울: 한국교류분석상담연구소.

최영일(2018). 교류분석 개인상담과 심리치료. 서울: 오래.

Berne, E. (1964). *Games People Play*. NY: Grove Press.

Berne, E. (1976). *Transactional analysis in psychotherapy*. NY: Grove Press.

Birnbaum, J. (1987). A Replacement Therapy For The Histrionic Personality Disorder. *Transactional Analysis Journal, 17*, 24-28.

Capers, H., & Goodman, L. (1983). The survival process: clarification of the miniscript. *TAJ, 13*(1), 142-148.

Dusay, J. (1972). Egograms and the constancy hypothesis. *TAJ, 2*(3), 32-42.

Emmel, R. J. (1976). *The use of transactional analysis techniques to change the self-concept of students in a selected sixth-grade classroom*. Dissertation, University of Mississippi.

English, F. (1971). Strokes in the credit bank for David Kupfer. *TAJ, 1*(3), 27-29.

Goulding, R., & Goulding, M. (1976). Injunctions, decisions and redecisions. *TAJ, 6*(1), 41-48.

Harris, T. (1967). *I'm OK, You're OK*. New York: Grove Press.

James, J. (1973). The game plan. *TAJ, 3*(4), 14-17.

James, M., & Jongeward, D. (1971). *Born to Win: Transactional analysis with Gestalt Experiments*. Reading, Massachusetts: Addison-Wesley.

Joines, V. (1982). Similariting and differences in rackets and games. *TAJ, 12*(4), 280-283.

Joines, V., & Stewart, I. (2002). *Personality adaptations: a new guide to human understanding in psychotherapy and counselling*. Nottingham and Chapel Hill: Lifespace.

Kahler, T., & Capers, H. (1974). The miniscript. *TAJ, 4*(1), 26-42.

Mellor, K., & Sigmund, E. (1975). *TAJ, 5*(3), 295-302.

Schiff, S. (1977). Personality development and symbiosis. *TAJ*, 7(4), 310-316.

Steiner, C. (1966). Script and counterscript. *TAJ*, 5(18), 133-135.

Stewart, I., & Joines, V. (1987). *TA today*. Nottingham and Chapel Hill: Life Space.

Woollams, S., & Huige, K. (1977). Normal dependency and symbiosis. *TAJ*, 7(3), 217-220.

Zalcman, M. (1987). *Game analysis and racket analysis. Keynote speeches delivered at the EATA conference July 1986*. Geneva: EATA, 1987, speech 4.

저자 소개

최영일(Choe Yeong Il)
교육심리학 박사
한국교류분석상담협회 수련감독
전남심리상담센터 소장
서해지방해양경찰청 심리상담관

노정자(Rho Jeong Ja)
사회복지학 박사
한국교류분석상담협회 연구위원
가족성장상담소 남성의 소리 소장
백석문화대학교 겸임교수

박봉근(Park Bong Kuen)
교육학과 상담심리전공 석사
한국교류분석상담협회 연구위원
삼일공업고등학교 상담실장
중앙자살예방센터 강사

서경원(Seo Gyeong Won)
가족상담학과 가족상담전공 석사
한국교류분석상담협회 연구위원
청소년쉼터 사회복지사
한국원격평생교육원 교수

손희란(Son Hi Ran)
복지상담학 박사
한국교류분석상담협회 연구위원
공군병영생활 전문상담관
해밀원격평생교육원 교수

이인영(Lee In Yeong)
미술치료전공 석사
한국교류분석상담협회 연구위원
GEM심리상담연구소 소장
홍익대학교 문화예술평생교육원 교수/경기대학교 대체의학대학원 외래교수

조윤정(Cho Yun Jeong)
아동상담학 박사
한국교류분석상담협회 연구위원
온새미심리상담소 소장
(주)뉴엠원격평생교육원 교수/대일외국어고등학교 전임상담사

조찬희(Cho Chan Hee)
교육심리학 박사 과정
한국교류분석상담협회 연구위원
굿모닝어린이집 원장
서해지방해양경찰청 의경심리면접관

한윤옥(Han Yun Ok)
복지행정학 박사
한국교류분석상담협회 연구위원
삼육유치원 원장
신구대학교 겸임교수

홍은영(Hong EunYeong)
상담심리전공 박사 수료
한국교류분석상담협회 연구위원
법무부 보호관찰위원
나사렛대학교 평생교육원 외래교수

교류분석과 CKDP 심리검사 사례분석

Case Analyses of CKDP Psychological Testing by
Transaction Analysis

2020년 7월 20일 1판 1쇄 인쇄
2020년 7월 30일 1판 1쇄 발행

지은이 • 최영일 · 노정자 · 박봉근 · 서경원 · 손희란
　　　　이인영 · 조윤정 · 조찬희 · 한윤옥 · 홍은영

펴낸이 • 김진환

펴낸곳 • ㈜ 학지사

　　　　04031 서울특별시 마포구 양화로 15길 20 마인드월드빌딩

대표전화 • 02-330-5114　　팩스 • 02-324-2345

등록번호 • 제313-2006-000265호

홈페이지 • http://www.hakjisa.co.kr

페이스북 • https://www.facebook.com/hakjisa

ISBN 978-89-997-2130-4 93180

정가 29,000원

저자와의 협약으로 인지는 생략합니다.
파본은 구입처에서 교환해 드립니다.

이 도서의 국립중앙도서관 출판시도서목록(CIP)은 서지정보유통지
원시스템 홈페이지(http://seoji.nl.go.kr)와 국가자료공동목록시스템
(http://www.nl.go.kr/kolisnet)에서 이용하실 수 있습니다.
(CIP 제어번호: CIP2020026049)

출판 · 교육 · 미디어기업 학지사

간호보건의학출판 학지사메디컬 www.hakjisamd.co.kr
심리검사연구소 인싸이트 www.inpsyt.co.kr
학술논문서비스 뉴논문 www.newnonmun.com
원격교육연수원 카운피아 www.counpia.com